中國社會科學院
古代史研究所學刊

Annals of Institute of Ancient History,
Chinese Academy of Social Sciences

中國社會科學院古代史研究所學刊編委會　編

第十二集

中國社會科學出版社

圖書在版編目（CIP）數據

中國社會科學院古代史研究所學刊. 第十二集 / 中國社會科學院古代史研究所學刊編委會編. —北京：中國社會科學出版社，2023.10
ISBN 978-7-5227-2655-7

Ⅰ.①中… Ⅱ.①中… Ⅲ.①中國歷史—古代史—研究—叢刊 Ⅳ.①K220.7-55

中國國家版本館 CIP 數據核字（2023）第 189423 號

出 版 人	趙劍英
責任編輯	鮑有情　彭　麗
責任校對	朱妍潔
責任印製	王　超

出　　版	中国社会科学出版社
社　　址	北京鼓樓西大街甲 158 號
郵　　編	100720
網　　址	http://www.csspw.cn
發 行 部	010-84083685
門 市 部	010-84029450
經　　銷	新華書店及其他書店
印　　刷	北京君昇印刷有限公司
裝　　訂	廊坊市廣陽區廣增裝訂廠
版　　次	2023 年 10 月第 1 版
印　　次	2023 年 10 月第 1 次印刷
開　　本	787×1092　1/16
印　　張	25.75
插　　頁	2
字　　數	491 千字
定　　價	148.00 元

凡購買中國社會科學出版社圖書，如有質量問題請與本社營銷中心聯繫調換
電話：010-84083683
版權所有　侵權必究

所刊編委會名單

（按姓氏筆畫排序）
卜憲群　王啓发　王震中　阿　風　李錦繡　宋鎮豪
孫　曉　閆　坤　高　翔　張　彤　張兆裕　彭　衛
楊　珍　楊振紅　楊艷秋　雷　聞　劉　曉

主　　編：卜憲群
副 主 編：王震中
執行編輯：楊艷秋　張　彤

目　　次

關於甲骨著録書編纂的一些思考 ······················· 趙　鵬（1）
子與伯的歷史舞臺
　　——殷周金文所見貴族社會與政體的幾個問題 ········ 劉　源（13）
商周興替秩序構建中的青銅容禮器器用
　　——兼談新出文獻對傳世文獻所見容禮器器用研究的
　　　　促進 ·· 楊　博（27）
咒魃的物證及史源 ··· 張　翀（49）
漢代畫像與漢代人的倫理觀念 ··························· 宋豔萍（61）
皇權獨尊時代的典禮
　　——以皇帝加尊號禮爲中心（下） ··················· 吴麗娛（103）
唐代長安的釋奠禮
　　——兼論中古釋奠禮的成立與傳播 ····················· 趙　洋（145）
唐代德政碑形制考論 ··· 劉琴麗（163）
晚唐游宦文士張球的精神世界 ································· 楊寶玉（185）
蜀石經《周禮·秋官》殘拓校理 ···························· 王天然（195）
新見《中書備對》佚文考釋 ···································· 王　申（271）
宋元時期的《道藏》纂修及其特點 ······················· 宋學立（285）

— 1 —

金元時期"蒙求體"蒙書考 ………………………… 蔡春娟（295）

元代宰相哈剌哈孫之順德僚佐與用人取向 ……… 張曉慧（317）

"靖難"大封與勛臣五府任官制度 ………………… 秦　博（327）

學術與政治的交融
　　——明代理學名臣丘濬學行之特徵管窺 ……… 林存陽（353）

解經與治水
　　——明代歸有光及其《三吳水利錄》 ………… 孫景超（373）

區域社會與灾害響應
　　——1917年京直水災中的災民應對 …………… 成賽男（389）

CONTENTS

Reflections on the Compilation of Oracle-Bone Bibliography
　　Records ·· Zhao Peng (1)
The Historical Stage of Zi and Bo: Several Issues of Aristocratic
　　Society and Political System in Bronze Inscriptions of the
　　Shang and Zhou Dynasties ···························· Liu Yuan (13)
The Use of Bronze Container and Ritual Vessels in the Rise
　　and Fall of the Shang and Zhou Dynasties: The Contribution
　　of Newly Literatures to the Research on the Use of Bronze
　　Container and Ritual Vessels in Classic Literatures ······ Yang Bo (27)
Physical Evidences and Historical Sources of Si-Gong 兕觥
　　(the Wine Vessels Used During the Shang and Zhou
　　Dynasties) ··· Zhang Chong (49)
Portraits of the Han Dynasty and the Ethical Concepts of
　　the Han People ································· Song Yanping (61)
Ceremonies of the Absolute Monarchy Era: Focusing on the
　　Emperor's Honorific Titles Ceremony (Part 2) ········· Wu Liyu (103)
The Shidian Rituals in Chang'an During the Tang Dynasty:
　　On the Establishment and Spread of Shidian Rituals in
　　Medieval China ································· Zhao Yang (145)

A Study on the Form of the Stele of Virtue and Achievement
　　in the Tang Dynasty ················· Liu Qinli （163）
The Spiritual World of Tour Officials and Scholars in the Late
　　Tang Dynasty: A Case Study of Zhang Qiu's Journey from
　　Yuezhou to Dunhuang ················· Yang Baoyu （185）
The Collation and Correction of Remnant Inscriptions of
　　Shu Shi Jing *Zhouli Qiuguan* ················· Wang Tianran （195）
Annotations on the Scattered Texts of *Zhongshu Beidui*
　　(The Prepared Answers of the Scretariat) ········· Wang Shen （271）
The Compilation and Characteristics of Daozang During
　　the Song and Yuan Dynasties ················· Song Xueli （285）
A Study on the Enlightenment Booksin Mengqiu Style
　　During the Jin and Yuan Dynasties ············· Cai Chunjuan （295）
The Staff from Shunde and Employment Tendency
　　of Prime Minister Harqasun in the Yuan
　　Dynasty ················· Zhang Xiaohui （317）
The "Jingnan" Awarding and the Appointment System of
　　Meritorious Ministers as Officials in Wufu ············ Qin Bo （327）
The Integration of Academia and Politics: The Characteristics
　　of Neo-Confucian Famous Official Qiu Jun's Academic and
　　Political Practices in the Ming Dynasty ············ Lin Cunyang （353）
The Interpreting Classics and Flood Control: Gui Youguang
　　and His *Sanwu Shuili Lu* ················· Sun Jingchao （373）
Regional Society and Disaster Response: Responses of Victims
　　in the 1917 Flood in Jingzhi District ············ Cheng Sainan （389）

關於甲骨著錄書編纂的一些思考

趙　鵬

摘　要：本文從甲骨實物整理的角度對甲骨著錄書編纂過程中可能出現的問題進行一些探討。指出甲骨照片拍攝中需要注意的若干問題，強調了拍攝照片在先、製作拓本在後的整理順序，同時對釋文內容及檢索表構成以及出版印刷環節需要注意的問題進行了討論。

關鍵詞：甲骨實物整理　著錄書編纂

本文擬從甲骨著錄書定性以及甲骨整理程序兩個方面來談。之所以談甲骨著錄書的定性，是因爲這是製作著錄書的出發點，編纂者心中有了對著錄書的正確認識是做好著錄書的決定性因素。在甲骨整理的程序中會談及一些關於甲骨拍攝、傳拓、編纂、調色、排版、校對等方面的認識。通過對以往有照片公佈的著錄書的分析，可以使編纂者與讀者更好地了解拍攝製作甲骨照片的要求。

一　甲骨著錄書的定性

傳統小學被譽爲"樸學"，甲骨學也應該屬於樸學這一範疇，甲骨著錄書作爲研究甲骨學的第一手資料，作爲甲骨這一樸學的土壤也應該屬於樸學。

甲骨材料的整理與公佈是甲骨學向前發展的重要基石，是甲骨學生生不息的土壤，具有重要的意義。任何甲骨材料的整理公佈都會對甲骨學的發展起到積極的促進作用。

甲骨整理這項工作繁縟瑣碎，卻是整理者對現有甲骨材料、甲骨學宏觀發展了解的體現。扎實的甲骨學基本功以及對甲骨學全局的了解是編纂甲骨著錄書必不可少的學術素養。透過甲骨著錄書可以洞見整理者對現有研究成果的了解以及對甲骨學未來發展方向的預期。甲骨著錄書是編纂者編纂思想的重要體現。而衡量甲骨著錄書好壞的標準應該有兩點，一是盡量做到準確，二是最大程度地爲甲骨專業的研究者、使用者帶來方便。

《甲骨文合集》是迄今爲止規模最大的甲骨著錄書。對於一部如此部頭的書來說，錯漏在所難免。但是在當時的編纂條件以及甲骨學研究水平上，這部書已經是20世紀70年代甲骨學發展集中、全面的體現。按同期、同文卜辭進行編排的編纂思想，爲甲骨材料的研究和使用帶來了極大的方便。

現代社會，科學技術發生着日新月異的變化，這也爲甲骨著錄書的刊佈提供了良好的拍攝以及出版印刷條件。現階段，照片和拓本是一部甲骨著錄書的重中之重。倘使編纂者碰巧有這樣或那樣的甲骨學知識的不足，清晰的甲骨照片與拓本的公佈，可以最大限度地彌補這種缺憾，甲骨著錄書的編纂歸根結底是要爲研究者提供清晰的可供研究的第一手資料。所以，刊佈清晰、正確的照片與拓本是一部甲骨著錄書的基本要求。

甲骨著錄書的編纂要以刊佈最清晰的甲骨照片、拓本爲目的，秉承實事求是的原則。

二　甲骨著錄書編纂的程序

甲骨著錄書的編纂一般來說要遵循以下幾個程序：首先拍攝照片，其次製作拓本，再次編纂，最后出版印刷。在拍攝照片和製作拓本的順序上，一定不可以改變。否則，對於甲骨著錄來講，很可能會有無法彌補的缺失。先製作拓本，後拍照。被清理得乾乾凈凈的字口，只有用側強光才能打出甲骨上面的筆畫，這些印刷在紙上就是白亮的綫條，很難辨識其上字跡。對於甲骨本身來說，製作拓本時的偶然損失也會影響材料公佈的完整性，油泥或多或少的殘留、未乾透的甲骨表面等會影響照片的效果。任何更改整理順序的操作，都是要以犧牲甲骨完整信息爲代價的。

（一）拍攝照片

隨着甲骨學研究精密化[①]的發展，多方位地展示甲骨信息已經是勢在必行。甲骨的正面、反面、側面、臼面等都會成爲研究者的研究對象或考慮問題的着眼點。這些細節都是甲骨拓本無法實現的。甲骨拍攝要有兩點保障：一要有對甲骨材料

---

① 按："甲骨學研究精密化"是劉釗先生在2014年10月16日《旅藏》新書發佈會上首先提出的。

非常熟悉的甲骨研究者合作拍攝，這是拍攝出高質量照片的根本保證。對於合作拍攝者來説，除了要熟知甲骨材料，還要有一定的拍攝理念。合作拍攝者的任務主要是確定每版甲骨要拍攝的照片張數，拍攝的要點以及每張照片拍攝的程度。要讓攝影師明白用於研究的甲骨照片需要展現什麽要素，不需要什麽要素。二要在出版環節準確把握甲骨照片的色調。之所以提出這兩點是因爲術業有專攻，攝影師與排版、調色工人都是不懂甲骨的，没有甲骨研究者的一路跟隨，這些都會失去準確性。

甲骨拍攝的原則有兩個：一是字跡清晰、鑽鑿符合實際視覺感覺。二是光綫柔和。① 這個原則用一句話來説就是，要把甲骨拍成它本來的樣子。

有文字的甲骨面，要盡量拍清楚文字的每一個筆畫。在文字的判定上，合作拍攝者要根據自己對甲骨材料的熟悉程度，及時準確地辨識所要拍攝的文字信息。對於字跡清晰的甲骨來説，比較容易做到。對於字跡漫漶（比如剥蝕嚴重或反面）的甲骨來説，這一點至關重要。一般來講，只要合作拍攝者有能力確定漫漶字跡的内容，攝影師能夠恰當地運用光綫，是可以最大程度地拍清楚字跡的。這就要求合作拍攝者有過硬的專業素養，能在第一時間對所拍攝的漫漶不清的文字内容做出準確無誤的判斷。另外合作拍攝者要有足夠的細心和耐心去檢查照片上每個甲骨文字的筆畫是否能正確地顯現出來。山博 8.42.15 反（即《山珍》776 反）由於甲骨反面的字跡漫漶不清，前幾張照片的字跡顯現與劉敬亭拓本同，後來筆者仔細觀察，發現最右側字跡有問題，這是導致劉敬亭釋文錯誤的直接原因。在從不同角度仔細、反復觀察甲骨實物之後，定爲"勿延唯□己害"幾個字。然後讓攝影師不斷調整燈光，直至顯示出來的文字與漫漶的甲骨實物上的文字相同。

---

① "拓印一事，《鐵雲藏龜》用拓本，《書契菁華》用照片，《殷虚卜辭》用摹寫。這三種辦法，各有所短長。拓本，自然清晰者爲多，但有時却一榻糊塗，讀者異常煩苦；照片，可以見甲或骨的形制，文字却有時不能清晰；惟有摹寫可補二者的缺憾，因爲倘有去不下來的土銹，和一坑一窪的剥蝕，於摹寫時都可以設法彷彿認出；卜兆的形狀，也可以依樣摹繪。又摹寫時倘能影罩拓本，比勘原版爲之，更使他逼肖逼真。關於拓印，我們覺得最好是兼及於照片、拓本、摹寫，採取這'三位一體'的辦法。其次，以拓本爲主，原物重要的兼用照片，字跡不清的並及摹寫。"董作賓：《甲骨文研究的擴大》，《安陽發掘報告》1930 年第 2 期。"有些甲骨上除了用刀子契刻的文字以外，還有一些有用毛筆書寫的文字。那是無法傳拓的，非用照相不可。此外，甲骨上攻治燒灼的痕跡，也是研究的對象，也應該將它們攝影傳真，作爲參考資料。從前照相，都用黑白片，現在已經進步到彩色時代，應該用彩色的相片了，照彩色片，也需要高度技巧的，有位朋友，曾經建議我們試將甲骨片放在磨光玻璃上面，玻璃下再有六十瓦的燈光照射，這樣可以使得畫面柔和，背景呈淡綠色，十分美觀……《殷虚文字甲編》和《乙編》……我們所感到最遺憾的是未能將每一片甲骨的正反兩面照成相片，編成圖版……摹本、拓本與相片，各有利弊。拓本的好處是文字清晰，缺點是有些情況拓不出來，而且有時上墨不當，也會將文字搨掉。照相可以存真，但是文字往往不很明顯，難以辨識。摹本照説可以濟二者之窮，但是，如果不是細心謹慎的人從事這一工作，定會有所遺漏，或者誤描，亦需要照片與拓本來加以校正。"張秉權：《甲骨文與甲骨學》，編譯館 1988 年版，第 113 頁。鵬按：張秉權已經關注到甲骨照片要"光綫柔和"；而且強調了"最遺憾的是未能將每一片甲骨的正反兩面照成相片"。

這張反面照片大概拍了 30 張左右，照片上的字跡要比實物更加清晰（圖 1）。如果没有合作拍攝的話，這張照片很難拍得清晰、準確。

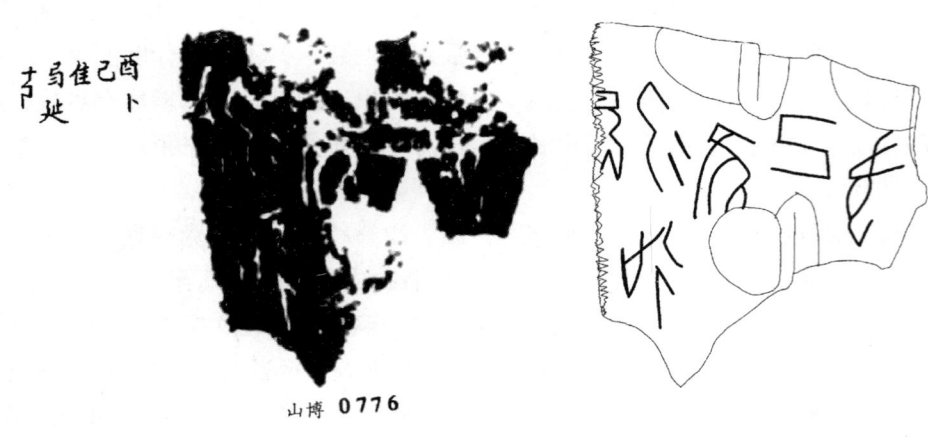

圖 1

這裏要强調的一點是，決定甲骨照片字跡清晰度的更多的是攝影師對光綫的合理運用，其次才是通過放大照片來顯示。

没有文字的甲骨面，要力求準確反映出甲骨的其他要素，比如反面與側面鑽鑿要盡量做到符合甲骨實物的視覺感覺。符合實際視覺的鑽鑿指的是，甲骨反面或正面的鑽鑿，無論在形狀上，還是在深度、凹凸感上都要與觀察甲骨實物的感覺一致。有些甲骨反面鑽鑿，裏面會拍成漆黑，看不到鑽鑿的底部。有的會拍得過亮，整個鑽鑿無立體感，完全是平面的，不能體現鑽鑿的深度。有的則會在鑽鑿的某一斜面有意留下一些陰影，意在反應鑽鑿的立體感。而這個陰影往往會影響研究者對鑽鑿底部形態的觀察，光影交接處尤其會誤導研究者對鑽鑿底部形態的判斷。側面甲骨照片可以展現出甲骨底部形態（平底還是弧底）以及挖製鑽鑿時刻刀走過的痕跡。側面的鑽鑿，要表現出凹凸的程度，過於凸顯或過平，都會影響研究者對鑽鑿的判斷，陰影處理得不當，會影響判斷的科學性。

對於面積比較大的甲骨來説，反面與側面的所有鑽鑿很難都照顧到，做到每一個都拍得合適。很多時候都是選擇其中最好的幾個作爲拍攝的重點。隨着攝影器材與燈光發展的日益精密化，相信這個問題在將來可以得到更好的解決。

合作拍攝者除了合作拍攝以外，還要檢查核對當天拍攝的所有甲骨照片是否有遺漏，是否有一些拍攝時没有注意到的細節，做好記錄，以便第二天及時補拍。另外也要做好全部甲骨照片的改號工作。照片改號有兩次，這是第一次改號，最好是拍攝當天，把自動生成的拍攝順序號改爲館藏號。把館藏號碼打印出來，一併拍到每張照片中，可以最大限度地減少號碼錯誤。全部甲骨拍攝結束時，還要進行徹底的照片查漏補缺與查號工作。這些工作由合作拍攝者來做的好處就是熟悉每一版甲骨，每一張照片，會把所有的錯誤在整理之初就降到最低。

好的甲骨照片，要做到光綫飽滿、均勻。在字迹清晰的前提下，盡量做到拍攝臺或底色上沒有陰影的存留，這樣的佈光基本算是均勻的。任何亮點、高光部位或陰影的保留，都會在一定程度上干擾研究者對文字的識讀。總之，盡量避免在甲骨照片上出現大明或大暗的光綫殘留。以往著録甲骨，一般以墨拓的方式來呈現研究要素。墨拓的一個優勢就是大都只呈現字迹，而屏蔽掉所有額外影響因素。甲骨拍攝也要追求忽略研究要素以外的東西，比如光綫的明暗對識別研究要素的干擾，這就是光綫柔和的目的所在。光綫柔和的另外一個目的就是可以避免一版上的甲骨文字不同方向的筆劃强弱失調，向强光方向的筆劃重，也會造成不必要的干擾。

平光固然可以拍出字迹較爲清晰的甲骨，但是甲骨本身的光澤和立體感都會有所損失，對於反面的鑽鑿尤其如此。立體光源拍攝甲骨，由於甲骨骨面不平，每一次光源的微小調整，都有可能使某一個方向的筆畫在照片中凸顯出來或近於消失。某個方向的側光稍强的時候，與其相向筆畫的迎光方向都會有一條亮綫。而同向的筆畫都會顯現微弱，或者消失。給甲骨識讀帶來障礙。一般情況，龜甲較爲平整，對於甲骨拍攝來講容易一些。肩胛骨，尤其是面積大的肩胛骨、骨條是拍攝的難點。拍攝者既要照顧光綫均衡，又要清晰呈現出每一個筆畫，對於骨面不平，甚至有一定弧度的骨條來說，拍攝的難度特別大。要不斷地調整光源，才能找到最佳的角度。很多時候，爲了確保字迹清晰，"光綫柔和"這一標準都要做出適當的讓步。對於背面有字又有鑽鑿的甲骨，也只能爲了字迹清晰而捨棄鑽鑿的視覺感覺。例如《上博》圖版五，這一版照片如果不看上面的文字，單就肩胛骨來說，拍攝得很漂亮：骨的光澤度、顏色、質感、凹凸之處的立體感以及上面的陰影都恰到好處。但是對於甲骨研究者來說，這並不是一版理想的照片：骨條處的高光弱化了刻寫在上面的文字，對於識讀甲骨文字干擾較大。對於供甲骨研究的著録書來說，突出文字、卜兆以及鑽鑿等有用的研究信息，其他則要弱化，避免喧賓奪主。

甲骨拍攝有很多細節。比如：攝影師最好有一些色彩管理的經驗。聯機拍攝的電腦顯示器要經過專業的顏色校對。背景紙要用灰度合適的灰色才是最佳選擇，其他顏色會影響照片中甲骨本身的顏色。攝影師要着淺灰色的衣服對甲骨的顏色影響最小。在拍攝厚度較大的甲骨時，比例尺要上升到與骨面基本持平的高度，才能保證甲骨大小的準確。對於骨面弧度或起伏較大的甲骨，要盡量墊平整，再適當加些景深。遮光和補光的技巧有諸多微妙之處。

甲骨著錄書照片部分常見問題有以下幾種。

第一種，把一塊甲骨分爲左右或上下兩部分，一部分光綫合適，另一部分光綫過明或過暗。這種現象基本見於骨條、大面積骨扇或龜甲的邊緣部分，如《村中南》282。

第二種，側光使用不當。《殷商甲骨文》中的上博8103，這版甲骨正面照片，左上至右下方向筆畫清晰，右上至左下筆畫微弱，拍攝甲骨時，較强的光源從右上方射入，所以左上至右下方向筆畫迎着光源的一側有亮綫。反面照片，較强的光源從甲骨上方射入，迎着光綫部分即橫筆下方有亮綫，甲骨豎筆微弱，"卜""殼""貞"三字的豎筆甚至近乎消失。上方的殘斷處過亮。也因爲拍攝光綫的影響，使得右下方有字部分不清晰，適當調整光源角度，右下文字是可以拍攝得更加清晰的。

第三種，甲骨邊緣處理爲黑色陰影（如《村中南》154）。

第四種，字口被清理得太乾净，無法拍攝出字跡清晰的甲骨照片。《上博》圖版九這張甲骨照片，佈光均匀，甲骨顔色調得也比較好。從照片來看，這版甲骨的字口被清理得很乾净，照片上所有的筆畫都是白綫。對於研究者來説，想要看清照片上面的每一個筆畫，難度很大。

第五種，比例尺的處理問題。甲骨照片上字跡的清晰度主要是依靠攝影師的佈光來呈現的。對於文字刻寫過小或過於密集的甲骨來説，照片成比例地放大有助於研究者辨識文字和一些細節。但放大照片或局部放大照片要在有原大（即1：1）照片的基礎上給出。研究者對於甲骨本身、文字、鑽鑿的大小感知會通過原大照片直接獲得。同時，原大照片也會爲甲骨綴合提供依據。

第六種，反面或正面鑽鑿的處理。有的全黑，例如《國博》97看不到鑽鑿底部形態。有的佈光太平，失去立體感、深度感，例如《國博》62反基本是平面的感覺。有的則是用一半陰影的方式來處理，處理得有偏差，例如《村中南》486干擾研究者對鑽鑿底部的判斷，《上博》圖版十這張反面照片，拍攝光綫從上方打入，鑽鑿上部是陰影，下方過亮，影響單個鑽鑿形態的判斷。

第七種，照片摳底的遺漏。《村中南》452，甲骨破碎、殘缺之處以黑洞的形式展現出來，是照片製作過程中摳底的遺漏。

第八種，整頁調色。《史購》比較集中的問題是同一個頁面的甲骨顔色過於趨同，第48頁偏黄，第50、68頁偏紅，第56、58頁偏淺，第62、64頁偏深等，究其原因就是按頁調色，一個頁面一調色的結果。

現在的甲骨著錄書，照片是占全書篇幅最多的部分。清晰的甲骨照片不但是研究者識讀文字的依託，也爲甲骨學的多方位研究提供細節信息。整理者對於照片部分的問題要多加重視。甲骨發現百餘年來，拓本一直是研究者最爲重視的部分，也是最具技術含量的部分。今天，拓本依舊和從前一樣重要。與此同時，對甲骨照片也要重視起來。

一部著錄書中的照片，拍到什麽程度主要取决於甲骨整理者對照片的認識。這些認識包括：對照片的重視程度；因以往的研究經驗而產生的對照片的要求——什麽樣的照片最適合用來做研究；兢兢業業地去合作拍攝、驗收每一張照片。

字跡清晰、光綫柔和的甲骨照片只是著錄書照片部分的基礎，調色印刷是照片得以高質量出版的重要環節。當前的調色印刷水平，是可以做到著錄書中的甲骨照片的色澤與甲骨實物最接近的。大多數的甲骨研究者是没有機會看到著錄書中公佈的甲骨實物的，最真實地體現甲骨的龜骨色以及質感是我們要奉行的一個原則。甲骨本色也是驗證綴合是否正確的一項參照標準。

甲骨照片的後期製作，包括去底、調色、印刷都要奉行實事求是的原則，尽量把甲骨照片印刷得更貼合甲骨實物。

就甲骨學科的發展來講，拍攝每版甲骨的 6 個面、10 個面乃至 3D 照片都是有必要、有意義的。照片提供的信息越多，可供研究的要素就會越多。除了有字甲骨，無字甲骨、上面有僞刻的商代甲骨，都可以用照片的形式整理出版出來，這些都有益於甲骨學科的發展。①

（二）製作拓本

製作拓本的要求主要有三點：第一是要拓出清晰的甲骨外緣輪廓，第二是要拓出清晰的字跡，第三是要做到墨色均勻。這要求甲骨拓製者必須要在墨拓之前仔細地觀察所要拓製的甲骨，盡量不要遺漏兆序數、文字某一個或半個筆畫。當然，也不要爲了製作清晰的拓本，用針等鋒利器具挑撥字口，拓本拓不出來的字，照片上都會得以清晰的體現。

---

① "甲骨學研究對資料的要求非常高，對古人在甲骨上留下的相關信息進行全面收集和如實呈現，是研究者不斷提升的需求。有關甲骨文的書籍從最初的石板印刷，到珂羅版印刷，再到銅板印刷；從單純的拓本，到拓本、摹本、黑白照片或彩色照片的集合，再到拓本、摹本、彩色照片和'六面照'甚至'十面照'的呈現；從不斷提升的甲骨拍照技術，到對甲骨出版物的顏色還原和光綫呈現，甲骨著錄的技術手段越來越完備和精密，這爲甲骨學研究者提供了更準確的資料和更多元的視角，無形中大大提升了甲骨學研究的高度和厚度。當今的甲骨學研究者四處收集甲骨的各種彩色照片加以比對，強調目驗甲骨實物的重要性和必要性，無不體現研究者對資料精密度的無止境追求。相信隨著照相、印刷技術的提升和三維攝影、3D 列印、人工智慧和機器學習等新技術的介入，有關甲骨學資料的整理和呈現，會出現質的飛躍。"劉釗：《甲骨學史帶來的啓示》，《光明日報》2022 年 7 月 10 日第 5 版。

甲骨著錄書的拓本處理還有一種情況這裏需要指出。《村中南》436、471、488 三張拓本非傳統手工製作，而是采用電腦合成的方式處理的。這三版甲骨的骨面，按照片顏色是黑色文字，按編纂者在釋文中的說明是朱書文字。這種在骨面上書寫而非刻寫的文字，是無法製作出拓本的。編纂者應該是考慮到甲骨拓本序列號有缺失的問題，采取了這種處理方式，但沒有在釋文或前言中找到相關說明。《村中南》436 可能是把摹本反色處理後與墨拓邊緣合成的。《村中南》471、488 可能是把摹本反色處理後與甲骨的黑白照片合成的。這裏要提醒研究者，尤其是研究甲骨上朱書與墨書文字的研究者，這種情況下，拓本與摹本的使用意義是一致的。摹本受摹寫者個人因素影響很大，會存在文字字體風格不符、摹寫失誤等問題。

目前傳世甲骨的整理，還要面對拓本選定的問題。編纂著錄書時，可能有機會重新對某處藏品進行墨拓。但是，有一些主客觀因素會使得新拓不一定好於舊拓，比如：拓手可能忽略了其中的某一個筆劃，例如《旅》1867 中一個極好的字，拓本失了一筆。有的甲骨出土時間長會有一些粉化、殘損而不如舊拓時甲骨狀態好。爲了提供最清晰的拓本，還是要注意從之前的舊拓本與新拓本之中選出最清晰的。

清晰的甲骨照片、拓本是編纂者編纂出優質著錄書的重要保障，也是研究使用者所期待的。

（三）編纂

目前甲骨著錄書的編纂一般涉及幾個方面的內容：圖版部分的分類排序、釋文、關於以往著錄及綴合情況的表格、介紹本書所著錄甲骨流傳脈絡的前言、有的附有摹本。

圖版部分的分類排序，能體現整理者對甲骨文材料的熟悉程度。按組別對甲骨進行分類是最理想的。目前有很多著錄仍按五期分類，這裏有兩點是編纂者必須注意的：第一，無論按期還是按字體分類，所分一定要做到盡量準確。甲骨分類並不是一件容易的事，典型的字體一目了然，而對於字少又缺乏典型字形的，實難分類，最後也只能是權宜之計。第二，要有"王卜辭"與"非王卜辭"的概念。第一期，還是要把"王卜辭"排在前面，"非王卜辭"附於其後。

《合集》《合補》《英藏》先按五期再按事類排序。《甲編》《乙編》《屯南》《花東》《村中南》《周原》是科學發掘品，按出土發掘號排序。《國博》《史購》先按字體再按事類排序。《北大》基本先按事類再按五期排序。《上博》不但按館藏號碼排序，而且整書序號同於館藏號，有時候找一版甲骨需要很長時間。《北大》《上博》的排序給使用者帶來諸多不便，是編纂著錄書不提倡的。

　　甲骨排序是個艱辛的過程，常常會遇到對一版甲骨的位置舉棋不定的情況。編纂者排序時還是要以拓本的複印本爲依託，好好地擺一擺、排一排，這樣做既可以有效地避免錯誤，又會對發現新綴合有所啓益。

　　分類排序之後將面臨全部圖版與釋文部分的又一次改號，改號工作特別細碎，也特別容易發生錯誤。務必要特別細心，反復檢查。

　　釋文部分要盡量吸收最新的可信的研究成果，要注意對骨面上殘缺之字的釋讀。一般來講，釋文部分要包含對甲骨文字的隸釋、根據同文例的擬補。釋文說明部分可以包含對該版甲骨的新字或新現象的考釋與進一步解讀，對新近、以往重要考釋及其他研究成果的吸收，對該版甲骨綴合及同文情況的說明，對該拓本、照片以及以往舊著錄拓本之間的互校等方面的內容。《卡內基》的釋文說明部分，是目前甲骨著錄書中做得最深入細緻的，包含了考古學、文字學、歷史學等多學科的信息。

　　檢索表要以方便讀者檢索到以往的著錄信息爲原則。一部新的甲骨著錄書如果有《合集》曾經收錄過的甲骨，要有一個以《合集》號碼爲順序的檢索表格。綴合表也是表格的組成部分之一。《旅》一書有必要補入以《合集》號爲首項來進行排序的《〈合集〉與旅博號碼對照表》以及《旅博甲骨綴合表》。一般來講，一部甲骨著錄書的表格部分，最少應該包含有以下幾個表格：表一，《本書甲骨檢索總表》，必要的內容包括：本書號、合集號、合補號、其他著錄書號、館藏盒號、館藏號、來源、綴合、綴者、組類、備注。表二，按《合集》檢索表。表三，按《合補》檢索表。表四，按其他著錄書檢索表。以上表二至表四可以詳細列，也可以只列與本書號對應的兩列。表五，綴合檢索表，這部分可詳可略，但最好詳列，這有助於瞭解本書甲骨可以與以往哪本著錄書的哪批甲骨有綴合關係。表六，簡稱表。以上這些表格是一部甲骨著錄書的必要組成部分。

　　有一些著錄書我們是主張做摹本的。甲骨綴合集類以做摹本爲宜；科學發掘品中整版面積大，上面文字有過於細小密集的，如《花東》《丙編》以做摹本爲宜。西周甲骨筆劃細小，無法製作拓本的，以做摹本爲宜。摹本受摹寫者的個人因素影響很大。

（四）出版印刷

　　調色是甲骨著錄書很重要的一部分，前面已經提及。原則只有一個：盡量尊重甲骨本身的顏色。當然，調色也不可能逐一核對原骨。只能是選擇一些顏色上有代表性的甲骨，比如顏色偏黃的、偏紅的、偏淺白的、偏棕的、有的幾近于玉石、有的上有綠色等，將實物與照片互相驗視，來確定效果最佳的調色曲綫。

調色最好能夠做到每張照片單獨調色。按頁調色是印刷廠的常規操作，但甲骨每版顏色各不相同，按頁調色對於甲骨來說會損失很多，也是很不科學的。

排版方面，要做到盡量爲使用者帶來方便。在拓本序號的下面給出該片甲骨拓本的所有以往著録信息，研究者在核對或查驗相關拓本信息的時候，不必再來回翻閱表格，方便使用。拓本下面加入舊著録號也並不影響"表格"的意義。表格部分綜合地體現了按以往各種著録書排序檢索的方便，意義在於"綜合性"上，二者相輔相成，相得益彰。《甲編》《乙編》《屯南》《花東》《村中南》《周原》在每版甲骨的拓片下面都標注了相關的發掘號，是非常可取的。

圖版校對也是這裏不得不提的一個問題。經過排版、調色工人的加工，圖版以及文字部分會產生很多錯誤，常見的錯誤有以下幾種：其一，照片分合，即一塊甲骨的幾張照片被分置兩處，把此甲骨的照片置於彼甲骨處。其二，比例尺錯誤，甲骨照片與甲骨實物大小不符合，被放大或者縮小。其三，同一版甲骨的排放順序有誤，有甲骨照片正反互置的情況；還有兩個側面放置順序有誤的，側面照片的放置順序一般要以保持與反面照片一致爲原則。其四，圖版放置角度錯誤，甲骨側面照片倒置的情況比較多。其五，甲骨照片呈現被水平翻轉或兩張照片疊壓的情況。其六，去底錯誤，把不該去的去掉了，把不該留的留下了。這個問題在拓本摳底過程中比較突出。摳底過少會把墨污留在版面上；摳底過多會把邊緣部分的盾紋外的齒縫、筆畫等信息清理掉，這些都是錯誤的，都是必須要修正過來的。總之，排版、去底後圖版的錯誤林林總總，編纂者一定要倍加仔細校對。錯誤有種種，正確的只有一種，那就是最真實地體現甲骨實物本身。

這裏還要談談數碼打印稿。對於編纂者來說要了解兩件事：其一，數碼打印稿的成本很高。其二，數碼打印稿的效果最好，甚至比正式出版的著録書的印刷效果要好。基於以上兩點，數碼打印稿對於編纂者來說，是必須重視的。它是書籍出版之前，出版社提供給編纂者的最清晰的，可發現著録書中各種細微問題的唯一一次也是最後一次紙質打樣稿。務必要仔細校訂這一稿。

甲骨著録書通常部頭比較大，一般來講書脊要做成圓脊以方便讀者打開、翻閱。以往著録書《上博》《北大》《甲編》《乙編》《丙編》《國博》等是方脊，《合集》《合補》《英藏》《屯南》《花東》《村中南》《史購》等是圓脊，圓脊更方便使用。紙張要選用亞銅版紙，既能保證圖版的質量，又能使研究者在使用該書時，不會有太多的反光，造成視疲勞。這些都是編纂者要考慮的細節。

一部比較精良的甲骨著録書出版，一定是耗費了編纂者極大的心力，考慮到各種細節，並爲之付出巨大努力的結果。甲骨的整理、甲骨著録書的編纂還是要秉承實事求是的原則。

　　本文爲"古文字與中華文明傳承發展工程"（專案號：G3030）的階段性成果。

初稿：2014 年 10 月 28 日
終稿：2022 年 7 月 10 日
收稿日期：2022 年 1 月

子與伯的歷史舞臺

——殷周金文所見貴族社會與政體的幾個問題

劉　源

摘　要：殷周金文史料較直接和客觀地反映出：殷商、西周、春秋時代以商王和周天子爲核心的貴族社會和政體結構，以及其發展演變過程。殷周貴族均有很強的宗族血緣意識與强烈的祖先觀念。殷商王朝內服中，大族長"子"和强族"亞"是統治者的中堅，子又統率其家族內部的分族之長"小子"。而在西周王朝內部，同姓與異姓的强宗大氏宗子，普遍稱爲"伯"，是統治者的骨幹，在內服可任公、三有司等執政大臣，在外服可任諸侯。春秋時代，天子權威衰落，內外服貴族坐大，大夫崛起，政治聯姻屢見不鮮，貴族社會逐漸瓦解，遂向戰國秦漢的官僚社會轉化。

關鍵詞：金文　商周　貴族社會　子　伯

殷周金文作爲第一手史料，客觀細緻地揭示出殷周、春秋、戰國之世的時代特徵，以及先秦的歷史轉折和社會變革，對於考察商周貴族政體結構，具有重要的學術意義。自 20 世紀 30 年代以來，學者已開始重視和提倡利用殷周金文研究與探索中國古代社會。如郭沫若 1931 年在《兩周金文辭大系》初序中説："頻年以來頗有志於中國古代社會之探討，乃潛心于殷代卜辭與周京彝銘之譯讀。"[①] 白川靜也於 1971 年説道："'鬱鬱哉文乎'的周代，禮樂文化，已成爲後世中國的文化與思想的源流。所遺留豐富的西周時代的金文資料，正是把當時的社會與生活實況直接傳遞給我們的極其貴重的實地資料。世上再没有比它更能够把東洋文化

[①] 郭沫若：《兩周金文辭大系圖録考釋》，科學出版社 1957 年版，第 2 頁。

（筆者按：即中國文化）之古老與源遠具體而實證地傳遞的東西了。"① 此後，朱鳳瀚《中國青銅器綜論》、陳絜《商周金文》、李峰《西周的政體：中國早期的官僚制度和國家》等著作，② 都對金文所蘊含的殷周政治史和社會史方面的史料價值，有精彩論述。嚴志斌《商代青銅器銘文研究》③ 一書全面搜集商代金文材料，考察商王朝的職官和社會結構，用力甚勤，爲深入思考殷商王朝社會形態與政體結構奠定了堅實的基礎。筆者認爲，從社會形態角度來研讀金文的做法，能積極推進先秦考古學、歷史學的發展，值得大力弘揚，故不揣謭陋，從宏觀上考察金文反映的殷商、西周王朝的社會形態與政體結構特點，以及其與春秋、戰國的區別等問題。文章主要是針對目前學界一些傳統思維，提出問題，梳理想法，尚有不全面、不細緻之處，請同行專家批評指正。

一 金文所見殷商宗族及政體特色

金文有助於認識殷周銅器的社會功能，甚至可以推斷一些早期無銘青銅器的用途。二里頭文化青銅器普遍無銘，據二里岡、殷墟文化青銅器來看，其絕大多數也應是王室或貴族家族鑄造，用作祭祀祖先的禮器。商代早期二里岡文化青銅器上已發現極少數銘文，從內容來看，也是族氏銘文（或稱族徽）與祖先日名兩類。④ 目前學界對殷周貴族家族單位一般稱爲"氏"（下文出現的氏，均指稱家族，不一一説明），因此族徽也被稱爲"氏名"。有學者認爲，上述二里岡有銘銅器的時代應定在商代中期，即使如此，也肯定在武丁之前。⑤ 我們有理由説，據現有材料來看，商代貴族在銅器上鑄造族氏銘文與祖先日名的做法，至遲在商代中期，即武丁之前已經出現。這説明，早在商代前期社會中，貴族已經具有很濃厚的宗族意識及強烈的祖先觀念，並反映在彝器製作方面。

至商代晚期，也就是殷代，即武丁至帝乙、帝辛之世，族氏銘文與祖先日名仍是金文的主要內容，據嚴志斌的統計，從殷墟二期至四期，一直是爲父作器者居多，⑥ 這反映了殷代貴族社會的父系家族中，世代最近的父輩祖先一直最受關

---

① 白川靜：《金文的世界》，溫天河、蔡哲茂譯，臺北：聯經出版事業公司1989年版，第239頁。
② 朱鳳瀚：《中國青銅器綜論》第六章"青銅器銘文"，上海古籍出版社2009年版，第622—665頁。陳絜：《商周金文》之"五 銅器銘文中所反映的商周政治與社會"，文物出版社2006年版，第175—248頁。李峰：《西周的政體：中國早期的官僚制度和國家》，吴敏娜等譯，生活・讀書・新知三聯書店2010年版。
③ 嚴志斌：《商代青銅器銘文研究》，上海古籍出版社2013年版。
④ 朱鳳瀚：《中國青銅器綜論》，第623頁。
⑤ 嚴志斌：《商代青銅器銘文研究》，第95、97頁。
⑥ 嚴志斌：《商代青銅器銘文研究》，第131—134頁。

注。當然，所謂的族氏銘文中，有的實爲官名，典型者如史官家族的族徽中多有"册"字，這是學界衆所周知的。一些殷人史官家族入周後，服務于周天子和姬姓貴族，在西周早中期仍沿用其帶"册"的族徽，如臣服於王室的微史家族（豐尊、作册旂觥，《銘圖》①11796、13665），其氏名可隸定爲"木羊册"，當然族徽是否爲文字可進一步探討，這裏只是爲印刷方便，暫且按照學界一般慣例將氏名隸定成文字。再如效力于周公、召公家族的作册令、作册大所屬家族（令方彝、作册大鼎，《銘圖》13548、2391），其族徽寫作"鳥丙册"，此外典型例證還有著名的"臣辰册"家族（《銘圖》1503—1505）等。有的所謂"圖像文字"則不是族徽，如著名的殷墟1004大墓出土之牛鼎、鹿鼎（《銘圖》8、16）分別在鼎内底鑄"牛""鹿"，則是描述犧牲品類；又如殷墟1001大墓出土的左、中、右盉（《銘圖》14581—14583），是指其陳設擺放的位置。這幾件器或是爲商王隨葬而鑄造，故其銘刻與衆不同。

  殷金文的短銘，少的只有一個字至數個字，除了族徽，亦有一些貴族名號，如"婦好""婦姘""子魚""子畫""子商"等，據嚴志斌統計，其主體爲"婦某""某婦"與"子某"，②且大多數可與甲骨文所見人名相對應。關於"婦某"或"某婦"的身份，學者均認爲是王或貴族之配偶，③如一件新見銅爵有"婦姘"銘文，李學勤指出婦姘是該器主人，與婦好一樣都是武丁的配偶。④"某婦"之某顯然爲族氏名，"婦某"之某則可能包括族氏名或個別私名，⑤不能一概而論。

  學界目前對殷代子某的身份，仍有不同的看法，如子某"爵位説"依舊流行；而殷金文"子某"或爲族徽，是將祖先之名轉換爲氏名。⑥綜合金文、甲骨文來看，子某身份多爲歷代王子，其群體内部的不同人物之間，能力、職官、地位也有較大差異。⑦但青銅器銘文中的子，基本指稱器主的宗族長地位。這種被他人尊稱或自稱的子，是政治上的强族首領，並直接受商王命令支配，其身份與小子不同；小子則爲其下的小宗或分支家長。殷金文中子與小子的這種用法，與甲骨文

---

  ① 吳鎮烽：《殷周青銅器銘文暨器影彙編》，上海古籍出版社2012年版。簡稱《銘圖》。
  ② 嚴志斌：《商代青銅器銘文研究》，第131—134頁。
  ③ 陳絜認爲商代的婦既有王婦，也有貴族族長之婦，而且婦可兼爲親稱與職官名。陳絜：《商周姓氏制度研究》，商務印書館2007年版，第54—67頁。
  ④ 李學勤：《談新出現的婦姘爵》，《文博》2012年第3期。
  ⑤ 趙鵬：《殷墟甲骨文人名與斷代的初步研究》，綫裝書局2007年版，第99頁。陳絜則主張，婦某之某爲族氏名。陳絜：《商周姓氏制度研究》，第89頁。
  ⑥ 辛悦：《綜論殷金文"子某"問題研究》，《中國社會科學報》2020年8月17日第A04版。
  ⑦ 劉源：《殷墟甲骨卜辭與〈左傳〉中"子某"之對比研究》，李宗焜主編《古文字與古代史》第五輯，臺北："中研院"歷史語言研究所2017年版，第43—146頁。

中的子某或許還有差異，值得注意。學者均已指出，子的社會地位存在差異，應是客觀看法。①

殷代族氏銘文中經常出現"亞"字或"亞"形，是典型的時代印記和文化特徵，學界對此意見不一，或認爲是分族的標誌，或認爲是官名，或認爲是宗廟象形。② 據殷墟西區墓地 M1713：50 寢魚爵（《銘圖》8582）蓋銘"亞魚"、器銘"寢魚"同見等材料來看，亞與族氏的關係顯然更爲密切，同時也明顯不是作器者的職官（其官名爲寢），很可能是強宗大族的標誌。從甲骨文記載來看，亞有多種用法，一種是與殷商王室有密切血緣關係的高等級執政貴族的標識，如亞雀（《合集》22092）、亞㫃（《合集》31983）；③ 一種是多馬亞（《合集》564），馬是百人的騎兵部隊，亞是其長官；一種是表示宗廟之亞，如父甲亞（《合集》30297）、作亞宗（《合集》30295）；此外有泛稱的多亞（《合集》5677），亦見於殷金文"王飲多亞"（《銘圖》4920），多亞似可理解爲多個強族，與多子強調宗族長身份還有所區別；而"以田（甸）、亞、任（男）"（《合集》32992 反）中，與甸和男並稱的亞，地位近于諸侯。殷金文、甲骨文中亞的用法較多，族氏銘文中的亞形，似應從宗廟、強宗大族的角度來認識，甚至可與諸侯相聯繫，而這幾個內涵之間也有一定的相容性，亞形在彰顯作器者身份與族氏時，或強調其大族屬性，或說明其諸侯的身份。如山東益都蘇埠屯大墓所見 （鉞銘，《銘圖》18229），屬於勢力很大的強族，但不能確定就是諸侯；而 （鼎銘，《銘圖》4380—4382），亞形中間則明顯有異侯之字樣，指代的是諸侯没有問題。

殷代長篇金文，基本見於帝乙、帝辛之世，内容主要是貴族記載賞賜之事，尚未見商王作器有長銘者。殷墟文化四期（帝乙、帝辛）盛行在器物上記事，不惟銅器上有長銘，獸骨上亦有刻辭，如著名的宰豐骨、虎腿骨刻辭、牛頭骨及鹿頭鹿刻辭、牛距骨刻辭等，④ 但其性質與金文不同，貴族製作金文的動機，最終是落實在爲祖先作器方面，反映當時鑄造銅器多用於祭祀。長篇殷金文多記載賞賜，

---

① 陳絜認爲子是商代貴族尊稱，但子某並非都是王族或王族分支。陳絜：《商周金文》，第 165—166 頁。嚴志斌結合甲骨文材料，認爲子大部分爲時王之子，但與王的親疏關係不同，故社會地位也有差別。嚴志斌：《商代青銅器銘文研究》，第 203—221 頁。

② 朱鳳瀚認爲亞既標識氏名，又指出該名爲次級族氏的功能。朱鳳瀚：《商周金文中"亞"字形内涵的再探討》，宋鎮豪、陳光宇主編《甲骨文與殷商史》（新六輯），上海古籍出版社 2016 年版，第 194—207 頁。何景成認爲亞是一種職官性稱謂，地位頗高，可能相當於諸侯。何景成：《商周青銅器族氏銘文研究》，齊魯書社 2009 年版，第 48—61 頁。嚴志斌認爲將亞視爲職官的想法可取，但不能遽定亞是哪一級職官，應分別而論；他同時又認爲框在複合氏名之外的亞形是宗廟的象徵。嚴志斌：《商代青銅器銘文研究》，第 157—175、240 頁。

③ 郭沫若主編：《甲骨文合集》，中華書局 1979—1983 年版。簡稱《合集》。

④ 宋鎮豪、劉源：《甲骨學殷商史研究》，福建人民出版社 2006 年版，第 12—13 頁。

其雙方人物除了王與貴族，多爲子與小子，"子賞（賜）小子"一類材料在殷金文中經常出現，應是認識商王朝社會形態的一個關鍵點。如上所述，子是直接聽命于商王的貴族，而小子則是子的分族之長，①或小家長。如帝辛時代的小子□簋（《銘圖》5128），記王令䇂伐人方羣、夒，䇂賞其小子貝十朋，可知該小子聽命於䇂，並在其統率下隨從征伐。②䇂或即小子所在族氏之"子"，即族長。③此小子所作簋銘族徽爲✴，暗示䇂有可能爲✴氏之宗子。何景成梳理舉（✴）族參與征人方之殷金文材料，指出小子喬、小子䍙均參加此役，④我們推測二人所作器銘中，所稱的子，很可能也就是䇂。

殷金文記錄，小子亦稱子爲君（小子省卣，《銘圖》12374），可見宗法血緣紐帶在當時政體運轉中，仍發揮着重要作用。小子與其大宗族長之間實際上有着政治統屬關係，因此有時也不稱其族長爲子，直接稱其官名，如小子䂂簋（《銘圖》4865）載："乙未，卿事賜小子䂂貝二百，用作父丁尊簋。✴"其中卿事或即✴氏之子，䂂爲✴氏小宗，故自稱小子，䂂稱其君卿事而不稱子，可能是尊其職官。

綜上，從金文史料來看，殷代貴族社會的基本單位是宗族，族長或宗子可稱爲子，是當時貴族社會中最重要的貴族群體，他們直接受商王呼令和驅使，其中的强宗雄族又可冠以亞的名號，勢力顯赫。子支配、控制着其下的分支家族長或小宗，即小子。小子聽命于其族長"子"，間接服務于商王。因此學界不能再將殷金文中"子"稱爲爵位，事實上殷代與西周王朝並未實行過五等爵制；今天相信五等爵的學者，也是簡單將爵理解爲政治等級，尚不能結合史料來闡述所謂"爵稱"的具體特殊內涵，由此可見爵作爲政治概念來使用的話，到底何指，其實很難講清楚。以下結合殷墟甲骨文史料，通過圖1、圖2來概括殷金文所見社會結構與政體形態。

---

① 關於"小子"的身份，可參看嚴志斌文章。嚴志斌：《關於商周"小子"的幾點看法》，《三代考古》（一），科學出版社2004年版。陳絜亦同意小子爲小宗或分族首領之説。陳絜：《商周金文》，第216頁。

② 陳絜對該器銘有補釋。陳絜：《〈四祀邲其卣〉與晚商東土交通》，北京大學出土文獻研究所編《青銅器與金文》（第一輯）上，上海古籍出版社2017年版，第82頁。

③ 李學勤贊同張政烺説，並進一步指出䇂是爵名或職名，地位很高。李學勤：《殷商至周初的䇂與䇂臣》，《殷都學刊》2008年第3期。白於藍最近據《清華簡》釋讀此字爲"賓"。白於藍：《釋"䇂"》，《拾遺録——出土文獻研究》，科學出版社2017年版，第223—231頁。朱鳳瀚則認爲是指稱族長。朱鳳瀚：《也論商與西周青銅器銘文中的"䇂"》，《出土文獻》2020年第3期。

④ 何景成：《商周青銅器族氏銘文研究》，第97—98頁。

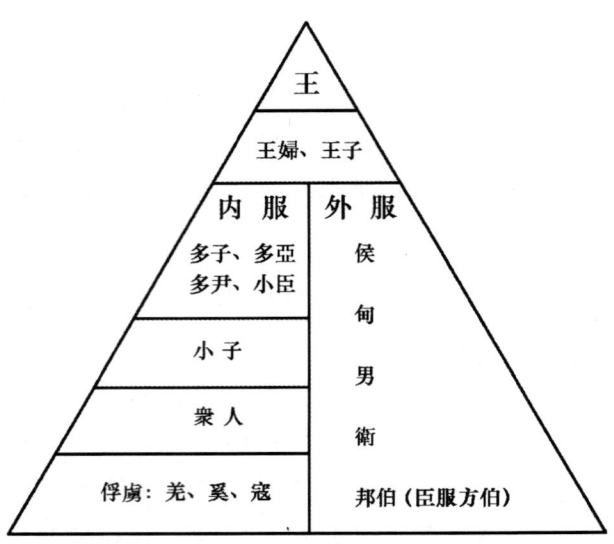

圖 1　甲骨文、金文所見殷王朝社會與政體形態

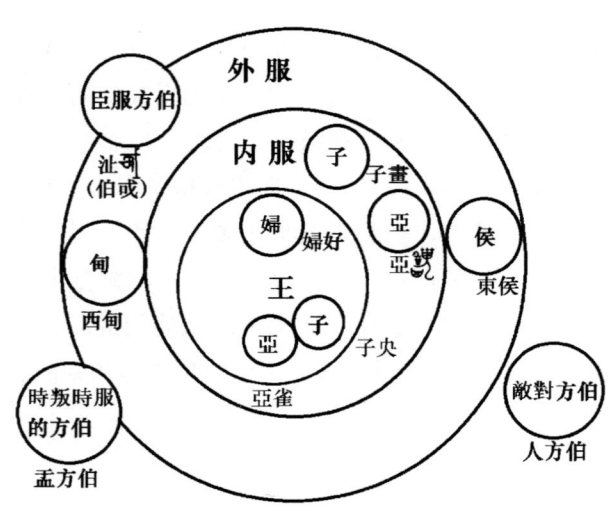

圖 2　甲骨文、金文所見殷王朝政治地理格局

二　金文所見西周以伯爲基礎的社會與政治體系

周取代殷以後，西周王朝的國家政體與貴族社會結構没有本質上的改變，整體上仍保持王室統領内外服貴族家族的局面。由於周人治國策略調整，且其宗法

制度獨具特色（按：即以姓氏與聯姻來進行政治操作），因此周代社會面貌與殷代相比，也有較大的變化，這在金文史料中有較充分的反映。

西周時期，周王更重視經營四方，以大一統的心態，轄治天下萬邦，故自稱天子，其臣下也尊稱周王爲天子，其例證在金文中屢見不鮮。與此同時，極少數貴族還可自稱王，其使用範圍局限在其屬地之內，如矢伯（鬲銘，《銘圖》2700—2701）又可自稱矢王（鼎蓋，《銘圖》1550）、呂伯（簋銘，《銘圖》4902）又可自稱呂王（鬲銘，《銘圖》2877）、彔伯或稱其皇考爲釐王（簋蓋，《銘圖》5365）、乖伯稱其皇考爲武乖幾王（簋銘，《銘圖》5385）等，均可襯托出周王更高一級的天子身份。①

殷代社會中子是最重要的貴族，而周代社會中伯則成爲貴族群體的骨幹。西周貴族家族的宗子，自稱爲伯或被尊稱爲伯氏，② 一般由嫡長子繼承並擔任。金文中習見的"某伯"，即爲各個貴族大氏的宗子，伯之前的"某"爲氏名，如榮伯、井伯、單伯、定伯、格伯、唐伯、柞伯等，與所謂爵位之伯根本沒有關係。與"伯某父"一類貴族的"字"不同，某伯強調的是其大氏宗子身份，這種族長偶爾也有非嫡長子者擔任，可參照《左傳》所載春秋史例；而伯某父，強調的是兄弟排行，這一群體肯定皆是長子，但不一定是大宗宗子，其中也有明確屬於小宗的人，如大師小子伯弄（莽）父（鼎銘，《銘圖》2190）、伯大師小子伯公父（簋銘，《銘圖》5976）之例。與此同理，金文中"某仲""某叔""某季"，均指強宗大氏中，不同層次的小宗身份，並會隨著世代變遷，進一步轉化爲氏名，如榮仲、榮季、井叔、虢仲、虢季、虢叔之類，這類小宗宗子一般情況下也是由其嫡長子世襲，即以字稱"伯某父"者，他們也可能同時又稱爲"某仲""某叔""某季"，即強調自身屬於某氏之分族，二者並不矛盾。而仲某父、叔某父、季某父等貴族的"字"，其中的仲、叔、季並非分支家族的標識，單純指長子（伯某父）以下的兄弟排行。對此，我們完全可以聯繫春秋貴族名號來加以理解，如魯之孟孫、叔孫、季孫分別爲魯侯之小宗，其宗子未必皆由嫡長子繼承，容有例外，但這幾個分支宗族内部，成年男性貴族行冠禮，根據排行在其字中，分別稱伯仲叔季，卻是整齊有序的。也就是說，家族氏名和貴族字號中伯仲叔季，性質不同，

---

① 張政烺先生指出，西周貴族稱王者，多爲邊遠古國之君，本有境内稱王之俗，對周王朝時叛時服，在周人壓迫強大時，即改稱伯，周人力量鬆懈時，就改稱王。張政烺：《矢王簋蓋跋——評王國維〈古諸侯稱王說〉》，《古文字研究》第十三輯，中華書局1986年版；又收入《張政烺文史論集》，中華書局2004年版。

② 氏之音義，可參趙林先生論文。趙林：《論"氏"的造字成詞》，《甲骨文與殷商史》（新一輯），綫裝書局2008年版。陳絜已指出西周金文中多用伯氏指稱族長。陳絜：《商周姓氏制度研究》，第360頁。

要區分清楚。西周貴族小宗，亦沿用殷制稱"小子"，如上文所舉大師小子，以及晉侯穌之小子（鐘銘，《銘圖》15301）等，此不贅述。金文中的"伯某"，情況就較爲複雜，可能有如下幾種可能性：一是某伯某（氏＋伯＋名）的省稱，二是伯某（排行＋名），或伯某父（字）的省稱。需結合具體材料一一分析，這裏就不多說了。

周王直接統領的貴族，多稱某伯，即某氏之伯，其身份是各大同姓或聯姻異族家族的宗子，其在王朝政治中的角色，主要擔任内服的重要職官，如公、三有司（司土、司馬、司工）。大族宗子如不任公，仍稱某氏之伯，如畢公之後仍爲畢伯，追稱其先祖爲"受命畢公"（畢伯鼎，《銘圖》2273）。有的家族長期世襲要職，如好幾代井伯累世擔任司馬。① 隨着家族勢力的消長，一些小宗宗子，即其族長稱爲某仲、某叔、某季者，也有機會升任要職，反映出大氏之分蘖反而超越本支的情況。周公封魯，召公封燕，均是"長子就封"，外封的魯侯、燕侯等諸侯政治勢力不斷坐大，日漸超越本宗，也是類似情況。强宗大氏之小宗在政治上發跡的現象多見於西周晚期，如柞伯鼎銘（《銘圖》2488）記載虢仲擔任統帥，下令柞伯、蔡侯圍攻南方昏邑，其政治、軍事地位就非常顯赫。②

在"王畿"邊緣區域，乃至王朝周邊地區，也有臣服王室的部族首領，他們亦稱爲某伯，如强伯、彔伯、乖伯、杞伯等。有的甚至毗鄰於外服之侯，如倗伯、霸伯，即與晉侯接壤，雖然文獻失載，但近年考古工作者已在山西絳縣橫水、翼城縣大河口發現其家族墓地。③ 從金文記載來看，這些邊地之伯與王室有直接的交流和聯繫，政治溝通上也不會與天子阻隔，因此並非是諸侯之附庸。當然，隨着諸侯勢力不斷增强，這些邊地之伯逐漸爲毗鄰之諸侯所掌控，才淪爲附庸，也不奇怪。在王朝邊緣之某伯，如霸伯、倗伯之類，其涵義也指某氏之宗子，其下亦有分支，如倗伯有分族倗仲，倗仲鼎銘文載"倗仲作畢媿媵鼎"（《銘圖》1961），反映倗氏爲媿姓，同畢氏互爲婚姻，此與倗伯諸器銘所見史事吻合。西周王朝在政治上，通過内服大氏與外服邊鄙之伯的政治聯姻，加强聯繫與控制，也是其統治方式的一大特色，值得另外專門論述，其典型例子可舉近出胡應姬鼎，記載了姬姓應侯與媿姓胡侯的婚媾，可看李學勤的研究。④

---

① 李學勤先生認爲近年發現之頻簋銘中的頻是井伯，與其祖幽伯都任過司馬。李學勤：《論頻簋的時代》，《中國歷史文物》2006年第3期。
② 朱鳳瀚：《柞伯鼎與周公南征》，《文物》2006年第5期。
③ 山西省考古研究所等：《山西絳縣橫水西周墓發掘簡報》，《文物》2006年第8期。山西省考古研究所大河口墓地聯合考古隊：《山西翼城縣大河口西周墓地》，《考古》2011年第7期。
④ 李學勤：《胡應姬鼎再釋》，《武漢大學學報》（人文科學版）2017年第4期。

周天子直接管轄的貴族，還有師這一大群體，或稱師氏。這類貴族的長官爲大師，分爲伯大師、仲大師。貴族社會中，其子弟教育涵蓋禮、樂、射、御、書、數，均由師、保負責，故師往往由組織軍事教育者，轉而成爲軍事長官。師並承擔培訓夷臣與猛士之職，遂負責王室宿衛、統領虎臣等事；然其所任並不限於狹義武職，師某亦偶爾擔任司土，甚至樂師，① 這從師來源於教師之本質來看，並不奇怪。穆王時，師雍父曾受王命，統帥成周師氏抵禦淮夷，其人亦稱伯雍父；（𢐜尊，《銘圖》11807；彔卣，《銘圖》13331）懿王時，師俗父亦與井伯、榮伯、定伯等貴族同列王朝重臣，其人亦稱伯俗父。（裘衛鼎，《銘圖》2497；師永盂，《銘圖》6230）上述師雍父、師俗父均是王朝大師，且師是一種世襲的重要身份，甚至類似於氏名。② 西周社會與政治中，師經常被時人以"字"稱呼，以示其地位尊重。王朝大師以下，各地都邑亦均有師氏，如成周師氏（《銘圖》13331—13332）、豐還（縣）左右師氏（《銘圖》5331—5334）等。上自王室、都邑，下至貴族私邑，均有師，具層級性與普遍性，與三有司的橫向、縱向廣泛設置相當類似。師又不同於特定的職官，更像是一種身份，這是西周貴族社會的一大特色。

在周王朝周邊，由諸侯拱衛王室。近年西周考古工作的重大收穫之一，即爲諸侯都邑及墓地的發掘，獲得了豐富的金文材料，增進我們對西周外服統治格局的認識，如周王室在其東北封匽（燕）侯，在東國（即東域）建齊侯、魯侯，在南國（即南域）設應侯、鄂侯、曾侯，在西北置晉侯、楷侯（黎侯）等，均可據新材料細加考察。需要說明的是，西周的侯往往由伯轉換而成，③ 天子按其不同時期的經營方略，可隨時選擇內服之伯，俾侯於外，如"王令唐伯侯于晉"（𫖯公簋，《銘圖》4954），④ 又如令申伯"于邑于謝""登是南邦"（《詩·大雅·崧高》）。故從某種意義上說，內服之伯與外服之侯的區別主要在於承擔的職事與責任不同，但在效力於天子以及相對獨立自治這兩方面，實際上較爲相似。天子對外服之侯，亦有較強的控制，如派王臣掌其軍隊，近出山東高青陳莊遺址出土引

---

① 楊善群曾考察過師的執掌與地位，可參看。楊善群：《西周銘文中的"師"與"師氏"》，《考古與文物》1990 年第 2 期。

② 李峰認爲西周很多貴族都有師的經歷，在卸任這一軍事職務後，可以掌管民事職務，但仍頂著師這一頭銜。李峰：《西周的政體：中國早期的官僚制度和國家》，吳敏娜等譯，第 87 頁。

③ 朱鳳瀚師指出西周時期侯的性質是王朝派駐邊域的外服軍事職官，認爲貴族未被命侯前稱伯，是顯示其宗子或族長地位。朱鳳瀚：《關於西周封國君主稱謂的幾點認識》，《兩周封國論衡：陝西韓城出土芮國文物暨周代封國考古學研究國際學術研討會論文集》，上海古籍出版社 2014 年版。

④ 朱鳳瀚：《𫖯公簋與唐伯侯于晉》，《考古》2007 年第 3 期。

簋（《銘圖》5299—5300）所載"王命引司齊師"，是爲新證。① 天子的權威，或核心地位，以及軍事上優勢地位（掌控殷八師與西六師等常備軍隊），是維繫西周貴族社會的關鍵所在，但隨着內外服貴族家族經濟、軍事勢力的崛起，天子的號召力與統轄力日漸衰弱，導致春秋時代出現禮樂征伐自諸侯出、自大夫出的局面。

　　王朝疆域內外，尚有時服時叛的部族，其首領爲"方伯"或"邦伯"，有些甚至稱王。② 周之東國、南國一帶的部族，特別是楚，受殷文化浸染深厚，故也保持稱首領或族長爲子的習俗，與稱伯（邦伯）之制有時並行。如周原甲骨中楚子又稱楚伯（鳳雛 H11：83、H11：14），春秋早期金文中杞子又稱杞伯；然從周天子之視角，則更傾向於稱這些部族之君爲邦伯，如近年湖北隨州曾侯墓地出土之荆子鼎（《銘圖》2385），即將荆子列入周王所賞賜的"多邦伯"群體之中。周人這一政治組織，原本就被殷人稱爲周方或周邦，其首領爲周方伯，故代殷之後，周制尚伯而賤子，伯稱受到重視，顯然與周文化逐漸占據強勢地位有關。

　　西周王朝，自天子至內、外服貴族，均有其相對獨立的領土與邑，即"家"，有王家，亦有貴族之家。王家有宰，貴族之家亦有家臣。貴族領土與邑中，也設三有司、師氏、邑人等職事人員。西周王朝賜予內、外服貴族疆土與人民（庶人），也設置或保持這些封地上的職官，如三有司和師氏等。貴族獲得天子賜予的土地的同時，也獲得對這些有司、師氏及庶人的管理權；而在貴族土地被剝奪，或土地所有權發生變化時，有司、師氏、庶人則仍保持與土地的聯繫，並脱離原先貴族之控制。③ 這種措施，有助於王室對貴族之掌控及國家對土地的管理。但隨着貴族世代領有其封地和屬邑，其領地上的有司、師氏、庶人與其家族之間的關係日漸加深並固化，實際上一步步轉換成其家臣與私屬。這種情況，在外服之侯的領土上，其家臣化進程尤爲顯著，最終的結果是侯完全控制其土地、臣屬、人民，發展爲與王分庭抗禮的獨立王國。在庶人這一階層之下，還有徹底依附於貴族的奴隸，即臣、妾、僕、馭等，他們是没有人身自由的。④

　　最後，想談談殷遺民問題。西周早中期，王室對殷遺貴族采取懷柔政策，化爲己用，大量殷遺史官與貴族轉而效力于天子和周人大族，這在金文中有堅實的證據，即殷遺貴族所作器銘有日名與族徽，其中著名者爲微史家族；此外，殷遺

---

　　① 李學勤：《高青陳莊引簋及其歷史背景》，《文史哲》2011年第3期。
　　② 張政烺：《矢王簋蓋跋——評王國維〈古諸侯稱王説〉》，《古文字研究》第十三輯，中華書局1986年版；又收入《張政烺文史論集》，中華書局2004年版。
　　③ 董珊最近撰文，也認爲諸侯貴族對其領地的庶人只有治理權，没有人身所有權。董珊：《山西絳縣橫水M2出土肅卣銘初探》，《文物》2014年第1期。
　　④ 金文中的人鬲，近來學者已多不視爲奴隸。至於馭是否奴隸，亦有爭議，現暫取奴隸之説。陳絜：《商周金文》，第211—214頁。

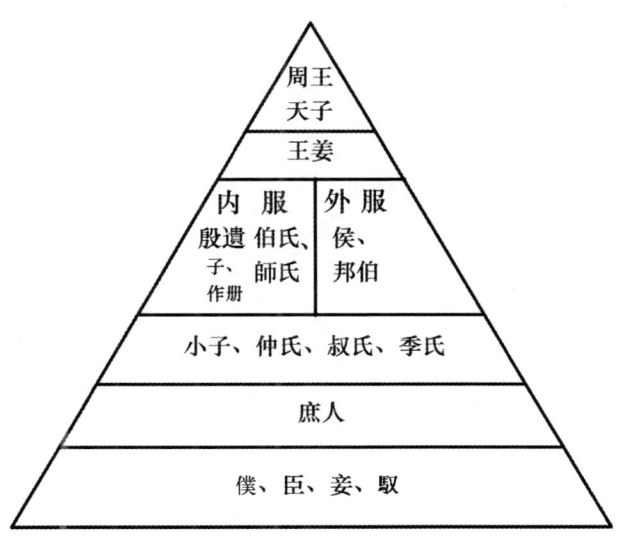

圖 3　金文所見西周早中期社會結構

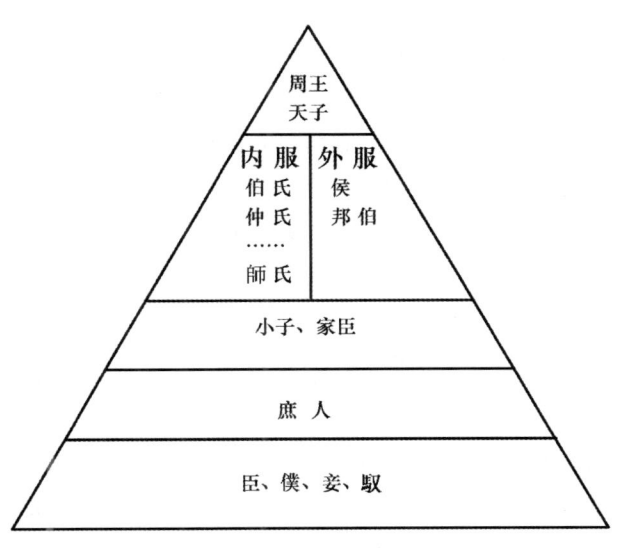

圖 4　金文所見西周晚期社會結構

貴族也保持了稱子之制，其史跡尚見於西周金文中，典型例證可舉保利博物館收藏的子方鼎（或稱榮仲方鼎，西周早期，《銘圖》2412—2413）。該器銘記載王爲榮仲建造宮室，子以器與牲相賀，受榮仲之召請，並得到白金的賞賜，子因此爲父丁作器。子用日名，且銘末族氏徽號爲"史"，可證其人爲殷遺貴族，仍遵循殷

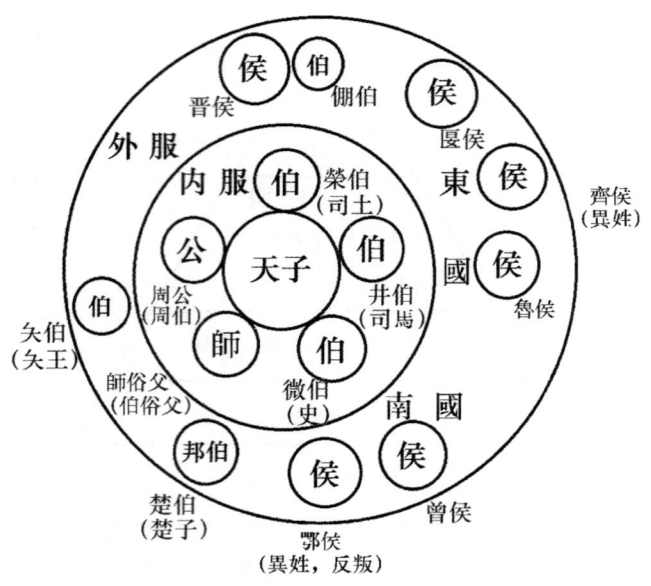

圖 5　金文所見西周政體形態

文化之傳統。① 西周早中期，也有一些周人上層貴族，采用日名，但基本不用族徽，或以官爲氏，如銘"大保"。至西周晚期，金文材料中基本尋覓不到殷遺貴族的文化特徵，日名與族徽幾乎消失，這與殷人最終接受並融入周文化有很大關係，如微史家族就放棄了自己使用族徽與日名的傳統，其族長也改稱微伯（見其所作鋪銘，《銘圖》6140）。以上通過圖 3、圖 4、圖 5 來總結西周貴族社會結構與政體形態。

三　餘論：從金文看春秋時代——貴族社會的尾聲

　　金文材料顯示，西周晚期天子的軍事、政治掌控能力已大大削弱，在對外戰爭中，愈來愈倚重内服强宗大氏和外服諸侯，禹鼎（《銘圖》2498）、柞伯鼎、晉侯蘇鐘銘文對此現象均有所揭示。春秋時代，周天子地位進一步下滑，諸侯及其貴族不斷坐大，東南及南面的吴、越、楚也紛紛稱王，金文中出現秦公、晉公、楚王、吴王、越王等所謂"僭稱"。春秋中期秦公鎛銘（《銘圖》15827）："丕顯朕皇祖受天命，肇有下國，十又二公，不墜在上，嚴龏夤天命，保業厥秦，虩事

---

① 參見何景成《關於〈榮仲方鼎〉的一點意見》，《中國歷史文物》2006 年第 6 期；陳絜《淺談榮仲方鼎的定名及其相關問題》，《中國歷史文物》2008 年第 2 期。

蠻夏。"儼然已有天子口吻。隨州文峰塔 M1 出土曾侯與編鐘時代爲春秋晚期,其銘曰:"周室之既卑……復定楚王。"① 直言不諱周王室的傾頹,並稱楚君爲王。周天子喪失貴族社會金字塔頂端的位置,意味着以王權、宗法維繫王朝之機制,已經廢弛,權力不斷下移,遂出現諸侯争霸、禮樂征伐自大夫出、陪臣執國命的局面。

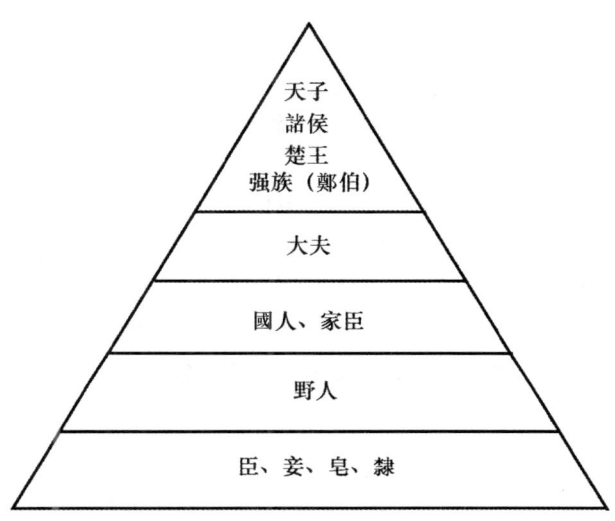

圖6　春秋早期社會結構與政體形態

舊秩序的坍塌,也導致時代風尚的轉變。春秋貴族作器,已不再像西周時代那樣單純强調祭祀祖妣考母,用享於宗室,禮器雖仍具有慎終追遠、敬宗收族的功能,但也出現了注重其實際社會功用的動機,具體表現在媵器與用器增多,成爲春秋銅器的時代特色,在金文中有明顯的反映。② 白川静先生説:"此期器物,以盛食之器爲多,且編鐘及大型的鐘、鎛等樂器很發達。可能當時祭儀的形式有了變化,而饗禮等也擴大了規模。以作器之目的言,則媵器類居多。"③ 這是很有見地的! 春秋貴族盛行製作媵器之風,反映了社會轉型之際,對政治聯姻、尋求盟友的重視;而製作用器之風,則反映了貴族對自身現實生活的關照,以及務實的態度,削弱了青銅器祭祖敬宗的禮制功用,這當然亦與西周以來傳統的宗法血

---

①　湖北省文物考古研究所、隨州市博物館:《隨州文峰塔 M1(曾侯與墓)、M2 發掘簡報》,《江漢考古》2014 年第 4 期。
②　春秋媵器之研究,可參陳昭容文。陳昭容:《兩周婚姻關係中的"媵"與"媵器"——青銅器銘文中的性别、身分與角色研究之二》,《"中研院"歷史語言研究所集刊》第七十七本第二分,2006 年。
③　白川静:《金文的世界》,温天河、蔡哲茂譯,第 207—208 頁。

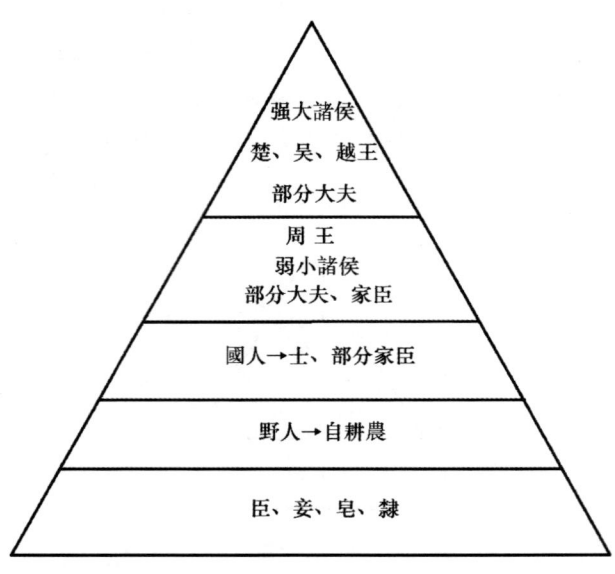

图 7　春秋晚期社會結構圖與政體形態

緣紐帶日漸鬆懈有關。

　　春秋金文反映的另外一個時代特徵是，周王室作器較爲罕見，除常見諸侯、國君（楚王、吴王、越王、徐王等）作器外，諸侯大夫作器也大量出現，且多長銘，如晉之子犯編鐘（《銘圖》15200—15215）、齊之叔夷鐘（《銘圖》15552—15829），反映了大夫勢力的崛起。子犯編鐘記載"王賜子犯輅車、四牡……""諸侯羞元金于子犯之所"，即是禮樂征伐自大夫出的寫照。在周王室衰微、諸侯公室凋零的歷史大背景下，新興貴族階層爲了鞏固與加强統治土地、人民，抵禦外來侵伐，勢必會在原有家臣制度基礎上，選賢與能，尋求變法，發展出新的統治機制。在這一歷史潮流面前，由貴族家族所構成的並依靠天子權威、宗法等級制度維繫的貴族社會，遂不可避免地面臨瓦解的命運。舊史家所謂春秋之世王綱解紐、禮樂崩壞，實際上正恰當地描述了由殷周貴族社會向戰國秦漢官僚社會發展的巨大歷史轉折。① 以上用圖 6、圖 7 來總結春秋社會結構與政治格局。

收稿日期：2022 年 3 月

---

① 顧炎武《日知録》有《周末風俗》一條，深刻地概括了春秋與戰國之世的社會差異。趙儷生：《日知録導讀》，中國國際廣播出版社 2008 年版，第 101 頁。

商周興替秩序構建中的青銅容禮器器用

——兼談新出文獻對傳世文獻所見容禮器器用研究的促進

楊　博

摘　要：先秦禮書所記青銅容禮器的種類主要有牲牢、黍稷、酒醴、盥洗等四種，前兩者對應考古學之食器，後二者則分別對應酒器與水器，相應其用途亦有祭祀、饗燕與盥洗之别。若將其與清華竹書《封許之命》成王所贈"薦彝"及石鼓山、葉家山等墓葬出土隨葬青銅禮器參看，可知在器物組合與"分器"兩個方面，容禮器器用體現出下限在成康之際的周人政治秩序的構建過程。由此綜合利用新出材料進行"禮書所記容禮器與出土所見容禮器器用相對應"方面的研究似可進一步引起學界的重視。

關鍵詞：容禮器器用　商周興替　政治秩序

一　文獻所見禮器的器用功能、種類與組合

（一）禮器的器用功能

《説文·示部》："禮，履也，所以事神致福也，從示從豊，豊亦聲。""豊，行禮之器，從豆象形。"[1] 林澐先生曾申論，"豊"字實從玨從壴，這至少反映古代禮儀活動是以玉、鼓爲代表物的。[2] 由此來看，禮的本意只是先民們崇奉鬼神儀節的實踐行爲。至晚在戰國時，"禮"便包括了政治制度、宗教儀式以及社會風俗習慣等多方面的内容。即孔子所謂"殷因於夏禮……周因於殷禮……其或繼周者，

---

[1]　（漢）許慎撰，徐鉉校定：《説文解字》，中華書局1963年版，第7、102頁。
[2]　林澐：《豊豐辨》，《林澐學術文集》，中國大百科全書出版社1998年版，第4—7頁。

雖百世，可知也"①。換言之，"禮"包括禮節儀式、倫理道德、政治等級三層含義。禮儀、禮制都是特指"禮"的禮節儀式層次。禮儀包括民間禮儀與國家禮儀，後者即通常所説的"禮制"，亦即禮儀中具有國家背景和政治強制力的部分。②

"禮"的奉行首先需要器物條件，"器"即爲銅器之共名。陳夢家先生曾指出："'彝'與'器'是銅器最大之共名。"③青銅器作爲商周貴族社會政治、倫理、宗教等一切禮儀制度的器用標誌，同時也是貴族階層身份地位和權力的象徵。青銅器的使用遍見於貴族社會生活的方方面面，諸如政典官儀、册封賜命、慶賞宴饗、聘使盟會、婚喪嫁娶、車馬出行等各種禮儀場合，無有例外。可以説，青銅器是商周時期貴族生活須臾難離的物質依託。④商周時期，青銅器的生產、使用對社會的發展，甚至對早期國家的形成都產生了重要影響。青銅器的規模化生產意味着手工業的專門化。青銅器的生產和使用，包括采礦、冶煉、運輸、鑄造等諸多環節，並涉及納貢、分配等社會組織、管理和控制方式；青銅器因具有特定的功能，對它的使用還體現出人們的價值觀。⑤《左傳》成公二年載孔子言："唯器與名不可以假人，君之所司也。名以出信，信以守器，器以藏禮，禮以行義，義以生利，利以平民，政之大節也。"杜預注："器，車服。名，爵號"，"名位不愆，爲民所信"，"車服所以表尊卑"。⑥其初始含義是政治統治秩序有賴於禮制運行的通順，而禮制的外在體現是作爲"器""名"的車服和爵號。後世學者以禮器泛指古代祭祀、宴饗等禮儀活動中使用的器具，包括青銅器、玉器等。

《禮記·樂記》："簠簋俎豆，制度文章，禮之器也。"⑦所謂"制度文章"，即指禮樂典章，其與"簠簋俎豆"共同構成了"禮器"，即"禮"的外在形式及內容。《左傳》隱公五年："昭文章，明貴賤，辨等列，順少長，習威儀也。"杜預注："車服旌旗。"⑧《禮記·大傳》："考文章，改正朔，易服色，殊徽號，異器

---

① （魏）何晏注，（宋）邢昺疏：《論語注疏》卷二《爲政》，（清）阮元校刻《十三經注疏》（清嘉慶刊本），中華書局2009年版，第5349頁。
② 胡新生：《禮制的特性與中國文化的禮制印記》，《文史哲》2014年第3期；後收入《周代的禮制》，商務印書館2016年版，第1—22頁。
③ 陳夢家：《西周銅器斷代》，中華書局2004年版，第80頁。
④ 朱鳳瀚、楊博：《多卷本"中國古代青銅器整理與研究"簡評》，《中國史研究動態》2017年第2期。
⑤ 施勁松：《商時期南方地區的青銅器與社會：複雜性與多樣性的例證》，《考古》2018年第5期。
⑥ （晋）杜預注，（唐）孔穎達疏：《春秋左傳正義》卷二五成公二年，（清）阮元校刻《十三經注疏》（清嘉慶刊本），第4111頁。
⑦ （漢）鄭玄注，（唐）孔穎達疏：《禮記正義》卷三七《樂記》，（清）阮元校刻《十三經注疏》（清嘉慶刊本），第3317頁。
⑧ 《春秋左傳正義》卷三隱公五年，第3748—3749頁。

械，別衣服，此其所得與民變革者也。"① 《論語·泰伯》："大哉！堯之爲君也！……巍巍乎其有成功也，煥乎其有文章！"② "文章"指的就是使用禮器的規範。③ 張光直先生指出："青銅當作貴族威權與節制、約束規則的象徵。三代期間，這些容器在形式與裝飾紋樣上經過了許多，有時是相當顯著的變化，但是它們的主要功能是始終未變的。在那最高的一層，若干青銅容器用來象徵一個王朝對國家的統治。"④

因而青銅禮器作爲周代"禮"的外在物化形式，不同的禮器與禮器組合代表了不同的貴族等級。《禮記·禮器》假孔子之言，"孔子曰：'誦《詩》三百，不足以一獻。一獻之禮，不足以大饗。大饗之禮，不足以大旅。大旅具矣，不足以饗帝。'"鄭玄注："誦《詩》三百，喻習多言而不學禮也。大旅，祭五帝也。饗帝，祭天。"⑤ 僅就諸禮的物化形式而言，其分明是一個遞增序列，似可認爲孔子以外在物質形式最高的爲禮之最高，⑥ 亦即"禮有以多爲貴"⑦。由是可見，物化的禮即禮器的數量與組合顯示出禮的表現形式與重要作用。

（二）禮器的種類與組合

"三禮"雖非西周實錄，卻是以兩周爲陳述背景的比較系統、完善的關於禮器制度的重要參考文獻。⑧ 《周禮》對於整個禮器系統的記述最爲宏觀詳備，而其中構擬成分最多，《儀禮》對禮器的具體使用過程有着詳盡而寫實的描述，然缺少對禮器發展過程的動態整體把握，《禮記》對禮器使用的等級、功用議論較多，卻多出孔門，又多有虛擬。⑨ 考古所見青銅容禮器用，"三禮"所記多集中在《喪服》《士喪禮》《既夕禮》等篇，前輩學者已進行過多次深入考訂，⑩ 因"三禮"所記

---

① 《禮記正義》卷三四《大傳》，第3265頁。
② 《論語注疏》卷八《泰伯》，第5402頁。
③ 吴十洲：《兩周禮器制度研究》，商務印書館2016年版，第26頁。
④ 張光直：《中國青銅時代》，生活·讀書·新知三聯書店1983年版，第22頁。
⑤ 《禮記正義》卷二四《禮器》，第3124頁。
⑥ 吴十洲：《兩周禮器制度研究》，第31頁。
⑦ 《禮記正義》卷二三《禮器》，第3100頁。
⑧ 楊博：《戰國楚竹書史學價值探研》，上海古籍出版社2019年版，第93—97頁。
⑨ 吴十洲：《兩周禮器制度研究》，第196、204—242頁。
⑩ 陳公柔：《士喪禮、既夕禮中所記載的喪葬制度》，《考古學報》1956年第4期；陳克倫：《〈儀禮·士喪禮〉中所見喪葬、祭奠器物考略》，《鄭州大學學報》（哲學社會科學版）1989年第3期；謝堯亭：《〈士喪禮〉、〈既夕禮〉的考古學舉例》，山西省考古學會、山西省考古研究所編《山西省考古學會論文集》（四），山西人民出版社2006年版，第124—133頁；高崇文：《試論先秦兩漢喪葬禮俗的演變》，《考古學報》2006年第4期。

多爲後人追述與構擬，因而西周之史實一方面需要結合考古出土資料來做考訂，另一方面需要既不拘泥於墓葬所用之喪禮，又不囿於器物材質（銅器、漆木器等），從而將"三禮"所涉之禮器器用種類與組合先作交代，以爲後續認識之基礎。

禮書中載有大量的禮用容器，大致可分爲祭祀用器、饗燕用器與盥器等。祭祀用器又可劃分爲盛牲牢器、盛黍稷器與酒器三類。

其中盛牲牢器類主要有鼎、俎與鉶等。不同禮儀場合有着不同的用鼎之數，如吉禮，《周禮·天官·外饔》："陳其鼎俎實之牲體魚腊。"①《儀禮·少牢饋食禮》記諸侯之卿大夫祭祖禰之禮"雍人陳鼎五，三鼎在羊鑊之西，二鼎在豕鑊之西"②。賓禮，《周禮·秋官·掌客》鄭玄注："公腥鼎三六，侯、伯鼎二七，子、男腥鼎十八。"③《儀禮·聘禮》使者（卿）："鼎九，羞鼎三。"④ 嘉禮，《周禮·天官·亨人》："掌共鼎、鑊，以給水火之齊。"⑤《內饔》"王舉，則陳其鼎俎，以牲體實之"⑥。《膳夫》云："王日一舉，鼎十有二物，皆有俎。"鄭玄注："牢鼎九，陪鼎三。"⑦《士昏禮》有"陳三鼎于寢門外東方"⑧。《士冠禮》："若殺，則特豚，載合升，離肺實于鼎。"⑨《公食大夫禮》又記諸侯款待來小聘的大夫有："甸人陳鼎七。"⑩ 由上可知，用鼎與用鼎數量，並不能在一個平面作文獻之比較，至少應考慮場合、時間與類型等因素，特別是禮書所記用鼎場合未見屬凶禮的墓葬隨葬鼎數的情況。此外，禮書所載，鼎有崇鼎、貫鼎、羞鼎、牢鼎、正鼎、陪鼎等不同類型。

與鼎相配的是俎，爲載牲體器。《左傳》隱公五年："不登於俎。"杜預注："俎，祭宗廟器。"⑪ 鉶，爲盛羹器。禮書言其爲歲時祭祖禰時使用的禮器。《儀禮·特牲饋食禮》云："祭鉶，食舉。"鄭玄注："食乃祭鉶，禮殺。"⑫

---

① （漢）鄭玄注，（唐）賈公彥疏：《周禮注疏》卷四《天官·外饔》，（清）阮元校刻《十三經注疏》（清嘉慶刊本），第1426頁。
② （漢）鄭玄注，（唐）賈公彥疏：《儀禮注疏》卷四七《少牢饋食禮》，（清）阮元校刻《十三經注疏》（清嘉慶刊本），第2595頁。
③ 《周禮注疏》卷三八《秋官·掌客》，第1946頁。
④ 《儀禮注疏》卷二〇《聘禮》，第2274頁。
⑤ 《周禮注疏》卷四《天官·亨人》，第1426頁。
⑥ 《周禮注疏》卷四《天官·內饔》，第1424頁。
⑦ 《周禮注疏》卷四《天官·膳夫》，第1420頁。
⑧ 《儀禮注疏》卷四《士昏禮》，第2077頁。
⑨ 《儀禮注疏》卷三《士冠禮》，第2064頁。
⑩ 《儀禮注疏》卷二五《公食大夫禮》，第2334頁。
⑪ 《春秋左傳正義》卷三隱公五年，第3749頁。
⑫ 《儀禮注疏》卷四六《特牲饋食禮》，第2581頁。

與盛牲牢器對應的是盛黍稷器，有簋、簠、敦、豆等。《地官·舍人》："凡祭祀，共簠簋，實之，陳之。"鄭玄注："方曰簠，圓曰簋。盛黍稷稻粱器。"① 《秦風·權輿》："於我乎，每食四簋。"毛傳曰："四簋，黍稷稻粱。"② 敦於禮書中見於《儀禮》《禮記》。《少牢饋食禮》："主婦自東房執一金敦黍，有蓋，坐設于羊俎之南。"鄭玄注："敦有首者，尊者器飾也，飾蓋象龜。"③《禮記·內則》曰："敦、牟、卮、匜"。鄭玄注："敦、牟，黍稷器也。"④《爾雅·釋丘》邢昺引《孝經緯》："敦與簠簋容受雖同，上下內外皆圓為異。"⑤ 豆為盛菹醢等濡物之器。《天官·醢人》："掌四豆之實。"⑥《儀禮·鄉射禮》："醢以豆。"鄭玄注："醢以豆，豆宜濡物也。"⑦《大雅·生民》："于豆于登。"毛傳："木曰豆，瓦曰登。"⑧

　　祭祀用的盛酒之器有爵、觶、角、散、尊與彝等。《禮記·禮器》："有以小為貴者。宗廟之祭，貴者獻以爵，賤者獻以散，尊者舉觶，卑者舉角。"鄭玄注："凡觴一升曰爵，二升曰觚，三升曰觶，四升曰角，五升曰散。"⑨《儀禮·特牲饋食禮》曰："篚在洗西，南順，實二爵、二觚、四觶、一角、一散。"⑩ 爵，《天官·內宰》："大祭祀，后祼獻，則贊，瑤爵亦如之。"鄭玄注："瑤爵，謂尸卒食，王既酳尸，后亞獻之，其爵以瑤為飾。"⑪ 角、觶可能與今之所名並非一物。《考工記·梓人》："梓人為飲器，勺一升，觚三升，獻以爵，而酬以觚，一獻而三酬，則一豆矣。"鄭玄注："觚當為觶。"⑫ 今日稱為觶之銅器，源自宋人命名，出現在殷代中期，通行至西周早期，其後罕見。⑬ 禮書中之觶似不大可能即宋人所名之觶。散，《春官·鬯人》又有："凡疈事用散。"⑭ 王國維《說斝》已指出散

---

① 《周禮注疏》卷一六《地官·舍人》，第1615頁。
② （漢）毛亨傳，（漢）鄭玄箋，（唐）孔穎達疏：《毛詩正義》卷六·四《秦風·權輿》，（清）阮元校刻《十三經注疏》（清嘉慶刊本），第796頁。
③ 《儀禮注疏》卷四八《少牢饋食禮》，第2603頁。
④ 《禮記正義》卷二七《內則》，第3167頁。
⑤ （晉）郭璞注，（宋）邢昺疏：《爾雅注疏》卷七《釋丘》，（清）阮元校刻《十三經注疏》（清嘉慶刊本），第5692頁。
⑥ 《周禮注疏》卷六《天官·醢人》，第1452頁。
⑦ 《儀禮注疏》卷一三《鄉射禮》，第2181頁。
⑧ 《毛詩正義》卷一七·一《大雅·生民》，第1146頁。
⑨ 《禮記正義》卷二三《禮器》，第3103頁。
⑩ 《儀禮注疏》卷四六《特牲饋食禮》，第2582頁。
⑪ 《周禮注疏》卷七《天官·內宰》，第1474頁。
⑫ 《周禮注疏》卷四一《考工記·梓人》，第2001頁。
⑬ 朱鳳瀚：《中國青銅器綜論》，上海古籍出版社2009年版，第251頁。
⑭ 《周禮注疏》卷一九《春官·鬯人》，第1663頁。

爲斝字之誤。① 尊，《春官·小宗伯》曰："辨六尊之名物，以待祭祀、賓客。"② 所謂六尊，應指盛酒之六種尊，即獻尊、象尊、壺尊、著尊、大尊與山尊。《春官·司尊彝》另記有"六彝"，其云："掌六尊、六彝之位。"③ 六彝即雞、鳥、斝、黃、虎與蜼等。王國維《說彝》指出"尊彝皆禮器之總名也"④。閻步克先生近有申論，指出禮書所見"五爵"只是襲用了爵、觚、觶、角、斝之名，實際已是容量概念。⑤

饗燕用器有食器與酒器，其中食器有甒、鼎、俎、簋、簠、敦、豆等。甒，《考工記·陶人》："陶人爲甒，實二觚，厚半寸，唇寸。"鄭司農注云："甒，無底甑。"⑥《左傳》成公二年，"晉師從齊師，入自丘輿，擊馬陘。齊侯使賓媚人賂以紀甒、玉磬與地"⑦。可見甒亦爲當時珍重之寶器。⑧《周禮·秋官·掌客》記待諸侯之禮："鼎簋十有二。"⑨ 因而鼎又可爲饗燕用器。與之相同，俎、簋、簠、敦、豆等均又可爲饗燕器。如《禮記·玉藻》："朔月，少牢，五俎，四簋。"鄭玄注："朔月四簋，則日食稻粱各一簋而已。"⑩

酒器有爵、尊、斝、壺、觥、罍、觶、卣、豐、禁等。爵亦可用於饗燕，《左傳》桓公二年，"凡公行，告于宗廟；反行，飲至、舍爵，策勳焉，禮也。"杜預注："爵，飲酒器也。"⑪ 上述尊、斝、觶等亦均可兼用。壺，《秋官·掌客》："夫人致禮，八壺、八豆、八籩。"鄭玄注："壺，酒器也。"⑫《大雅·韓奕》："顯父餞之，清酒百壺。"⑬ 說的也是餞行宴以壺盛酒。觥，常與兕連稱，《周南·卷耳》："我姑酌彼兕觥。"毛傳："角爵也。"⑭ 罍，《卷耳》有："我姑酌彼金罍。"孔穎達疏引韓詩說："金罍，大夫器也。天子以玉、諸侯大夫皆以金，士以梓。"⑮ 可見，罍爲大型盛酒器。卣，亦爲盛酒器，《大雅·江漢》與《書·文

---

① 王國維：《說斝》，《觀堂集林》卷三，中華書局1959年版，第145—147頁。
② 《周禮注疏》卷一九《春官·小宗伯》，第1654頁。
③ 《周禮注疏》卷二〇《春官·司尊彝》，第1668頁。
④ 王國維：《說彝》，《觀堂集林》卷三，第153—155頁。
⑤ 閻步克：《禮書"五爵"的稱謂原理：容量化器名》，《史學月刊》2019年第7期。
⑥ 《周禮注疏》卷四一《考工記·陶人》，第1999頁。
⑦ 《春秋左傳正義》卷二五成公二年，第4114頁。
⑧ 據劉緒先生研究，晉侯墓地中甒的使用是有一定之規的，即偏早時見於侯墓與夫人墓，偏晚時只見于侯墓，且均有且只有一件，此爲周人定制。參見劉緒《晉文化》，文物出版社2007年版，第159頁。
⑨ 《周禮注疏》卷三八《秋官·掌客》，第1945頁。
⑩ 《禮記正義》卷二九《玉藻》，第3193頁。
⑪ 《春秋左傳正義》卷五桓公二年，第3785頁。
⑫ 《周禮注疏》卷三八《秋官·掌客》，第1946頁。
⑬ 《毛詩正義》卷一八·四《大雅·韓奕》，第1231頁。
⑭ 《毛詩正義》卷一·二《周南·卷耳》，第584頁。
⑮ 《毛詩正義》卷一·二《周南·卷耳》，第583—584頁。

侯之命》皆云："秬鬯一卣。"① 卣爲專以盛鬱鬯的酒器。《特牲饋食禮》："壺棜禁。"②《禮記·禮器》亦有："天子、諸侯之尊廢禁，大夫、士棜禁。"③ 與禁相近，豐亦爲承尊、爵之器。《儀禮·燕禮》："公尊瓦大兩，有豐。"鄭玄注："豐，形似豆，卑而大。"④《大射》："司宮尊于東楹之西，兩方壺，膳尊兩甒在南，有豐。"鄭玄注："豐以承尊也。說者以爲若井鹿盧，其爲字從豆曲聲，近似豆，大而卑矣。"⑤

青銅盥器則有盤、匜、盂、洗與壺等。盤爲盛盥洗水器，《禮記·內則》："進盥，少者奉盤，長者奉水，請沃盥，盥卒，授巾。"鄭玄注："盤，承盥水者。"⑥《左傳》僖公二十三年："奉匜沃盥。"杜預注："匜，沃盥器也。"⑦ 文獻中常見盤匜連用，《國語·吳語》："一介嫡男，奉槃匜以隨諸御。"⑧ 又見盤匜與盂連用，《儀禮·既夕禮》："用器，弓矢、耒耜、兩敦、兩杅、槃、匜。匜實于槃中，南流。"鄭玄注："杅，盛湯漿。槃匜，盥器也。流，匜口也。"⑨ 洗，禮書言爲盛盥洗棄水之器，《儀禮·士冠禮》："夙興，設洗，直于東榮。"鄭玄注："洗，盛盥洗者棄水器也。"⑩ 是盤從匜中挹水，由上澆之，故曰沃盥，其下注之水，謂之棄水，以洗承之。壺，亦有用作水器者，《夏官·挈壺氏》："掌挈壺以令軍井。"鄭玄注："盛水器也。"⑪

據上述討論，禮書所見禮器種類與用途似可匯總列爲表1。

表1　　　　　　　　　　禮書所見禮器的器用種類舉例

器類			器用		
			祭祀	饗燕	盥洗
食器	盛牲牢	鼎	√	√	
		俎	√	√	
		鍘	√		

---

① 《毛詩正義》卷一八·四《大雅·江漢》，第1237頁；（唐）孔穎達疏：《尚書正義》卷二〇《文侯之命》，（清）阮元校刻《十三經注疏》（清嘉慶刊本），第540頁。
② 《儀禮注疏》卷四六《特牲饋食禮》，第2583頁。
③ 《禮記正義》卷二三《禮器》，第3104頁。
④ 《儀禮注疏》卷一四《燕禮》，第2194頁。
⑤ 《儀禮注疏》卷一六《大射》，第2225頁。
⑥ 《禮記正義》卷二七《內則》，第3166頁。
⑦ 《春秋左傳正義》卷一五僖公二十三年，第3941頁。
⑧ 徐元誥撰，王樹民、沈長雲點校：《國語集解·吳語第十九》，中華書局2002年版，第539頁。
⑨ 《儀禮注疏》卷三八《既夕禮》，第2489頁。
⑩ 《儀禮注疏》卷一《士冠禮》，第2043頁。
⑪ 《周禮注疏》卷三〇《夏官·挈壺氏》，第1824頁。

續表

器類			器用		
			祭祀	饗燕	盥洗
食器	盛黍稷	甗		√	
		簋	√	√	
		簠	√	√	
		敦	√	√	
		豆	√	√	
酒器	盛酒	爵	√	√	
		觶	√	√	
		角	√		
		斝	√	√	
		尊	√		
		彝	√		
		觥		√	
		罍		√	
		卣		√	
		壺		√	
		禁		√	
水器	盥洗	盤			√
		匜			√
		盂			√

表1以"三禮"爲據，討論了禮書中所見的禮器器用種類與組合，這裏需要進一步説明的是，上述組合似並非向壁虚造，在商周時期是存在深厚的社會現實基礎的。《左傳》桓公六年有季梁止隨侯追楚師事：

公曰："吾牲牷肥腯，粢盛豐備。何則不信？"
對曰："夫民，神之主也。是以聖王先成民，而後致力於神。
故奉牲以告曰：'博碩肥腯。'謂民力之普存也，謂其畜之碩大蕃滋也，謂其不疾瘯蠡也，謂其備腯鹹有也。
奉盛以告曰：'絜粢豐盛。'謂其三時不害，而民和年豐也。
奉酒醴以告曰：'嘉栗旨酒。'謂其上下皆有嘉德，而無違心也。所謂馨香，無讒慝也。
故務其三時，脩其五教，親其九族，以致其禋祀，於是乎民和而神降之福，故動則有成。

今民各有心，而鬼神乏主，君雖獨豐，其何福之有？

君姑脩政而親兄弟之國，庶免於難。"

隨侯懼而脩政。楚不敢伐。①

這裏"奉牲以告曰：'博碩肥腯'""奉盛以告曰：'絜粢豐盛'""奉酒醴以告曰：'嘉栗旨酒'"，似即提供了容禮器物組合、器用兩方面之例證，結合上文器用種類、組合的討論，可將之分列如下。

盛牲牢之器：鼎、俎；

盛黍稷之器：簋、甗、鬲、簠、豆、敦；

奉酒醴之器：尊、卣、爵、觚、觶、角、罍、斝、壺、觥、彝。

將其與《儀禮》等禮書中習見之盥器，如盤、匜、盂等相合，則構成一個將祭禮、饗燕用器合而爲一的禮器器用結構體系。此種器用結構體系在新出文獻及考古發現中均可得到驗證。

二　考古所見商周興替時期周人政治秩序構建中的容禮器器用

上舉《左傳》桓公六年所記爲隨侯之事。而近年湖北葉家山、文峰塔、郭家廟的考古發現，亦使得隨着曾侯乙墓的發現所引發的曾隨之辯的問題逐漸破解。"曾隨爲一"的看法亦日趨得到學界認同。② 故所幸地不愛寶，考古發現爲討論文獻所記容禮器器用提供了寶貴的資料。

2013年，地處原西周王畿地區的寶雞石鼓山，發現有年代在西周初期的銅器墓葬。有M1至M4四座墓葬隨葬青銅禮器。③ 由於M1、M2出土現場環境保護不好，層位關系、遺跡現象不清晰，墓葬形制不明，故筆者曾以M3、M4的情況爲據，討論過西周初期銅器墓葬的禮器組合與周人器用制度的關系，④ 這裏似仍可由

---

① 《春秋左傳正義》卷六桓公六年，第3799—3800頁。

② 李學勤：《新見楚王鼎與"曾國之謎"》，《青銅器入門》，商務印書館2013年版，第140—144頁；方勤：《曾國歷史與文化：從"左右文武"到"左右楚王"》，上海古籍出版社2018年版，第10—11頁。

③ 石鼓山考古隊：《陝西寶雞石鼓山西周墓葬發掘簡報》，《文物》2013年第2期；陝西省考古研究院、寶雞市考古研究所、寶雞市渭濱區博物館：《陝西寶雞石鼓山商周墓地M4發掘簡報》，《文物》2016年第1期。

④ 楊博：《西周初期銅器墓葬禮器組合關係與周人器用制度》，《青銅器與金文》（第一輯）下，上海古籍出版社2017年版，第525—540頁。

此入手，聯繫相關考古發現，討論商周興替時期周人統治秩序構建中的容禮器器用情況。

　　石鼓山 M3 所出青銅容器主要在熟土二層臺上的壁龕之中。① 各龕隨葬青銅禮器組合的情況可用表 2 來表示。

表 2　　　　　　　　　　　石鼓山 M3 隨葬青銅禮器組合

龕號	銅器類別		數量	相鄰器物	帶族氏銘文青銅器的數量	帶族氏銘文青銅器的相對位置
K1	牲牢	圓鼎	2	圓鼎、簋	1（M3：1 鳥父甲鼎）	倒扣於 M3：2 扉棱鼎内
	黍稷	簋	1	圓鼎	無	無
K2	牲牢	圓鼎	2	甗	無	無
	黍稷	簋	4	甗	無	無
		甗	1	簋、圓鼎	1（M3：6 萬甗）	南部
K3	酒醴	爵	1	卣	1（M3：12 父癸爵）	M3：13 冉父乙卣東
		觶	1	方彝	無	無
		尊	1	卣	1（M3：14 父癸尊）	M3：13 冉父乙卣西
		卣	5	禁、爵、尊、壺、罍、方彝	4（M3：13 冉父乙卣、M3：17 單父丁卣、M3：23 户卣甲、M3：20 户卣乙）	兩件户卣在銅禁上，父丁卣在中東部。
		方彝	1	禁、卣、斗	1（M3：24 户方彝）	M3：23 户卣甲西
		罍	1	禁、卣	1（M3：19 亞羌罍）	M3：20 户卣乙東
		壺	1	卣	1（M3：16 父甲壺）	M3：17 單父丁卣東 M3：15 鳳鳥紋卣西
		禁	2	卣、禁、斗、方彝、觶、盂、罍	無	無
		斗	2	禁、卣、方彝	無	無
	盥洗	盂	1	禁	1（M3：26 冉盂）	M3：25 銅禁上 M3：24 户方彝北部
K4	牲牢	鼎	2	簋	1（M3：81 中臣登鼎）	出土時掉落在二層台上
	黍稷	簋	1	鼎	無	無
K6	酒醴	卣	1	盤	1（M3：30 父乙卣）	北部
	盥洗	盤	1	卣	1（M3：31 光癸盤）	西南部

---

　　① 據簡報，M3 有 1 件銅鼎位於北二層台西部（K4 下方），出土時口朝下，一足被壓斷，發掘者疑此鼎本在 K4，後因某種原因掉在二層臺上。

石鼓山墓葬一個顯著特點就是帶有壁龕。張懋鎔等先生已指出，類似帶壁龕的墓葬已知西周早期主要有岐山王家嘴、鳳翔西村、長武碾子坡、寶雞戴家灣等地，而在已發掘的先周晚期墓地裏，長武碾子坡墓地的139座墓裏68座有壁龕，同時高家村墓地有多座，崇信香山寺M1以及灃西毛紡廠M1等也都帶有壁龕。也就是說在先周至西周早期，已知的帶壁龕的墓葬基本都發現於周原及以西、以北的地區，最東至灃西。目前已知唯有翼城大河口M1壁龕墓不在這一地區，但其時代不但略晚於石鼓山M3，龕內出土物還多爲漆器和原始瓷。所以壁龕葬制當源自關中西部。① 故以壁龕形式隨葬青銅器的葬制亦可視作是周人族群的習俗。照此理解，結合石鼓山墓葬所體現的"周人"因素，可得出其隨葬青銅禮器的組合關係之特徵。

　　首先，最值得留意處，即在於M3隨葬的禮器組合涵蓋了食器、酒器、水器三大類，就器用區位而言，五個壁龕中，K1、K2和K4爲食器組合，K3和K6爲酒器加水器的組合。按上文討論，食器組合分別對應禮書所記的牲牢、黍稷；酒、水器組合對應酒醴與盥洗器，顯示出其禮器組合存在按功能和器用分途的趨向。更進一步來說，即牲牢、黍稷與酒醴、盥洗在器用區位上的區別已較鮮明。

　　另外，王國維曾根據端方所藏寶雞戴家灣出土銅禁上所列諸酒器中雜有盉，而著《說盉》一文，認爲盉爲酒器，其用途是和酒溫酒。② 此說爲容庚、張維持③ 等諸位先生所接受並發揚，惟以上各家所說多根據"盉"字的音訓和字形解說所得，並無考古發現實例。石鼓山與戴家灣存在著密切的聯繫，而石鼓山M3中雖然盉仍與酒器放置在同一壁龕（K3）中，但其在K3中的相對位置較爲孤立，似乎說明戴家灣的情況應與石鼓山相似，即銅禁上的酒器組合應該不包括盉。從墓葬出土的成組青銅禮器組合關係與出土位置情況來看，如平谷劉家河商墓中盉置於一盤內，④ 殷墟劉家莊北M1046亦隨葬有一盤一盉。⑤ 西周初期的涇陽高家堡71SJGM1、91SGJM4均出土有一盤一盉。⑥ 盉在殷代晚期較爲少見，與盤等量同出的例子亦較少，至西周初期，已有不少盉與盤等量同出的情況，是時其具體用途似不能遽爾確定，但與水器盤等量同出的情況似顯示盉此時亦可作爲水（盥洗）

---

① 張懋鎔：《寶雞石鼓山墓地文化因素分析》，《寶雞社會科學》2014年第3期；曹斌：《寶雞石鼓山三號墓研究》，《考古與文物》2016年第2期。
② 王國維：《說盉》，《觀堂集林》卷三，第151—153頁。
③ 容庚、張維持：《殷周青銅器通論》，文物出版社1984年版，第46—47頁。
④ 北京市文物管理處：《北京市平谷縣發現商代墓葬》，《文物》1977年第11期。
⑤ 中國社會科學院考古研究所安陽工作隊：《安陽殷墟劉家莊北1046號墓》，《考古學集刊》第15集，文物出版社2004年版，第359—390頁。
⑥ 陝西省考古研究所：《高家堡戈國墓》，三秦出版社1995年版，第140頁。

器使用。① 石鼓山 M3 即是西周初盉、盤等量同出的又一例證。

其次，M3 中食器組合壁龕占了出土青銅禮器壁龕的五分之三，而 M4 中出土有食器十五鼎、十六簋、四甗、二簠、一甑共三十八件之多，接近墓葬出土青銅禮器總數的 80%，突出地說明了周人重食的特點。

再次，石鼓山墓葬隨葬青銅禮器反映了不完全相同的時代特徵和文化屬性。一類爲典型的殷商文化青銅器，大多帶有族氏銘文，如 M3 的鳥父甲鼎、萬甗、亞羌父乙罍、冉父乙卣、單父丁卣、父甲壺、父癸爵、冉盉、光癸盤等。一類是與先周文化相關的青銅器，主要以飾斜方格雲雷紋襯地的乳丁紋鼎、簋爲代表。最後一類是真正具有時代特徵的青銅器，此類器物較前兩類可能稍晚，約在商周之際，主要包括鑄有 "户" 字銘文的兩件卣和一件方彝，以及陳置這些器物的大、小銅禁。此外還有與上述器物具有相同紋飾風格的直棱紋鼎和帶雙耳的乳釘紋簋。② 而三種不同年代的器物在墓葬中以表 2 所列的組合形式存在，似可看出西周初年周人即已存在一種基本的器用組合形式，即以食器鼎、簋、甗等爲主，搭配酒器爵、觶和水器盉、盤的組合。

最后，食器、酒器與水器内部之器類組合，亦顯示得較爲清楚，如 M3 的 K1、K2、K4 的鼎、簋組合，K3 的尊、卣組合等。這裏值得注意的是 K3 銅禁上的一套酒器組合，包含兩件户卣、一件户方彝、一件禁、一件斗，五件銅器聯同 M3：25 銅禁一起組成一套酒器組合。

此外，同種器物形制、紋飾等近同的情況亦已存在，如 M3 的四件盆式簋形制、紋飾相同，惟大小略有差異，六件提梁卣依據形制、紋飾可分爲三組，每組形制、紋飾相同，亦大小差異。M4 的兩件獸面紋鼎、兩件乳釘紋鼎、兩件分襠鼎、九件乳釘紋簋、兩件雙耳簋、兩件盉等均形制、紋飾相同，大小相近。

由上述石鼓山青銅容禮器器用的討論，其一顯著特徵，即是用作食器的牲牢、黍稷器與用作酒、水器的酒醴、盥洗器物的器用分途。此種情況當非偶然爲之，在新近發掘的湖北隨州葉家山西周早期曾侯墓地，此種傾向表現得似更爲明顯。

葉家山諸座曾侯墓葬的年代，學者基本認同在西周早期，③ 最早为武王、成王

---

① 朱鳳瀚：《中國青銅器綜論》，第 296—297 頁。
② 張天恩：《石鼓山户氏青銅器相關問題簡論》，《文物》2015 年第 1 期；丁岩、王占奎：《石鼓山商周墓地 M4 再識》，《文物》2016 年第 1 期。
③ 李學勤等：《湖北隨州葉家山西周墓地筆談》，《文物》2011 年第 11 期；張昌平：《葉家山墓地研究》，湖北省博物館、湖北省文物考古研究所、隨州市博物館《隨州葉家山：西周早期曾國墓地》，文物出版社 2013 年版，第 270—284 頁。

时期，最晚不晚於昭王，而以成王、康王時期爲主。① 三座曾侯墓葬，M28、M111 的年代，可能相對北邊的 M65 要晚些，晚到康王時期，下限可能到康昭之際。M111 的墓葬年代甚至已進入昭王時期。② 朱鳳瀚先生曾經按王世分西周青銅器年代爲五期，第一期武王至康王前期，第二期康王後期至昭王，第三期穆王至共王，第四期懿王至夷王，第五期厲王至幽王。其中第一、二期武王至昭王傳統上認爲是西周早期，按此標準葉家山曾侯墓葬的年代應分屬第一、二期。

從葉家山墓地所出青銅器的形制特徵看，亦應大致在成王至昭王早期時。如 M65、M28 均没有出現明顯有垂腹特徵之器物，而西周青銅器在昭王時，已多有垂腹明顯之器物。③ M28 出土有 M28：178 曾侯諫作媿壺，④ 此形壺在關中王畿地區出現較晚，約在康昭之際，如 1972 年扶風劉家村豐姬墓出土有帶提梁之此形壺。⑤ 然而房山琉璃河 M253 燕國墓及昌平白浮 M3 亦出土有此形壺，這兩座墓均可早到成康之際，⑥ 所以橄欖形壺大致可以認爲出現於成康之際，故 M65 曾侯諫墓下限亦應當在成康之際，年代較上論石鼓山 M3 稍晚，其隨葬青銅禮器組合的情况可用表 3 來表示。⑦

表 3　　　　　　　　　　　　葉家山 M65 隨葬青銅禮器組合

銅器類别		出土位置	數量	相鄰器物	帶族氏銘文的青銅器數量	帶族氏銘文的青銅器位置
牲牢	方鼎	西南角二層臺上	1	圓鼎、甗、簋	無	無
	圓鼎		5	方鼎、甗、簋	無	無
	分襠鼎		1	簋、鬲	1（束父己鼎）	西南角二層臺邊緣
黍稷	簋	西南角二層臺上	4	分襠鼎、鬲	1（亚离父癸簋）	西南角二層臺邊緣
	甗		1	圓鼎、方鼎	無	無
	鬲		1	圓鼎、簋	無	無

---

① 李伯謙：《西周早期考古的重大發現》，《隨州葉家山：西周早期曾國墓地》，第 285 頁。
② 李伯謙等：《隨州葉家山西周墓地第二次發掘筆談》，《江漢考古》2013 年第 4 期。
③ 朱鳳瀚：《中國青銅器綜論》，第 1268、1328 頁。
④ 湖北省文物考古研究所、隨州市博物館：《湖北隨州葉家山 M28 發掘報告》，《江漢考古》2013 年第 4 期。
⑤ 朱鳳瀚：《中國青銅器綜論》，第 1269 頁。
⑥ 北京市文物研究所：《琉璃河西周燕國墓地（1973—1977）》，文物出版社 1995 年版，第 36、197 頁；北京市文物管理處：《北京地區的又一重要考古收穫——昌平白浮西周木槨墓的新啓示》，《考古》1976 年第 4 期。
⑦ 湖北省文物考古研究所、隨州市博物館：《湖北隨州葉家山 M65 發掘簡報》，《江漢考古》2011 年第 3 期。

續表

銅器類別		出土位置	數量	相鄰器物	帶族氏銘文的青銅器數量	帶族氏銘文的青銅器位置
酒醴	爵	墓主人頭端的東部二層臺上	2	觶、尊、壺、卣	無	無
	觶		1	爵、尊	無	無
	尊		1	卣、壺、爵	無	無
	卣		1	尊、爵	無	無
	壺		2	爵、尊、卣	無	無
盥洗	盉	東南角二層臺上	1	盤	無	無
	盤		1	盉	無	無

對應今天考古學科體系下之器物分類，根據表3，M65青銅容禮器組合關係爲：

食器（牲牢、黍稷）：鼎、簋、甗、鬲；
酒器（酒醴）：爵、觶、尊、卣、壺；
水器（盥洗）：盉、盤。

需要留意的是，相對於位於西南角的食器來說，酒器（酒醴）與水器（盥洗）的位置比較接近，都位於墓主人頭端的東部，只是水器盉、盤更靠東南，而且水器與酒器之間還是可以看出間隔的。這種擺放次序是否說明當時已有意識地區分兩種層次的器物，一是多盛放固體物的食器與多盛放流質物的酒、水器之別，二是流質物的酒、水器的差別，相對於後者，前兩者的區別似更大些。據此進一步推論，葉家山是否較石鼓山對牲牢、黍稷、酒醴及盥洗器物的區別更進一步，在時、空方面需要進一步來求證。

先就空間方面而言，此種食器（牲牢、黍稷）＋酒器（酒醴）＋水器（盥洗）器物在器用區位上存在分隔放置的情形，在年代屬成康之前的西周銅器一期的典型墓葬中，並非罕見。

根據腰坑、填土和腰坑中使用殉人和殉狗以及使用陶簋等墓葬習俗，琉璃河西周墓葬的族屬差別可明確區分爲Ⅰ區殷遺民墓葬與Ⅱ區周人墓葬兩類。ⅡM253的隨葬銅器可明顯分爲三區：北部二層台西部爲酒器，其位置依次爲壺二（1銅壺一、8漆壺銅圈足－25漆壺銅釦一）、作寶彝尊一（2）、卣二（4圉卣一、5作寶彝卣一）、其史觶一（3）、圉爵二（6、7）。中部爲水器叀父辛盉一（10）、叀父辛盤一（9）。東部食器自西向東爲圉方鼎一（11）、大圓鼎一（12堇鼎）、簋一（13）、圉簋一（14）、圉甗一（15）、鬲二（17、18）、圓鼎二（22、23，17

鬲在22上，18鬲在23上）、西羊父丙分襠鼎一（21）、鬲二（19、20）、亞其矣鼎一（24）。①

ⅡM251隨葬銅器亦可分爲三區：北部二層台西部爲水器亞盉父乙盉一（1）、伯矩盤一（2盉在盤上）。中部酒器觶一（3）、爵二（4棗爵一、5父辛爵一）、單子▲父戊卣一（6）、單子▲父戊尊一（7）、觶二（8庶觶一、9厝觶一）。東部食器斂簋二（10、11）、伯考庚簋二（12、13）、分襠鼎一（18）、大圓鼎一（19分襠鼎在大圓鼎上）、麥鬲一（16）、伯矩鬲一（23）、圓腹鼎三（17亞盉圓鼎、20、22圓腹鼎，20在17圓鼎上，麥鬲在圓腹鼎22上）、扁足圓鼎一（24）、戈父甲甗一（25，24在甗上）。②

就器用位置而言，ⅡM253、ⅡM251東部爲食器，中西部酒器、水器的位置有細微差異，但是三者之間的間隔亦較明顯。同樣的情形，王畿地區的竹園溝BZM13男性墓主的隨葬銅禮器置於墓主右側，食器置於右側生土二層臺上，爵觶尊卣等酒器置於漆禁之上，放在熟土二層台與槨室之間，其北側爲一壺、一盤，壺盤與酒器有明顯的間隔。③將之與新見石鼓山、葉家山曾侯墓葬等周人墓葬器用情況聯繫，似可進一步印證此種食、酒、水器區別放置的情形似爲周人墓葬置器之典型特徵。

續就時間層面來看，西周中晚期至春秋中期，隨着周人青銅器用文化的最終確立，酒器逐漸以壺爲核心器物之後，墓葬隨葬容禮器的器用區位，多以食器（牲牢：鼎+黍稷：簋）→酒器（酒醴：壺）→水器（盥洗：盤、盉或匜）的形式依次擺放，如河南南陽夏餉鋪鄂國墓地M16，④其隨葬列鼎三、偶數同形簋四、鬲四，同形壺二，盤匜各一；采用食器一側、酒、水器一側的形式。北趙晉侯墓地年代在春秋早期的M93，隨葬實用器十六件，在槨室東側自南而北擺放齊整，依次爲盤匜各一、壺二、甗一、鼎五、簋六。⑤值得留意的是，此種情形在曾國是一以貫之的，如曹門灣2014ZGCM22，隨葬銅禮器爲食器、水器組合：鼎一簋二、盤一匜一。其擺放區位爲兩簋居中，盤匜疊放，鼎靠東南角。⑥此外京山蘇家壟

---

① 北京市文物研究所：《琉璃河西周燕國墓地（1973—1977）》，第36、197頁。
② 北京市文物研究所：《琉璃河西周燕國墓地（1973—1977）》，第31—35頁。
③ 張天宇：《文化與族群：商周時期的寶雞市區》，碩士學位論文，北京大學，2015年。
④ 河南省文物局南水北調辦公室、南陽市文物考古研究所：《河南南陽夏餉鋪鄂國墓地M7、M16發掘簡報》，《江漢考古》2019年第4期。
⑤ 北京大學考古學系、山西省考古研究所：《天馬——曲村遺址北趙晉侯墓地第五次發掘》，《文物》1995年第7期。
⑥ 湖北省文物考古研究所、湖北荆州文物保護中心、襄陽市文物考古研究所、棗陽市博物館考古隊：《湖北棗陽郭家廟墓地曹門灣墓區（2014）M10、M13、M22發掘簡報》，《江漢考古》2016年第5期。

M79、M88，① 隨州漢東東路墓地 M81、M110 等多座墓葬，② 均可見此種情況。

由上所述，此種與周人族屬密切相關之墓葬考古發現，在青銅容禮器器用區位上食器、酒器與水器的區別對待，與傳世文獻如禮書所見牲牢、黍稷、酒醴及盥洗諸類器物即存在聯繫之可能，亦揭示周人對青銅容禮器的牲牢、黍稷、酒醴及盥洗的器用分途，似早在西周初期即已顯露端倪。

筆者曾據西周銅器一期墓葬如石鼓山、竹園溝、白草坡、高家堡到洛陽東郊等西周統治核心區域內銅器墓隨葬銅禮器組合，與葉家山曾侯、羊子山鄂侯、琉璃河燕侯、被懷疑是管的鄭州窪劉等西周封國的隨葬銅器組合，以及大河口霸氏、前掌大史氏的隨葬銅器組合，推導出西周初年貴族墓葬青銅禮器基本組合：

食器：鼎、簋、甗；
酒器：爵、觶、尊、卣；
水器：盂、盤。

應該說，周人族屬與殷遺民在器用組合上的一致性要遠大於差異性。③ 這裏還需要說明的是上舉隨葬器物基本組合，與商後期偏晚即殷末時殷墟商人青銅器墓中的隨葬禮器組合形式相比，是有承繼關係的，比如甗、觶、尊都是在殷末才成爲隨葬容器中的基本成分，鼎包括幾種不同器型，而且尊與卣、盂與盤組合，也是殷末穩定下來的，這些皆被西周早期的周人（及殷遺）所承繼。但周人摒棄了殷人較穩定的觚、爵組合，以觶漸取代了觚。例如殷墟劉家莊北 M1046 的隨葬組合：

食器：鼎六（大圓一中圓一方二分襠二）簋二甗一；
酒器：斝一爵五角二觚三尊三卣三觶二罍一彝一斗一；
水器：盂一盤一。
殷墟西區 M269：④
食器：簋一；

---

① 方勤、胡長春、席奇峰、李曉楊、王玉傑：《湖北京山蘇家壟遺址考古收穫》，《江漢考古》2017 年第 6 期。
② 湖北省文物考古研究所、隨州市博物館、隨州市曾都區考古隊：《隨州漢東東路墓地 2017 年考古發掘收穫》，《江漢考古》2018 年第 1 期。
③ 楊博：《西周初期銅器墓葬禮器組合關係與周人器用制度》，《青銅器與金文》（第一輯）下，第 525—540 頁。
④ 中國社會科學院考古研究所安陽工作隊：《1969—1977 年殷墟西區墓葬發掘報告》，《考古學報》1979 年第 1 期。

酒器：斝一爵一觚一尊一卣一。

郭家莊 M203：①

酒器：爵一觚一。

2001—2002 年，在安陽殷墟孝民屯東南地鑄銅遺址中出土的陶範，所用來鑄造的器物，有過去被認爲是西周早期才出現的形制，如方形器座、乳釘直棱紋簋和多齒冠鳳鳥卣等，② 這些器物在周初的繼續沿用，和石鼓山墓葬中所見到的殷遺器物一樣，體現了不同族群之間的交流與新舊王朝更替的承繼性。③

推究青銅器用承繼的原因，周人"封建"是避不開的必然話題。清華竹書《封許之命》中記載了成王贈賜吕丁的一套"薦彝"，雖非墓葬中隨葬禮器組合，但也是一套祭祀用的禮器。器物名稱較多：

易（錫）女（汝）倉（蒼）珪，巨（秬）鬯一卣……贈爾薦（薦）彝，
厵口媵犧，龍鬻（鬲）、繼（璉）、雚（鑵）、鉦、考弓、盤、監（鑑）、鏤
（鑒）、盉、周（雕）匲（匜）、鼎（鼎）、盥（簋）、鉒（觥）、鞱、紋
（格）。④

贈，整理者引《左傳》僖公二十三年杜注"送也"以爲指送行的禮贈。又引《爾雅·釋詁》"薦，進也""陳也"，指出"薦彝"爲祭祀獻神的一套禮器。

由媵犧二字所處位置看，應爲器名。媵犧，或可讀爲"銳銚"⑤，《廣雅·釋器》："銚銳，盂也。"⑥

龍鬻，郭永秉先生已經指出其字應讀爲"鬲"。⑦

璉，《論語·公冶長》有"瑚璉"，何晏集解引包咸："瑚璉，黍稷之器。夏

---

① 中國社會科學院考古研究所：《安陽殷墟郭家莊商代墓葬——1982—1992 年考古發掘報告》，中國大百科全書出版社 1998 年版，第 11—12 頁。

② 中國社會科學院考古研究所安陽工作隊：《2000—2001 年安陽孝民屯東南地殷代鑄銅遺址發掘報告》，《考古學報》2006 年第 3 期。

③ 楊博：《商周蜀地青銅尊、罍器用相关問題考述》，《四川文物》2021 年第 3 期。

④ 清華大學出土文獻研究與保護中心編，李學勤主編：《清華大學藏戰國竹簡（伍）》，中西書局 2015 年版，第 117—122 頁，下引整理者意見均出自此處。

⑤ 王寧：《讀〈封許之命〉散札》，復旦大學出土文獻與古文字研究中心網，http://www.fdgwz.org.cn/Web/Show/2507，2015 年 4 月 28 日。

⑥ （清）錢大昭撰，黃建中、李發舜點校：《廣雅疏義》卷一三《釋器》，中華書局 2016 年版，第 519 頁。

⑦ 郭永秉：《釋三晉銘刻"鬲"字異體——兼談國博藏十七年春平侯鈹銘的真偽》，《簡帛》（第 6 輯），上海古籍出版社 2011 年版，第 216—223 頁。

曰瑚，殷曰璉，周曰簠簋，宗廟之器貴者。"① 《禮記·明堂位》"有虞氏之兩敦，夏后氏之四連，殷之六瑚，周之八簋。"孔穎達疏云："簋是黍稷之器，敦與瑚璉共簠簋連文，故云黍稷器也。"②

堇（鑵），整理者指出《銘圖》10855 觶自名爲"飲鑵"，甚是。

鉦，謝明文先生認爲是爵的別稱。堇（鑵）、鉦相配實是"觶""爵"相配。③

考丮，整理者言"丮"即"勺"。

盤、監（鑑），皆爲盥洗器。

鑠（鋆），整理者引《說文》"鋆，器也"及馬承源先生觀點，西周青銅器自名爲"鋆"的，應爲一種盉。

壺，蘇建洲先生據華母壺指出應爲"壺"自名。④ 李家浩先生曾指出，壺是一種酒器，其字似篆文"壺"的下半，是一種無蓋壺，壺像圓壺器身、頸部有雙耳之形。⑤

周（雕）匚（匚），整理者認爲"匚"從"匚"，《說文》："受物之器，讀若方。"或以爲"匚"亦可理解爲從匚金聲，讀爲"禁"。此字或即銅禁之本字。⑥

釙，整理者以爲其所從之"廾"爲《說文》"礦"字古文。"魷"字《說文》作"鱴"，均爲見母陽部字。

韜，整理者因其從"舀"聲，與"卣"同屬喻母幽部。王寧先生引《方言》"筲"指出"筲"即"筥"，盛糧食的筐子。㲉（格），整理者指出爲置放器物的支架。王寧先生疑爲"笿"，以爲"韜""㲉"即"筲""笿"，均爲盛物之筐，前者盛食，後者盛器，二者同類，故並列附後。⑦

由上所述，《封許之命》諸種器物的器物組合爲：

食器：鼎、簠、鬲、簋；
酒器：爵、觶、魷、卣、壺、勺、禁；
水器：盤、盉、鑒、盂等。

---

① 《論語注疏》卷五《公冶長》，第 5371 頁。
② 《禮記正義》卷三一《明堂位》，第 3231 頁。
③ 謝明文：《談談青銅酒器中所謂三足爵形器的一種別稱》，《出土文獻》（第 7 輯），中西書局 2015 年版，第 4—12 頁。
④ 蘇建洲：《〈封許之命〉研讀札記（一）》，復旦大學出土文獻與古文字研究中心網，http://www.fdgwz.org.cn/Web/Show/2500，2015 年 4 月 18 日。
⑤ 李家浩：《談古代的酒器鎺》，《古文字研究》（第 24 輯），中華書局 2002 年版，第 454—458 頁。
⑥ 華東師範大學中文系出土文獻研究工作室：《讀〈清華大學藏戰國竹簡（伍）〉書後（一）》，簡帛網，http://www.bsm.org.cn/?chujian/6367.html，2015 年 4 月 12 日。
⑦ 王寧：《讀〈封許之命〉散札》，復旦大學出土文獻與古文字研究中心網，http://www.fdgwz.org.cn/Web/Show/2507，2015 年 4 月 28 日。

將上述組合與前述禮書所記及石鼓山、葉家山等墓葬所出器用組合繫聯，首先似可發現其基本組合是較一致的，細言之，與石鼓山 M4 隨葬組合更爲接近。這裏所提出的問題有二，其一屬凶禮之喪禮所用器物與吉禮之祭禮所使用器物的一致，或印證了"事死如事生"的推斷。

其二，隨葬禮器組合關係反映着商周貴族生活的一個側面。綜合考慮上述情況，再次證明早在西周初期，即不晚於成康之際，周人已建立起一套較完備的以食器爲中心的器用組合關係：

食器：鼎（方鼎、圓鼎、分襠鼎）、簋、甗；
酒器：爵、觶、尊、卣；
水器：盤、盉。

由此似可看出，周人在周初已完成自身文化特質的構建，其政治秩序亦通過青銅容禮器之組合關係，得到鮮明體現。

其次，石鼓山墓葬中所出的殷遺器物，學者多引《史記·周本紀》所記周人克商後"分殷之器物"來解釋這一現象。按《周本紀》的記述，在克殷之初，武王罷兵西歸後即"……封諸侯，班賜宗彝，作分殷之器物……"[1] 對照《封許之命》，石鼓山墓葬中隨葬殷遺銅器這種特殊現象便有了一個較合理的解釋，即族氏銘文器物加入整個器物組合，搆成完整的禮器器用組合關係，而由區位關係等方面看，墓主本人或宗族自作之器物處於器群、器物組合的核心位置，所謂"一墓多族徽"現象本身，不僅昭示着墓葬年代下限已經進入西周紀年，而且反映着周人通過"分殷之器物"所構建出的由"奉牲""奉盛""奉酒醴"及盥洗等不同用途禮器共同組合，相互作用的禮器體系被遵行不悖。容禮器用原則上之周人政治秩序的構建亦應不晚於西周成康之際。這不僅體現了周初禮器器用體系的穩定，也反映出周人族群文化認同的確立時間亦應不晚於周初成王時期。

三　小結

文獻中所記述青銅器之器用基本集中在禮器之器用。"三禮"所記雖多爲後

---

[1] （漢）司馬遷撰，（南朝宋）裴駰集解，（唐）司馬貞索隱，（唐）張守節正義：《史記》卷四《周本紀》，中華書局 1959 年版，第 126—127 頁。

人追述與構擬，但禮書所體現物化的"禮"，即禮器的數量與組合，揭示出禮的表現形式與重要作用。不同的禮器與禮器組合代表了不同的貴族等級，禮器上附着的宗法、等級特性藉由青銅禮器表現得淋漓盡致。禮書所記青銅容禮器種類有牲牢、黍稷、酒醴、盥洗四種，前兩者對應今日考古學之食器，後二者分別對應酒器與水器，相應其用途亦有祭祀、饗燕與盥洗之別，器用組合上亦有數量與器類之分，惟其所記器類、使用情景是否可與今之所見相比附，需要在研究中仔細辨析。

地不愛寶，禮書中所記之容禮器物組合在新見墓葬考古、出土文獻資料中亦可得到鑒證，包含牲牢、黍稷之食器、酒醴之酒器與用作盥洗用途之水器一道，所構成的基本組合，在周初王畿、諸侯及宗族地區墓葬隨葬禮器組合方面體現出一致性。這種兇禮的禮器器用組合與《封許之命》記述的吉禮之祭器組合的一致性，更進一步顯示出周人容禮器用組合與器用體系的建立，昭示出周人文化的向心力與社會控制力，而這種文化的認同是建立在"分殷人之器物"的基礎上的，繼而在時間上顯示出持久而頑强的生命力。

限於《儀禮》等禮書成書時代，禮書所記之禮器體系，不可與商周時期作平面之比勘亦是長期以來學界通識。[①] 然而，《儀禮》等禮書資料的系統性，對於解讀新見資料應具有重要意義。其一方面爲研究考古與出土文獻資料時提供必要的知識體系參照，另一方面，其所記禮器器用體系與組合關系，亦可得到新見資料的印證，筆者以上勾連舊文、漫散思慮即是此種理路之所得，冀藉以"禮書所記容禮器與出土所見容禮器器用之對應"問題進一步引起學界的重視。[②]

附記：本文係國家社科基金冷門絶學研究專項學術團隊項目"近出兩周封國青銅器與銘文的綜合研究"（項目編號：20VJXT019）、國家社科基金冷門絶學研究專項學者個人項目"出土文物與文獻視野下的六博傳統游戲研究"（項目編號：22VJXG006）的階段性成果，研究過程得到教育部哲學社會科學研究重大專項項目"中國上古基因譜系、族群譜系和文化譜系的對证研究"（項目編號：2022JZDZ023）、"古文字與中華文明傳承發展工程"規劃項目"出土簡牘典籍與

[①] 楊天宇先生即舉"敦""簋"之例，指出《儀禮》成書之時敦盛簋衰，故其書多改簋爲敦。參見楊天宇譯註《儀禮譯註前言》，《儀禮譯註》，上海古籍出版社 2016 年版，第 9 頁。

[②] 此問題亦日漸引起學者關注，除前引謝明文先生文之外，嚴志斌、李春桃等先生均有專論，可參見嚴志斌《薛國故城出土鳥形杯小議》，《考古》2018 年第 2 期；《瓚爵辨》，《三代考古》（七），科學出版社 2017 年版，第 183—193 頁；李春桃：《從斗形爵的稱謂談到三足爵的命名》，《"中研院"歷史語言研究所集刊》（第八十九本第一分），2018 年，第 47—118 頁；閻步克：《由〈三礼圖〉中的雀杯爵推論"爵名三遷，爵有四形"》，《北京大學學報》（哲學社會科學版）2019 年第 6 期。

戰國秦漢史事"（項目編號：G3441）的資助。小文承蒙朱鳳瀚、劉緒與雷興山三位先生指點，初稿曾提交2018年8月在上海舉辦的第四屆禮學國際學術研討會，彭林、楊華、曹建墩等先生均提供了寶貴意見，在此謹致謝忱！

收稿日期：2019年4月

兕觥的物證及史源

張 翀

摘 要：本文對兕觥實物及相關文獻進行梳理，在物質證據、史料源流兩方面重點考辨。對於兕觥是何種器物、兕又爲何種動物，通過分析，我們做出判斷，藉此對古物學及相關文獻有所釐清，對復原當時歷史環境及物產也有所推進。

關鍵詞：兕觥 觥 兕 角形器

商周青銅酒器中有一種特殊的器類，宋清以來的金石著錄多將之歸爲匜屬。王國維將其析出，但倚重文獻，命之名爲"觥"或"兕觥"。王國維的觀點有可以再推敲的地方，屈萬里、孔德成、林巳奈夫諸家均有相關討論，但也是多據文獻文本，難以中鵠。本文從器物證據、歷史源流兩方面入手，兼及古文字、博物學等內容，綜合考辨，試對兕觥及其相關問題進行析理。

一 兕觥爲何物

商周銅器中有一類器物，帶有器足、鋬及流，具蓋，[①] 我們現在從俗從便稱之爲觥[②]（圖1）。這種酒器通常有較大體腔，既不同於水器的匜，也不是文獻中的

[①] 關於此類銅器的專門研究，先後有王國維《說觥》，《觀堂集林》，中華書局1959年版，第147—150頁；孔德成《說兕觥》，《東海學報》第6卷第1期，《孔德成先生文集》，臺北藝術家出版社2018年版，第55—56頁；屈萬里《兕觥問題重探》，《"中研院"史語所集刊》，1971年，第43本第4分；張增午《商周青銅兕觥初論》，《故宮博物院院刊》1994年第3期；劉瑩瑩《商周青銅觥的整理與研究》，碩士學位論文，陝西師範大學，2011年；韓文博《兕觥其觫：商周青銅觥之功能小議》，《形象史學》2021年夏之卷（總第十八輯），中國社會科學出版社2021年版；張翀、劉瑩瑩《中國古代青銅器整理與研究·青銅觥卷》，科學出版社2022年版。

[②] 容庚：《商周彝器通考》"王先生所定觥名，或須更定，余以未得更善之書之故，故仍觥稱，非謂觥之名至當不易也"（上海人民出版社2008年版，第323頁）；朱鳳瀚：《中國銅器綜論》"王氏之說實已約定俗成，沿用已久，更改多有不便，故本書亦暫從其說"（上海古籍出版社2009年版，第194頁）。

圖 1　弗利爾美術館藏觥

資料來源：采自《賽克勒·西周卷》，哈佛大學出版社 1990 年版，第 701 頁上。

"兕觥"。將其稱爲"觥"，主要是遷就學術界的誤會，是不得已而爲之的。至於有無真正叫"觥"的銅器，答案也是肯定的。安陽西北岡侯家莊1022號墓出土的一件角形銅器①（圖2），很可能就是銅質的觥。這件器形仿肖牛角，粗端有蓋，尖端截斷取平。李濟認爲是"獨一無二的真正牛角形的青銅酒器……它的青銅仿製品可能是飲器中最早的角形器"②。類似的角形器在金石舊著錄中也有記錄。《西清續鑑》甲編收錄了一件名爲"周兕觥"的角形器③（圖3），與殷墟侯家莊的角形器近似，也可以明顯看出角形的狀態。1959年，山西呂梁縣石樓片羅村公

---

① 石璋如：《侯家莊第十本·小墓分述之一1055、1022等八墓與殷代的司烜氏》，"中研院"史語所2001年版。

② Chi Li, "The Tuan Fang Altar Set Reexamined", *Metropolitan Museum Journal*, Vol. 3, 1970, New York: Metropolitan Museum of Art, 1970, pp. 51–72. 李濟著，張光直譯：《端方柉禁諸器的再檢討》，《李濟考古學論文選集》，文物出版社1990年版；《李濟文集》（卷三），上海人民出版社2006年版，第671—693頁。

③ （清）王傑：《西清續鑑》（甲編）卷一二，第17頁，乾隆五十八年敕編，宣統三年涵芬樓石印甯壽宮寫本影印本。

兕觥的物證及史源

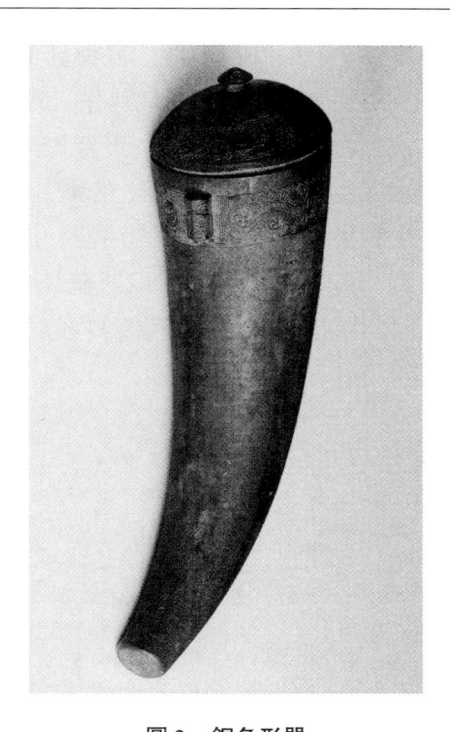

圖 2 銅角形器

資料來源：采自《中國青銅器全集·商 3》三五，文物出版社 1997 年版，第 35 頁。

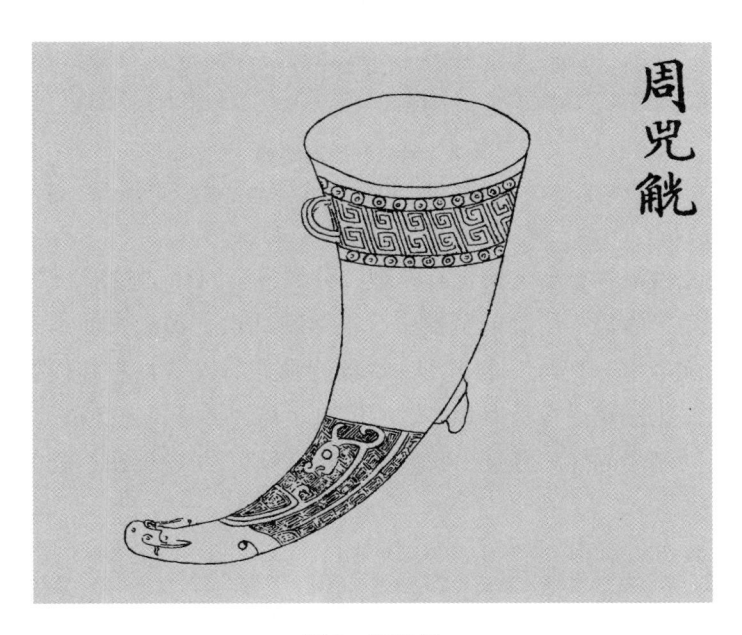

圖 3 周兕觥

資料來源：采自《西清續鑑》甲編卷一二，宣統庚戌涵芬樓依甯壽宮寫本影印，第 17 頁。

社沙窰管理區出土了一件龍紋"觥"①（圖4），器物呈角狀，有點近似《西清續鑑》中兕觥的曲綫，器形則有較大程度的改製。首先，將原來角形器的蓋部固實，成爲器物的一個側邊。其次，在器物頂面開蓋，下置橢方形圈足。這樣一來，就將豎握的角形器改爲橫置的了。文獻中的"酌彼兕觥"可能是直接飲酒的飲器，改爲橫置後，其性質就發生轉換，變成陳列的禮用器。从文獻到实物，也暗含着材質的轉變，前者多爲角質，后者則爲銅質。山西龍紋"觥"前段的龍首開口，具流，"齜牙咧嘴"②狀，以供傾倒酒液。這些改製可視爲角形器的演進。不過，具體形狀與我們所謂的觥器仍然有着較大差別。

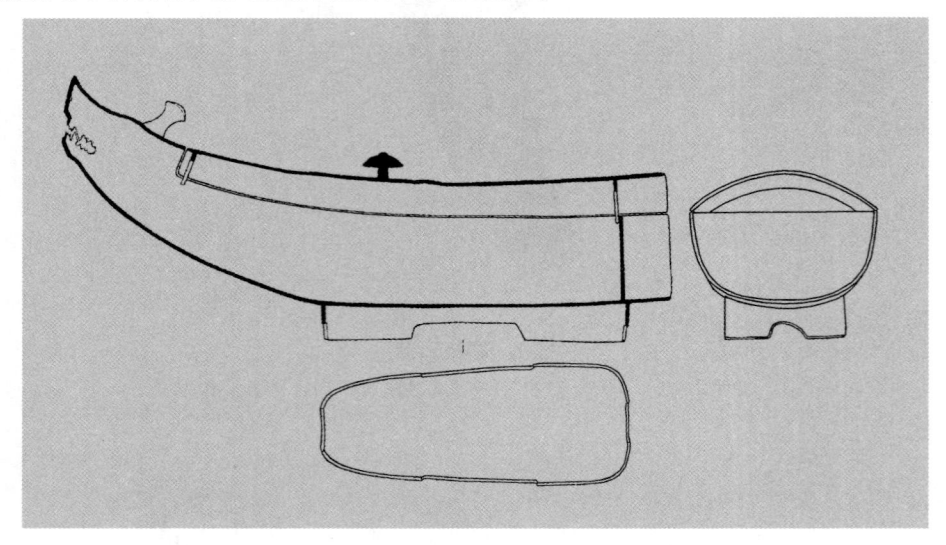

圖4 龍紋觥器形綫圖

資料來源：采自《山右吉金——山西商周青銅器縱覽》，故宫出版社2019年版，第31頁。

關於上述三件器物，韓文博也有梳理，分類爲第四類"角形觥"。③ 然整體來看，若將這類角形觥放入所謂的觥器中，很難歸納出一種型式演進譜系。角形銅器，很可能是文獻中"兕觥"的祖形。從器物形態看，當爲直接模擬角器的。而現在所謂的觥，則應爲另一種器類。之所以名之爲觥，是爲避免產生更大的混亂。依據現在考古類型學的知識背景，我們有兩點意見。（1）現在稱觥的器物與匜存

---

① 謝青山、楊紹舜：《山西呂梁縣石樓鎮又發現銅器》，《文物》1960年第7期，圖版50—5。簡報及之後的圖錄常稱爲"龍紋觥"，筆者不認爲其是現在通稱的觥類器物。具體詳見張翀、劉瑩瑩《中國古代青銅器整理與研究·青銅觥卷》。爲表示簡易，下文稱之爲龍紋"觥"。
② 韓炳華：《晋西商代青銅器》，科學出版社2017年版，第252頁。
③ 韓文博：《兕觥其觪：商周青銅觥之功能小議》，《形象史學》2021年夏之卷（總第十八輯），第1—15頁。

在較大的差別，器形受尊、彝的影響要更大一些。（2）安陽侯家莊的角形器最有可能為"兕觥"，但與現在的"觥"器應為兩類器物。這一點，朱鳳瀚先生亦有明言，"兕觥或觥應是兕牛角形器，與王國維所定兕觥器形不類"①。韓文博雖然將角形器還以觥名，但與現在不是觥的"觥"器列爲一類，恐會生出新的誤會，遮蔽了歷史的真相。在形制上，侯家莊角形器非常接近兕角，只是在一端加上了蓋，另一端設鈕可栓繩，便於攜帶。可能是出於美觀故，《西清續鑑》的"周兕觥"在兩端增飾紋飾。山西石樓龍紋"觥"，增加了圈足，更方便放置，整器因橫置更顯得穩重。

觥器之稱，顯然是出自古文獻中常稱的"兕觥"。之前學者曾將"兕"認爲是後世文獻中常見的犀，"兕"觥也就被當作犀牛角製成的飲酒器。屈萬里先生有所懷疑，"犀牛只有一個角或者一大一小兩個角上下排列，而牛角則是左右並列的，獸形觥的觥蓋做牛首而非兕首"②。順着屈先生的觀點來看，將現在所謂的銅觥器物稱爲"兕"觥是不合適的。我們認同這一觀點，這種有流具鋬且有較大體腔的酒器與兕角的關係委實不大。但若將所謂觥器直接以"兕觥"稱之，似會給研究帶來一些困擾。文獻中所言的兕觥，"兕"爲材質，"觥"爲器形，當爲牛角製成的器物，或者用其他材質模擬牛角而成的器物。關於這些問題，我們接下來會詳細討論。總體而言，將"兕觥"理解爲犀牛角製品或形似犀牛都是不準確的。

我們推測，當時應該是有兕角製成的飲器，所以才會有"兕觥"之謂。後來中原地區兕逐漸絕跡，相關器物出現了替代的材質，器形也有所變化。商代早中期時，兕這種動物在華北及中原乃至晉陝地區比較常見，所以用兕角製成的飲酒器也就比較常見了。隨着氣候的變化，"兕"的活動範圍慢慢南移，在中原地區日趨少見，乃至絕跡。因兕角而仿製的銅器，經過了幾次重大的器物改造，也再難出當初兕角的原狀。亦基於此，現在所謂的觥器，我們僅是照顧學術傳統，只稱作"觥"，不主張稱"兕觥"。因爲後者的"兕觥"之謂，恐與文獻直接劃上等號。而侯家莊角形銅器可謂是"兕觥"的初代原型，但因器形樸素且實用，容易被湮留在銅器演進之潮中。

另外，角質器是有機質的遺物，商周時期的實物難以保存，我們現在也很難見到。況且，當時使用的場景多爲隨身攜帶，日常飲用。侯家莊的銅角形器帶有一小系，即爲證明。日常實用器物的性質，也加大了存世的難度。侯家莊角形銅器是對牛角器的直接模擬，而山西桃花者村的龍紋"觥"則有一些演進。獸形的

---

① 朱鳳瀚：《中國銅器綜論》，第194頁。
② 屈萬里：《兕觥問題重探》，《"中研院"史語所集刊》，1971年，第43本第4分。

帶足觥的形制，則是在這器物演進路綫上的異化，借鑒了其他的器類，並糅合了許多的動物形象。其中一個原因乃是兕或兕角開始變得罕見。我們現在所稱之爲觥的器物，絕大部分有三足、四足或圈足，蓋做獸首狀，流部一直延伸的背上，鋬不是放在器物腹部的兩側而是置於尾部。此造器思路，一舉改變了之前的器物內涵。侯家莊角形器不能放置，雖然煙墩山的角狀器大體可以放置，但器形比較原始。山西石樓的龍紋"觥"器長且弘曲上揚，有一定的角形之感。但橫陳之後，不再具有握持功能，與侯家莊角形器的差別較大。學界將錯就錯，將這種有流帶鋬且有腔體的酒器以"觥"稱之，卻把最像"兕觥"祖型的角狀器排除在外，雖有點矯枉過正，但也不得已而爲之。因爲觥或兕觥的源流較爲複雜，需要嚴束枝蔓。而觥的器物形制一旦出現，必然在器型上有了大幅度的演進，與肇始的角形"兕觥"已判若而殊。但是，觥的名稱卻沿用了下來，讓我們對器物認識產生一些迷惑。新出現的"觥"器更受到殷商王室成員的偏好，多用於祭祀等場合，也多隨葬於上層貴族的墓葬中。

二　兕非犀牛考

兕究竟是何種動物，需要我們進一步討論。傳世文獻中，關於"兕"的記載不在少數。《説文》："兕，如野牛，青色。"[1]《山海經·南山經》："天虞之山，其下多水，不可以上。東五百里，曰禱過之山，其上多金、玉，其下多犀、兕，多象。"[2]《海經新釋》中將兩者分別解釋，而郭璞注曰："犀似水牛、兕亦似水牛，青色，一角，重三千斤"[3]，則是犀、兕混淆之始。可見魏晉時人對犀、兕已經不大熟悉了，後人進行箋疏，亦多彌合之説，糾錯不足。袁珂謂兕"中古代中國南方，固有此兕猛之動物也"，亦不確。值得注意的是，《山海經》出現五處"兕"的記載，有四處是犀、兕並列而記的，如："女床之山……其獸多虎、豹、犀、兕。"[4] 在《國語·楚語》中也有類似的記載，"巴浦之犀、犛、兕、象，其可盡乎？"[5] 古人多次將犀、兕並列而書，說明犀和兕並不是同一種動物。在以往研究中，僅據文獻記載，將文本與器物簡單地繫聯，認爲兕觥爲犀牛角器看起來

---

[1] （漢）許慎撰，（清）段玉裁注：《説文解字注》"舄"條下，浙江古籍出版社1998年版，第458頁。
[2] 袁珂校注：《山海經校注》，巴蜀書社1992年版，第17—18頁。
[3] 袁珂校注：《山海經校注》，第322頁。
[4] 袁珂校注：《山海經校注·西山經》，第40頁。
[5] 徐元誥撰，王樹民、沈長雲點校：《國語集解》，中華書局2002年版，第505頁。

是有失偏頗的。近來學界也逐漸檢討這種研究方法的得失。徐堅認爲此舉屬於穿鑿附會，即"指建立考古學遺物和文獻記載之間的一一對應關系"①。王國維《說兕》之所以受到批評，原因之一就是論據也多爲簡單對應的方法。

出土文獻方面，唐蘭對甲骨文字 釋讀爲"兕"②，是没有問題的，也得到學界的公認。《說文》《爾雅》將兕釋爲牛類，③當無疑義。商承祚亦認爲牛屬。④學界也出現相左的意見。董作賓認爲兕爲白麟。⑤丁山將甲骨文的這個字釋讀爲犀，認爲兕犀爲一聲之轉，⑥現在看則不能采信。姚孝遂、肖丁以爲兕、犀爲古今字，⑦另僅據獲兕數量較少的一條卜辭，得出"蓋兕爲較稀少之動物，不易獵獲"的模糊認識。至此，當時古文字及古史學界，普遍傾向於兕爲犀說了，以至於出現"實際上今天統稱之爲犀牛。中國古代以兕和犀爲兩種不同的動物，完全是一種誤解"⑧這樣反以爲是的說法。更甚者，陳夢家先生曾明確說過"卜辭的兕當爲野牛"⑨，却被誣爲犀牛說，"陳夢家《綜述》五五五以爲卜辭的兕就是出土骨骼的犀牛，這是對的"⑩。孫機雖以名物視角梳理了後世文獻中關於兕、犀的說法，例如郭璞、劉欣期認爲兕爲獨角犀，陳藏、張世南認爲兕爲雌犀。但是，他卻仍認爲兕觥是犀角所製。⑪受此影響，兕觥爲犀牛角器也逐漸成爲定說，其謬漸深。

近年來，學界也逐漸在清理"兕爲犀"的習見，尤以博物或物種指認爲突出。法國神父兼學者雷焕章首發其覆，認爲兕、犀爲兩個不同的字，而兕爲野水牛。⑫黄家芳曾經對中國古代犀牛做過系統的研究，並對"兕"做了名物上的辨析，"晋以前有大量關於'兕'的客觀記載，而晋以後就没有相關的客觀記載。可以

---

① 徐堅：《新鄭李家樓：從盜寶私藏到學術公器》，朱淵清主編《器物學與藝術史》，中西書局2019年版，第59頁。
② 唐蘭：《獲白兕考》，《史學年報》1932年第1卷第4期。
③ a（漢）許慎撰，（清）段玉裁注：《說文解字注》，第458—459頁。b 陳夢家：《殷虚卜辭綜述》，科學出版社1956年版；中華書局2004年版，第555頁。
④ 于省吾：《甲骨文字詁林》，中華書局1996年版，第1603頁。
⑤ 董作賓：《獲白麟解》，《安陽發掘報告》第二期。
⑥ 丁山：《商周史料考證》，中華書局1988年版，第175頁。
⑦ 姚孝遂、肖丁：《小屯南地甲骨考釋》，中華書局1985年版，第150—152頁。
⑧ 姚孝遂：《甲骨刻辭狩獵考》，《古文字研究》第六輯，中華書局1981年版，第52頁。
⑨ 陳夢家：《殷虚卜辭綜述》，科學出版社1956年版，中華書局2004年版，第555頁。
⑩ 姚孝遂：《甲骨刻辭狩獵考》，《古文字研究》第六輯，第52頁。
⑪ 孫機：《古文物所見之犀牛》，《文物》1982年第8期。
⑫ a［法］雷焕章（Jean A. Lefeuvre）：《兕試釋》，《中國文字》（新8期），臺北：藝文印書館1983年版，第84—110頁。b［法］雷焕章著，葛人譯：《商代晚期黄河以北地區的犀牛和水牛——從甲骨文中的 和兕字談起》，《南方文物》2007年第4期（譯自 Monumenta Serica, Vol. XXXIX, 1990 - 1991, pp. 131 - 157）。

推斷，'兕'這種動物可能在晉以前就消失了。因而導致了後人在不知道'兕'爲何種動物的情況下，對前人記載的'兕'加以猜測，從而出現了對'兕'的不同認知"①。黃家芳後又指出，兕與犀是有區別的，兕是一種外形似牛，大獨角、皮厚且易捕殺的群居動物，但在晉朝時在中國境內已經絕跡。② 守彬也認爲兕非犀類，而是牛類。③ 楊楊具體指出，宰豐骨並非犀骨，而兕則爲野生的聖水牛。④ 臺灣學者也有相應的研究。張之傑對雷煥章的研究做了補遺，⑤ 一方面肯定了兕非犀說，另一方面認爲兕字從商朝到晉代發生衍變，其指代物種野水牛變到野牛。楊龢之梳理《墨子》《戰國策》《考工記》文獻中"犀兕麋鹿滿之""犀甲七屬、兕甲六屬"等記載，發現兕所指物種不一，認爲先秦時對兕的觀念多歧，戰國時與犀混爲一談。⑥ 陳元朋亦對犀牛進行了全面的梳理，⑦ 有助於我們認識關於犀牛的博物史。

我們認爲，兕並非是犀牛。縱然不以前述古文字或博物學爲依據的話，僅以事理邏輯揆之，也有四點考慮。其一，若兕爲犀的話，爲何能獲兕百隻以上，⑧ 這與犀牛習性大爲相違。況且獲兕卜辭近三十條，有不少是大量獲兕的記錄，如"獲兕七十一"⑨ "獲兕三十六"⑩，可見兕應屬群居動物。如此規模的獵獲，若兕爲犀牛的話，則有違犀牛獨居的習性。其二，如果兕爲犀牛，爲何殷墟所見的犀骨極少。這與多見兕的文獻記載發生矛盾，陳煒湛根據卜辭説"武丁時常見逐兕"⑪。楊鍾健、劉東生統計過，殷墟犀牛估計在十隻以下，而聖水牛可達千隻。⑫ 近年的安陽動物考古工作，發現犀骨也極爲零星，占比很低。⑬ 張興照整理了37

---

① 黃家芳：《中國犀的演變史》，碩士學位論文，陝西師範大學，2007年。
② 黃家芳：《"兕"非犀考》，《樂山師範學院學報》2009年第3期。
③ 守彬：《說"兕"》，復旦大學出土文獻與古文字研究中心網，http://www.gwz.fudan.edu.cn/Web/Show/544（發表時間：2008年11月6日18：50：31），最後登錄時間：2019年12月9日10：33。
④ 楊楊：《田獵卜辭中的動物》，《鄭州師範教育》2017年第1期。
⑤ 張之傑：《雷煥章兕試釋補遺》，《中華科技史學會刊》第七期，2004年，第1—9頁。
⑥ 楊龢之：《中國人對"兕"觀念的轉變》，《中華科技史學會會刊》第七期，2004年，第10—18頁。
⑦ 陳元朋：《傳統博物知識裡的"真實"與"想像"：以犀角與犀牛爲主體的個案研究》，《政治大學歷史學報》2010年第33期。
⑧ 見陳夢家：《殷虛卜辭綜述》，第556頁。
⑨ 《乙編》2507。
⑩ 《屯南》2857。
⑪ 陳煒湛：《甲骨文田獵刻辭研究》，廣西教育出版社1995年版；中山大學出版社2018年版，第16頁。
⑫ 楊鍾健、劉東生：《安陽殷墟哺乳動物群補遺》，《中國考古學報》第四冊，商務印書館1949年版，第145—153頁。
⑬ 袁靖、唐際根：《河南安陽市洹北花園莊遺址出土動物骨骼研究報告》，《考古》2000年第11期。

處獲兕地點，爲數不少，其範圍甚至出於殷墟之外。反而，晚商殷墟以外遺址卻幾乎不見犀牛骨。① 其三，我們取信兕這種動物後世消失的説法，若西晉之後仍然存在，且兕犀爲同物的話，緣何後世出現大量關於犀牛的形象，卻不言"兕"？其四，兕不僅有白兕，也有宰豐骨上所謂的"戠兕"②，若兕爲犀解，則紅色的犀牛又作何解釋呢？雖然島邦男將"戠"釋爲"臘"，爲大塊祭肉意，也只是一家之言，並非定論。否則，王暉先生也不會將"戠兕"強解爲犀牛身上的紅土。③ 我們認爲，王暉先生的説法比較牽強，該版卜辭記録的田獵地爲濟南到淄博的一處山麓，④ 當地雖有紅色土，但多爲粉狀，不是帶有粘性的膠土，附于犀或牛身的可能性微乎其微。

上述四問，使得兕爲犀説不攻自破，亦可證黄家芳的論説可信，"兕"應該是一種温順的，外形似牛的群居性動物。殷周時期的中原地區，氣候適宜這種動物的繁衍生息，兕在當時數量衆多，不難捕殺。⑤ 文獻中常常出現關於兕或兕角的記載，大多是製爲酒器，如《詩經·豳風·七月》"朋酒斯饗，曰殺羔羊，躋彼公堂，稱彼兕觥，萬壽無疆"，《詩經·周南·卷耳》："我姑酌彼兕觥，維以不永傷。"通過我們的分析，兕或兕觥與犀角無關。《桑扈》中所謂的"兕觥其觩"，"觩"爲彎曲的意思，乃指將牛角製成彎曲狀的飲器。

在後世畫像石上，有一些關於犀牛的形象，多作前沖抵角相鬥狀，⑥ 刻畫較有動感，也可看出兕猛暴躁的性格。犀與牛還是比較容易區别的，其主要差别爲，犀頭上長着鋭利的獨角，而牛則是雙支角。南陽地區的其他畫像，有作爲牛郎星的形象表徵，刻畫出牽牛；⑦ 也有所謂的鬥牛的場景。即便是鬥牛⑧，看起來是比較温和的形象。漢時人們對牛、犀的認識，與商周情形相去不遠。我們所看到的獸形觥，其動物形象較爲温和，多爲雙角。犀的形象見於商代銅器小臣艅犧尊（圖5），特徵也非常明確。無論是獨角犀，還是前後兩角的犀牛，其形象均未出現在所謂的觥器上。觥這種酒器與犀角没有關聯。兕顯然不是性情較烈的犀，而

---

① 據張興照《商代地理環境研究》"甲骨文獵物擒獲地"表、"商時期遺址所見動物遺存"表，中國社會科學出版社2017年版，第182—185頁。
② a商承祚：《殷契佚存》518，金陵大學中國文化研究所叢刊甲種，1933年。b《合補》11300。c《中國國家博物館館藏文物研究叢書·甲骨卷》261，上海古籍出版社2007年版，第129、265頁。
③ 王暉：《宰豐骨柶刻辭與功能考釋》，《中國國家博物館館刊》2011年第12期。
④ "田于麥麓"之麥地，經趙慶淼先生考證，在濟南至淄博一帶。詳見趙慶淼《卜辭之曾地望考》，《中原文物》2015年第4期。
⑤ 黄家芳：《中國犀的演變史》，碩士學位論文，陝西師範大學，2007年。
⑥ 南陽市博物館：《南陽漢代畫像石刻》16，上海人民美術出版社1981年版，第11頁。
⑦ 南陽市博物館：《南陽漢代畫像石刻》2，第2頁。
⑧ 南陽市博物館：《南陽漢代畫像石刻》4、11，第3、8頁。

是種性格溫和的動物。至於"王往逐兕"①卜辭上後面的墜車記載，只是因其他事件的意外情况，與狩獵的激烈程度無關。

圖 5　小臣艅牺尊

資料來源：采自《中國青銅器全集·4·商4》一三四，文物出版社1998年版，第131頁。

三　結語

我們通過對兕觥史源及相關器物分析討論，再次説明現在所謂酒器"銅觥"與文獻中的兕觥或兕關系不大，尤其是在器物演進方面。侯家莊的角形銅器是"觥"的銅器形態，其與現在所謂的"觥"器差别較大。兕非犀牛説，雖有其他學者做了相關研究。我們梳理文獻的同時，又與器物結合研究，以期對侯家莊角形器進行探源。我們認爲，它起源於角質的酒器。當時人們對常見的牛角進行整治，充當酒器。詩經中的"兕觥其觩"，説的就是這個情况。當時牛角易得，銅器

---

① a《合集》10405正反。b中國國家博物館編：《中國國家博物館館藏文物研究叢書·甲骨卷》056，第165—171頁。

仿形器遂相對較少，目前只見侯家莊等少數幾例。

其實，上述這些問題很多學者都做過研究，答案也呼之欲出。我們仍花費筆墨進行論證，是覺得"兕觥"這個誤讀不是一個簡單的誤會，而是同一問題所帶來的三個面向，才導致出現此誤。其一，以古文字爲主的文獻學家，對"兕"字考釋不夠嚴謹，以至於與犀夾纏不清。其二，以王國維爲代表的金石學家有文獻與器物逐一對應的習慣。早期青銅器學者對有些問題雖有所廓清，但也製造了新的誤解。將帶流具鋬較大體腔的酒器名之爲觥，而真正的觥器卻遮蔽其後。其三，以孫機爲代表的名物學家有從後世器物推演前代用器的習慣，堅持認爲兕是犀牛，將此誤讀推波助瀾。此舉雖非始於現在，然其意圖恐欲與後世的犀角杯建立一些聯繫。事實上，後來出現的犀杯是中外交流的産物，[①] 與古文獻的"兕觥"是兩回事。[②] 晚明人所謂"朱氏家藏，如龍尾觥、合巹杯"[③]，結合下文"雕鏤鍥刻真屬鬼工，世不再見"語，估計可能已是犀製的了。歷史時期出現的角杯雖不乏有犀角之製，但更多有域外的影響。[④] 將犀角杯誤植在"兕觥"上，與觥的名實相離可以看作是問題的一體兩面。現在名"觥"的帶鋬具流的銅酒器與"兕觥"是兩種不同的器物，而"兕觥"的銅質器物也可能只是那種角狀銅器。

本文爲"古文字與中華文明傳承發展工程"規劃項目"殷周青銅觥銘文整理與研究"（項目編號：G3935）的階段性研究成果。

收稿日期：2022 年 3 月

[①] 參見王子今《説犀角杯——一種東西文化交流的文物見證》，《四川文物》2008 年第 1 期。
[②] 詳見王子今《秦漢名物叢考》"角杯·犀角杯"，東方出版社 2016 年版，第 143—156 頁。
[③] （明）張岱著，路偉、鄭凌峰點校：《陶庵夢憶　西湖夢尋》"朱氏家藏"條，浙江古籍出版社 2018 年版，第 96 頁。
[④] 參見劉文鎖《絲綢之路——内陸歐亞考古與歷史》，蘭州大學出版社 2010 年版，第 256—281 頁。

漢代畫像與漢代人的倫理觀念

宋豔萍

摘　要：倫理觀念，是儒家思想的重要内容。隨着儒家思想的滲透，漢代呈現出倫理綱常被逐步强化的趨勢。三綱六紀，是人倫關系的重要内容，在漢代畫像中皆有充分體現。漢代畫像中所刻畫的忠臣、孝子、夫婦、列女以及復仇圖等，體現了臣對君的忠、子對父的孝、婦對夫的從，以及六紀的"義"。透過漢代畫像，可以洞悉漢代人的倫理觀念。

關鍵詞：倫理觀念　三綱　六紀　漢代畫像

倫理觀念是儒家思想的重要内容。孔子提出了君君臣臣、父父子子和仁義禮智等倫理道德觀念。據《論語》記載，齊景公問政於孔子，孔子對曰："君君，臣臣，父父，子子。"[1] 魯定公問孔子："君使臣，臣事君，如之何？"孔子對曰："君使臣以禮，臣事君以忠。"[2] 孟子進而提出"父子有親，君臣有義，夫婦有别，長幼有序，朋友有信"[3] 的"五倫"道德規範。到了漢代，董仲舒按照他的"貴陽而賤陰"的陽尊陰卑理論，對倫常觀念作了進一步的發揮。董仲舒認爲，在人倫關系中，君臣、父子、夫妻存在着天定的、永恒不變的主從關系：君爲主、臣爲從；父爲主，子爲從；夫爲主，妻爲從。董仲舒用陰陽定義君臣、父子、夫妻關系："君臣、父子、夫婦之義，皆取諸陰陽之道。君爲陽，臣爲陰；父爲陽，子爲陰；夫爲陽，妻爲陰。"[4] 因陽尊陰卑，所以爲陽的君、父、夫，地位都要高於爲陰的臣、子、妻。董仲舒提出"王道之三綱，可求於天"[5]，將君臣、父子、夫

---

[1] 楊伯峻譯注：《論語譯注·顔淵》，中華書局1980年版，第128頁。
[2] 楊伯峻譯注：《論語譯注·八佾》，第30頁。
[3] （清）焦循撰：《孟子正義》卷一一《滕文公章句上》，中華書局1987年版，第413頁。
[4] （清）蘇輿撰，鍾哲點校：《春秋繁露義證》卷一二《基義》，中華書局2015年版，第342頁。
[5] （清）蘇輿撰，鍾哲點校：《春秋繁露義證》卷一二《基義》，第344頁。

婦，歸結爲王道之"三綱"。到了西漢末期，讖緯興起，《禮緯·含文嘉》中明確提到："三綱謂君爲臣綱，父爲子綱，夫爲妻綱。"①《白虎通義》以法定的形式將"三綱"收入其中："三綱者，何謂也？謂君臣、父子、夫婦也。"② 在"三綱"之中，君臣、父子、夫婦是三組相對應的倫理組合。君臣之間，體現的是上下尊卑等級觀念；父子之間，強調的是子對父的孝道觀念；夫婦之間，體現的是妻對夫的順從觀念。除了三綱，董仲舒還提出了"五紀"，《白虎通義》進一步將之擴大爲"六紀"，認爲："六紀者，謂諸父、兄弟、族人、諸舅、師長、朋友也。"③諸父、兄弟、族人、諸舅，是個人之直系親屬、旁系親屬和姻親；師長、朋友是除親屬關係之外的社會關係。三綱六紀，就將個人的所有社會關係都囊括在內。三綱六紀，簡稱綱紀。比較起來，就與個人關係而言，三綱比六紀更爲親密，所以"大者爲綱，小者爲紀"。無論是三綱，還是六紀，皆建立在"義"的基礎之上。"義者，所以合君臣、父子、兄弟、夫妻、朋友之際也。"④ 不僅君臣、父子、夫婦三綱以義合，兄弟、朋友等六紀亦以義合。

三綱六紀，在漢代畫像中皆有所體現，爲我們了解漢代人的倫理觀念，提供了最直觀的史料。

一　漢代畫像中的君臣觀念

在漢代畫像中，君君臣臣嚴格的等級制度，主要是通過"周公輔成王"圖像表現出來。"周公輔成王"圖像所反映的是西周初期的故事。周公是開國君主周武王的弟弟，名旦。武王去世前，將年幼的成王托付給周公。周公不負重托，竭盡全力輔助成王。周公的弟弟管叔、蔡叔懷疑他將篡取王位，於是到處散佈流言。商紂王的兒子武庚正謀劃復國，利用管、蔡的不滿情緒，與之相勾結，共同發動叛亂。周公東征，一舉消滅了叛亂勢力。在周公的輔佐下，西周初期出現了天下太平的大治局面。山東、河南等地皆有"周公輔成王"畫像出現，尤其是山東嘉祥出土的漢代畫像中，這一歷史故事多次出現。如嘉祥縣紙坊鎮敬老院出土畫像（圖1）。畫像中刻畫了三個人物，中間爲一小孩，左右皆有一老者。左邊之人持

---

① （清）趙在翰輯，鍾肇鵬、蕭文鬱點校：《七緯》卷一七《禮緯·含文嘉》，中華書局2012年版，第269頁。
② （清）陳立撰，吳則虞點校：《白虎通疏證》卷八《三綱六紀》，中華書局1994年版，第373頁。
③ （清）陳立撰，吳則虞點校：《白虎通疏證》卷八《三綱六紀》，第373頁。
④ （漢）劉安等，許匡一譯注：《淮南子全譯》卷一一《齊俗訓》，貴州人民出版社1993年版，第597頁。

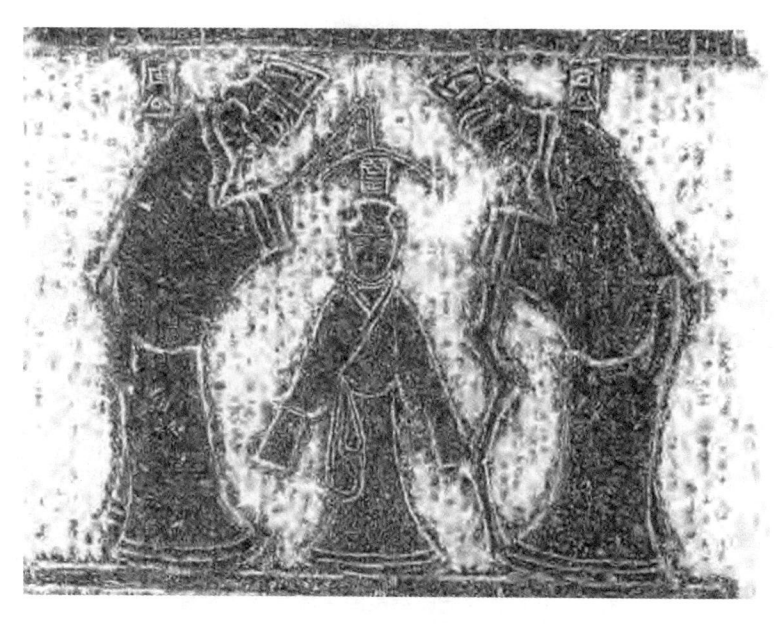

圖 1　山東嘉祥縣紙坊鎮敬老院出土畫像

資料來源:《中國畫像石全集》2《山東漢畫像石》,山東美術出版社 2000 年版,圖版第 107 頁。

一把華蓋傘,躬身而立,侍奉着中間的孩子。右邊之人拄曲杖,亦躬身而立。三者皆有榜題。中間孩子的榜題爲"成王",左邊之人爲"周公",右邊之人爲"召公"。從榜題可知,這幅圖刻畫的是"周公輔成王"的故事。圖中成王坦然自若地站在中間,周公和召公恭恭敬敬地分立兩旁,側身揖拜。從畫像可以看出,雖然成王年紀尚小,周公、召公已爲垂暮老者,但他們恪守君臣之道,謹慎勤勉地輔佐成王。除了上圖,武氏祠的另一幅畫像(圖2)也表現了同樣的内容。畫像中站在中間的小孩無疑是成王,左右爲戴冠的官員。右邊官員爲其撐着華蓋傘,左邊官員躬身而立,手持謁板,似正向成王言事。這兩位官員哪個是周公,因無榜題,我們不敢斷言。在右側官員身後,還有一位官員持謁板躬立。所有官員都態度恭謹,躬身侍立。漢代畫像中還有很多"周公輔成王"畫像,在此不一一列舉。這些畫像透漏出來的信息爲:天子雖小,但代表了皇權,爲尊爲陽;臣下雖老,但爲卑爲陰,必須恪守君臣之道。正如《春秋繁露》所言:"君爲陽,臣爲陰"[1],所以臣要絕對服從於君。漢代畫像刻畫了大量的"周公輔成王"圖,充分體現了漢代人的君臣觀念。說明君君臣臣的尊尊之道已經刻入他們的思想深處,

---

[1] (清)蘇輿撰,鍾哲點校:《春秋繁露義證》卷一二《基義》,第342頁。

图 2　山東嘉祥武氏祠東闕子闕身北面畫像

資料來源:《中國畫像石全集》1《山東漢畫像石》,圖版第 17 頁。

體現了漢代人"忠"的價值取向。周公成爲中國歷史上忠臣的代表。荀子按輕重將"忠"分爲四種:大忠、次忠、下忠和國賊。"以德復君而化之,大忠也;以德調君而補之,次忠也;以是諫非而怒之,下忠也;不恤君之榮辱,不恤國之臧否,偷合苟容,以之持禄養交而已耳,國賊也。若周公之於成王也,可謂大忠矣。"① 荀子將周公歸爲大忠,可見對周公極爲敬仰。《禮記》將禹、湯、文、武、成王、周公稱爲六君子,認爲他們"未有不謹於禮者也。以著其義,以考其信,著有過,刑仁講讓,示民有常"②。將周公與帝王相提並論,可見對其非常尊崇和肯定。

在漢代,周公不僅是忠、義的典範,"周公輔成王"更成爲一種政治模式,對漢代政治產生了重大影響。這一政治模式起於漢武帝晚期。漢武帝晚年賜予霍光"周公負成王"圖,讓霍光像周公輔成王一樣,輔佐年幼的漢昭帝。此後,"周公輔成王"便成爲重臣輔佐幼君的政治模式。這一政治模式具有兩個特點:第一,輔政大臣一定要像周公一樣忠、義雙全;第二,皇帝一定要像成王一樣委權於輔

---

① (清)王先謙撰,沈嘯寰、王星賢點校:《荀子集解》卷九《臣道篇》,中華書局 1988 年版,第 254 頁。
② (清)孫希旦撰,沈嘯寰、王星賢點校:《禮記集解》卷二一《禮運》,中華書局 1989 年版,第 583 頁。

政大臣，對輔政大臣完全信任，做到"不疑"。正如成王面對管、蔡的流言，能做到"不疑"，完全信任周公，放手讓他處理國政，這是成王的偉大之處。君主的信任和大臣的忠義，兩者完美結合，成就了歷史上的佳話，這就是"周公輔成王"的意義所在。這一政治模式在霍光時非常成功，正如班固所贊："成王不疑周公，孝昭委任霍光，各因其時以成名，大矣哉！"① 此後，凡輔國大臣，大多以周公自居，或者被人比擬爲周公。權樞之位被稱爲周公之位，或者周召之位，有時直接稱爲周召。"周公輔成王"成爲整個漢代政治生活中的不解情節。周公的地位也隨着這一政治模式的形成、發展而不斷提升。漢平帝元始元年（1年），下令"封周公後公孫相如爲褒魯侯，孔子後孔均爲褒成侯，奉其祀"②。周公和孔子的後代同時受封爲侯，地位相等同。漢明帝永平二年（59年），規定"郡、縣、道行鄉飲酒于學校，皆祀聖師周公、孔子，牲以犬"③。周公成爲與孔子一樣的聖師，被供奉於各級學校，接受師生們的膜拜。周公的忠、義等精神，成爲教育士人的重要內容，並成爲漢代時代精神的重要表現。

　　除了"周公輔成王"圖，漢代畫像中的刺客及復仇圖像，亦有反映君臣倫理觀念者。從先秦時期開始，復仇之風盛行，出現了以"俠義"相標榜的游俠。游俠以門生的身份依附於主人。主人爲其提供安身立命之處，而游俠則爲主人獻計獻策，處理各種事務。春秋戰國時期的游俠身份雖然相對自由，但他們重義，一旦受到主人賞識，便會視主人爲知己。主人有冤仇，游俠會爲其報仇、賣命。司馬遷專門爲刺客立傳，他筆下的刺客有五人：曹沫、專諸、豫讓、聶政和荊軻。司馬遷認爲五位刺客都符合"義"，他是懷着敬仰的心情去描寫他們的。"自曹沫至荊軻五人，此其義或成或不成，然其立意較然，不欺其志，名垂後世，豈妄也哉！"④ 司馬遷對五位刺客的評價確實很高。五位刺客在漢代一直受到敬仰。漢昭帝時，召開了著名的鹽鐵會議。會議上，大夫道："荊軻提匕首入不測之強秦；秦王惶恐失守備，衛者皆懼。專諸手劍摩萬乘，刺吳王，尸孽立正，鎬冠千里。聶政自衛，由韓廷刺其主，功成求得，退自刑於朝，暴尸於市。今誠得勇士，乘強漢之威，凌無義之匈奴，制其死命，責以其過，若曹劌之脅齊桓公，遂其求。推鋒折銳，穿廬擾亂，上下相遁，因以輕銳隨其後。匈奴必交臂不敢格也。"⑤ 大夫盛讚荊軻、專諸、聶政的俠義之舉，希望朝廷能尋求像曹沫、荊軻之類的勇士，

---

① 《漢書》卷七《昭帝紀》，中華書局1962年版，第233頁。
② 《漢書》卷一二《平帝紀》，第351頁。
③ 《後漢書》志第四《禮儀志上》，中華書局1965年版，第3108頁。
④ 《史記》卷八六《刺客列傳》，中華書局2014年版，第3079頁。
⑤ 王利器校注：《鹽鐵論校注》卷九《論勇》，中華書局1992年版，第537頁。

幫助漢王朝抵禦匈奴的進攻。可見，五位刺客在漢代成爲勇、義的化身。

山東嘉祥武梁祠畫像中，刻畫了六位刺客的故事（圖3、圖4）。圖3和圖4分別是武梁祠西壁和東壁畫像的截圖。西壁畫像中，從右到左分別是：曹子劫桓、專諸刺吳王、荊軻刺秦王。東壁畫像從右到左爲：要離刺慶忌、豫讓刺趙襄子、聶政刺韓王。這些畫像都有榜題，標明人物的身份。曹子劫桓發生在戰國時期，講述的是曹沫在齊魯兩國盟會上，劫持齊桓公，迫使其將侵占的魯國之地盡數歸還的故事。專諸刺吳王和要離刺慶忌，是發生在吳王闔閭即位前後的兩個故事。吳王壽夢有四個兒子，第四子季紮最有賢能，壽夢想傳位於他，但季紮不肯接受，於是規定了兄終弟及制。壽夢死後，長子諸樊、次子余祭、三子夷昧先後即位。到夷昧去世時，季紮仍不肯即位，避入他國。吳人只能讓夷昧的兒子僚即位。這引起了諸樊兒子公子光的不滿，認爲自己繼承君位才最合理。伍子胥向他推薦了刺客專諸。公子光以宴請吳王僚爲名，藏匕首於魚腹之中，由專諸進獻烤魚。專諸從烤魚腹中抽出匕首，當場刺殺了吳王僚，但也被其侍衛所殺。公子光自立爲君，是爲吳王闔閭。吳王僚死後，其子慶忌逃到衛國。慶忌力大勇猛，號稱勇士，闔閭認爲其爲潛在威脅，於是在伍子胥推薦下，找到要離。要離盡忠義之心，獻苦肉之計。讓闔閭刺傷他，並殺掉其妻子。要離投奔慶忌，慶忌對其深信不疑，視爲心腹。三月之後，慶忌出征吳國，與要離同坐一條戰艦。要離乘慶忌不備，以匕首刺入慶忌心臟。慶忌大驚，倒提要離，沉溺水中三次。畫像中所表現的，正是慶忌把要離按入水中的情景。荊軻刺秦王的故事發生於戰國末期。燕國太子丹是秦國質子，秦王嬴政待他不善，太子丹心生怨恨，逃回燕國，一心報仇。秦王嬴政欲統一全國，出兵伐齊、楚、三晉，很快就要延及燕國。燕國上下恐慌，懼怕秦王滅掉燕國。太子丹尋求能行刺秦王之人，經人引薦，找到壯士荊軻，入秦刺殺秦王。畫像中所刻畫，正是荊軻刺殺秦王的場景：荊軻刺殺秦王不中，將其衣袖斬斷，秦王環柱逃避，左右大臣將荊軻死死抱住，荊軻將匕首投向秦王，可惜刺中柱子，衛士衝入殿中，將荊軻斬殺。圖4中還有豫讓刺趙襄子、聶政刺

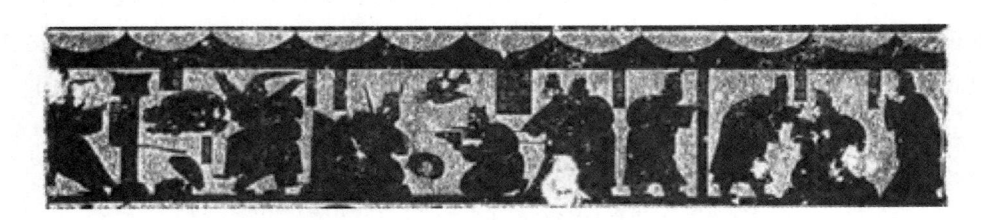

圖3　山東嘉祥武梁祠西壁畫像

資料來源：《中國畫像石全集》1《山東漢畫像石》，圖版第29頁。

韓王，將在後文詳及。

圖 4　山東嘉祥武梁祠東壁畫像
資料來源：《中國畫像石全集》1《山東漢畫像石》，圖版第 30 頁。

　　武梁祠刻畫的六大刺客，曹子、專諸、荊軻、豫讓、聶政，都是司馬遷《刺客列傳》中的人物，只有要離不在其中。要離爲了取得慶忌信任，主動要求吳王殺掉自己的妻兒，或許這種行爲在司馬遷看來爲不仁不義；亦或許司馬遷本身同情的對象，爲慶忌而非要離，這可能是司馬遷没有將其選入《刺客列傳》的原因所在。要離在行刺慶忌之前對吳王闔閭曰："臣聞，安其妻子之樂，不盡事君之義，非忠也；懷家室之愛，而不除君之患者，非義也。"① 充分表明了要離行刺慶忌的目的。他是以臣子身份，爲國君消除隱患，表現的是臣子對國君的忠和義。不僅要離，曹子、專諸、荊軻，皆是如此。曹子爲了國家利益，不惜以身涉險，這是臣子爲國君效忠的最高境界。荊軻刺秦王，一是爲燕國消除禍患，二是爲太子丹復仇。雖然失敗，但他捨生忘死的俠義壯舉爲人們所謳歌。專諸是奉未來國君之命，以臣子身份，爲其清除障礙。曹子、專諸、荊軻和要離，皆是以臣的身份，受托於君，是"臣事君以忠"的最好詮釋。爲了盡忠，失去生命也在所不惜。

　　漢代之所以敬仰刺客，崇尚復仇，要歸結於公羊學的"大復仇"理論。公羊學宣揚"大復仇"，認爲臣對君，子對父，皆有復仇的責任和義務，"君弑，臣不討賊，非臣也；子不復讎，非子也"②。如果國君被殺，臣下應爲君復仇，否則將有失君臣之道，即爲不忠；如果父親被殺，兒子有爲父親復仇的責任和義務，否則有失父子之親，即爲不孝。因百世都可以復仇，所以稱爲"大復仇"。漢武帝時公羊學"大興"。在公羊學復仇理論指導下，源於先秦時期的復仇風氣，在漢代更熾。漢武帝利用公羊學"大復仇"理論，將討伐匈奴，説成是爲高祖復平城被圍之仇；爲高后復遭單于污辱之仇，是正義的，合法的戰爭。在皇帝的垂範下，復

---

① 崔冶譯注：《吳越春秋·闔閭内傳第四》，中華書局 2019 年版，第 68 頁。
② （漢）何休解詁，（唐）徐彦疏：《春秋公羊傳注疏》卷三，隱公十一年，上海古籍出版社 2014 年版，第 112 頁。

仇之風更盛。西漢中期，社會上出現了疾惡如仇、以義見聞的游俠。漢代的游俠與戰國時已有所不同，他們的人身依附性減弱，受儒家仁義禮智的影響，重視以義復仇。"義"在漢代是評判行事是否合理的標準。武帝時的郭解、劇孟都是"布衣游俠"，他們都以疾惡如仇、殺身成仁而受到人們的贊許。游俠勢力在武帝時已盛，到後世就更變本加厲。漢昭帝、宣帝時期，輕俠參與復仇行爲成爲普遍現象。冤冤相報成爲一種社會風氣，連著名公羊學家顏安樂也是死於仇人之手。漢元帝時"長安熾盛，街閭各有豪俠"①。漢成帝時復仇之風更爲興盛，據《漢書·酷吏傳》記載："長安中姦猾浸多，閭里少年群輩殺吏，受賕報仇，相與探丸爲彈，得赤丸者斫武吏，得黑丸者斫文吏，白者主治喪；城中薄暮塵起，剽劫行者，死傷橫道，枹鼓不絕。"②可見報仇之風已到了目無法紀的混亂狀態。漢成帝晚期，逐漸懈怠於政，復仇之風在沒有法律的約束下更爲興盛，連外戚都加入了復仇的行列。"紅陽長仲兄弟交通輕俠，臧匿亡命。而北地大豪浩商等報怨，殺義渠長妻子六人，往來長安中。"③當時萬章、箭張回、酒市趙君都、賈子光等，都是長安的名豪。連國都復仇風氣都如此濃厚，地方上就更有恃無恐。"姑幕縣有群輩八人報仇廷中"④，即爲發生在地方上的典型復仇事件。西漢後期，游俠勢力壯大，被時人稱爲"豪桀"或"豪俠"。據《漢書·游俠傳》記載，"自哀、平間，郡國處處有豪桀，然莫足數"⑤。漢哀帝時，廷尉朱博"伉俠好交"，他是個廉潔奉公的官員，喜歡結交士大夫，"賓客滿門，欲仕宦者薦舉之，欲報仇怨者解劍以帶之"⑥。朱博可謂漢代官吏中公然支持復仇者的代表人物。正是由於得到統治階層的支持，漢代的復仇之風才如此之盛。

王莽篡權後，法紀錯亂，復仇之風更盛。復仇的代表是原涉，據《漢書·游俠傳》記載，"先是涉季父爲茂陵秦氏所殺，涉居谷口半歲所，自劾去官，欲報仇。谷口豪桀爲殺秦氏，亡命歲餘，逢赦出"⑦。原涉之復仇行爲得到了人們的理解，"郡國諸豪及長安、五陵諸爲氣節者皆歸慕之。涉遂傾身與相待，人無賢不肖闐門，在所閭里盡滿客"⑧。原涉以其氣節贏得了衆多賓客，但他的"賓客多犯

---

① 《漢書》卷九二《游俠傳》，第3705頁。
② 《漢書》卷九〇《酷吏傳》，第3673頁。
③ 《漢書》卷九〇《酷吏傳》，第3673頁。
④ 《漢書》卷八三《薛宣朱博傳》，第3401頁。
⑤ 《漢書》卷九二《游俠傳》，第3719頁。
⑥ 《漢書》卷八三《薛宣朱博傳》，第3407頁。
⑦ 《漢書》卷九二《游俠傳》，第3715頁。
⑧ 《漢書》卷九二《游俠傳》，第3715頁。

法，皋過數上聞"①。王莽多次收捕欲殺，但終逢大赦釋放。原涉與其賓客又多次引發復仇事件，最終被更始西屏將軍申屠建殺死。

整個東漢，復仇風氣更盛，見諸文獻者數不勝數。有爲父復仇者；爲母復仇者；爲叔父復仇者；爲舅父復仇者；爲兄弟復仇者；爲夫復仇者；爲子復仇者；爲友復仇者；爲師復仇者；爲自己復仇者。其他涉及復仇案件的還有周游（爲仇家所殺）、馬武（少時避讎，亡命江夏）、虞都尉（先與同縣申屠季有仇，而殺其兄，謀滅季族）、張歆（初以報仇逃亡）、宋果（性輕悍，喜與人報讎），這些人都是復仇或關涉復仇者，其他不知名者更是數不勝數，可見東漢的復仇風氣之盛。

漢代復仇風氣熾盛，畫像中出現很多以復仇爲主題的圖像，正是這一歷史時期時代特色的真實反映。

無論是"周公輔成王"畫像，還是曹子、荊軻等刺客畫像，皆體現了臣下對君主的"忠"，充分反映了漢代人的君臣倫理觀念。

二　漢代畫像中的父子觀念

體現父子關系的畫像，主要是"孝子圖"。漢代畫像中，"孝子圖"大量出現。山東嘉祥武梁祠中，集中刻畫了很多"孝子圖"，如西壁畫像（圖5）。這幅畫像從上數第三層，刻畫了四幅孝子圖。從左到右分別爲：丁蘭刻木、老萊子娛親、閔子騫禦車失棰、曾母投杼。這些畫像皆有榜題。丁蘭的榜題爲："丁蘭二親終歿，立木爲父，鄰人假物，報乃借與。"丁蘭在雙親去世後，刻木爲父，奉侍如生前，可謂純孝。老萊子的榜題爲："老萊子，楚人也，事親至孝，衣服斑連，嬰兒之態，令親有驩，君子嘉之，孝莫大焉。"老萊子身已年邁，爲娛雙親，故作嬰兒態，可謂至孝。閔子騫的榜題爲："閔子騫與假母居，愛有偏移，子騫衣寒，禦車失棰。"閔子騫隱忍後母虐待，只爲不讓父親家庭離散，不令兄弟缺失母愛，可謂孝悌雙全。曾子的榜題爲："曾子質孝，以通神明，貫感神祇，箸號來方，後世凱式，以正橅綱。"②曾子事母勤勉，可謂質孝，爲後世楷模，故稱爲宗聖。山東嘉祥武梁祠東壁畫像（圖6）中，從上數第三層爲孝子圖。從左到右分別爲：孝孫原穀、趙□屠、孝子魏湯、義漿楊伯雍、三州孝人。孝孫原穀，講述的故事

---

① 《漢書》卷九二《游俠傳》，第3717頁。
② 從丁蘭到曾子的榜題皆出自蔣英炬、吳文祺《漢代武氏墓群石刻研究》，人民美術出版社2014年版，第86頁。

圖 5　山東嘉祥武梁祠西壁畫像

資料來源：《中國畫像石全集》1《山東漢畫像石》，圖版第 29 頁。

爲：十五歲的原穀爲阻止父親遺棄祖父，故意將推祖父的小車拿回，欲留作以後遺棄父親之用。此舉令父親幡然醒悟，遂接回祖父，竭盡孝道。趙囗屠的故事，因無更詳細題記，無法確定其故事內容，或許與趙氏孤兒有關。孝子魏湯，講述的是魏湯爲父報仇的故事。魏湯的父親，曾遭人侮辱。父親去世後，魏湯殺死仇人，以其頭祭奠父親。義漿楊伯雍，講述了洛陽人楊伯雍的故事。楊伯雍父母去世後，葬於無終山。楊伯雍爲給父母守孝，於是在山中安家。由於山高路遠，過路行人皆饑渴難耐。楊伯雍每日去山下汲水，爲路人免費提供漿水。三州孝人，

圖6　山東嘉祥武梁祠東壁畫像

資料來源：《中國畫像石全集》1《山東漢畫像石》，圖版第30頁。

講述了兩位孝子的故事。來自三州之三人，相約爲父子。年長者爲父，欲觀兩位義子有無孝心，讓兩者爲其蓋房，故意多次更改建房地址，但兩義子都不慍不怒，竭盡孝心。山東嘉祥武梁祠後壁畫像（圖7）中亦有孝子圖，刻畫於從上數第二層中。從左到右分別爲："騎都尉"金日磾、李善撫孤、孝義朱明、董永傭耕、邢渠哺父、柏榆傷親。"騎都尉"金日磾，講述了漢武帝時期金日磾的孝親故事。金日磾爲休屠王之太子，自覺歸順漢廷。其母去世後，漢武帝在甘泉殿牆壁上爲其母親畫像，金日磾每次經過，都痛哭緬懷。李善撫孤，講述了漢武帝時期的李善

圖 7　山東嘉祥武梁祠後壁畫像

資料來源:《中國畫像石全集》1《山東漢畫像石》,圖版第 31 頁。

輔助主人幼子的故事。李善的主人全家因疫疾離世,只剩下幾個月大的幼子。僕人們欲殺幼子,瓜分主人家產。李善將幼子偷偷抱出,遠走他鄉,撫養成人,並幫助小主人歸鄉奪回家業。孝義朱明,講述了朱明孝敬父母,愛護弟弟的故事。朱明以孝義立身,其父母去世后,其弟受妻教唆,欲與朱明分居。朱明將家中錢財悉數讓給弟弟,只留下一間空宅自住。董永傭耕,講述了董永侍父的故事。父親年老,生活無法自理。爲隨時盡孝,董永用獨輪車將父推至地頭,一邊勞作,一邊照顧父親。邢渠哺父,講述了邢渠哺食父親的故事。邢渠父因年老牙齒脱落,無法咀食,邢渠就爲父咀嚼,餵食父親。柏榆傷親,講述了柏榆感傷母親年老的故事。母親經常毆打柏榆,柏榆從不流淚。母親年老體衰,打之不痛,柏榆感傷,痛哭流涕。柏榆傷親的故事,充分體現了孔子所言"父母之年,不可不知也。一則以喜,一則以懼"[①]。

　　武梁祠所刻畫的孝子,應該是漢代非常流行的孝子故事。這些孝子故事有些流傳於後世,爲人們所熟知,像曾子、丁蘭、老萊子、閔子騫、董永、楊伯雍、李善等;有些則被淡化,不被後世所重視,如魏湯、三州孝人、邢渠、朱明等。

---

①　楊伯峻譯注:《論語譯注・里仁》,第 40 頁。

董永侍父在漢代應該是耳熟能詳的孝子故事，我們將武梁祠的董永侍父圖單獨截取如圖8所示。

圖8　武梁祠董永侍父畫像

資料來源：《中國畫像石全集》1《山東漢畫像石》，圖版第31頁。

在這幅圖中，最右邊有一棵大樹，一老者坐於樹下的獨輪車上，左手執一鳩杖，右手高舉，老者上面的榜題爲"永父"。一男子站在他前方，正一邊勞作一邊回頭照看老者。男子旁邊的榜題爲"董永，千乘人也"。這幅圖描繪的就是董永侍父的故事，其構成要素爲：樹、獨輪車、持鳩杖老者、男子。山東大汶口漢墓中也出現了一幅孝子圖（圖9）。這幅畫像中一共刻畫了三個孝子故事：最右邊刻畫的是孝子丁蘭的故事，中間是孝子趙荀哺父的故事。最左邊刻畫的場景爲：一棵大樹下有一獨輪車，一老者持鳩杖坐於車上，一男子一邊鋤地一邊回頭照看老者。這幅圖的構成要素與武梁祠董永侍父圖一致，所以應爲董永侍父圖。除了山東嘉祥武梁祠、大汶口漢墓畫像，其他地方出土的漢代畫像中也有類似的圖像。如四川渠縣蒲家灣無名闕畫像（圖10）。畫像中一棵大樹上掛着兩個壺狀物，樹下一

圖9　山東大汶口墓前室西壁橫額畫像

資料來源：《中國畫像石全集》1《山東漢畫像石》，圖版第176頁。

— 73 —

圖 10　四川渠縣蒲家灣無名闕之董永侍父

資料來源：《中國畫像石全集》7《四川漢畫像石》，圖版第 56 頁。

老者坐於獨輪車上，一年輕人一手拿農具，一手持一長柄狀食具正在餵食老者。結合山東嘉祥武梁祠畫像，可知此亦爲"董永侍父圖"。四川樂山柿子灣崖墓中，亦有一幅相似畫像（圖11）。畫像左邊，樹下一老者坐於獨輪車上，一年輕男子

圖 11　四川樂山柿子灣崖墓之董永侍父畫像

資料來源：《中國畫像石全集》7《四川漢畫像石》，圖版第 15 頁。

一手持農具，一手持一食具狀物，正遞給老者。這幅畫像刻畫的，也應該是"董永侍父圖"。

"七女爲父報仇"畫像，亦反映了漢代人的孝道觀念。內蒙古和林格爾出土的漢代壁畫中，有"七女爲父報仇"的畫像（圖12）。這幅壁畫描繪的是一隊車馬過橋的場景。從橋下"渭水橋"的榜題，可知此橋爲渭水橋。橋中間的軺車爲主車，前後有一些車騎爲導從。軺車前方、後方、右方，有七個梳着高髻的女子，騎馬，手持兵器，正與官兵格鬥。從上方"七女爲父報仇"的榜題看，這幅畫像講述的是七女爲父親報仇的故事。山東莒縣東莞鎮也出土了相似畫像（圖13）。這幅畫像亦描繪了一隊車馬過橋的情景。橋上軺車爲主車，車前後及橋下，有七個頭梳高髻的女子，手持武器，正與官兵搏鬥。畫面右上角，有"七女"的榜題，可知這幅畫像描繪的亦爲"七女爲父報仇"的故事。山東嘉祥武梁祠有幅"水陸攻戰圖"（圖14）。畫像描繪的，亦爲一隊車馬過橋的場景。橋上軺車爲主車，主車前後皆有車騎。從榜題可知，前方導車爲：功曹、賊曹、游徼；後面從車爲：主簿、主記。《後漢書·輿服志》中規定："公卿以下至縣三百石長導從，置門下五吏、賊曹、督盜賊功曹，皆帶劍，三車導；主簿、主記，兩車爲從。"① 畫像中的導從隊伍正與此相合，只是將"督盜賊"換爲"游徼"。游徼的重要職責亦爲督查盜賊，看來游徼和督盜賊的職責基本相同，或許兩者可以互換。由此，畫像中主車官員，官秩至少爲縣三百石長。畫像中有七名女子，正與官兵進行廝殺。這幅畫像與和林格爾出土的壁畫刻畫的應該是同一母題。已有學者指出這幅畫像刻畫的即爲"七女爲父報仇"的故事，② 筆者完全贊同這一觀點。"七女爲父報仇"的故事應該在漢代非常流行，可惜在遺留下來的漢代文獻史料中沒有記載，幸有漢代畫像記錄下這一歷史故事。如前所述，漢代重復仇，公羊學主張"臣不復仇，非臣也；子不復讎，非子也"。《白虎通義》直接將兩者相等同，認爲："子得爲父報仇者，臣子之於君父，其義一也。忠臣孝子所以不能已，以恩義不可奪也。"③ 子爲父報仇和臣爲君報仇意義相同，皆因恩義不可奪，是忠臣孝子的重要表現形式。子爲父復仇，體現了一種尚恥的氣節。爲父母報仇體現了孝道，更成爲一種有氣節之舉。漢代爲父復仇的事例衆多，如武帝時睢陽人犴反，有人侮辱其父，後仇人與睢陽令之門客同車出遊，犴反跳上車，將仇人殺死。東漢時期，

---

① 《後漢書》志第二九《輿服志上》，第3651頁。
② 參見邢義田《格套、榜題、文獻與畫像解釋》，《畫爲心聲——畫像石、畫像磚與壁畫》，中華書局2011年版，第112頁；后曉榮《漢代"七女爲父復仇"圖像解讀——考古所發現一則消亡千年的"血親復仇"故事》，《新疆藝術學院學報》2017年第2期。
③ （清）陳立撰，吳則虞點校：《白虎通疏證》卷五《誅伐》，第219頁。

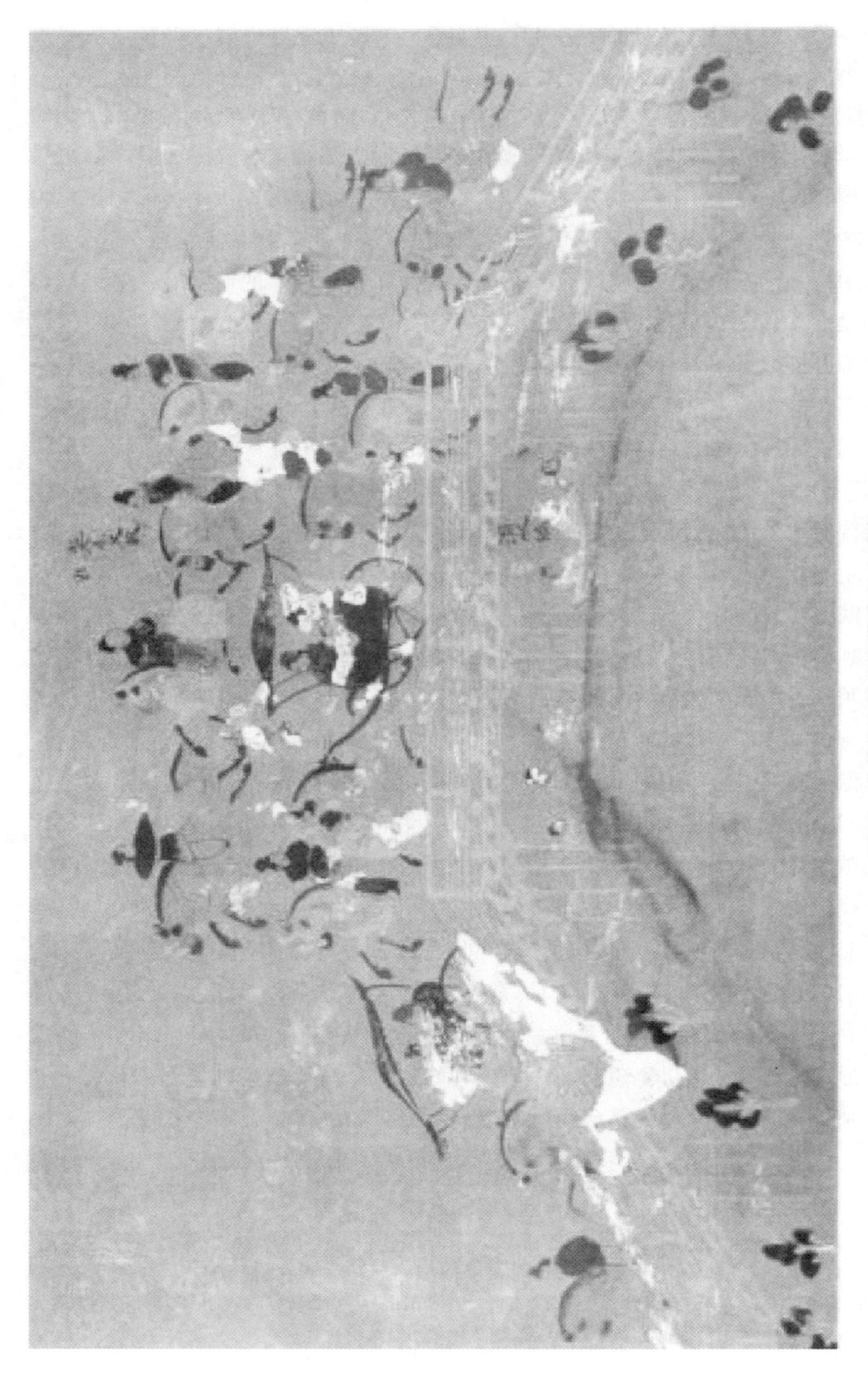

圖 12　內蒙古和林格爾漢墓出土壁畫

資料來源：蓋山林：《和林格爾漢墓壁畫》，內蒙古人民出版社 1977 年版，第 144 頁。

圖 13　山東莒縣東莞鎮出土畫像

資料來源：《中國畫像石全集》3《山東漢畫像石》，圖版第 121 頁。

圖 14　山東嘉祥武氏祠前石室第六石

資料來源：朱錫祿：《武氏祠漢畫像石》，山東美術出版社 1986 年版，第 24 頁。

爲父復仇者有蘇不韋、防廣、孟伯元、緱玉、趙娥、萬良、種劭等人；爲母報仇者主要有：毋丘長、陽球、淮南厲王、廣陵思王劉荆等人。"七女爲父報仇"的故事，應該是家中無兒子，在父親被人所害後，女兒義不容辭，爲父報仇。這在信奉"子不復仇，非子也"（漢代的"子"既包括兒子，也包括女兒）的漢代，是被肯定和讚揚的行爲，否則不會出現於各地的畫像中。"七女爲父報仇"，植根於漢代復仇風氣熾盛的社會環境之下，成爲"孝"的典範。

漢代的列女圖中，亦有表現"孝"的畫像。如武梁祠東壁畫像中的京師節女（圖15）。

圖15　山東嘉祥武梁祠東壁畫像
資料來源：《中國畫像石全集》1《山東漢畫像石》，圖版第30頁。

京師節女，爲劉向《列女傳》中的故事。講述了京師一女子，其夫與人結仇，仇家劫持其父，要挾她協助殺其夫。女子若不答應，其父當死，爲不孝；若答應，其夫當死，爲不義。爲了孝義，女子選擇自己代夫被仇家所殺。京師節女，體現了孝、義精神，正與漢代崇尚的孝道、仁義相吻合，所以被劉向選入《列女傳》中，亦被漢代人刻畫成圖像，供人瞻仰、緬懷。

漢代非常重視"孝"。"孝"一直被統治者所注重和宣揚，漢宣帝在詔書中明確提出："導民以孝，則天下順"[1]，以"孝"作爲治理國家的基本原則。陳谷嘉先生認爲："漢承秦制，秦代前期曾推行的把'孝'作爲重要的法律，在漢代仍

---

[1]　《漢書》卷八《宣帝紀》，第250頁。

然如此，並得到了進一步的強化。漢代法律規定，不孝不僅僅是道德譴責的問題，而且會受到法律的重判。'五刑之屬三千，罪莫大於不孝'，要'斬首梟之'。"[1] 看來在漢代，"孝"成爲指導政治生活的準則，甚至滲透到法治領域。《孝經》成爲學校的必學之書，尤其是作爲未來之君的太子，更是將《孝經》作爲學習的重要内容。隨着《孝經》被日漸重視與推廣，"孝"成爲漢代被廣泛接受的普世價值。最高統治者以身作則，在其稱號中冠以"孝"字，並且通過學校教育、三老教化等方式，使"孝"逐漸向下層百姓中滲透。在向百姓講解"孝"時，有策書、明白大扁書、扁書、壁書、口諭等不同方式。此外，圖像也應該是其中重要的表達途徑。很多百姓不識字，策書、扁書、壁書等，他們只能聽取三老等人的講解才能明了，但圖像則以最直觀的表達方式，讓他們能一目了然地看懂其中的内容。圖像中的孝子，能以更直觀的形象深入百姓内心，給他們以視覺衝擊，留下深刻印象。所以，對於普通百姓而言，這種教化方式效果應該最好。

漢代人喜歡在牆壁上、内室裏、墓室中刻畫圖像，其實正是他們思想觀念的表達方式。董永侍父、邢渠哺父、丁蘭刻木、老萊子娱親、七女爲父報仇等孝子故事，是漢代人喜歡刻畫的内容之一，充分體現了漢代人的孝道觀念。

三　漢代畫像中的夫婦觀念

除了君臣、父子，夫婦倫常觀念在漢代畫像中亦有充分體現。夫婦之道是三綱之一，董仲舒曰："天子受命於天，諸侯受命於天子，子受命於父，臣妾受命於君，妻受命於夫。諸所受命者，其尊皆天也，雖謂受命於天亦可。"[2] 董仲舒認爲妻受命於夫，夫爲天，妻爲地，夫尊妻卑，妻要絶對服從於夫。在漢代畫像中，這種倫理觀念有充分體現。如山東微山縣兩城鎮出土的畫像（圖16）。在這幅畫像中，一對夫婦坐於廳堂之上。男主人旁有一些官員持名刺等待謁見，女主人旁有兩位侍女恭立隨侍。從畫面可以看出，男主人坐於右邊，而女主人坐於左邊。漢代尚右，以右爲尊，男主人所坐位置顯然爲尊位。在漢代人觀念中，夫爲尊，所以坐於尊位；妻從夫，所以坐於卑位。安徽靈璧縣出土畫像（圖17），亦體現了這一觀念。畫像中刻畫了三個人物形象：右邊之人手持便面，頭戴幘巾，爲男子；其左邊之人頭上梳髻，爲女子。女子身後有一侍女持便面隨侍。從畫像中的食物和食具看，這幅畫像刻畫的是燕居飲食場景。畫像中的男女應爲夫妻，男右

---

[1] 陳毅嘉：《儒家倫理哲學》，人民出版社1996年版，第45頁。
[2] （清）蘇輿撰，鍾哲點校：《春秋繁露義證》卷一五《順命》，第406頁。

图 16　山東微山縣兩城鎮出土畫像

資料來源：《中國畫像石全集》2《山東漢畫像石》，圖版第 43 頁。

图 17　安徽靈璧縣九頂鎮出土畫像

資料來源：《中國畫像石全集》4《江蘇、安徽、浙江漢畫像石》，圖版第 138 頁。

女左。從漢代畫像中夫婦的座次，即可洞悉漢代夫婦的地位和倫常觀念。

漢代畫像中，不僅現實生活中的夫婦體現了倫理觀念，連神仙世界亦是如此。山東嘉祥武梁祠西壁畫像中，第二層爲古帝王畫像。最早的帝王爲伏羲、女媧，兩者被刻畫於一個格中，如圖18。伏羲、女媧是傳說中的"三皇"，被安排成爲古帝王不足爲怪。《通志》引《春秋世譜》曰："華胥生男子爲伏羲，女子爲女媧。"① 伏羲、女媧同爲華胥所生，自爲兄妹。兩者爲夫妻的最早文獻記載則到了唐宋時期的《敦煌遺書·天地開闢以來帝王紀》，但從漢代畫像中可以看出，兩者已經被刻畫成夫妻形象。圖18中，伏羲、女媧人首蛇身，尾部緊緊纏繞在一起，而且中間還有一個小孩形象，雙手分別拉着兩者。伏羲、女媧尾部相交，顯然爲夫妻形象。即爲夫妻，就要遵守夫妻之道，所以伏羲被安排在右邊，而女媧則被安排在左邊，遵循了漢代夫尊妻卑的倫理觀念。山東嘉祥武氏祠左石室畫像（圖19）中的伏羲、女媧，亦遵循了這一原則。伏羲、女媧分別持規、矩，人首蛇身，交尾，應爲夫妻形象。伏羲在右，女媧在左。

圖18 山東嘉祥武梁祠西壁畫像局部

資料來源：《中國畫像石全集》1《山東漢畫像石》，圖版第29頁。

---

① （宋）鄭樵撰：《通志》卷一《三皇紀》，中華書局1987年版，第31頁。

圖19　山東嘉祥武氏祠左石室後壁小龕西側畫像

資料來源：《中國畫像石全集》1《山東漢畫像石》，圖版第56頁。

圖20　山東沂南漢墓墓門東立柱畫像

資料來源：《中國畫像石全集》1《山東漢畫像石》，圖版第134頁。

除了山東嘉祥武氏祠畫像，伏羲、女媧形象在全國出土的漢畫像石中多處出現，其中還有兩者被一神人抱持的畫面。如山東沂南出土畫像（圖20）。畫像上部，一神人懷抱着伏羲、女媧。我們暫不討論神人的身份問題，只看伏羲、女媧所處的位置：伏羲在右邊，而女媧在左邊。四川簡陽三號石棺（圖21）上，有兩個人首蛇身的神人形象，從榜題看，分別是伏羲、女媧。從圖中分佈看，伏羲在右，女媧在左。陝西綏德漢墓的左右立柱上（圖22），分別有一個人首蛇身的神人形象。右立柱上的神人戴冠，爲男性，應爲伏羲；左立柱上的神人梳髻，爲女性，應爲女媧。以上這些畫像中的伏羲、女媧，全爲伏羲在右，女媧在左，反映了漢代人夫尊妻卑，男尊女卑的倫理觀念。

在漢代畫像中，日神、月神被賦予了性別特徵：日神爲男性，而月神爲女性。河南唐河出土的畫像石（圖23）中，有兩個人首蛇身的神靈形象，他們都手托圓球，裏面分別爲三足烏和蟾蜍，說明他們是日神、月神

圖21　四川簡陽三號石棺　伏羲·女媧·玄武
資料來源：《中國畫像石全集》7《四川漢畫像石》，圖版第80頁。

形象。日神、月神交尾，看來漢代人將兩者視爲夫妻。即爲夫妻，便應遵循夫尊妻卑、男尊女卑的倫理道德規範。四川簡陽三號石棺畫像（圖24）中有兩個神靈形象，人首，肩生雙翼，身似蛇形。兩者都懷抱着一圓球狀物，裏面分別爲三足烏、蟾蜍的形象，代表了太陽和月亮。懷抱三足烏的是男性形象，而懷抱蟾蜍的是女性形象。從榜題"日月"可知，男性形象爲日神，而女性形象爲月神。兩者所處位置爲：日神在右邊，而月神在左邊，確實遵循了夫尊妻卑的倫常觀念。河南南陽麒麟崗出土的畫像（圖25），亦體現了漢代人的這一觀念。圖像的正中位置，端坐着一神人形象，其四周分佈着青龍、白虎、玄武、朱雀，代表着四個方位。在青龍的右側，有一人首蛇身的神靈形象，懷抱一圓球狀物，裏面有三足烏，是爲日神形象。在白虎的左側，亦有一人首蛇身的神靈形象，亦懷抱一圓球狀物，裏面有蟾蜍，是爲月神形象。日神戴冠，爲男性形象；而月神梳髻，爲女性形象。日神在右，月神在左，說明日神、月神確實遵循了夫尊妻卑，男尊女卑的倫理觀念。

圖 22　陝西綏德墓門左、右柱畫像

資料來源：《中國畫像石全集》5《陝西、山西漢畫像石》，圖版第 83 頁。

圖 23　河南唐河湖陽畫像石

資料來源：《中國畫像石全集》6《河南漢畫像石》，圖版第 21 頁。

圖 24　四川簡陽三號石棺畫像

資料來源：《中國畫像石全集》7《四川漢畫像石》，圖版第 79 頁。

圖 25　河南南陽麒麟崗畫像

資料來源：《中國畫像石全集》6《河南漢畫像石》，圖版第 102 頁。

　　牽牛、織女，是起於先秦的神話傳説人物。從先秦到秦代，牽牛織女並不是浪漫愛情故事的典範，甚至是婚姻失敗的典型，他們結合的日子成爲人們選擇婚娶吉日時的禁忌。《睡虎地秦簡·日書甲種》中有："戊申、己酉，牽牛以取織女而不果，不出三歲，棄若亡。"[①] 這裏的"取"通娶，"不果"是不能白頭到老之

---

① 《睡虎地秦墓竹簡·日書甲種》，文物出版社 2001 年版，第 206 頁。

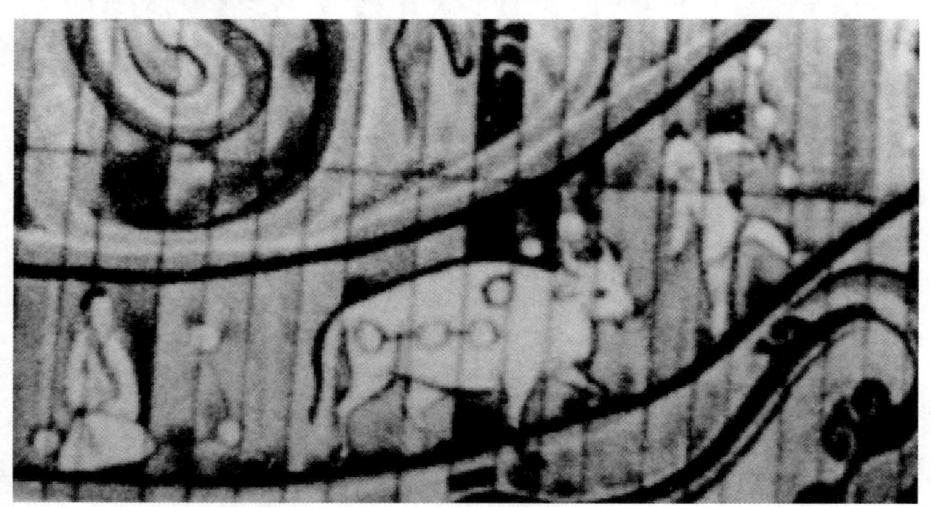

圖 26　陝西西安咸寧路西漢晚期墓葬二十八宿及局部

資料來源：潘鼐編著：《中國古天文圖録》，上海科技教育出版社 2009 年版，第 8 頁。

意。儘管婚姻未能長久，但至少確定兩者爲夫妻關系。從漢代畫像看，牽牛、織女形象在西漢和東漢時期發生了變化。爲叙述方便，我們將兩者分別稱爲男宿、女宿。漢代畫像中有許多男宿、女宿的形象，我們略舉幾例。

1. 陝西西安咸寧路西漢晚期墓彩色星圖（圖26）

這幅畫像的時代爲西漢後期，圖中爲二十八宿形象。我們將男宿、女宿部分截取出來（見局部圖）。從局部圖可清晰看出，右邊是男宿形象，他正牽着一頭牛前行，而左邊是坐在三顆星之上的女宿形象。

2. 洛陽尹屯新莽墓葬星象圖（圖27）

這是新莽時期的畫像。呈三角形，中間有隔斷，或許象徵着銀河。在隔斷右邊，有一男子牽着牛，應爲男宿形象。隔斷左邊，有一女子跽坐，用手托着三顆星，應爲女宿形象。

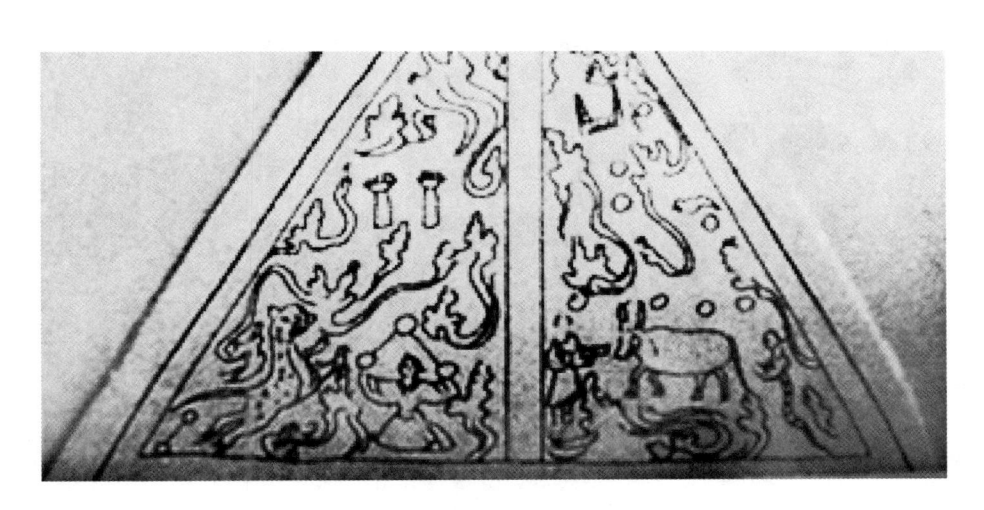

圖27　洛陽尹屯新莽墓葬星象

資料來源：洛陽市第二文物工作隊：《洛陽尹屯新莽壁畫墓》，《考古學報》2005年第1期。

3. 河南南陽白灘畫像石（圖28）

這是東漢時期的畫像，中間爲一老虎形象，其右有一男子，一手牽牛，一手持一短棰狀物，正在催促牛前行。虎的左下部，有一個由四顆星圍成的小屋形狀的星宿，一女子側身跪坐其中。

東漢時期畫像（圖28）中的女宿和男宿形象，顯然和西漢後期（圖26）及新莽時期畫像（圖27）中的形象發生了很大變化。西漢後期女宿爲三星相連，東漢時卻變爲四星相連。西漢後期的女宿爲正身端坐，而到東漢時則爲側身跪坐。

西漢後期三顆星相連的女宿形象，爲織女，是"天女孫"，地位較高。而東漢時期四顆星相連的女宿形象，已經變爲須女，爲"賤妾也"，地位很低。男宿形象在兩漢時期也發生了變化。西漢時期爲牽牛，是"犧牲"之意，到了東漢時期則變爲河鼓。河鼓由三顆星組成，中間一顆星代表大將，左右兩顆星代表了左、右將。河鼓顯然比牽牛在身份上要高貴的多。東漢時期男宿身份上升而女宿地位下降，應該是倫理綱常不斷强化的結果。自漢武帝"罷黜百家，獨尊儒術"之後，儒家的倫理綱常滲透到漢代社會生活中。夫爲妻綱、男尊女卑的倫常觀念，使男子地位越來越高，而女子地位越來越低。男宿和女宿形象的變化，正是這種現象的反映，是倫理綱常日益强化的結果。以上三幅圖（圖26、圖27、圖28）中，皆爲男宿處於右邊，而女宿位於左邊，與現實生活中的夫妻以及神仙世界中伏羲女媧、日神月神所處位置相一致，皆反映了漢代夫爲妻綱的倫常觀念。

圖28 河南南陽白灘畫像

資料來源：《中國畫像石全集》6《河南漢畫像石》，圖版第90頁。

不僅伏羲女媧、日神月神、牽牛織女等神人形象，連西王母和東王公，也不可避免地被綱常倫理觀念所左右。在漢代畫像中，西王母和東王公經常被單獨刻畫。如山東嘉祥武梁祠畫像中，西王母被刻畫於西壁最上部，而東王公被刻畫於東壁最上部。這是最符合兩者名稱和地位的安排。但在兩者被刻畫於墓室左、右立柱之上，或者出現於同幅畫像中時，兩者的位置便一目了然。陝西多座漢墓，將西王母、東王公分別刻畫於墓門左右立柱上。如陝西米脂兩座漢墓的左右立柱畫像（圖29、圖30）。這兩座漢墓墓門立柱上的畫像，相似程度極高。在左右立柱上，皆有一神人，端坐於象徵着仙山的高柱之上，皆有華蓋傘。右立柱上的神人，戴三山冠，爲男性形象。左立柱上的神人，戴勝，爲女性形象。從坐於仙山之上、戴勝等特點看，左立柱上的神人，應爲西王母。則右立柱上的神人，爲東

圖29　陝西米脂墓門左、右立柱畫像一

資料來源：《中國畫像石全集》5《陝西、山西漢畫像石》，圖版第49頁。

王公。陝西綏德漢墓左右立柱畫像（圖31），亦爲這種組合。左立柱的神仙，頭上戴勝，可知爲西王母形象。右立柱的神仙，戴冠，爲男性形象，應爲東王公。以上三幅畫像（圖29、圖30、圖31），皆將西王母刻畫在左立柱上，東王公刻畫於右立柱上。漢代畫像中，還有將西王母、東王公刻畫於同幅畫面中者。如河南南陽畫像（圖32），兩神人坐於象徵着仙山的高臺之上。右邊之人戴三山冠，爲男性形象。左邊之人梳髻，爲女性形象。從玉兔搗藥、仙山等因素看，左邊的女

圖 30　陝西米脂墓門左、右立柱畫像二
資料來源：《中國畫像石全集》5《陝西、山西漢畫像石》，圖版第 48 頁。

性形象應爲西王母，則右邊的男性形象爲東王公。兩者的位置爲男右女左。陝西米脂黨家溝墓門框畫像（圖 33）中也有兩者同框的畫面。畫像正中有一座雙層亭式房屋，兩位神仙端坐在大堂之上，兩者皆肩生雙翼。左邊神仙頭上戴勝，爲西王母；右邊神仙戴冠，爲東王公。兩者的位置，爲男右女左。

　　以上這些畫像（圖 29—圖 33）中，皆是西王母在左，而東王公在右。在漢代，儘管西王母在人們心目中的地位要比東王公高，但畫工在刻畫兩者時，不可避免地受到了漢代倫理綱常的影響。男尊女卑，夫爲妻綱的倫常觀念，使得刻畫

圖 31　陝西綏德王得元墓門左、右立柱畫像
資料來源:《中國畫像石全集》5《陝西、山西漢畫像石》,圖版第53頁。

者不自覺地將兩者按照現實生活中普通夫妻的座次進行安排:東王公在右邊,而西王母則屈居左邊。看來在漢代畫像中,無論是現實世界,還是神仙世界,只要是夫妻關系,皆遵循着夫爲妻綱、男尊女卑的倫常觀念。

漢代畫像中的列女圖,亦折射出漢代人的倫常觀念。列女圖與西漢劉向關系密切。劉向痛心於西漢後期的法紀敗壞,"故采取《詩》《書》所載賢妃貞婦,興國顯家可法則，及孽嬖亂亡者，序次爲《列女傳》，凡八篇，以戒天子"①。《列女傳》中的女子，大多數爲忠貞仁義者，還有像末喜、妲己之類的亡國之女。可見劉向作《列女傳》的目的，確實是爲勸戒天子。此後，《列女傳》成爲警戒世人、教育士子、引導社會風氣的重要內容。劉向不僅編撰《列女傳》，而且還爲每個列女畫像，這些圖像可能就是西漢後期到東漢時期列女圖中人物形象的藍本。《列女圖》成爲規範女子言行的圭臬，更成爲女子家庭教育的重要內容。漢順帝的皇后梁妠年少時，經常將"列女圖書"放置於左右，以列女的貞潔孝義來自我監督和警戒。可見漢代女子，特別是家境較好者，皆以列女作爲學習的楷模。

在漢代，宮廷中設有專門的畫室，各官府亦設畫室或於墻壁上畫像，如尚書府，"省皆胡粉塗畫古賢人烈女"②，可知宮廷及官府中的圖畫以古代賢人烈女爲主。列女圖在西漢後期到東漢時期深受人們推崇。列女被畫於墻壁、屏風、墓室、簡帛上，一是起到教育世人的目的，二是具有欣賞價值。光武帝時，在屏風上畫列女圖。光武帝酷愛這些畫像，以至於在聽大臣彙報朝政時亦頻頻回顧。這引起了大臣宋弘的強烈不滿，批評光武帝道："未見好德如好色者。"③

在出土的漢代畫像中，有不少列女圖，爲瞭解漢代人觀念中的列女形象提供了直觀史料。如山東嘉祥武梁祠東壁和後壁畫像。武梁祠東壁畫像（圖34），最上層爲東王公，第二層爲列女圖。

圖32　河南南陽熊營畫像
資料來源：《中國畫像石全集》6《河南漢畫像石》，圖版第133頁。

從左到右分別爲：京師節女、齊義繼母、梁節姑姊。武梁祠後壁畫像（圖35），

---

① 《漢書》卷三六《楚元王傳》，第1957—1958頁。
② （清）孫星衍等輯，周天游點校：《漢官六種·漢官儀卷上》，中華書局1990年版，第143頁。
③ 《後漢書》卷二六《伏侯宋蔡馮趙牟韋列傳》，第904頁。

圖33　陝西米脂黨家溝墓門框畫像

資料來源：《中國畫像石全集》5《陝西、山西漢畫像石》，圖版第35頁。

圖34　山東嘉祥武梁祠東壁畫像

資料來源：《中國畫像石全集》1《山東漢畫像石》，圖版第30頁。

第一層爲列女圖。從左到右分別爲：楚昭貞姜、無鹽醜女、魯義姑姊、秋胡妻、梁高行。其實，東壁畫像和後壁畫像內容是相連的，我們將兩者綴合在一起，如圖36所示。這樣就形成了一幅完整的列女圖。這八個列女中，京師節女表現的是女子對父親的孝和對丈夫的義；齊義繼母、梁節姑姊、魯義姑姊表現的是女子捨己爲人的節義；楚昭貞姜表現的是女子對禮制的遵從；秋胡妻、梁高行表現的是女子的貞節；無鹽醜女表現的是女子的聰慧和賢德。這些列女，皆表現出貞順、節烈的偉大人格魅力，非常符合漢代儒家宣揚的婦德。東漢許慎的《說文解字》對"婦"解釋道："婦，服也。從女，持帚灑掃也。"①《白虎通義》亦云："婦者，服也，以禮屈服也。"②看來在漢代，婦德的標準就是忠貞服順，嚴格遵照禮制行事。武梁祠列女圖中的八位女子，都符合這個標準，所以皆爲漢代人觀念中的忠貞列女。她們的形象被刻畫在祠堂中，供人們瞻仰、緬懷、學習。在武梁祠八幅列女圖中，有四幅畫像體現了夫婦倫常：第一幅是京師節女。這一故事前文已提及。京師節女所表現的，一是爲解救父親的孝；二是爲保全丈夫的義。京師節女替夫受死，是被漢代人謳歌的感人故事。第二幅是梁高行。講述的是梁國一女子，年輕貌美，青年寡居。梁王欲納她爲妾，派使者帶厚禮前去下聘。女子爲保全名節，當着使者的面，持刀割鼻，毀壞面容。梁王感其貞潔，封她爲梁高行。梁高行的故事出自《列女傳》，她的忠貞守節，所體現的，是"夫爲妻綱"的綱常倫理道德。第三幅是齊義繼母。講述的是齊宣王時期，發生了一起命案，有兄弟二人爭相認罪。齊宣王讓其母選擇一個抵罪。母親含淚選擇小兒子，宣王問其故，方知小兒子爲母親親生，大兒子爲丈夫前妻所生。丈夫生前將大兒子托付於她，爲了不負丈夫所托，只能犧牲小兒子而保全大兒子。齊宣王被此母的仁義打動，赦免了兩個孩子。齊義繼母的故事，所反映的，一爲妻子對丈夫遺願的堅守，是婦對夫的忠和義；二是大義滅親的偉大人格。第四幅是魯秋胡戲妻。講述的是魯國男子秋胡，新婚不久即出遠門，五年後歸故里，在桑林裏見到一美艷女子，上前調戲，女子誓死不從，回到家才發現女子爲自己的妻子。魯秋胡的妻子在丈夫外出時，恪守婦道；面對男子的調戲引誘時，堅決拒絕，表現出婦對夫的忠貞和守身如玉的貞潔。

　　武梁祠年代爲東漢晚期。祠壁上所畫梁高行，在丈夫死後仍堅守貞潔，說明此時倫理道德被刻意強化。從先秦到西漢時期，貞操觀念相對寬鬆。雖然成書於先秦的《儀禮》中曰："婦人有三從之義，無專用之道，故未嫁從父，既嫁從夫，

---

① （漢）許慎撰，（宋）徐鉉校定：《說文解字》，中華書局2013年版，第259頁。
② （清）陳立撰，吳則虞點校：《白虎通疏證》卷八《三綱六紀》，第376頁。

圖 35　山東嘉祥武梁祠後壁畫像

資料來源:《中國畫像石全集》1《山東漢畫像石》,圖版第 31 頁。

圖 36　山東嘉祥武梁祠東壁、後壁畫像

夫死從子。"① 但其實並沒有東漢時期嚴格。春秋時期,魯桓公夫人齊文姜,與同父異母兄長齊襄公淫亂,致使魯桓公死於齊襄公之手。文姜的淫亂行爲爲人們所

---

① 楊天宇撰:《儀禮譯注·喪服第十一》,上海古籍出版社 1994 年版,第 490 頁。

不齒，但她並未受到懲罰，後來還掌握了魯國的國政，她的政治才能，甚至被世人所讚賞。齊文姜的姐姐宣姜，本應嫁給衛國太子，卻被公公衛宣公搶奪，封爲王后。衛宣公死後，宣姜又被兒子衛惠公及兄長齊襄公脅迫，嫁給了自己的庶子。呂不韋爲了接近秦國質子嬴異人，將自己的小妾趙姬送給他，並幫輔嬴異人做了秦王，是爲秦莊襄王，趙姬也做了王后。秦莊襄王去世後，身爲太后的趙氏，竟然委身於嫪毐。從以上幾個事例可知，先秦時期，女子在婚戀方面相對自由。西漢時期，女子再嫁現象依然比較普遍。漢文帝劉恒的母親薄姬，在丈夫魏豹死後被召入宮，成爲高祖劉邦的姬妾。漢武帝的母親王姞，先是嫁於金王孫，並生有一女。之後被母親送入皇太子宮，爲劉啓生下三女一子，其子即爲漢武帝劉徹。漢武帝的姐姐平陽公主，在丈夫死後先嫁汝陰侯夏侯頗，又嫁大司馬衛青。卓文君在新寡後嫁給了司馬相如，竟成就一段佳話。朱買臣的妻子嫌棄其家貧，主動提出離婚，改嫁他人。董仲舒雖然提出"夫爲妻綱"，但在《春秋決事比》中，他認爲女子在丈夫死後，如果沒有子嗣，可以再嫁。從以上事例可知，至少到西漢中期，女子在婚姻方面相對自由，貞操觀並不嚴格。從西漢中期之後，隨着儒家倫理綱常不斷強化，對女子的約束日漸加強。

　　西漢前期，未見表彰貞婦的記載，但從漢宣帝開始，重視對貞婦、順女加以獎勵。如神爵四年（前58年）夏四月，賞賜潁川"貞婦順女帛"①。漢平帝元始元年（1年），"復貞婦，鄉一人"②。東漢時期，對貞婦更爲重視，漢安帝、順帝、桓帝，都曾下詔賜貞婦帛，其中漢安帝曾三次賜貞婦帛，並於元初六年（119年）下詔賜"貞婦有節義十斛，甄表門閭，旌顯厥行"③。對有節義的貞婦，除了進行物資獎勵，還於其所在里的門樓上刻寫事跡，以示表彰，成爲後世貞節牌坊的雛形。這足以證明東漢時期朝廷對女子貞德的重視。范曄在撰寫《後漢書》時，應該是受劉向《列女傳》的影響，專門設《列女傳》，爲東漢時期的貞潔列女立傳揚名。從《後漢書·列女傳》可知，東漢時期常爲有品行的貞潔列女畫像，如皇甫規之妻，斷然拒絕董卓的求婚，寧死不屈，貞潔剛烈，被世人尊爲"禮宗"，並爲之畫像以褒揚紀念。漢畫像石中有很多列女形象，正是漢代崇尚貞潔剛烈之風的真實反映。

　　漢代畫像中所刻畫的夫妻，以及梁高行、齊義繼母等列女圖，皆反映出漢代夫爲妻綱的倫常觀念。《白虎通義》給夫婦下的定義爲："夫婦者，何謂也？夫

---

① 《漢書》卷八《宣帝紀》，第264頁。
② 《漢書》卷一二《平帝紀》，第351頁。
③ 《後漢書》卷五《孝安帝紀》，第230頁。

者，扶也，以道扶接也。婦者，服也，以禮屈服也。"① 夫是扶，婦是屈服，夫婦便是夫去扶屈服的婦。從這一定義，可見漢代夫、婦在家庭中所處的地位。難怪漢代畫像中的夫婦，都將男子畫於右側，而女子位於左側，正是漢代人夫尊妻卑，男尊女卑倫常觀念的體現。

四　漢代畫像中的六紀觀念

除了三綱，倫理關系中還包括六紀。所謂六紀，就是除去君臣、父子、夫婦之外的社會關系，即諸父、兄弟、族人、諸舅、師長、朋友。這些人雖然在親密程度上不及父子、夫婦，但在社會生活中，這些社會關系對個人會產生重要影響。最理想的六紀關系爲："諸父有善"，"諸舅有義，族人有序，昆弟有親，師長有尊，朋友有舊"②。如何處理好六紀關系，是社會生活的重要内容。而處理六紀關系的基礎，便是"義"。對諸父、諸舅、族人、昆弟等直系親屬或姻親，要遵循"義"，對師長、朋友，亦要以"義"相待。

前文已提及，公羊學重復仇，特別強調臣對君、子對父有復仇的責任和義務。但除了君臣、父子，六紀亦在復仇範圍之内。東漢時期，楊閔爲叔父復仇；翟酺、賈淑爲舅父復仇；崔瑗、孫資、趙憙爲兄報仇；王常、杜詩爲弟復仇。爲師復仇最典型的例子是夏侯惇。夏侯惇因有人侮辱其師，於是憤而殺之，從而名聲遠揚。公羊家郅惲是東漢時期爲朋友復仇的典型代表。郅惲友人董子張，其父爲鄉人所害。子張因其仇未報所以死不瞑目，嘘唏不能言。郅惲曰："吾知子不悲天命，而痛讎不復也。子在，吾憂而不手；子亡，吾手而不憂也。"③ 於是率領門客殺死了子張的仇人，取其頭以示子張，子張見而氣絶。郅惲到官府自首，並慷慨激昂地對縣令説："爲友報讎，吏之私也。奉法不阿，君之義也。虧君以生，非臣節也。"④ 縣令不僅没有治罪，還追至獄中拔刀要脅郅惲道："子不從我出，敢以死明心。"⑤ 這確實是一種荒唐的舉動，但在當時重復仇的社會背景下，爲友復仇不但不被視爲犯罪，還被認爲是一種俠義之舉，得到人們的敬仰和支持。公羊學特別強調爲朋友復仇的原則："復讎不除害，朋友相衛而不相迿，古之道也。"⑥ 意

---

① （清）陳立撰，吳則虞點校：《白虎通疏證》卷八《三綱六紀》，第376頁。
② （清）陳立撰，吳則虞點校：《白虎通疏證》卷八《三綱六紀》，第374頁。
③ 《後漢書》卷二九《郅惲傳》，第1027頁。
④ 《後漢書》卷二九《郅惲傳》，第1027頁。
⑤ 《後漢書》卷二九《郅惲傳》，第1027頁。
⑥ （漢）何休解詁，（唐）徐彥疏：《春秋公羊傳注疏》卷二五，定公四年，第1082—1083頁。

思是應該幫助朋友復仇,但不要搶先出擊,而是讓朋友自己手刃仇人。郅惲的朋友因爲重病,不能手刃仇人,所以郅惲替他將仇人殺掉,符合爲友復仇的基本原則。

山東嘉祥武梁祠畫像中,豫讓刺趙襄子、聶政刺韓王,表現了爲知己復仇的精神。豫讓刺趙襄子刻畫於武梁祠東壁,如圖37所示。

圖37 山東嘉祥武梁祠東壁畫像
資料來源:《中國畫像石全集》1《山東漢畫像石》,圖版第30頁。

豫讓刺趙襄子的故事,發生於春秋時期。豫讓躋身智伯門下後受到尊寵,被視爲國士。智伯伐趙襄子未成,戰敗身亡。豫讓爲報智伯的知遇之恩,兩次行刺趙襄子,未遂被捉。豫讓知死罪難逃,於是懇求趙襄子將衣服脱下,讓其刺穿以完成爲智伯復仇的心願。趙襄子答應其要求,豫讓拔劍連刺衣服三次,然後自殺。圖37所表現的,即爲豫讓刺殺趙襄子未遂,被俘後用劍刺趙襄子衣服的場景。山東鄒城市郭里鎮出土的一幅畫像(圖38),似乎與"豫讓刺趙襄子"有關。畫像中有一橋,從中間斷裂,橋上已有幾人掉入水中,一騎人馬即將掉入。橋下一武士已被兩人擒獲。武士一手持利劍,一手持衣狀物,似正用劍刺衣狀物。橋上斷裂處的前方,有一輛軺車,車上坐一馭者一尊者。這幅畫像刻畫的內容,與"豫讓刺趙襄子"故事要素相似:橋、橋上軺車、橋下行刺者、行刺未遂、刺衣狀物,所以這幅畫像所刻畫的,或爲"豫讓刺趙襄子"的故事。《史記·刺客列傳》中記載了豫讓决意爲智伯復仇的一段話:"嗟乎!士爲知己者死,女爲説己者容。今智伯知我,我必爲報讎而死,以報智伯,則吾魂魄不愧矣。"[1] 可知豫讓刺趙襄子,是爲報智伯的知遇之恩。武梁祠畫像上的題記爲:"豫讓殺身以報知己"[2],

---

[1] 《史記》卷八六《刺客列傳》,第3058頁。
[2] 蔣英炬、吴文祺:《漢代武氏墓群石刻研究》,第87頁。

圖 38　山東鄒城市郭里鎮出土畫像

資料來源：《鄒城漢畫像石》，文物出版社 2008 年版，圖版第 4 頁。

正印證了《史記·刺客列傳》中的記載。豫讓刺趙襄子，表現了"士爲知己者死"的"義"。

聶政刺韓王畫像（圖 39），亦刻畫於武梁祠東壁。聶政刺韓王的故事，發生於春秋末期。《史記·刺客列傳》所載聶政刺殺的對象是韓國國相俠累。韓國大夫嚴仲子因得韓哀侯的寵信而受到韓相俠累的嫉恨。嚴仲子懼遭俠累陷害，於是逃離韓國，在齊國找到聶政，拿出黃金百鎰爲其母祝壽，請求聶政爲其報仇。聶政感激嚴仲子的知遇之恩，在其母親去世後，隻身前往韓國都城，將俠累刺殺。從武梁祠畫像中的榜題看，聶政刺殺的是韓王，而非國相。可知在東漢時期，聶政的故事版本已經與司馬遷時不同。後世流傳的聶政刺韓王的故事，應該承接於東漢時期的版本。河南唐河縣出土了一幅畫像（圖 40），似與聶政有關。畫像正中一男子，正揮刀自屠，與《史記·刺客列傳》中描述的聶政刺殺韓相後"因自皮面決眼，自屠出腸，遂以死"[①] 的慘烈場景極其相似。畫像整理者稱這幅畫像爲"聶政自屠"，有一定道理。豫讓和聶政，皆爲報知遇之恩而替知己復仇，即使失去生命也在所不惜。這種俠義精神，正是漢代人所景慕之處。

山東嘉祥武梁祠畫像中的八幅列女圖，其中有兩幅反映了六紀內容。第一幅

---

① 《史記》卷八六《刺客列傳》，第 3063—3064 頁。

圖 39　山東嘉祥武梁祠東壁畫像

資料來源：《中國畫像石全集》1《山東漢畫像石》，圖版第 30 頁。

圖 40　河南唐河縣針織廠出土畫像

資料來源：《中國畫像石全集》6《河南漢畫像石》，圖版第 11 頁。

是東壁的"梁節姑姊"（圖41）。"梁節姑姊"講述的是梁國一女子，家中失火，兄之子和己之子皆在屋内。她本意是先救兄子，然後再救己子，混亂之中竟錯抱出己子。等她發現再想衝進去救兄子，但火勢太盛已經來不及了。女子認爲此舉有不義之嫌，無顏再面對兄長，於是投火自盡，以明己志。梁節姑姊所表現的，是對兄弟的"義"。爲了捍衛"義"，不惜犧牲生命。第二幅畫像是"魯義姑姊"，

圖41　山東嘉祥武梁祠東壁畫像局部

資料來源：《中國畫像石全集》1《山東漢畫像石》，圖版第30頁。

刻畫於武梁祠後壁（圖42）上。"魯義姑姊"的故事發生於戰國時期。齊魯兩國交戰，齊國大軍壓境，魯國百姓四散逃難。一女子懷抱一小兒，手牽一大孩亦在逃難之列。眼見齊軍追上，女子將懷中小兒丟棄，抱起大孩繼續逃命。齊軍對此舉大惑不解，等追上女子，問明其故，方知小兒是其己子，而大孩爲其兄子。生死關頭，只能捨棄己子而保全兄子。齊軍被女子的義舉感動，稟明齊君，退兵而去。魯國女子在面臨生死抉擇時，毫不猶豫地選擇放棄己子，保全兄子，這種捨己爲人的精神令人震撼。"一婦爲義，齊兵遂止"[①]，成爲歷史佳話。梁節姑姊和魯義姑姊，儘管故事情節不同，兩位女子所表現出來的內在精神卻是一致，皆是對兄弟的"義"。

圖42　山東嘉祥武梁祠後壁畫像

資料來源：《中國畫像石全集》1《山東漢畫像石》，圖版第31頁。

[①]《古列女傳譯注》卷五《節義傳》，上海三聯書店2018年版，第213頁。

三綱六紀，是漢代倫常觀念的重要内容。漢代畫像中所刻畫的忠臣、孝子、夫婦、列女以及復仇圖，構成了漢代畫像的重要内容。"周公輔成王"表現了臣對君的"忠"；曹子、荆軻等刺客，是臣下爲君主復仇的代表人物；孝子圖、七女爲父報仇圖，體現了子對父的"孝"道觀念；漢代畫像中夫婦的座次，京師節女、梁高行等列女圖，將夫妻倫常觀念體現得淋漓盡致；豫讓刺趙襄子、聶政刺韓王，體現了爲知己復仇的"義"；梁節姑姊、魯義姑姊，所捍衛的，爲兄弟之"義"。在漢代畫像中，臣對君的忠、子對父的孝、婦對夫的從、六紀的"義"，這些倫常觀念皆得以充分體現。透過這些畫像，可以洞悉儒家文化對漢代社會風氣的影響力，窺知倫常在漢代人觀念中的地位和作用。

本文爲"古文字與中華文明傳承發展工程"規劃項目"漢代畫像與觀念世界"（項目編號：G3612）的階段性研究成果。

收稿日期：2022 年 3 月

皇權獨尊時代的典禮

——以皇帝加尊號禮爲中心（下）

吴麗娛

摘　要：本篇於唐五代部分之後，繼續探討兩宋時代的皇帝册尊號禮。認爲兩宋的皇帝册尊號禮可分爲對象不同的兩個階段：即一爲北宋的在位皇帝册尊號禮，二爲南宋的太上皇帝、太上皇后（亦包括皇太后）册尊號禮。北宋在位皇帝加尊號禮沿襲自唐五代，宋初以後不斷進行且形成固定模式，但因其種種弊病遭至反對和批評，神宗元豐中予以取締。後因徽宗傳位始建太上皇尊號，延及南宋，遂轉行太上皇帝、太上皇后册尊號禮。本篇對兩個時代册尊號禮的實行内容、舉辦過程與儀式特色分别進行探討，藉以説明册尊號禮作爲兩宋時代皇帝禮的意義。並通過對兩宋尊號禮從皇帝到太上皇變化的原因分析，進一步論證中古唐宋之際禮制變革中皇帝的家國關係，以及影響其發展的社會因素。

關鍵詞：皇帝　加尊號　太上皇帝　太上皇后　發册寶　奉册寶

一　北宋皇帝的加尊號進册寶儀式與帝王之尊

宋代的在位皇帝册尊號禮，沿自唐五代而復興，但其虛美、詔飾皇帝的本質却愈來愈被有識者所指斥。哲宗元祐初範祖禹作《唐鑑》即指出："周宣驕恣，自稱天元；高宗稱天皇，武后稱天后，尊號之興，蓋本於此。開元之際，主驕臣諛，遂著以爲故事，使其臣子生而加謚於君父，豈不悖哉！"[1] 南宋葉夢得也歷數武則天、中宗、玄宗時代的尊號禮而大加批判，認爲尊號多至十餘字，"此乃生而爲謚，果何爲禮哉？"對於宋朝，則有"本朝初廢不講。仁宗景祐初，群臣用開元

---

[1]　（宋）范祖禹：《唐鑑》卷五《玄宗》下，上海古籍出版社1981年版，第125頁。

故事，請以景祐爲號。自是每遇南郊大禮畢，則百官拜表，加上尊號，以示歸美之意"① 的説法。但宋朝的加尊號是否"初廢不講"，自仁宗纔開始且與南郊大禮結合，檢閲史料並非如此。加尊號不僅施行於太祖之初，且貫穿於北宋的大部分時期。而就尊號禮本身儀式，宋代也比唐代要完備得多。由於北宋皇帝加册尊號的基本情况前人已有論述，② 故這裏衹是對其興廢過程及原因予以簡要説明，再對加尊號的册寶儀式及特色作進一步論證。

（一）北宋皇帝的加尊號禮

北宋加尊號的活動實際太祖初年已有之，《宋史》載建隆四年（963年）八月"癸卯，宰相（范）質率百官上尊號，不允。九月甲寅，三上表請，從之"。十一月"甲子（十六日），有事南郊，大赦，改元乾德。百官奉玉册上尊號曰應天廣運仁聖文武至德皇帝"③。建隆四年即是太祖初次受尊號的時間。其後開寶元年（968年）十一月癸卯，"宰相（趙）普等奉玉册、寶上尊號曰應天廣運大聖（聖文？）神武明道至德仁孝皇帝"，是再次受尊號。④ 但太祖之後曾數次謝絶群臣上尊號："太祖開寶四年八月二十一日，宰臣趙普等上表請加尊號曰應天廣運興化成功聖文神武明道至德仁孝，表三上，詔答不允。九年正月二十六日，皇弟晉王率群臣上表，請加尊號曰應天廣運一統太平聖文神武明道至德仁孝皇帝，以汾晉未平，燕薊未復，不欲稱'一統太平'，詔答不允。二月五日，晉王等復上表請上號曰應天廣運立極居尊聖文神武明道至德仁孝，表三上，詔允所請，候郊禮畢受册。及禮成，有司將奉寶册行禮，復詔止之。"所以終其世受尊號衹有兩次。

此後太宗、真宗都有受尊號，且太宗於太平興國三年（978年）十一月、六年十一月、淳化元年（990年）正月三次受尊號。而真宗更是四次受尊號（表1）。另外真宗大中祥符五年（1012年）準備加尊號之前先上大聖祖尊號曰"聖祖上靈高道九天司命保生天尊大帝"，又上聖祖母尊號曰"元天大聖后"，並爲太廟六祖加尊號，⑤ 頗有些像天寶遵奉老子太清宫加尊號的重演，衹不過這次真宗本人加尊號直到天禧元年（1017年）才實現。所以真宗時纔是册尊號的高峰。

---

① （宋）葉夢得撰，宇文紹奕考異，侯忠義點校：《石林燕語》卷五，中華書局1984年版，第71頁。
② 楊慶傑：《宋代尊號制度研究》，碩士學位論文，河南大學，2014年。
③ 《宋史》卷一《太祖紀》一，中華書局1985年版，第15頁。
④ 《宋史》卷二《太祖紀》二，第28頁；並參《宋會要輯稿》禮四九之四至五《尊號》，中華書局1957年版，第1485—1486頁，下同。
⑤ 《續資治通鑑長編》卷七九，大中祥符五年閏十月己巳、乙亥，中華書局1979—1995年版，第1800—1801頁。

而仁宗加尊號不過是蕭規曹隨,並非剛剛恢復"開元故事"。且自天聖二年(1024年)十一月丁酉,"百官上尊號曰聖文睿武仁明孝德皇帝"開始,① 在位也是四次加尊號。英宗雖曾因"太白晝見"而群臣五上尊號不允,但至治平四年(1067年)春正月庚戌朔,也由"群臣上尊號曰體乾膺曆文武聖孝皇帝"②,不久即去世。可見總的來說,神宗以前皇帝加尊號禮一直在實行,特別是真宗和仁宗,其加册的頻繁度甚至超過唐後期五代。但如葉夢得所說,神宗時群臣數上尊號而不許,至元豐三年(1080年)秋七月,"詔自今遇大禮罷上尊號"③,因此尊號禮被取消,而徽、欽二帝在位時秉承神宗亦不再加尊號。

  由是可知,神宗以前受尊號仍爲朝廷重大的禮儀活動。且在位皇帝的尊號與去世祖先諡號同重,所謂"生有尊號,終受大名,垂諸簡編,如揭日月"④。所以尊號早已被看成是皇帝人生中的必有節目及帝王德行與統治形象的象徵,而且顯然也是群臣效忠趙宋王朝的一種表達。上文已說明,自唐朝武則天、玄宗開始,已有册尊號與郊廟大禮一同舉辦的情況,這增加了册尊號的隆重性。但這種安排尚非固定,其典禮始終較爲獨立。且唐後期雖然於正月舉辦的較多,但也不確定,並没有一致的規律可尋。

  但五代以後特別周太祖郊祀後加尊號的做法,⑤ 對宋顯然有所啓發。而加尊號與郊廟祭祀(或明堂、耤田)的大禮同時舉辦,成爲大禮最後一項也是高潮。當與郊祀同時舉辦時,也多置於其年十一月冬至或元日前後的年末年初。所以群臣提出請求,會在八月或九月之間。如皇帝答允,則有司預先要上儀注(詳下),儀式有數月時間準備。皇帝由於郊天和祭祖是朝廷最重之典禮。將皇帝的加尊號與之並列,這樣天地、祖宗之後有皇帝,而皇帝與天地、祖宗"三位一體",成爲臣民頂禮膜拜的最高權威,皇帝的至尊至重也就得到了完美的展現。

  另從尊號名稱用語來看,"明道""崇道""應道""法道""欽道""憲道"一類詞彙幾乎遍佈其中,遠遠超過了對"應天""廣運"的應用,與此同時,"至德"更逐漸被"仁孝""孝德"所代替,與"聖明"配用,也幾乎在尊號中必有。可見一方面,尊號的崇道意味更重,如同景靈宫的大聖祖作爲趙宋的祖先,道教被視爲趙宋政權的保佑和根基,是有宋一代帝君置於第一位的信仰;另一方面,

---

  ① 《宋史》卷九《仁宗紀》一,第180頁。
  ② 《宋史》卷一三《英宗紀》,第257、260頁。
  ③ 《宋史》卷一六《神宗紀》三,第302頁。
  ④ 《宋會要輯稿》禮二九之一〇,第1068頁。
  ⑤ 《舊五代史》卷一一三《周太祖紀》四,點校本二十四史修訂本,中華書局2015年版,第1745、1746—1747頁。

强调儒家修养中的孝道，强调皇帝对祖先之继承和皇帝本人至圣至明的形象，可谓儒道双修，家国并重，同时也使得臣民对皇帝个人和皇室家族的尊奉崇拜凌驾于朝廷和国家之上，这似乎也使尊号围绕帝王及其家族而生的本意更为分明。

尽管如此，加尊号毕竟已演练成一种固定模式，不断累加的称号不过是虚美夸饰，其形式远重于内容。更何况由于加尊号与大礼并行，所以每到郊庙或明堂大礼举行的年份，必有群臣上表请册尊号。且每次也须经三表、五表皇帝纔表示同意。当然仪式结束，典礼举办后，也会由宰相率群臣拜表庆贺，以及皇帝按例举办宴会、封赏及推恩等。

而论者也总结出，请求加尊号上表多是宰辅大臣，以及大约每三年一次的特点。① 但皇帝并非每次都接受，特别是对那些虚妄的夸饰。前揭太祖开宝四年（971年）即是因群臣上尊号有"兴化成功"四字而表三上不允。② 开宝九年二月，也是质疑于其中的"一统太平"，后改为"立极居尊"，纔不得已许之，但终未能受。③

事实上，早自太宗朝开始，尊号的称用已遭到质疑。史载端拱元年（988年）九月丁未，秘书监李至言："著作局撰告飨宗庙及诸祠祭祝文称尊号，唐惟《开元礼》有之，稽古者以为非礼。且尊号起于近代，请举旧典，飨宗庙称嗣皇帝臣某，诸祠称皇帝，斯为得礼。"得皇帝"从之"④。至次年十二月庚申，皇帝又下诏，以为尊号自唐以来"踵事增华，积习无改"，下令"自今四方所上表，宜只称皇帝"。等于取消尊号。而宰相赵普率百官上表请复尊号，"表凡再上，皆不许"，直到下诏取消所上尊号"法天崇道文武"中的"文武"二字纔同意。⑤ 真宗咸平五年（1002年）八月，曾数度拒绝宰相上尊号，十月，侍御史知杂事田锡上言，以为枢密院、中书不负责任，别无远谋，祇知佞上，不顾"阴阳不顺，水旱不调，法令滋章，盗贼多起"的事实，"尚率京城父老与百辟千官，五度上章，请加尊号。赖圣君英睿，以为天不可欺，御劄丁宁，示志不可夺，必断来表，深惬群情"⑥。乾兴元年（1022年）二月一日，又内出御劄，令"自今中外所上表章，其省尊号"。次日，"宰臣丁谓等再表请复尊号，诏不允。四日，复请上'应天崇道钦明仁孝'之号，诏允之。会晏驾，不果奉册"⑦。

仁宗也曾多次拒绝群臣上尊号。本文上篇曾举仁宗宝元元年（1038年）对宰

---

① 以上参见杨庆杰《宋代尊号制度研究》，硕士学位论文，河南大学，2014年。
② 《续资治通鉴长编》卷一二，开宝四年八月甲申条，第270页。
③ 《续资治通鉴长编》卷一七，开宝九年二月己亥条，第364页。
④ 《续资治通鉴长编》卷二九，第657页。
⑤ 《续资治通鉴长编》卷三〇，第692页。
⑥ 《续资治通鉴长编》卷五三，咸平五年（1002年）十月庚寅条，第1145、1160—1161页。
⑦ 参见《宋会要辑稿》礼四九之一二，第1489页；《续资治通鉴长编》卷九八，第2270页。

相張士遜引唐穆宗所言"強我懿號,不若使我爲有道之君;加我虛尊,不若處我於無過之地"來表明其自己的態度。① 《宋會要輯稿》也稱:"(仁宗)皇祐二年三月十一日,手詔:'將來祀明堂禮畢,群臣毋得上尊號。'先是,慶曆元年七月十七日、四年十月四日、七年三月二十三日,皆嘗詔南郊群臣勿上尊號。至是,帝又謂輔臣曰:'遇大禮而每請加上徽號,豈稱朕所以奉神昭孝之意?'宰臣文彥博對曰:'陛下嚴父以配上帝,則臣子亦有愛戴君父之心。'伏奏至於三四,帝固拒之,乃降手詔。"② 至嘉祐四年(1059年),宰臣富弼等請在原尊號上再加"大仁至治"四字,仍未能獲准。《續資治通鑑長編》載其事曰:

> 故事,每三歲,躬行大禮畢,輒受群臣所加尊號,自康定以來罷之,至是執政復舉故事以請。知諫院范師道言:"比災異數出而崇尚虛文,非所以答天戒。"知制誥劉敞言:"尊號非古也,陛下尊號既云'體天法道欽文聰武聖神孝德',盡善極美矣,復加'大仁',不足增光,而曰'至治',則有若自矜,且今天下未可謂至治也。陛下不受徽號已二十年,奈何一旦增虛名而損實德!"上曰:"朕意亦謂當如此。"故弼表五上,卒不許。敞時兼領禮部名表,當撰表辭,先勸弼以不宜爾,弼憮然曰:"適已奏聞,乃是上意欲爾,不可止也。"敞不得已爲撰五表,仍密奏三疏罷之。③

此中所説"康定以來",是指康定元年(1040年)以後即不再行三年一度南郊大禮並加尊號的制度,至嘉祐四年,已近二十年。是二十年中不再加新尊號。可見,雖然宰相執意履行故事,然朝臣於屢上尊號已有看法,皇帝本人亦因名實不符而多次拒絕,甚至停止。因此竟如葉夢得所說:"神宗即位,諸臣累上尊號,皆辭不受。元豐三年,遂下詔罷之,帝王之盛舉也。"大體尊號在皇帝"累辭"的基礎上,終被神宗一舉詔令取消。因此北宋時代在位皇帝的冊尊號禮是經歷了從興盛而常規化、定式化,到逐漸被質疑和摒斥,乃至完全停廢不行的過程。

(二)加尊號典禮與奉冊寶

北宋皇帝的加尊號禮源於唐朝,在基本模式上沒有太大改變,但經過數代的

---

① 《續資治通鑑長編》卷一二二,寶元元年七月丙辰條,第2875頁。
② 《宋會要輯稿》禮四九之一七,第1492頁;並見《續資治通鑑長編》卷一六八皇祐二年(1050年)三月戊戌條,第4034—4035頁。
③ 《續資治通鑑長編》卷一八九,嘉祐四年六月己巳,第4569頁。

表1 北宋皇帝加尊號（加*爲太上皇）

受尊號者	請尊號時間	領銜表請及答覆	尊號名稱	册尊號時間	同時或近期、同年大禮	史料來源
太祖	建隆四年八月二十四日癸卯至九月甲寅	宰臣范質率文武百僚表三上，詔答允	應天廣運仁聖文武至德皇帝	建隆四年（963年）十一月甲子（十六日）	（十一月甲子）有事南郊，大赦，改元。群臣奉尊册於崇元殿①	《宋會要輯稿》禮四九之一、《宋史》卷一《太祖紀》、《續資治通鑑長編》卷四
	乾德六年（968年）八月（庚午）十九日	宰臣趙普等表三上，（九月丁亥）詔答允	應天廣運聖文神武明道至德仁孝皇帝②	乾德六年（開寶元年）十一月癸卯（二十四日）	日南至，有事南郊，改元開寶，大赦。帝御乾元殿受册	《宋會要輯稿》禮四九之四、《宋史》卷三《太祖紀》、《續資治通鑑長編》卷四
	開寶四年（971年）八月甲寅（二十一日）	宰臣趙普等表三上，詔答不允	應天廣運興化成功聖文神武明道至德仁孝皇帝		開寶四年十一月己未（十七日）南郊，大赦	《宋會要輯稿》禮四九之五、《宋史》卷二《太祖紀》、《續資治通鑑長編》卷一二
	開寶九年（976年）正月癸巳（二十六日），二月己亥（二日）	皇弟晉王率群臣表上，詔答以燕晉未復，再辭表，不允	應天廣運一統太平聖文神武明道至德仁孝皇帝		時方議郊禋	《宋會要輯稿》禮四九之五、《宋史》卷三《太祖紀》、《續資治通鑑長編》卷一七
	開寶九年二月壬寅（五日）	皇弟晉王等表三上，詔允所請。及郊禋行禮成，有司將奉册上尊號，上卒不受	應天廣運立極居聖文神武明道至德仁孝皇帝		四月庚子，有事圜丘，回御五鳳樓，大赦，諸官未贈恩者悉草賞	《宋會要輯稿》禮四九之五、《宋史》卷三《太祖紀》、《續資治通鑑長編》卷一七

① 《續資治通鑑長編》卷四"崇元殿"作"崇政殿"，據《續資治通鑑長編》卷五乾德二年冬十月壬戌條後有"改廣德殿爲崇政殿"（第133頁），按廣德殿宋初常用於宴會之所，不當作册尊號之正殿，則崇元殿是。

② 聖文，《宋史》卷二《太祖紀》二（第28頁）作"大聖"。

— 108 —

皇權獨尊時代的典禮

續表

受尊號者	請尊號時間	領銜表請及答覆	尊號名稱	冊尊號時間	同時或近期、同年大禮	史料來源
太宗	太平興國三年八月丙戌（二十二日）①	齊王廷美率宰臣表三上，詔允所請	應運統天聖明文武皇帝	太平興國三年十一月丙申（十五日）	祀天地於圜丘，大赦。郊祀禮畢，御乾元殿受冊，丙午，以郊祀內外文武加恩	《宋會要輯稿》禮四九之五，《宋史·太宗紀》卷四，《續資治通鑑長編》卷一九
	太平興國六年（981年）十月癸酉（九日）②	宰臣趙普等表三上，詔答允	應運統天睿文英武大聖至明廣孝皇帝	太平興國六年十一月辛亥（十七日）	郊祀禮畢，御乾元殿受冊，內外文武加恩	《宋會要輯稿》禮四九之六，《宋史·太宗紀》卷四，《續資治通鑑長編》卷二二
	太平興國九年（984年）九月（壬戌）十五日	宰臣宋琪等表三上，詔答不允	應運統天睿文武大聖至仁明德廣孝皇帝		十一月丁巳（十一日），祀天地於圜丘，大赦，改元雍熙	《宋會要輯稿》禮四九之五，《宋史》卷四《太宗紀》，《續資治通鑑長編》
	端拱二年（989年）十二月庚申（十三日）	宰臣宋琪等表三上，詔答不允	詔令四方上表免去尊號		歲旱，彗星謫見，冬大雨雪	《宋會要輯稿》禮四九之七，《宋史》卷五《太宗紀》，《續資治通鑑長編》卷三〇
	端拱二年十二月辛酉（十四日）甲子（十七日）	宰臣呂蒙正等請尊號，不許；趙普率百官上表，凡再上，不許				《續資治通鑑長編》卷三〇

① 《宋會要輯稿》作二十三日（乙亥），此從《宋史·太宗紀》及《續資治通鑑長編》卷一九。
② 《宋會要輯稿》作八日（壬申），此從《宋史·太宗紀》及《續資治通鑑長編》卷二二。

— 109 —

续表

受尊号者	请上尊号时间	领衔表请及答覆	尊号名称	册尊号时间	同时或近期、同年大礼	史料来源
太宗	端拱二年十二月戊辰（二十一日）①	宰臣吕蒙正等上尊号，诏除"文武"二字外，餘依	法天崇道文武皇帝	淳化元年正月一日	御乾元殿，具仗卫受朝贺，宣制毕，受册。曲赦京城系囚，改元	《续资治通鉴长编》卷三〇、《宋会要辑稿》礼四九之七、《宋史·太宗纪》二
太宗	淳化三年（992年）九月乙卯（二十五日）②	宰臣李昉等表五上，诏答不允	法天崇道圣仁文武皇帝		淳化四年（993年）正月庚寅（一日）享太庙，辛卯（二日）祀圜丘	《宋会要辑稿》礼四九之八、《宋史·太宗纪》二、《续资治通鉴长编》卷三四
太宗	至道元年（995年）十二月二十二日③	宰臣吕端等表五上，继以面请，终不允	法天崇道上圣仁皇帝		至道二年（996年）正月辛亥（十日）祀天地於圜丘，大赦，中外文武加恩	《宋会要辑稿》礼四九之八、《宋史·太宗纪》二
真宗	咸平二年（999年）七月乙巳（二十五日）八月（丙辰）五日	群臣表上尊号，诏不允。宰臣张齐贤等拜表表五上，诏答允	崇文广武圣明神孝皇帝	咸平二年十一月丙戌（七日）	十一月乙酉（六日），飨太庙；丙戌（七日），祀天地於圜丘，大赦，御朝元殿受册，庚寅，大宴含光殿	《续资治通鉴长编》卷四五、《宋会要辑稿》礼四九之八、《宋史·真宗纪》一
真宗	咸平五年八月甲子朔	宰臣吕蒙正等表五上，诏答不允	崇文广武应道章德圣明仁孝		十一月辛丑（十日）享太庙，壬寅（十一日）祀天地於圜丘，大赦	《宋会要辑稿》礼四九之一〇、《续资治通鉴长编》卷五二、《宋史》卷六《真宗纪》

① 戊辰，《宋史》作辛酉，《宋会要辑稿》作甲子，此从《长编》。又曰蒙正，《长编》作赵普。
② 乙卯，《长编》作丙辰（二十六日），此从《宋史·太宗纪》及《宋会要辑稿》。
③ 二十二日，《宋史·太宗纪》作"甲戌"（二日），此从《宋会要辑稿》。

續表

受尊號者	請尊號時間	領銜表請及答覆	尊號名稱	冊尊號時間	同時或近期，同年大禮	史料來源
真宗	景德二年九月丙辰（十一日）①	宰臣寇準等表三上，詔答不允	崇文廣武應天尊道聖明仁孝		十一月丙辰（十二日），享太廟。丁巳（十三日）祀天地於圜丘，大赦。	《宋會要輯稿》禮四九之一〇，《續資治通鑑長編》卷六二，《宋史》《真宗紀》
	大中祥符元年（1008年）六月戊午（二十九日）②	宰臣王旦等表五上，詔答允	崇文廣武儀天尊道寶應章感聖明仁孝皇帝	大中祥符元年十一月五日	十一月丁丑（二十日），至自泰山，奉天書謁啓。甲申（二十七日）享太廟。十二月庚寅（四日）齋於長春殿，辛卯（五日）御朝元殿受冊。	《宋會要輯稿》禮四九之一二，《宋史》《真宗紀》，《續資治通鑑長編》卷七〇
	大中祥符三年（1010年）七月辛丑（二十四日）③	宰臣王旦等表五上，俟尊冊聖祖畢受冊	崇文廣武感天尊道應真祐德上聖欽明仁孝皇帝			《宋會要輯稿》禮四九之一〇，《宋史》《真宗紀》，《續資治通鑑長編》卷七四
	大中祥符五年八月丁酉		詔學士院青詞齋祝祭文止稱皇帝，無列尊號			《續資治通鑑長編》卷七八
	大中祥符五年閏十月丙子（十二日）	宰臣王旦等表五上，詔答允，俟冊八月丁卯（二十一日）畢受冊	崇文廣武感天尊應真祐德上聖欽明仁孝皇帝		閏十月己巳（五日）上聖祖尊號。辛未（七日），謝太廟。乙亥（十一日），詔上聖祖母徽號册大廟六室至聖諡。	《宋會要輯稿》禮四九之一〇，《宋史》卷八《真宗紀》，《續資治通鑑長編》卷七九

① 丙辰（十一日），《宋史·真宗紀》在癸亥（十八日）條後，《長編》作癸酉（二十八日）。
② 戊午（二十九日），《宋史·真宗紀》作辛亥（二十三日），《長編》作丁巳（二十八日），此暫從《宋會要輯稿》。
③ 七月辛丑（二十四日），《長編》作八月丁卯（二十一日），此暫從《宋會要輯稿》。

— 111 —

續表

受尊號者	請尊號時間	領銜表請及答覆	尊號名稱	冊尊號時間	同時或近期、同年大禮	史料來源
	大中祥符五年十一月庚戌（十七日）	中書門下欲先擇日備禮，奉上尊號寶冊，又請許中外上表稱新上尊號，並不允	同上			《宋會要輯稿》禮四九之一〇
	大中祥符九年（1016年）八月壬辰（二十一日）	群臣以將上玉皇聖號南郊恭謝，請受尊號不許，五上表固請，詔允	同上	天禧元年正月辛亥（十一日）	正月辛丑朔，改元，詔玉清昭應宮薦獻，上玉皇大天帝寶冊、袞服、上聖祖寶冊。己酉（九日），上太廟諡冊。庚戌（十日），享六至。辛亥（十一日），謝天地於南郊，大赦，御天安殿受冊	《宋會要輯稿》禮四九之一〇、《宋史》卷八《真宗紀》三、《續資治通鑑長編》卷八七、八九
真宗	天禧三年（1019年）七月己卯（二十四日）	宰臣向敏中等表三（或作五）上，詔答允	體元御極感天尊道應真實運德武功上聖欽明仁孝皇帝	天禧三年十一月丁丑（二十五日）	十一月己巳（十七日），詔詣景靈宮。庚午（十八日），饗太廟。辛未（十九日），祀天地於圜丘，大赦天下。丁丑（二十五日），帝詣玉清昭應宮還，御天安殿受冊	《宋會要輯稿》禮四九之一二、《續資治通鑑長編》卷九四、《宋史》卷八《真宗紀》三
	乾興元年二月庚子朔	御劄令表章省尊號				《宋會要輯稿》禮四九之一二、《續資治通鑑長編》卷九八
	乾興元年辛丑（二月二日）	宰臣丁謂再表請復尊號，詔不允				《宋會要輯稿》禮四九之一一、《續資治通鑑長編》卷九八

皇權獨尊時代的典禮

續表

受尊號者	請尊號時間	領銜表請及答覆	尊號名稱	冊尊號時間	同時或近期、同年大禮	史料來源
真宗	乾興元年癸卯（二月四日）	宰臣丁謂復別上尊號，詔允，會晏駕，不果奉冊	應天崇道欽明仁孝①			《宋會要輯稿》禮四九之一二，《續資治通鑑長編》卷九八，《宋史》卷八《真宗紀》三
仁宗	天聖二年七月癸卯（十八日）②	宰臣王欽若等表五上，詔答允	聖文睿武仁明孝德皇帝	天聖二年十一月丁酉（十三日）	十一月乙未（十一日），朝饗玉清昭應、景靈宮。丙申（十二日），饗太廟。丁酉（十三日），祠天地於圜丘，大赦。郊祀禮畢，上皇帝、太后尊號	《宋史》卷九《仁宗紀》一，《宋會要輯稿》禮四九之一二，《續資治通鑑長編》卷一〇二
	天聖八年七月戊辰（十七日）	宰臣呂夷簡等表三上，詔答不允	聖文睿武體天欽道仁明孝德		十一月丙寅（二十三日），朝饗景靈宮。丁卯（二十四日），饗太廟。戊辰（二十五日）祀天地於圜丘，大赦	《宋會要輯稿》禮四九之一三，《續資治通鑑長編》卷一〇九，《宋史》卷一〇《仁宗紀》二
	明道元年（1032年）十二月戊申（十一日）	宰臣呂夷簡等表五上，詔答允	睿聖文武體天法道仁明孝德皇帝	明道二年（1033）二月丁未（十一日）	同日祀先農於東郊，耕田禮畢，大赦。禮畢，帝御天安殿受冊	《宋會要輯稿》禮四九之一三，《宋史》卷一〇《仁宗紀》二，《續資治通鑑長編》卷一一一

① 崇道，《宋史》卷八《真宗紀》三、《續資治通鑑長編》卷九八皆作"尊道"。
② 癸卯（十八日），《長編》作甲辰（十九日），此從《宋會要輯稿》。

— 113 —

續表

受尊號者	請尊號時間	領銜表請及答覆	尊號名稱	冊尊號時間	同時或近期，同年大禮	史料來源
仁宗	明道二年七月戊子（二十五日）		詔以蝗旱作沴，去"睿聖文武"四字			《宋史》卷一〇《仁宗紀》二，《宋會要輯稿》禮四九之一四
	景祐二年（1035年）七月戊戌（十七日）	宰臣呂夷簡等表五上	景祐體天法道欽文聰武聖神孝德皇帝	景祐二年十一月乙未（十五日）	同月癸巳（十三日），朝饗景靈宮。甲午（十四日），奉慈廟。乙未（十五日），祀天地於圜丘，大赦。郊祀禮畢，帝御大慶殿受冊	《宋史》卷一〇《仁宗紀》二，《宋會要輯稿》禮四九之一四，《續資治通鑑長編》一一七
	景祐五年（1038年）七月丙辰（二十一日）	宰臣張士遜等表五上，詔省"英睿"字，餘允所請。以改元，"景祐"易為"寶元"	景祐體天法道欽文聰武睿聖神孝德皇帝（寶元體天法道欽文聰武聖神孝德皇帝）	景祐五年（寶元元年）十一月庚戌（十八日）	同月戊申（十六日）朝饗景靈宮。己酉（十七日）饗太廟及奉慈廟。庚戌（十八日）祀天地於圜丘，大赦，改元。帝御大慶殿受冊	《宋史》卷一〇《仁宗紀》二，《宋會要輯稿》禮四九之一五至一六，《續資治通鑑長編》卷一二二
	康定元年（1040年）二月丙午（二十一日）	詔"自今上表，尊號勿復稱'寶元'二字"			（同日）改元	《宋史》卷一〇《仁宗紀》二，《宋會要輯稿》禮四九之一六
	嘉祐四年（1059年）六月己巳（七日）	宰臣富弼等表五上，詔答不允	體天法道欽文聰武仁至治聖神孝德		冬十月壬申（十一日），朝饗景靈宮；癸酉（十二日），祫於太廟，大赦	《宋史》卷一二《仁宗紀》四，《宋會要輯稿》禮四九之一七，《續資治通鑑長編》一八九

續表

受尊號者	請尊號時間	領銜表請及答覆	尊號名稱	冊尊號時間	同時或近期、同年大禮	史料來源
英宗	治平二年（1065年）七月己卯（二十一日）	以大白晝見，宰臣韓琦等表五上，詔答不允	體乾膺曆文武睿孝皇帝			《宋史》卷一三《英宗紀》，《宋會要輯稿》禮四九之一八
	治平三年（1066年）十月丙午（二十五日）①	宰臣韓琦等商表五上，詔答允	體乾膺曆文武聖孝皇帝	治平四年正月庚戌朔	冊尊號，具儀衛於大慶殿庭。帝不豫，冊寶由垂拱殿以進。降天下囚罪一等，徒以下釋之	《續資治通鑑長編》卷二〇八，《宋會要輯稿》禮四九之一八至一九，《宋史》《英宗紀》
神宗	熙寧元年（1068年）七月己卯（九日）	宰臣曾公亮等上表，表三上，詔答不允	奉元憲道文武仁孝皇帝		十一月丙戌（十七日）朝饗太廟，丁亥（十八日）祀天地於圜丘，大赦	《宋史》卷一四《神宗紀》一，《宋會要輯稿》禮四九之二〇
	熙寧二年（1069年）四月丁酉（一日）	宰臣富弼等再上尊號，又不允	同上			《宋會要輯稿》禮四九之二〇
	熙寧四年（1071年）六月庚申②	宰臣王安石等三上尊號，不允	紹天法古文武仁孝皇帝		九月己丑（八日），萬享景靈宮。庚寅（九日），朝饗太廟八室。辛卯（十日），大饗明堂，赦天下	《續資治通鑑長編》卷二二四，卷二二六，《宋史》卷一五《神宗紀》二，《宋會要輯稿》禮四九之二〇

① 十月丙午（二十五日），《宋會要輯稿》作十一月二十五日（乙亥），此從《長編》。
② 庚申（七日），《宋會要輯稿》作九日（壬戌），此從《長編》及《宋史》。

续表

受尊号者	请尊号时间	领衔表请及答复	尊号名称	册尊号时间	同时或近期、同年大礼	史料来源
神宗	熙宁七年（1074年）七月癸卯（七日）	宰臣韩绛等五上尊号，不允	绍天宪古文武仁孝皇帝		十一月丁巳（二十三日），荐飨景灵宫。戊午（二十四日），朝飨八室。己未（二十五日）祀天地於圜丘，赦天下	《续资治通鉴长编》卷二五四，《宋史》《神宗纪》二，《宋会要辑稿》礼四九之二〇
神宗	熙宁十年（1077年）七月辛酉（十三日）①	宰臣吴充等五上尊号，不允	奉天宪古文武仁孝皇帝		十一月壬申（二十五日），荐飨景灵宫。癸酉（二十六日），朝飨八室。甲戌（二十七日），祀天地於圜丘，赦天下	《续资治通鉴长编》卷二八五，《宋史》《神宗纪》二，《宋会要辑稿》礼四九之二〇
神宗	元丰三年（1080年）七月甲戌（十三日）		诏令"今后每遇大礼，罢礼部表上尊号"		九月己卯（二十日），荐飨景灵宫。庚辰（二十一日），朝飨八室。辛巳（二十二日），大飨明堂。十三日，大赦	《续资治通鉴长编》卷三〇六，《宋史》《神宗纪》三，《宋会要辑稿》礼四九之二〇
徽宗帝后	宣和五年（1123年）七月庚午（十九日）	太傅、楚国公王黼等凡三上表，诏答不允	继天兴道敷文成武睿明皇帝		九月己未（九日），荐飨景灵宫。庚申（十日），辛酉（十一日），大飨明堂	《宋史》卷二二《徽宗纪》四，《宋会要辑稿》礼四九之二二

① 辛酉（十三日），《宋会要辑稿》作十六日（甲子），此从《长编》及《宋史》。

續表

受尊號者	請尊號時間	領銜表請及答覆	尊號名稱	册尊號時間	同時或近期、同年大禮	史料來源
徽宗帝后	宣和七年（1125年）十二月庚申（二十三日）		*教主道君太上皇帝 道君太上皇后	宣和七年十二月丙寅（二十九日）	十一月甲申（十七日）朝獻景靈宮，乙酉（十八日）饗太廟，丙戌（十九日）祀昊天上帝於圜丘，赦天下。十二月庚申（二十三日）詔內禪；丙寅（二十九日）太子即位，上尊號。靖康元年（1126年）正月己巳，詣亳州太清宮行恭謝禮	《宋史》卷二二《徽宗紀》四、卷二三《欽宗紀》；《宋會要輯稿》禮四九之二三

— 117 —

打磨，顯然比唐朝更加周詳。如前所示，皇帝加册尊號須在舉行郊祀大禮（少數爲明堂、耤田）前數月，由宰相率群臣等提出申請，皇帝若答允後，便由大臣和有司撰寫册文及準備所用册寶。《宋會要輯稿·册尊號》於此有曰：

> 國朝之制，皇帝登位，應群臣章表但稱曰皇帝。至南郊歲，既降御劄，即文武百官詣東上閤門三上或五上表，請上尊號，降詔批答，多謙抑不許。如允所請，即奏命大臣撰册文及書册、寶。其册中書省造，用珉玉，簡長尺二寸，闊一寸二分，厚五分。簡數從文之多少，聯以金繩，首尾結帶，前後四枚，刻龍縛（鏤?）金，若捧護之狀。藉以錦縟，覆以紅羅泥金夾帊。册匣長廣取容册，塗以朱漆，金裝，隱起突龍鳳，金鏁扮鋯。匣上又以紅羅繡盤龍癒金帊覆之。承以金裝長竿床，金龍首，金魚鈎，藉匣以錦緣，席錦縟，又紐紅絲爲條以縈匣。册案塗朱漆，覆以紅羅銷金衣。其寶門下省造，用玉，篆文，廣四寸九分，厚一寸二分。塡以金盤龍鈕，繫以暈錦大綬、赤小綬，連玉環。玉檢高七寸，廣二寸四分，皆飾以金，裹以紅錦，加紅羅泥金夾帊。納於小盝，以金裝，内設金床暈錦縟，飾以雜色玻瓈、碧鈿石、珊瑚、金精石、瑪瑙。又盝二重，皆裝以金，覆以紅羅繡帊，載以腰輿。又行馬並飾以金，又香爐寶子、香匙、灰匙、火筯、燭臺、燭刀，皆以金爲之。其受册多用祀禮，畢日御正殿行禮。禮畢，有司以册書詣閤門奉進入内。①

這個記錄說明，加册尊號儀，册寶是其中的核心。《玉海》和《文獻通考》均言："（累朝）每上尊號，有司制玉寶，以尊號爲文。"② 故對册尊號的程式、時間及册寶的形制材質，宋朝都有嚴格規定，其他史料也有證明。如《宋會要輯稿》載大中祥符五年閏十月二十四日"有司上言：'舊制，皇帝册、寶並以金裝，宗廟以銀裝鍍金。今緣奉上聖祖徽册，欲依宗廟册用銀裝。'詔聖祖、聖祖母寶册法物並以金裝，皇帝尊號寶、册以銀鍍金裝"③。說明真宗時曾將原來皇帝尊號的册寶用金改爲"銀鍍金裝"，以示在聖祖之下。另外，仁宗朝也記有一次册寶的全部重造。《續資治通鑑長編》載明道元年（1032年）九月"庚寅，重作寶册，命參知政事陳堯佐書皇帝受命册寶，參知政事薛奎書尊號册寶，宰臣張士遜書上爲皇太子册寶，參知政事晏殊書皇太后尊號册寶，以舊册寶爲宮火所焚也。既而有司言重作

---

① 《宋會要輯稿》禮四九之一《册尊號雜錄附》，第1484頁。
② 《玉海》卷八四《太宗皇帝承天受命寶　雍熙書詔寶　真宗皇帝恭膺天命寶》，臺北大化書局1984年版，第1615頁；《文獻通考》卷一一五《圭璧符節璽印》，中華書局1986年版，第1039頁。
③ 《宋會要輯稿》禮四九之一〇《册尊號》三，第1488頁。

册寶，其沿寶法物，凡用黃金二千七百兩，詔易以銀而金塗之"①。

紹興三十二年（1162年）七月朔，孝宗詔制太上皇帝尊號冊寶，定"冊用珉玉，簡長尺二寸，聯以金繩，刻龍鏤金，玉寶方四寸九分，填以金，盤龍紐，係（繫）以錦大綬；太上皇后冊寶，參用慈寧之制"②。當時禮部太常寺上言亦道："檢准《國朝會要》尊號冊寶制度，太上皇帝冊當用珉玉，簡長尺有二寸，廣一寸二分，厚半寸，簡數視文之多寡。寶用玉，廣四寸九分，厚一寸二分，填以金，盤以鈕（餘制具《國朝會要》）。太上皇后尊號冊寶，乞參照紹興十一年奉上慈寧殿冊寶制度修制。"③ 所謂准《國朝會要》者，是仍基本沿用北宋皇帝尊號制度。《文獻通考》於慶元二年（1196年）"又上壽聖太上皇后尊號冊寶如慈寧之制"下注明："紹興時製皇太后冊寶，寶用金，文曰'皇太后寶'，冊以珉或象牙，印寶法物皆以金。詔以玉石製冊，上親書其文，奉慈寧殿。"④ 結合幾處記載，知道皇帝和太上皇帝冊寶皆用玉制，冊並采用金繩穿繫簡編形式，寶外也有"銀鍍金裝""刻龍鏤金"的裝飾。而太上皇后冊寶參照皇太后標準也以金玉製作。

至於皇帝加尊號禮具體的執行，則可以太祖第一次受冊爲例。《宋會要輯稿》記太祖建隆四年八月二十四日，"宰臣范質率文武百僚詣東上閤門拜表，請上尊號曰應天廣運仁聖文武至德皇帝"，表三上而詔答允，遂於同年十一月十六日郊祀禮畢之時，正式舉行了儀式。⑤

按照規定，加尊號禮之前的三日，須先告天地、宗廟、社稷等。《宋會要輯稿》禮一四之六《群祀》載太宗太平興國四年（979年）十一月十二日，"太常禮院言：'皇帝受尊號冊寶，故事，前三日奏告天地、太廟、社稷。'從之。自後凡受冊尊號皆然，並告皇后廟"⑥。同書同門一四之四在宋代"自祖宗以來"，"皆遣官奏告天地、宗廟、諸陵，及告社稷、嶽瀆、山川、宮觀、在京十里內神祠"的名目中也有"登位、改名、上尊號"等。⑦ 明道二年七月，仁宗詔去尊號中"睿聖文武"四字，特要求"仍擇日告於天地宗廟"⑧，說明一般情況下，告禮已不待聲明。直到南宋太上皇冊尊號也是一樣。事實上告禮作爲必要的程序在帝、后、太子的吉、凶、嘉禮中都有所見，另外在儀式舉辦前皇帝還須齋戒，這也是

---

① 《續資治通鑑長編》卷一一一，明道元年九月庚寅條，第2590頁。
② 《玉海》卷八四《紹興尊號冊寶》，第1619頁。
③ 《宋會要輯稿》禮四九之二四，第1495頁。
④ 《文獻通考》卷一一五《圭璧符節璽印》，第1042頁。
⑤ 《宋會要輯稿》禮四九之一《冊尊號》，第1484頁。
⑥ 《宋會要輯稿》禮一四之六《群祀》，第589頁。
⑦ 《宋會要輯稿》禮一四之四《群祀》，第588頁。
⑧ 《宋會要輯稿》禮四九之一四，第1490頁。

不言而喻的。

　　册禮最中心的節目自然還是加册儀式本身。唐朝皇帝册尊號多在含元殿或宣政殿，① 宋代皇帝自太祖始，先後受册的殿名有崇元、乾元、朝元、天安、大慶等殿。但五殿實爲一殿，不過是不同時期的易名罷了。按照宋人的説法，"乾元殿即唐之含元殿也，在周爲外朝，在唐爲大朝，冬至元日立全仗、朝萬國在此殿也"②。是北宋皇帝的受尊號儀也都在舉行大朝會的最宏偉之宮殿中舉行。由此可以想見加尊號儀式的隆重盛大，如《宋會要》記載的太祖加尊號儀式就是文武群官、宗親、客使等並集朝堂。雖然儀式"如常入閣之儀"，但警備儀仗，中嚴外辦，一應俱全，實際就是相當於冬至元會的慶典。而當一切就緒，在《隆安》之樂的樂曲聲中"皇帝服袞冕，御輿以出，曲直華蓋，侍衛警蹕如常儀"③。《宋史·輿服志》言袞冕之制，"祭天地宗廟、朝太清宮、饗玉清昭應宮景靈宮、受册尊號、元日受朝、册皇太子則服之"④。是皇帝最莊嚴隆重之大禮服飾。

　　儀式開始後首先是群臣在典儀約束下行贊拜禮："典儀曰'再拜'，應在位者皆再拜舞蹈，三稱'萬歲'。又再拜起居訖，又再拜訖，分班東西序立。"然後便是經過充分準備的皇帝受册寶儀式。對此本文上篇已略作介紹，但因涉及宋代禮儀形式，仍再引文如下：

　　　　太尉東向解劍脱舄置於褥訖，册案先升，太尉從册案以升。（其册函蓋先置於階下別寶案上，其寶案東向立，俟中書令讀册將畢，禮部侍郎押寶案升階。）侍郎押册升進至褥位，當御座前訖，太尉搢笏，北面，捧册案稍前跪置訖，執笏，俛伏，興，少退，東向立。中書令進當册案前，俛伏，興，跪稱"攝中書令具官臣某讀册"。奏訖，搢笏。册文曰，"攝太尉、守司徒、兼侍中臣範質等謹再拜稽首上言曰：惟天爲大，惟堯則之……臣等不勝大願，謹奉玉册玉寶，上尊號曰'應天廣運仁聖文武至德皇帝'。伏惟垂日月之明，鑒億兆之情，凝旒端扆，昭受鴻名，如山嶽之固，若松柏之堅，乾健不息，品物咸亨，承天之祐，萬壽千齡。臣質等誠歡誠願，頓首頓首，謹言。"讀訖，[其册函對舉案者、奉空案侍郎引詔（退），復西階下東向立。]執笏，俛伏興。又搢笏，捧册於褥，東回册函北向進，跪置於御座前訖，執笏興。中書

---

① 《舊唐書》卷九《玄宗紀》下天寶八載條、卷一〇《肅宗紀》至德三載條、卷一一《代宗紀》廣德元年秋七月條、卷一四《憲宗紀》元和三年春正月條，中華書局1975年版，第223、251、272、424頁。
② 《續資治通鑑長編》卷三二，淳化二年十二月丙寅朔條下引張洎言，下同，第725頁。
③ 《宋會要輯稿》禮四九之二，第1484頁。
④ 《宋史》卷一五一《輿服志》三，第3522—3523頁。

令、舉册官俱降還侍立位。太尉降階，納舄帶劍訖，東向立以俟。①

這裏所見是讀册進册儀，接下來是程序幾近相同的讀寶進寶儀：

禮部侍郎次押寶案升，（其寶函蓋先置於階下別案上。）司徒隨案升進。至褥位，司徒搢笏，北面跪，捧寶案稍前跪置訖，執笏，俛伏興，少退立。侍中進當寶案前，俛伏，跪〔稱〕"攝侍中具官臣某讀寶"。奏訖，搢笏，（其寶函對舉案者、舉空案侍郎引退，就西〔階〕下東向立。）讀訖，執笏，俛伏興。又搢笏，捧寶於褥，東迴寶函北向進，跪置於御座前册之南訖，執笏興。侍中、舉寶官俱降，還侍立位。太常卿降自西階，俱復本班。司徒就解劍褥位，納舄帶劍訖，復東向位文武官橫行。

皇帝接受册寶後，在禮官贊引下，則有太尉代表群官向皇帝致賀詞。賀訖太尉及群官俱再拜舞蹈，三稱萬歲。此後則由皇帝致答詞，由侍中承旨宣曰："朕以鴻儀昭舉，保命會昌，迫於群情，祗膺顯號。退循寡昧，惕懼增深。所賀知。"宣訖群官再拜舞蹈，三稱萬歲。侍中宣告禮畢後，皇帝於《隆安》之曲中退場。儀式整體表明宋初已有獨立完整的册尊號受册寶儀注。

這裏要加以說明的是，在宋初這套册尊號典禮之前，我們並沒有發現完整的唐、五代册寶儀進受，所以曾經用皇帝的即位禮來說明，最近由於李錫厚先生的研究，② 發現《遼史·禮志》嘉儀中的册皇帝儀、册皇太后儀就是中原的册尊號儀。《遼史·禮志》在《皇帝受册儀》的末尾加按語曰："太平元年行此儀，大略遵唐、晋舊儀。又有《上契丹册儀》，以阻午可汗柴册禮合唐禮雜就之。又有《上漢册儀》，與此儀大同小異，加以《上寶儀》。"③ 太平元年（1021年）乃遼聖宗的第三個年號，改元年即宋真宗天禧五年。《遼史》由於《遼史·聖宗紀》有開泰十年"十一月癸未，上御昭慶殿，文武百僚奉册上尊號曰睿文英武遵道至德崇仁廣孝功成治定昭聖神贊天輔皇帝，大赦，改元太平，中外官進級有差"④，所以知道所行即册尊號儀。此前的統和五年（987年）、統和二十四年（1006年）也曾有皇太后、皇帝加尊號，以及開泰元年（1012年）皇帝加尊號的記載，不知

---

① 《宋會要輯稿》禮四九之二至四，第1484—1485頁，下同。
② 李錫厚：《遼史禮志疏證稿》，社會科學文獻出版社2023年版，第91—106頁，引文見第100頁。
③ 《遼史》卷五二《禮志》五，點校本二十四史修訂本，中華書局2016年版，第953—957頁，引文見第955頁。
④ 《遼史》卷一六《聖宗紀》七，第211頁。

是否也都行過此禮。①

按遼本來並沒有尊號册禮儀式，但此儀也非源自宋朝。根據李先生的考證，《禮志》所謂"大略遵唐、晉舊儀"，指的乃是太宗會同元年（938 年）由後晉使臣馮道等送來並親臨指導的册禮。此即《遼史·太宗紀》所載天顯十三年十一月"壬子，太后御開皇殿，馮道、韋勳上尊號曰廣德至仁昭烈崇簡應天皇太后。甲子，行再生柴册禮。丙寅，皇帝御宣政殿，昫、盧重册上尊號曰睿文神武法天啓運明德章信至道廣敬昭孝嗣聖皇帝。大赦，改元會同"②。由於阿保機和耶律德光父子雖稱帝，卻没有行過册封儀式，據《資治通鑑》記以馮道、劉昫（昫）分別爲後晉派遣的太后册禮使和契丹主册禮使，"備鹵簿儀仗、車輅，詣契丹行禮，契丹主大悦"③，迎合了契丹主意欲擴張和誇耀的心理，所以這套儀式就被當作是皇帝、皇太后的册禮了，並且還結合了契丹民族特有的即位燔柴告天的柴册儀，有了胡漢結合的特殊意味。

但如果就受册儀本身而言，並没有改變中原禮儀的特質。《遼史·禮志》記載的皇帝受册儀舉辦的過程、形式與宋朝相似，也是在各項準備和儀仗、品官等就緒後，皇帝衮冕至閤。在撞鐘奏樂和侍中宣佈"外辦"後，皇帝即御座。之後有"符寶郎奉寶進，左右金吾報平安"。主要的儀式乃受册，於是在百官行禮起居後，有如下記載：

> 通事舍人引押册官押册自西階下，至丹墀，當殿置香案、册案。置册訖，樂作；就位，樂止。捧册官近後，東西相對立。舍人引侍從班并南班合班，北向如初。贊再拜，在位者皆再拜；舞蹈，五拜。分班，各復位如初。捧册官就西階下解劍席，解劍履，捧册西階上殿，樂作；置册御坐前，東西立，北向。捧册官西牖下立，北上，樂止。讀册官出班，當殿立，贊再拜，三呼"萬歲"。就西階下解劍席，解劍履，西階上殿，欄内立，當御座前。侍中取册，捧册官捧册匣至讀册官前跪，相對捧册。讀册官俛伏跪，讀訖，俛伏興。捧册官跪左膝，以册授侍中。侍中受册，以册授執事者。降自西階，劍履訖，復當殿位。贊再拜，三呼"萬歲"，復分班位。舍人引侍從班、南班合班，北向如初。贊拜，在位者皆拜；舞蹈、鞠躬如初。（以下拜賀略）④

---

① 《遼史》卷一二《聖宗紀》三、卷一四《聖宗紀》五、卷一五《聖宗紀》六，第 139—140、177、188 頁。
② 《遼史》卷四《太宗紀》上，第 48—49 頁。
③ 《資治通鑑》卷二八一，後晉高祖天福三年七月，中華書局 1956 年版，第 9188 頁。
④ 《遼史》卷五二《禮志》五，第 953—955 頁。

雖然，這一受册儀似比宋朝略簡，對於押册、捧册、讀册官以及册文也交代並不清楚，但基本程序是差不多的。衹是讀册之後，未見讀寶和進寶，或者如《遼史·禮志》所説，還要另加《上寶儀》。這説明五代的册尊号儀已經很成熟，而遼宋之際，也都是相沿使用着的。而獻册尊號，顯然也體現了中原朝廷屈服於契丹統治而極力討好遼統治者的用心。

從遼所行受册儀可以知道，整個儀式，皇帝的獨尊形象被突出。在册書讀畢後，並不是直接將册交付皇帝，而是由侍中交予執事者。這一點，在宋朝的册寶儀中更突出。宋主持儀式的是臨時充當三公（太尉、司徒）的宰相重臣。册寶同樣不是由大臣先奉進皇帝，再由皇帝交付左右，而是變成了中書令和侍中等"又搢笏，捧册於褥，東回册函北向進，跪置於御座前訖，執笏興"，或者"又搢笏，捧寶於褥，東回寶函北向進，跪置於御座前册之南訖，執笏興"。也即衹能是由大臣"跪置於御座前"而不能由大臣直接交付皇帝，説明無論是地位多高的臣子，都没有和皇帝親身接觸的資格。而且整個傳遞過程全由臣子代勞，皇帝無須行禮，甚至從不離開御座。從始至終，上册寶衹體現臣下敬獻皇帝的過程，而皇帝却衹須坦然接受，甚至用不着感謝，也不用太過謙虛。答語寥寥數句，"所賀知"一語，尤顯其接受尊號的理所當然。如此的奉册寶儀式，雖然是微細之節，但已可以見出皇帝和臣下禮儀地位的極大反差。試想皇帝在饗廟、南郊祭天地（遼行柴册儀）之後，再來大朝正殿享受加尊號禮的榮光，可以説是對皇帝的尊崇和致敬達到高潮。

宋朝册文與唐代相比，在歌頌皇帝的意圖上毫無二致。其太祖册文稱"伏惟皇帝陛下高明博厚，宣慈惠和，純粹之德全，孝友之行著。惟精惟一，知微知彰"，對皇帝"龍潛"之際和即位之後的文治武功進行了不遺餘力的表彰。如説皇帝"曆（歷）試之際，志在扶危，險阻艱難，何往而不濟？躍馬陷高平之陣，麾戈佐淮甸之征。蹀（喋）血鏖兵，一月三捷，勞旋飲至，論功莫二"，"肇啓聖謀，驅攘寇亂，荆湘底定，南土晏然"。又對他"嚴恭寅畏，一日萬機，勤於己而泰於人，儉於躬而豐於物""惜力念耕耘之苦，推食閔介胄之勞""減盜竊之罪，緩鹽曲之禁，好生之德，通於神明"的政績也一一道及，甚至與商湯、漢文、光武和唐太宗比况，稱其"帝王之道，於兹備矣；太平之業，於兹成矣"，由此才有"衹見清廟"和"圜丘展禮"的克成大典。①

由此可見，宋朝册文仍是全面歌頌皇帝豐功偉績的華章，内容與唐朝皇帝的加尊號册文異曲同工。唐、宋都有對於先皇先后追謚追尊的謚號和謚册寶，要根

---

① 《宋會要輯稿》禮四九之二至三，第1484—1485頁。

據不同情況（初崩或後來加尊）而獻於靈前或告於廟中。如果説，謚號或者謚册寶是爲了展示在位皇帝的孝思及歌頌、褒揚先皇先后的功績美德，那麼爲在世皇帝的上尊號册寶却是對他本人的最高評價與絶對肯定，也是表明臣下對皇帝的崇拜和效忠。當然册尊號如此突出和歸功於皇帝一人自唐朝已是如此，並非宋朝始創。但將體現皇帝神聖偉大和至高無上的册文與隆重的"獻"册寶儀式結合，宋初却已達到了最爲完備極致的輝煌，皇權的至高無上及因此而起到的震懾作用也就不難想見了。不過頗耐人深思的是，正是在册尊號儀的形式達到輝煌極致的同時，在位皇帝的册尊號却逐漸走向消歇和廢止，轉而爲太上皇册尊號儀所取代，這是宋代册尊號儀在北宋後期發生的一個轉折。

二　南宋的太上皇帝、太上皇后及皇太后册尊號儀

北宋後期，由於神宗取消爲皇帝加尊號儀，因此册尊號儀不再施行於當朝皇帝。但是，宋朝的册尊號儀並没有因此而完全消除。除了爲先祖和去世帝、后加謚號外，仁宗時代開始的爲皇太后加尊號儀式仍在繼續。不僅如此，南宋以後，由於高宗、孝宗、光宗均相繼禪位成爲太上皇帝，所以新皇即位而爲太上皇帝、太上皇后上尊號之禮演爲風尚，太上皇帝、太上皇后以及皇太后的上尊號儀成爲南宋朝廷一景。不僅儀式圍繞皇帝進行外、内有别的"發册寶""奉册寶"程式，且更突出了以孝道和父母親情爲本的家國情懷，顯示了中古後期皇帝禮的獨有特徵。

（一）從皇太后到太上皇帝、太上皇后册尊號

唐朝自武則天及中宗韋后始有爲皇后册尊號。唐後期肅宗朝尚有百官請加皇后張氏尊號曰翊聖，祇是"上以月蝕陰德不修而止"[①]。遼述律后在阿保機死後臨朝稱制，故地位、權勢超過其子遼主耶律德光。所以後晋使臣來册尊號，皇太后述律氏册禮在皇帝之先。《遼史》的册皇太后儀却是聖宗母承天皇太后曾行的册尊號儀式，祇是其來源仍是馮道一行所傳會同舊儀。[②] 其後的重熙元年（1032年）和二十三年及清寧二年（1056年），遼興宗和道宗也曾分别为其母皇太后加册尊

[①] 《舊唐書》卷一〇《肅宗紀》乾元二年二月壬子條，第254頁。
[②] 李錫厚：《遼史禮志疏證稿》，第102—103頁。

號①。而興宗重熙十一年（1042年），始有爲皇帝、皇后並加尊號的做法，至二十三年，太后、皇帝加尊號的同時，皇后亦得再加。②另外五代周太祖即位，曾爲前朝後漢太后李氏加尊號曰昭聖皇太后。③

皇太后册尊號，與皇帝的隆重程度差不多，最尊崇莫過於遼代。據《遼史·禮志》記載，皇太后受册的當日，皇帝須先御弘政殿，有"册入"、喚仗和文武群臣列班再拜，似乎僅是準備。而主要的過程是於太后所在紫宸殿履行如同皇帝一樣的上朝程序，宰相、親王分別從東西閤門進入，及文武大臣站位完畢後，皇帝御肩輿自宣政殿由宣徽使引至西便門下。入殿後皇帝向太后祝"聖躬萬福"，行贊拜禮及大臣合班起居。以下遂進入"北府宰相押册，中書樞密令史八人舁册，東西上閤門使引册，宣徽使引皇帝送册"的程序。當到達殿前置册位時，皇帝再拜稱"萬歲"後，儀式進入高潮。改由翰林學士四人、大將軍四人舁册，繼而再由"皇帝捧册行，三舉武，授册，舁之西階上殿"置於太后坐前。以下由宰相讀册。讀畢皇帝由宣徽使引下殿，拜舞訖再自西階上殿。"至皇太后坐前位，俛跪，致詞訖，俛伏興。引西階下，至殿前位，拜舞蹈，拜，鞠躬。侍中臨軒，宣太后答稱'有制'，皇帝再拜，宣訖，引皇帝上殿，樂作，至西閤，樂止。"丞相、親王、侍從、文武官亦"合班贊拜舞蹈，三呼萬歲如儀"。再由丞相上賀詞，禮儀結束。④整個儀式都是皇帝躬親行禮，所以遼禮重在突出皇帝以下對皇太后無與倫比的崇敬之情，也顯示了遼朝皇太后的特殊地位。

宋朝自仁宗朝因真宗劉后於仁宗朝垂簾聽政，始有爲皇太后加尊號。《宋會要輯稿》記天聖二年（1024年）七月十八日，宰臣王欽若等在爲仁宗請尊號的同時，有爲劉后"請上尊號曰應元崇德仁壽慈聖皇太后"而五表獲准，並於十一月十三日皇帝受册尊號當日，爲太后授册寶。⑤

明道二年仁宗再册尊號之前，亦再爲太后加尊號。《宋史·仁宗紀》載其年二月"乙巳（九日），皇太后服袞衣、儀天冠饗太廟。皇太妃亞獻，皇后終獻。是日，上皇太后尊號曰應元齊聖顯功崇德慈仁保壽皇太后"⑥。《續資治通鑑長編》同年九月下又載"兩制定皇太后於崇政殿受尊號册，上以其禮未稱，甲辰，詔改

---

① 《遼史》卷一八《興宗紀》一、卷二〇《興宗紀》三、卷二一《道宗紀》一，第242、281、289頁。
② 《遼史》卷一九《興宗紀》二、卷二〇《興宗紀》三，第260、281頁。
③ 《舊五代史》卷一一〇《周太祖紀》一廣順元年（950）正月己巳條，第1699頁。
④ 《遼史》卷五二《禮志》五，第956—957頁。
⑤ 《宋會要輯稿》禮五〇之一至二《后妃尊號》，第1533頁。
⑥ 《宋史》卷一〇《仁宗紀》二，第194—195頁。

就文德殿，發册於天安殿。然太后意欲就天安殿受册，王曾言不可，乃止"①。是太后受册加尊號未得在最隆重之天安殿行之。發册及授册的分開，本因皇后在内朝而意味内外有別，但劉太后由於聽政而希望受册仍能與皇帝一樣在外朝舉行。

《宋史》記天聖二年册禮有帝御天安殿，"禮儀使奏發册寶，帝服通天冠，絳紗袍，秉圭以出"，"太尉、司徒就册寶位，帝搢珪，跪奉册授太尉，又奉寶授司徒，皆搢笏，東向跪受"，以及皇帝"易常服，乘輿赴文德殿後幄"，太尉、司徒和百官也奉册寶至文德殿外幄，然後由太尉、司徒向太后奉册寶，中書令、侍中讀册寶的過程。② 是經過天安殿發册，而由皇帝和攝太尉、司徒轉奉册赴文德殿的兩個程序。天安殿是外朝正殿，相當於唐朝大明宫含元殿，是舉辦大朝會之所。但文德殿則相當唐之宣政殿，位在中朝，朔日朝參、册皇后、册太子妃在文德殿；崇德殿或崇政殿則相當於唐内朝之紫宸殿。③ 故文德殿重要性略低於天安殿而高於崇德殿或崇政殿，且在外内之間的中朝，皇太后受尊號定在文德殿，應當仍是考慮到劉后特殊身份的一種折中。

宋朝發册、受册之分並非始於劉后。查檢宋禮，發現儀注中有發册者，亦並非祇有加尊號。《政和五禮新儀》中，册皇后、册帝姬、册内命婦等受册儀前都有"發册"④。册皇后一儀，更稱爲"臨軒發册"，即由皇帝舉辦朝會，當庭宣制"册某氏爲皇后"，並授節及册寶予册使，令其前往皇后受册的宮殿"持節展禮"。同樣做法其實早在唐已有之，不過在《開元禮》稱爲"臨軒命使"或是"臨軒册命"而已。宋朝所謂發册，似乎是更强調册寶經由皇帝手中發出，出自皇帝的意志，則凡當庭授予不便，理須遣使者代皇帝授或進册者都應有此儀注。

另外，太皇太后、皇太后、皇太妃始受册，而非另加尊號者，本來未見行册禮。但熙寧二年（1069年），神宗尊皇太后曹氏爲太皇太后，"詣文德殿，跪奉玉册授攝太尉曾公亮、金寶授攝司徒韓絳，又跪奉皇太后高氏玉册授攝太尉文彦博、金寶授攝司徒趙抃，禮畢，百官稱賀"。也行了同加尊號一樣的發册寶禮。這裹發册僅在文德殿，規格應略低於劉后。

又哲宗即位，尊太后高氏爲太皇太后，神宗皇后向氏爲皇太后，德妃朱氏爲皇太妃。元祐二年（1087年），"詔太皇太后受册依章獻明肅皇后故事，皇太后受

---

① 《續資治通鑑長編》卷一〇二，天聖二年九月甲辰條，第2367頁。
② 《宋史》卷一一〇《禮志》一三，第2646頁。
③ 見《續資治通鑑長編》卷三二張泊言，第725—726頁。
④ 《政和五禮新儀》目錄，及卷一八七《册皇后儀·臨軒發册》，卷一九四《册帝姬儀》，卷一九五《册内命婦儀》，文淵閣《四庫全書》第647册，上海古籍出版社1987年版，第813—814、835、837—838頁。

册依熙寧二年故事，皇太妃與皇太后同日受册，令太常禮官詳定儀注"。也即分別按天聖二年和熙寧二年的做法册二太后及太妃。時右諫議大夫梁燾請對文德殿，認爲太皇太后高氏當時祇是以"母后權同聽政，蓋出一時不得已之事，乞速罷之"，不要秉承和章獻劉后一樣的規格。中書舍人曾肇也認爲"太皇太后聽政以來，止於延和殿（《續資治通鑑長編》下有'垂簾視事'四字），受遼使朝見亦止於御崇政殿，未嘗踐外朝。今皇帝述仁祖故事，以極崇奉之禮"，希望太皇太后下明詔，不要按照劉后那樣在文德殿受册，祇於崇政殿即可以了。結果太后欣然接受，"乃詔將來受册止於崇政殿"，並自言"文德殿天子正朝，豈女主所當御"①。至其年九月"乙卯，發太皇太后册、寶於大慶殿，太皇太后御崇政殿受册。丙辰，發皇太后、太妃册、寶於文德殿"②，但後者受册處未言，應當即在内朝了。大慶即天安殿改名，説明發册仍是分別按天聖和熙寧之規，所在的大慶和文德二殿仍有等級之别，受册在崇政殿而不是文德殿也是因有内外之分。而這一對太后"發""受"尊號需要區分外、内兩處的做法，也已爲南宋太上皇帝、太上皇后的加尊號提供了參照。

徽宗内禪的宣和七年（1125年）十二月庚申，被剛即位的欽宗尊爲"教主道君太上皇帝"，皇后尊爲"道君太上皇后"。同月丙寅，遂正式受册，這大約成爲南宋爲太上皇帝、太上皇后册尊號的先聲。③ 靖康二年五月辛卯，高宗即位次日，即遥尊欽宗爲"孝慈淵聖皇帝"④。紹興三十二年六月孝宗即位，"甲午，上太上皇帝尊號曰光堯壽聖太上皇帝，太上皇后曰壽聖太上皇后"⑤；乾道六年（1170年）、淳熙二年（1175年）和淳熙十二年（1185年），也分别再加尊號（表2）；是高宗作爲太上皇曾被四次加尊號。而孝宗傳位太子光宗、光宗傳位寧宗，也都被加太上皇帝及太上皇后尊號。因此南宋將原來在位皇帝的加尊號已完全轉化爲太上皇帝及太上皇后（或皇太后）的上尊號。如同北宋皇帝加尊號，"太上"的尊號也可以一朝數次甚或累朝迭加。如高宗最後一次加尊號"光堯壽聖憲天體道性仁誠德經武緯文紹業興統明謨盛烈太上皇帝"⑥，竟達二十八字，超過北宋任何一位皇帝。除了天、道之外，堯聖、仁德、文武等凡溢美詞語無不用上，成了對其一生繼美祖先功業與德行盛跡的誇飾和提前總結。

---

① 《宋史》卷一一〇《禮志》一三，第2647—2648頁；並參《續資治通鑑長編》卷三九五、卷三九六，第9640—9642、9647—9648頁。
② 《續資治通鑑長編》卷四〇五，第9862頁。
③ 《宋史》卷二三《欽宗紀》，第421—422頁。
④ 《宋史》卷二四《高宗紀》一，第443頁。
⑤ 《宋史》卷三三《孝宗紀》一，第618頁。
⑥ 《宋史》卷三五《孝宗紀》三，孝宗淳熙十二年冬十月辛亥，第684頁。

除了褒美之外，南宋太上皇帝、太上皇后尊號的一個特別之處，是像當時宫殿、道觀和皇帝誕節常有的那樣，尊號中必有"壽"字，壽字與"聖""慈""福"等用字結合，仍充斥着道教追求長生不老的含義。但因此表現了對長者福壽所臻的祝願，以及將其作爲神聖者的崇敬，變成了皇帝注重親情和孝道的一種表達。另外，如太上皇帝去世，則太上皇后即轉爲太皇太后或皇太后。寧宗以降再無太上皇，故至南宋後期，尊號亦成爲在世太后或太皇太后的專奉。所以南宋時皇帝爲太上皇帝、太上皇后或者皇太后的加尊號，是體現着對父母雙方的一視同仁。而加尊號雖然要通過朝廷的禮儀和程式，但不是由朝臣宰相而是由皇帝親自提出，並由皇帝親自奉上册寶（詳後），整個過程更像是突出父慈（或母慈）子孝的家人之禮。所以尊號對皇帝而言，與其是公禮不如説是私儀，它的家族繼統意義仍然超過了對國家政權的關照，似乎可以説是繼承了尊號最初的特點。

（二）南宋册尊號的發册寶、奉册寶儀式

如前所示，北宋皇帝的册尊號儀已建立了一套嚴整、規範的形式，而它的完善是通過細節的不斷補充實現的。其中包括儀式舉辦之前的告禮、警備儀衛乃至受册本身等，都有嚴格的規定。但所有程式並非憑空産生，而是吸收了其他禮儀的因素，應當是自唐代以來陸續形成和增加的。南宋以後，由於尊號禮轉爲皇帝爲太上皇帝、太上皇后或者皇太后加册，故儀注也以之爲中心制定。其特色便是儀節更加細密而繁複，與此同時也不無變動，以下便就其變化略舉一二。

其一，儀式正式舉辦之前，百官常常要進行演習。對於重大禮儀的演習在北宋已常見，如封禪或郊祀。[①] 真宗景德二年（1005年）"十一月十三日，親郊前七日，百官習儀於郊壇。是日大雪，詔改用次日習儀"[②]。大中祥符元年（1008年）十二月四日，"以東封禮畢，受册，特命擇日。前二日，百官習儀"，當時還訂立了受册後百官拜賀却不舞蹈的規矩。[③] 而加尊號習儀也隨之而生，如神宗熙寧二年四月十一日，有"中書省言：'太皇太后、皇太后、皇后受册前一日例進册，今與習儀同日，欲候習儀退，然後進册入内。'從之"的記載。[④]《曾公遺録》卷八哲宗元符二年九月乙丑日也記有"習册后儀於文德殿。雨未已，得旨令習庭下及廊

[①] 參見吴羽《唐宋國家禮儀的習學與演練研究——以朝儀與親郊的習儀爲例》，《首都師範大學學報》（社會科學版）2017年第2期，内親郊習儀見第11—14頁。
[②]《宋會要輯稿》禮二八之五，第1021頁。
[③]《宋會要輯稿》禮四九之一〇，第1488頁。
[④]《宋會要輯稿》禮四九之一九，第1493頁。

上儀，又設幕幄以覆宮架"的準備活動。① 南宋則對儀式的進行更加一絲不苟，故習儀也成固定程式。高宗於紹興三十二年以太上皇册尊號儀，就是"前二日習儀"②。之後到光宗紹熙元年（1190年）正月，"恭請上壽聖皇太后、至尊壽皇聖帝、壽成皇后尊號册寶"，仍有同樣的規定。③

其二，册太上皇帝、太上皇后尊號之前需要行的告禮和齋戒，已於上文在位皇帝册尊號提到。《宋會要輯稿》載，紹興三十二年"八月十一日，奉上太上皇帝、太上皇后尊號。前二日奏告天地、宗廟、社稷、景靈宮、天慶觀、報恩光孝觀、太一宫、諸陵、兩攢宫"；孝宗受册尊號的前三日，也有"奏告天地、宗廟、社稷、諸陵、攢宫"④，從史料記載得知，凡有皇帝即位和重大册禮，如册（太）皇太后、皇太妃、皇后、太子等都行告禮，但"册"尊號奏告對象之多，可見其隆重之意。且除天地、宗廟、社稷之外，還有景靈宫及觀、陵等，仍可以見出册尊號的家族意義。

其三，册尊號的過程已經愈來愈隆重、繁複。有一點很重要，即在皇帝向太上皇奉上册寶儀當日，先要履行上述所謂"發册寶"，然後再有向太上皇帝、太上皇后敬獻册寶的"奉册寶"，前後分爲兩階段。

如前所述，發册寶與奉册寶儀已見於北宋皇太后册尊號，本是因皇太后居宫内而與外朝無涉，太上皇帝、太上皇后無疑也是如此。其中第一階段的發册寶最隆重者自是應當在大朝會的外朝正殿，《宋會要輯稿》記高宗退位册尊號的"發册寶"儀就是在大慶殿。儀式的前期準備與前述受册儀相似，其日皇帝孝宗"服履袍入御幄，易通天冠、絳紗袍"。儀式由禮儀使"奏請皇帝恭行發太上皇帝、太上皇后尊號册寶之禮"。於是在皇帝和百官行拜禮後，先是發太上皇帝册，由"舉册官跪舉册，皇帝搢大圭，跪捧册，授太傅"，由太傅奉册置於案。繼而是發太上皇帝寶，將寶於"皇帝褥位前置定"，由侍中奉寶置於案。由皇帝將寶授太傅，再由"太傅奉寶至於東階西向褥位，如發册儀"。然後輪到發太上皇后册寶，"皆如上儀訖"⑤。儀式結束，可以理解爲册寶必須經皇帝之手發出，而這也意味着外朝應履行之礼儀結束。

發册寶儀式完成後，要轉向内朝，也即太上皇帝、太上皇后所居的德壽宫："册寶出大慶殿正門，至殿門外，權置幄内。有司捧册寶置於腰輿，太傅以下各易

---

① （宋）曾布撰，顧宏義點校：《曾公遺錄》卷八，中華書局2016年版，第116頁。
② 《宋會要輯稿》禮四九之二九，第1498頁。
③ 《宋會要輯稿》禮四九之五〇，第1508頁。
④ 分見《宋會要輯稿》禮一四之八九、禮四九之二九、禮四九之四九，第631、1498、1508頁。
⑤ 以上參見《宋會要輯稿》禮四九之二九至三二，第1498—1499頁，下同。

表2 南宋太上皇帝、太上皇后及皇太后册尊號

受尊號者	請上尊號時間	奉册尊號時間	太上皇帝尊號	太上皇后（或皇太后）尊號	發、奉册寶同時活動	史料來源
哲宗孟后		（高宗）建炎元年（1127年）五月辛卯（二日）		元祐（以避祖名改隆祐）太后	五月庚寅朔，高宗即位，改元，大赦	《宋史》卷二四《高宗紀》一
欽宗		同上	（遙尊）孝慈淵聖皇帝		同上	同上
高宗帝后		（孝宗）紹興三十二年八月戊寅（十四日）	光堯壽聖太上皇帝	壽聖太上皇后	八月丁丑十三日，遣官奏告天地、宗廟、社稷、宮觀、諸陵寢。戊寅（十四日），孝宗率群臣詣德壽宮奉册、寶	《宋史》卷三三《孝宗紀》一、《宋會要輯稿》禮四九之二六至三五
		乾道七年（1171年）正月丙子朔	光堯壽聖憲天體道太上皇帝	壽聖慈明太上皇后	皇帝詣大慶殿行發册尊號册、寶之禮畢，孝宗詣德壽宮殿上奉册、寶	《宋史》卷三四《孝宗紀》二、《宋會要輯稿》禮四九之三九至四○
		淳熙二年十一月戊申朔	光堯壽聖憲天體道性仁誠德經武緯太上皇帝	壽聖齊明廣慈太上皇后	皇帝詣大慶殿行發册寶禮畢，孝宗帥文武百僚詣德壽宮，奉上册、寶	《宋史》卷三四《孝宗紀》二
		淳熙十二年十二月庚戌朔	光堯壽聖憲天體道性仁誠德經武緯文紹業興統明謨盛烈太上皇帝	壽聖齊明廣慈備德太上皇后	皇帝詣大慶殿行發册寶禮畢，帥文武百僚詣德壽宮，奉上册、寶	《宋史》卷三五《孝宗紀》三，《宋會要輯稿》帝系"十二年"誤作二年

续表

受尊号者	请上尊号时间	奉册尊号时间	太上皇帝尊号	太上皇后（或皇太后）尊号	发、奉册宝同时活动	史料来源
高宗帝后	庆元元年（1195年）十一月戊戌（十七日）	绍熙四年（1193年）九月己卯（十六日）		寿圣隆慈备福皇太后	前一日皇帝诣大庆殿行发册宝礼毕，即日率群臣奉上册，宝于慈福宫	《宋史》卷三六《光宗纪》，《宋会要辑稿》礼五〇之八
		庆元二年冬十月戊申（三日）		寿圣隆慈备福光祐太皇太后	前一日皇帝诣大庆殿行发册宝礼毕，即日率群臣奉上册，宝于慈福宫	《宋史》卷三七《宁宗纪》一，《宋会要辑稿》礼五〇之一〇
		（光宗）绍熙元年（1190年）正月丙辰朔	至尊寿皇圣帝	寿成皇后	上宝册前三日告天地、宗庙、社稷，诸陵，攒宫。帝率群臣诣重华宫奉上寿皇太后、至尊寿皇圣帝、皇后册，宝	《宋史》卷三六《光宗纪》，《宋会要辑稿》礼四九之五〇
孝宗帝后	（宁宗）庆元二年（1196年）冬十月戊戌（三日）	庆元二年（1196年）冬十月戊申（三日）		寿成惠慈皇太后	前一日皇帝诣大庆殿行发册宝礼毕，即日皇帝率群臣奉上册，宝于寿慈宫	《宋史》卷三七《宁宗纪》一，《宋会要辑稿》礼五〇之一〇
	（宁宗）嘉泰二年（1202年）冬十月乙亥（四日）	嘉泰二年（1202年）十二月甲戌（四日）		寿成惠圣慈祐太皇太后	皇帝率群臣奉上册，宝于寿慈宫	《宋史》卷三八《宁宗纪》二
光宗帝后	（宁宗）庆元元年十一月戊戌（十七日）	庆元二年冬十月戊申（三日）	圣安寿仁太上皇帝	寿仁太上皇后	皇帝率群臣奉上册，宝于泰康宫	《宋史》卷三七《宁宗纪》一，《宋会要辑稿》礼四九之六八

續表

受尊號者	請上尊號時間	奉册尊號時間	太上皇帝尊號	太上皇后（或皇太后）尊號	發、奉册寶同時活動	史料來源
寧宗皇后		（理宗）寶慶三年（1227年）正月辛亥朔		壽明皇太后	上册、寶於慈明殿	《宋史》卷四一《理宗紀》
		（理宗）紹定元年（1228年）正月丙子朔		壽明慈睿皇太后	上册、寶於慈明殿	《宋史》卷四一《理宗紀》
		（理宗）紹定三年（1230年）十二月癸未（二十六日）		壽明仁福慈睿皇太后	上册、寶	《宋史》卷四一《理宗紀》
理宗皇后	（度宗）咸淳三年（1267年）正月丁酉（九日）	咸淳三年正月辛丑（十三日）		壽和皇太后	本月己丑朔日大赦，丁酉奉寶、上尊號、辛丑册、寶禮成	《宋史》卷四六《度宗紀》
	（度宗）咸淳五年（1269年）九月丙寅	咸淳五年十二月癸酉（二日）		壽和聖福皇太后	與祀明堂同時加尊號，十二月上册、寶禮成	《宋史》卷四六《度宗紀》
		（恭帝）咸淳十年（1274年）七月丙戌（十二日）		壽和聖福太皇太后		《宋史》卷四七《瀛國公紀》
		（恭帝）德祐元年（1275年）六月辛丑（二日）		壽和太皇太后	削"聖福"字以應天戒	《宋史》卷四七《瀛國公紀》
度宗皇后	（恭帝）咸淳十年七月丙戌（十二日）			皇太后		《宋史》卷四七《瀛國公紀》

常服。""皇帝至御幄後服履袍還內,文武百僚也退易常服,並先赴德壽宮。"可以認爲是第一階段和第二階段的過渡,更重要的節目是在下一階段。

第二階段奉册寶儀,便是皇帝與大臣、禮官等來到德壽宮。此前有司已設臨時停留的大、小次於德壽宮大門內及殿東廊上,"太傅已下皆上馬,導從至德壽宮門外",易朝服以俟行禮。皇帝服履袍,乘輦至德壽宮,入大次。中嚴外辦後皇帝遂改服通天冠、絳紗袍出大次、入小次。然後禮儀使"奏請皇帝恭行奉上太上皇帝、太上皇后尊號册寶之禮"。於是皇帝出小次,執大圭,升自東階,向"服履袍即御坐"的太上皇行再拜之禮,躬奏"聖躬萬福"。然後由太傅中書令等躬行舉册讀册儀式。"讀訖,俛伏興。舉册官奠册,舉册興,中書令奉册",最終"進册置於案訖"。下面的進寶則是由太傅奉寶,侍中讀寶,置寶於案,"皆如上儀"。接下來奉進太上皇后册寶也是同此處理。

與在位皇帝受尊號僅由大臣祝賀不同,儀式結束皇帝還要向太上皇致上賀辭:"禮儀使奏請拜,皇帝再拜,俛伏跪,奏:'皇帝臣某稽首言:光堯壽聖太上皇帝陛下寶册告成,鴻名肇正,與天同壽,率土均歡。'俛伏興,又再拜。"而太上皇也有回答:"侍中承太上皇帝旨,退,西向宣答曰:'皇帝孝通天地,禮備古今,勉受鴻名,良深感慰。'"皇帝再拜復位後又由太尉代表文武百僚進賀。於是第二階段儀式結束,太上皇帝還宮。①

所以太上皇帝及太上皇后的册尊號儀明顯分爲兩階段、兩地點,而與在位皇帝自身受册相比,衹是在奉册、受册的最終儀式之前多了"發册"一節。"發册""受册"二儀之分雖出自太上皇已退居深宮,不再過問朝政的原因,但也是爲了體現其隆重性和皇帝作爲國君和人子的雙重意義。雖然太上皇帝、太上皇后是進奉册寶的對象,但尊號是由皇帝率群臣上表提出,並由皇帝親自奉上,所以發册主角仍是皇帝,儀式仍以皇帝爲中心,不但主動權在皇帝,且禮儀圍繞他進行。衹是在奉册過程中,太上皇帝、太上皇后是崇奉中心,皇帝向太上皇帝、太上皇后執臣子禮,可以體會前一階段乃國禮,而後一階段乃兼顧家禮,充分體現皇帝對太上皇帝、太上皇后的尊敬和孝道。

(三) 服飾和樂章

發册及奉册過程中服飾的改變也值得注意。皇帝兩次出場都是服"通天冠,絳紗袍",中間休息和路程中是服履袍,而不是像皇帝受尊號儀那樣服袞冕,太上

---

① 以上參見《宋會要輯稿》禮四九之三二至三五,第1499—1501頁。

皇帝則出場即是服"履袍"。這樣做有何依據呢？《宋史·輿服志》曰："天子之服，一曰大裘冕，二曰袞冕，三曰通天冠、絳紗袍，四曰履袍，五曰衫袍，六曰窄袍，天子祀享、朝會、親耕及視事、燕居之服也；七曰御閱服，天子之戎服也，中興之後則有之。"① 各種禮服場合不同。按照前引《輿服志》的說法，袞冕是祭祀天地宗廟服之。大裘冕則"天子吉服之最上"，亦爲郊天祭祀之服。"唐《開元》及《開寶禮》始以袞冕爲齋服，裘冕爲祭服。"② 但宋人亦多不同看法，對此追究《周禮》和《禮記》記載多所討論，但袞冕作爲祭祀所用當無疑。而通天冠、絳紗服是第三種。通天冠漢代本是"乘輿所常服"③，後世亦用作皇帝禮服。《新唐書·車服志》說："通天冠者，冬至受朝賀、祭還、燕群臣、養老之服也。"《宋史·輿服志》則是"大祭祀致齋、正旦冬至五月朔大朝會、大冊命、親耕籍田皆服之"④。其所用場合及正式程度似略在袞冕之下。履袍則"四孟朝獻景靈宮、郊祀、明堂詣宮、宿廟、進胙，上壽兩宮及端門肆赦並服之。大禮畢還宮乘平輦，服亦如之"。上文皇帝發冊寶結束而來至德壽宮之前就是服履袍。由於常常是在私禮慶賀（如上壽兩宮）或者行禮的路程和準備過程中（所謂詣宮、宿廟）換用，所以正式程度更低而接近作爲常朝的衫袍或"便坐視事"的窄袍。

那麽，爲何發、奉冊寶儀式皇帝服通天冠、絳沙袍，太上皇帝却服履袍呢？《宋會要輯稿》記紹興三十二年八月"十二日，御樂院奏：'奉上冊寶日，太上皇帝並合服通天冠、絳紗袍。竊慮行禮日近，製辦不及。'詔太上皇帝受冊寶日，恭請服履袍"⑤。由此可見，兩位皇帝服飾一致，太上皇帝本來也是應當服通天冠、絳沙袍的。《續資治通鑑長編》記元祐六年（1091年）范祖禹討論冊皇后時天子服飾，提到"議者或謂昨來發太皇太后冊寶，止服通天冠、絳紗袍"⑥，所以皇帝服飾恐怕是北宋時冊太后已如此，兩天子的服飾本不應有參差。但通天冠這樣的禮服相對更正式，對退位皇帝而言是不合適的。太上皇帝平日已是燕居，禮服不能回到原來，所以履袍就是退而求其次了。何況履袍本也是皇帝在上壽兩宮等家禮性質的禮儀場合可服，顯得更親切、隨意一些，看起來與通天冠、絳紗袍等級差異亦不大，適合二天子都在的場合與關係。皇帝服通天冠、絳沙袍，卻以"製辦不及"爲由要太上皇服履袍，已顯出在位和閑居的差異，可以體現出其中的

---

① 《宋史》卷一五一《輿服志》三，第3517頁。
② 《宋史》卷一五一《輿服志》三録元祐元年禮部員外郎何洵直言，第3520、3521頁。
③ 《續漢書·輿服志》下，《後漢書》志第三〇，中華書局1965年版，第3665—3666頁。
④ 參見《新唐書》卷二四《車服志》，中華書局1975年版，第515頁；《宋史》卷一五一《輿服志》三，第3530頁。
⑤ 《宋會要輯稿》禮四九之二九，第1498頁。
⑥ 《續資治通鑑長編》卷四六四，第11076頁。

用心。

在對太上皇帝、太上皇后的加尊號儀中，還應注意的是樂章的運用。上節在介紹太祖册尊號儀提到太祖的登場是在《隆安之曲》的樂聲中。《隆安》是皇帝所專用。建隆、咸平郊祀，降神用《高安》，皇帝升降用《隆安》；享太廟，迎神《禮安》，"皇帝行"也用《隆安》，"册寶入門"也用《隆安》。① 不過這個册寶是指謚册寶，不是帝后生前所用。另外《宋史·樂志》載宋峴言《隆安》樂章本是御殿之辭，故宋初竇儼定皇帝臨軒用《隆安》，朝會皇帝升座也曾用《隆安》。② 天聖二年劉太后受册，"太后服儀天冠、衮衣以出，奏隆安之樂"③，顯然僭越了太后本來的禮儀，但也説明原來仁宗以前皇帝、太后並無單獨的册尊號樂章。《宋史·樂志》載"上仁宗英宗徽號一首"，是"入門升殿，《顯安》"；"上英宗徽號一首"是"入門，《正安》"④，説明仁宗、英宗始爲册尊號專作樂章。這之後皇太后、皇后受册的樂章也不斷出現，⑤ 而南宋以後册尊號樂章更多。所載有"乾道七年恭上太上皇帝太上皇后尊號十一首"，内有"册寶降殿，《正安》""中書令侍中奉册寶詣殿下，《正安》""皇帝奉太上皇帝册寶授太傅，用《禮安》""册寶出門，《正安》""册寶入德壽宫門，《正安》""太上皇帝升御坐，〔乾安〕⑥（降同）""太傅奉太上皇帝册寶升殿，用《聖安》""太傅奉上皇后册寶升殿，用《聖安》""皇帝從太上皇后册寶詣宫中，用《正安》""太上皇后出閣升御坐，《坤安》（降同）""内侍官舉太上皇后册詣讀册位，用《聖安》"等，⑦ 幾乎包括册尊號儀的各個環節。這説明乾道七年第一次將"上册寶"樂章完善，乾道七年是太上皇帝高宗帝后第二次加尊號時間，相信樂章就是爲此而準備的。

之後又有"淳熙二年（1175年）發太上皇帝太上皇后册寶十一首"，内有"册寶降殿，《正安》""中書令侍中奉册寶詣殿下，《正安》""皇帝奉太上皇帝册寶授太傅，《禮安》（奉太上皇后同）""册寶出門，《正安》""册寶入德壽宫門，《正安》""太上皇帝升御坐，《乾安》（降同）""太傅奉太上皇帝册升殿，《聖安》（奉寶同）""太傅奉太上皇后册寶升殿，《聖安》""皇帝從太上皇后册寶詣宫中，

---

① 以上參見《宋史》卷一三二《樂志》七、卷一三四《樂志》九，第3067、3068、3129、3162頁。
② 《宋史》卷一二六《樂志》一建隆元年二月竇儼條，乾德六年宋峴條，第2939—2940、2942頁。並見《宋史》卷一三八《樂志》一三"建隆乾德朝會樂章二十八首"，第3245頁。
③ 《宋史》卷一一〇《禮志》一三《上太皇太后、皇太后、皇太妃册寶儀》，第2646頁。
④ 《宋史》卷一三四《樂志》九，第3142頁。
⑤ 如"治平皇太后、皇后册寶三首"、"熙寧皇太后册寶三首"、"哲宗上太皇太后册寶"五首等，《宋史》卷一三八《樂志》一三，第3261—3262頁。
⑥ "乾安"二字，參照淳熙二年用樂補，詳下。按下文有"太上皇后出閣升御坐，《坤安》"，乾坤相對，故太上皇帝升御座應用"乾安"。
⑦ 《宋史》卷一三八《樂志》一三，第3264—3265頁。

— 135 —

用《正安》""太上皇后出閣升御坐,《坤安》(降同)""內侍官舉太上皇后册詣讀册位,用《聖安》(舉寶同)"。① 由於乾道七年已有上册寶十一首,故此十一首乃專爲發册所作。此外,《樂志》還載"淳熙十二年加上太上皇帝、太上皇后尊號十一首"②,淳熙二年和淳熙十二年是孝宗第三、第四次爲高宗帝、后加尊號。淳熙十二年的十一條由題目和内容都看得出是對前兩次樂章的彌補和修改。可以知道通過這幾次的製作,上尊號儀已有較爲獨立、完備的樂章。但直到光宗紹熙元年(1190年)、四年和慶元二年(1196年)、寧宗嘉泰二年(1202年),甚至理宗紹定三年(1230年),都有新製作的樂章多首。③ 這是在北宋以前不曾見過的現象。由《宋會要》對歷次儀注的記載,得知所行加尊號儀的基本程式大體與前述紹興三十二年相差不遠,這些樂章在其過程中都在使用,成爲禮儀踵事增華的一部分。

而由樂章的辭句,也可得知其歌頌的内容無非家國平安,帝祚延長;但祈祝長壽和表現孝道的主旨仍最突出。例如淳熙十二年"大慶殿發册寶降殿,《正安》"一首道:"維天蓋高,維地克承,父尊母親,天地難名。疆名廣大,建號安榮,衍登壽嘏,闡繹皇明。""皇帝奉太上皇帝册寶授太傅(太上皇后册寶同)"辭有:"我尊我親,承天之祉,壽名兼美,家國咸喜。公傅秉禮,寶册有煒,惟千萬祀,令聞不已。"紹熙元年"大慶殿發册寶降殿,《正安》"也道:"帝受内禪,紀元紹熙,欽崇慈親,孝心肅祇。乃建顯號,乃藏丕儀,發册廣庭,聲歌侑之。"④ 其中的用意不言已明。

所以太上皇册尊號儀與皇帝册尊號不同,其意並非僅在於突顯皇帝本人的至尊,而是通過皇帝親自爲太上皇上尊號,體現皇帝對皇業的承襲和父(母)慈子孝的親情與孝道。由於太上皇不理萬機後,依照道教理念追求長壽和永生便是第一位的。按照高宗的説法,他退位就是"思欲釋去重負,以介壽臧",所以孝宗爲其上"光堯壽聖"之號,解釋"五帝之壽,惟堯最高,百王之聖,惟堯獨冠"⑤,也是投其所好。

(四)孝道的突出與南宋册尊號儀的轉向

這裏與尊號禮以"壽"爲追求的主旨相關,應當提到的或者還有賀壽禮。賀壽

---

① 《宋史》卷一三八《樂志》一三,第3265—3267頁。
② 《宋史》卷一三八《樂志》一三,第3267—3268頁。
③ 《宋史》卷一三九《樂志》一四,第3271—3280頁。
④ 《宋史》卷一三八《樂志》一三、卷一三九《樂志》一四,第3267、3271頁。
⑤ 《宋會要輯稿》禮四九之二五至二七紹興三十二年六月十一日高宗詔及百官集議上尊號,第1496—1497頁。

禮唐宋因皇帝誕節而行，但北宋仁宗始爲劉后誕日增建長寧節，並於爲劉后上尊號不久的天聖"三年春正月辛卯長寧節，近臣及契丹使初上皇太后壽於崇政殿"。至四年十二月，皇帝竟向太后提出"欲元日先上太后壽乃受朝"。並不顧大臣的反對，於"五年春正月壬寅朔，初率百官上皇太后壽於會慶殿，遂御天安殿受朝"①，這恐怕即南宋大臣爲太上皇帝、太上皇后或皇太后祝壽之濫觴。宋高宗對自五國城回鑾的生母皇太后韋氏，在極盡奉養的同時，即因"皇太后生辰，上壽於慈寧宮"②。

而賀壽禮也常常與尊號禮並行。孝宗淳熙二年"三月丙申，以太上皇壽七十，詔禮官討論慶壽典禮"。而同年十一月戊申朔，奉上太上皇帝、太上皇后冊寶於德壽宮之後，即在十二月甲午，"朝德壽宮，行慶壽禮，大赦，文武官封父母，賞諸軍"③。之後在淳熙十年十二月丙子，又一次"朝德壽宮，行太上皇后慶壽禮，推恩如太上皇故事"④。至光宗紹熙"五年春正月癸亥朔，帝御大慶殿，受群臣朝，遂朝重華宮（德壽宮改名，時太皇太后居），次詣慈福宮（孝宗帝后居）。行慶壽禮，推恩如淳熙十年故事"⑤。其慶壽或與上尊號同時，或獨立進行，但申達孝子順孫祝福長壽之宗旨不變。當然這一點也始終與"道君皇帝"對長生不老的追求分不開。在這一前提下，則是趙氏政權的淵遠綿長。

因此上尊號也好，賀壽禮也罷，終究要表達的還是皇子皇孫之孝道美德和對親情之重視。孝宗上尊號詔書説："朕聞天子必有所尊，莫大事親之道；聖人何加於孝，敢伸歸美之誠。酌前代之宏規，尊本朝之盛典。太上皇帝聰明淵懿，敦敏徇齊，積三紀之勤勞，倦萬機之繁劇，遂以大寶，付之眇躬。祈天莫控於忱衷，即日勉承於景命。雖極二儀之大，無以昭揮遜之公；罄四海之豐，無以效旨甘之奉。用鋪張於至德，仍訂正於舊章，虔上鴻名，蓋恢孝治。"⑥ 可見一則是借上尊號，報答高宗讓位於己的恩情厚意；二則是標榜自己以孝爲先，以孝爲治，始終以父皇爲尊。孝宗非高宗親子，也許這種表達不但是爲消除父子間的隔閡，也是爲維持二皇帝的平衡及建立相應的禮儀模式，所以太上尊號禮也成爲南宋各朝的借鑒。當然上冊尊號並不能真正代表或者增強皇室的親情和家族關係，而祇是一種對外宣傳的政治手段和需要而已。

這一點貫徹於"太上"或者皇太后的上尊號中也毋庸置疑。上文已證明，南宋

---

① 《宋史》卷九《仁宗紀》一，第180、182、183頁。
② 《宋史》卷三〇《高宗紀》七，第557頁。
③ 《宋史》卷三四《孝宗紀》二，第659—660頁。
④ 《宋史》卷三五《孝宗紀》三，第680頁。
⑤ 《宋史》卷三六《光宗紀》，第707—708頁。
⑥ 《宋會要輯稿》禮四九之二七，第1497頁。

政權希望通過對"太上"的册尊號,彌縫骨肉親情,展示父慈子孝,家族和睦,以影響於朝廷和民間社會,打造國家太平盛世的願景。乾道七年正月一日孝宗爲高宗行第二次加尊號儀後,同月八日就有:"上宣諭宰執曰:'前日奉上册寶,太上聖意甚喜,來日朕過宮侍宴,邦家非常之慶,漢、唐所無。'虞允文等曰:'漢、唐君臣父子之間,慚德多矣。今日堯父舜子,曠古所未有,豈漢、唐可同日而語哉!'"①同年七月九日,又有"宰執奏對畢,上宣諭曰:'前日過德壽宮侍燕,太上飲酒歡甚,宮中熙熙,和而有禮,本朝家法,前世所不及也。已爲卿等求得御書,俟請寶來,即賜卿等。'虞允文等頓首謝"。八月二十八日,"宰執奏對畢,上宣諭曰:'朕近日過德壽宮,太上頤養愈勝,天顔充悦,朕退輒喜不自勝。'允文奏曰:'神器之重,得所付託,聖懷無事,自應如此。'上然之"②。由此可見,以上尊號爲開始,孝宗君臣之間刻意營造了家邦和美、君聖臣安的氣氛。

總之爲"太上"册尊號儀及慶壽,已經成爲偏安一隅的南宋朝廷粉飾太平的重大典禮。可以知道的是,孝宗以降歷朝無論是爲太上皇帝、太上皇后加尊號,或是爲皇太后加尊號,都是依照"祖宗之法"一絲不苟地執行。南宋朝廷也希望藉此展示皇家的美德,加强皇室的自身凝聚力,更以其榜樣示下治民,所謂自家刑國,公禮的内涵遂更融入私禮、家禮的準則,這使尊號儀實行的主旨和意向似乎有一些轉變,但這種家族意味濃厚的典禮與整個社會的追求一致,或許也是唐宋社會走向世俗化的一部分。

三 餘論:兩宋册尊號禮變化原因淺議

從本文上、下兩部分對唐五代乃至兩宋册尊號禮的考察,可以充分瞭解到這一禮儀從初建到不斷完善,以至於成熟完備的過程。可以看到,唐朝自武則天、中宗創建,經玄宗時代至唐後期不斷發展,經五代至宋而逐漸完備,形成較爲固定、有法可依的程式儀規。儘管始終没有必行和舉辦時間的限制,但在神宗取消尊號禮之前,此禮畢竟已經成爲唐宋之際君臣自覺遵守和執行的重要典禮。

毋庸置疑,加尊號儀肯定皇帝家族和自身的豐功偉績,對提高當世皇帝的尊榮以及建立皇帝在臣民中的高大形象,形成以皇帝意旨爲中心的政治理念,確實起到了極爲重要的作用。因此就建立和突出皇權的神聖性而言,在位皇帝的尊號禮是完成了它的使命。南宋的爲"太上"加尊號儀,整體更爲隆重細密,且實行

① 《宋會要輯稿》禮四九之四〇,第1503頁。
② 《宋會要輯稿》禮四九之四三,第1505頁。

過程更加一絲不苟。但與北宋及以前的爲皇帝册尊號在追求目標和意義上已有轉變。南宋的加尊號儀雖然仍以在位皇帝爲中心，通過分爲二階段的發册寶儀與上册寶儀，由皇帝親自將尊號册寶進獻於太上皇帝、太上皇后或者皇太后；但它的目的並非是爲突出在位皇帝的尊權，而是圍繞對太上皇"聖壽"的祝福和期求，表達皇帝對父母的愛戴尊敬，體現皇帝本人以孝道和父母親情爲本的家國情懷。

但有一個問題也是必須要回答的，即宋代在位皇帝册尊號儀曾達到十分完備輝煌的程度，那麽，爲何其禮在北宋前期還被作爲在位帝王的盛大典禮來執行，至北宋中期却遭到不斷指責以至完全取消，進而至南宋轉爲在位皇帝尊禮太上皇帝、太上皇后的"家儀"呢？以往論者對此很少涉及，結合前述尊號禮興廢過程，竊以爲有以下五點值得注意。

第一，是册尊號禮自身的虛美矯飾和繁縟僵化。

尊號實行過程中，有兩個問題不斷暴露出來，一是尊號禮過度褒美帝王，一味崇尚虛尊，不但鼓勵皇帝虛驕，也導致朝野讒佞之風的增長，前舉君臣關於尊號尚虛文、損實德的批評已可説明。皇帝尊號加不加字，加什麽字，都是名不符實的表面文章，与現實生活對照，幾乎形同諷刺，所以造成朝廷人士乃至皇帝本人反感。二是繁文縟節的形成和僵化。從表1已可看出，雖然北宋每位皇帝在位時加尊號不過二至四次，實際上如果加上群臣上表而未獲批准的次數，還要更多。加之册尊號與明堂、郊廟大禮綁定在一起，凡遇大禮之年，都要"群臣上表請至再三"，而按照禮節，無論皇帝允與不允，對於大臣連篇累牘的上表，都必須有所批答，假意謙遜。以致三數年一次，這樣的做法不斷重複，將加尊號禮變成一種無益的儀式演練，君臣間虛應故事，不勝其煩。特別是尊號愈加文字愈多，用在表狀中不但看起來冗長，讀起來囉嗦，抄時也要多次重複，愈來愈無實際意義，太宗、真宗等屢令表章中不用尊號，這恐怕也是原因之一。

第二，加尊號禮體現皇權獨尊和聲明家族統治合法性的意義已不突出，不必要。

禮制程式的繁縟僵化，或者説是按照一種固定的套路重複，祇是禮儀發展的表面現象，也是諸多禮執行過程中所常見的，有時爲了維持其輝煌效果，並不一定會被取消。所以加尊號禮被罷除，一定有其更深層次的原因。筆者以爲，這其中不能忽略因唐宋社會自身背景不同所造成的差異。北宋與唐五代相比，在皇帝與國家關係的意義上更爲穩固和分明。雖然北宋時期不無外患，但皇帝主掌國家的權力並不需要通過尊號以聲明，皇權的穩固似也不待這樣的虛尊以崇飾。而在宋朝收降和剿滅割據勢力的過程中，中央對地方的統治愈益穩固，不再有異姓藩鎮對朝廷虎視眈眈。正如司馬光所説："及大宋受命，太祖、太宗知天下之禍生於無禮也……於是翦削藩鎮，齊以法度，擇文吏爲之佐，以奪其殺生之柄……然後天子、諸侯之分明，而悖亂之原塞矣。於是節度使之權歸於州，鎮員之權歸於縣，又分天下爲十餘路，各置轉運使以察州縣百吏之臧否，復漢部刺史之職"，使朝廷之令通過路、州、縣層級達於吏民，"然後上下之叙正，而紀綱立矣"①。另外宋代的宮廷鬥爭雖然複雜，却不是像唐朝那樣，表現爲激烈的儲位爭奪，故即位皇帝不需要通過尊號宣稱和强調對祖宗的繼承以及家族統治的天命所歸。更兼趙宋皇室的神聖性已通過道教宫觀祭祀的擴展進一步明確與加强，特別是在真宗迎奉天書及東封泰山、册天尊曰大聖祖之後，進一步確定了趙宋皇帝與道教的宗屬關係，故尊號作爲體現皇權獨尊和聲明統治合法性的意義已不突出。

第三，是禮法與政治秩序回歸對君主的要求使然。

本文上篇在討論唐五代在位皇帝册尊號禮時曾經説明，加尊號既可以是在皇帝即位的初期，也可以是在已經即位的數年之後，雖然重在對皇帝祖宗或其個人的吹捧，但與皇帝本人品德、治國與否並無一定關係。宋人陳傅良有"唐世之法，大抵嚴於治人臣而簡於人主之身，遍於四境而不及乎其家"的評論，②正説到其對皇帝不作限制和要求的癥結。而尊號禮追求浮誇之場面效果，以及名稱表面化、形式化的特點，也極符合歐陽修在《新唐書·禮樂志》所説禮樂爲虚名。不過歐陽修論禮樂，當有感於五季喪亂，禮義廉恥，四維不張。所謂"五代，干戈賊亂之世也，禮樂崩坏，三綱五常之道絶，而先王之制度文章掃地而盡於是矣"③，包括歐陽修（1007—1072年）、司馬光（1019—1086年）、王安石（1021—1086年）等爲代表的士人在內，都致力於政治秩序的重建和禮法的恢復。

對於禮法秩序的恢復重建，司馬光認爲起主導作用的是君主。他通過對賈誼的評論，提出"治天下之具，孰先於禮義：安天下之本，孰先於嗣君"④，並力主君主應當"有爲"。仁宗嘉祐六年（1061年），司馬遷上札子論人君之大德有三，曰仁、明、武，並將此三者具體化："仁者非嫗煦姑息之謂也。興教化、修政治、養百姓、利萬物，此人君之仁也。明者，非煩苛伺察之謂也。知道義、識安危、別賢愚、辨是非，此人君之明也。武者非彊亢暴戾之謂也。惟道所在，斷之不疑，姦不能惑，佞不能移，此人君之武也。"⑤ 不久他又提出作爲"守邦之要道，當世之切務"應有"五規"，即保業、惜時、遠謀、重微和務實。其中"務實"説：

---

① 《謹習疏》，（宋）司馬光撰，李文澤、霞紹暉校點：《司馬光集》卷二二，四川大學出版社2010年版，第605—606頁。
② （宋）陳傅良：《永嘉先生八面鋒》卷一，《止齋先生文集》，《四部叢刊初編》，1929年。
③ 《新五代史》卷一七《晋家人傳》論，點校本二十四史修訂本，中華書局2015年版，第216頁。
④ 《賈生論》，《司馬光集》卷七〇，第1425頁。
⑤ 《三德》，《司馬光集》卷一八，第527頁。

"此言爲國家者必先實而後文也。夫安國家，利百姓，仁之實也；保基緒，傳子孫，孝之實也；辨貴賤，立綱紀，禮之實也；和上下，親遠邇，樂之實也……實之不存，雖文之盛美無益也。"所以"伏望陛下撥去浮文，悉敦本實，選任良吏，以子惠庶民；深謀遠慮，以保安宗廟；張布綱紀，使下無覦心；和厚風俗，使人無離怨"等；認爲"如是則國家安若泰山而四維之也。又何必以文采之飾、歌頌之聲，眩耀愚俗之耳目哉"①！可見對君主不是一味盲從，而是有具體要求。特別是提倡棄虛就實，應當對仁宗以後的皇帝治政深有影響。英宗治平中，他的《歷年圖序》又再次重申"國之治亂，盡在人君"以及關於君主應有道、德、才的理論，②這不僅是對"君道"認識的提升，也在一定程度上打擊了利用虛禮崇飾、吹捧討好皇帝，和皇帝自身盲目虛驕、追求表面威權的風氣。在這種情勢下，皇帝自身對這種形式化、表面化的禮儀自然也就不滿足了。

第四，熙寧變法的推動和影響。

有一點很值得注意，即王安石變法始於熙寧二年，其年七月，均輸法開始，各項新法陸續推出。而從熙寧元年七月至十年七月，包括王安石在內，宰相群臣曾五次請求爲皇帝上尊號，但神宗都沒有同意。而最後一次，因群臣請上尊號而最終取消此儀，是在元豐三年七月，其間已達十餘年之久，這説明神宗對尊號禮的拒絕是一貫的。而熙寧的十年中，正是神宗任用王安石變法的關鍵時期。雖然，王安石與司馬光政治主張針鋒相對，但在勸導皇帝作有爲君主這一點上却不無共同之處。而神宗在熙寧元年初任王安石之際，問其治國之道及"唐太宗何如主"，已表明希望做有爲之君。王安石勸其"每事當以堯舜爲法"③。又問他："祖宗守天下，能百年無大變，粗致太平，以何道也？"王退後奏進《本朝百年無事劄子》，也勸皇帝"躬上聖之質，承無窮之緒，知天助之不可常恃，知人事之不可怠終，則大有爲之時，正在今日"④。他表示"臣固願助陛下有所爲"，而神宗對王安石竟然能"自是君臣議論未嘗不以堯舜相期，及委之以政，則曰'有以助朕，勿惜盡言'，又曰'須督責朕使大有爲'"⑤。熙寧四年三月戊子"上

---

① 《進五規狀・務實》，《司馬光集》卷一九，第548—549頁。
② 《歷年圖序》，（宋）司馬光著，王亦令點校：《稽古錄》卷一六，中國友誼出版公司1987年版，第649—653頁。按以上關於司馬光論帝王事均參考方誠峰《北宋晚期的政治體制與政治文化》第一章第二節，北京大學出版社2015年版，第11—37頁。
③ （宋）趙與時：《賓退錄》卷七，上海古籍出版社1983年版，第89頁；（宋）楊仲良：《續資治通鑑長編紀事本末》卷五九《王安石事迹》上，江蘇古籍出版社1988年版，第1908—1909頁。
④ 參見《歷代名臣奏議》卷三五，臺灣學生書局1964年版，第482頁；《本朝百年無事劄子》，（宋）王安石：《臨川先生文集》卷四一，中華書局上海編輯所1959年版，第446頁。
⑤ 參見《宋宰輔編年錄校補》卷七熙寧二年，中華書局1986年版，第383頁；《賓退錄》卷七，第89頁。

詔二府對資政殿"亦明白表示："三代聖王之法固亦有弊，國家承平百年，安得不小有更張？"① 由此可見，神宗本人也是身體力行主張有爲，且相當自許。《宋會要輯稿》載其元豐三年罷上尊號詔稱："朕惟皇以道，帝以德，王以業，各因時制名，用配其實，何必加崇稱號以自飾哉？"又説："朕承祖宗之休，宅士民之上，凡虛文繁禮悉已革去，而近司群辟猶或時以稱號見請。雖出於歸美報上之忠，然非朕所以若稽先王之意。"② 可見是將上尊號作爲"虛文繁禮"。熙豐禮制改革的一個主要方向是"復行先王典禮"，這一點在元祐中討論神宗所欲行的天地分祭時，有大臣已經指出。③ 尊號禮不在先王禮之列，故被貶爲虛文。本文開篇引范祖禹言尊號"蓋本於開元之際主驕臣諛，遂著以爲故事"，正代表了同一看法。

因此儘管史料未言罷尊號與熙寧變法有關，且王安石在熙寧七年四月與熙寧九年十月已兩次罷相，而新法施行亦遭阻滯，但神宗以有爲君主自居大約無變，故罷加尊號合乎其一貫主張。

第五，家法與國法的轉換、混融與忠孝之道的現實意義。

礼乐之中，"家法"意義重大。欧阳修作《新五代史》諸帝"家人傳"，將五代帝室后妃、子侄均作爲皇帝"家人"看待。此類傳之做法，爲唐五代以前史家所無，但突出了"家"在帝王政治生活中的意義，體現了時代的特徵。其史論提出，面對"君君臣臣父父子子之道乖，而宗廟、朝廷，人鬼皆失其序"的"亂世"之局，惟有"家人之道，不可不正也"。而政治秩序的建立，也有賴於家禮的"別嫌明微"，即家中的"昭穆親疏不可亂也"④。

國的秩序有賴於家的整治，不治家無以言國，是宋人的普遍認識。且宋人言必稱"祖宗家法"，可見"家法"概念深入人心。鄧小南先生的研究指出，自趙宋的統治穩定之後，士大夫治家之法的嚴整與否，日漸進入人們的視野，亦影響及於士大夫的社會評價。帝王世代嗣守基業，被看作與士大夫之家"保守門户"等量齊觀。而"祖宗家法"的提法在宋仁宗朝出現，不僅與士人階層對家法的普遍重視有關，也與其人"以忠事君，以孝事親"傳家精神的確立有關。⑤ 所謂"君父，人倫之大本；忠孝，臣子之大節"⑥，忠孝合爲一體，君臣關係等同父子，孝道是忠君的基礎。在這種觀念和語境下，不但孝的意義大爲提升，家與國更成

---

① 《續資治通鑑長編》卷二二一，第5369頁。以上並參見鄧廣銘《北宋政治改革家王安石》第二章第一節，生活·讀書·新知三聯書店2007年版，第67—71頁。
② 《宋會要輯稿》禮四九之二〇，第1493頁。
③ 《續資治通鑑長編》卷四七七，元祐七年九月，第11366頁。
④ 《新五代史》卷一六《唐廢帝家人傳》，第201頁。
⑤ 鄧小南：《祖宗之法——北宋前期政治述略》第一章《家法與國法的混融》，生活·讀書·新知三聯書店2006年版，第57—77頁。
⑥ 《新五代史》卷一五《唐家人傳》論，第190頁。

爲不可分割的整體。誠如鄧小南所分析，北宋中期的儒家人物，當中唐以來激劇社會變革衝擊之後，都試圖重建新時期以家族爲基礎的社會秩序。張載、二程都是其中的代表人物，他們都將所謂忠義與保家、與君臣父子的觀念聯繫起來。而正是受這樣的觀念支配，有了士大夫家法被借鑒吸納，进入天子之家——"國家"的過程。於是一切自祖宗朝以來的法度、規則被稱之爲"家法"，由於"天子之孝，非若衆庶止於養親而已。蓋將慎守前人之業而傳於無窮，然後爲孝也"①，故家法的原則被融入國法，成爲治國原則，而家禮也即等同國禮。

　　從皇帝加尊號變爲太上皇加尊號明顯突出了家禮特質，但這一點並非南宋始有。唐朝皇帝武則天、唐玄宗始創册尊號之際，即將宗教的内涵意念融入其尊號名稱和儀式本身，通過尊崇佛、道教的保護神，證明其家族的淵源久遠和獲取政權的必然。唐皇帝個人和家族的意義與道教主旨融合，始終超過國家公器。或言尊號儀始終貫穿家禮精神，私禮和宗族繼承的意義籠罩在整個朝廷之上。而從此出發，忠孝作爲同一原則一再被提倡，被申張。如此從家法的理解上，尊號儀由對皇帝的尊崇轉爲對太上皇的奉獻，將忠君的意義進一步轉爲皇帝父母家族之間的親情和孝道，是絲毫也不奇怪的。無論怎樣，禮的本質不變，圍繞和建造皇帝個人至尊無上的意義也從來不曾動搖。因此加尊號儀在兩宋之際的變化，不過是"家法"原則融入國禮的進一步體現。隨着北宋晚期至南宋太上皇禪位的連續出現，尊號儀也就逐漸演爲偏安一隅的朝廷敬祖順宗，繼承家業的一種象徵和陪襯。然而綜合來看，此儀作爲中古社會變革中的特殊產物，作爲皇帝禮中具有代表性的禮儀，其作用是不可忽視的。

　　當然，具體到南宋朝廷對忠孝的提倡還有其自身的現實需要，這就是將孝道與南宋朝廷偏安一隅的政策聯繫起來，使人們時刻不忘大宋的祖基與家國延續。而這一點又以南宋與金的關係爲背景和前提。宋高宗力排衆議，不惜喪權辱國，一味主張與不共戴天的仇敵金人議和，一個重要理由就是二帝的歸還。他在和談之初曾反復強調説："朕以梓宫（宋徽宗靈柩）及皇太后（生母韋氏）、淵聖皇帝（宋欽宗）未還，曉夜憂懼，未嘗去心，若虜人能從朕所求，其餘一切非所較也。"故趙鼎有"仰見陛下孝心焦勞"之語。② 這雖然可以認爲是高宗求和的借口，但亦唯此爲大臣無法反對，且可擺明高宗自身不忘父兄之姿態立場。所以紹興七年始聞徽宗和顯肅皇后崩，"帝號慟擗踊，終日不食。宰臣張浚等力請，始進麋粥"。即發喪行成服之禮。時"百官七上表請遵以日易月之制。徽猷閣待制、知嚴州胡寅請服喪三年，衣墨臨戎以化天下。帝欲遂終服"。觀胡寅疏，即有"考之

---

①《請建儲副或進用宗室第一狀》，《司馬光集》卷一六，第504頁。
②（宋）李心傳編撰，胡坤校注：《建炎以來繫年要錄》卷一一七，紹興七年十二月癸未，中華書局2013年版，第2185頁；並參王曾瑜《降金乞和與文丐奔競》，《岳飛和南宋前期政治與軍事研究》第二編，河南大學出版社2002年版，第592—593頁。

於禮，仇不復則服不除，寢苦枕戈，無時而終。所以然者，天下雖大，萬事雖衆，皆無以加於父子之恩，君臣之義也"。祇是因"張浚連疏論喪服不可即戎，遂詔外朝勉從所請，宫中仍行三年之喪"，是外朝仍履行易月之制，而宫中仍依家禮。紹興十二年金人歸還徽宗及顯肅、懿節二后梓宫，高宗親自奉迎，奉安於龍德別宫，又將帝、后梓宫權欑於會稽永固陵（後改名永祐）。① 至紹興三十一年五月欽宗凶問至，高宗詔"朕當持斬衰三年之服，以申哀慕"。於是行了同樣的發喪、成服和以日易月之制。"所有衰服，權留以待梓宫之還"。此後經群臣詣南郊請謚，定廟號、陵名，"其餘並如徽宗典禮"②。

　　因此遵守孝道被當作是不忘祖宗及復國的表現。與之有關，自徽宗葬事開始，帝、后入葬，均稱爲"權欑"。此緣於原來的天子殯宫稱欑宫。徽宗將葬，秦檜使大臣集議。"禮部員外郎程敦厚希檜意，獨上奏，言：'仍殯宫之舊稱，則莫能示通和之大信，而用因山之正典，則若忘存本之後圖。臣以爲宜勿徇虚名，而當示大信。'於是議者工部尚書莫將等乃言：'太史稱歲中不利大葬，請用明德皇后故事權欑。'從之。"③ 也即入葬本身既不能像是違背與金人通和的誠信而使之生疑，又不能在國人面前公然表示放棄復國之圖而降低朝廷的威望。所以祇能用"權欑"的説法暗示臨時而非永久墓葬之意，且用"歲中不利大葬"的理由來作遮掩。這之中的委曲給南宋帝后的葬事開了先河，也帶來南宋立國政策中一個無法規避的矛盾。朝廷依違於對金的屈辱媾和與空幻的回歸夢想之間，祇能以孝道作爲趙氏王朝存在的依托和對外宣傳所示的姿態。而尊號作爲維繫家族親情的象徵和表達，與這一背景也是分不開的。這樣唐朝本就帶有濃厚家族傳承意味、突出自身崇高形象的在位皇帝加尊號禮，在南宋以降演變爲家禮、親情色彩氛圍濃重的太上皇加尊號禮，就是極其自然而順理成章的了。

　　説明：本文曾由方誠峰先生提出寶貴意見，特此致謝。
　　本文爲國家社會科學基金重大項目"中國傳統禮儀文化研究"（項目編號：18ZDA021）的階段性成果。

收稿日期：2019 年 6 月

---

① 《宋史》卷二八《高宗紀》五、卷三〇《高宗紀》七、卷一二二《禮志》二五，第 529、557、2857—2859 頁。
② 《宋史》卷三二《高宗紀》九、卷一二二《禮志》二五，第 600、2860 頁。
③ （宋）李心傳編撰，徐規點校：《建炎以來朝野雜記》卷二《昭慈永佑欑宫議》，中華書局 2000 年版，第 83 頁。

唐代長安的釋奠禮

——兼論中古釋奠禮的成立與傳播

趙 洋

摘 要：釋奠禮作爲中古時期重要的學禮，雖起自曹魏，但在"晉故事"出現後才逐漸同官學合流並成爲後世所遵循崇尚的常祀。唐代釋奠禮承隋制，在唐初最重要的功能在於唐初文化權威的建立。其後該項學禮日趨隆重，舉辦長安釋奠禮的國子監成爲重要的禮儀場域，並爲內外士民及各地舉子留下各種歷史記憶，釋奠禮的影響力也隨之擴散。敦煌地區雖遠離長安，但釋奠禮的施行與影響力仍能得到同步。不過，中古釋奠禮的成立與傳播都有賴國家權力的支持，當官學難以維持之時，孔廟淪爲神祠，釋奠禮也"禮崩樂壞"。

關鍵詞：釋奠禮　晉故事　歷史記憶　知識傳播

釋奠禮作爲祭祀先聖先師的官方活動，從魏晉至明清，被歷代統治者所奉行，相關研究極其豐富。其中，以高明士先生的研究最爲突出，他對釋奠禮的成立進行了詳實的梳理，並極力推崇釋奠禮在中國教育史上的意義。[①] 作爲唐代最重要的學禮，釋奠禮的政治意義不言而喻，其歷史記憶的場景感較爲突出。與此同時，釋奠禮的地域輻射範圍十分廣泛，我們可將之視爲國家禮制在地方社會傳播的重要手段。故本文將重新檢討唐以前釋奠禮的成立，並結合唐代長安釋奠禮的舉行，以及同敦煌等地方上釋奠禮進行比較，來探討國家禮制從長安到敦煌推行的一個側面。

[①] 高明士：《唐代的釋奠禮制及其在教育上的意義》，《大陸雜誌》第 61 卷第 5 期，第 218—236 頁；《東亞教育圈形成史論》，上海古籍出版社 2003 年版；《中國中古的教育與學禮》，臺灣大學出版社 2005 年版。

一　唐以前釋奠禮的成立——"晉故事"的成立與發展

釋奠禮的經典來源爲《禮記·文王世子》："凡學，春官釋奠於其先師，秋冬亦如之。凡始立學者，必釋奠於先聖、先師，及行事必以幣。"[1] 儒學雖從西漢開始逐漸被尊崇，但《禮記》闡述的這項學禮在兩漢時期並未見施行。目前學界一般認爲到魏晉時期釋奠禮才被正式施行，如《三國志·魏書·齊王芳紀》：

> （正始）二年春二月，帝初通《論語》，使太常以太牢祭孔子於辟雍，以顔淵配。[2]

另據《晉書·禮志》載：

> 禮，始立學必先釋奠於先聖先師，及行事必用幣。漢世雖立學，斯禮無聞。魏齊王正始二年二月，帝講《論語》通，五年五月，講《尚書》通，七年十二月，講《禮記》通，並使太常釋奠，以太牢祠孔子於辟雍，以顔回配。武帝泰始七年，皇太子講《孝經》通。咸寧三年，講《詩》通，太康三年，講《禮記》通。惠帝元康三年，皇太子講《論語》通。元帝太興二年，皇太子講《論語》通。太子並親釋奠，以太牢祠孔子，以顔回配。成帝咸康元年，帝講《詩》通。穆帝升平元年三月，帝講《孝經》通。孝武寧康三年七月，帝講《孝經》通。並釋奠如故事，穆帝、孝武並權以中堂爲太學。[3]

唐人所編《晉書》認爲講經之後在辟雍祭祀孔子的活動就是釋奠禮，這項禮儀活動在正始二年（241年）、五年（244年）和七年（246年）均有舉行，釋奠禮似乎成爲一種"漢魏故事"。但問題在於魏晉時期所編撰的《三國志》中，陳壽並沒有將此次祭祀活動視爲釋奠禮。所以，正始年間祭祀孔子的活動，在西晉時期並非正式的釋奠禮，只是看作講經結束後而舉行的一種祭祀禮儀活動。而且這三次祭祀所用祭品皆爲太牢而非幣，祭祀活動也是在通經業成而非立學之時，這與

---

[1] （清）孫希旦撰，沈嘯寰、王星賢点校：《禮記集解》卷二〇《文王世子第八》，中華書局1989年版，第559—560頁。
[2] 《三國志》卷四《魏書四·齊王芳紀》，中華書局1959年版，第119頁。
[3] 《晉書》卷一九《禮志上》，中華書局1974年版，第599頁。

《禮記》所載其實都不一樣。故而，能否如《晉書》所言，我們就認定曹魏的這三次祭祀活動就是最早的釋奠禮，恐怕尚需存疑。將曹魏時期施行的祭孔活動直接視爲釋奠禮開端的"漢魏故事"其實並不成立。

曹魏施行的祭孔活動只是釋奠禮成立的雛形，尚未正式禮制化，目前能確知最早舉行的釋奠禮應當在西晉時期。根據潘岳之子潘尼的《釋奠頌》可知，元康三年（293年）春閏月確實舉行了釋奠禮，其頌曰：

> 元康元年冬十二月，上以皇太子富於春秋，而人道之始莫先於孝悌，初命講《孝經》于崇正殿。實應天縱生知之量，微言奧義，發自聖問，業終而體達。三年春閏月，將有事於上庠，釋奠于先師，禮也。越二十四日丙申，侍祠者既齊，輿駕次于太學。太傅在前，少傅在後，恂恂乎弘保訓之道；宮臣畢從，三率備衛，濟濟乎肅翼贊之敬。乃掃壇爲殿，懸幕爲宮。夫子位于西序，顏回侍於北墉。宗伯掌禮，司儀辯位。二學儒官，縉紳先生之徒，垂纓佩玉，規行矩步者，皆端委而陪於堂下，以待執事之命。設樽篚於兩楹之間，陳罍洗於阼階之左。几筵既布，鐘懸既列，我后乃躬拜俯之勤，資在三之義。謙光之美彌劭，闕里之教克崇，穆穆焉，邕邕焉，真先王之徽典，不刊之美業，允不可替已。於是牲饋之事既終，享獻之禮已畢，釋玄衣，御春服，弛齋禁，反故式。天子乃命內外群司，百辟卿士，蕃王三事，至於學徒國子，咸來觀禮，我后皆延而與之燕。金石簫管之音，八佾六代之舞，鏗鏘閶閤，般辟俛仰，可以澂神滌欲，移風易俗者，罔不畢奏。抑淫哇，屏《鄭》《衛》，遠佞邪，釋巧辯。是日也，人無愚智，路無遠邇，離鄉越國，扶老攜幼，不期而俱萃。皆延頸以視，傾耳以聽，希道慕業，洗心革志，想洙泗之風，歌來蘇之惠。然後知居室之善，著應乎千里之外；不言之化，洋溢於九有之內。於熙乎若典，固皇代之壯觀，萬載之一會也。尼昔忝禮官，嘗聞俎豆。今厠末列，親睹盛美，濡漬徽猷，沐浴芳潤，不知手舞口詠，竊作頌一篇。義近辭陋，不足測盛德之形容，光聖明之遐度。①

在皇帝或皇太子通經業成之後才進行祭祀孔子的活動，雖未出現在《禮記》規範記載當中，但這項曹魏時開始的活動，依然被兩晉的釋奠禮所繼承。潘尼所記載的是皇太子通經後的釋奠，較爲詳細地描述了此次釋奠禮參與者、陳設及過程，這才是中國古代最早關於釋奠禮的記載。特別是頌中提到"天子乃命內外群司，

---

① 《晉書》卷五五《潘岳從子尼傳》，第1510—1511頁。

百辟卿士,蕃王三事,至於學徒國子,咸來觀禮",群官百僚都曾來參與此次觀禮,這也意味此次禮儀活動的規模頗爲壯觀,影響力也可想而知。此外,最引人注目的是,禮儀舉行地點已經是中央官學的太學而非禮儀場所的辟雍,而在太學舉行的釋奠禮有"學徒國子"來觀禮。國子學與太學之間的關係較爲複雜。根據高明士先生的論述,兩晉時期出現太學與國子並立的局面,而且恰好也在元康三年才開始規定五品以上的子弟入國子,國子學至此才算一所學校。① 在後來,國子學逐漸取代太學成爲最高官學,並且最終成爲釋奠禮舉行的場所。自此以後,釋奠禮成爲一種"晉故事"。

兩晉以後,南朝遵循着晉故事,以太子釋奠爲主,在太學舉行禮儀活動。《宋書·禮志》載:

  元嘉二十二年,太子釋奠,采晉故事,官有其注。祭畢,太祖親臨學宴會,太子以下悉豫。②

劉宋舉行釋奠禮依循兩晉的禮儀規範,這其實再次佐證了曹魏時所舉行的祭孔禮儀並非釋奠禮,晉故事才是釋奠禮的真正開端。而遵循晉故事的元嘉舊事在南齊還曾被討論。《南齊書·禮志》提到有司奏:

  宋元嘉舊事,學生到,先釋奠先聖先師,禮又有釋菜,未詳今當行何禮?用何樂及禮器?③

尚書令王儉對此議曰:"中朝以來,釋菜禮廢,今之所行,釋奠而已。金石俎豆,皆無明文。"④ 南齊雖然還保存了元嘉舊事,具體施行卻已無注文詳解,故而引發相關討論。南齊之後的梁陳,雖然無法知曉釋奠禮的具體施行情況,但大致不會脫離晉故事的框架。

北朝釋奠禮與南朝略有不同。北朝主要是皇帝親舉釋奠,並且舉行禮儀的場所爲國子學而非太學。《魏書·肅宗紀》載:

  正光元年春正月乙酉,詔曰:"建國緯民,立教爲本,尊師崇道,兹典自

---

① 高明士:《東亞教育圈形成史論》,第43—51頁。
② 《宋書》卷一四《禮志一》,中華書局1974年版,第367—368頁。
③ 《南齊書》卷九《禮志上》,中華書局1972年版,第143—144頁。
④ 《南齊書》卷九《禮志上》,第144頁。

昔。來歲仲陽，節和氣潤，釋奠孔顏，乃其時也。有司可豫繕國學，圖飾聖賢，置官簡牲，擇吉備禮。"①

同書《常景傳》則記載：

> 正光初，除龍驤將軍、中散大夫，舍人如故。時肅宗行講學之禮於國子寺，司徒崔光執經，敕景與董紹、張徹、馮元興、王延業、鄭伯猷等俱爲録義。事畢，又行釋奠之禮，並詔百官作釋奠詩，時以景作爲美。②

國子寺取代了太學，成爲講學之禮和釋奠禮的場所。而且儀式之後，皇帝還會讓百官作釋奠詩以作紀念。這些都是與晉故事和南朝不同的地方。

其後北齊則明確將釋奠禮定於孔父廟舉行，並進一步將釋奠禮常祀化，還曾要求在諸郡坊内立孔顏廟推行釋奠禮。③ 隋代基本承襲北齊制度，但只言在國子寺舉行，時間也有所調整：

> 隋制，國子寺，每歲以四仲月上丁，釋奠於先聖先師。年别一行鄉飲酒禮。州郡學則以春秋仲月釋奠。④

以上祇是簡單地梳理了唐之前釋奠禮的成立。依據朱溢先生的研究，這一時期的釋奠禮，"主要用來展示皇太子或幼帝的知識和人格的養成，是其具備繼承大統之能力的重要體現"⑤。原本祇存在於禮典構想的釋奠禮逐漸由偶爾爲之變爲常祀，同時祭祀場所也由辟雍轉向太學並最終放在了國子學，皇帝或皇太子的參與也奠定了這種禮儀的規格及重視程度。這數百年的釋奠禮成立階段，也使得釋奠禮逐漸從單純的祭祀禮儀活動，慢慢同官學緊密聯繫在了一起。這些都伴隨着時間流逝而流傳下來，成爲唐代釋奠禮的"故事"和"舊事"的資源，或繼承或摒棄或發展。特别是釋奠禮的常祀化、講經活動的繼承、觀禮群體的擴大和賦詩紀念的傳統，構成了該項禮儀活動的基本框架，在唐時期都有被或多或少繼承下來。

---

① 《魏書》卷九《肅宗紀》，中華書局1974年版，第229頁。
② 《魏書》卷八二《常景傳》，第1803頁。
③ 《隋書》卷九《禮儀志四》，中華書局1973年版，第180—181頁。
④ 《隋書》卷九《禮儀志四》，第181—182頁。
⑤ 朱溢：《唐代孔廟釋奠禮儀新探——以其功能和類别歸屬的討論爲中心》，《史學月刊》2011年第1期。

二 唐代長安的釋奠禮——釋奠禮的場域與歷史記憶

唐代的釋奠禮基本承襲隋制，唐高祖武德二年（619年）專門在國子立周公和孔子廟，七年則親臨國子學釋奠：

> （武德二年）六月戊戌，令國子學立周公、孔子廟，四時致祭，仍博求其後。①

《唐會要》中"釋奠"條還載："武德七年二月十七日，幸國子學，親臨釋奠，引道士、沙門與博士雜相駁難久之。"② 除了這些舉措外，武德初還頒佈過《令諸州舉送明經詔》和《賜學官冑子詔》等詔。③ 這些釋奠禮的施行與詔敕的頒佈都有其政治意義。

雖然此時唐已建國，但仍受到突厥及其所扶持的梁師都政權的威脅。在此種情況之下，在國子學立孔廟，搜求孔子後人，大興文教，甚至舉辦釋奠禮儀，都是在尋求文化權威的建構。④ 尤其是在儒家釋奠禮的禮儀場合之上，引道士、沙門與博士互相辯論，似乎都是在有意樹立儒教的權威。⑤ 畢竟經過隋末的戰亂，文教權威的重新樹立、官學地位的再次建立都是收攏人心和占據大義的重要宣傳手段。所以，在國子舉行的釋奠禮，其實是國家官學對儒家群體的一次收編，也是國家利用這種學禮來宣傳中央官學地位的重要手段，並進一步強化唐帝國中央政權的政治地位。

釋奠禮在唐太宗年間還進入禮典，如貞觀二十一年（647年）許敬宗曾上奏言："況凡在小神，猶皆遣使行禮，釋奠既准中祀，據理必須稟命。"⑥ 釋奠禮此時既然是中祀，必然就已進入《貞觀禮》之中，很可能與後來《開元禮》一樣，在吉禮中被單列。⑦ 而早在貞觀十四年，太宗就曾親臨國子學觀禮釋奠，並在此後

---

① 《舊唐書》卷一《高祖本紀》，中華書局1975年版，第9頁。
② 《唐會要》卷三五"釋奠"條，上海古籍出版社2006年版，第747頁。
③ 《全唐文》卷三《高祖三》，中華書局影印本1983年版，第35—36頁。
④ 蓋金偉、孫鈺華：《論"釋奠禮"與唐代文化權威的構建》，《新疆大學學報》（哲學人文社會科學版）2007年第1期。
⑤ 本文不欲討論三教論衡，其詳情可參《舊唐書》卷一八九《儒學上·陸德明傳》，第4945頁；（唐）道宣撰《續高僧傳》卷二五《唐京師勝光寺釋慧乘傳》，中華書局2014年版，第940—942頁。
⑥ 《舊唐書》卷二四《禮儀志四》，第918頁。
⑦ 《唐六典》卷四"祠部郎中員外郎"條，中華書局1992年版，第120頁。吳麗娛亦指出釋奠禮在《開元禮》列入吉禮的做法源自貞觀，參見吳麗娛《關於〈貞觀禮〉的一些問題——以所增"二十九條"爲中心》，《中國史研究》2008年第2期。

大興官學，"於是四方學者雲集京師，乃至高麗、百濟、新羅、高昌、吐蕃諸酋長亦遣子弟請入國學，升講筵者至八千餘人"①。當時的祭酒孔穎達講《孝經》，太宗與之辯論並將其辯至不能對，最後還對侍臣説了一番話，而這番話很能體現唐初帝王對於儒學的看法。其云：

> 諸儒各生異意，皆非聖人之本旨也。孝者，善事父母，自家刑國，忠於其君，戰陣勇，朋友信，揚名顯親，此之謂孝。具在經典，而論者多離其文，迥出事外，以此爲教，勞而非法，何謂孝之道耶！②

高明士先生曾據此指出釋奠講經教材尤重孝經，這既是弘揚儒教，也是帝王欲移孝爲忠的需要。③ 移孝爲忠作爲中古時期重要的政治觀念，當然爲帝王所注重。但太宗所云"諸儒各生異意，皆非聖人之本旨也"，其實更能體現他的需求——那就是統一諸儒生的意見，回到經典及聖人本旨，建立一套更符合其國家統治的官學學術體系。

玄宗時期頒行的《大唐開元禮》中則將釋奠禮分爲中祀"皇太子釋奠於孔宣父""國子釋奠於孔宣父"④，以及小祀"諸州釋奠於孔宣父""諸縣釋奠於孔宣父"⑤。據《唐六典》記載：

> 國子監祭酒、司業之職，掌邦國儒學訓導之政令，有六學焉：一曰國子，二曰太學，三曰四門，四曰律學，五曰書學，六曰算學。凡春、秋二分之月，上丁釋奠于先聖孔宣父，以先師顏回配，七十二弟子及先儒二十二賢從祀焉。（舊《令》唯祀十哲及二十二賢。開元八年，敕列曾參於十哲之次，並七十二子並許從祀。其名歷已具於祠部。）祭以太牢，樂用登歌、軒縣、六佾之舞。若與大祭祀相遇，則改用中丁。祭酒爲初獻，司業爲亞獻，博士爲終獻。若皇太子釋奠則贊相禮儀，祭酒爲之亞獻。皇帝視學，皇太子齒胄，則執經講義焉。凡釋奠之日，則集諸生執經論議，奏請京文武七品以上清官並與

---

① 《資治通鑑》卷一九五，貞觀十四年二月，中華書局1956年版，第6153頁。
② 《舊唐書》卷二四《禮儀志四》，第917頁。《舊唐書》將此事繫於三月，但《資治通鑑》則將其繫於二月，從之，參《資治通鑑》卷一九五，貞觀十四年二月條，第6152—6153頁。
③ 高明士：《中國中古的教育與學禮》，第633—634頁。
④ 《大唐開元禮》卷五三《吉禮·皇帝皇太子視學》，民族出版社2000年版，第292—298頁；《大唐開元禮》卷五四《吉禮·國子釋奠於孔宣父》，第298—303頁。
⑤ 《大唐開元禮》卷六九《吉禮·諸州釋奠於孔宣父》，第355—357頁；《大唐開元禮》卷七二《吉禮·諸縣釋奠於孔宣父》，第366—368頁。

觀焉。

此時釋奠禮所用祭品和樂舞已然承襲魏晋以來的傳統,如"祭以太牢"就從晋故事一直延續至今。

此外,根據《唐六典》小注記載,釋奠禮雖是祭祀的禮儀活動,但也進入了唐令當中,應當爲《學令》而非《祠令》。如日本《養老令·學令》中"釋奠條"曰:

> 凡大學國學,每年春秋二仲之月上丁,釋奠於先聖孔宣父,其饌酒明衣所須。並用官物。①

由禮入令,這也成爲釋奠禮得以持續進行的官方制度保障與政治保證。與此同時,這也顯示出官方對於這項儒家學禮的進一步收編,爲重新樹立學術權威,使之成爲帝國宣傳文教的重要方式。

吸引唐朝內外學者涌入的長安國子監,作爲唐代的最高官學,正是展示釋奠禮和宣傳文教的重要場域。依據《唐兩京城坊考》記載,長安國子監位於長安朱雀大街街東從北第一坊務本坊內:

> 半以西,國子監,(監東開街若兩坊,街北抵皇城南,盡一坊之地。監中有孔子廟,貞觀四年立。按《開成石經》舊在務本坊,蓋立於國子監也。)領國子監、太學、四門、律、書、算六學。(《唐語林》:天寶中,國學增置廣文館,在國學西北隅,與安上門相對。按國學之北即安上門。)②

至於國子監內的孔廟,依據《大唐郊祀錄》的記載:"其廟屋四柱七間,前面兩階,堂高三尺五寸,宮垣周之。南面一屋三間,外有十戟焉。東面一屋一門,其太學講論之堂在廟垣之西。"③ 上引《養老令·學令》"釋奠條"也有小注提到:

> 膳臣大丘牒稱:"天平勝寶四年,大丘隨使入唐問先聖之遺風,覽膠庠之

---

① 《令集解》卷一五《學令》,吉川弘文館1985年版,第445—446頁。
② (清)徐松撰,李健超增訂:《增訂唐兩京城坊考》(修訂版)卷二,三秦出版社2006年版,第55頁。李健超先生已指出孔子廟並非貞觀四年所立,"有周公廟,武德二年六月詔立,以孔子配享。貞觀二年十二月,停祭周公,始立爲孔子廟,以顏回配享"(第56頁)。
③ 《大唐郊祀錄》卷一〇《釋奠文宣王》,民族出版社2000年版,第801頁。

餘烈。國子監有兩門，題曰：'文宣王廟'。時有國子學生程覽告大丘曰：'今主上大崇儒範，追改爲王。'鳳德之征，於今至矣。然准舊典，猶稱前號，誠恐乖崇德之情，失致敬之理。大丘庸暗，聞斯行諸，敢陳管見，以請明斷者。"①

大丘在天平勝寶四年（752年，即天寶十一載），跟隨遣唐使藤原清河和吉備真備前往長安，他曾親眼見過國子監的門額上題有"文宣王廟"的題額，並且還與國子學生有過交流。

釋奠禮就是在國子監這四柱七間的廟屋内進行。依據《大唐開元禮》的記載，每當舉行皇太子釋奠禮時，釋奠日當天，天未明，東宮官員彙聚東宮朝堂等候皇太子一起出重明門（東宮南門），走延喜門（皇城東門）出皇城，然後南下前往務本坊國子監。國子監這邊也開始檢查廚房打掃衛生，準備迎接皇太子等人。未明一刻，基本開始就位，大概啓明時釋奠禮開始，之後就是三獻禮儀以及講學。②

釋奠當日，會有許多人前來觀禮，他們是見證釋奠禮進行的重要觀衆。除了《唐六典》所說的諸生和在京的文武七品以上清官之外，還有許多周邊國家及不同社會群體來此觀禮。通過這些人群，釋奠禮的儀式被有效而廣泛地宣傳，並且擴大了長安官學的影響力。如太宗貞觀年間，新羅王就曾派遣國相、伊贊幹金春秋及其子文王來大唐，《舊唐書》載：

> 春秋請詣國學觀釋奠及講論，太宗因賜以所制《溫湯》及《晉祠碑》並新撰《晉書》。將歸國，令三品已上宴餞之，優禮甚稱。③

金春秋之所以來大唐，應當就是上文提到太宗在貞觀十四年後大興文教的結果。釋奠禮及講論對金春秋極具吸引力，故而專門請求去國子監觀禮。他們在參加過釋奠禮之後，一定會將所見所聞帶回他們國家，大唐文教與儒家禮儀也隨即成爲一種"故事"被傳播至中國周邊更廣闊的地區。

玄宗開元年間的一份詔敕同樣也提到了釋奠禮相關的故事，其云：

> 二十八年二月五日敕："文宣王廟，春秋釋奠，宜令三公行禮。著之常

---

① 《令集解》卷一五《學令》，第445—446頁。
② 沈暘曾依據《大唐開元禮》對國子監和釋奠禮進行復原，見《唐長安國子監與長安城》，《建築師》2010年第3期。
③ 《舊唐書》卷一九九上《東夷·新羅傳》，第5335—5336頁。

式。"二十日，國子祭酒劉瑗奏："準故事，釋奠之日，群官道俗皆合赴監觀禮，依故事著之常式。"制可。①

詔敕中所說的故事，可能指的是上文提到的武德七年釋奠禮時，高祖引道士、沙門與博士相互辯論的故事。所以，不僅僅只有儒家學子或官員，其他道俗的宗教人士及普通百姓也可以參觀這些禮儀活動，甚至有可能也會參與釋奠禮的講經。大曆元年（766年）還有武將參與國子監釋奠禮的記載：

> 二月，丁亥朔，釋奠於國子監。命宰相帥常參官、魚朝恩帥六軍諸將往聽講，子弟皆服朱紫爲諸生。朝恩既貴顯，乃學講經爲文，僅能執筆辨章句，遽自謂才兼文武，人莫敢與之抗。②

此次釋奠禮，文武官員分別由宰相和魚朝恩帶領參與觀禮，武官也進入了儒家的儀式場域內。本來講經之事應當有鴻儒來主持，魚朝恩作爲沒有太多筆墨學問的宦官和武官頭領，居然也參與講經，還自認文武雙全，頗有些班門弄斧的意味。但魚朝恩在當時已專領神策軍，並且憑藉皇帝的恩寵，行事一直較爲囂張跋扈，所以參與釋奠禮的其他人都沒敢與之對抗。甚至，在同年八月的釋奠禮上，"魚朝恩執《易》升高座，講'鼎覆餗'以譏宰相"③。釋奠禮的場域內成爲當時南衙北司之間博弈的重要場所。

這些外國人、道俗和武將，並非國子監學子，可能也不尊崇孔顏，甚至不曾研習過儒家經典，但他們也都曾出現在釋奠禮的場域內，成爲這場儒家學禮的重要觀衆。這既是儒教廣泛宣傳的重要成果，也是國家大規模推行文教及樹立官學權威地位的體現。

除了上面這批人之外，從地方諸州縣來到長安的貢舉學生也是重要的觀衆。高祖武德七年二月親臨釋奠之前就曾下詔："宜下四方諸州，有明一經已上未被升擢者，本屬舉送，具以名聞，有司試策，加階叙用。"④ 之後太宗等唐代帝王基本都延續了此種方式來招攬地方諸州縣的貢舉學生。直至玄宗開元二十六年（738

---

① 《唐會要》卷三五"釋奠"條，第750頁。
② 《資治通鑑》卷二二四"大曆元年二月"條，第7188—7189頁。
③ 《資治通鑑》卷二二四"大曆元年八月"條，第7191頁。
④ 《册府元龜》卷五〇《帝王部·崇儒術二》，中華書局影印本2012年重印版，第557頁。此詔又見於《唐大詔令集》卷一〇五《崇儒》，中華書局2008年版，第537頁；《全唐文》卷三《高祖三》，第35頁。此詔在《唐大詔令集》作"置學官備釋奠禮詔"，在《全唐文》中作"令諸州舉送明經詔"。

年），還曾規定來長安的貢舉生必須前往國子監拜謁，其云：

> 二十六年正月，敕："諸州鄉貢見訖，令引就國子監謁先師，學官爲之開講，質問疑義，有司設食。弘文、崇文兩館學生及監内得舉人，亦聽預焉。"其日，祀先聖已下，如釋奠之禮。青宮五品已下及朝集使，就監觀禮。遂爲常式，每年行之至今。①

諸州鄉貢的學生需要參與如同釋奠禮的祭祀儀式，同時兩館學生、官員以及朝集使也都要來此觀禮。更爲重要的是，這種活動是"遂爲常式，每年行之至今"。所以，自開元二十六年以後，幾乎每年來到長安的鄉貢學生都會來到務本坊的國子監，參與到釋奠禮的儀式當中，成爲這項學禮的觀看者。例如唐穆宗宰相王播的弟弟王起，在貞元十四年（798 年）登進士第，之後還曾三典貢舉。他曾寫過一篇關於貢舉人拜謁先師的詩賦《貢舉人謁先師聞雅樂》，其云：

> 藹藹觀光士，來同鵠鷺群。鞠躬遺像在，稽首雅歌聞。度曲飄清漢，餘音遏曉雲。兩楹凄已合，九仞杳難分。斷續同清吹，洪纖入紫氛。長言聽已罷，千載仰斯文。②

同時期的吕炅也有一首同名詩詞。③ 兩篇同樣描寫貢舉學生拜謁先師的詩句，應當就是兩人依據玄宗開元二十六年的詔敕規定，從地方來到長安後，在國子監參與了拜謁先師的釋奠祭祀禮儀之後所作。此外，令狐峘是唐初曾編修過《周書》的令狐德棻的五世孫，他也曾登進士第，並且在德宗建中初爲禮部侍郎專典貢舉。他有首專門描述釋奠禮所見的詩詞《釋奠日國學觀禮聞雅頌》，其云：

> 肅肅先師廟，依依胄子群。滿庭陳舊禮，開户拜清芬。萬舞當華燭，簫韶入翠雲。頌歌清曉聽，雅吹度風聞。澹泊調元氣，中和美聖君。唯餘東魯客，蹈舞向南薰。④

同時期東陽人滕珦也有一首同名的詩詞。⑤

---

① 《舊唐書》卷二四《禮儀志四》，第 919 頁。
② 《文苑英華》卷一八四《省州（試）五》，中華書局影印本 1966 年版，第 900 頁。
③ 《文苑英華》卷一八四《省州（試）五》，第 900 頁。
④ 《文苑英華》卷一八四《省州（試）五》，第 900 頁。
⑤ 《文苑英華》卷一八四《省州（試）五》，第 900 頁。

目前所見只有這四首詩詞與長安國子監釋奠禮有關，並且還都被《文苑英華》歸入省試詩中，也就是說這些舉子在參與釋奠禮之後，可能會在省試中被命題寫詩，也佐證了唐代國子監釋奠確實曾有貢舉學生參加。而且，這些詩詞主要描寫釋奠禮時所演奏的雅樂，歌頌之詞比較多，不過也證實《大唐開元禮》中頻繁出現的各種雅樂都有被實際演奏。這些學子所寫的文學性描述的詩詞，是這些從地方來長安的貢舉學生，對於當日參與長安國學釋奠禮觀禮所見所聞的歷史記憶。

相比高明士先生詳細的梳理和研究而言，本文對於唐代長安釋奠禮的論述，更側重於唐初文化權威的建立以及當時人對於長安釋奠禮的歷史記憶描述。在長安國子監舉行的釋奠禮，由於唐代帝王為樹立文教權威，從而進入唐禮和唐令而被切實舉行。國子監也藉此成為唐朝學子及周邊國家使者所嚮往的場所，並在許多人的觀禮所見中留下歷史記憶。有的觀禮所見甚至可能被帶回本國或本州，進而將長安國子監釋奠禮的禮儀活動傳播至更遙遠的地區。而這也為地方上釋奠禮的舉行提供了實際的資源。

三　敦煌的釋奠禮——國家與地方禮儀活動的同步

敦煌雖處西北邊陲，但文教一直十分興盛，儒學更是如此。敦煌文書中保存了大量儒家文獻，《敦煌經部文獻合集》基本將其進行了匯校。[1] 高明士先生也曾專門梳理過7—10世紀的敦煌官學。[2] 釋奠禮作為官學崇尚儒家文化的最重要禮儀，在唐代的敦煌地區也曾得到施行，基本與長安國子監釋奠禮保持一致。

雷聞先生曾指出唐代孔廟祭祀（即釋奠禮）除了偶像崇拜的特點外，天下通祀則是另一個突出特點。[3] 太宗貞觀四年曾下詔，"詔州、縣學皆作孔子廟"[4]，這應當是為諸州縣舉行釋奠禮在作準備。但似乎這份詔敕施行的並不徹底，在高宗咸亨元年（670年）又下詔敕曰："諸州縣孔子廟堂及學館有破壞並先來未造者，遂使生徒無肄業之所，先師闕奠祭之儀，久致飄露，深非敬本。宜令所司速事營造。"[5] 再次督促諸州縣修造官學及孔廟，並確保諸州縣的釋奠禮得以順利舉行。

---

[1]　張涌泉主編：《敦煌經部文獻合集》，中華書局2008年版。
[2]　高明士：《中古中國的教育與學禮》，第317—355頁。
[3]　雷聞：《郊廟之外：隋唐國家祭祀與宗教》，生活·讀書·新知三聯書店2009年版，第62—66頁。
[4]　《新唐書》卷一五《禮樂志五》，中華書局1975年版，第373頁。
[5]　《舊唐書》卷五《高宗本紀下》，第94頁。

玄宗開元十一年規定："春秋二時釋奠，諸州宜依舊用牲牢，其屬縣用酒醑而已。"① 到了開元十九年則統一要求用酒脯，並且"永爲常式"②，最後這些規定都被寫入《大唐開元禮》的小祀"諸州釋奠於孔宣父"和"諸縣釋奠於孔宣父"當中。所以，當中央對地方掌控力較強，官學的學術地位和權威較高，政令可以及時並有效達到時，諸州縣必然會建立起州學、縣學和孔廟，並按時進行春秋釋奠。

敦煌處於唐王朝有效統轄之時，當地必定會遵從中央傳遞過來的政令，建立州學和縣學，以及附屬的孔廟。依據俄藏 Дх.3558《唐令·祠令》殘文所載"釋奠等爲中祀""州縣社[稷釋奠]及諸神祠亦准小祀例"③，也確知敦煌是有收到來自長安關於舉行釋奠禮祭祀的官方令文。此外，P.2005《沙州都督府圖經》卷三保存了沙州都督府的州學和縣學的信息，其云：

（前略）
1　州學
2　右在城內，在州西三百步。其學院內東廂有 先
3　聖太師（廟），堂內有素（塑）先聖及先師顏子
4　之像，春秋二時奠祭。
5　縣學
6　右在州學西，連院，其院中東廂有 先聖太
7　師廟，堂內有素（塑）先聖及先師顏子之像，
8　春秋二時奠祭。
（後略）④

這裡的州學應當是沙州的官學，縣學則是敦煌縣的官學。另外，P.5034 號《沙州都督府圖經》卷五還有另一縣的縣學信息，其云：

（前略）
1　一所縣學
2　右在縣城內，在西南五十步。其[　]
3　堂，堂內有素（塑）先聖及先師[顏子之像]。

---

① 《舊唐書》卷八《玄宗本紀上》，第186頁。
② 《舊唐書》卷八《玄宗本紀上》，第196頁。
③ 榮新江、史睿：《俄藏敦煌寫本〈唐令〉殘卷（Дх.3558）考釋》，《敦煌學集刊》1999年第1期。
④ 鄭炳林：《敦煌地理文書匯輯校注》，甘肅教育出版社1989年版，第12頁。

〔春秋二時奠祭〕
　　　（後略）①

此處縣學暫不知是何縣官學，但可以確定沙州都督府下至少有兩縣設有官學，且其內有孔廟按時進行春秋釋奠。所以，當時的沙州切實貫徹了中央傳達至此的政令，官學也在當地州及縣占有一席之地，孔廟亦伴隨而建。這些官學的存在都爲當地釋奠禮的舉行提供了固定的禮儀場所。

在釋奠禮儀式進行過程中，會有太祝跪讀釋奠文的步驟，這也是諸位學子與先聖先師交流的體現。敦煌文書中就有記載當地州縣官學釋奠禮用到的釋奠文和祭祀用品。如S.1725V《沙州祭文並祭祀所學物品牒抄》云：

釋奠文
　　敢昭告於　先聖文宣王，惟王固天攸縱，誕降生知，經緯禮樂，闡楊（揚）文教，餘烈遺風，千載是仰。俾茲末學，依仁遊藝。謹以制弊（幣）醴齌（齊），粢晟（盛）庶品，祗奉舊章，式陳明薦，以先師袞公配。［尚］［饗］。
　　敢昭告於　先師袞公，爰以仲春，率尊（遵）故實，敬修釋奠於先聖文宣王。惟公庶幾體二，德冠四科，服道聖門，實臻壺奧。謹以制弊（幣）醴（犧）齌（齊），粢晟（盛）庶品，式陳明薦，作主配神。［尚］［饗］
　　右已前釋奠文。
　　（中略）
　　今月日釋奠，要香爐二、神席二、氈十六領、馬頭盤四、疊子十、疊子十、小牀子二、椀二、弊（幣）布四尺、餪食兩盤子、酒、肉、梨五十課（顆）、黍米一升、鍬一張。行禮人三、修壇夫、毛巾一、香棗一升。
　　（後略）②

P.3896V同樣也記載了釋奠文及其祭祀用品，只是文字和用品略有不同，但差別並不大，可補充傳世史料所缺。

這篇釋奠文與《大唐開元禮》所載相比，文字略有出入。首先，這篇釋奠文

---

① 鄭炳林：《敦煌地理文書匯輯校注》，第43頁。學者們基本認爲該圖經最晚作於開元前期，參朱悅梅、李并成《〈沙州都督府圖經〉纂修年代及其相關問題考》，《敦煌研究》2003年第5期。
② 郝春文主編：《英藏敦煌社會歷史文獻釋錄》第7卷，社會科學文獻出版社2010年版，第538、540頁。以下簡稱《釋錄》。

中稱孔子爲"先聖文宣王",《釋録》已指出《大唐開元禮》和《通典》都稱孔子爲"先聖孔宣父",而孔子在開元二十七年才被詔封爲"文宣王",所以,"這説明中央政令在當時可以貫徹到敦煌,同時透露出此件的撰寫和抄寫年代要晚於開元二十七年"[①]。這無疑是十分有見地的判斷。同時,這也證明當時的敦煌同長安一直保持信息的同步,諸州縣官學也同樣緊隨長安官學的要求,釋奠禮的相關儀式也會因時而改,同官方政策保持一致。而且,按照上文曾提到的開元二十六年詔敕規定,諸州鄉貢生與朝集使都需要參與釋奠禮的相關祭祀活動,當時敦煌的鄉貢生和朝集使當然也不例外。這些實際參與過釋奠禮的敦煌學生和官員,必然也會將其在長安國子監釋奠禮上所見所聞帶回敦煌,故而相關修改也會與國家保持一致。

其次,此篇釋奠文還有好幾處用詞也與《大唐開元禮》完全不一樣。如"公庶幾體二"在《大唐開元禮》中作"子等或服膺聖教",在《通典》作"子庶幾具體";"服道聖門"在《大唐開元禮》作"或光闡儒風",但《通典》與之相同。這些用詞屬於並不重要且可替代的辭彙,但 P.3896V 則與 S.1725V 基本相同,這應當是敦煌當地流行的釋奠文文本。之所以如此,可能如上條一樣,是按後來詔敕要求所改。所以,作爲開元二十七年之後抄寫的禮儀性文本,敦煌的釋奠文基本同德宗時《通典》的文本保持一致。這也就是説敦煌地區在開元年間以後,依然在按照中央的範本進行抄寫,釋奠禮也能經由官方詔敕的規定在州縣官學的場域內進行。

不過,敦煌後來被吐蕃占領,官學也隨之没落從而荒廢。其實,長安國子監雖是唐代最高官學,在後來也曾没落荒廢過。舒元輿是元和(806—820年)進士,唐文宗大和五年(831年)曾獻文闕下,其《問國學記》中提到:

> 先王建太學法,以教國胄子,欲敺人歸義府也。故設官區掌,嚴大其事,明公侯卿大夫必由是而出。元輿既求售藝於闕下,謂今之太學,猶古之太學,將欲觀焉。以自爲下士小儒,未嘗睹天子庠序,欲往時,先三日齋沐而後行。行及門下,脫蓋下車,循牆而趨。請於謁者曰:"吾欲觀禮於太學,將每事問之於子可乎?"謁者許諾,遂前導之。初過於朱門,門闃沉沉。問曰:"此魯聖人之宫也。"遂拜之。次至於西,有高門,門中有廡屋。問之,曰:"此論堂也。"予愧非鴻學方論,不敢入。導者曰:"此無人,乃虛堂爾。"予惑之,遂入。見庭廣數畝,盡墾爲圃矣。心益惑,復問導者曰:"此老圃所宅,子安

---

① 郝春文主編:《英藏敦煌社會歷史文獻釋録》第7卷,第541頁。

得欺我耶？"導者曰："此積秊無儒論，故庭化爲廢地，久爲官於此者圃之，非圃所宅也。"循廊升堂，堂口無机榻，有苔草没地。予立其上，悽慘滿眼，大不稱嚮之意。復爲導者引，又至一門。問之，曰："此國子館也。"入其門，其庭其堂，如入論堂。俄又歷至三館門，問之，曰："廣文也，大學也，四門也。"入其門，其庭其堂如國子，其生徒去聖人之奧，如堂館之蕪。①

這篇國學游記可能是舒元輿獻文給文宗之後所寫。他參觀了太學、孔廟、論堂及國子館等，不過所見論堂和國子館都已成"虛堂"，庭院也變爲荒地老圃。敦煌的諸州官學可能也如同長安國子監官學没落時的場景一樣，變得虛空荒蕪，有的地方甚至成爲别人的圃地。

與官學需要官方力量的支持不同，孔廟由於其偶像崇拜的特點，可能也會獨立於官學體系之外，從而在此出現與釋奠禮禮儀完全不同的活動場景。如雷聞先生就曾討論過孔廟祭祀的神祠色彩，認爲地方孔廟往往會淪爲民衆個人的宗教信仰，成爲祈子或祈雨的場所。②

其實，從釋奠禮在五禮中的歸屬來看，孔廟祭祀被神化也有其官方因素。根據朱溢先生的研究，釋奠禮在唐以前更偏向展示人間權利關系的嘉禮，在唐代則被正式歸入體現人神關系的吉禮。③而吉禮中除了釋奠禮之外，另外三類分别是天神、地祇和人鬼，都是被官方所神化的祭祀對象。釋奠禮在唐代成爲天下通祀，神化的孔子形象也被地方上更多人所瞭解。當官學没落荒廢之時，孔廟的神祠色彩就會被突出，從而將原本舉行釋奠禮禮儀的場域轉化爲求神祈福的地方。《封氏聞見記》載："流俗，婦人多於孔廟祈子，殊爲褻慢，有露形登夫子之榻者。"④長安孔廟地處政治中心，即便官學會没落，其神祠色彩也不會太明顯。與長安不同，敦煌當地州縣官學没落之後，原本附屬於官學的孔廟，就很有可能與唐代其他地方的孔廟一樣，淪爲地方性神祠，成爲民衆個人信仰的祠廟，失去了原來官方禮儀場域以及儒家所謂"道統"的神聖性。

四 結論

唐代長安國子監舉行的釋奠禮，從曹魏出現雛形，至晉代正式成立並作爲

---

① 《全唐文》卷七二七《舒元輿》，第7492頁。
② 雷聞：《郊廟之外：隋唐國家祭祀與宗教》，第68—72頁。
③ 朱溢：《唐代孔廟釋奠禮儀新探——以其功能和類别歸屬的討論爲中心》，《史學月刊》2011年第1期。
④ （唐）封演撰，趙貞信校注：《封氏聞見記》卷一《儒教》，中華書局2005年版，第4頁。

"晋故事"，成爲唐代釋奠禮完全定型以及實現禮制化的重要資源。唐代釋奠禮的禮儀活動規模則相比之前有所擴大，其禮儀場景不僅盛大而且影響力頗爲廣泛，長安官民在皇權的安排下紛紛來此觀禮，貢舉生和慕華外國人也在該禮儀場所留下種種歷史記憶並廣泛流傳。而敦煌雖處唐帝國邊陲，但來自長安的官方令文和詔敕依然在此地發揮着積極且重要的影響，來自長安的重要規定與安排被有效傳遞，釋奠禮在當地被切實施行，國家話語權在地方依然發揮着重要作用，這也使得敦煌諸州縣官學仍與中央禮儀制度時刻保持一致。但當官學没落之時，長安孔廟雖還可保持其官方祭祀場所的神聖性，而包括敦煌在內的地方孔廟在官學破敗且國家權力缺失之時，往往會淪爲神祠。官學興辦與禮儀舉行都需要官方權力的支持，這同樣也影響了中古釋奠禮的成立與傳播。

附記：2015年筆者有幸參加榮新江老師在北京大學開設的"隋唐長安讀書班"，本文初稿曾在班上宣讀，並得到諸位師友的批評指正，此後承蒙匿名審稿人提出的修改意見，在此筆者一併表示感謝。

收稿日期：2021年3月

唐代德政碑形制考論

劉琴麗

摘 要：文章通過出土文物和傳統文獻，考察了唐代德政碑的外形和尺寸高低。就碑形而言，主要有螭首形、刻像型、經幢形和圭首形德政碑，已經溢出了《唐六典》規定的螭首龜趺和圭首方趺兩種形制。現實中螭首德政碑不一定與龜趺座、圭首德政碑不一定與方趺座搭配，碑首與碑座形狀的搭配相對隨意。德政碑的尺寸高低與《唐六典》的規定也不相符，從全國範圍來看，其與官品的高低並未呈現出必然的對應關係，但是在一個行政區劃内其高低則呈現出一定的等級秩序，如開元年間的河北道，河北一地的德政碑還普遍較其他地域高大。由此推測，唐代德政碑的形制與墓碑有別，其當自有一套規範，且具有較强的地域性；唐朝中央對於地方德政碑的刊立，主要是刊碑的資格審查，至於碑形和尺寸高低則由地方自行決定，反映出唐朝中央對地方的治理，以宏觀的政策把控爲主。

關鍵詞：唐代　德政碑　形制　地域性　地方治理

碑石的"形制"主要指其形狀和尺寸高低。中國古代石刻形制多樣，有摩崖、碑碣、墓誌、塔銘、浮圖、經幢、造像等。而碑首形制漢代有平首碑、圭首碑和圓首碑，到唐代逐漸發展出雙龍拱珠的螭龍碑。[1] "由於碑刻以銘文爲主，分類自然不能完全不管它的内容。而不同類別的碑銘内容，又因其用途不同，影響到碑刻製作的不同和形制上的差異。"[2] 對於唐代德政碑的形制，文獻缺乏具體記載，今所見最早是《唐六典》對於碑碣的籠統規定："碑碣之制，

---

[1] 范兆飛：《螭龍的光與影——中古早期碑額形象演變一瞥》，《唐研究》第24卷，北京大學出版社2019年版，第344、368頁。范氏所探討者以墓碑爲主，以頌政爲主的德政碑則没有專門涉及。

[2] 毛遠明：《碑刻文獻學通論》，中華書局2009年版，第27頁。

五品已上立碑。螭首龜趺，趺上高不過九尺。七品已上立碣，圭首方趺，趺上不過四尺。"① 然這一規定主要針對墓碑，《唐會要》標明是"葬"條，②《柳宗元集》也指名其規定來源於《喪葬令》，且將《唐六典》和《唐會要》的"圭首方趺"記載爲"方趺圓首"③。可能從玄宗開元到中晚唐時期，喪葬令有所調整。按官品形成的墓碑秩序對德政碑是否有效？還是德政碑形制另有一套規章制度？遺憾的是缺乏文獻記載，我們只能通過出土文物、留存的拓本和相關文獻來進行綜合考論。

學界以往對德政碑的研究主要關注碑文內容，以及文字背後的政治解讀，④ 少見對碑石形制進行探討。何亦凡《甘棠遺事：唐代德政類碑刻研究》對北朝隋唐時期特殊造型的德政碑做了簡短論述，如直接繪有碑主形象、借鑒佛教的經幢造型、以銅柱紀政績、將德政碑附刻於佛教造像、與其他紀念性建築如碑樓相結合、德政塔等，每一類型一個事例，考證略微簡單，並缺乏圖版佐證，有個別論斷還值得商榷。⑤ 文章則欲在此基礎上，更進一步討論德政碑的外形和尺寸高低，其是否具有統一規範和地域性特點？尺寸高低與官品是否呈對應關系？藉此可以管窺德政碑這一政治景觀折射出的政治秩序，以及中央對地方的管控渠道和治理模式。

---

① （唐）李林甫等撰，陳仲夫點校：《唐六典》卷四"禮部郎中員外郎"條，中華書局1992年版，第120頁。

② （宋）王溥：《唐會要》卷三八"葬"："五品以上立碑，螭首龜趺，上高不過九尺；七品以上立碣，圭首方趺，趺上不過四尺。"中華書局1955年版，第691頁。

③ 《柳宗元集》卷九《唐故兵部郎中楊君墓碣》載："葬令曰：凡五品以上爲碑，龜趺螭首。降五品爲碣，方趺圓首，其高四尺。按（兵部）郎中品第五，以其秩不克偕，降而從碣之制。"中華書局1979年版，第211頁。

④ 劉馨珺《唐代"生祠立碑"——論地方信息法制化》，從律令的角度，以唐代"長吏輒立碑"法條入手，利用唐代114件生祠立碑事例，分析有唐一代生祠立碑活動的時間、地點、職官、方式的合法性與否，建構唐代考課制度執行的動態，指出德政碑、生祠的刊立，關乎唐朝中央如何合法化地方勢力的過程；皇帝以德政碑表彰地方官有建立官僚規範與樹立良吏典範的目的；該文最早以《從生祠立碑談唐代地方官的考課》爲名，刊發於高明士主編《東亞傳統教育與法治研究（二）唐律諸問題》，臺灣大學出版中心2005年版，第241—284頁；後來又稍有修訂，收入鄧小南、曹家齊主編《文書·政令·信息溝通：以唐宋時期爲主》一書中，北京大學出版社2012年版，第463—516頁。仇鹿鳴《權力與觀眾：德政碑所見唐代的中央與地方》，指出德政碑是具有政治景觀效應的紀念碑，象徵着秩序與權力，借助政治景觀——德政碑的興造，德政碑已從最初中央褒獎循吏的"政治激勵"，變爲晚唐中央與藩鎮博弈過程中地方節帥的政治權威象徵物，再變爲唐末五代中央羈縻地方的禮儀道具；該文最早刊發于《唐研究》第十九卷，北京大學出版社2013年版，第79—112頁；後來收入其專著《長安與河北之間：中晚唐的政治與文化》，對觀點又做了增補，北京師範大學出版社2018年版，第124—173頁。趙洋：《唐代德政碑再探》，主要從制度層面考證了德政碑的刊樹和管理，並提出德政碑和遺愛碑有別，《碑林集刊》第20輯，2014年，第163—171頁。王昊斐：《唐代德政碑研究》，也從制度層面對唐代德政碑進行了綜合研究和探討，如德政碑的刻立原因、刊立和管理、形式與內容、作用與影響等，碩士學位論文，陝西師範大學，2016年。

⑤ 何亦凡：《甘棠遺事：唐代德政類碑刻研究》，博士學位論文，中國人民大學，2021年。

據葉昌熾、毛遠明、趙超等學者對德政碑名稱的梳理，① 文章在考證其形制時，將碑額或首題的名稱以及吏民群體立碑作爲材料取捨的重要標準。②

一　碑形

唐代德政碑的外形，是否只有《唐六典》《唐會要》《柳宗元集》提到的螭首龜趺、圭首方趺或圓首方趺碑？從現存文物和文獻記載來看，顯然溢出了三書的記載。今按其外形，大致分爲以下幾類。

（一）螭首德政碑

唐代德政碑的主流形制是螭首碑，這與北朝以來碑形的總體發展趨勢一致，北朝以降，螭龍圓首成爲主導性的碑額樣式，碑穿大幅減少，北朝的螭首碑"四龍變成六龍，龍身豐滿，開始纏繞"；唐代的螭龍碑則得到進一步發展，"如龍身粗壯、纏繞之形、鱗爪對稱有力和圭形題額"，以及"雙龍拱珠"現象的出現等。③ 如 1962 年在内蒙古昭烏達盟阿魯科爾沁旗白音花蘇木烏蘭蘇木生産隊發現

---

① （清）葉昌熾撰，姚文昌點校：《語石》卷三，德政碑或云"頌德碑""清德頌""清德碑""遺愛頌""美政頌""善政碑""政事記""惠政碑""功德碑"，或變文曰"功德頌""功德記""善政論"，並於"功德"之上隨宜加字。浙江大學出版社 2018 年版，第 89 頁。柯昌泗認爲，葉昌熾還遺漏了《唐清河郡王李寶臣紀功載政之頌》，見葉昌熾撰，柯昌泗評《語石、語石異同評》，中華書局 1994 年版，第 182 頁。毛遠明、趙超先生也大致贊同這一觀點，毛遠明：《碑刻文獻學通論》，第 183 頁。趙超《中國古代石刻概論》（增訂版）將"德政碑"命名爲"功德碑"，云爲"紀念任職地方官員的德政。這一類內容的功德碑數量最多。在碑銘的額題中又有德政碑、美政頌、清德頌、遺愛頌等多種名稱"，中華書局 2019 年版，第 140 頁。

② 唐代有些頌政碑文，並沒有出現"德政碑""清德碑""遺愛頌"等之類的首題或額題，有頌政之實，卻缺少德政碑之名，如開元二十六年（738 年）《尉遲迴廟碑》之碑陰文，爲"（尉遲）迴族孫士良述（相州刺史）張嘉祐德政之美，意感其立廟"，見（清）畢沅輯《中州金石記》卷二，第 25b，《石刻史料新編》第一輯第 18 冊，臺北：新文豐出版公司 1982 年第 2 版，第 13774 頁上；該碑陰額題"周太師蜀公碑陰記"，見（清）武億輯《安陽縣金石錄》卷四，第 10a，《石刻史料新編》第一輯第 18 冊，第 13853 頁下。又天寶十二載（753 年）刊立的《李時用德政記》，該銘文附刻在一浮圖上，此浮圖爲王晉所造，一面刻《王晉造石浮圖記》，一面刻王晉長子王英所撰《感怨文》，塔門外刻《感浮圖詩》二首以及安祿山題名，一面刻王英所撰《李時用德政記》，塔上有造像，《德政記》首題爲"朝散大夫守歸德郡太守兼諸軍事魯國公上柱國李"；據陸增祥題跋，"王晉造浮圖時，李時用方守是郡，（王）英頌其德政，附刻於此"；見（清）陸增祥《八瓊室金石補正》卷五八，第 14a—18b，《石刻史料新編》第一輯第 7 冊，第 4936 頁下—4938 頁下。這類私家刊立的頌政文，只代表了一人或一家觀點，不符合"郡邑吏民爲其府主伐石頌德"的前提條件，即不是群體刊碑，故不在文章研究的範圍之內，德政碑的定義見姚文昌點校《語石》，第 89 頁。

③ 范兆飛：《螭龍的光與影——中古早期碑額形象演變一瞥》，《唐研究》第 24 卷，第 359、362、367—368 頁。

圖 1　《大唐營州都督許公德政之碑》

資料來源：引自蘇赫《内蒙古昭盟發現"大唐營州都督許公德政之碑"碑額》，《考古》1964 年第 2 期。

的《唐營州都督許公德政碑》（圖 1），該碑刊立於開元年間（713—741 年），儘管碑額已殘破，但"周雕龍紋"，碑額正中的二龍拱珠圖清晰可見，題額爲方形，碑趺不存。① 開元二十八年（740 年）十月刊刻的《易州刺史田琬德政碑》（圖 2、圖 3），原位于河北易縣，今存河北保定古蓮花池內，螭首碑，圭形題額，額上爲二龍拱珠圖；② 碑座爲方趺。③ 可見，螭首德政碑不一定與龜趺座搭配。刊立于唐寶應元年（762 年）之前、安史之亂以後的《大唐都督楊公紀德頌》，贊揚河西副持節，伊、西、庭節度使楊預，該碑早已斷裂損壞，現僅存上下兩截殘石，碑"爲雙龍戲珠透雕碑頭，圭形碑額"；在楊公碑刊立 130 多年以後，即唐景福元年（892 年）或其後的一段時間，人們又利用該碑碑陰爲敦煌的歸義軍節度使索勛鐫刻了《大唐河西道歸義軍節度索公紀德之碑》（圖 4），碑石現存敦煌市博物館；

---

① 蘇赫：《内蒙古昭盟發現"大唐營州都督許公德政之碑"碑額》，《考古》1964 年第 2 期。
② 石永士、王素芳等編：《河北金石輯録》，河北人民出版社 1993 年版，第 71 頁。
③ 劉傑：《〈田琬德政碑〉研究》，碩士學位論文，河北大學，2019 年。

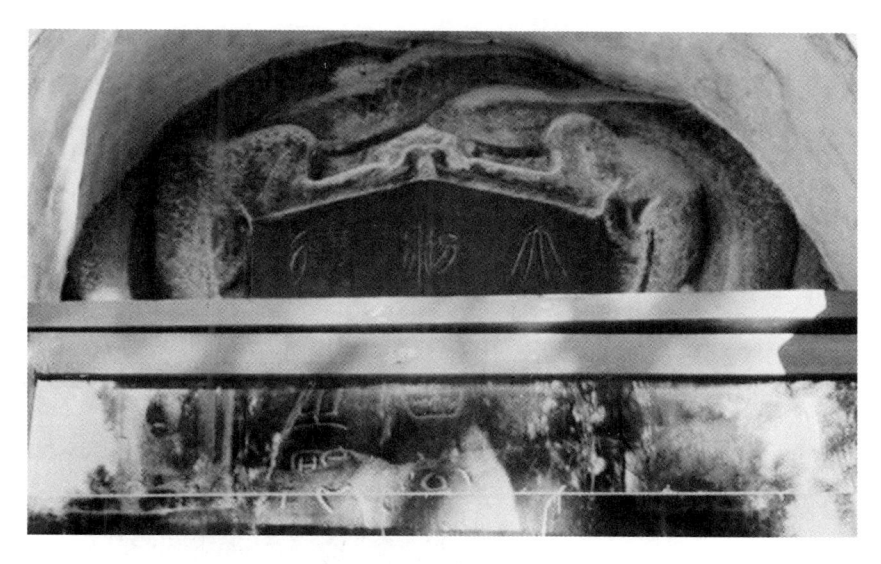

圖 2 《田琬德政碑》碑陽額

資料來源：劉琴麗攝。

圖 3 《田琬德政碑》碑陰額

資料來源：劉琴麗攝。

清嘉慶年間徐鬆發現該碑嵌於"縣之黌舍欞星門土壁"[1]，碑趺不存。現存河北正定的《成德節度使李寶臣紀功載政頌》（圖5），刊立于唐永泰二年（766年），碑

---

[1] 吳景山、張洪：《〈大唐都督楊公紀德頌〉碑校讀》，《西域研究》2013年第1期。

圖 4 《索勛紀德碑》

資料來源：引自《北京圖書館藏中國歷代石刻拓本匯編》第 35 册，第 86 頁。

圖 5 《李寶臣紀功載政頌》碑額

資料來源：劉琴麗攝。

首作半圓形，六龍相交，龜趺碑座，① 爲典型的螭首龜趺碑。刊立於大曆九年（774 年）的《趙州刺史何公德政碑》（圖 6），龜趺座、碑首方形，浮雕纏身雙

---

① 郭玲娣、樊瑞平、杜平：《唐李寶臣紀功碑考述》，《文物春秋》2005 年第 5 期。

圖6 《趙州刺史何公德政碑》碑陰額

資料來源：劉琴麗攝。

龍，碑額呈圭形，佇立在河北趙縣生産資料公司院内，① 碑陽被宋人磨去後改刻宋徽宗的《大觀聖作之碑》，"碑陰尚有殘存唐代雕刻和原碑文字"②，《八瓊室金石補正》收録有《何公德政碑》的碑陰文。③ 刊立於唐貞元五年（789年）的《隴右節度使李元諒懋功昭德頌》（圖7），位於陝西省華縣人民政府大門東側，碑頭爲六螭首，碑座則埋於地下，圭形題額。④ 1992年在陝西彬縣發現的《唐司徒高公德政之碑》（圖8），"碑首每側三螭盤繞，飽滿富麗"，圭額，"龜趺龐碩"；作

---

① 高英民、劉元樹、王國華：《趙縣文物與古跡》，《文物春秋》1991年第4期。
② 石永士、王素芳等編：《河北金石輯録》，第333頁。
③ （清）陸增祥：《八瓊室金石補正》卷六三，其著録爲《趙州刺史何公碑陰記》，第27a—32b，《石刻史料新編》第一輯第7册，第5022頁上—5024頁下。但細讀全文，實則爲德政碑的碑陰文，但大多數著作都著録爲《趙州刺史何公德政碑》，如（清）嚴可均《鐵橋金石跋》卷二，第21a，《石刻史料新編》第一輯第25册，第19325頁上；（清）洪頤煊《平津讀碑記》卷七，第12a，《石刻史料新編》第一輯第26册，第19426頁下；《全唐文》卷四四三，中華書局1983年版，第4517頁下—4518頁上。
④ 國家文物局主編：《中國文物地圖集·陝西分册》下册，西安地圖出版社1998年版，第598頁；劉合心：《李元諒碑與楊明堂先生》，《文博》2007年第5期。

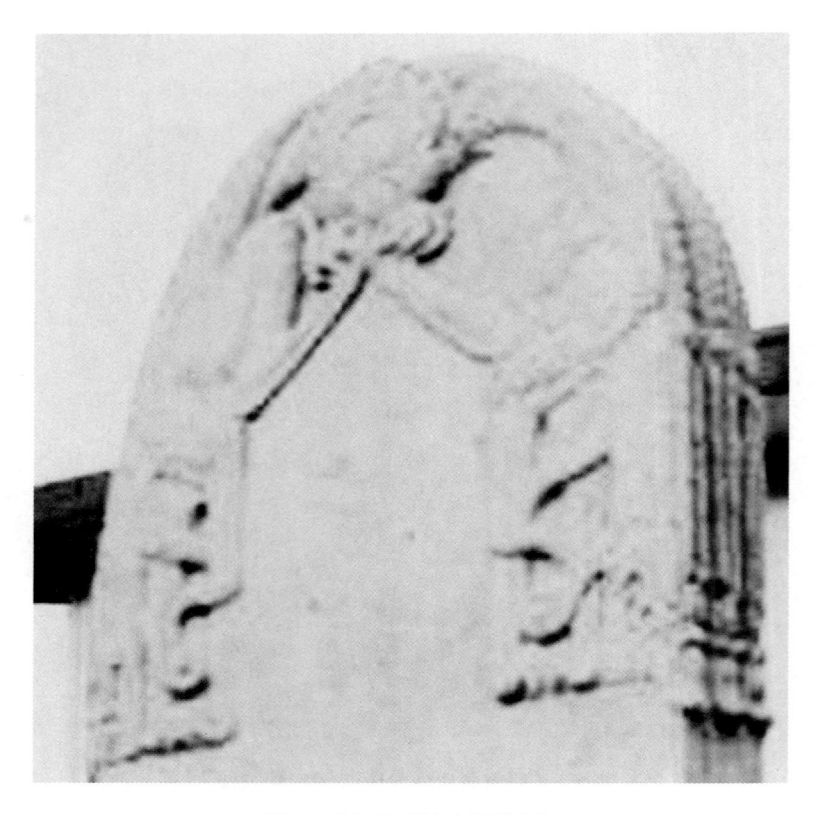

圖 7　《李元諒懋功昭德頌》

資料來源：引自劉合心《李元諒碑與楊明堂先生》，《文博》2007 年第 5 期。

者考證，碑主極有可能是邠寧節度使高霞寓，碑石當刊刻於 824—826 年之間，①即長慶四年至寶曆二年。刊立於文宗開成五年（840 年）的《唐魏博節度使何進滔德政碑》（圖 9），由柳公權撰文並書丹，現存河北大名縣石刻博物館，該碑贔屭碑座，"上爲盤龍碑額，正中鐫刻'御製大觀五禮之記'8 個篆書大字"，該碑在北宋政和七年（1117 年）被改刻成《五禮記碑》，碑陽、碑陰文字均被磨去，②今僅存碑側題名。③但該碑僅僅是文字的磨改，碑形仍是唐代的，爲方形螭首龜趺碑。

可見，從現今留存的德政碑文物來看，圓形螭首、龜趺碑座較爲常見，這與范兆飛先生所云大體相符。但此外也存在方形的螭首碑，如前述《趙州刺史何公

---

①　根遠、躍進：《陝西彬縣發現唐代巨碑》，《文博》1997 年第 2 期。
②　鍾維：《大名五禮記碑芻議》，《文物春秋》2004 年第 6 期。
③　孫繼民：《唐何進滔德政碑側部分題名釋錄》，《唐史論叢》第九輯，三秦出版社 2007 年版，第 232—238 頁。

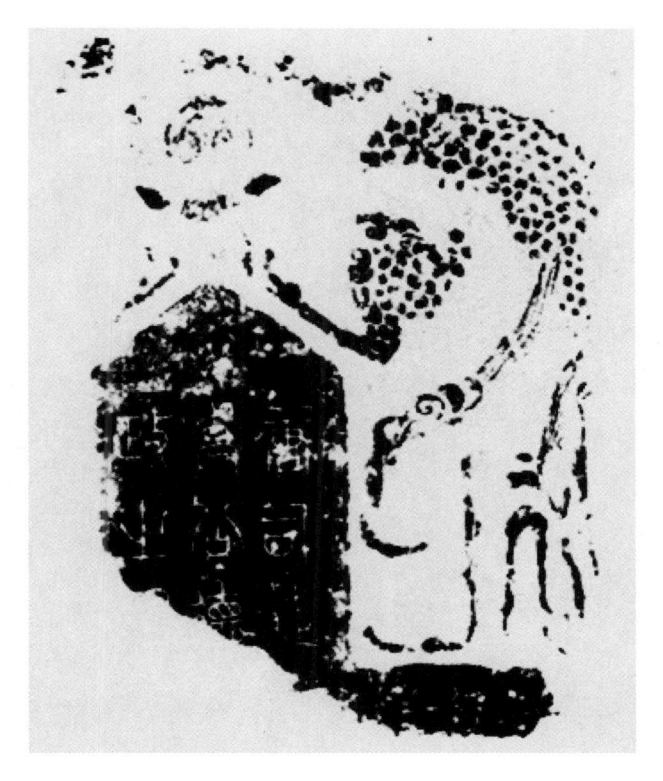

圖 8　《唐司徒高公德政之碑》

資料來源：引自根遠、躍進《陝西彬縣發現唐代巨碑》，《文博》1997 年第 2 期。

德政碑》（圖 6）和《何進滔德政碑》（圖 9），表明方形螭首碑與圓形螭首碑在唐代是並行的碑額。德政碑之碑首與碑座的搭配相對隨意，螭首碑與方趺座、龜趺座均可搭配。

（二）刻像型德政碑

前述何亦凡文章提到德政碑附刻於佛教造像的情況，實際上唐代還存在德政碑上綫刻佛像者，這類德政碑碑文是主體，佛像僅以附刻的形式存在，與造像碑以造像爲主體、文字爲附刻有別，筆者暫且名之爲"刻像型德政碑"。如山東青州市城區出土的唐貞觀十九年（645 年）《青州益都縣令房公清德之頌》（圖 10）碑，石質，圓首；從圖版看，似有螭龍，但不交纏；在德政碑額"左右兩側各刻一面化佛，頭戴寶冠，飾頭光，結跏趺坐於蓮花座上"，惜碑座形制不詳。[①] 開元

[①] 李森：《新見唐〈青州益都縣令房公清德之頌〉碑考釋》，《華夏考古》2018 年第 1 期。

圖 9 《五禮記碑》由《唐何進滔德政碑》改刻

資料來源：引自鍾維《大名五禮記碑芻議》,《文物春秋》2004 年第 6 期。

十年（722 年）七月刻立的《唐萊州刺史唐貞休德政碑》（圖 11），在山東掖縣，碑方形圓首，[①] 在額題"大唐萊州刺史唐府君德政碑"的正上方，爲一端坐的菩薩像；碑沙門重潤八分書並額，"碑陰造像題名，正書，字體似北朝魏齊間刻"[②]，不排除利用北朝舊碑改刻的可能性。據圖版，碑額兩側有龍飾，但不交纏。清代金石學家葉昌熾以爲，"《萊州刺史唐貞休碑》，於篆題空處繪貞休象"[③]。何亦凡也沿用了此觀點。[④] 但細審圖像，其顯然爲一交腳的彌勒像，而非唐貞休個人畫像。中宗神龍三年（707 年）五月八日所立《識法師頌滎陽令盧正道清德文》，爲洛州滎陽縣頭陀逸僧識法師上頌，碑文提到識法師爲等慈寺僧人，他"發願爲國，

[①] 北京圖書館金石組編：《北京圖書館藏中國歷代石刻拓本匯編》第 22 册，中州古籍出版社 1989 年版，第 11 頁。

[②] （清）吴式芬：《金石彙目分編》卷一〇之三，第 59a—b，《石刻史料新編》第一輯第 28 册，第 21208 頁上。

[③] 姚文昌點校：《語石》卷三，第 79 頁。

[④] 何亦凡：《甘棠遺事：唐代德政類碑刻研究》，博士學位論文，中國人民大學，2021 年。

圖 10 《青州益都縣令房公清德之頌》

資料來源：引自李森《新見唐〈青州益都縣令房公清德之頌〉碑考釋》，《華夏考古》2018 年第 1 期。

圖 11 《萊州刺史唐貞休德政碑》

資料來源：引自《北京圖書館藏中國歷代石刻拓本匯編》第 22 冊，第 11 頁。

敬造阿彌陀石碑像，并頌聖德，及鑄神鐘"①。據《北京圖書館藏中國歷代石刻拓本匯編》，碑在河南滎陽土地祠，"（碑）額有像，此本失收"②。按碑文內容，碑

---

① 《金石萃編》卷六八，第 5a、9a，《石刻史料新編》第一輯第 2 冊，第 1157 頁上、1159 頁上。
② 《北京圖書館藏中國歷代石刻拓本匯編》第 20 冊，第 49 頁。

額所刻佛像無疑就是阿彌陀像，惜拓本没有提供碑額圖，故碑首形制無法得知，但可以肯定的是，《盧正道清德碑》的碑額附刻有佛像。至於碑座，三碑均失載，甚是遺憾。爲何刊立德政碑時還要在碑額刻畫佛像？可能與《佛說造立形象福報經》有關。① 該經宣揚造佛像可以獲得福報，大概受此經文思想的影響，唐人在刊立德政碑時，有的就將佛像附刻在碑額上，達到既頌揚地方長官，又作佛教功德的目的，可謂一舉兩得。

（三）經幢形德政碑

葉昌熾認爲，"經幢萌芽於唐初，開、天之際，益加崇飾……經言'塵沾影落，一切業障，悉皆消滅'。此佞佛之士所以趨之若鶩"②。可見，建造經幢是唐人熱衷的形制之一，故他們將德政碑刊刻成經幢形或將碑文刻在經幢上，也就不足爲奇。典型者如開元十一年（723年）刊刻的《唐襄州刺史靳恒遺愛頌》，張九齡撰，高恒慈書；幢高五尺四寸，八面，面廣九寸，六行，行四十字；碑文共計四面，其第五、第六、第八面全泐，絶無一字可辨，惟第七面存"明典""人思"二字，又"嘉"字下半耳，約是七行；首題"唐故襄州刺史靳公遺愛頌"③。此遺愛頌幢主要是借用了經幢形制，碑文內容與佛教無關。④ 但是建造經幢形制的本身，就表明受到了佛教影響。廣明二年（881年）四月刊立的《開元寺李綖政理序幢》，經幢形，在易縣開元寺庭中右階，正書；滿城令王悚撰，沙門修一書，與前幢（《開元寺尊勝陀羅尼經幢》）同時建；幢高七尺五寸，上層雕佛像四，次層佛像十二；下層高三尺二寸；八面，四正面廣五寸三分，每面六行，行三十七八字不等；四側面廣四寸，每面四行，行三十九字；《尊勝陀羅尼經幢》在開元寺庭中左階。⑤《李綖政理序幢》刊立在唐代官寺——開元寺，一邊爲德政碑文，一邊爲《尊勝陀羅尼經幢》，佛教意味更加濃厚。《靳恒遺愛頌幢》從諸家著錄來看，碑文內容的確與佛教無關，但是《上谷郡太守李綖政理序幢》刊立於寺廟，且與

---

① 吴夢麟、張永强編著：《房山石經題記整理與研究》圖錄卷，收録有唐咸亨二年（671年）《佛說造立形象福報經》，該碑額有一交腳的彌勒像，文物出版社2021年版，第128頁。
② 姚文昌點校：《語石》卷四，第131頁。
③ 《八瓊室金石補正》卷五二，第15a—17a，《石刻史料新編》第一輯第7册，第4838頁上—4839頁上。
④ 趙超：《中國古代石刻概論》（增訂本），其認爲：唐代開元十一年（723年）《靳公遺愛頌》、元和十二年（817年）《使院新修石幢記》等，"與佛、道等宗教並無關聯或没有直接關係……這正是石刻中常見的形制與內容不盡統一的現象"，第66頁。
⑤ 鄧嘉績：《上谷訪碑記》第3a，《石刻史料新編》第三輯第23册，臺北：新文豐出版公司1986年版，第224頁上。

旁邊的《陀羅尼經幢》對舉，其幢上層、中層還有造像，就這些因素而言，便打上了深深的佛教印跡，其超越了單純的德政碑框架和刊刻目的，除了頌揚長官政績外，還有明顯的造幢、造像祈福、做佛教功德的目的。

經幢形制和傳統的碑形有別，將頌政之文刻立其上是否可以規避申奏審核制度？① 如中宗景龍年間（707—710 年）刊立的《縣令裴琳（字元瑤）德政記》，無首題和額題，標題爲編者自擬，這段頌政碑文刊立在《本願寺石幢》（共八面）的第三面下截，該石幢有兩面無字，第一面上截題"應天神龍皇帝，順天翊聖皇后"，其餘爲經幢主題名，在《裴元瑤德政記》的上部爲本願寺僧人題名。② 此頌政之文顯然爲附屬性文字刻石，相對隱蔽。又元和十二年（817 年）刊立於徐州節度使衙門前的《使院新修石幢記》，碑文全篇贊頌徐州刺史、武寧軍節度使李愿的治績，首題卻爲"使院新修石幢記"③。這類有頌政之實，無頌政之名，且與碑形有別的"德政碑"，是否在故意規避朝廷的申奏制度？個中情形，尚待將來史料豐富後作進一步探討。

（四）摩崖刻德政碑

如唐開元四年（716 年）刊立的《儀州刺史郭公善政贊》，刊立在山西省晉中市榆社縣千佛壁西側山壁，通高 140 釐米、寬 70 釐米，長方形；文楷書，11 行，滿行 24 字，壽陽縣丞楊季淮撰文，榆社縣令于銳書丹；首題"儀州刺史郭公善政贊"④。惜未見圖版和録文。建中三年（782 年）前，在秦嶺刊立的頌揚興鳳兩州都團練使嚴震的碑文，也刊刻在摩崖上，《嚴震墓誌》載：震"充興、鳳兩州都團練使……居部十四年，考課爲天下最，教訓盡其物宜。編人有以質俚之詞，攄其肝膈，刻岩石而頌公者，雖古之善頌，不能加焉"⑤。摩崖刻與傳統的碑形有別，刊立其上的頌政之詞是否可以規避德政碑的申奏制度？因史料有限，尚需將來作進一步探究。

此外，還可見圭首形德政碑，但相對少見。如天祐三年（906 年）刊立的

---

① 《唐六典》卷四"禮部郎中員外郎"："凡德政碑及生祠，皆取政績可稱，州爲申省，省司勘覆定，奏聞，乃立焉。"第 120 頁。
② （清）沈濤輯：《常山貞石志》卷七，第 12b、20a—21a，《石刻史料新編》第一輯第 18 册，第 13280 頁下、13284 頁下—13285 頁上。
③ 《金石萃編》卷一〇七，第 2a—b，《石刻史料新編》第一輯第 3 册，第 1797 頁下。
④ 國家文物局主編：《中國文物地圖集·山西分册》下册"榆社縣"，中國地圖出版社 2006 年版，第 720 頁。
⑤ 《全唐文》卷五〇五《嚴震墓誌》，第 5142 頁下。

《王審知德政碑》，碑額爲方首抹角（圭首），下有白花崗岩橢圓形覆蓮座，現存福州市閩王祠内。① 其碑座搭配既不是龜趺，也不是方趺，而是佛教意味濃厚的覆蓮碑座。

可見，唐代德政碑的碑形呈現出豐富多彩的特點，其碑形與官品並没有必然的對應關係。如前述《青州益都縣令房公清德之碑》（圖10），圓首螭龍，房彦卿的官品爲五品以下，② 碑首卻並非圭形。高於五品的襄州刺史靳恒其遺愛碑刊立成經幢形，③ 而不是螭首碑。《節度使王審知德政碑》（圖12、圖13）爲圭首碑，覆蓮座，而王審知的官品高於五品。④ 即便品階低於七品的流内官，治績突出者依然可以刊立德政碑，而不是碣，如武周時期（690—705年）刊立的《九隴縣獨孤丞遺愛碑》，⑤ 縣丞品階低於五品；⑥ 會昌年間（841—846年）刊立的《柏鄉尉蘭儼遺愛碑》，⑦ 蘭儼官品也低於五品；⑧ 他們均是刊碑而不是碣。

圖12 《王審知德政碑》碑額
資料來源：劉琴麗攝。

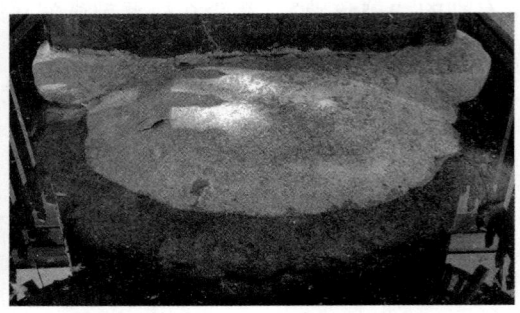

圖13 《王審知德政碑》碑座
資料來源：劉琴麗攝。

由此推測，地方州縣只要是流内職事官，只要治績突出且在朝廷允許的情況

---

① 國家文物局主編：《中國文物地圖集·福建分册》下册，福建省地圖出版社2007年版，第5頁。
② 《新唐書》卷三八《地理志二·河南道》：益都，望縣，中華書局1975年版，第994頁。陳志堅：《唐代州郡制度研究》考證，唐代縣分十等，分别是赤、次赤、畿、次畿、望、緊、上、中、中下、下縣，上海古籍出版社2005年版，第6—8頁。望縣令的品級低於畿縣令，唐代畿縣令正六品下，見《舊唐書》卷四四《職官志三》，中華書局1975年版，第1920頁。
③ 《舊唐書》卷四二《職官志一》：唐上州刺史從三品，中州刺史正四品上，下州刺史正四品下，第1792—1793頁。
④ 《金石萃編》卷一一八，據該碑首題，王審知的官銜爲"揀（檢）校太保同中書門下平章事使持節都督福州諸軍事兼福州刺史"，第20b—21a，《石刻史料新編》第一輯第3册，第2159頁下—2160頁上。據《舊唐書》卷四二《職官志一》，太保爲正一品，刺史官品也高於五品，第1791頁。
⑤ 徐鵬校點：《陳子昂集》卷五，中華書局1962年版，第105—106頁。
⑥ 《舊唐書》卷四四《職官志三》，縣丞品階爲從七品至正九品下，第1920—1921頁。
⑦ 《金石彙目分編》卷三之二，第40b，《石刻史料新編》第一輯第27册，第20712頁下。
⑧ 《舊唐書》卷四二《職官志一》，縣尉官品爲從八品下至從九品下，第1920—1921頁。

下，刊立德政碑是不受《喪葬令》中五品、七品立碑的碑形限制的，碑首與碑座的搭配相對隨意，唐代德政碑的碑形塑造地方有着較大的自主性。

二 唐代德政碑的尺寸

前述唐代碑碣制度規定，五品已上立碑，趺上高不過九尺；七品已上立碣，趺上高不過四尺。[①] 關於唐朝尺寸，學界根據現存實物研究，"大都認爲唐朝一尺約合今 30 釐米左右"[②]。則五品以上官員的墓碑趺上碑身連額高不得過 270 釐米，七品以上官員碑身連額高不得過 120 釐米。這一墓碑尺寸規定對唐代德政碑是否有效？唐代德政碑的尺寸高低是否具有自身特點以及地域性？這是以下需要探討的問題。由於文獻材料對這方面的記載極爲缺乏，故我們只能通過考古資料來尋求答案。

筆者對唐代縣、州（都督、刺史）、藩鎮（節度使、觀察使）三級官員的德政碑尺寸進行了統計，由於留存實物有限，因此統計資料很難說具有統計學的意義，但依然可以管窺一二。

（一）唐代縣級官員的德政碑尺寸

存留或有拓本留存的唐代縣令德政碑共計 9 方，地點集中在黃河中下游一帶的山西、陝西、河南、河北和山東，其中有 3 方碑石爲後人翻刻，故尺寸不一定與原碑相同，即聖曆二年（699 年）刊立的《渭南縣令李思古清德頌碑》，元人翻刻，碑連額高九尺二寸五分，廣四尺六寸；[③] 天寶五載（746 年）刊立的《昭慶縣令王璠清德頌碑》，北宋翻刻，高 320 釐米、寬 123 釐米；[④] 大曆五年（770 年）刊立的《龔丘縣令庾賁德政碑》，金貞元三年（1155 年）重立，原石久佚，拓片通高 224 釐米、寬 99 釐米。[⑤] 故三碑尺寸原則上不能作爲唐代德政碑尺寸大小的研究材料。

---

① 《唐六典》卷四"禮部郎中員外郎"條，第 120 頁。
② 丘光明：《中國古代度量衡》，商務印書館 1996 年版，第 144 頁。
③ 《金石萃編》卷六三，第 18a—b，《石刻史料新編》第一輯第 2 册，第 1075 頁下；（北宋）歐陽棐撰，（清）繆荃孫輯：《集古録目》卷五，第 11a，《石刻史料新編》第一輯第 24 册，第 17971 頁上。
④ 張明、李恩瑋等主編：《河北隆堯石刻》，科學出版社 2018 年版，第 59—67 頁。
⑤ 《北京圖書館藏中國歷代石刻拓本匯編》第 27 册，第 93 頁。

表1　　　　　　　　　　　唐代縣級官員德政碑尺寸

名稱	刻立時間	出土地點	碑石尺寸	文獻來源
青州益都縣令房彥雲清德碑（望縣）	貞觀十九年（645年）	山東省青州市城區	殘高150釐米、寬79釐米、厚12釐米	李森《新見唐〈青州益都縣令房公清德之頌〉碑考釋》，《華夏考古》2018年第1期
絳州聞喜縣令蘇昱德政碑（望縣）	總章三年（670年）	山西聞喜縣	碑首高89釐米、寬90釐米、厚23釐米；身高188釐米、寬84釐米、厚27釐米	《中國文物地圖集·山西分册》下册，第1129頁
滎陽令盧正道清德碑（緊縣）	神龍三年（707年）	河南滎陽縣	碑高303釐米、寬162釐米	《嵩山碑刻》，第181頁①
元氏縣令龐履溫清德碑（上縣）	開元二十四年（736年）	河北元氏縣	拓片碑身高224釐米、寬121釐米，額高51釐米、寬44釐米	《北圖》第24册，第2頁②
柘城縣令李仲華德政碑（上縣）	天寶十三載（754年）	河南柘城縣	碑高六尺七寸（214.4釐米），廣四尺一寸（131.2釐米）③	《平津館金石萃編》卷九，《石刻史料新編》第二輯第4册，第2554頁下—2555頁上
澄城令鄭楚相德政碑（望縣）④	貞元十四年（798年）	陝西澄城縣	拓片碑身連額通高195釐米、寬87釐米	《北圖》第28册，第138頁

上述表1六方縣令德政碑，2方碑主爲上縣令，3方爲望縣令，1方爲緊縣令，唐代"上縣令，其品從六，望緊同之"⑤。可見，表中縣令的品階完全相同，均低於五品，高於七品。按《唐六典》的規定，縣級官員的墓碑趺上高不得超過120釐米，但是表1的資料説明，當時全國縣令德政碑的高度均超過了120釐米，而且碑石高度還並不統一，故《唐六典》的碑石高度規定顯然不適用於德政碑。《唐六典》是依據開元二十五年令成書的，⑥其碑碣制度出臺後，我們也看到，此

---

① 梅淑貞編著：《嵩山碑刻》，河南人民出版社2019年版。
② 《北圖》爲《北京圖書館藏中國歷代石刻拓本匯編》的簡稱，以下表格同。
③ 丘光明：《中國古代度量衡》，清代營造尺一尺長32釐米，第190頁。
④ 表中縣的等級參照（唐）李吉甫撰，賀次君點校：《元和郡縣圖志》卷一〇，中華書局1984年版，第272頁；卷一二，第333頁；卷八，第203頁；卷一七，第490頁；卷七，第181頁；卷二，第39頁。
⑤ （宋）王欽若等編纂，周勛初等校訂：《册府元龜》卷七〇一《令長部·總序》，鳳凰出版社2006年版，第8095頁。
⑥ ［日］中村裕一：《〈大唐六典の唐令研究〉——"開元七年令"説の檢討—》，東京汲古書院2014年版，第25—26頁。

後縣令德政碑的高度確有明顯降低，已知的兩方碑石《李仲華德政碑》和《鄭楚相德政碑》高度均維持在 200 釐米左右，而之前的《蘇昱德政碑》《盧正道清德碑》《龐履溫清德碑》都超過了 270 釐米。其間，是否有相應的德政碑高度規定政策出臺？因文獻缺乏，不得而知。總之，唐代縣級官員德政碑的尺寸高低在全國範圍內並不統一。

（二）唐代州刺史德政碑尺寸

唐代州刺史德政碑的尺寸如何？其是否會隨著《唐六典》的碑碣規定出臺而進行適時調整？帶着這些疑問，筆者將留存的唐代刺史德政碑尺寸彙聚成表 2。

表 2　　　　　　　　　　唐代州級官員德政碑尺寸

德政碑名稱	刊立時間	出土地點	碑石尺寸	文獻來源
宣州刺史陶大舉德政碑（望州）	永昌元年（689年）	安徽當涂縣丹陽鎮	拓片通高 214 釐米、寬 83 釐米	《北圖》第 17 冊，第 108 頁
萊州刺史唐貞休德政碑（中州）	開元十年（722年）	山東掖縣	拓片碑身高 183 釐米、寬 102 釐米；額高 61 釐米、寬 96 釐米。	《北圖》第 22 冊，第 11 頁
定州刺史段惜德政頌（上州）	開元二十三年（735 年）	河北曲陽《北嶽廟碑》之陰	碑通高 386 釐米、寬 160 釐米、厚 45 釐米	《河北金石輯錄》，第 68 頁；《北圖》第 23 冊，第 159 頁
易州刺史田琬德政碑（中州）	開元二十八年（740 年）	河北易縣	碑通高 333 釐米、寬 121 釐米、厚 35 釐米	《河北金石輯錄》，第 71 頁
營州都督許欽澹德政碑額（上都督府）	開元年間（713—741 年）	內蒙古昭烏達盟阿魯科爾沁旗	額殘長 98 釐米、寬 88 釐米、厚 18 釐米	蘇赫：《內蒙古昭盟發現"大唐營州都督許公德政之碑"碑額》，《考古》1964 年第 2 期
趙州刺史何公德政碑（望州）	大曆九年（774 年）	河北趙縣	碑高 480 釐米、寬 150 釐米、厚 55 釐米	《河北金石輯錄》，第 333 頁

表 2 六方刺史德政碑，除武后永昌元年的《宣州刺史陶大舉德政碑》、開元

十年《萊州刺史唐貞休德政碑》外，其餘開元年間或其後刺史德政碑的高度都超過了3米。從地域來看，前兩碑地點位於安徽和山東，其餘四碑均位於唐代的河北道。如果除去安史之亂以後刊立的《趙州刺史何公德政碑》（高480釐米）外，《定州刺史段憕德政碑》高386釐米、《易州刺史田琬德政碑》高333釐米；《營州都督許公德政碑》的碑石高度不詳，但是從碑額殘留的高度——額高98釐米、寬88釐米、厚18釐米來看，其碑的高度當超過《段憕德政碑》，因爲後者碑額高60釐米、寬75釐米。① 宣州，望州；萊州，中州；定州，上州；易州，中州；營州，上都督府；趙州，望州。② 唐代州的等級爲八等，即府、輔、雄、望、緊、上、中、下州。③ "其六雄、十望州、三輔等，及別敕同上州都督，及畿內州，並同上州。"④ "輔、雄、望、緊州刺史官品采用的應當是與上州刺史相同的品級。"⑤ 唐代州郡長官的官品分別爲：上州刺史從三品，中州刺史正四品上。⑥ 結合表1，可見玄宗時期河北道德政碑的高度大體是按照官品高低來刊立的，分別如下。

元氏縣令龐履溫，上縣令，從六品上，碑石拓本連額高275釐米、寬121釐米；

易州刺史田琬，中州刺史，正四品上，碑通高333釐米、寬121釐米、厚35釐米；

定州刺史段憕，上州刺史，從三品，碑通高386釐米、寬160釐米、厚45釐米；

營州都督許欽澹，上都督，從三品，碑額高98釐米、寬88釐米、厚18釐米，碑通高當在400釐米以上。

由此推測，安史之亂以前河北地域德政碑的高度有一定的等級秩序，只是和其他地域的德政碑相比，普遍偏高，如表2中永昌元年《宣州刺史陶大舉德政碑》（通高214釐米）、開元十年《萊州刺史唐貞休德政碑》（通高244釐米），都不如表1中河北開元二十四年《元氏縣令龐履溫清德碑》（通高275釐米）高大。宣

---

① 《北京圖書館藏中國歷代石刻拓本匯編》第23冊，第159頁。
② 諸州等級，宣州參見《新唐書》卷四一《地理志五》，第1066頁。萊州等級參見《舊唐書》卷三八《地理志一》，第1455頁。定、易、營三州，分別參見《舊唐書》卷三九《地理志二》，第1510、1512、1520頁。趙州參見《新唐書》卷三九《地理志三》，第1016頁。
③ 陳志堅：《唐代州郡制度研究》，第2頁。
④ 《唐會要》卷七〇"量户口定州縣等第例"，第1231頁。
⑤ 曹雨琪：《唐代八等州縣等第形成探微》，《唐宋歷史評論》第八輯，社會科學文獻出版社2021年版，第152頁。
⑥ 《舊唐書》卷四二《職官志一》，第1792—1793頁。

州,望州,刺史同上州,從三品;萊州,中州,刺史正四品上;元氏縣令從六品上。可見,從全國範圍來看,德政碑高度並未與官品呈現出對應的等級序列,而是表現出明顯的地域性。

(三) 唐代藩鎮主帥德政碑尺寸

唐代藩鎮主帥即節度使、觀察使,其德政碑大體都刊立於安史之亂以後,能夠很好地體現唐代中後期德政碑的刊立情況。今彙聚相關材料於表3。

表3　　唐代藩鎮主帥德政碑尺寸

德政碑名稱	刊立時間	出土地點	刊碑時官品	碑石尺寸	文獻來源
大唐都督楊公紀德頌(河西副持節,伊西庭節度使)	安史之亂以後,寶應以前(756—762年)	甘肅敦煌	都督品秩從二品至從三品①	存上下兩截殘石,上截殘寬84釐米、厚24釐米、殘留最高處為66釐米;下截寬84釐米、厚24釐米、殘留最高處96釐米;碑額高37釐米、寬26釐米	吳景山、張洪:《〈大唐都督楊公紀德頌〉碑校讀》,《西域研究》2013年第1期
歸義軍節度使索勳紀德碑	景福元年(892年)		沙州刺史,正四品下②		
成德軍節度使李寶臣紀功載政頌	永泰二年(766年)	河北正定	檢校尚書右僕射,從二品③	碑通高800釐米、碑身高578釐米、寬240釐米、額寬270釐米、厚48釐米	《河北金石輯錄》,第79、329頁
隴右節度使李元諒懋功昭德頌	貞元五年(789年)	陝西華縣	檢校尚書右僕射,從二品	碑高445釐米、寬154釐米、厚40釐米	《中國文物地圖集·陝西分冊》下冊,第598頁
昭義節度使李抱真德政碑	貞元九年(793年)	山西長治	檢校司空,正一品④	碑高396釐米、寬178釐米、厚56釐米	《中國文物地圖集·山西分冊》中冊,第229頁

---

① 《舊唐書》卷四二《職官志一》,第1791—1792頁。
② 索勳所帶官銜碑文不詳,按常例,歸義軍節度使兼沙州刺史,沙州,下州,《舊唐書》卷四〇《地理志三》,第1644頁。下州刺史,正四品下,見《舊唐書》卷四二《職官志一》,第1793頁。
③ 《舊唐書》卷四二《職官志一》,第1791頁。
④ 《舊唐書》卷四二《職官志一》,第1791頁。

續表

德政碑名稱	刊立時間	出土地點	刊碑時官品	碑石尺寸	文獻來源
邠寧節度高霞寓德政碑	長慶四年至寶曆二年（824—826年）	陝西彬縣	檢校工部尚書，正三品①	碑首高147釐米、寬152釐米。按一般唐碑比例推算，碑身不會少於260釐米，通高可能在500釐米以上	根遠、躍進：《陝西彬縣發現唐代巨碑》，《文博》1997年第2期
魏博節度使何進滔德政碑	開成五年（840年）	河北大名縣	檢校左散騎常侍，正三品②	碑高1234釐米、寬304釐米、厚108釐米	《河北金石輯錄》，第327頁
威武軍節度王審知德政碑	天祐三年（906年）	福建福州	檢校太保，正一品③	碑高500釐米、寬187釐米、厚29釐米	《中國文物地圖集·福建分冊》下册，第5頁

我們將以上保存相對完整的藩鎮主帥德政碑尺寸按官品高低排列如下。

李抱真，正一品，碑高396釐米、寬178釐米、厚56釐米；

王審知，正一品，碑高500釐米、寬187釐米、厚29釐米；

李寶臣，從二品，碑通高800釐米、碑身高578釐米、寬240釐米、厚48釐米；

李元諒，從二品，碑高445釐米、寬154釐米、厚40釐米；

高霞寓，正三品，通高可能在500釐米以上；

何進滔，正三品，碑高1234釐米、寬304釐米、厚108釐米。

可見，同樣是節度使，即便檢校的官品相同，其德政碑的尺寸高低也並不統一。不僅如此，低品官的德政碑其碑石高度有的反而高於官品稍高者，如正三品的《高霞寓碑》、從二品的《李元諒碑》，均高於正一品的《李抱真碑》。割據的成德鎮和魏博鎮，其節度使的德政碑更加高大雄壯，也與官品不成正比關係。但是在藩鎮内部，應該有一定的碑石秩序，如成德鎮的《趙州刺史何公德政碑》，高480釐米，便明顯低於節度使《李寶臣紀功載政碑》的高度（高800釐米）。由

---

① 《舊唐書》卷一六《穆宗本紀》："以右衛大將軍高霞寓檢校工部尚書、邠州刺史，充邠寧節度使"，第487頁。《舊唐書》卷四二《職官志一》，第1792頁。

② 《舊唐書》卷一七上《文宗本紀上》，大和三年，七月"壬子，詔以魏博衙内都知兵馬使何進滔檢校左散騎常侍，充魏博節度使"，第532頁。《舊唐書》卷四二《職官志一》："舊班從三品，廣德年昇。"第1792頁。

③ 《舊唐書》卷四二《職官志一》，第1791頁。

此，我們是否可以推測，唐代德政碑的等級秩序，安史之亂以前可能主要是以道爲單位（如前舉開元年間河北道德政碑的尺寸高低，大體按官品高下形成等級秩序），安史之亂以後主要以藩鎮爲單位。

概言之，《唐六典》所規定的碑石外形（螭首龜趺或圭首方趺）和尺寸高低對德政碑並不有效，因爲同樣官職和品級的官員其德政碑高度和碑形並不完全統一，唐代德政碑的形制遠比《唐六典》的規定豐富多彩，碑石的尺寸高低也超出了《唐六典》的規定，其在全國範圍內並不統一，而在同一行政區劃內（如前期的道，後期的藩鎮），卻可能有着相對的等級秩序。朝廷對於德政碑的管控主要在於刊碑的資格審查，而不是其形制和尺寸高低，後者更多的是由地方政府做主，故地方才會在刊碑時，不時地融進一些宗教因素或地域特色。由此折射出唐代中央對於地方的治理模式，即中央以宏觀的政策把控（如刊碑的資格審查）爲主，而具體的實踐操作（如刊碑的碑形和尺寸高低）則大體由地方自行決定。

本文爲國家社科基金後期資助項目"中古時期德政碑考論"（項目編號：21FZSB043）的階段性成果。

收稿日期：2022 年 3 月

晚唐游宦文士張球的精神世界

楊寶玉

摘　要：通過對敦煌文書的認真梳理解析，本文作者查考到了今知唯一一位曾長期在唐五代時期的敦煌任職留居的外來文士——張球。他曾在晚唐敦煌地方政權——張氏歸義軍政權——中擔任要職，並在該地創作了大量作品，卻一直被后世學者誤認爲是敦煌本地人。本文首先概述了張球的生平事迹，列舉了其原本生長於江南越州的文書依據；繼而根據相關文書尤其是張球自撰詩文，闡釋了他留居敦煌半個多世紀期間所經歷感受的愛恨情仇；最後亦在前述個案分析的基礎上，解讀了張球所處時代的諸多游宦文士之精神世界中的一些具有共通性的問題，例如家國情懷、羈旅愁思等。

關鍵詞：晚唐　游宦文士　張球　越州　敦煌

中國古代將外出求官尤其是做官稱爲"游宦"或"宦游"。游宦文士在於異地他鄉爲官任職的同時，還經常以獨特視角撰述寫作，或詠物抒懷，或記人論事，因而他們既是歷史的參與者、見證者，又是特殊另類的書寫者、評判者，其人其事其文遂具有了特別重要的研究意義。晚唐時期政局動盪，割據勢力林立，奔走掙扎於亂世的游宦文士對社會人生的思考與感悟更加深刻豐富，其精神世界自然也格外受後人關注。只是時移世易，迹滅痕消，千餘年後的我們已很難就此展開詳盡細膩的研究。所幸，中古時期的文化寶藏——敦煌藏經洞文書——爲我們保留了部分鮮活真實的史料。通過對敦煌文書的仔細爬梳解析，今日已可確定曾長期在晚唐敦煌地方政權——張氏歸義軍政權——中擔任要職的著名文士張球原本生長於江南越州，是十分典型的游宦文士，而敦煌文書和敦煌古碑銘中留存有數量相當可觀的張球作品及有關其所處時空的記述，可供我們勾勒出張球精神世界的大致輪廓並據之進一步探析晚唐游宦文士精神層面的一些具有共通性的問題。本文即擬就此略做嘗試，不當之處，敬請方家教正。

一　張球其人其事其文

張球，生於唐穆宗長慶四年（824年），至後梁開平五年（911年）尚在世，[①]主要活躍於敦煌地區的晚唐時期即張氏歸義軍時期，在敦煌文書和敦煌古碑銘中留下了大量作品。其名字有時又署爲"張景球""張俅""張景俅"[②]，不過，出現頻率最高的還是"張球"，爲避免混亂，以下行文一般以"張球"稱之。

在今日需主要根據敦煌文書纔可瞭解的衆多歷史人物中，張球有一個異於常人之處值得特別關注：他並非以往學界認爲的敦煌本地人，而是今知唐五代時期唯一一位長期任職並居止於敦煌地區的外來文人。[③]張球本爲越州山陰縣（今浙江紹興）人，並曾游歷多地，飽受江南與中原文化薰陶。他曾以鄉貢身份參加尚書省禮部舉辦的省試，落第後像當時許多鄉貢進士一樣入幕藩鎮，從而西來敦煌。[④]

張球於三十歲左右加入新興的歸義軍政權，任職時間長達三四十年，累官至總攬藩鎮文辭之責因而位高權重且可知見參與機要之事的節度判官、掌書記。約七十歲時，張球按唐朝規定致仕，但仍留居敦煌，寄居於敦煌城外的佛寺，並於寺中聚徒興學傳道授業。[⑤]進入耄耋之年後，張球又專心奉佛抄經。張球相當長壽，至少911年八十八歲時尚健在，故得以經歷見證了張議潮、張淮深、張淮鼎、索勛、張承奉先後任歸義軍節度使，甚至後來張承奉因割據建金山國而自立稱帝的張氏政權興盛衰敗的幾乎整個過程。張球又異常睿智敏感，交游、興趣均相當廣泛，幾乎全方位參與了當時河西敦煌的社會生活。

至於張球之文，他一生樂於和長於撰述，僅留存於敦煌文書和敦煌古碑銘中的署名作品就有近20種，近年我們從佚失作者姓名的敦煌文書中查考出的他的著述更多。若就藏經洞保存的撰作於敦煌本地的文書而言，今知出自張球之手的堪

[①]　關於張球生卒年的考證，詳參拙文《敦煌寫經題記中的八旬老人身分考索》，《隋唐遼宋金元史論叢》第9輯，上海古籍出版社2019年版，第93—108頁。
[②]　關於張球名字在敦煌文書和敦煌古碑銘中的不同寫法，詳參拙文《晚唐敦煌寺學名師張球名字之異寫》，《童蒙文化研究》第六卷，人民出版社2021年版，第60—71頁。
[③]　關於張球出生地的考證，詳參拙文《〈摩利支天菩薩咒靈驗記〉與張球事迹輯補》，《敦煌本佛教靈驗記校注並研究》，甘肅人民出版社2009年版，第101—139頁。
[④]　關於張球科舉落第及其西來敦煌的因由，詳參拙文《〈貳師泉賦〉作者考辨》，《敦煌學輯刊》2021年第4期。
[⑤]　關於張球課徒教學的情況，詳參拙文《集後進以闡大猷：晚唐敦煌張球寺學考索》，《亦僧亦俗、自內及外：東亞大視野下的佛教與教育國際研討會論文集》，新加坡：World Scholastic Publishers 2020年版，第181—195頁。

稱數量最巨品類最夥,而依常理推想,我們未能確證的他的作品恐怕還有不少。張球著述僅存於敦煌,不單是可補傳世文獻之缺的晚唐文學遺存,更是可供後人探究當地某些重大歷史事件的緣由過程與結局影響的珍稀史料。這些作品,特別是其中内涵豐富關涉頗廣的名人名僧邈真讚、墓誌銘、别傳、書狀、詩賦、隨筆、雜記、題記等,既有直書,又含曲筆,或係翔實真切的原始記録,或屬抉微發覆的寶貴綫索,極有益於對唐五代時期社會文化史、敦煌地區史等課題的正確解讀與深入研究。

總之,紛亂動蕩交通阻隔的艱難時代、自江南至西北的跨界任職徙居、文士高官佛教信徒的多重身份、獨存於敦煌的題材與體裁多樣的大量作品……諸多因素交互作用,使張球其人其事其文兀然卓立,具有了多角度深層次解讀剖析的意義。而作爲一名游宦文士,敦煌文書和敦煌古碑銘中保留的張球著述,以及有關其生活與創作背景的各類史料之多之詳具,又遠非同時代其他宦游者在傳世文獻中留下的雪泥鴻爪可比。故我們不妨藉助敦煌文書跨越時空,一探這位特殊游宦文士的精神世界。

二　游宦文士張球精神世界管窺

透過張球的衆多作品,我們可以探知其精神世界中至少有三點非常引人注目。

(一) 建功異域的豪情壯志

張球原本生長於山明水秀富庶繁華的江南,卻離家辭親,奔赴偏僻遥遠且剛剛擺脱異族統治、經濟文化落後、被當時内地很多人視爲異域絶地的西北塞外,這當中自然有科舉落第後不得不入幕藩鎮的無奈與因緣際會的巧合,但更重要的因素恐怕還是他胸中激蕩着的縱横馳騁、建功立業的遠大抱負。他創作的很多作品對此都有所揭示,試以其對敦煌本地名勝貳師泉的詠歎爲例略窺一斑。貳師泉,本名懸泉,又名懸泉水,位於今敦煌市東130里左右的三危山脈中部的懸泉谷中,其别名"貳師泉"係源於當地流傳的漢武帝時貳師將軍李廣利於西伐大宛歸途中抽刀刺崖致飛泉涌出,以濟三軍將士的故事。張球初到敦煌,即前往參訪,並撰就了一篇《貳師泉賦》,讚頌道:

　　　　昔貳師兮仗鉞專征，森戈矛兮深入虜庭，伐不賓之獯鬻，射芒角之
狼星。①

對貳師將軍領命西征，討伐寇虜的壯舉分外仰慕。該賦結尾處對貳師將軍的得勝
凱旋更是嘆服欽羨：

　　　　振旅東去，神功永傳。……銘常樂②之樂石，紀靈通於萬年。

不僅如此，以後張球在撰寫五言組詩《敦煌廿詠》時仍念念不忘貳師泉的寓意，
意猶未盡地又寫了一首《貳師泉詠》③：

　　　　賢哉李廣利，爲將討匈奴。路指三危迥，山連萬里枯。抽刀刺石壁，發
矢落金烏。志感飛泉涌，能令士馬蘇。④

顯然，張球藉緬懷古人，抒發的是個人心中意氣，極具豪邁激越氣息。事實上，
張球到敦煌後確曾參與過軍事行動，如英藏敦煌文書 S. 2059《〈佛說摩利支天菩
薩陀羅尼經〉序》即記其曾率領大隊人馬爲剛剛收復涼州的歸義軍將士長途運糧：

　　　　以涼州新復，軍糧不充，蒙張太保□□□武發運使，後送糧馱五千餘石
至姑臧。⑤

　　不過，身爲文士，張球的功業更多地體現於文治方面。張球西來，正值敦煌
文化史上的一個極其特殊而關鍵的時期。唐玄宗天寶十四載（755 年）安史之亂
爆發，吐蕃趁機大舉入侵唐朝西北地方，河隴州郡漸次陷落，位於河西走廊最西
端的敦煌與中原的聯繫遂嚴重受阻，至貞元二年（786 年）後，敦煌更被吐蕃占
據了六七十年，完全脱離了中原掌控。受吐蕃統治者強制推行的一系列吐蕃化措

---

① 文書圖版見上海古籍出版社、法國國家圖書館編《法國國家圖書館藏敦煌西域文獻》第 17 册，上
海古籍出版社 2001 年版，第 327 頁。
② 常樂，指敦煌東部的常樂縣。
③ 關於該五言組詩作者的推考，詳參拙文《〈敦煌廿詠〉作者與撰寫時間考證》，《童蒙文化研究》第
四卷，人民出版社 2019 年版，第 129—139 頁。
④ 文書圖版見《法國國家圖書館藏敦煌西域文獻》第 18 册，第 68 頁。
⑤ 文書圖版見上海師範大學、英國國家圖書館合編，方廣錩、[英] 吳芳思主編《英國國家圖書館藏
敦煌遺書》第 32 册，廣西師範大學出版社 2014 年版，第 348 頁。

施（包括限制漢俗和漢字的行用等）影響，敦煌漢文化受到了嚴重摧殘。至唐宣宗大中二年（848年）張議潮率衆推翻吐蕃統治並奉土歸唐，敦煌與中原的隔絶已近百年，漢文化亟待重建與復興。此時西來的飽學之士，自然會被視爲將日新月異的中原與江南文化傳播至敦煌的重要使者。而張球也確實有此自覺，並實際擔當起了這一重任，① 其作品中每每透露出的以儒家思想治國平天下的願念即是明證。甚至於致仕之後，張球仍然牢記時代賦予自己的使命，欲將相關理念傳諸後世。於此，最直接且有説服力的例證莫過於英藏敦煌文書 S. 5448《敦煌録》所言：

> 郡城西北一里有寺，古木陰森，中有小堡，上設廊殿，具體而微。先有沙悴張球，已邁從心，寓止於此。雖非博學，亦甚苦心。蓋經亂年多，習業人少，遂集後進，以闡大猷。天不憗遺，民受其賜。②

這段話不僅記載了已邁入從心之年（七十歲）的張球曾在其致仕後寓止的敦煌城外的佛寺中聚徒興學，更揭示了他課徒的目的：與敦煌地區其他寺學教導童蒙識文斷字和習練禮儀不同，張球辦學爲的是"闡大猷"，即講授治國理政的道理。考"大猷"典出《詩·小雅·巧言》："奕奕寢廟，君子作之；秩秩大猷，聖人莫之"，鄭玄箋云："猷，道也；大道，治國之禮法"③。是知張球興學的立意非常高遠。從《敦煌録》以"天不憗遺，民受其賜"評價此事來看，他的宏圖遠慮無疑贏得了敦煌民衆的長久感念與敬重。《左傳》哀公十六年記"孔丘卒，公誄之曰：'旻天不弔，不憗遺一老，俾屏余一人以在位'"④，《史記·孔子世家》亦以此贊頌孔子，《敦煌録》在關於當地寺學的平實叙述中選用此語，顯然非常推崇張球的擔當精神。

（二）眷戀故土的羈旅愁思

張球是於成年後纔來到自然氣候與社會經濟條件均遜於其故鄉的敦煌，係因

---

① 關於張球爲敦煌漢文化復興所做的諸多貢獻，詳參拙文《外來文士張球與晚唐敦煌漢文化的重建》，《形象史學研究》2016年下半年卷，人民出版社2017年版，第70—82頁。
② 文書圖版見中國社會科學院歷史研究所、中國敦煌吐魯番學會敦煌古文獻編輯委員會、英國國家圖書館、倫敦大學亞非學院編《英藏敦煌文獻（漢文佛經以外部分）》第7卷，四川人民出版社1992年版，第94—95頁。
③ （清）阮元校刻：《十三經注疏》，中華書局1980年版，第454頁。
④ （清）阮元校刻：《十三經注疏》，第2177頁。

游宦而滯留此地半個多世紀並不得不終老於此，故懷舊思歸乃是瀰漫於其諸多作品中的一大主題，相關篇章詩句難以盡數。

例如，法藏敦煌文書 P. 3303V 即是張球到敦煌若干年後寫下的追憶家鄉風物的懷舊隨筆，記述的是其故鄉越州廣泛種植的甘蔗的種類、外觀，特別是唐太宗李世民派王玄策從印度請來的石蜜匠在越州傳授的製糖法。其實，寫此文時張球身處西北，敦煌及其周邊地區乾旱少雨，既不能種甘蔗，又不是蔗糖生產加工地，向當地人介紹甘蔗與製糖法並無實用價值。顯然，該文的撰作起因於羈留異鄉的張球心中難以化解的濃濃的鄉愁。① 同樣，對於敦煌地區史和敦煌文學史研究都非常重要的《敕河西節度兵部尚書張公德政之碑》抄件（S. 6161A + S. 3329 + S. 11564 + S. 6161B + S. 6973 + P. 2762，學界習稱"《張淮深碑》"）的卷背留存有張球撰作的 19 首詩，② 其中《得□硯》部分詩句傾訴的也是詩作者對故鄉風物的追思憶念：

一別端溪硯，於今三十年。攜持入紫臺，無復麗江箋……筆下起愁煙。③

再如，亦抄寫於《張淮深碑》抄件卷背的一首闕題詩謂：

三十年來帶（滯）玉關，磧西危冷隔河山。

表露了作者長期困頓於"危冷"西陲的孤苦寂寥。同卷的《"夫"字爲首尾》一詩又言：

天山旅泊思江外，夢裏還家入道爐。④

則非常直白地傾訴了詩人對故鄉日思夜想，夢寐思歸的眷念。

又如，《敦煌廿詠》的第七詠《水精堂詠》展現了詩人對被吐蕃拘禁六年，最終逃歸中原內地的淮南裨將譚可則的羡慕：

---

① 這是有關東傳中國的印度製糖技法的最早最詳盡記述，對研究中印科技與文化交流史、蔗糖生產加工史等具有重要價值。詳參拙文《印度製糖法文書重校及其獨存敦煌原因新探》，《敦煌研究》2019 年第 4 期。
② 關於這些佚名詩作者的考證，詳參拙文《〈張淮深碑〉抄件卷背詩文作者考辨》，《敦煌學輯刊》2016 年第 2 期。
③ 文書圖版見《英藏敦煌文獻（漢文佛經以外部分）》第 5 卷，第 45 頁。
④ 文書圖版見《法國國家圖書館藏敦煌西域文獻》第 18 冊，第 121 頁。

可則棄胡塞，終歸還帝鄉。①

而英藏敦煌文書 S. 5644 抄存有一首異形詩《方角書一首》，原作者也是張球，②詩云：

江南遠客跧，翹思未得還。飄起沙場苦，詳取淚如潸。
怦直古人志，鏗雅韻峰蠻（巒）。尪逼那堪説，鯨滅靜陽關。③

傾訴的則已是這位來自遙遠的江南，客居西北異鄉的宦游者憶念故里而又無法回歸的憂鬱愁悶。詩的首句"江南遠客跧"尤其是張球境遇的寫照，非常凝練形象地描繪了張球一生的主要特點和他由此生發的內心感受：面對敦煌，他始終認爲自己是受困的"客"。

（三）憂懼彷徨的厭世情結

張球在敦煌歸義軍政權中一直很受重用，與當地各界人士亦交往頗深，然而，他也因此見識了掌權者姻親眷屬之間的爾虞我詐甚至血腥仇殺，身處爭鬥漩渦中的張球自然膽戰心寒。前已提及的《張淮深碑》抄件卷背保存有一段張球所寫的雜記：

龍紀二年二月十九日也，心中不可忍，冷氣不下食。④

所記"龍紀二年（即大順元年，890 年）二月十九日"正處於歸義軍政局發生劇變的高危期，據同樣由張球撰作的《歸義軍節度使檢校司徒南陽張府君墓誌銘》（P. 2913V），三天後的二十二日，與張球情誼深厚的張氏歸義軍第二任節度使張淮深及淮深與正妻陳氏所生諸子即已全部遇害，⑤故這一時間節點對於張球來說森

---

① 文書圖版見《法國國家圖書館藏敦煌西域文獻》第 18 册，第 68 頁。
② 關於詩作者的考證與詩文的整理與研究，詳參拙文《敦煌寫本〈方角書一首〉創作時間與撰作者推考》，《國際中國文學研究叢刊》第 8 集，上海古籍出版社 2020 年版，第 86—92 頁。
③ 文書圖版見《英藏敦煌文獻（漢文佛經以外部分）》第 8 卷，第 250 頁。
④ 文書圖版見《法國國家圖書館藏敦煌西域文獻》第 18 册，第 122 頁。
⑤ 關於此一時段的敦煌政局，學界探討頗多，詳參李永寧《豎牛作孽 君主見欺——談張淮深之死及唐末歸義軍執政者之更迭》（《敦煌研究》1986 年第 2 期）、鄧文寬《也談張淮深之死》（《敦煌研究》1988 年第 1 期）、拙文《〈張淮深墓誌銘〉與張淮深被害事件再探》（《敦煌研究》2017 年第 2 期）等。

寒又敏感。至於"冷氣"一詞，古時係指因哀痛過甚而致的氣逆之症。如《梁書·孝行傳·褚脩》即謂："褚脩，吳郡錢唐人也……脩性至孝，父喪毁瘠過禮，因患冷氣。及丁母憂，水漿不入口二十三日，氣絶復蘇。每號慟嘔血，遂以毁卒。"① 是知張球所用此詞中隱含着極其哀痛驚懼的情感。張球擔任節度判官、掌書記期間，張氏歸義軍内部政争不斷，發生了多次令人驚心動魄的重大事件，波及於張球的必然是驚懼憂鬱的心理體驗。

致仕後，張球也未能回歸魂牽夢縈的家鄉越州，而是以古稀耄耋之齡繼續羈滯於異域他鄉，在課徒奉佛中了卻殘生。他在藏經洞中留下了數十件親筆抄寫的《金剛經》《閻羅王受記經》，或兩經之合抄，其中有些乃是刺血和墨寫成的血書寫經。② 這固然是佛教信衆虔誠信仰的體現，但内中十餘件經文之後書寫的令後世讀者唏嘘不已的題記也披露了張球凄清孤寂晚年的心路歷程。例如，法藏敦煌文書 P.2876《金剛經》後題記謂：

　　天祐三年歲次丙寅四月五日，八十三老翁刺血和墨，手寫此經，流布沙州一切信士。國土安寧，法輪常轉。以死寫之，乞早過世，餘無所願。③

再如，俄藏敦煌文書 Дх.5126《金剛經》後亦記：

　　天祐三年丙寅六月十二日，八十三老人奉爲金剛密迹菩薩寫此經。乞早過世，信心人受持。④

"乞早過世"，恐怕已是這位於垂暮之年仍身處客居地的游宦文士能爲自己設計的最好歸宿，其對世道人心的感悟該是何等哀怨悲凉與深刻無奈。

三　結語

以上筆者擇要梳理了今知唯一一位曾長期在唐五代時期的敦煌任職留居並創

---

①　《梁書》卷四七《孝行·褚脩》，點校本二十四史修訂本，中華書局2022年版，第730頁。
②　關於張球的宗教信仰狀況，詳參拙文《晚唐敦煌著名文士張球崇佛活動考索》，《河北師範大學學報》（哲學社會科學版）2020年第3期。
③　文書圖版見《法國國家圖書館藏敦煌西域文獻》第19册，第242頁。
④　文書圖版見俄羅斯科學院東方研究所聖彼得堡分所、俄羅斯科學出版社東方文學部、上海古籍出版社編《俄羅斯科學院東方研究所聖彼得堡分所藏敦煌文獻》第12册，上海古籍出版社2000年版，第25頁。

作了大量文學作品的外來文士張球的生平事迹,可知他年輕時意氣風發奔赴大漠西陲,中年後歷經人世滄桑人海浮沉,遲暮晚年仍舊滯留於宦游地並終老於該地。這位於敦煌剛剛擺脱異族統治之初即從唐朝東境遠赴西北邊陲的游宦文士的一生頗具傳奇色彩。根據藏經洞中保存的相關文書尤其是張球自撰詩文,今日我們還可以大致瞭解他居止敦煌半個多世紀期間所經歷感受的愛恨情仇,依稀認知其精神世界的若干層面,其中諸如家國情懷、羈旅愁思等,在其所處晚唐時期的諸多游宦文士中應具有共通性。

本文爲國家社科基金項目"晚唐敦煌文士張球與歸義軍史研究"(項目編號:16BZS007)的階段性成果。

收稿日期:2022 年 11 月

蜀石經《周禮·秋官》殘拓校理

王天然

摘 要：國家圖書館藏蜀石經《周禮·秋官》殘拓起自卷九序官蜡氏鄭注"月令"，終於卷十掌客職鄭注"車秉"。本次校理以1926年劉體乾黑白影印本及《中國國家圖書館善本碑帖綜録》所收彩色圖版三幅爲底本，擇取刻本十種對校，並斟酌參考相關文獻六種。此項工作是探索蜀石經《周禮》性質的基礎，同時也期待爲討論《周禮》經注文本源流提供更多細節佐證。

關鍵詞：蜀石經 周禮 秋官 文本源流

國家圖書館藏蜀石經《周禮·秋官》殘拓起自卷九序官蜡氏鄭注"月令"，終於卷十掌客職鄭注"車秉"。存七十五開半，半開六行行大字十三至十五字不等，小字雙行行十八至二十二字不等。爲方便閲讀，今據宋婺州市門巷唐宅刻本略補首尾闕文並以"〖〗"括出。小字注文以"（）"括出。拓中字跡殘損處，尚可辨識者徑録其文；存有殘形但較難辨識者與完全殘去者皆以"□"標示；不明具體殘損字數者以"☒"標示。蜀石經與諸本不同處，多據其自身文意句讀。本次校理以1926年劉體乾黑白影印本及《中國國家圖書館善本碑帖綜録》所收彩色圖版三幅爲底本，擇取刻本十種對校，並斟酌參考相關文獻六種。異體字、避諱字一般於首見時出校；唐石經"二十"作"廿"、"三十"作"卅"，亦首見時出校；明顯爲殘損壞字者，一般不出校。校理文字以頁下注呈現，必要時加按語説明。現略述所據各本如下。

1. 唐開成石經《周禮》，據日本京都大學人文科學研究所藏整拓本全文影像校勘①，簡稱"唐石經"。

---

① 詳見：https://new.shuge.org/view/kai_ cheng_ shi_ jing_ ta_ pian/。

2. 宋蜀大字本，據日本靜嘉堂文庫公布之全文影像校勘①，簡稱"蜀本"。

3. 宋婺州市門巷唐宅刻本，據《中華再造善本》影印國家圖書館藏本校勘，簡稱"婺本"。

4. 明嘉靖吳郡徐氏翻宋本，據《中華再造善本》影印國家圖書館藏本校勘，簡稱"明本"。

5. 金刻本，據《中華再造善本》影印國家圖書館藏本校勘，簡稱"金本"。

6. 宋兩浙東路茶鹽司刻宋元明遞修本，據《師顧堂叢書》影印董康本、《中華再造善本》影印國家圖書館藏本校勘，簡稱"八行本"。

7. 宋刻本《周禮》，卷前附清人費念慈題記，據國家圖書館藏本校勘，簡稱"費識本"。

8. 宋刻本《周禮》，有重言、重意，卷前有圖，據《中華再造善本》影印北京大學圖書館藏本校勘，簡稱"北大本"。

9. 明翻元岳氏本，國家圖書館藏 10983 號本，據"中華古籍資源庫"公布之全文影像校勘②，簡稱"翻岳本"。

10. 元刻明修十行本，據《中華再造善本》影印北京市文物局藏本、"中華古籍資源庫"公布之國家圖書館藏 05125 號本校勘③，簡稱"十行本"。

11. 單疏舊抄本《周禮疏》，據日本京都大學公布之全文影像④，簡稱"單疏"。

12. 陸德明《經典釋文·周禮音義》，據《中華再造善本》影印國家圖書館藏宋刻宋元遞修本，簡稱"釋文"。

13. 顧野王原本《玉篇》殘卷，據《續修四庫全書》影印本、《日本藏漢籍古鈔本叢刊》第三輯影印本，簡稱"玉篇"。

14. 黃丕烈《重雕嘉靖本校宋周禮札記》，國家圖書館藏 A02860 號《士禮居叢書》本，據"中華古籍資源庫"公布之全文影像⑤，簡稱"黃札"。

15. 阮元《十三經注疏校勘記》之《周禮》部分，據藝文印書館影印嘉慶江

---

① 詳見：https://www.lib.pku.edu.cn/portal/cn/news/0000002006。該本中補抄之處將括注。
② 詳見：http://read.nlc.cn/allSearch/searchDetail?searchType=&showType=1&indexName=data_892&fid=411999019258。
③ 詳見：http://read.nlc.cn/allSearch/searchDetail?searchType=&showType=1&indexName=data_892&fid=412004001821。
④ 詳見：https://rmda.kulib.kyoto-u.ac.jp/item/rb00008067#?c=0&m=0&s=0&cv=0&r=0&xywh=-2138%2C-114%2C7347%2C2275。
⑤ 詳見：http://read.nlc.cn/allSearch/searchDetail?searchType=&showType=1&indexName=data_892&fid=412000005212。

西南昌府學阮刻本《十三經注疏》所附校記、《續修四庫全書》影印文選樓本，並參考劉玉才主編、唐田恬整理本（北京大學出版社，2015 年），簡稱"阮校"。

16. 孫詒讓《十三經注疏校記》之《周禮》部分，據雪克輯校本（中華書局，2009 年），簡稱"孫校"。

（前缺四開半）

〖蟻氏，下士四人，徒四十人。〗（〖蟻，骨肉腐臭，蠅蟲所蟻也。〗《月令》□□□□觜①，□官之職②。蟻讀如狙司之狙③。）

雍氏④，下士二□⑤，□八人⑥。（擁⑦，謂隄防止水者⑧。）

萍氏，下士二人，徒八人。（鄭司農云："萍讀爲蛢，或爲萍號起雨之萍⑨。"玄謂⑩：今《天問》萍號作萍。《爾雅》曰"萍⑪，蓱，其大者曰蘋⑫"。萍讀如小子言平⑬。萍□掌主水禁⑭，萍之草無根而浮，取名於□□沈溺也⑮。）

———————

① 蜀本（補抄）、婺本、明本、金本、八行本、費識本、北大本、翻岳本、十行本"□□□□"作"曰掩骼埋"。釋文出字作"貍"，云"本又作埋"。蜀本（補抄）、婺本、明本、金本、八行本、費識本、北大本、翻岳本、十行本、單疏引文"觜"作"胔"；釋文出字作"胔"，云"本又作觜"。

② 蜀本（補抄）、婺本、明本、金本、八行本、費識本、北大本、翻岳本、十行本"□"作"此"，"職"後有"也"。

③ 蜀本（補抄）無"蟻讀如狙司之狙"。翻岳本前"狙"作"徂"。

④ 蜀石經"雍"前有空格，唐石經、蜀本（補抄）、婺本、明本、金本、八行本、費識本、北大本、翻岳本、十行本另起一行。按，今版式從唐石經諸本，下仿此。

⑤ 唐石經、蜀本（補抄）、婺本、明本、金本、八行本、費識本、北大本、翻岳本、十行本"□"作"人"。

⑥ 唐石經、蜀本（補抄）、婺本、明本、金本、八行本、費識本、北大本、翻岳本、十行本"□"作"徒"。

⑦ 蜀本（補抄）、婺本、明本、金本、八行本、費識本、北大本、翻岳本、十行本、單疏標起訖"擁"作"雍"。

⑧ 蜀本（補抄）、婺本、明本、金本、八行本、費識本、北大本、翻岳本、十行本、單疏標起訖"者"後有"也"。

⑨ 十行本"號"作"虢"。

⑩ 蜀本、婺本、八行本、北大本"玄"闕末筆；費識本"玄"不闕筆，但該字有墨圍。

⑪ 釋文出字作"萍"，云"本亦作苹"。

⑫ 蜀本、婺本、明本、金本、八行本、費識本、北大本、翻岳本、十行本、釋文出字無"曰"。北大本"蘋"作"萍"。

⑬ 蜀本、婺本、明本、金本、八行本、費識本、北大本、翻岳本、十行本、單疏引文無"萍"，"平"後有"之平"。

⑭ 蜀本、婺本、明本、金本、八行本、費識本、北大本、翻岳本、十行本"□"作"氏"，無"掌"。

⑮ 婺本、費識本、北大本"沈"作"沉"，金本作"沉"，蜀本、明本、八行本、翻岳本、十行本、單疏標起訖同蜀石經。北大本"溺"作"弱"。蜀本、婺本、明本、金本、八行本、費識本、北大本、翻岳本、十行本、單疏標起訖無"也"。蜀本、婺本、明本、金本、八行本、費識本、北大本、翻岳本、十行本"□□"作"其不"。

司寤氏，下士二人，徒八人。（寤，覺也，主夜覺者。）

司烜氏，下士六人，徒十有二人①。（烜，火也，讀如衛侯燬□燬②。故書"燬"作"烜"③，鄭司□云④："當爲垣⑤。"）

條狼氏，下士六人，胥六人，徒六十人。（杜子春云⑥："條當爲滌器之滌⑦。"玄謂：滌，除也。狼，狼扈道上。）

脩閭氏，下士二人，史一人，徒十有二人。（閭⑧，謂里門。）

冥氏⑨，下士二人⑩，徒八人。（鄭司農云："冥⑪，讀爲寞氏春秋謂之蜎⑫。"玄謂：冥方之寞⑬，以繩縻取禽獸之名。）

庶氏，下士一人，徒四人。（庶讀如藥齍⑭，驅除毒蟲之言⑮。書不作蟲者⑯，字從聲耳⑰。）

穴氏，下士一人，徒四人。（穴⑱，搏蟄獸所藏者。）

翨氏，下士二□⑲，徒八人。（翨，鳥翮也。鄭司農云："翨，讀爲翅翼之翅。"）

---

① 十行本"二"作"六"。
② 蜀本、婺本、明本、金本、八行本、費識本、北大本、翻岳本、十行本"□"作"之"。
③ 蜀本、婺本、明本、金本、八行本、費識本、北大本、翻岳本、十行本"作"作"爲"。蜀本、婺本、明本、八行本、費識本、翻岳本、十行本"烜"作"垣"，金本、北大本同蜀石經。
④ 蜀本、婺本、明本、金本、八行本、費識本、北大本、翻岳本、十行本"□"作"農"。
⑤ 蜀本、婺本、明本、金本、八行本、費識本、北大本、翻岳本、十行本、單疏標起訖"垣"作"烜"。
⑥ 十行本"杜"作"社"。
⑦ 婺本"器"作"嚻"，金本作"噐"。
⑧ 十行本"閭"作"間"。
⑨ 翻岳本、十行本"冥"作"寞"。
⑩ 十行本"下"作"十"。
⑪ 翻岳本"冥"作"寞"。
⑫ 蜀本、婺本、明本、金本、八行本、費識本、北大本、十行本、單疏引文、釋文出字"寞"作"冥"，翻岳本同蜀石經。蜀本、婺本、明本、金本、八行本、費識本、北大本、十行本"謂之蜎"作"之冥"，翻岳本作"之寞"。
⑬ 翻岳本"冥"作"寞"。蜀本、婺本、明本、金本、八行本、費識本、北大本、單疏所引"寞"作"冥"，翻岳本、十行本同蜀石經。
⑭ 玉篇"齍"作"薺"。蜀本、婺本、明本、金本、八行本、費識本、北大本、翻岳本、十行本、單疏引文"齍"後有"之齍"。
⑮ 玉篇"驅"作"駈"，句末有"也"。
⑯ 蜀本、婺本、明本、金本、八行本、翻岳本、十行本、單疏引文"蟲"作"蠱"，費識本、北大本同蜀石經。
⑰ 蜀本、婺本、明本、金本、八行本、費識本、北大本、翻岳本、十行本、單疏標起訖及引文無"耳"。
⑱ 明本"穴"作"宍"。
⑲ 唐石經、蜀本、婺本、明本、金本、八行本、費識本、北大本、翻岳本、十行本"□"作"人"。

蜀石經《周禮·秋官》殘拓校理

柞氏，下士八人，徒二十人①。（柞，除木之名。除木者必先校剝之②。鄭司農云："柞，讀爲聲音喏喏之喏③，屋笮之笮。"）

薙氏④，下士二人，徒二十人。（書"薙"或作"夷"。鄭司農⑤："掌殺草，故《春秋傳》曰'如農夫之務去草，芟夷蘊崇之⑥'。又今俗閒謂麥下爲夷下⑦，言芟夷其麥，以其下種禾豆也。"玄謂：薙，讀如鬀小兒頭之鬀。書或作夷。此皆翦草⑧，字從類耳。《月令》曰"乃燒薙行水利"⑨，謂燒所芟草乃水之。）

萚蔟氏，下士一人，徒二人。（鄭司農云："萚讀爲摘⑩。蔟讀爲爵蔟之蔟，謂巢也。"玄謂：萚，古字從石，萚聲⑪。）

翦氏，下士一人，徒二人。（翦，斷滅之言⑫，主除蟲蠹者也⑬。《詩》曰⑭："寔始翦商⑮。"）

---

① 唐石經"二十"作"廿"，蜀本、婺本、明本、金本、八行本、費識本、北大本、翻岳本、十行本同蜀石經。
② 婺本、明本、八行本、翻岳本、釋文出字"校"作"挍"，十行本、單疏引文作"刊"，蜀本、金本、費識本、北大本同蜀石經。
③ 蜀本、婺本、明本、金本、八行本、費識本、北大本、翻岳本、十行本、單疏引文"聲音"作"音聲"。
④ 釋文出字作"薙氏"，云"李或作雉"。
⑤ 蜀本、婺本、明本、金本、八行本、費識本、北大本、翻岳本、十行本"農"後有"云"。
⑥ 婺本、明本、八行本、釋文出字"蘊"作"薀"，蜀本、金本、費識本、北大本、翻岳本、十行本同蜀石經，金本"蘊"作"薀"。
⑦ 金本、八行本無"今"。蜀本、婺本、明本、金本、費識本、北大本、十行本"閒"作"間"，八行本、翻岳本同蜀石經。十行本"麥"作"麦"。
⑧ 北大本"此"作"丠"形。十行本"翦"作"剪"。蜀本、婺本、明本、金本、八行本、費識本、北大本、翻岳本、十行本"草"後有"也"。
⑨ 蜀本、婺本、明本、金本、八行本、費識本、北大本、翻岳本、十行本無"乃"。蜀本、婺本、明本、金本、八行本、費識本、北大本、翻岳本"利"作"非"，十行本無"利"。按，蜀石經此處引文之斷句與《禮記·月令》疏文之理解不同。
⑩ 蜀本、婺本、明本、金本、八行本、費識本、北大本、翻岳本、十行本"摘"作"擿"。單疏云"先鄭讀'萚'爲'擿'，後鄭不從者，先鄭意以爲杖擿破之，故從'擿'，後鄭意以石物等投擲爲義，故不從"。
⑪ 蜀本、婺本、明本、金本、八行本、費識本、翻岳本、十行本、單疏標起訖及引文"萚"作"折"，北大本同蜀石經。
⑫ 十行本"斷"作"断"。蜀本、婺本、明本、金本、八行本、費識本、北大本、翻岳本、十行本"言"後有"也"。
⑬ 十行本"蟲"作"虫"。蜀本、婺本、明本、金本、八行本、費識本、北大本、翻岳本、十行本無"也"。
⑭ 蜀本、婺本、明本、金本、八行本、費識本、北大本、翻岳本、十行本"曰"作"云"。
⑮ 蜀本、婺本、明本、金本、八行本、費識本、北大本、翻岳本、十行本"寔"作"實"。八行本、費識本"商"作"商"。

赤犮氏①，下士一人，徒二人。（赤犮②，猶赫拔也③，主除蟲豸自埋藏者④。）

　　蟈氏⑤，下士一人，徒二人。（鄭司農曰⑥："蟈，讀爲蜮。蜮，蝦蟇也。《月令》曰'螻蟈鳴'，故曰'掌去䵶黽之屬也'⑦，書或爲'掌□蝦蟇'⑧。"玄謂：□⑨，今御所食蛙也。字從蟲⑩，國聲也⑪。蜮乃短狐與？）

　　壺涿氏，下士一人，徒二人。（壺，謂瓦鼓也⑫。涿，擊之也。故書"涿"爲"獨"。鄭司農曰⑬："獨讀爲濁⑭，音與涿相近，書亦或爲濁。"）

　　庭氏，下士一人，徒二人。（庭氏主射妖鳥，令國中絜清如庭者⑮。）

　　銜枚氏⑯，下士二人，徒八人。（銜枚，止言語嚻讙⑰。枚狀如箸，橫銜之，爲之繣結於項⑱。）

　　伊耆氏，下士一人，徒二人。（伊耆，古王者之號也⑲。始爲蜡，以息老物。此

―――――――――

①　明本、北大本、十行本"犮"作"友"，蜀本、婺本、金本、八行本、費識本、翻岳本同唐石經、蜀石經作"犮"。

②　明本、金本、北大本"犮"作"友"，八行本無"犮"，蜀本、婺本、費識本、翻岳本、十行本同蜀石經。

③　八行本"猶"作"猷"。蜀本、婺本、明本、金本、八行本、費識本、北大本、翻岳本、十行本、單疏引文"猶"後有"言"。蜀本、婺本、明本、金本、八行本、費識本、北大本、翻岳本、十行本、單疏引文、釋文出字"赫"作"挾"。

④　十行本"蟲"作"虫"。金本"埋"作"埋"。蜀本、婺本、明本、金本、八行本、費識本、北大本、翻岳本、十行本、單疏標起訖無"藏"。

⑤　金本"蟈"作"蟈"，單疏標起訖作"蟈"。

⑥　蜀本、婺本、明本、金本、八行本、費識本、北大本、翻岳本、十行本"曰"作"云"。

⑦　蜀本、婺本、明本、金本、八行本、費識本、北大本、翻岳本、十行本"之屬也"作"䵶黽蝦蟇屬"，金本"蟇"作"墓"。十行本"屬"作"属"。

⑧　蜀本、婺本、明本、金本、八行本、費識本、北大本、翻岳本、十行本"□"作"去"。

⑨　蜀本、婺本、明本、金本、八行本、費識本、北大本、翻岳本、十行本"□"作"蟈"。

⑩　蜀本、婺本、明本、金本、八行本、費識本、北大本、翻岳本、十行本、單疏引文"蟲"作"虫"。

⑪　金本"國"作"国"，單疏引文作"国"。

⑫　蜀本、婺本、明本、金本、八行本、費識本、北大本、翻岳本、十行本無"也"。

⑬　蜀本、婺本、明本、金本、八行本、費識本、北大本、翻岳本、十行本"曰"作"云"。

⑭　蜀本、婺本、明本、金本、八行本、費識本、北大本、翻岳本、十行本"濁"後有"其源之濁"。單疏云："'濁其源'，《大玄經》文也"。

⑮　蜀本、婺本、明本、金本、八行本、費識本、北大本、翻岳本、十行本、單疏標起訖"者"後有"也"。北大本"者"後有一空格。

⑯　蜀本、北大本、十行本"銜"作"銜"，費識本作"銜"，婺本、明本、金本、八行本、翻岳本、單疏同唐石經、蜀石經作"銜"。

⑰　明本"嚻"作"嚚"，八行本作"䛬"，費識本、北大本、釋文出字作"嚻"，蜀本、婺本、金本、翻岳本、十行本同蜀石經。蜀本、婺本、明本、金本、八行本、費識本、北大本、翻岳本、十行本"讙"後有"也"。

⑱　蜀本無"之"，釋文出字作"爲繣"，婺本、明本、金本、八行本、費識本、北大本、翻岳本、十行本、單疏引文同蜀石經。

⑲　蜀本、婺本、明本、金本、八行本、費識本、北大本、翻岳本、十行本無"之""也"。

主王之齒①，於後王識伊耆氏之舊□②，而以名官與？今姓有伊耆也③。)

  大行人，中大夫二人。
  小行人④，下大夫四人。
  司儀⑤，上士八人，中士十有六人。
  行夫⑥，下士三十有二人⑦，府四人，史八人，胥八人，徒八十人。(行人⑧，主國使之禮⑨。)
  環人，中士四人，史四人，胥四人，徒四十人。(環，猶圍也。主圍賓客，作器⑩，爲之守衛者⑪。)
  象胥，毎翟上士一人⑫，中士二人，下士八人，徒二十人。(通夷狄之言者曰象。胥，其有才智者⑬。此類之乆名，東方曰寄，南方曰象，西方曰狄鞮，北方曰譯。今揔名曰象者⑭，周之德先致南方⑮。)
  掌客，上士二人，下士四人，府一人，史二人，胥二人，徒二十人⑯。

---

  ①　蜀本、婺本、明本、金本、八行本、費識本、北大本、翻岳本、十行本、單疏引文"王"後有"者"，"齒"後有"杖"。
  ②　蜀本、婺本、明本、金本、八行本、費識本、北大本、翻岳本、十行本、單疏引文無"於"。北大本、十行本"舊"作"舊"。蜀本、婺本、明本、金本、八行本、費識本、北大本、翻岳本、十行本"□"作"德"。
  ③　蜀本、婺本、明本、金本、八行本、北大本、翻岳本、十行本、單疏標起訖"也"作"氏"，費識本"耆"後有"氏"。
  ④　十行本"小"接上文"人"後。
  ⑤　十行本"司"接上文"人"後。
  ⑥　十行本"行"接上文"人"後。
  ⑦　唐石經此處殘損，據行款規律推測"三十"當作"卅"，蜀本、婺本、明本、金本、八行本、費識本、北大本、翻岳本、十行本同蜀石經作"三十"。
  ⑧　蜀本、婺本、明本、金本、八行本、費識本、北大本、翻岳本、十行本、單疏標起訖"人"作"夫"。
  ⑨　金本"禮"作"礼"。
  ⑩　蜀本、婺本、明本、金本、八行本、費識本、北大本、翻岳本、十行本、單疏引文"作"作"任"，單疏引文"任"前有"之"。
  ⑪　蜀本、婺本、明本、金本、八行本、費識本、北大本、翻岳本、十行本、單疏標起訖及引文無"者"。
  ⑫　明本、八行本、費識本、北大本、翻岳本、十行本"毎"作"每"，蜀本、婺本、金本同唐石經、蜀石經作"毎"。
  ⑬　蜀本、婺本、明本、金本、八行本、北大本、翻岳本、十行本、釋文出字"智"作"知"，費識本同蜀石經。蜀本、婺本、明本、金本、八行本、費識本、北大本、翻岳本、十行本"者"後有"也"。
  ⑭　十行本"今"作"合"。明本"揔"作"揔"。
  ⑮　蜀本、婺本、明本、金本、八行本、費識本、北大本、翻岳本、十行本、單疏標起訖及引文"方"後有"也"。
  ⑯　十行本"二"作"三"。

掌訝，中士八人，府二人，史四人，胥四人，徒四十人。（訝，迎也①。客來②，主迎之者也③。鄭司農曰④："訝，讀爲跛者訝跛者之訝⑤。"）

掌交，中士八人，府□人⑥，史四人，徒三十有二人⑦。（主交通結諸侯之好者⑧。）

掌察⑨，四方中士八人，史四人，徒十有六人。

掌貨賄，下士十有六人，史四人，徒三十有二人。

朝大夫，每國上士二人，下士四人，府一人，史二人，庶子八人，徒二十人。（此王之上士也⑩，使主都家之國治⑪，而命之大夫云⑫。）

都則，中士一人，下士二人⑬，府一人，史二人，庶子四人，徒八十人。（都則，主都之八則也⑭。當言每國⑮，如朝大夫及都司馬云。）

都士，中士二人，下士四人，府二人，史四人，胥四人，徒四十人。

家士亦如之⑯。（都家之士，主治都家吏民之獄訟，以告方士者也。亦當言每國也⑰。）

---

① 蜀本、婺本"迎"作"迎"，明本、金本、八行本、費識本、北大本、翻岳本、十行本、單疏同蜀石經。

② 蜀本、婺本、明本、金本、八行本、費識本、北大本、翻岳本、十行本"客"前有"賓"。金本、十行本"來"作"来"。

③ 蜀本、婺本、明本、金本、八行本、費識本、北大本、翻岳本、十行本無"者也"。

④ 蜀本、婺本、明本、金本、八行本、費識本、北大本、翻岳本、十行本"曰"作"云"。

⑤ 北大本無"讀"。

⑥ 唐石經、蜀本、婺本、明本、八行本、費識本、北大本、翻岳本、十行本"□"作"二"，金本"□"處空一格。

⑦ 唐石經"三十"作"卅"，蜀本、婺本、明本、金本、八行本、費識本、北大本、翻岳本、十行本同蜀石經作"三十"。

⑧ 蜀本、婺本、明本、金本、八行本、費識本、北大本、翻岳本、十行本、單疏標起訖無"者"。

⑨ 蜀石經"察"闕末二筆。

⑩ 蜀本、婺本、明本、金本、八行本、費識本、北大本、翻岳本、十行本無"上"。

⑪ 金本"治"作"冶"形。

⑫ 蜀本、婺本、明本、金本、八行本、費識本、北大本、翻岳本、十行本"之"後有"朝"。單疏"此云'每国上士二人'，是王朝之士。以其主采地之國治，事重，則名之曰朝大夫云"。

⑬ 十行本無"士"。

⑭ 蜀本、婺本、明本、金本、八行本、費識本、北大本、翻岳本、十行本"都"後有"家"，"則"後有"者"。

⑮ 蜀本、婺本、明本、金本、八行本、費識本、北大本、翻岳本、十行本"國"作"都"。

⑯ 蜀石經"家"前有空格，唐石經、蜀本、婺本、明本、金本、八行本、費識本、翻岳本此句另起一行，北大本、十行本"家"接上文"人"後。

⑰ 蜀本、婺本、明本、金本、八行本、費識本、北大本、翻岳本、十行本、單疏標起訖"國"作"都"，無"也"。

蜀石經《周禮·秋官》殘拓校理

　　大司寇之職，掌建邦之三典，以佐王刑邦國，詰四方。（典，法也。詰，謹也。《書》曰："王耗荒①，度作詳刑②，以詰四方。"）一曰刑新國用輕典，（新國者，新辟地立君之國也③。用輕法者，爲其民未習於教④。）二曰刑平國用中典，（平國，承平守成之國⑤。用中典者，常行之法。）三曰刑亂國用重典。（亂國⑥，篡弑叛逆之國⑦。用重典者⑧，以其化惡伐滅也⑨。）以五刑糾萬民⑩，（刑亦法也。糾，察異者⑪。）一曰野刑，上功糾力；（功，農功也⑫。力，勤力也⑬。）二曰軍刑，上命糾守；（命，將命也⑭。守，不失部伍也⑮。）三曰鄉刑，上德糾孝；（德，六德也。善父母爲孝。）四曰官刑，上能糾職；（能，能其事也。職，職事也、脩理也⑯。）五曰國刑，上愿糾暴。（愿⑰，愨慎也⑱。"暴"當爲"恭"⑲，字之誤也。）以圜土聚教罷民，（圜土⑳，獄城也。聚罷民其中，困苦以教之爲善也。民不愍作勞㉑，有似於罷也㉒。）凡害

---

①　蜀本、金本、八行本"耗"作"秏"，婺、翻岳本、釋文出字作"旄"，明本、費識本、北大本、十行本、單疏引《書》作"耄"。黃札云"蜀本'秏'，董本同"。阮校云"按，'耗'當作'秏'。《羣經音辨·禾部》引《書》'王秏荒'"。
②　蜀石經"詳"闕末筆。
③　蜀本、婺本、明本、金本、八行本、費識本、北大本、翻岳本、十行本、單疏引文無"也"。
④　釋文出字作"爲民"。
⑤　蜀本、婺本、明本、金本、八行本、費識本、北大本、翻岳本、十行本、單疏引文"國"後有"也"。
⑥　金本"亂"作"乱"。
⑦　蜀本、婺本、費識本、北大本、十行本、單疏引文、釋文出字"篡"作"簒"，明本、金本、八行本作"篡"，翻岳本作"篡"。釋文出字"殺"，云"本亦作弑"。
⑧　北大本無"者"。
⑨　蜀本、婺本、明本、金本、八行本、費識本、北大本、翻岳本、十行本、單疏標起訖"也"作"之"。
⑩　十行本"糾"作"紏"。唐石經"民"闕末筆。
⑪　蜀本、婺本、明本、金本、八行本、費識本、北大本、翻岳本、十行本"糾"後有"猶"，"者"作"之"。單疏標起訖及引文皆作"異之"。
⑫　蜀本、婺本、明本、金本、八行本、費識本、北大本、翻岳本、十行本、單疏引文無"也"。
⑬　蜀本、婺本、明本、金本、八行本、費識本、北大本、翻岳本、十行本、單疏引文無"也"。
⑭　釋文出字作"將令"。
⑮　蜀本、婺本、明本、金本、八行本、費識本、北大本、翻岳本、十行本無"也"。
⑯　蜀本、婺本、明本、金本、八行本、費識本、北大本、翻岳本、十行本、單疏引文無兩"也"。明本"脩"作"修"。
⑰　費識本"愿"作"原"。
⑱　婺本、明本、金本、八行本、北大本、翻岳本、十行本、釋文出字"愨"作"慤"，蜀本、費識本同蜀石經。蜀本、婺本、費識本、北大本"慎"闕末筆，費識本"慎"有墨圍。
⑲　北大本"恭"作"䇹"。
⑳　十行本"土"作"圡"。
㉑　釋文出字作"愍"，云"《尚書》作慜，音敏，又作㥧，皆訓強"。
㉒　蜀本、婺本、明本、金本、八行本、費識本、北大本、翻岳本、十行本、單疏標起訖及引文無"也"。

人者，實之圜土而施職事焉，以明刑恥之。（害人，謂爲邪惡已有過失麗於法者也①。以其不故犯法②，實之圜土繫教之③，庶其困悔而改④。實，置也。施職事，以所能役使之也⑤。明刑，書其罪惡於大方板⑥，著其背。）其能改者，反于中國，不齒三年；（反於中國⑦，謂舍之還於故鄉里也。《司圜職》曰："上罪三年而舍，中罪二年而舍，下罪一年而舍。"不齒者，不得以年次列於平民。）其不能改而出圜土者，殺。（出，謂逃亡。）以兩造禁民訟，入束矢於朝，然後聽之。（訟，謂以財貨相告者也⑧。造，至也。使訟者兩至，旣兩至，使入束矢乃治之也。不至，不入束矢，則是自服直者也⑨。必入矢者，取其直也。《詩》云⑩："其直如矢。"古者一弓百矢，束矢其百个與⑪？）以兩劑禁民獄，入鈞金，三日乃致于朝，然後聽之。（獄，謂相告以罪名者。劑，今券書也⑫。使獄者各齎券書，旣兩券書，使入鈞金，又三日乃治之，重刑也。不券則書⑬，不入金，則是亦自服不直者也。必入金者，取其堅⑭。三十斤曰鈞。）以嘉石平罷民，（嘉石，文石也。樹之外朝門左⑮。平，成也，成使善也⑯。）凡萬民之有罪過而未麗於灋，而害於州里者，桎梏而坐諸嘉石⑰，役諸司空。重罪旬有三日坐，朞役；其

---

① 蜀本、婺本、明本、金本、八行本、費識本、翻岳本、十行本"己"作"已"，單疏引文作"已"，北大本同蜀石經。金本"麗"作"麗"。蜀本、婺本、明本、金本、八行本、費識本、北大本、翻岳本、十行本、單疏引文無"也"。

② 蜀本、婺本、明本、金本、八行本、費識本、北大本、十行本"犯"作"犯"，翻岳本作"犯"。

③ 金本"繫"作"擊"。

④ 蜀本、婺本、明本、金本、八行本、費識本、北大本、翻岳本、十行本"而"後有"能"。

⑤ 蜀本、婺本、明本、金本、八行本、費識本、北大本、翻岳本、十行本無"也"。

⑥ 金本"惡"作"恶"。蜀本、婺本、明本、金本、八行本、費識本、北大本、翻岳本、十行本"板"作"版"。

⑦ 蜀本、婺本、明本、金本、八行本、費識本、北大本、翻岳本、十行本、單疏標起訖及引文"於"作"于"。

⑧ 蜀本、婺本、明本、金本、八行本、費識本、北大本、翻岳本、十行本、單疏引文無"也"。

⑨ 蜀本、婺本、明本、金本、八行本、費識本、北大本、翻岳本、十行本"服"後有"不"。蜀本、婺本、明本、金本、八行本、費識本、北大本"直"作"直"，十行本作"直"，翻岳本同蜀石經。單疏云"若不入，則是自服不直"。按，疏文以"自服不直"解鄭注"自服直者"，諸本異文蓋後人據疏文改鄭注所致。

⑩ 蜀本、婺本、明本、金本、八行本、費識本、北大本、翻岳本、十行本"云"作"曰"。

⑪ 八行本無"矢"。金本"與"作"与"。

⑫ 金本"今"作"令"。

⑬ 蜀本、婺本、明本、金本、八行本、費識本、北大本、翻岳本、十行本無"則"。

⑭ 婺本、明本、金本、八行本、費識本、北大本、翻岳本、十行本"堅"後有"也"，蜀本同蜀石經。

⑮ 蜀本、婺本、明本、八行本、翻岳本、十行本"樹"作"尌"，金本作"尌"，費識本、北大本、釋文出字作"尌"，費識本"尌"有墨圍。單疏云"樹之外朝門左"。

⑯ 蜀本、婺本、明本、金本、八行本、費識本、北大本、翻岳本、十行本"成"後有"之"，無"也"。單疏標起訖作"使善"。

⑰ 金本"坐"作"坐"。

次九日坐，九月役；其次七日坐①，七月役；其次五日坐，五月役；其下罪三日坐②，三月役。使州里任之，則宥而舍之③。（有罪過，謂邪惡之人所罪過者也④。麗，附也。未附於法，未著於法也。木在足曰桎，在手曰梏。役諸司空，坐曰訖⑤，使給百工之役⑥。月訖⑦，使其州里之人任之，乃赦之⑧。寬宥也⑨。）以肺石達窮民⑩，（肺石，赤石也。窮民，天民之窮而無告者⑪。）凡遠近惸獨老幼之欲有復於上，而其長弗達者，立於肺石，三日，士聽其辭，以告於上，而罪其長。（無兄弟曰惸⑫。無子孫曰獨。復，猶報也。上，謂王與六卿也。報之者，若上卿書詣公府言事矣⑬。長，謂諸侯若鄉遂大夫也⑭。）正月之吉，始和布刑于邦國都鄙，乃縣刑象之灋于象魏⑮，使萬民觀刑象，挾日而斂之⑯。（正月朔日，布王刑於天下⑰，正歲又縣其書，重之也⑱。）凡邦之大盟約，涖其盟書，而登之于天府，（涖，臨也。天府，祖廟之藏也⑲。）大史、内史、司會及六官，皆受其貳而藏

---

① 十行本無"坐"。
② 北大本、十行本"其"後有"次"。
③ 蜀本、明本、翻岳本"舍"作"舍"，婺本、金本、八行本、費識本、北大本、十行本同唐石經、蜀石經作"舍"。按，"舍"爲唐石經用字，蜀石經遵循。本文類此者多，如"卿"作"卿"、"刺"作"刺"、"穀"作"穀"等，皆仿此。
④ 十行本"惡"作"惡"。
⑤ 金本、八行本"日"作"曰"形。
⑥ 蜀本、婺本、明本、金本、八行本、費識本、北大本、翻岳本、十行本"役"後有"也"。
⑦ 蜀本、婺本、明本、金本、八行本、費識本、北大本、翻岳本、十行本"月"前有"役"。
⑧ 蜀本、婺本、明本、金本、八行本、費識本、北大本、翻岳本、十行本"赦"作"赦"。
⑨ 蜀本、婺本、明本、金本、八行本、費識本、北大本、翻岳本、十行本"寬宥"作"宥寬"。費識本"寬"作"寬"。
⑩ 十行本"達"作"遠"。
⑪ 金本"無"作"无"。
⑫ 金本"無"作"无"。明本"惸"作"惸"。
⑬ 蜀本、婺本、明本、金本、八行本、費識本、北大本、翻岳本、十行本無"卿"，釋文出字作"上書"。蜀本、婺本、明本、金本、八行本、費識本、北大本、翻岳本、十行本"詣"作"詣"。
⑭ 十行本"鄉"作"卿"。蜀本、婺本、明本、金本、八行本、費識本、北大本、翻岳本、十行本、單疏標起訖及引文無"也"。
⑮ 費識本"縣"有墨圍。
⑯ 明本、費識本、北大本、十行本"斂"作"歛"，蜀本、婺本、金本、八行本、翻岳本同唐石經、蜀石經作"斂"。
⑰ 北大本、十行本"王"作"五"。
⑱ 蜀本、婺本、明本、金本、八行本、費識本、北大本、翻岳本、十行本、單疏標起訖及引文無"也"。
⑲ 蜀本、婺本、明本、金本、八行本、費識本、北大本、翻岳本、十行本、單疏標起訖及引文無"也"。

之。(六官,六卿之官①。貳,副也。) 凡諸侯之獄訟,以邦典定之;(邦典,六典也。以六典待邦國之治。) 凡卿大夫之獄訟②,以邦灋斷之;(邦法,八法也。以八法待官府之治。) 凡庶民之獄訟,以邦成弊之。(邦成,八成也。以官成待萬民之治③。故書"弊"爲"憋"④。鄭司農云:"'弊'當爲'弊'⑤。邦成,謂若今時決事比也⑥。弊之,斷其獄訟也⑦。故《春秋傳》曰'弊獄刑侯'⑧。") 大祭祀,奉犬牲⑨。(奉,猶進也。) 若禮祀五帝,則戒之日⑩,涖誓百官,戒于百族。(戒之日,卜之日⑪。百族,府史以下⑫。《郊特牲》曰⑬:"卜之日,王立于澤宮⑭,親聽誓命,受教諫之義也⑮。獻命庫門之內⑯,戒百官也。太廟之內⑰,戒百姓也。") 及納亨,前王,祭之日,亦如之。(納亨⑱,致牲。) 奉其明水火。(明水火,所取於日月者。) 凡朝覲會同,前王,大喪亦如之。(大喪所前或嗣王也⑲。) 大軍旅,涖戮于社。(社,謂社主在軍者也。鄭司農說以《書》曰"用命賞于祖⑳,不用命戮于社"。) 凡邦之大事,使其屬蹕㉑。

---

① 蜀本、婺本、金本、八行本、費識本、北大本、十行本"卿"作"卿",明本作"卿",翻岳本同蜀石經。蜀本、婺本、明本、金本、八行本、費識本、北大本、翻岳本、十行本"官"後有"也"。
② 蜀本、婺本、金本、八行本、費識本、北大本、十行本"卿"作"卿",明本作"卿",翻岳本同唐石經、蜀石經作"卿"。
③ 金本"萬"作"万"。
④ 北大本無"爲"。
⑤ 蜀本、婺本、明本、金本、八行本、費識本、北大本、翻岳本、十行本前"弊"作"憋"。
⑥ 明本、金本、十行本"決"作"决"。
⑦ 金本"斷"作"断"。
⑧ 蜀本、婺本、明本、金本、八行本、費識本、北大本、翻岳本、十行本、單疏標起訖及疏文"刑"作"邢"。
⑨ 翻岳本"犬"作"大"。
⑩ 北大本無"日"。
⑪ 八行本"卜"作"上"。蜀本、婺本、明本、金本、八行本、費識本、北大本、翻岳本、十行本"日"後有"也"。
⑫ 蜀本、婺本、明本、金本、八行本、費識本、北大本、翻岳本、十行本"府"前有"謂","下"後有"也"。
⑬ 十行本"牲"作"特"。
⑭ 蜀本、婺本、明本、金本、八行本、費識本、北大本、翻岳本、十行本無"宮"。
⑮ 十行本"諫"作"練"。
⑯ 金本"獻"作"献"。
⑰ 蜀本、婺本、明本、金本、八行本、費識本、北大本、翻岳本"太"作"大",十行本同蜀石經。
⑱ 北大本"亨"作"享"。
⑲ 蜀本、婺本、明本、金本、八行本、費識本、北大本、翻岳本、十行本、單疏標起訖無"也"。
⑳ 八行本"曰"作"竹"。
㉑ 釋文出字作"趕",云"本亦作蹕"。

（屬，士師以下①。故書"躈"作"避"，杜子春云："'避'當爲'辟'②，謂若辟除奸人③。"玄謂：躈，止行人也④。）

小司寇之職，掌外朝之政，以致萬民而詢焉。一曰詢國危，二曰詢國遷，三曰詢立君。（外朝，朝在雉門之外者也。國危，謂有兵寇之難也⑤。國遷⑥，謂徙都改邑也。立君，謂無冢適選於衆也⑦。鄭司農云："致萬民，聚萬民也。詢，謀也。《詩》曰'詢于芻蕘'⑧，《書》曰'謀及庶民'⑨。"）其位：王南鄉，三公及州長、百姓北面⑩，羣臣西面⑪，羣吏東面⑫。（羣臣，卿大夫士也⑬。羣吏，府史也⑭。其不見孤者⑮，從羣臣，大夫在公後也⑯。）小司寇擯以敘進而問焉⑰，以衆輔志而弊謀。（擯，謂揖之使前也。敘，更也。輔志者，尊王賢明也。）以五刑聽萬民之獄訟，附于刑，用情訊之。至于旬，乃弊之，讀書則用灋。（附，猶著也。故書"附"作"付"。訊，言也，用情理言之，冀有可以出之者⑱。十日乃斷之⑲。《王制》曰："刑者侀也⑳，

---

① 蜀本、婺本、明本、金本、八行本、費識本、北大本、翻岳本、十行本"師"作"師"，"下"後有"也"。
② 十行本"杜"作"社"。
③ 蜀本、婺本、明本、金本、八行本、費識本、北大本、翻岳本、十行本無"若"，"奸"作"姦"，"人"後有"也"。
④ 蜀本、婺本、明本、金本、八行本、費識本、北大本、翻岳本、十行本、單疏標起訖無"人"。
⑤ 蜀本、婺本、明本、金本、八行本、費識本、北大本、翻岳本、十行本無"也"。
⑥ 金本"遷"作"迁"。
⑦ 蜀本"冢"作"家"，八行本作"家"。蜀本、婺本、明本、金本、八行本、費識本、北大本、翻岳本、十行本"衆"作"庶"。
⑧ 北大本"蕘"作"堯"。
⑨ 蜀本、婺本、明本、八行本、費識本、北大本、翻岳本、十行本"民"作"人"，金本該字殘損。
⑩ 明本"面"作"靣"。
⑪ 金本"面"作"靣"。
⑫ 八行本"吏"作"史"。
⑬ 十行本"卿"作"鄉"。
⑭ 北大本"史"作"吏"。
⑮ 蜀本、婺本、明本、金本、八行本、費識本、北大本、翻岳本、十行本"其"後有"孤"，"孤者"作"者孤"。
⑯ 蜀本、婺本、明本、金本、八行本、費識本、北大本、翻岳本"大"前有"卿"，金本該字後空一格；十行本"大"前有"鄉"。阮校云"鄉大夫在公後，諸本皆誤作'卿大夫'，惟此本不誤。按，賈疏'鄉大夫'有申釋之辭"。蜀本、婺本、明本、金本、八行本、費識本、北大本、翻岳本、十行本無"也"。
⑰ 釋文出字作"賓以"。
⑱ 費識本、翻岳本"冀"作"冀"。
⑲ 十行本"十"作"卜"。
⑳ 八行本"侀"作"侀"。

俐者成也①。獄壹成而不可變②，故君子盡心焉。"鄭司農云③："讀書則用法，如今時讀鞫已乃論之也④。") 凡命夫命婦，不躬坐獄訟。（爲治獄吏褻尊者也⑤。躬，身也。不躬坐者⑥，必使其屬若子弟也。《喪服傳》曰："命夫者，其男子之爲大夫也⑦。命婦者，其大夫之妻也⑧。"《春秋傳》曰："衛侯與元咺訟⑨，甯武子爲輔，鍼莊子爲坐⑩，士榮爲大理。"）凡王之同族有罪，不即市⑪。（鄭司農曰⑫："刑諸甸師氏。《禮記》曰'刑于隱者，不與國人慮兄弟也'⑬。"）以五聲聽獄訟，求民情：一曰辭聽，（觀其出言，不直則煩。）二曰色聽，（觀其顏色，不直則赧然⑭。）三曰氣聽，（觀其氣息，不直則喘。）四曰耳聽，（觀其聽聆，不直則惑。）五曰目聽。（觀其眸子視⑮，不直則眊然⑯。）以八辟麗邦灋，附刑罰：（辟，法也。杜子春讀"麗"爲"罹"⑰。玄謂：附也⑱。《易》曰"日月麗于天"⑲。故書"附"作"付"⑳。附，猶著也。）一曰議親之辟，（鄭司農云："若今時宗室有罪先請是也。"）二曰議故之辟，（故，謂舊知也㉑。鄭司農云："故舊不

---

① 八行本"俐"作"例"，"也"作"者"。
② 蜀本、婺本、明本、金本、八行本、費識本、北大本、翻岳本、十行本無"獄"，"壹"作"一"。金本"變"作"变"。
③ 明本"司"作"可"。
④ 北大本、翻岳本"鞠"作"鞠"。蜀本、婺本、明本、金本、八行本、費識本、北大本、翻岳本、十行本"己"作"巳"，無"也"。
⑤ 婺本、費識本、北大本"褻"作"褻"，十行本作"褻"，蜀本、明本、金本、八行本、翻岳本同蜀石經。
⑥ 蜀本、婺本、明本、金本、八行本、費識本、北大本、翻岳本、十行本"躬"作"身"。
⑦ 蜀本、婺本、明本、金本、八行本、費識本、北大本、翻岳本、十行本"也"作"者"。
⑧ 蜀本、婺本、明本、金本、費識本、北大本、翻岳本、十行本"其大夫之妻也"作"其婦人之爲大夫之妻者"，八行本作"其婦人之爲大夫妻者"。
⑨ 費識本"與"作"与"。
⑩ 蜀本、婺本、明本、金本、八行本、費識本、北大本、翻岳本、十行本"莊"作"嚴"，金本"嚴"作"严"，十行本作"嚴"。釋文出字作"嚴子"，云"劉音莊，《左傳》作莊。案，《漢書》明帝名莊，改爲嚴"。
⑪ 婺本、明本、金本、八行本、費識本、北大本、翻岳本、十行本"市"作"市"，蜀本同唐石經、蜀石經作"市"。
⑫ 蜀本、婺本、明本、金本、八行本、費識本、北大本、翻岳本、十行本"曰"作"云"。
⑬ 蜀本、婺本、明本、金本、八行本、費識本、北大本、翻岳本、十行本無"也"。
⑭ 蜀本、婺本、明本、金本、八行本、費識本、北大本、翻岳本、十行本、釋文出字"赧"作"赧"。
⑮ 蜀本、婺本、明本、金本、八行本、翻岳本、釋文出字"眸"作"牟"，費識本、北大本、十行本同蜀石經。
⑯ 釋文出字作"眊然"，云"本又作旄"。
⑰ 蜀本、婺本、明本、金本、八行本、費識本、北大本、十行本"罹"作"羅"，翻岳本同蜀石經。
⑱ 蜀本、婺本、明本、金本、費識本、北大本、翻岳本、十行本"附"前有"麗"。
⑲ 翻岳本、十行本"于"作"乎"。
⑳ 八行本無"付"。
㉑ 金本"舊"作"舊"。

遺，則民不偷①。"）三曰議賢之辟，（鄭司農曰②："若今時廉吏有罪先請是也。"玄謂：賢，有德行者。）四曰議能之辟，（能③，謂有道藝者。《春秋傳》曰："夫謀而鮮過，惠訓不倦者，叔向有焉，社稷之固④，猶將十世宥之⑤，以□能者⑥。今壹不免其身⑦，以弃社稷⑧，不亦或乎⑨？"）五曰議功之辟，（謂有大勳力立功者。）六曰議貴之辟，（鄭司農云："若今時吏墨綬有罪先請是也⑩。"）七曰議勤之辟，（謂憔悴事國也⑪。）八曰議賓之辟。（謂所不臣者，三恪二王之後與⑫？）以三刺斷庶民獄訟之中⑬：（中，謂罪正所定。）一曰訊羣臣⑭，二曰訊羣吏，三曰訊萬民。（刺，殺也，三訊罪定則殺之。訊，言也。）聽民之所刺宥，以施上服下服之刑。（宥，寬也。民言殺，殺之；言寬⑮，寬之。上服，劓墨也。下服，宫刖也。）及大比，登民數，自生齒以上，登于天府。（大比，三年大數民之衆寡也⑯。人生齒而體備⑰，男八月⑱、女七月而生齒。）內史、司會、冢宰貳之，以制國用。（人數定而九賦可知⑲，國用乃可制耳。）小祭祀，奉犬牲⑳。（奉，猶進也㉑。）凡禋祀五帝，實鑊水，納亨亦如之。（納亨，致牲也㉒。其時鑊水當以洗解牲體肉㉓。）大賓客，前王而辟。（鄭司農云："小司寇

---

① 蜀本、明本、八行本、翻岳本、釋文出字"偷"作"愉"，婺本、金本、費識本、北大本、十行本同蜀石經。
② 蜀本、婺本、明本、金本、八行本、費識本、北大本、翻岳本、十行本"曰"作"云"。
③ 十行本"能"作"䏻"。
④ 金本"稷"作"禝"。蜀本、婺本、明本、金本、八行本、費識本、北大本、翻岳本、十行本"固"後有"也"。
⑤ 蜀石經"世"闕筆作"丗"，蜀本、婺本、金本、八行本、費識本、北大本作"丗"。
⑥ 蜀本、婺本、明本、金本、八行本、費識本、北大本、十行本"□"作"勸"。
⑦ 費識本、北大本"壹"作"一"。
⑧ 蜀本、婺本、明本、金本、八行本、費識本、北大本、翻岳本、十行本"弃"作"棄"。
⑨ 蜀本、婺本、明本、金本、八行本、費識本、北大本、翻岳本、十行本"或"作"惑"。
⑩ 金本"今"作"令"。
⑪ 蜀本、婺本、明本、金本、八行本、費識本、北大本、翻岳本、十行本"悴"後有"以"，無"也"。
⑫ 蜀本、婺本、明本、金本、八行本、費識本、北大本、翻岳本、十行本"王"作"代"。
⑬ 蜀本、婺本、金本、八行本、費識本、北大本、十行本"剌"作"刺"，明本、翻岳本作"剌"。
⑭ 婺本"羣"作"群"。
⑮ 金本"寬"作"寛"。
⑯ 明本"寡"作"寡"。
⑰ 金本、十行本"體"作"躰"。
⑱ 蜀本、婺本、明本、金本、八行本、費識本、北大本、翻岳本、十行本"月"後有"而生齒"。
⑲ 十行本"數"作"数"。
⑳ 北大本"犬"作"大"。
㉑ 明本"猶"作"酒"。
㉒ 八行本"牲"作"特"。
㉓ 十行本"解"作"鮮"。婺本、金本"肉"作"宍"，蜀本、明本、八行本、費識本、北大本、翻岳本、十行本作"肉"。

爲王導①，辟除奸人也，若今時執金吾下至令尉奉引矣。")后、世子之喪亦如之②。小師，涖戮。(小師，王不自出之師。) 凡國之大事，使其屬蹕。(屬③，士師以下。) 孟冬祀司民，獻民數於王，王拜受之，以圖國用而進□之④。(司民，星名，謂軒轅角也。小司寇作祀司民獻民數於王⑤，重民也。進退，猶損益也。國用，民衆則益，民寡則損。) 歲終⑥，則令羣士計獄弊訟，登中于天府。(上其所斷獄訟之數。) 正歲，帥其屬而觀刑象，令以木鐸，曰：不用灋者，國有常刑。令羣士，(羣士，遂士以下。) 乃宣布于四方，憲刑禁。(宣，遍也⑦。憲，表也，謂縣之也。刑禁，士師之五禁。) 乃命其屬入會，乃致事。(得其屬之計，乃會致於王⑧。)

　　士師之職，掌國之五禁之灋，以左右刑罰。一曰宮禁，二曰官禁，三曰國禁，四曰野禁，五曰軍禁。皆以木鐸徇之于朝，書而懸于門閭⑨。(左右，助也。助刑罰者，助其禁民爲非也。宮，王宮⑩。官，官府也。國⑪，城中⑫。古之禁書亡矣⑬。今宮門有符籍⑭，官府有無故擅入，城門有離載下離⑮，野有田律，軍有謹䟆夜行之禁⑯，其粗可言也⑰。) 以五戒先後刑罰，毋使罪麗于民：一曰誓，用之于軍旅；二曰誥，用之于會同；三曰禁，用諸田役；四曰糾，用諸國中；五

---

①　蜀本、婺本、明本、金本、八行本、費識本、北大本、翻岳本、十行本、釋文出字"導"作"道"。婺本、十行本"寇"作"冠"。
②　唐石經"世"闕筆作"丗"，蜀石經闕筆作"卋"。
③　金本"屬"作"属"。
④　蜀本、婺本、明本、金本、八行本、費識本、北大本、翻岳本、十行本"□"作"退"。
⑤　蜀本、婺本、明本、金本、八行本、費識本、北大本、翻岳本、十行本"作"作"於"，"獻"前有"而"。金本"數"作"数"。
⑥　明本、翻岳本"歲"作"歳"，蜀本、婺本、金本、八行本、費識本、北大本、十行本同唐石經、蜀石經作"歲"。
⑦　蜀本、婺本、明本、金本、八行本、費識本、北大本、翻岳本、十行本、釋文出字"遍"作"徧"。
⑧　蜀本、婺本、明本、金本、八行本、費識本、北大本、翻岳本、十行本"會"作"令"，"致"後有"之"。
⑨　蜀本、婺本、明本、金本、八行本、費識本、北大本、翻岳本、十行本、釋文出字"懸"作"縣"，蜀石經同唐石經作"懸"。
⑩　蜀本、婺本、明本、金本、八行本、費識本、北大本、翻岳本、十行本"宮"後有"也"。
⑪　十行本"國"作"国"。
⑫　蜀本、婺本、明本、金本、八行本、費識本、北大本、翻岳本、十行本"中"後有"也"。
⑬　十行本"書"作"盡"。
⑭　十行本"符"作"簿"。
⑮　蜀本、婺本、明本、金本、北大本、翻岳本、十行本後"離"作"帷"，費識本作"惟"，八行本該字左旁稍殘損作"隹"形。
⑯　蜀本、婺本、明本、金本、八行本、費識本、北大本、翻岳本、十行本"謹䟆"作"䟆謹"。
⑰　蜀本、婺本、明本、金本、八行本、費識本、北大本、翻岳本、十行本、釋文出字"粗"作"觕"。蜀本、婺本、明本、金本、八行本、費識本、北大本、翻岳本、十行本"也"作"者"。

曰憲，用諸都鄙。（先後，猶左右也。誓、誥，於《書》則《甘誓》《湯誓》《大誥》之屬也①。禁，則軍禮曰"無干車""無自後射"②，此其類也③。糾、憲，未聞焉④。）掌鄉合州黨族閭比之聯⑤，與其民人之什伍，使之相安相受，以比追胥之事，以施刑罰慶賞。（鄉合，鄉所合也。追，追寇也。胥讀如宿胥之胥⑥，胥謂司搏盜賊者也⑦。）掌官中之政令。（大司寇之官府中也。）察獄訟之辭⑧，以詔司寇斷獄弊訟，致邦令。（詔司寇，若今時百官聽政法解⑨。致邦令者，以法報也⑩。）掌士之八成：（鄭司農云："八成者，行事有八篇，若今時決事比事也⑪。"）一曰邦汋，（鄭司農云⑫："汋⑬，國汋⑭，斜汋盜取國家密事⑮，若今時刺探尚書事矣⑯。"）二曰邦賊，（爲逆亂者⑰。）三曰邦諜⑱，（爲異國反閒者⑲。）四曰犯邦令⑳，（干冒王教令者㉑。）五曰

----

① 明本"於"作"于"。蜀本、婺本、明本、金本、八行本、費識本、北大本、翻岳本、十行本"之"前有"康誥"，無"也"。

② 十行本"禮"作"礼"。蜀本、八行本、北大本"干"作"于"。

③ 蜀本、明本、金本、八行本、費識本、十行本"此"作"比"，婺本、北大本、翻岳本同蜀石經。黃札云"蜀本、董本亦俱作'比'"。

④ 蜀本、婺本、明本、金本、八行本、費識本、北大本、翻岳本、十行本"未"後有"有"。

⑤ 唐石經"族"作"族"。

⑥ 蜀本、婺本、明本、金本、八行本、費識本、北大本、翻岳本、十行本後"胥"作"胥"。

⑦ 北大本無"胥"，"盜"作"咨"。蜀本、婺本、明本、金本、八行本、費識本、北大本、翻岳本、十行本無"者"。

⑧ 金本"辭"作"辝"。

⑨ 蜀本、婺本、明本、金本、八行本、費識本、北大本、翻岳本、十行本無"時""官"，"解"後有"也"。蜀本、婺本、明本、金本、八行本、翻岳本、十行本"百"作"白"，費識本作"曰"，北大本作"曰"形。蜀本、婺本、明本、八行本、費識本、北大本、翻岳本、十行本"政"作"正"，金本同蜀石經。

⑩ 蜀本、婺本、明本、金本、八行本、費識本、北大本、翻岳本、十行本"也"作"之"。

⑪ 蜀本、婺本、明本、金本、八行本、費識本、北大本、翻岳本、十行本無"事也"。

⑫ 費識本"鄭"有墨圍。

⑬ 蜀本、婺本、明本、金本、八行本、費識本、北大本、翻岳本、十行本"汋"後有"讀如酌酒尊中之酌"。

⑭ 蜀本、婺本、明本、金本、八行本、費識本、北大本、翻岳本、十行本"汋"後有"者"。

⑮ 費識本、北大本"汋"作"酌"。

⑯ 北大本"探"作"深"。蜀本、婺本、明本、金本、八行本、費識本、北大本、翻岳本、十行本無"矣"。

⑰ 金本"爲"作"稱"。

⑱ 蜀本、婺本、明本、金本、八行本、費識本、北大本、翻岳本、十行本、釋文出字"諜"作"諜"，唐石經此字殘損。

⑲ 費識本、北大本"爲"作"謂"。蜀本、婺本、明本、金本、費識本、北大本、翻岳本、十行本無"者"。

⑳ 十行本"曰"作"者"。蜀本、婺本、明本、金本、八行本、費識本、北大本、十行本"犯"作"犯"，翻岳本作"犯"，唐石經此字殘損，然據他處經文可知作"犯"。

㉑ 明本、金本"冒"作"胃"，婺本、八行本、北大本、翻岳本、十行本作"冒"，蜀本同蜀石經。

撟邦令，（稱詐以有爲者①。）六曰爲邦盜，（竊取國之寶藏者②。）七曰爲邦朋，（朋黨相阿，使政不平者也③。故書"朋"作"傰"④。鄭司農云："傰讀爲朋友之朋⑤。"）八曰爲邦誣。（誣罔君臣，使事失實者⑥。）若邦凶荒，則以荒辯之灋治之⑦，（鄭司農云："辯，爲風別之別⑧。救荒之政十有二，爲士師別受其數條⑨，是爲荒別之法。"玄謂：辯當爲貶⑩，聲之誤也。遭飢荒則罰刑⑪，國事有所貶損，作權時法也。《朝士職》曰"若國凶荒⑫、札喪⑬、寇戎之故，則令邦國、都家、縣鄙慮刑貶罰也⑭"。）令移民、通財、糾守、緩刑。（移民，就賤救困也。通財，補不足也。糾守，備盜賊也⑮。緩刑，紓民心也⑯。）凡以財獄訟者，正之以傅別、約劑。（傅別，中別手書也。劑⑰，各所持券也⑱。故書"別"爲"辯"⑲。鄭司農曰⑳："'傅'或爲'符'㉑。辯讀爲風別之別㉒，若今時

---

① 金本"稱"作"爲"。
② 蜀本、翻岳本"竊"作"竊"，婺本、十行本作"竊"，明本、金本、八行本、費識本、北大本作"竊"。蜀本、婺本、明本、金本、費識本、北大本、十行本"寶"作"寶"，八行本、翻岳本、釋文出字同蜀石經。
③ 蜀本、婺本、明本、金本、八行本、費識本、北大本、翻岳本、十行本無"也"。
④ 費識本"傰"作"崩"。
⑤ 北大本"傰"作"㭊"，十行本作"朋"。孫校云"作'傰'是也。先鄭據故書作'傰'，故讀爲'朋'，後鄭作'朋'者，依先鄭改字"。婺本、翻岳本、十行本"爲"作"如"，蜀本、明本、金本、八行本、費識本、北大本同蜀石經。
⑥ 蜀本、婺本、明本、金本、八行本、費識本、北大本、翻岳本、十行本無"者"。
⑦ 十行本"辯"作"辨"。唐石經、蜀本、婺本、明本、金本、八行本、費識本、北大本、十行本"灋"作"法"，翻岳本同蜀石經作"灋"。阮校云"此作'法'，承石經之誤"。
⑧ 蜀本、婺本、明本、金本、八行本、費識本、北大本、翻岳本、十行本"爲"前有"讀"。
⑨ 蜀本、婺本、明本、金本、八行本、費識本、北大本、翻岳本、十行本"爲"作"而"。十行本"數"作"教"。
⑩ 金本無"爲"。
⑪ 蜀本、婺本、明本、金本、八行本、費識本、北大本、翻岳本"罰刑"作"刑罰"，十行本"則罰刑"作"不明判"。
⑫ 蜀本、婺本、明本、金本、八行本、費識本、北大本、翻岳本、十行本"國"作"邦"。
⑬ 十行本"札"作"礼"。
⑭ 蜀本、婺本、明本、金本、八行本、費識本、北大本、翻岳本、十行本無"罰也"。
⑮ 十行本"備"作"衛"。
⑯ 蜀本、婺本、明本、金本、費識本、北大本"紓"作"舒"，翻岳本、十行本同蜀石經。釋文出字作"紓民"，云"本亦作舒"。
⑰ 蜀本、婺本、明本、金本、八行本、費識本、北大本、翻岳本、十行本"劑"前有"約"，金本"約"作"约"。
⑱ 十行本"持"作"特"。
⑲ 十行本"辯"作"辨"。
⑳ 蜀本、婺本、明本、金本、八行本、費識本、北大本、翻岳本、十行本"曰"作"云"。
㉑ 十行本"傅"作"傳"，"符"作"付"。
㉒ 十行本"辯"作"辨"。

市賈，爲券書以別之，各得其□①，訟則按券以正之②。"）若祭勝國之社稷，□爲之尸③。（以刑官爲尸，略之也。周謂亡殷之社曰亳社④。）王燕出入，則前驅而辟。（道王且辟行人。）祀五帝，則沃尸及王盥⑤，洎鑊水。（洎，謂增其沃汁⑥。）凡刉珥⑦，則奉犬牲。（珥讀爲衈⑧，盥禮之事也⑨。用牲，毛者曰刉，羽者曰衈。）諸侯爲賓，則帥其屬而蹕于王宮。（謂諸侯來朝若燕饗時。）大喪亦如之。大師，帥其屬而禁逆軍旅者與犯師禁者而戮之。（逆軍旅，反將命也。犯師禁，于行陣也⑩。）歲終，則令正要會。（定計簿也⑪。）正歲，帥其屬而憲禁令于國及郊野。（去國百里爲郊，郊外謂之野。）

　　鄉士掌國中，（鄭司農云："謂國中至百里郊也⑫。"玄謂：其地則距王城百里内也。言掌國中，此主國中獄⑬，六鄉之獄在國中者⑭。）各掌其鄉之民數而糾戒之⑮。（鄉士八人，言各者⑯，四人而分主三鄉⑰。）聽其獄訟，察其辭，（察，審也。）辨其獄訟⑱，異其死刑之罪而要之，旬而職聽于朝。（辨⑲、異，謂殊其文書也⑳。要

---

① 蜀本、婺本、明本、金本、八行本、費識本、北大本、翻岳本、十行本"□"作"一"。
② 蜀本、婺本、明本、金本、八行本、費識本、北大本、翻岳本、十行本"按"作"案"。
③ 唐石經、蜀本、婺本、明本、金本、八行本、費識本、北大本、翻岳本、十行本"□"作"則"。
④ 蜀本、婺本、金本、八行本、費識本、北大本"殷"闕末筆，費識本"殷"有墨圍。蜀本、婺本、明本、金本、八行本、費識本、北大本、翻岳本、十行本"曰"作"爲"。
⑤ 玉篇無"王"。
⑥ 玉篇無"謂"，句末有"也"。
⑦ 翻岳本"刉"作"刏"。
⑧ 金本"衈"作"珥"。
⑨ 蜀本、婺本、明本、金本、八行本、費識本、北大本、翻岳本、十行本"盥"作"刉衈釁"，無"也"。
⑩ 蜀本、婺本、明本、金本、八行本、費識本、北大本、翻岳本、釋文出字"于"作"干"，十行本同蜀石經。蜀本、明本、金本、費識本、北大本、翻岳本、十行本、釋文出字"陣"作"陳"，婺本、八行本同蜀石經。
⑪ 蜀本、婺本、明本、金本、八行本、費識本、北大本、翻岳本、十行本無"也"。
⑫ 八行本"謂"作"誚"。
⑬ 蜀本、婺本、明本、金本、八行本、費識本、北大本、翻岳本、十行本"獄"後有"也"。
⑭ 蜀本、婺本、明本、金本、八行本、費識本、北大本、翻岳本、十行本無"者"。
⑮ 唐石經"民"作"🖾"。按，末筆當爲後添。
⑯ 十行本"各"作"名"。
⑰ 金本"主"作"上"。
⑱ 婺本、明本、金本、八行本、費識本、北大本、十行本"辨"作"辯"，蜀本、翻岳本同唐石經、蜀石經作"辨"。
⑲ 金本、費識本、北大本、翻岳本、十行本"辨"作"辯"，明本作"辦"，蜀本、婺本、八行本同蜀石經。
⑳ 金本、費識本"文"作"丈"形。

之，爲其罪之要辭①，如今劾矣②。十日，乃□職事治之於外朝③，容其自反覆也④。）**司寇聽之，斷其獄、弊其□于朝⑤。羣士司刑皆在，各麗其灋以□□訟⑥。**（麗，附也。各附致其法以成議也。）**獄訟成，士師受中。□日刑殺⑦，肆之三日。**（受中，謂受獄訟之成⑧。鄭司農云："士師受中，若今二千石受其獄也。中者，刑罰之中也。故《論語》曰'刑罰不中，則民無所措手足'。協日刑殺⑨，協，合也，和也。和合支干善日⑩，若今時望後刑日也⑪。肆之三日，《春秋傳》曰'三日棄疾請逆尸'⑫，《論語》曰'肆諸市朝'。"玄謂：士師旣獄訟之成⑬，鄉士則擇可行殺之日⑭，至其時而往涖之，尸之三日乃反之⑮。）**若欲免之，則王會其期。**（免，猶赦也⑯。期，謂鄉士職聽于朝，司寇聽之日也⑰，王欲赦之，則此時親往議之⑱。）**大祭祀、大喪紀、大軍旅、大賓客，則各掌其鄉之禁令，帥其屬夾道而蹕。**（屬，中士以下。）**三公若有邦事，則爲之前驅而辟，其喪亦如之。**（鄭司農云："鄉士爲三公道也⑲，若今時三公出城⑳，辟督郵、盜賊導之也㉑。"）**凡國有大事，則戮其犯命者。**

---

① 蜀本、婺本、明本、金本、八行本、費識本、北大本、翻岳本、十行本"罪"後有"法"。

② 蜀本、婺本、明本、金本、八行本、費識本、北大本、翻岳本、十行本、釋文出字"刻"作"劾"。

③ 蜀本、婺本、明本、金本、八行本、費識本、北大本、翻岳本、十行本"□"作"以"。

④ 蜀本、婺本、明本、金本、八行本、費識本、北大本、翻岳本、十行本無"也"。

⑤ 唐石經、蜀本、婺本、明本、金本、八行本、費識本、北大本、翻岳本、十行本"□"作"訟"。

⑥ 唐石經、蜀本、婺本、明本、金本、八行本、費識本、北大本、翻岳本、十行本"□□"作"議獄"。

⑦ 唐石經、蜀本、婺本、明本、翻岳本"□"作"協"，金本、八行本、費識本、十行本作"協"，北大本作"叶"。釋文出字作"汁日"，云"本亦作協"。

⑧ 蜀本、婺本、明本、金本、八行本、費識本、翻岳本、十行本"成"後有"也"，北大本同蜀石經。

⑨ 北大本"協"作"協"。

⑩ 蜀本、婺本、明本、金本、八行本、費識本、北大本、翻岳本、十行本"干"作"幹"。

⑪ 蜀本、婺本、明本、金本、八行本、費識本、北大本、翻岳本、十行本"刑"作"利"。

⑫ 蜀本、婺本、明本、金本、八行本、費識本、北大本、翻岳本、十行本"春"前有"故"，無"逆"。

⑬ 蜀本、婺本、明本、金本、八行本、費識本、北大本、翻岳本、十行本"旣"後有"受"。

⑭ 蜀本、婺本、明本、金本、八行本、費識本、北大本、翻岳本、十行本"行"作"刑"。

⑮ 蜀本、婺本、明本、金本、八行本、費識本、北大本、翻岳本、十行本"之"作"也"。

⑯ 八行本"赦也"作"敕"。

⑰ 蜀本、婺本、明本、金本、八行本、費識本、北大本、翻岳本、十行本無"也"。

⑱ 蜀本、婺本、明本、金本、八行本、費識本、北大本、翻岳本、十行本"則"後有"用"。蜀本"此"作"比"。

⑲ 金本"爲"作"鳥"，北大本作"謂"。

⑳ 八行本"三"作"二"。

㉑ 蜀本、婺本、明本、金本、八行本、費識本、北大本、翻岳本、十行本"辟"作"郡"，"導"作"道"，無"之"。

遂士掌四郊，(鄭司農云："謂百里外至三百里也。"玄謂：其地則距王城百里以外至二百里也①。言掌四郊者，此主四郊獄也。六遂之獄在四郊。)各掌其遂之民數，而糾其戒令，(遂士十二人，言各者，三人而分主一遂也②。)聽其獄訟，察其辭，辨其獄訟，異其死刑之□而要之③，二旬而職聽于朝。司寇聽□④，斷其獄、弊其訟于朝。羣士司刑皆在，各麗其灋以議獄訟。獄訟成，士師受中。協日就郊而刑殺⑤，各於其遂，肆之三日⑥。(就郊而刑殺者，遂士也。遂士擇刑殺日，至其時往涖之⑦，如鄉士爲之矣。言各於其遂者，四郊六遂，遂處不同也⑧。)若欲免之，則王令三公會其期。(令，猶命也。王欲赦之，則用遂士職聽之，則三公往議也⑨。)若邦有大事聚衆庶，則各掌其遂之禁令，帥其屬而蹕。(大事，王所親也。)六**卿**若有邦事⑩，則爲之前驅而辟，其喪亦如之。凡郊有大事，則戮其犯命者。

　　縣士掌野，(鄭司農云："掌三百里至四百里，大夫所食。晉韓須爲公族大夫⑪，食縣。"玄謂：地距王城二百里以外至三百里曰野，三百里以外至四百里曰都⑫。都、縣，野之外地⑬，其邑非王子弟、公卿大夫之菜地⑭，則皆公邑⑮，謂之縣，縣士掌其獄焉。言掌野者，郊外曰野，大摠言也⑯。獄居近焉⑰，野之縣獄在二百里上，縣之縣獄在三百里上，都之縣獄在四百里上。)各掌其縣之民數，糾其戒令，而聽其獄訟，察其辭，辨其獄

---

① 蜀本、婺本、明本、金本、八行本、費識本、北大本、翻岳本、十行本無"也"。
② 蜀本、婺本、明本、金本、八行本、費識本、北大本、翻岳本、十行本"三"作"二"，無"也"。明本"而"作"其"。
③ 唐石經、蜀本、婺本、明本、金本、八行本、費識本、北大本、翻岳本、十行本"□"作"罪"。
④ 唐石經、蜀本、婺本、明本、金本、八行本、費識本、北大本、翻岳本、十行本"□"作"之"。
⑤ 金本、費識本、十行本"協"作"恊"，北大本作"叶"，蜀本、婺本、明本、八行本、翻岳本同唐石經、蜀石經作"協"。
⑥ 十行本"肆"作"肂"。
⑦ 十行本"往涖"作"徃弊"。
⑧ 蜀本、婺本、明本、金本、八行本、費識本、北大本、翻岳本、十行本無"也"。
⑨ 蜀本、婺本、明本、金本、八行本、費識本、北大本、翻岳本、十行本"則"作"時命"，"也"作"之"。
⑩ 金本"卿"作"鄉"。
⑪ 金本"晉"作"晋"，"族"作"旗"。
⑫ 蜀本、婺本、明本、金本、八行本、費識本、北大本、翻岳本"曰"後有"縣四百里以外至五百里曰"，十行本"曰"後有"縣四百里或外至五百里曰"。
⑬ 蜀本、婺本、明本、金本、八行本、費識本、北大本、翻岳本、十行本無"外"。
⑭ 蜀本、婺本、明本、金本、八行本、費識本、北大本、翻岳本、十行本"菜"作"采"。
⑮ 蜀本、婺本、明本、金本、八行本、費識本、北大本、翻岳本、十行本"邑"後有"也"。
⑯ 蜀本、婺本、明本、金本、八行本、費識本、北大本、翻岳本、十行本"言"後有"之"。
⑰ 蜀本、婺本、明本、金本、八行本、費識本、北大本、翻岳本、十行本無"焉"。

訟，異其死刑之罪而要之，三旬而職聽于朝。司寇聽之，斷其獄、弊其訟于朝。羣士司刑皆在，各麗其灋以議獄訟。獄訟成，士師受中。協日刑殺①，各就其縣，肆之三日。（刑殺各就其縣者，亦謂縣士也②。）若欲免之，則王命六卿會其期。（期，亦謂縣士職聽之時也③。）若邦有大役聚衆庶，則各掌其縣之禁令。若大夫有邦事，則爲之前驅而辟④，其喪亦如之。凡野有大事，則戮其犯命者。（野，距王城二百里以外⑤，及縣鄙也⑥。）

　　方士掌都家，（鄭司農云："掌四百里至五百里，公所食也⑦，魯季氏食於都⑧。"玄謂：都，王子弟及公卿菜地⑨。家，大夫之菜地⑩。大都在畺地，小都在縣地，家邑在稍地。不言掌其民數，民不純屬王也⑪。）聽其獄訟之辭，辨其死刑之罪而要之，三月而上獄訟于國。（三月乃上要⑫，又變朝言國⑬，以其自有君，異之也⑭。）司寇聽其成于朝，羣士司刑皆在，各麗其灋以議獄訟。（成，平也。鄭司農説以《春秋傳》曰"晉刑侯與雍子爭鄐田⑮，久而無成也⑯。"）獄訟成，士師受中，書其刑殺之成與其聽獄訟者。（都家之吏自協日刑殺⑰。但書其成書與治獄之吏姓名⑱，備反覆有失實者也⑲。）凡都家之大事聚衆庶，則各掌其方之禁令。（方士十六人，言各掌其方

---

① 蜀本"協"作"恊"。
② 蜀本、婺本、八行本無"也"，明本、金本、費識本、北大本、翻岳本、十行本同蜀石經。
③ 蜀本、婺本、明本、金本、八行本、費識本、北大本、翻岳本、十行本無"也"。
④ 金本無"則"。
⑤ 蜀本、婺本、明本、金本、八行本、費識本、北大本、翻岳本、十行本"距"作"距"。
⑥ 蜀本、婺本、明本、金本、八行本、費識本、北大本、翻岳本、十行本"鄙也"作"都"。
⑦ 蜀本、婺本、明本、金本、八行本、費識本、北大本、翻岳本、十行本無"也"。
⑧ 金本"魯"作"鲁"。
⑨ 蜀本、婺本、明本、金本、八行本、費識本、北大本、翻岳本、十行本"菜"作"采"，該字前有"之"。
⑩ 蜀本、婺本、明本、金本、八行本、費識本、北大本、翻岳本、十行本"菜"作"采"。
⑪ 蜀本、婺本、明本、金本、八行本、費識本、北大本、翻岳本、十行本無"也"。
⑫ 蜀本、婺本、明本、金本、八行本、費識本、北大本、翻岳本、十行本"要"後有"者"。
⑬ 十行本"變"作"変"。
⑭ 蜀本、婺本、明本、金本、八行本、費識本、北大本、翻岳本、十行本無"也"。
⑮ 金本"晉"作"晋"。蜀本、婺本、明本、金本、八行本、費識本、北大本、翻岳本、十行本"刑"作"邢"。明本"爭"作"争"。
⑯ 蜀本、婺本、明本、金本、八行本、費識本、北大本、翻岳本、十行本無"也"。
⑰ 婺本"協"作"恊"。
⑱ 金本"但"作"伹"。蜀本、婺本、明本、金本、八行本、費識本、北大本、翻岳本、十行本無後"書"。
⑲ 八行本"覆"作"復"。十行本"實"作"实"。蜀本、婺本、明本、金本、八行本、費識本、北大本、翻岳本、十行本無"也"。

蜀石經《周禮·秋官》殘拓校理

者，四人而主一方也①。其方以王之事動衆，則爲班禁令焉。）**以時脩其縣灋，若歲終，則省之而誅賞焉。**（縣法者②，縣師之職③。其職，掌邦國都鄙稍甸郊里之地域④，而辨其夫家人民田萊之數，及其六畜車輦之稽。方士以四時脩此法，歲終又省之，則與掌民數亦相近也⑤。）**凡都家之士所上治，則主之。**（都家之士，都士、家士也。所治上者⑥，謂獄訟之小事，不附罪者也。主之⑦，告於司寇，聽平之也⑧。）

訝士掌四方之獄訟，（鄭司農曰⑨："四方諸侯之獄訟。"）**諭罪刑于邦國。**（告曉以麗罪及制刑之本意也⑩。）**凡四方之有治於士者，造焉。**（謂讞疑辯事⑪，先來詣，乃通之於士⑫。主謂士師也⑬。如今郡國亦時遣主吏者⑭，詣廷尉議也⑮。）**四方有亂獄，則往而成之。**（亂獄，謂若君臣宣淫，上下相虐者⑯。往成之⑰，猶呂步舒能使治淮南獄也⑱。）**邦有賓客，則與行人送逆之。入於國，則爲之前驅而辟，野亦如之。居館，則帥其屬而爲之蹕，誅戮暴客者。客出入則導之**⑲**，有**

---

① 八行本"一"作"其"。
② 蜀本、婺本、明本、金本、八行本、費識本、北大本、翻岳、十行本無"者"。
③ 蜀本、婺本、明本、金本、八行本、費識本、北大本、翻岳本、十行本"職"後有"也"。
④ 蜀本、婺本、明本、金本、八行本、費識本、北大本、翻岳本、十行本"里"作"野"。金本"域"作"城"。
⑤ 蜀本、婺本、明本、金本、八行本、費識本、北大本、翻岳本、十行本無"也"。
⑥ 蜀本、婺本、明本、金本、八行本、費識本、北大本、翻岳本、十行本"治上"作"上治"。
⑦ 費識本"主"作"王"。
⑧ 蜀本、婺本、明本、金本、八行本、費識本、北大本、翻岳本、十行本無"也"。
⑨ 蜀本、婺本、明本、金本、八行本、費識本、北大本、翻岳本、十行本"曰"作"云"。
⑩ 婺本、明本、八行本、費識本、北大本、翻岳本、十行本"夲"作"本"，蜀本、金本同蜀石經。蜀本、婺本、明本、金本、八行本、費識本、北大本、翻岳本、十行本無"也"。
⑪ 費識本"讞"作"讞"。蜀本、婺本、明本、金本、八行本、費識本、北大本、翻岳本、十行本"辯"作"辨"。金本"事"作"士"。
⑫ 十行本"士"作"土"。蜀本、婺本、明本、金本、八行本、費識本、北大本、翻岳本、十行本句末有"也"。
⑬ 蜀本、婺本、明本、金本、八行本、費識本、北大本、翻岳本"主"前有"士"。十行本"主"作"王"，該字前有"土"，"士"作"土"。
⑭ 蜀本、婺本、明本、金本、八行本、費識本、北大本、翻岳本、十行本"吏者"作"者吏"。
⑮ 金本"廷"作"延"。蜀本、婺本、明本、金本、八行本、費識本、北大本、翻岳本、十行本"之"作"者"。
⑯ 蜀本、婺本、明本、金本、八行本、費識本、北大本、翻岳本、十行本"虘"作"虐"，"者"後有"也"。
⑰ 蜀本、婺本、明本、金本、八行本、費識本、北大本、翻岳本、十行本"往"後有"而"。
⑱ 蜀本、婺本、明本、金本、八行本、費識本、北大本、翻岳本、十行本無"能""也"。蜀本"南"作"南"。
⑲ 蜀本、婺本、明本、金本、八行本、費識本、北大本、翻岳本、十行本、釋文出字"導"作"道"，蜀石經同唐石經作"導"。

治則贊之①。（送逆，謂始來及去也。出入，謂朝覲於王時②。《春秋傳》曰："晉侯受策以出，出入三覲。③"入國入野，自以時事耳④。）凡邦之大事聚衆庶，則讀其誓禁。

　　朝士掌建邦外朝之灋，左九棘⑤，**孤卿**大夫位焉⑥，羣士在其後。右九棘，公侯伯子男位焉，羣吏在其後。面三槐，三公位焉，州長衆庶在其後。左嘉石，平罷民焉。右肺石，達窮民焉。（樹棘以爲位者，取其赤心而外刺，象以赤心三刺也。槐之言懷也⑦，來人於此⑧，欲與之謀也⑨。羣吏，謂府史也。州長，鄉遂之官也⑩。鄭司農曰⑪："王有五門，外曰臯門，二曰雉門，三曰庫門，四曰應門⑫，五曰路門⑬。路門一曰畢門。外朝在路門外，內朝在路門之內⑭。左九棘，右九棘，故《易》曰'係用徽纆⑮，寘于叢棘⑯'。"玄謂⑰：《明堂位》說魯公宮曰"庫門天子臯門，雉門天子應門"。言魯用天子之禮⑱，所名曰庫門者，如天子臯門；所名曰雉門者，如天子應門。此名制二兼四⑲，則魯無臯門、應門矣。《檀弓》曰"魯莊公之喪，既葬⑳，而絰不入庫門㉑"。言其除喪而反，由外來，是庫門在雉門外必也㉒。如是，王五門，雉門爲中門，雉門設兩觀，與今之宮

---

① 費識本、北大本、翻岳本"贊"作"贊"，十行本作"贊"，蜀本、婺本、明本、金本、八行本同唐石經、蜀石經作"贊"。
② 蜀本、婺本、明本、金本、八行本、費識本、北大本、翻岳本、十行本"時"後有"也"。
③ 八行本、北大本不重"出"。
④ 蜀本、婺本、明本、金本、八行本、費識本、北大本、翻岳本、十行本無"耳"。
⑤ 費識本、翻岳本"棘"作"棘"，蜀本、婺本、明本、金本、八行本、北大本、十行本作"棘"，蜀石經同唐石經作"棘"。
⑥ 明本"孤"作"孤"，蜀本、婺本、金本、八行本、費識本、北大本、翻岳本、十行本同唐石經、蜀石經作"孤"。
⑦ 北大本"槐"作"懷"。
⑧ 蜀本、婺本、明本、金本、八行本、費識本、北大本、翻岳本、十行本"來"前有"懷"。
⑨ 蜀本、婺本、明本、金本、八行本、北大本、翻岳本、十行本無"也"，費識本同蜀石經。
⑩ 蜀本、婺本、明本、金本、八行本、翻岳本、十行本無"也"，費識本、北大本同蜀石經。
⑪ 蜀本、婺本、明本、金本、八行本、費識本、北大本、翻岳本、十行本"曰"作"云"。
⑫ 八行本"四曰"作"曰四"。
⑬ 明本"曰"作"門"。
⑭ 蜀本、婺本、明本、金本、八行本、費識本、北大本、翻岳本、十行本無"之"。
⑮ 金本、十行本"纆"作"纒"。
⑯ 釋文出字作"示于"，云"本或作寘"。
⑰ 費識本"玄"闕末筆，且有墨圍。
⑱ 金本無"之"，該字處爲空格。
⑲ 婺本"兼"作"蒹"。金本"此"後空十格，空格後有"此"。
⑳ 北大本"葬"作"塟"。
㉑ 八行本"絰"作"經"。
㉒ 金本"在"作"左"。蜀本、婺本、明本、金本、八行本、費識本、北大本、翻岳本、十行本"也"作"矣"。

蜀石經《周禮·秋官》殘拓校理

門同。門人幾出入者①，窮人蓋不得入也②。《郊特牲》曰"説繹之於庫門内"③，言遠，當於廟門，廟門在庫門之内④，見於此矣。《小宗伯職》曰"建國之神位，右社稷，左宗廟"。然則外朝於庫門之外⑤，皋門之内與⑥？今司徒府有天子以下會殿⑦，亦古之外朝哉。周天子、諸侯皆有三朝，外朝一，内朝二。内朝在路門内者⑧，或謂之燕朝也⑨。）帥其屬而以鞭呼趨且辟⑩。（趨朝，辟行人，執鞭以威人⑪。）禁慢朝、錯立、族談者。（慢朝，臨朝不肅敬也⑫。錯立、族談，違其位傳語者也⑬。）凡得獲貨賄、人民、六畜者，委于朝⑭，告于士，旬而舉之，大者公之，小者庶民私之⑮。（俘而取之曰獲⑯。委於朝十日⑰，待來識者也⑱。人民，謂刑人、奴隷逃亡者也⑲。《司隷職》曰："帥其民而搏盜賊⑳。"鄭司農云："若今時得遺物放失六畜㉑，特詣鄉亭縣廷也㉒。大者公之，大物没入公家

---

① 蜀本、婺本、明本、金本、八行本、費識本、北大本、翻岳本、十行本、釋文出字"門"作"閽"。

② 蜀本、婺本、明本、金本、八行本、費識本、北大本、翻岳本、十行本"人"作"民"。金本、十行本"蓋"作"盖"。

③ 蜀本、婺本、明本、金本、八行本、費識本、北大本、翻岳本、十行本無"曰""之"，"説"作"譏"。釋文出字作"繹於"。

④ 蜀本、婺本、明本、金本、八行本、費識本、北大本、翻岳本、十行本無"廟門"之"門"。

⑤ 明本"朝"作"廟"。蜀本、婺本、金本、八行本、費識本、北大本、翻岳本、十行本"於"作"在"。

⑥ 婺本"皋"前空四格。

⑦ 蜀本、婺本、明本、金本、八行本、費識本、北大本、翻岳本、十行本"下"後有"大"。蜀本"殿"作"殿"。

⑧ 蜀本、婺本、明本、金本、八行本、費識本、北大本、翻岳本、十行本"朝"後有"之"。

⑨ 北大本"朝"作"門"。蜀本、婺本、明本、金本、八行本、費識本、北大本、翻岳本、十行本無"也"。

⑩ 釋文出字作"呼趨"，云"本又作趣"。

⑪ 金本"鞭"作"難"。蜀本、婺本、明本、金本、八行本、費識本、北大本、翻岳本、十行本"人"作"之"。

⑫ 蜀本、婺本、明本、金本、八行本、費識本、北大本、翻岳本、十行本"臨"前有"謂"。婺本、金本、八行本"敬"闕末筆。

⑬ 蜀本、婺本、明本、金本、八行本、費識本、北大本、翻岳本、十行本無"者"。

⑭ 明本"于"作"於"。

⑮ 婺本、金本"私"作"私"。

⑯ 金本"獲"作"未"。

⑰ 費識本、北大本"於"作"于"。

⑱ 蜀本、婺本、明本、金本、八行本、費識本、北大本、翻岳本、十行本"識"後有"之"，無"也"。

⑲ 蜀本、婺本、明本、金本、八行本、費識本、北大本、翻岳本、十行本無"也"。

⑳ 蜀本、婺本、明本、金本、八行本、費識本、北大本、翻岳本"帥"作"帥"，十行本作"師"。蜀本、婺本、明本、金本、費識本、北大本、十行本"盜"作"盗"，八行本、翻岳本同蜀石經。

㉑ 蜀本、婺本、明本、金本、八行本、費識本、北大本、翻岳本、十行本"物"後有"及"。

㉒ 明本、費識本、翻岳本、十行本"特"作"持"，蜀本、婺本、金本、八行本、北大本同蜀石經。金本"廷"作"延"。蜀本、婺本、明本、金本、八行本、費識本、北大本、翻岳本、十行本無"也"。

也。小者私之①，物小自甲也②。"玄謂③：人民小者④，未齓七歲以下⑤。）**凡士之治有期日，國中一旬，郊二旬，野三旬，都三月，邦國朞⑥。其內之治聽⑦，其外不聽⑧。**（鄭司農云："謂在朝內者聽⑨，其外者不聽⑩。若今時徒論決⑪，滿三月⑫，不得乞鞠。"）**凡有責者，有判書以治，則聽。**（判，分兩合也⑬。故書爲"辨"⑭。鄭司農云："謂若今時辭訟，有券書者爲□之也⑮。辨讀爲別，謂別券也。"玄謂：古者出責之息，亦如國服與⑯?）**凡民同貨財者，令以國瀍行之。犯令者，刑罰之。**（鄭司農云："同貨財者，謂合錢共賈也⑰。以國法行之，司市爲節以遣之也⑱。"玄謂：同貨財⑲，富人畜積者⑳，多時收斂之㉑，乏時以國服之法以出之㉒，雖有騰躍，其贏不得過㉓。此以利出者

---
① 十行本"私"作"䆳"。
② 蜀本、婺本、明本、金本、八行本、費識本、北大本、翻岳本、十行本"物小"作"小物"。蜀本、婺本、明本、金本、八行本、費識本、北大本、翻岳本、十行本、釋文出字"甲"作"羿"。
③ 八行本"玄"作"云"。
④ 蜀本、婺本、明本、金本、八行本、費識本、北大本、翻岳本、十行本"民"後有"之"。
⑤ 十行本"未"作"来"。金本、費識本"以"作"巳"。
⑥ 釋文出字作"國期"。
⑦ 蜀本、婺本、明本、金本、八行本、費識本、北大本、翻岳本、十行本"其"作"期"，唐石經此字殘損。
⑧ 蜀本、婺本、明本、金本、八行本、費識本、北大本、翻岳本、十行本"其"作"期"，蜀石經同唐石經作"其"。
⑨ 蜀本、婺本、明本、金本、八行本、費識本、北大本、翻岳本、十行本"朝"作"期"。
⑩ 蜀本、婺本、明本、金本、八行本、費識本、北大本、翻岳本、十行本"其"作"期"。
⑪ 婺本、明本、八行本、北大本、十行本"決"作"决"，蜀本作"决"形，金本、費識本、翻岳本同蜀石經。
⑫ 婺本、八行本、費識本、北大本、十行本"滿"作"满"，蜀本、明本、金本、翻岳本同蜀石經。
⑬ 蜀本、婺本、明本、金本、八行本、費識本、北大本、翻岳本、十行本"分兩合也"作"半分而合者"。
⑭ 蜀本、婺本、明本、金本、八行本、費識本、北大本、翻岳本、十行本"爲"前有"判"。
⑮ 蜀本、婺本、明本、金本、八行本、費識本、北大本、翻岳本、十行本、釋文出字"□"作"治"。蜀本、婺本、明本、金本、八行本、費識本、北大本、翻岳本、十行本無"也"。
⑯ 婺本"如"作"責"。費識本、北大本、翻岳本、十行本"如"後有"其"，蜀本、婺本、明本、金本、八行本同蜀石經。
⑰ 蜀本、婺本、明本、金本、八行本、費識本、北大本、翻岳本、十行本"賈"後有"者"。
⑱ 金本"節"作"即"。蜀本、婺本、明本、金本、八行本、費識本、北大本、翻岳本、十行本無"也"。
⑲ 蜀本、婺本、明本、金本、八行本、費識本、北大本、翻岳本、十行本"財"後有"者"。
⑳ 蜀本、金本、費識本、北大本、十行本"富"作"冨"，婺本、明本、八行本、翻岳本同蜀石經。十行本"畜"作"蓄"。
㉑ 十行本"收"作"取"。
㉒ 北大本、十行本"乏"作"之"。蜀本、婺本、明本、金本、八行本、費識本、北大本、翻岳本、十行本無後"以"。
㉓ 蜀本、婺本、明本、八行本、費識本、北大本、翻岳本"贏"作"嬴"，金本、十行本同蜀石經。

與取者，過此則罰之。若今時加賈貴取息坐贓①。）凡屬責者，以其地傅，而聽其辭。（鄭司農云："謂訟地畔界也②，田地町畔相比屬，故謂之屬責③。以地傅而聽其辭④，以其比畔爲證也。"玄謂：屬責，轉使人歸之⑤，而本主死⑥，歸受之數相抵冒者⑦。以其地之人相比近⑧，能爲證者來，乃受其辭爲治之也⑨。）凡盜賊軍鄉邑及家人，殺之無罪。（鄭司農云："謂盜賊羣輩若軍共攻鄉邑家人者也⑩，殺人無罪⑪。若今時無故入人家宅廬舍⑫，上人車舩⑬，牽引人欲死法者⑭，其時格殺之，無罪。"）凡報仇讎者，書於士，殺之無罪。（謂同國不相辟者也⑮，將報之⑯，必先言之於士。）若邦凶荒、札喪、寇戎之故，則令邦國、都家、縣鄙慮刑貶。（故書"慮"爲"憲"⑰，"貶"爲"窆"⑱。□子春云⑲："窆當爲禁。憲，謂播書以明之也⑳。"玄謂：慮，謀也。貶，猶減也。謂當圖謀緩刑㉑，且減國用，爲民困也。所貶視時爲多少之法。）

司民掌登萬民之數，自生齒以上皆書於版㉒，辨其國中與其都鄙及

---

① 蜀本、婁本、明本、金本、八行本、費識本、北大本、翻岳本、十行本無"賈"。蜀本、婁本、明本、金本、八行本、翻岳本、十行本、釋文出字"賊"作"臧"，北大本作"臟"，費識本同蜀石經。

② 蜀本、婁本、明本、金本、八行本、費識本、北大本、翻岳本、十行本"也"作"者"。

③ 十行本"責"作"資"。

④ 金本"傅"作"傳"。

⑤ 蜀本、婁本、明本、金本、八行本、費識本、北大本、翻岳本、十行本"轉"後有"責"。

⑥ 蜀本"本"作"本"。蜀本、婁本、明本、金本、八行本、費識本、北大本、翻岳本、十行本"死"後有"亡"。

⑦ 明本"數"作"数"。十行本"受"作"後"。蜀本、婁本、明本、金本、八行本、費識本、北大本、翻岳本、十行本、釋文出字"柢"作"抵"。蜀本、婁本、明本、金本、八行本、費識本、北大本、翻岳本、十行本"者"後有"也"。費識本、十行本"冒"作"冐"，蜀本作"冐"，金本同蜀石經。

⑧ 北大本"近"作"追"。

⑨ 蜀本、婁本、明本、金本、八行本、費識本、北大本、翻岳本、十行本無"也"。

⑩ 十行本"輩"作"輩"。北大本"攻"作"政"。蜀本、婁本、明本、金本、八行本、費識本、北大本、翻岳本、十行本"鄉"前有"盜"，"邑"後有"及"，無"也"。

⑪ 蜀本、婁本、明本、金本、八行本、費識本、北大本、翻岳本、十行本"人"作"之"。

⑫ 蜀本、婁本、明本、金本、八行本、費識本、北大本、翻岳本、十行本"家"作"室"。

⑬ 婁本、費識本"舩"作"舡"，明本、翻岳本作"船"，金本作"舣"，八行本、北大本作"船"，十行本作"舩"，蜀本同蜀石經。

⑭ 蜀本、婁本、明本、金本、八行本、費識本、北大本、翻岳本、十行本"死"作"犯"。

⑮ 蜀本、婁本、明本、金本、八行本、費識本、北大本、翻岳本、十行本無"也"。

⑯ 十行本"報"作"殺"。

⑰ 費識本"故"作"坎"。北大本"書"作"讀"。

⑱ 金本、費識本、北大本、十行本"窆"作"穸"，蜀本、婁本、明本、八行本、翻岳本、釋文出字同蜀石經。

⑲ 蜀本、婁本、明本、金本、八行本、費識本、北大本、翻岳本、十行本"□"作"杜"。

⑳ 蜀本、婁本、明本、金本、八行本、費識本、北大本、翻岳本、十行本"播"作"幡"，無"也"。

㉑ 翻岳本"緩"作"援"。

㉒ 北大本"皆"作"甞"。

其郊野，異其男女，歲登下其死生。（登，上也。男八月、女七月而生齒①。版，今户籍也②。下，猶去也。每歲更著生去死也③。）及三年大比，以萬民之數詔司寇。司寇及孟冬祀司民之日獻其數于王，王拜受之，登于天府。内史、司會、冢宰貳之，以贊王治。（鄭司農云："文昌宮三台④，爲屬軒轅⑤，相與爲體。近文昌爲司命，次司中⑥，次司禄⑦，次司民。"玄謂：司民，軒轅角也⑧。天府，主祖廟之藏者⑨。贊，佐也⑩。贊佐⑪，三府以貳佐王治者⑫，當以民多少黜陟主民之吏。）

司刑掌五刑之灋，以麗萬民之罪。墨罪五百，劓罪五百，宫罪五百，刖罪五百，殺罪五百。（墨，黥也，刻其面⑬，以墨窒之⑭。劓，截鼻也⑮。今東西夷戎或以墨劓爲俗⑯，古刑人亡逃者之世類與⑰？宫者，丈夫割其勢⑱，女子閉於宫⑲，若今宦男女也⑳。刖㉑，斷其足者也㉒。周改臏作刖。殺，死刑也。《書傳》曰："決關梁㉓、踰城郭而略盜者，其刑臏。男女不以義交者，其刑宫。觸易君命，革輿服制度，奸宄寇攘傷人者㉔，

---

① 金本"生"作"主"形。
② 十行本"籍"作"藉"。
③ 蜀本、婺本、明本、金本、八行本、費識本、北大本、翻岳本、十行本無"也"。
④ 費識本、北大本"宫"作"官"。蜀本、婺本、明本、金本、八行本、費識本、北大本、翻岳本、十行本、釋文出字"台"作"能"。
⑤ 蜀本、婺本、明本、金本、八行本、費識本、北大本、翻岳本、十行本無"爲"，"轅"後有"角"。
⑥ 十行本無"中"。
⑦ 十行本無"次司"。
⑧ 蜀本、婺本、明本、金本、八行本、費識本、北大本、翻岳本、十行本"轅軒"作"軒轅"。
⑨ 金本"主"作"王"。
⑩ 婺本"佐"作"佑"。
⑪ 蜀本、婺本、明本、金本、八行本、費識本、北大本、翻岳本、十行本無"贊佐"。
⑫ 蜀本、婺本、明本、金本、八行本、費識本、北大本、翻岳本、十行本"府"作"官"。
⑬ 蜀本、婺本、明本、金本、八行本、費識本、北大本、翻岳本、十行本"刻"前有"先"。
⑭ 釋文出字作"窒之"，云"本又作涅"。
⑮ 蜀本、婺本、明本、金本、八行本、費識本、北大本、翻岳本、十行本"截"後有"其"。
⑯ 蜀本、婺本、明本、金本、八行本、費識本、北大本、翻岳本、十行本無"戎"。
⑰ 蜀石經"世"闕筆作"丗"。
⑱ 蜀本、婺本、明本、金本、八行本、費識本、北大本、翻岳本、十行本"夫"後有"則"。明本、金本、北大本、十行本"勢"作"勢"，蜀本、婺本、八行本、費識本、翻岳本同蜀石經。
⑲ 蜀本、婺本、明本、金本、八行本、費識本、北大本、翻岳本、十行本"宫"後有"中"。
⑳ 金本"宦"作"窨"。
㉑ 金本"刖"作"則"。
㉒ 蜀本、婺本、明本、金本、八行本、費識本、北大本、翻岳本、十行本、釋文出字無"其"。蜀本、婺本、明本、金本、八行本、費識本、北大本、翻岳本、十行本無"者"。
㉓ 十行本"關"作"関"。
㉔ 蜀本、婺本、明本、金本、八行本、費識本、北大本、十行本"奸宄寇"作"姦軌盜"，翻岳本作"姦軌盜"。

蜀石經《周禮·秋官》殘拓校理

其刑劓。非事而事之，出入不以道義，而誦不祥之辭者①，其刑墨。降略②、寇賊、劫掠③、奪攘矯④、撟虔者⑤，其刑死。"此二千五百罪之目略⑥，其刑書則亡。夏刑大辟二百，臏辟三百，宮辟五百⑦，劓墨各千，周則變焉⑧，所謂刑罰世輕世重也⑨。鄭司農云："漢孝文帝十三年，除肉刑。"）若司寇斷獄弊訟，則以五刑之灋詔刑罰，而以辨罪之輕重。（詔刑罰者，處其所應否⑩，如今律家所著法矣⑪。）

司刺掌三刺、三宥、三赦之灋⑫，以贊司寇聽獄訟。（刺，殺也。訊而有罪則殺之。宥，寬也。赦⑬，舍也。）壹刺曰訊羣臣，再刺曰訊羣吏，三刺曰訊萬民。（訊，言也⑭。）壹宥曰不識，再宥曰過失，三宥曰遺忘。（鄭司農云："不識，愚民無所識則宥之也⑮。過失，若今時律過失殺人不坐死也⑯。"玄謂：識，審也。不審，若今仇讎當報甲⑰，見乙，誠以爲甲而殺之者。過失，若舉刃欲斫伐，而軼中人者⑱。遺忘，若閒帷薄，忘有在焉者⑲，而以兵矢投射也⑳。）壹赦曰幼弱，再赦曰老旄㉑，三赦

---

① 蜀石經"祥"闕末筆。蜀本、婺本、明本、金本、八行本、費識本、北大本、翻岳本、十行本"祥"作"詳"。
② 蜀本、婺本、明本、金本、八行本、費識本、北大本、翻岳本、十行本、釋文出字"略"作"畔"。
③ 蜀本、婺本、明本、金本、八行本、費識本、十行本"掠"作"略"，北大本、翻岳本同蜀石經。
④ 蜀本、婺本、明本、金本、八行本、費識本、北大本、翻岳本、十行本"奪"作"奪"，不重"攘"。
⑤ 八行本"撟"作"橋"，北大本作"矯"。
⑥ 蜀本、婺本、明本、金本、八行本、費識本、北大本、翻岳本、十行本"略"後有"也"。
⑦ 費識本、北大本"宮"作"官"。
⑧ 蜀本、婺本、明本、金本、八行本、費識本、北大本、翻岳本"則"作"則"，十行本同蜀石經。金本"變"作"变"。
⑨ 蜀本、婺本、明本、金本、八行本、費識本、北大本、翻岳本、十行本"重"後有"者"。
⑩ 蜀本、婺本、明本、金本、八行本、費識本、北大本、翻岳本、十行本"否"作"不"。
⑪ 蜀本、婺本、明本、金本、八行本、費識本、北大本、翻岳本、十行本"著"作"署"。
⑫ 明本"灋"作"法"。
⑬ 蜀本、婺本、明本、金本、八行本、費識本、北大本、翻岳本、十行本"赦"作"赦"。
⑭ 蜀本、婺本、明本、金本、八行本、費識本、北大本、翻岳本、十行本無"也"。
⑮ 蜀本、婺本、明本、金本、八行本、費識本、北大本、翻岳本、十行本"愚"前有"謂"，無"也"。
⑯ 蜀本、婺本、明本、金本、八行本、費識本、北大本、翻岳本、十行本無"時""也"。
⑰ 十行本"讎"作"讐"。
⑱ 費識本"軼"作"軼"。
⑲ 北大本"忘"作"志"。蜀本、婺本、明本、金本、八行本、十行本無"者"，費識本、北大本、翻岳本同蜀石經。
⑳ 蜀本、婺本、明本、金本、八行本、費識本、北大本、翻岳本、十行本"也"作"之"。
㉑ 費識本、北大本"旄"作"耄"，蜀本、婺本、明本、金本、八行本、翻岳本、十行本同唐石經、蜀石經作"旄"。釋文出字作"老耗"，云"本又作旄"。

曰憃愚①。(憃愚，生而癡騃童昏者也②。鄭司農云："幼弱、老旄，若今時律令年未滿八歲③，八十以上，非手殺人，他皆不坐。")以此三瀘者求民情，斷民中，而施上服下服之罪，然後刑殺。(上服，與墨劓④。下服，宮刖也。《司約職》曰："其不信者，服墨刑。"凡行刑，人必先規識所刑之處⑤，乃後行之⑥。)

司約掌邦國及萬民之約劑，治神之約爲上，治民之約次之，治地之約次之，治功之約次之，治器之約次之，治摯之約次之。(此六約者，諸侯下至於民⑦，皆有焉。劑，謂券書⑧。治者，理其相探冒上下之差⑨。神約⑩，謂命祀、郊社、羣望及所祖宗也。夔子不祀祝融，楚人伐之。民約，謂征稅遷移⑪，仇讎既和⑫，若懷宗九姓在晉⑬，殷民六族七姓在魯衛皆是也⑭。地約，皆經界所至⑮，田萊之比也⑯。功約，謂王功國功之屬，賞爵所及也⑰。器約⑱，謂禮樂吉凶車服所得用也。摯⑲，謂玉帛禽鳥⑳，相與往來㉑。)凡大約劑，書於宗彝㉒。小約劑，書於丹圖。(大約劑，邦國約也。書於

---

① 明本、金本、費識本、釋文出字"憃"作"憃"，蜀本、婺本、八行本、北大本、翻岳本、十行本同唐石經、蜀石經作"憃"。
② 明本、金本、八行本、費識本、北大本、十行本"昏"作"𢘑"，蜀本、婺本、翻岳本同蜀石經。蜀本、婺本、明本、金本、八行本、費識本、北大本、翻岳本、十行本無"也"。
③ 明本、翻岳本、十行本無"時"，金本"今""律"間爲空格，蜀本、婺本、八行本、費識本、北大本同蜀石經。
④ 蜀本、婺本、明本、金本、八行本、費識本、北大本、翻岳本、十行本"與"前有"殺"。
⑤ 蜀本、婺本、明本、金本、八行本、費識本、北大本、翻岳本、十行本無"人"。
⑥ 費識本、北大本"行"作"刑"。
⑦ 蜀本、婺本、明本、金本、八行本、費識本、北大本、翻岳本、十行本"侯"後有"以"。
⑧ 蜀本、婺本、明本、金本、八行本、費識本、北大本、翻岳本、十行本"書"後有"也"。
⑨ 蜀本、婺本、明本、金本、八行本、費識本、北大本、翻岳本、十行本"探"作"抵"，"差"後有"也"。
⑩ 金本"神"作"袖"。
⑪ 十行本"遷"作"迁"。
⑫ 明本"讎"作"讐"。
⑬ 金本"懷"作"攘"。
⑭ 十行本"六"作"八"。蜀本、婺本、明本、金本、八行本、費識本、北大本、翻岳本、十行本"姓"作"族"。
⑮ 蜀本、婺本、明本、金本、八行本、費識本、北大本、翻岳本、十行本"皆"作"謂"。十行本"界"作"介"。
⑯ 金本"萊"作"萊"。
⑰ 十行本"賞"作"賓"。
⑱ 十行本"器"作"罷"。
⑲ 蜀本、婺本、明本、金本、八行本、費識本、北大本、十行本"摯"作"摰"，翻岳本作"摯"；蜀本、婺本、明本、金本、八行本、費識本、北大本、翻岳本、十行本該字後有"約"。
⑳ 北大本"玉"作"王"。
㉑ 費識本"往"作"生"。蜀本、婺本、明本、金本、八行本、費識本、北大本、翻岳本、十行本"來"後有"也"。
㉒ 金本、費識本、十行本"彝"作"彝"。

宗廟之六彝①，欲神監焉②。小約劑，萬民約也。丹圖，未聞。或有彤器簠簋之屬③，有圖象者與？《春秋傳》曰："斐豹，隸也，著於丹書。"今俗語有鐵券丹書，豈此舊典之遺言乎④？）**若有訟者，則珥而辟藏，其不信者服墨刑。**（鄭司農云："謂有事爭訟罪罰⑤，謂刑書謬誤不正者⑥，爲之開藏，取夲刑書以正之。當開時，先祭之也⑦。"玄謂：訟約⑧，若宋仲幾、薛約宰者⑨。辟藏，開府視約書也⑩。不信，不如約也⑪。珥讀曰衈⑫，謂殺雞血釁其尸⑬。）**若大亂，則六官辟藏，其不信者殺。**（大亂，謂約⑭，若吳楚之君⑮，晉文公請遂以葬者⑯。六官辟藏，明罪大也。六官初受盟約之貳者⑰。）

　　司盟掌盟載之灋，（載，盟辭者也⑱。謂盟者書其辭於策⑲，殺牲取血，坎其牲，加書於上而埋之，謂之載書。《春秋傳》曰："宋寺人惠牆伊戾坎用牲⑳，加㉑，爲世子痤與楚客盟者㉒。"）**凡邦國有疑會同，則掌其盟約之載及其禮儀㉓，北面詔明神㉔。既盟，則貳之。**（有疑，不協者也㉕。明神，神之明察者，謂日月山川也。《覲禮》加方明

---

① 婺本"彝"作"彝"。
② 十行本"欲"作"欹"。
③ 蜀本、婺本、明本、八行本、北大本、翻岳本、十行本"彤"作"彫"，金本、費識本作"雕"。
④ 蜀本、婺本、明本、金本、八行本、北大本、翻岳本、十行本無"乎"，費識本"乎"作"與"。
⑤ 蜀本、婺本、明本、金本、八行本、費識本、北大本、翻岳本、十行本無"事"。蜀本"爭"字略殘損作"爭"形，十行本作"争"。
⑥ 蜀本、婺本、明本、金本、八行本、費識本、北大本、翻岳本、十行本無"謂"。
⑦ 蜀本、婺本、明本、金本、八行本、費識本、北大本、翻岳本、十行本無"也"。
⑧ 蜀本、婺本、明本、金本、八行本、費識本、北大本、翻岳本、十行本"約"前有"訟"。
⑨ 蜀本、婺本、明本、金本、八行本、費識本、北大本、翻岳本、十行本"薛"作"薛"，無"約"，"者"後有"也"。
⑩ 蜀本、婺本、明本、金本、八行本、費識本、北大本、翻岳本、十行本無"也"。
⑪ 十行本"如"作"知"。
⑫ 北大本"珥"有墨圍，且該字前有"○"符號。
⑬ 蜀本、婺本、明本、金本、八行本、費識本、北大本、翻岳本"鷄"作"雞"，十行本同蜀石經。蜀本、婺本、明本、金本、八行本、費識本、北大本、翻岳本、十行本"血"前有"取"，"尸"作"戶"。
⑭ 蜀本、婺本、明本、金本、八行本、費識本、北大本、翻岳本、十行本"謂"後有"僭"。
⑮ 翻岳本"君"後有"僭稱王"。
⑯ 十行本"晉"作"晋"。蜀本、婺本、明本、金本、八行本、費識本、北大本、翻岳本、十行本、釋文出字"遂"作"隧"。
⑰ 蜀本、婺本、明本、金本、八行本、費識本、北大本、翻岳本、十行本無"者"。
⑱ 蜀本、婺本、明本、金本、八行本、費識本、北大本、翻岳本、十行本無"者"。
⑲ 蜀本、婺本、明本、金本、八行本、費識本、北大本、翻岳本、十行本無"謂"。
⑳ 金本"用"作"閈"形。
㉑ 蜀本、婺本、明本、金本、八行本、費識本、北大本、翻岳本、十行本"加"後有"書"。
㉒ 蜀本、婺本、明本、八行本、費識本、翻岳本、十行本、釋文出字"座"作"痤"，金本、北大本同蜀石經。蜀本、婺本、明本、金本、八行本、費識本、北大本、翻岳本、十行本無"者"。
㉓ 釋文出字"儀"作"義"。
㉔ 八行本"面"作"面"。
㉕ 蜀本"協"作"拹"。蜀本、婺本、明本、金本、八行本、費識本、北大本、翻岳本、十行本無"者"。

于壇上①，所以依之②。詔之者，讀其載書臣告之③。貳之者，寫副當以授六官④。）**盟萬民之犯命者，詛其不信者亦如之。**（盟詛者，欲與共惡之也⑤。犯命，君教令也⑥。不信，違約也⑦。《春秋傳》曰："臧紇犯門斬關以出⑧，乃盟臧氏。"又曰："鄭伯使卒出豭⑨，行出犬雞⑩，以詛射潁考叔者⑪。"）**凡民之有約劑者，其貳在司盟。**（貳之者，檢其自相違約⑫。）**有獄訟者，則使之盟詛⑬。**（不信則詛⑭，所以省獄訟。）**凡盟詛，各以其地域之衆庶共其牲而致焉。既盟，則爲司盟共祈酒脯⑮。**（使其邑閭出牲而來盟⑯，已⑰，又使出酒脯⑱，司盟爲之祈明神，使不信者必凶也⑲。）

　　職金掌凡金、玉、錫、石、丹、青之戒令，（青，空青也。）**受其入征者，辨其物之媺惡與其數量⑳，楬而璽之，入其金錫于爲兵器之府，入其玉石丹青于守藏之府。**（爲兵器者，攻金之工六也㉑。守藏者，玉府㉒、内府也。鄭司農云："受其入征者，謂主受來金玉錫石丹青者兵之租税也㉓。楬而璽之者，楬，書其數量又

---

　　① 十行本"覿"作"覩"。
　　② 蜀本、婺本、明本、金本、八行本、費識本、北大本、翻岳本、十行本"之"後有"也"。
　　③ 蜀本、婺本、明本、金本、八行本、費識本、北大本、翻岳本、十行本"臣"作"以"。蜀本、婺本、明本、八行本、費識本、北大本、翻岳本、十行本"之"後有"也"，金本"之"後爲空格。
　　④ 金本"六"作"官"。
　　⑤ 蜀本、婺本、明本、金本、八行本、費識本、北大本、翻岳本、十行本"欲"後有"相"。
　　⑥ 蜀本、婺本、明本、金本、八行本、費識本、北大本、翻岳本、十行本"君"前有"犯"。蜀本"令"作"今"。
　　⑦ 蜀本、婺本、明本、金本、八行本、費識本、北大本、翻岳本、十行本"約"後有"者"。
　　⑧ 金本"關"作"関"。
　　⑨ 金本"豭"作"猳"。
　　⑩ 釋文出字作"出行"。八行本、十行本"犬"作"大"。
　　⑪ 金本、北大本"潁"作"頴"。
　　⑫ 蜀本"檢"作"撿"。
　　⑬ 八行本"詛"作"詎"。
　　⑭ 蜀本、婺本、明本、金本、八行本、費識本、北大本、翻岳本、十行本"則"後有"不敢聽此盟"。八行本"詛"作"詎"。
　　⑮ 金本"則"後空一格。唐石經、蜀本、婺本、明本、金本、八行本、費識本、北大本、翻岳本、十行本"酺"作"脯"。按，蜀石經此處有改刻痕跡，蓋原刻作"脯"，改刻作"酺"。
　　⑯ 蜀本無"其"、"而"，翻岳本無"而"，婺本、明本、金本、八行本、費識本、北大本、十行本同蜀石經。
　　⑰ 蜀本"巳"作"己"，十行本作"既"。
　　⑱ 蜀本、婺本、明本、金本、八行本、費識本、北大本、翻岳本、十行本"酺"作"脯"。
　　⑲ 蜀本、婺本、明本、金本、八行本、費識本、北大本、翻岳本、十行本無"也"。
　　⑳ 十行本"媺"作"繊"。
　　㉑ 蜀本"工"作"王"。
　　㉒ 北大本、十行本"玉"作"王"。
　　㉓ 蜀本、婺本、明本、金本、八行本、費識本、北大本、翻岳本、十行本"來"作"采"。蜀本、婺本、明本、八行本、費識本、北大本、翻岳本、十行本無"兵"，金本"者兵"作"于"。

— 226 —

蜀石經《周禮·秋官》殘拓校理

以著其物也①。璽者，印也。既楬書揃其數量②，又以印封之。今時之書有所表識，謂之楬諸③。") 入其要。（要，凡數也④。入之於天府⑤。）掌受士之金罰、貨罰，入于司兵。（給治及工直也⑥。貨，泉貝也⑦。罰，贖也⑧。《書》曰："金作贖刑。"）旅于上帝，則共其金版，饗諸侯亦如之。（鉼金謂之版，此版所施未聞。）凡國有大故而用金石，則掌其令。（主其取之令⑨。用金石者，作槍雷椎椁之屬⑩。）

司厲掌盜賊之任器、貨賄，辨其物，皆有數量，賈而楬之，入于司兵⑪。（鄭司農云："任器⑫、貨賄，謂盜賊所用傷人兵器及所盜賊財物也⑬。入于司兵，若今時傷殺人所用兵⑭，盜賊⑮，加責没入縣官。"）其奴，男子入于罪隸，女子入于舂槀⑯。（鄭司農云："謂坐爲盜賊而爲奴者，輸於罪隸、舂人、槀人之官也。由是觀之，今之奴婢⑰，古之罪人也。故《書》曰'予則奴戮汝⑱'，《論語》曰'箕子爲之奴'，罪隸奴也⑲。故《春秋傳》曰'斐豹⑳，隸也，著於丹書㉑，請焚丹書，我殺督戎'。恥爲奴㉒，欲焚其籍

---

① 蜀本、婺本、明本、金本、八行本、費識本、北大本、翻岳本、十行本無"又"。
② 八行本、費識本、北大本"揃"作"楠"，蜀本、婺本、明本、金本、翻岳本、十行本、釋文出字同蜀石經。
③ 十行本"楬"作"揭"。蜀本、婺本、明本、八行本、費識本、北大本、翻岳本、十行本"諸"作"橥"，金本作"櫫"。
④ 金本"凡"作"其"。
⑤ 蜀本、婺本、明本、金本、八行本、費識本、北大本、翻岳本、十行本"天"作"大"。
⑥ 蜀本、婺本、明本、金本、八行本、費識本、北大本、翻岳本、十行本"治"後有"兵"。
⑦ 金本"貝"作"貝"。
⑧ 蜀本、婺本、明本、金本、八行本、費識本、北大本、翻岳本、十行本"贖"前有"罰"。
⑨ 蜀本、婺本、明本、金本、八行本、費識本、北大本、翻岳本、十行本"令"後有"也"。
⑩ 蜀本"槍"作"搶"。釋文出字作"雷"，云"沈云當爲礌，郎對反"。婺本、明本、八行本、費識本、翻岳本"椁"作"撑"，蜀本、金本、北大本、十行本同蜀石經。釋文出字作"撑"，云"本又作桴"。
⑪ 蜀石經"之""于"間有補刻小字"人"，唐石經、蜀本、婺本、明本、金本、八行本、費識本、北大本、翻岳本、十行本有"人"。
⑫ 明本"器"作"噐"。
⑬ 蜀本、婺本、明本、金本、八行本、費識本、北大本、翻岳本、十行本無後"賊"。
⑭ 蜀本、婺本、明本、金本、八行本、費識本、北大本、翻岳本、十行本"兵"後有"器"。
⑮ 蜀本、婺本、明本、金本、八行本、費識本、北大本、翻岳本、十行本"盜"後有"賊"。翻岳本"賊"作"賕"。
⑯ 金本、釋文出字"舂"作"春"形。
⑰ 蜀本、婺本、明本、金本、八行本、費識本、北大本、翻岳本、十行本"之"後有"爲"。
⑱ 八行本"予"作"子"形。蜀本、婺本、明本、金本、費識本、北大本、釋文出字"汝"作"女"，婺本"女"字左側空餘較大；翻岳本、十行本同蜀石經。
⑲ 蜀本、婺本、明本、金本、八行本、費識本、北大本、翻岳本、十行本"隸"後有"之"。
⑳ 十行本"斐"作"裴"。
㉑ 北大本"於"作"于"。
㉒ 婺本、明本"恥"作"耻"。

— 227 —

也①。"玄謂：奴，從坐而没縣官者②，男女同名也③。）凡有爵者與七十者與未齓者④，皆不爲奴。（有爵，謂命士以上⑤。齓者⑥，男八歲、女七歲而毁齒⑦。）

犬人掌犬牲。凡祭祀⑧，共犬牲，用牷物⑨。伏、瘞亦如之。（鄭司農云⑩："牷，純也。物，色也。伏，謂伏犬，以王車轢之也⑪。瘞，謂埋祭也⑫。《爾雅》曰'祭地曰瘞埋⑬'。"）凡幾、珥、沈⑭、辜⑮，用駹可也。（故書"駹"作"龍"。鄭司農云："幾讀爲祈⑯。《爾雅》曰'祭山曰庪縣，祭川曰浮沈'。《大宗伯職》曰'以貍沈祭山川林澤⑰，以疈辜祭四方百物⑱'。龍讀爲駹，駹謂不純色也⑲。"玄謂：幾讀爲刏，珥當爲衈⑳。衈刏者㉑，釁禮之事。）凡相犬、牽犬者屬焉，掌其政治。（相，謂視擇，知其善惡。）

司圜掌收教罷民，凡害人者，弗使冠飾而加明刑焉，任之以事而收教之。能改者，上罪三年而舍，中罪二年而舍，下罪一年而舍。其不能改而出圜土者，殺。雖出，三年不齒。（弗使冠飾者，著墨幪㉒，若古之象刑與？

---

① 十行本"籍"作"藉"。
② 蜀本、婺本、明本、金本、八行本、費識本、北大本、翻岳本、十行本"没"後有"入"。
③ 蜀本、婺本、明本、金本、八行本、費識本、北大本、翻岳本、十行本無"也"。
④ 十行本"齓"作"齔"。
⑤ 蜀本、婺本、明本、金本、八行本、費識本、北大本、翻岳本、十行本"上"後有"也"。
⑥ 蜀本、婺本、明本、金本、八行本、費識本、北大本、翻岳本、十行本"者"作"毁齒也"。
⑦ 費識本"歲"作"齒"。
⑧ 十行本"凡"作"几"。
⑨ 釋文出字作"用牷"，云"音全，方亦作全"，此處有修版痕跡，蓋"本"訛作"方"。
⑩ 北大本重"云"字。
⑪ 蜀本、婺本、明本、金本、八行本、費識本、北大本、翻岳本、十行本無"也"。
⑫ 金本"埋"作"理"。
⑬ 金本"爾"作"尔"。
⑭ 蜀本"沈"作"沉"。
⑮ 蜀本、金本、八行本"辜"作"辠"，婺本、明本、費識本、北大本、翻岳本、十行本同唐石經、蜀石經作"辜"。
⑯ 蜀本、婺本、金本、八行本、費識本、北大本"祈"作"肵"，明本、翻岳本、十行本作"庎"。釋文出字作"爲忮"。
⑰ 十行本"沈"作"沉"。蜀本"川林"作"林川"。
⑱ 蜀本、婺本、明本、金本、八行本、費識本、北大本、翻岳本、十行本、釋文出字"疈"作"罷"。
⑲ 蜀本、婺本、明本、金本、八行本、費識本、北大本、翻岳本、十行本無"駹"。
⑳ 十行本"衈"作"刵"。
㉑ 蜀本、婺本、明本、金本、八行本、費識本、北大本、翻岳本、十行本"衈刏"作"刏衈"。
㉒ 蜀本、婺本、明本、金本、八行本、費識本、北大本、翻岳本、釋文出字"墨"作"黑"，十行本同蜀石經。蜀本、婺本、明本、金本、八行本、費識本、北大本、翻岳本"幪"作"幏"，十行本作"蒙"。

舍，釋之也。鄭司農曰①："罷民，謂惡人不從化，爲百姓所患苦，而未入五刑者也，故曰凡害②。不使冠飾③，任之以事，若今罰作人④。") 凡圜土之刑人也不虧體，其罰人也不虧財。(言其刑人，但加以明刑⑤。罰之⑥，但任之以事耳。鄭司農云："以此知其爲爲民所患苦⑦，而未入刑者⑧。故《大司寇職》曰'凡萬民之有罪過而未麗於法，而害於州里者，桎梏而坐諸嘉石，役諸司空'。又曰'以嘉石平罷民'⑨。《國語》曰'罷士無伍，罷女無家'。言爲惡無所容入⑩。"玄謂：圜土所收教者⑪，過失害人以麗於法⑫。)

　　掌囚掌守盜賊，凡囚者，上罪梏拲而桎，中罪桎梏，下罪梏，王之同族拲，有爵者桎，以待弊罪。(凡囚者⑬，謂非盜賊自以他罪拘者⑭。鄭司農云："拲者，兩手共入一木⑮。桎梏者⑯，兩手各一木也⑰。"玄謂：在手曰梏，在足曰桎。中罪不拲，手亦各一木耳⑱。下罪又去桎。王同姓及命士以上⑲，雖有上罪，或拲或桎而已。弊，猶斷也。) 及刑殺，告刑于王，奉而適朝，士加明梏，以適市而刑殺之⑳。(告刑于王㉑，告以今日當行刑及所刑姓名也㉒。其死罪則曰"某之罪在大辟"㉓，其刑罪則曰

---

① 蜀本、婺本、明本、金本、八行本、費識本、北大本、翻岳本、十行本"曰"作"云"。
② 蜀本、婺本、明本、金本、八行本、費識本、北大本、翻岳本、十行本"害"後有"人者"。
③ 蜀本、婺本、明本、金本、八行本、費識本、翻岳本、十行本"冠"作"冠"，北大本同蜀石經。
④ 蜀本、婺本、明本、金本、八行本、費識本、北大本、翻岳本、十行本"今"後有"時"，"人"作"矣"。
⑤ 八行本"但"作"佀"。
⑥ 蜀本、婺本、明本、金本、八行本、費識本、北大本、翻岳本、十行本"之"作"人"。
⑦ 蜀本、婺本、明本、金本、八行本、費識本、北大本、翻岳本、十行本不重"爲"，無"患"。十行本"苦"作"若"。
⑧ 蜀本、婺本、明本、金本、八行本、費識本、北大本、翻岳本、十行本"者"後有"也"。
⑨ 北大本無"石"。
⑩ 蜀本、婺本、明本、金本、八行本、費識本、北大本、翻岳本、十行本"入"後有"也"。
⑪ 翻岳本"土"作"上"。
⑫ 蜀本、婺本、明本、金本、八行本、費識本、北大本、翻岳本、十行本"以"作"已"，"法"後有"者"。
⑬ 明本"凡"作"几"。
⑭ 蜀本、婺本、明本、金本、八行本、費識本、北大本、翻岳本、十行本"者"後有"也"。
⑮ 蜀本、婺本、明本、金本、八行本、費識本、北大本、翻岳本、十行本無"入"，"木"後有"也"。
⑯ 八行本"梏"作"桎"。
⑰ 蜀本"木"作"本"。
⑱ 蜀本、婺本、明本、金本、八行本、費識本、北大本、翻岳本、十行本"亦"作"足"。
⑲ 蜀本、婺本、明本、金本、八行本、費識本、北大本、翻岳本、十行本"姓"作"族"。
⑳ 金本、十行本"適"作"適"。
㉑ 北大本"告"作"言"。
㉒ 蜀本、婺本、明本、金本、八行本、費識本、北大本、翻岳本、十行本"告"後有"王"。
㉓ 十行本"其"作"某"。

— 229 —

"某之罪在小辟"①。奉而適朝者②，重刑，爲王欲有所赦，且當以付士也③。士，鄉士也。加明梏者④，謂書其姓名及其罪於梏而著之也。囚時雖有無梏者，至於刑殺，皆設之，以適市就衆也。庶姓無爵者，皆刑殺於市也⑤。）凡有爵者與王之同族，奉而適甸師氏，以待刑殺。（適甸師氏⑥，亦由朝乃往也⑦。往刑殺者⑧，掌戮將自市來也。《文王世子》曰："雖親不以犯有司，正術也，所以體異姓也。刑于隱者⑨，不與國人慮兄弟也。"）

掌戮掌斬殺賊諜而搏之⑩。（斬以鈇鉞⑪，若今要斬也。殺以刀刃⑫，若今棄市也。諜，爲姦寇反閒者⑬。賊與諜，罪大者斬之，小者殺之。搏當爲膊諸城之膊⑭，字之誤也。膊，謂去衣磔之。）凡殺其親者，焚之。殺王之親者，辜之。（親，緦服以内也。焚，燒也。《易》曰："焚如，死如，棄如。"辜之，言枯也，謂磔之也⑮。）凡殺人者⑯，踣諸市，肆之三日。刑盜于市。（踣，僵尸也。肆，猶陳也⑰。目言刑盜⑱，盜於刑殺⑲，惡莫大焉⑳。）凡罪之麗於灋者，亦如之。唯王之同族與有爵者㉑，殺之于甸師氏。（罪二千五百條，上附下附，刑五而已。於刑同科者，其刑殺之一人也㉒。）凡軍旅田役斬殺刑戮，亦如之。（戮，謂膊焚辜肆也㉓。）墨者使守門，

---

① 十行本"其"作"某"。
② 北大本"奉"作"拳"。
③ 蜀本、婺本、明本、金本、八行本、費識本、北大本、翻岳本、十行本無"也"。
④ 蜀本、婺本、明本、金本、八行本、費識本、北大本、翻岳本、十行本"加"前有"鄉士"。
⑤ 蜀本、婺本、明本、金本、八行本、費識本、北大本、翻岳本、十行本無"也"。
⑥ 北大本"師"作"帥"。
⑦ 八行本"由"作"田"。
⑧ 蜀本、婺本、明本、金本、八行本、費識本、北大本、翻岳本、十行本"往"作"待"。
⑨ 八行本"于"作"干"形。
⑩ 蜀本、婺本、明本、金本、八行本、費識本、北大本、翻岳本、十行本、釋文出字"諜"作"諜"，蜀石經同唐石經作"諜"。
⑪ 蜀本、婺本、明本、八行本、費識本、北大本、十行本"鉞"作"銊"，金本作"銊"，翻岳本、釋文出字同蜀石經。
⑫ 蜀本、婺本、明本、金本、八行本、費識本、北大本、翻岳本、十行本前"刃"作"刀"。
⑬ 蜀本、婺本、明本、金本、八行本、費識本、北大本、翻岳本、十行本"爲"作"謂"。
⑭ 蜀本、婺本、明本、金本、八行本、費識本、北大本、翻岳本、十行本"城"後有"上"。
⑮ 十行本"磔"作"磔"。蜀本、婺本、明本、金本、八行本、費識本、北大本、翻岳本、十行本無"也"。
⑯ 蜀本"人"作"之"。
⑰ 蜀本、婺本、明本、金本、八行本、費識本、北大本、翻岳本、十行本"陳之也"作"申也陳也"。
⑱ 蜀本、婺本、明本、金本、八行本、費識本、北大本、翻岳本、十行本"目"作"凡"。
⑲ 蜀本、婺本、明本、金本、八行本、費識本、北大本、翻岳本、十行本無"盜於刑殺"。
⑳ 蜀本、婺本、明本、金本、八行本、費識本、北大本、翻岳本、十行本"惡"前有"罪"。
㉑ 費識本"唯"作"惟"。
㉒ 蜀本、婺本、明本、金本、八行本、費識本、北大本、翻岳本、十行本無"人"。
㉓ 蜀本、婺本、明本、金本、八行本、費識本、北大本、翻岳本、十行本無"也"。

蜀石經《周禮·秋官》殘拓校理

（黥者無妨於禁御也①。）劓者使守關，（截鼻亦無妨，以醜遠之也②。）宮者使守內，（以其人道絕也，今世或然。）刖者使守囿，（斷足驅衛禽獸③，無急行也④。）髡者使守積⑤。（鄭司農云："'髡'當爲'完'⑥，謂但居作三年，不虧體者也。"玄謂：此出五刑之中而髡者，必王之同族不宮者也⑦。宮之爲翦傷其類⑧，髡頭而已。守積，積在隱者宜之也⑨。）

司隸掌五隸之灋，辨其物，而掌其政令。（五隸，謂罪隸、四翟之隸也。物，衣服、兵器之屬。）帥其民而搏盜賊，役國中之辱事，爲百官積任器，凡囚執人之事。（民，五隸之民⑩。鄭司農云："百官所當任持之器物，此官主爲積聚之⑪。"玄謂：任，猶用也。）邦有祭祀、賓客、喪紀之事，則役其煩辱之事。（煩，猶劇也。《士喪禮》下篇曰："隸人涅厠⑫"。）掌帥四翟之隸，使之皆服其邦之服，執其邦之兵，守王宮與野舍之厲禁。（野舍，王行所止舍也⑬。厲，遮列也⑭。）

罪隸掌役百官府與凡有守者⑮，掌使令之小事。（役，給其小役⑯。）凡封國若家，牛助爲牽徬。（鄭司農云："凡封國若家，謂建諸侯、立大夫家也。牛助爲牽徬⑰，此官

---

① 蜀本、婺本、明本、金本、八行本、費識本、北大本、翻岳本、十行本無"也"。
② 蜀本、婺本、明本、金本、八行本、費識本、北大本、翻岳本、十行本"以"後有"貌"，無"也"。
③ 八行本"衛"作"衛"。
④ 蜀本、婺本、明本、金本、八行本、費識本、北大本、翻岳本、十行本無"也"。
⑤ 婺本、釋文出字"髡"作"髠"，明本、金本、費識本、北大本、翻岳本、十行本作"髠"，蜀本、八行本同唐石經、蜀石經作"髡"。
⑥ 蜀本、婺本、明本、金本、八行本、費識本、北大本"爲"作"作"，翻岳本、十行本同蜀石經。費識本"完"有墨圍。
⑦ 蜀本"族"作"蔟"。蜀本、婺本、明本、金本、八行本、費識本、北大本、翻岳本、十行本無"也"。
⑧ 蜀本、婺本、明本、金本、八行本、費識本、北大本、翻岳本、十行本無"傷"。
⑨ 蜀本、婺本、明本、金本、八行本、費識本、北大本、翻岳本、十行本無"之"。
⑩ 蜀本、婺本、明本、金本、八行本、費識本、北大本、翻岳本、十行本"民"後有"也"。
⑪ 蜀本、婺本、明本、金本、八行本、費識本、北大本、翻岳本、十行本"之"後有"也"。
⑫ 蜀本、婺本、明本、八行本、費識本、翻岳本、十行本"涅"作"涅"，金本、釋文出字作"涅"，北大本該字殘損。蜀本、婺本、八行本、費識本、北大本、翻岳本、十行本、釋文出字"厠"作"廁"，明本、金本同蜀石經。
⑬ 十行本"行"作"者"。
⑭ 蜀本、婺本、明本、金本、八行本、翻岳本、十行本"列"作"例"，費識本、北大本同蜀石經。釋文出字作"例也"，云"本又作列"。
⑮ 金本"凡"作"九"。
⑯ 金本"役"作"殳"，該字左側空餘較大。
⑰ 金本"徬"作"傍"。

主爲送致之也①。"玄謂：牛助，國轉徙②。罪隸牽傍之③，在前曰牽，在後曰傍④。）其守王宮與其厲禁者⑤，如蠻隸之事⑥。

蠻隸掌役校人養馬。其在王宮者，執其國之兵以守王宮。在野外，則守厲禁。

閩隸掌役畜養鳥而阜蕃教擾之，掌子則取隸焉。（杜子春云："子當爲祀。"玄謂：掌子者，王立世子，置以使掌其家事⑦，而以閩隸役之。）

夷隸掌役牧人養牛馬，與鳥言。（鄭司農云："夷狄之人或曉鳥獸之言，故《春秋傳》曰'介葛盧聞牛聲⑧，曰：是生三犧，皆用矣'。是以夷隸職掌與獸言⑨。"）其守王宮者與其守厲禁者，如蠻隸之事。

貉隸掌役服不氏而養獸而教擾之，掌與獸言。（不言阜蕃者⑩，猛獸不可服，又不生乳於圈檻也。）其守王宮者與其守厲禁者，如蠻隸之事。

周禮卷第九⑪　　經四千二百六十字⑫，注七千七百四十字⑬。

周禮卷第十⑭
秋官司寇下　　周禮⑮　　鄭氏注⑯

---

① 金本"此"作"比"。費識本"主"作"王"形。
② 蜀本、婺本、明本、金本、八行本、費識本、北大本、翻岳本、十行本"國"後有"以牛助"，釋文出字作"助轉"。蜀本、婺本、明本、金本、八行本、費識本、北大本、翻岳本、十行本"徙"後有"也"。
③ 八行本、十行本"傍"作"傍"。
④ 蜀本、婺本、明本、金本、八行本、費識本、北大本、翻岳本、十行本"後"作"旁"。
⑤ 八行本"王"作"正"。
⑥ 阮校云"浦鐘引王明齋曰：十四字宜屬《閩隸》，以文義詳之，不應末言'蠻隸'，而曰'如蠻隸之事'。按，《司隸職》云'掌帥四翟之隸，使之皆服其邦之服，執其邦之兵，守王宮與野舍之厲禁'，則守王宮與其厲禁者，明屬四翟之隸之職，與罪隸無涉。今三翟隸有文，獨《閩隸》缺，明是彼之脫簡誤衍於此。蓋賈疏本已如是，鄭注時則未誤也。○按，鄭注時本不如是"。
⑦ 蜀本、婺本、明本、金本、八行本、費識本、北大本、翻岳本、十行本"以"作"臣"。
⑧ 翻岳本"盧"作"廬"。蜀本、婺本、明本、金本、八行本、費識本、北大本、翻岳本、十行本"聲"作"鳴"。
⑨ 蜀本、婺本、明本、金本、八行本、費識本、北大本、翻岳本、十行本"夷"作"貉"。
⑩ 婺本、八行本、十行本"蕃"作"藩"，蜀本、明本、金本、費識本、北大本、翻岳本同蜀石經。
⑪ 蜀本、婺本、明本、金本、費識本、北大本、翻岳本尾題同唐石經、蜀石經，八行本作"周禮疏卷第四十二"，十行本無尾題。
⑫ 婺本、明本"十"後有"二"。北大本作"經肆阡貳伯叁拾肆字"。
⑬ 婺本、明本"七百四十"作"五百二十"。北大本作"注柒阡貳伯柒拾陸字"。唐石經、蜀本、金本、八行本、費識本、翻岳本、十行本不計經注字數。
⑭ 八行本作"周禮疏卷第四十三"，十行本無卷題。
⑮ 蜀本、八行本、費識本、翻岳本、十行本無"周禮"，婺本、明本、金本、北大本同唐石經、蜀石經有"周禮"。
⑯ 唐石經"鄭氏注"另起一行。八行本、十行本無"鄭氏注"。費識本、翻岳本"注"作"註"。

蜀石經《周禮·秋官》殘拓校理

　　布憲掌憲邦之刑禁。正月之吉，執旌節以宣布于四方，而憲邦之刑禁，以詰四方邦國及其都鄙，達于四海①。（憲，表也，謂縣之②。刑禁者，國之五禁，所以左右刑罰者也③。司寇正月布刑于天下，而正歲又縣其書於象魏④。布憲于司寇布刑⑤，則以旌節出宣令；於司寇縣書⑥，則亦縣之於門閭及都鄙邦國⑦。刑者，在王政所重⑧，故屢丁寧焉⑨。詰，謹也，使四方謹行之。《爾雅》曰："九夷、八蠻⑩、六戎⑪、五狄，謂之四海。"）凡邦之大事合衆庶，則以刑禁號令⑫。

　　禁殺戮掌司斬殺戮者，凡傷人見血而不以告者，攘獄者，遏訟者，以告而誅之。（司，猶察也。察此四者，告於司寇罪之也。斬殺戮者⑬，謂吏民相斬相殺相戮者也⑭。傷人見血者⑮，見血乃爲傷人耳。鄭司農云："攘獄者，距當獄也⑯。遏訟者，止欲訟也⑰。"玄謂：攘，猶卻也⑱。卻獄者，言不受⑲。）

　　禁暴氏掌禁庶民之亂暴力正者，撟誣犯禁者⑳，作言語而不信者，以告而誅之。（民之好爲侵陵、稱詐㉑、謾誕㉒，此三者亦刑所禁㉓。力正者㉔，以力彊得正

---

① 八行本"于"作"干"形。
② 蜀本、婺本、明本、金本、八行本、費識本、北大本、翻岳、十行本"之"後有"也"。
③ 蜀本、婺本、明本、金本、八行本、費識本、北大本、翻岳本、十行本無"也"。
④ 蜀本、婺本、明本、金本、八行本、費識本、北大本、翻岳本、十行本無"而"，"於"作"于"。
⑤ 蜀本、婺本、明本、金本、八行本、翻岳本、十行本"于"作"於"，費識本、北大本同蜀石經。
⑥ 蜀本、婺本、明本、金本、八行本、費識本、北大本、翻岳本、十行本"於"前有"之"。
⑦ 蜀本、婺本、明本、金本、八行本、費識本、北大本、翻岳本、十行本"於"作"于"。
⑧ 蜀本、婺本、明本、金本、八行本、費識本、北大本、翻岳本、十行本無"在"。
⑨ 金本"寧"作"寍"，十行本作"宰"。
⑩ 十行本"蠻"作"蛮"。
⑪ 北大本"六戎"後有"五戎"。
⑫ 唐石經"號"字闕筆。
⑬ 翻岳本"殺"作"役"。蜀本、婺本、明本、金本、八行本、費識本、北大本、翻岳本、十行本無"者"。
⑭ 蜀本、婺本、明本、金本、八行本、費識本、北大本、翻岳本、十行本無"也"。
⑮ 蜀本、婺本、明本、金本、八行本、費識本、北大本、翻岳本、十行本無"者"。
⑯ 蜀本、婺本、明本、金本、八行本、費識本、北大本、翻岳本、十行本"獄"後有"者"。
⑰ 蜀本、婺本、明本、金本、八行本、費識本、北大本、翻岳本、十行本"止"前有"遏"，"訟"後有"者"。
⑱ 蜀本"卻"作"却"，明本、金本、八行本、費識本、北大本、十行本作"郤"，婺本、翻岳本同蜀石經。
⑲ 蜀本、婺本、明本、金本、八行本、費識本、北大本、翻岳本、十行本"受"後有"也"。
⑳ 北大本"撟"作"橋"。
㉑ 十行本"稱"作"称"。
㉒ 釋文出字作"謾誕"，云"本或作慢"。
㉓ 婺本、明本、金本、八行本、費識本、北大本、翻岳本、十行本"禁"後有"也"，蜀本同蜀石經。
㉔ 蜀本、婺本、明本、金本、八行本、費識本、北大本、翻岳本、十行本無"者"。

— 233 —

也①。)凡國聚衆庶，則戮其犯禁者以徇。凡奚隸聚而出入者，則司牧之②，戮其犯禁者。(奚隸，女奴男奴也。其聚出入者③，有所役也④。)

　　野廬氏掌達國道路，至于四畿。(達，謂巡行通之⑤，使不阻絶⑥。去王城五百里曰畿。)比國郊及野之道路、宿息、井樹⑦。(比，猶校也。宿息，廬之屬⑧，客所宿及晝止也⑨。井共飲食，樹爲藩蔽⑩。)若有賓客，則令守涂地之人聚櫐之，有相翔者則誅之⑪。(守涂地之人，道所出廬旁民也⑫。相翔，猶昌翔觀徇者也⑬。鄭司農云："聚櫐之，聚擊櫐以宿衞也⑭。有奸人相翔於賓客之側，則誅之，不得令寇盜賓客也⑮。")凡道路之舟車轚互者，敘而行之⑯。(舟車轚互，謂於迫隘處也。車有轅轅⑰、軧閣⑱，舟有砥柱之屬。其過之者⑲，使以次序⑳。)凡有節者及有爵者至，則爲之辟。(辟，

---

① 蜀本、婺本、明本、金本、八行本、北大本、翻岳本、十行本"彊"作"強"，費識本同蜀石經。
② 十行本"之"作"人"。
③ 北大本"聚"作"娶"。蜀本、婺本、明本、金本、八行本、費識本、北大本、翻岳本、十行本無"者"。
④ 蜀本、婺本、明本、金本、八行本、費識本、北大本、翻岳本、十行本"役也"作"使"。
⑤ 婺本、明本、金本、費識本、北大本、十行本"巡"作"廵"，蜀本、八行本、翻岳本、釋文出字同蜀石經。
⑥ 蜀本、婺本、明本、金本、八行本、費識本、北大本、翻岳本、十行本"阻"作"陷"，金本、費識本、北大本"陷"作"陷"，十行本作"陷"。蜀本、婺本、明本、金本、八行本、費識本、北大本、翻岳本、十行本"絶"後有"也"。
⑦ 費識本"樹"有墨圍。
⑧ 北大本"屬"作"属"。
⑨ 蜀本、婺本、明本、金本、八行本、費識本、北大本、翻岳本、十行本"客"前有"賓"，"止"後有"者"。
⑩ 蜀本、婺本、明本、金本、八行本、費識本、北大本、翻岳本、十行本"藩"作"蕃"。
⑪ 蜀石經"翔"字闕筆作"翂"。婺本、明本、金本、八行本、費識本、北大本、十行本無"則"，蜀本、翻岳本同唐石經、蜀石經有"則"。
⑫ 蜀本、婺本、明本、金本、八行本、費識本、北大本、翻岳本、十行本"廬"後有"宿"。
⑬ 蜀本、婺本、明本、金本、八行本、費識本、北大本、翻岳本、十行本"徇"作"伺"。
⑭ 蜀本、婺本、明本、金本、八行本、費識本、北大本、翻岳本、十行本"衞"後有"之"。
⑮ 蜀本、婺本、明本、金本、八行本、費識本、北大本、翻岳本、十行本無"也"。
⑯ 玉篇同蜀石經作"敘"。
⑰ 釋文出字作"轘轅"，云"本亦作轘"。玉篇"轘轅"作"轅轘"。
⑱ 金本"軧"作"抵"，費識本、北大本作"抵"，蜀本、婺本、明本、八行本、翻岳本、十行本、釋文出字同蜀石經。
⑲ 玉篇"者"作"也"。
⑳ 蜀本、婺本、明本、金本、八行本、費識本、北大本、翻岳本、十行本"序"作"敘之"，玉篇作"敘也"。

蜀石經《周禮·秋官》殘拓校理

辟行人也①，亦使守涂地②。)禁野之横行徑踰者。(皆爲防奸③。横行，妄由田中。徑踰，射邪趨④，隄渠者⑤。)凡國之大事，比脩除道路者。(比校治道有名⑥，若今次敘大功者⑦。)掌凡道禁。(禁，謂若今絶蒙大巾⑧、持兵仗之屬⑨。)邦之有大師⑩，則令埽道路，且以幾禁行作不時者、不物者。(不時，謂不夙則暮⑪。不物者⑫，謂衣服操持非此常人也。幾禁之者，備奸人内賊反聞者⑬。)

蜡氏掌除骴。(《曲禮》曰⑭："四足死者曰漬。"故書"骴"作"脊"⑮。鄭司農云："脊讀爲骴⑯，謂死人骨也。"《月令》曰"掩骼埋胔"⑰，胔⑱，骨之尚有肉者⑲，禽獸之骨皆是也⑳。)凡國之大祭祀，令州里除不蠲，禁刑者、任人及凶服者，以及郊野，大師、大賓客亦如之。(蠲讀若吉圭爲饎之圭㉑。圭，絜也。刑者，黥劓之屬。任

---

① 蜀本、婺本、明本、金本、八行本、費識本、北大本、翻岳本、十行本無"也"。
② 蜀本、婺本、明本、金本、八行本、費識本、北大本、翻岳本、十行本"地"後有"者"。
③ 蜀本、婺本、明本、金本、八行本、費識本、北大本、翻岳本、十行本句末有"也"。
④ 費識本、十行本"趨"作"趍"。蜀本、婺本、明本、金本、八行本、費識本、北大本、翻岳本、十行本"趨"後有"疾"。
⑤ 蜀本、婺本、明本、金本、八行本、費識本、北大本、翻岳本、十行本"隄"前有"越"，"者"作"也"。金本"越"作"趆"。
⑥ 費識本、北大本"校"作"較"。蜀本、婺本、明本、金本、八行本、費識本、北大本、翻岳本、十行本"有"作"者"。
⑦ 十行本"今"作"令"。蜀本、婺本、明本、金本、八行本、費識本、北大本、翻岳本、十行本"次"後有"金"，無"者"。阮校云"賈疏本'大'作'丈'。……此注宜定爲'若今次敘丈功'"。
⑧ 十行本"今"作"分"。費識本原刻"大"字上有墨筆改作"布"，十行本"大"作"布"。
⑨ 十行本"持"作"時"。蜀本、婺本、明本、金本、八行本、費識本、北大本、翻岳本、十行本、釋文出字"仗"作"杖"。
⑩ 蜀本、婺本、明本、金本、八行本、費識本、北大本、翻岳本、十行本無"有"，蜀石經同唐石經有"有"。
⑪ 蜀本、婺本、明本、金本、八行本、費識本、北大本、翻岳本、十行本"暮"作"莫者也"，釋文出字作"則莫"。
⑫ 蜀本、婺本、明本、金本、八行本、費識本、北大本、翻岳本、十行本無"者"。
⑬ 蜀本、婺本、明本、金本、八行本、費識本、北大本、翻岳本、十行本"賊"後有"及"，無"者"。蜀本、十行本、釋文出字"聞"作"閒"，婺本、明本、金本、八行本、費識本、北大本、翻岳本作"間"。
⑭ 婺本、明本、金本、八行本、費識本、北大本、翻岳本、十行本無"曰"，蜀本同蜀石經。
⑮ 十行本"脊"作"眷"。
⑯ 蜀本、婺本、明本、金本、八行本、費識本、北大本、翻岳本、十行本"骴"作"漬"。
⑰ 翻岳本"令"作"今"。蜀本、明本、費識本、十行本"掩"作"揜"，婺本、金本、八行本、北大本、翻岳本、釋文出字同蜀石經。
⑱ 蜀本、婺本、明本、金本、八行本、費識本、北大本、翻岳本、十行本無"胔"。
⑲ 蜀本、婺本、明本、金本、八行本、費識本、北大本、翻岳本、十行本"者"後有"也"。
⑳ 蜀本、婺本、明本、金本、八行本、費識本、北大本、翻岳本、十行本"禽"前有"及"，無"也"。
㉑ 明本、金本、八行本、費識本、北大本、翻岳本、十行本"若"作"如"，婺本殘損作"氵"形，蜀本同蜀石經。蜀本、婺本、明本、金本、八行本、費識本、北大本、翻岳本、十行本、釋文出字"爲"作"惟"。

人,司圜所收教罷民也①。凶服,衰絰者②。此所以禁除者③,皆爲不欲見之,人所穢惡也④。)若有死於道路者,則令埋而置楬焉⑤,書其日月焉,縣其衣服任器于有地之官,以待其人。(有地之官,主此地之吏⑥。待其家人也⑦。鄭司農云:"楬⑧,欲令其識取之,今時楬猪是也⑨。有地之官,有部界之吏⑩,今時鄉亭是也⑪。") 掌凡國之骴禁。(禁,謂孟春掩骼埋胔之屬。)

雍氏掌溝瀆澮池之禁,凡害於國稼者。春令爲阱擭溝瀆之利於民者,秋令塞阱杜擭。(溝、瀆、澮,田間通水者也。池,謂陂障之水道也。害於國稼者⑫,謂水潦及禽獸也。阱,穿地爲塹⑬,所以御禽獸⑭,其或超踰則蹈焉⑮,世謂之陷阱是也⑯。擭,柞鄂也。堅地阱淺⑰,則設柞鄂於其中。秋而杜塞阱擭⑱,收艾之時⑲,爲其陷害人也。《書·柴誓》曰⑳:"敜乃擭㉑,敿乃阱。"時非秋也㉒,伯禽以出師征徐戎是也㉓。) 禁山

---

① 費識本無"教"。
② 蜀本、婺本、明本、金本、八行本、費識本、北大本、翻岳本、十行本"衰"前有"服","者"作"也"。釋文出字作"服衰"。
③ 蜀本、婺本、明本、金本、八行本、費識本、北大本、翻岳本、十行本無"以"。
④ 蜀本、婺本、明本、金本、八行本、費識本、北大本、翻岳本、十行本無"之","穢"作"薉"。釋文出字作"所薉",云"今本多作穢"。
⑤ 十行本"楬"作"獨"。
⑥ 蜀本、婺本、明本、金本、八行本、費識本、北大本、翻岳本、十行本"吏"後有"也"。
⑦ 蜀本、婺本、明本、金本、八行本、費識本、北大本、翻岳本、十行本"待"作"其人"。
⑧ 十行本"楬"作"揭"。
⑨ 蜀本、婺本、明本、金本、八行本、費識本、北大本、翻岳本、十行本"猪"作"櫫"。
⑩ 十行本"部"作"郡"。
⑪ 金本"今"作"合","鄉"作"卿"。
⑫ 蜀本、婺本、明本、金本、八行本、費識本、北大本、翻岳本、十行本無"者"。
⑬ 蜀本、費識本、北大本"塹"作"壍",婺本、金本、八行本、翻岳本、十行本作"壍",明本作"漸"。釋文出字作"爲壍",云"本又作塹"。
⑭ 蜀本、婺本、明本、金本、八行本、費識本、北大本、翻岳本、十行本"御"作"禦"。
⑮ 蜀本、婺本、明本、金本、八行本、費識本、北大本、翻岳本、十行本"蹈"作"陷",婺本"陷"作"陷"。費識本"焉"作"爲"。
⑯ 蜀本、婺本、明本、金本、八行本、費識本、北大本、翻岳本、十行本無"是也"。
⑰ 費識本、北大本"堅"作"壓"。
⑱ 北大本"杜"作"社"。
⑲ 蜀本"收"作"长"。蜀本、婺本、明本、金本、八行本、費識本、北大本、翻岳本、十行本"艾"作"刈"。
⑳ 蜀本、明本、北大本、翻岳本、十行本、釋文出字"柴"作"柴",婺本、八行本作"柴",金本、費識本作"秦"。北大本"柴"有墨圍。
㉑ 十行本"敜"作"郯"。
㉒ 蜀本、婺本、明本、金本、八行本、費識本、北大本、翻岳本、十行本無"非"。
㉓ 釋文出字作"徐戎",云"劉本作郛"。蜀本、婺本、明本、金本、八行本、費識本、北大本、翻岳本、十行本無"是也"。

蜀石經《周禮·秋官》殘拓校理

之爲苑澤之沈者。（爲其就禽獸魚鱉自然之居而害之①。鄭司農云："不得擅爲苑囿於山也②。澤之沈者，謂毒魚及水蟲之屬③。"）

萍氏掌國之水禁。（水禁，謂水中害人之處，及入水捕魚鱉非時者④。）幾酒，（苛察沽買酒過多及非時⑤。）謹酒，（使民節用酒也。《書·酒誥》曰："有政有事無彝酒⑥。"）禁川游者。（備波洋卒至沈溺⑦。）

司寤氏掌夜時。（夜時，謂夜早晚⑧，若今時甲乙至戍⑨。）以星分夜，以詔夜士夜禁。（夜士，主行夜徼候者⑩，若今都候之屬⑪。）禦晨行者，禁宵行者⑫、夜遊者。（備其遭寇害及謀非公事也⑬。禦亦禁也，謂遏止之耳⑭，無刑法也。晨，先明⑮。宵，定昏也⑯。《書》曰："宵中星虛。"《春秋傳》曰："夜中星隕如雨。"）

司烜氏掌以夫遂取明火於日，以鑒取明水於月，以共祭祀之明齍、明燭，共明水。（夫遂，陽遂也。鑒，鏡之屬也⑰。取水者，世謂之方諸。取日之火，月之水，欲得陰陽之絜氣也⑱。明燭以照饌陳，明水以爲玄酒。鄭司農云："夫，發聲也⑲。明粢⑳，

---

① 婺本、明本、金本、八行本、十行本"鱉"作"鼈"，蜀本、費識本、北大本、翻岳本同蜀石經。
② 十行本"擅"作"穜"。
③ 翻岳本無"及"。
④ 十行本"鱉"作"鼈"。蜀本、婺本、明本、金本、八行本、費識本、北大本、翻岳本、十行本"非"作"不"，無"者"。
⑤ 蜀本"買"作"賣"；釋文出字作"沽買"，云"一本作賣"。蜀本、婺本、明本、金本、八行本、費識本、北大本、翻岳本、十行本無"酒"，"時"後有"者"。
⑥ 蜀本、婺本、明本、金本、八行本"彝"作"夷"，費識本、北大本、翻岳本、十行本同蜀石經。
⑦ 蜀本、婺本、明本、金本、八行本、費識本、北大本、翻岳本、十行本"溺"後有"也"。玉篇作"備沈溺也"。
⑧ 蜀本、婺本、明本、金本、八行本、費識本、北大本、翻岳本、十行本"早晚"作"晚早"。
⑨ 蜀本、婺本、明本、金本、八行本、費識本、北大本、翻岳本、十行本無"時"。婺本、費識本、北大本"戍"作"戊"，金本作"戌"形，翻岳本作"戌"，蜀本、明本、八行本、十行本同蜀石經。阮校云"《九經三傳沿革例》云：各本作'甲乙至戌'，獨蜀本作'戊'。《漢制考》作'戊'。……又引衛宏《漢舊儀》云'五夜，甲夜、乙夜、丙夜、丁夜、戊夜'"。按，《沿革例》所引蜀本與今存蜀本蓋非一版。
⑩ 蜀本、婺本、金本、八行本、費識本、北大本、十行本"候"作"候"，明本、翻岳本、釋文出字同蜀石經。
⑪ 蜀本、婺本、明本、金本、八行本、費識本、北大本、翻岳本、十行本"若"作"如"。
⑫ 十行本"宵"作"宵"。
⑬ 蜀本、婺本、明本、金本、八行本、費識本、北大本、翻岳本、十行本無"也"。
⑭ 蜀本、婺本、明本、金本、八行本、費識本、北大本、翻岳本、十行本無"耳"。
⑮ 蜀本、婺本、明本、金本、八行本、費識本、北大本、翻岳本、十行本"明"後有"也"。
⑯ 蜀本、婺本、明本、北大本、翻岳本、十行本"昏"作"昏"。
⑰ 蜀本、婺本、明本、金本、八行本、費識本、北大本、翻岳本、十行本無"之""也"。八行本"鏡"闕末筆。
⑱ 婺本"欲"作"欤"。費識本"絜"作"潔"。
⑲ 蜀本、婺本、明本、金本、八行本、費識本、北大本、翻岳本、十行本無"也"。
⑳ 蜀本、婺本、明本、金本、八行本、費識本、北大本、翻岳本、十行本"粢"作"齍"。釋文出字作"明齍"，云"音資，注作粢"。

謂以明水滌粢盛黍稷①。）凡邦之大事共墳燭庭燎。（故書"墳"爲"蕡"②。鄭司農云："蕡燭③，麻燭也。"玄謂：墳，大也。樹於門外曰大燭，於内曰庭燎④，皆所以照衆爲明也⑤。）中春，以木鐸脩火禁于國中。（爲季春將出火時也⑥。火禁，謂用火之處及備風燥。）軍旅，脩火禁。邦若屋誅，則爲明竁焉。（鄭司農云："屋誅，謂夷三族。無親屬收葬者，故爲葬之⑦。三夫爲屋，一家田爲一夫，以此知三家也。"玄謂：屋讀爲其刑劓之劓⑧。誅⑨，謂所殺不於市而以適甸師者⑩。明竁，若今楬頭明書其罪法也⑪。司烜氏掌明竁⑫，則罪人夜葬與⑬?）

條狼氏掌執鞭以趨辟。王出入則八人夾道，公則六人，侯伯則四人，子男則二人。（趨辟，趨而辟行人也⑭，若今時卒辟車之爲也⑮。孔子曰："富而可求，雖執鞭之士，吾亦爲之。"言士之賤者⑯。）凡誓，執鞭以趨於前，且命之。誓僕右曰殺，誓馭曰車轘，誓大夫曰敢不關⑰，鞭五百，誓師曰三百，誓邦之大史曰殺，誓小史曰墨。（前，謂所誓衆之行前也⑱。有司讀誓辭，則大言其刑以警所誓⑲。誓者，謂出軍及將祭祀時也。出軍之誓，誓左右及馭，則《書》之《甘誓》備

---

① 蜀本、婺本、明本、金本、八行本、費識本、北大本、翻岳本"水"後有"瀹"，十行本"水"後有"脩"。金本"滌"作"條"。
② 費識本"蕡"作"蕡"。
③ 十行本"燭"作"濁"。
④ 蜀本、婺本、明本、金本、八行本、費識本、北大本、翻岳本、十行本"於"後有"門"。金本"燎"作"療"。
⑤ 蜀本、婺本、明本、金本、八行本、費識本、北大本、翻岳本、十行本無"也"。
⑥ 蜀本、婺本、明本、金本、八行本、費識本、北大本、翻岳本、十行本無"時"。
⑦ 蜀本、婺本、明本、金本、八行本、費識本、北大本、翻岳本、十行本"之"後有"也"。
⑧ 蜀本、婺本、明本、金本、八行本、費識本、北大本、翻岳本、十行本"爲"作"如"。
⑨ 婺本、明本、金本、八行本、費識本、北大本、翻岳本、十行本"誅"前有"劓"，蜀本同蜀石經。
⑩ 費識本"適"作"適"。蜀本、婺本、明本、金本、八行本、費識本、北大本、翻岳本、十行本"師"後有"氏"，"者"後有"也"。
⑪ 八行本、十行本"楬"作"揭"。
⑫ 蜀本、婺本、明本、金本、八行本、費識本、北大本、翻岳本、十行本無"氏"。
⑬ 費識本"則"作"明"。十行本"葬"作"羿"。
⑭ 蜀本、婺本、明本、金本、八行本、費識本、北大本、翻岳本、十行本無"也"。
⑮ 婺本、明本、金本、八行本、費識本、北大本、翻岳本、十行本、釋文出字無"時"，蜀本同蜀石經。黃札云"蜀本'今'下有'時'字，董本無"。
⑯ 蜀本、婺本、明本、金本、八行本、費識本、北大本、翻岳本、十行本"者"作"也"。
⑰ 金本"夫"作"大"。釋文出字作"大丈"。
⑱ 費識本"前"作"得"。十行本"也"作"大"。
⑲ 金本、八行本"警"字闕筆。蜀本、婺本、明本、金本、八行本、費識本、北大本、翻岳本、十行本"誓"後有"也"。

矣①。《郊特牲》説祭祀之誓曰："卜之日②，王立於澤宮③，親聽誓命，受教諫之義④。"車轘，謂車裂也。師⑤，樂師也⑥。大史、小史，主書記禮事者⑦。鄭司農云："誓大夫曰敢不關，謂不關于君也⑧。"玄謂：大夫自不受命以出⑨，則其餘事莫不復諫也⑩。）

脩閭氏掌比國中宿互櫖者與其國粥⑪，而比其追胥者而賞罰之。（國中，城中也。粥，養也⑫。國所粥養⑬，謂衍卒也⑭。追，逐寇也。胥讀爲偦。故書"互"爲"巨"。鄭司農云："宿，謂宿衛也。巨當爲互，謂行馬，所以障互禁止人者也⑮。櫖，謂行夜擊櫖也⑯。"）禁徑踰者，與以兵革趨行者⑰，與馳騁於國中者。（皆爲其惑衆。）邦有故，則令守其閭互，唯執節者不幾。（令者，令其閭内之閒胥里宰之屬。）

冥氏掌設弧張⑱。（弧張⑲，罥罦之屬，所以扃絹禽獸。）爲阱擭以攻猛獸，以靈鼓毆之⑳。（靈鼓，六面鼓也㉑。毆之，使驚趨阱擭也㉒。）若得其獸，則獻其

---

① 費識本"甘"作"其"。
② 費識本、翻岳本"卜"作"十"，費識本該字上有朱筆改作"卜"。
③ 十行本"王"作"至"。蜀本"於"作"千"，婺、明本、八行本、費識本、北大本、翻岳本、十行本作"于"，金本該字殘損。蜀本、婺本、明本、金本、八行本、費識本、北大本、翻岳本、十行本無"宮"。
④ 蜀本、婺本、明本、金本、八行本、費識本、北大本、翻岳本、十行本"義"後有"也"。
⑤ 十行本"師"作"帥"。
⑥ 十行本無"師"。
⑦ 蜀本、婺本、明本、金本、八行本、費識本、北大本、翻岳本、十行本無"書記"。八行本"禮"後有"之"。
⑧ 蜀本、婺本、明本、金本、八行本、費識本、北大本、翻岳本、十行本"于"作"於"。
⑨ 蜀本、婺本、明本、金本、八行本、費識本、北大本、翻岳本、十行本無"不"。
⑩ 蜀本、婺本、明本、金本、八行本、費識本、北大本、翻岳本、十行本"諫也"作"請"，釋文出字作"復請"。
⑪ 費識本"櫖"作"櫄"，十行本作"櫖"。
⑫ 八行本"養"作"飬"。
⑬ 蜀本、婺本、明本、金本、八行本、費識本、北大本、翻岳本、十行本"粥"作"游"。
⑭ 蜀本、婺本、明本、金本、八行本、費識本、北大本、翻岳本、十行本"衍"作"羨"。
⑮ 蜀本、婺本、明本、金本、八行本、費識本、北大本、翻岳本、十行本無"者"。
⑯ 蜀本、婺本、明本、金本、八行本、費識本、北大本、翻岳本、十行本無"也"。
⑰ 費識本無"以"，"與""兵"之間有朱筆小字補寫"以"。
⑱ 唐石經、蜀本、婺本、明本、金本、八行本、費識本、北大本、釋文出字"冥"作"冥"，翻岳本、十行本同蜀石經。
⑲ 費識本、北大本無"弧"。
⑳ 金本"靈"作"靁"。蜀本、金本、八行本、翻岳本"毆"作"敺"，婺本、明本作"歐"，費識本、北大本、十行本、釋文出字作"毆"，蜀石經同唐石經作"毆"。
㉑ 費識本、十行本"面"作"面"。蜀本、婺本、明本、金本、八行本、費識本、北大本、翻岳本、十行本無"也"。
㉒ 八行本"阱"作"阱"。十行本"擭"作"獲"。蜀本、婺本、明本、金本、八行本、費識本、北大本、翻岳本、十行本無"也"。婺本、費識本"驚"字闕筆，費識本該字無墨圍。

— 239 —

皮、革、齒、須、備①。（鄭司農云："須，直謂頤下須②。備，謂搔也③。"）

庶氏掌除毒蠱④，以攻説禬之⑤，以嘉草攻之⑥。（毒蠱，蟲物而能害人者⑦。《賊律》曰："敢蠱人及敎令者，棄市⑧。"攻説，祈名也⑨，祈其神求去之也。嘉草⑩，藥物，其狀未聞。攻之，謂熏之⑪。鄭司農云⑫："禬⑬，除也。"玄謂：此禬讀如雍潰之潰⑭。）

凡毆蠱，則令之比之。（使之爲⑮，又校次之。）

穴氏掌攻蟄獸，各以其物火之。（蟄獸，熊羆之屬⑯，冬藏者⑰。將攻之，必先燒其所食之物於穴外以誘出之⑱，乃可得之。）以時獻其珍異皮革。

翨氏掌攻猛鳥，各以其物爲媒而掎之。（猛鳥，鷹隼之屬⑲。置其所食之物於絹中，鳥來下則掎其脚也⑳。）以時獻其羽翮。

柞氏掌攻草木及林麓。（林，人所養者㉑。山足曰麓。）夏日至，令刊陽木

---

① 婺本、明本、金本、八行本、費識本、北大本、翻岳本、十行本"備"作"備"，蜀本同唐石經、蜀石經作"備"。
② 十行本無"頤"。
③ 十行本"謂搔"爲墨釘。
④ 釋文出字作"毒蟲"。玉篇"氏"作"士"，"蠱"作"蛊"。
⑤ 玉篇"攻"作"故"。
⑥ 蜀本、婺本、明本、金本、八行本、費識本、北大本、翻岳本、十行本無"以"，玉篇有"以"，唐石經此處殘損。費識本、北大本"草"作"艸"。釋文出字作"嘉艸"，云"本亦作草"。玉篇作"草"，"攻"作"刃"。
⑦ 蜀本"能"後有"病"，"者"後有"也"。婺本、明本、金本、八行本、費識本、北大本、翻岳本、十行本"能"作"病"。
⑧ 婺本、明本、金本、八行本、北大本、翻岳本"棄"作"弃"，蜀本、費識本、十行本同蜀石經。
⑨ 費識本"祈"作"所"。蜀本、婺本、明本、金本、八行本、費識本、北大本、翻岳本、十行本無"也"，玉篇、蜀石經有"也"。
⑩ 費識本、北大本"草"作"艸"。
⑪ 蜀本、婺本、明本、金本、八行本、費識本、北大本、翻岳本、十行本、釋文出字"熏"作"燻"，玉篇、蜀石經作"熏"。玉篇"之"後有"也"。
⑫ 費識本原刻"公"字上有墨筆改作"云"。
⑬ 十行本"禬"作"檜"。
⑭ 十行本"禬"作"檜"。蜀本、婺本、明本、金本、八行本、費識本、北大本、翻岳本"雍潰"作"潰癰"，金本"癰"作"癰"，八行本作"癰"，費識本、北大本作"廱"；十行本"雍潰"作"潰癰"。
⑮ 蜀本、婺本、明本、金本、八行本、費識本、北大本、翻岳本、十行本"之爲"作"爲之"。
⑯ 金本"羆"作"熊"。
⑰ 蜀本、婺本、明本、金本、八行本、費識本、北大本、翻岳本、十行本"者"後有"也"。
⑱ 翻岳本"穴"作"宄"。十行本"穴"作"其"。孫校云"'其'，蜀石經作'穴'，義似長"。
⑲ 蜀本"隼"作"鷹"。
⑳ 蜀本、婺本、明本、金本、八行本、費識本、北大本、翻岳本、十行本無"也"。
㉑ 婺本"養"作"養"。

— 240 —

而火之①。冬日至，令剝陰木而水之②。（刊、剝互言耳③，皆謂斫去次地之皮也④。生山南曰陽木⑤，生山北曰陰木⑥。火之水之，則使其肄不生。）若欲其化也，則春秋變其水火。（化，猶生也，謂將以種穀也⑦。變其水火者，所火則水之⑧，所水則火之，則其土和美⑨。）凡攻木者，掌其政令。（除木有時⑩。）

薙氏掌殺草。春始生而萌之，夏日至而夷之，秋繩而芟之，冬日至而耜之。（故書"萌"作"芫"⑪。杜子春云："'芫'當爲'萌'⑫，謂耕及萌牙也⑬，書亦或作'萌'⑭。"玄謂：萌之者，以茲其斫去生者⑮。夷之，鉤鎌迫地芟之⑯，若今取茭矣。含實曰繩⑰。芟其繩則實不成孰。耜之，以耜測凍土刻之也⑱。）若欲其化也，則以水火變之。（謂以火燒其芟萌之草，已而以水之⑲，則其土亦和美矣。《月令》季夏云"燒薙行水，利以殺草，如以熱湯"⑳，是一時著也㉑。）掌凡殺草之政令。

---

① 明本"而"作"以"。
② 八行本"令"作"今"。十行本"木"作"水"。
③ 十行本"剝"作"錄"，"互"作"玄"。
④ 蜀本、婺本、明本、金本、八行本、費識本、北大本、翻岳本、十行本無"也"。
⑤ 蜀本、婺本、明本、金本、八行本、費識本、北大本、翻岳本、十行本"曰"作"爲"。
⑥ 金本、十行本"北"作"比"形。蜀本、婺本、明本、金本、八行本、費識本、北大本、翻岳本、十行本"曰"作"爲"。
⑦ 蜀本、婺本、明本、金本、八行本、費識本、北大本、翻岳本、十行本"將"作"時"。
⑧ 蜀本、婺本、明本、金本、八行本、費識本、北大本、翻岳本、十行本"所"前有"乃"。
⑨ 八行本"土"作"土"。婺本、八行本、十行本"美"作"美"。
⑩ 金本"除"作"餘"。
⑪ 蜀本、婺本、明本、八行本、費識本、北大本、翻岳本、釋文出字"芫"作"薨"，金本、十行本作"薨"。
⑫ 蜀本、婺本、明本、金本、八行本、費識本、北大本、翻岳本"芫"作"薨"，十行本作"薨"。
⑬ 蜀本、婺本、明本、金本、八行本、費識本、北大本、翻岳本、十行本"及"作"反其"，無"也"。
⑭ 蜀本、婺本、明本、金本、八行本、費識本、北大本、翻岳本、十行本"作"作"爲"。
⑮ 蜀本、婺本、明本、金本、八行本、費識本、北大本、翻岳本、十行本"去"作"其"。
⑯ 蜀本、婺本、明本、金本、八行本、費識本、北大本、翻岳本、十行本"鉤"前有"以"，"之"後有"也"。婺本、明本、八行本、北大本、翻岳本"鉤"作"鈎"，蜀本、金本、費識本、十行本、釋文出字同蜀石經，費識本"鉤"有墨圍。蜀本、費識本、北大本、翻岳本、十行本"鎌"作"鎌"，婺本、明本、金本、八行本、釋文出字同蜀石經。
⑰ 十行本"實"作"寶"。
⑱ 金本"測"作"則"。蜀本、婺本、明本、金本、八行本、費識本、北大本、翻岳本、十行本"凍"作"凍"，無"也"。金本、八行本"土"作"士"。
⑲ 蜀本、婺本、明本、金本、八行本、費識本、北大本、翻岳本、十行本無"以"。
⑳ 蜀本、婺本、明本、金本、八行本、費識本、北大本、翻岳本、十行本無"云"。十行本"行"作"待"。
㉑ 蜀本、婺本、明本、金本、八行本、費識本、北大本、翻岳本、十行本"是"後有"其"，"也"作"之"。

硩蔟氏掌覆夭鳥之巢①。（覆，猶毀也。夭鳥②，惡鳴之鳥③，若鴞鵩④。賈誼所賦，陸機云"大如斑鳩，綠色"⑤。）以方書十日之號，十有二辰之號，十有二月之號，十有二歲之號，二十有八星之號，縣其巢上，則去之。（方，板也⑥。日，謂從甲至癸也⑦。辰，謂從娵至荼也⑧。歲，謂從攝提格至赤奮若也⑨。星，謂從角至軫也⑩。夭鳥見此五者而去⑪，其祥未聞矣⑫。）

翦氏掌除蠹物⑬，以攻禜攻之，以莽草熏之。（今用以殺魚，《山海經》朝歌山有草名莽，可以毒魚，郭璞云⑭。蠹物，穿食人器物者⑮，蟲魚亦是也。攻禜，祈名也⑯。莽草，藥物殺蟲者也⑰，以熏之則死。故書"蠹"爲"櫜"⑱。杜子春云："'櫜'當爲

---

① 玉篇"蔟"作"菲"，"夭"作"媛"。
② 蜀本"夭"作"犬"。費識本"鳥"作"烏"。
③ 費識本"鳴"作"嗚"。八行本"鳥"作"鳴"。
④ 費識本"鵩"作"鵙"。
⑤ 蜀本、婺本、明本、金本、八行本、費識本、北大本、翻岳本、十行本無"賈誼所賦陸機云大如斑鳩綠色"。孫校云"注末，蜀石經有'賈誼所賦、陸機云大如斑鳩，綠色'十三字，非鄭注。案：此《詩·墓門》正義引陸氏《草木疏》文"。按，此十三字蓋古人批語混入鄭注者。
⑥ 蜀本、婺本、明本、金本、八行本、費識本、北大本、翻岳本、十行本"板"作"版"。
⑦ 蜀本、婺本、明本、金本、八行本、費識本、北大本、翻岳本、十行本無"也"。
⑧ 蜀本、婺本、明本、金本、八行本、費識本、北大本、翻岳本、十行本"從"後有"子至亥。月，謂從"。蜀本、婺本、明本、費識本、北大本、翻岳本、釋文出字"荼"作"茶"，金本作"茶"，八行本、十行本似作"茶"。蜀本、婺本、明本、金本、八行本、費識本、北大本、翻岳本、十行本無"也"。
⑨ 金本、十行本"奮"作"奮"。蜀本、婺本、明本、金本、八行本、費識本、北大本、翻岳本、十行本無"也"。
⑩ 蜀本、婺本、明本、金本、八行本、費識本、北大本、翻岳本、十行本無"也"。
⑪ 金本、十行本"鳥"作"烏"。
⑫ 婺本、明本、費識本、北大本、翻岳本、十行本"祥"作"詳"，蜀本、金本、八行本同蜀石經。蜀本、婺本、明本、金本、八行本、十行本、翻岳本無"矣"，費識本、北大本"矣"作"也"。
⑬ 按，董康影印八行本卷四三第16葉來源有疑問，據國圖本校勘。
⑭ 蜀本、婺本、明本、金本、八行本、費識本、北大本、翻岳本、十行本無"今用以殺魚山海經朝歌山有草名莽可以毒魚郭璞云"。孫校云"注首，蜀石經有'今用以殺魚，《山海經》朝歌山有草名莽，可以毒魚。郭璞云'廿二字，非鄭注"。按，此廿二字蓋古人批語混入鄭注者。批語或讀作"《山海經》朝歌山有草名莽，可以毒魚。郭璞云'今用以殺魚'"，蓋書寫位置關係較爲隨意，造成後人誤讀。
⑮ 北大本"人"作"尺"。
⑯ 蜀本、婺本、明本、金本、八行本、費識本、北大本、翻岳本、十行本無"也"。
⑰ 十行本"蟲"作"蚕"。蜀本、婺本、明本、金本、八行本、費識本、北大本、翻岳本、十行本無"也"。
⑱ 蜀本、婺本、明本、八行本、費識本、翻岳本、十行本"櫜"作"櫜"，金本作"櫜"，北大本作"蠹"。釋文出字作"爲櫜"，云"本或作櫜"。

蜀石經《周禮·秋官》殘拓校理

'蠱'①。") 掌凡庶蠱之事②。（庶，除毒蠱者③。毒蠱之類④，或熏之以莽草則去也⑤。）

赤犮氏掌除牆屋⑥，以蜃炭攻之，以灰洒毒之。（洒，灑也。除牆屋者⑦，除蟲豸藏逃其中者也⑧。蜃，大蛤也。擣其炭以坋之則走⑨，淳之則死⑩。故書"蜃"爲"晨"⑪。鄭司農云："當爲'蜃'⑫，書亦或爲'蜃'。"）凡隙屋，除其狸蟲。（狸蟲，蜃肌蛷之屬⑬。）

蟈氏掌去鼃黽⑭，焚牡蘜，以灰洒之，則死。（牡蘜，蘜不華者⑮。齊魯之閒謂鼃爲蟈⑯。黽，耿黽也。蟈與耿黽尤怒鳴⑰，而聒人耳故去之⑱。）以其煙被之，則凡水蟲無聲。（杜子春云："假令風從東方來，則於水東面爲煙⑲，西行⑳，被水上㉑。"）

壺涿氏掌除水蟲，以炮土之鼓毆之，以焚石投之。（水蟲，狐蜮之屬。故

---

① 北大本"橐"作"櫜"，十行本作"橐"。十行本"蠱"作"橐"。
② 唐石經、蜀本、婺本、明本、金本、八行本、費識本、北大本、翻岳本、十行本無"掌"。玉篇引作"剪氏掌凡庶蛊之事"。
③ 費識本、北大本"毒蟲"作"蟲毒"。
④ 蜀本、婺本、明本、金本、八行本、費識本、北大本、翻岳本、十行本"毒蟲"作"蠱蠱"。玉篇作"庶除蛊蟊（蠱）之穎（穎）也"。
⑤ 蜀本、婺本、明本、金本、八行本、費識本、北大本、翻岳本、十行本無"之""也"。
⑥ 明本、十行本"犮"作"友"。
⑦ 費識本"牆"作"墻"。
⑧ 八行本"蟲"作"蠱"。費識本"豸"作"冢"。十行本"逃"作"迯"。蜀本、婺本、明本、金本、八行本、費識本、北大本、翻岳本、十行本無"也"。
⑨ 十行本"擣"作"檮"。金本"坋"作"蚠"。八行本"走"作"赱"。
⑩ 蜀本、婺本、明本、金本、八行本、費識本、北大本、翻岳本、十行本"之"後有"以灑之"。
⑪ 婺本"爲"後空兩格。
⑫ 蜀本、婺本、明本、金本、八行本、費識本、北大本、翻岳本、十行本"當"前有"晨"。
⑬ 蜀本、婺本、明本、金本、八行本、費識本、北大本、翻岳本、十行本、釋文出字"蜃"作"蠃"。釋文出字作"求"，云"本或作蛷"。
⑭ 十行本"蟈"作"蟈"。
⑮ 金本無"蘜"。
⑯ 十行本"黽"作"黽"。十行本"蟈"作"蟈"。
⑰ 金本"鳴"作"嗚"。
⑱ 蜀本、婺本、明本、金本、八行本、費識本、北大本、翻岳本、十行本"而"作"爲"，無"故"。金本"聒"作"聒"。釋文出字作"爲聒"。
⑲ 十行本"煙"作"烟"。
⑳ 蜀本、婺本、明本、金本、八行本、費識本、北大本、翻岳本、十行本"西"前有"令煙"。十行本"西"作"而"。
㉑ 蜀本重"水"，婺本、明本、金本、八行本、費識本、北大本、翻岳本、十行本"被"後有"之"。

— 243 —

書"炮"作"泡"。杜子春云①："泡當爲匏有苦葉之匏②。"玄謂：燔之炮之土鼓③，瓦鼓也。焚石投之，使驚去也④。）若欲殺其神，則以牡橭午貫象齒而沈之，則其神死，淵爲陵⑤。（神，謂水神蛟龍罔象也⑥。故書云"橭"爲"梓"⑦，"午"爲"五"。杜子春云："'梓'當爲'橭'，橭讀爲枯。枯，榆木名也⑧。書或爲'樗'⑨。"又云："'五貫'爲當'午貫'⑩。"）

庭氏掌射國中之夭鳥。若不見其鳥獸，則以救日之弓與救月之矢夜射之⑪。（不見鳥獸⑫，謂夜來鳴呼爲怪也⑬。獸，狐狼之屬⑭。鄭司農云："救日之弓⑮，救月之矢，謂日月食所作弓矢也⑯。"玄謂：日月之食，陰陽相勝之變⑰，於日食則射太陰⑱，月食則射太陽⑲。）若神也，則以大陰之弓與枉矢射之⑳。（神，謂非鳥獸之聲，若或

---

① 蜀本、婺本、明本、金本、八行本、費識本、北大本、翻岳本、十行本無"云"。
② 蜀本、婺本、明本、金本、八行本、費識本、北大本、翻岳本、十行本"泡"作"讀炮"，無"當"，兩"匏"均作"苞"。費識本"苦"作"善"，該字上有朱筆改作"苦"。
③ 蜀本、婺本、明本、金本、八行本、費識本、北大本、翻岳本、十行本後"之"字後有"炮炮"，"鼓"前有"之"。費識本"土"作"士"形。
④ 費識本"去"作"云"。蜀本、婺本、明本、金本、八行本、費識本、北大本、翻岳本、十行本無"也"。金本、八行本"驚"字闕筆。
⑤ 婺本、明本、金本、八行本、費識本、北大本、翻岳本、十行本"淵"作"淵"，唐石經闕筆作"渊"，蜀本同蜀石經。
⑥ 費識本、北大本"謂"作"爲"。明本、費識本、北大本、翻岳本、十行本"冈"作"罔"，金本作"冈"，蜀本、婺本、八行本同蜀石經。蜀本、婺本、明本、金本、八行本、費識本、北大本、翻岳本、十行本無"蛟""也"。
⑦ 金本"故"作"教"。蜀本、婺本、明本、金本、八行本、費識本、北大本、翻岳本、十行本無"云"。釋文出字作"爲梓"，云"本或作橭"。
⑧ 金本"木"作"不"。蜀本、婺本、明本、金本、八行本、費識本、北大本、翻岳本、十行本無"也"。
⑨ 蜀本"樗"作"傳"。費識本、北大本"樗"後有"也"。
⑩ 蜀本、婺本、明本、金本、八行本、費識本、北大本、翻岳本、十行本"爲當"作"當爲"。
⑪ 十行本無"夜"。
⑫ 蜀本"鳥"作"烏"。
⑬ 釋文出字作"鳴呼"。蜀本、婺本、明本、金本、八行本、費識本、北大本、翻岳本、十行本"也"作"者"。
⑭ 金本、八行本無"之"。
⑮ 八行本"救"作"殺"。
⑯ 蜀本、婺本、明本、金本、八行本、費識本、北大本、翻岳本、十行本無"也"。
⑰ 費識本"變"作"变"。蜀本、婺本、明本、金本、八行本、費識本、北大本、翻岳本、十行本"變"後有"也"。
⑱ 婺本、明本、金本、八行本、費識本、翻岳本、十行本、釋文出字"太"作"大"，蜀本、北大本同蜀石經。
⑲ 婺本、明本、金本、八行本、費識本、翻岳本、十行本"太"作"大"，蜀本、北大本同蜀石經。蜀本、婺本、明本、八行本、費識本、北大本、翻岳本、十行本"陽"後有"與"，金本"陽"後有"與以疑之"，釋文出字作"陽與"。
⑳ 蜀本"大"作"太"，婺本、明本、金本、八行本、費識本、北大本、翻岳本、十行本同唐石經、蜀石經作"大"。

蜀石經《周禮·秋官》殘拓校理

叫於宋太廟譆譆出出者①。太陰之弓②，救月之弓，枉矢救日之矢與③？不言救月之弓與救日之矢者，互言之耳④。救日以枉矢⑤，然則救月以恒矢可知也⑥。）

銜枚氏掌司嘂⑦。（察嘂讙者⑧，與其姡亂在朝者之言語⑨。）國之大祭祀，令禁無嘂⑩。（令，令主祭祀者⑪。）軍旅、田役，令銜枚。（爲其言語相誤⑫。）禁嘂呼歎鳴於國中者⑬，行歌哭於國中之道者。（爲其惑衆相感動也⑭。鳴⑮，唫也⑯。）

伊耆氏掌國之大祭祀，共其杖咸。（咸讀曰菡⑰。老臣雖杖於朝，事鬼神當敬⑱，去之。有司以此菡藏之，既事乃授之。）軍旅，授有爵者杖。（別吏卒，且以扶尊者。將軍杖鉞也⑲。）共王之齒杖。（王之所以賜老者之杖。鄭司農云："謂年七十當以王

---

① 婺本、八行本"叫於"作"叫于"，明本、金本、費識本、北大本、十行本作"叫于"，翻岳本作"叫乎"，蜀本同蜀石經。婺本、明本、金本、八行本、費識本、北大本、翻岳本、十行本"太"作"大"，蜀本同蜀石經。費識本、北大本"出出"作"訕訕"。釋文出字作"訕訕"，云"本亦作出"。

② 婺本、明本、金本、八行本、費識本、北大本、翻岳本"太"作"大"，蜀本、十行本同蜀石經。

③ 金本"枉"作"柱"。北大本"日"作"月"。

④ 金本"互"作"玄"。蜀本、婺本、明本、金本、八行本、費識本、北大本、翻岳本、十行本無"耳"。

⑤ 婺本、明本、金本、八行本、費識本、北大本、翻岳本、十行本"以"作"用"，蜀本同蜀石經。金本"枉"作"柱"。

⑥ 蜀本、婺本、明本、金本、八行本、費識本、北大本、翻岳本、十行本無"然"。蜀本、婺本、明本、費識本、北大本、十行本"恒"闕末筆，費識本該字有墨圍，金本"恒"作"指"形。

⑦ 費識本"銜"作"衘"。費識本"嘂"作"嘂"，釋文出字作"司嚻"。

⑧ 十行本"讙"作"讓"。

⑨ 蜀本、婺本、明本、金本、八行本、費識本、北大本、翻岳本、十行本"與"作"爲"。費識本"亂"作"乱"。

⑩ 八行本"嘂"作"嘂"。

⑪ 八行本"令"作"今"形。

⑫ 蜀本、婺本、明本、金本、八行本、費識本、北大本、翻岳本、十行本"語"後有"以"。

⑬ 費識本"嘂"作"嘂"，翻岳本作"嘂"。明本"歎"作"嘆"。婺本、金本、八行本、費識本、北大本、十行本"鳴"作"鳴"，蜀本、明本、翻岳本同唐石經、蜀石經作"鳴"。

⑭ 十行本"惑"作"感"。蜀本、婺本、明本、金本、八行本、費識本、北大本、翻岳本、十行本無"也"。

⑮ 婺本、金本、八行本、費識本、北大本、十行本"鳴"作"鳴"，蜀本、明本、翻岳本、釋文出字同蜀石經。

⑯ 蜀本、婺本、明本、金本、八行本、費識本、北大本、翻岳本、十行本、釋文出字"唫"作"吟"。

⑰ 金本"讀"作"續"。蜀本、金本、費識本、北大本無"曰"，婺本、明本、八行本、翻岳本、十行本"曰"作"爲"。釋文出字作"爲菡"。蜀本、婺本、明本、金本、八行本、費識本、北大本、翻岳本、十行本"菡"作"函"。蜀本、金本、費識本、北大本句末有"也"，婺本、明本、八行本、翻岳本、十行本同蜀石經。

⑱ 蜀本、婺本、明本、金本、八行本、費識本、北大本、翻岳本、十行本"當"作"尚"。金本"敬"作"杖"。

⑲ 蜀本、婺本、明本、金本、八行本、費識本、北大本、翻岳本、十行本無"也"。

— 245 —

命授杖者①，今時亦命之爲王杖者②。"玄謂：《王制》曰"五十杖於家，六十杖於鄉，七十杖於國，八十杖於朝"。）

　　大行人掌大賓之禮及大客之儀，以親諸侯。（大賓，要服以內諸侯。大客，謂其孤卿。）春朝諸侯而圖天下之事，秋覲以比邦國之功，夏宗以陳天下之謨，冬遇以協諸侯之慮，時會以發四方之禁，殷同以施天下之政。（此六事者，以王見諸侯爲文也③。圖、比④、陳、協，皆考績之言也⑤。王春見諸侯則圖其事之可否⑥，秋見諸侯則比其功之高下⑦，夏見諸侯則陳其謀之是非，冬見諸侯則合其慮之異同。六服以其朝歲，四時分來，更迭如此而徧⑧。時會即時見也，亦無常期⑨。諸侯有不順者⑩，王將有征討之事，則既朝，王命爲壇於國外，合諸侯而發令事焉⑪。禁，謂九伐之法也⑫。殷同則殷見也⑬。王十二歲一巡狩⑭，若不巡狩則□同⑮。殷同者，六服盡朝，既朝，王亦命爲壇于國外⑯，合諸侯而命其政。政謂邦國之九法。殷同，四方四時分來，歲終而徧矣⑰。九伐、九法皆在《司馬職》。《司馬法》曰："春以禮朝諸侯，圖同事。夏以禮宗諸侯⑱，陳同謀。秋以禮覲諸侯，比同功。冬以禮遇諸侯⑲，圖同慮。時以禮會諸侯，施同政。殷以禮宗諸侯，發同禁。"）時聘以結諸侯之好，殷覜以除邦國之慝⑳，（此二事者，亦以王見諸侯之臣使來者時爲文也㉑。時聘者，亦以禮見無常期也㉒，天子有事，諸侯使大夫來聘，王親

---

① 蜀本、婁本、明本、金本、八行本、費識本、北大本、翻岳本、十行本"授"作"受"。
② 蜀本、婁本、明本、金本、八行本、費識本、北大本、翻岳本、十行本無"者"。
③ 蜀本、婁本、明本、金本、八行本、費識本、北大本、翻岳本、十行本無"也"。
④ 金本"比"作"此"。
⑤ 蜀本、婁本、明本、金本、八行本、費識本、北大本、翻岳本、十行本無"也"。
⑥ 蜀本、婁本、明本、金本、八行本、費識本、北大本、翻岳本、十行本"王"後有"者"。
⑦ 費識本"比"作"此"，該字上有朱筆改作"比"。
⑧ 金本"迭"作"送"。
⑨ 蜀本、婁本、明本、金本、八行本、費識本、北大本、翻岳本、十行本無"亦"。
⑩ 蜀本、婁本、明本、金本、八行本、費識本、北大本、翻岳本、十行本"順"後有"服"。費識本"諸"前有"於"，北大本"諸"後空一格。
⑪ 蜀本、婁本、明本、金本、八行本、費識本、北大本、翻岳本、十行本"令"作"禁命"。
⑫ 蜀本、婁本、明本、金本、八行本、費識本、北大本、翻岳本、十行本無"也"。
⑬ 蜀本、婁本、明本、金本、八行本、費識本、北大本、翻岳本、十行本"則"作"即"。
⑭ 八行本"巡"作"巡"。蜀本、婁本、明本、金本、八行本、費識本、北大本、翻岳本、十行本"狩"作"守"。
⑮ 蜀本、婁本、明本、金本、八行本、費識本、北大本、翻岳本、十行本"狩"作"守"，"□"作"殷"。
⑯ 蜀本、婁本、明本、金本、八行本、費識本、北大本、翻岳本、十行本"于"作"於"。
⑰ 蜀本、婁本、明本、金本、八行本、費識本、北大本、翻岳本、十行本"而"作"則"。
⑱ 費識本"禮"作"礼"。
⑲ 蜀本、婁本、明本、金本、八行本、費識本、北大本、翻岳本、十行本"以"後有"禮"。
⑳ 十行本"覜"作"覜"。
㉑ 蜀本、婁本、明本、金本、八行本、費識本、北大本、翻岳本、十行本無"時"。
㉒ 蜀本、婁本、明本、金本、八行本、費識本、北大本、翻岳本、十行本無"以禮見""也"。

蜀石經《周禮·秋官》殘拓校理

以禮見之①，以禮遣之②，所以結其恩好也。天子無事則已③。殷覜④，謂一服朝之歲也。慝⑤，惡也⑥。一服朝之歲，五服諸侯皆使卿以聘禮來覜天子⑦，天子以禮見之⑧，命以政禁之事，所以除其惡行⑨。）間問以諭諸侯之志，歸脤以交諸侯之福，賀慶以贊諸侯之喜，致襘以補諸侯之災。（此四者，王使臣於諸侯之禮⑩。間問者，間歲一問諸侯，謂存省之屬。諭諸侯之志者，諭言語、諭書名其類也。交，或往或來者也⑪。贊，助也。致襘，凶禮弔禮襘禮也⑫。補諸侯之災者⑬，若《春秋》澶淵之會，謀歸宋財也⑭。）以九儀辨諸侯之命，等諸臣之爵。以同邦國之禮，而待其賓客。（九儀，謂命者五，公侯伯子男⑮。爵者四，孤卿大夫之士⑯。）上公之禮，執桓圭九寸⑰，繅藉九寸⑱，冕服九章，建常九斿，樊纓九就，貳車九乘，介九人，禮九牢，其朝位賓主之間九十步，立當車軹，擯者五人，廟中將弊三享⑲，王禮再祼而酢，饗禮九獻，食禮九舉，出入五積，三問三勞⑳。諸侯之禮，執信圭七寸，繅藉七寸，冕服七章，建常七斿，樊纓七就，貳車七乘，介七人，禮七牢，朝位賓主之間七十步，立當前疾，擯者四人，廟中將幣

---

① 婺本、明本、金本、八行本、費識本、北大本、翻岳本、十行本無"王"，蜀本同蜀石經。阮校云"按，上注云'此六事者，以王見諸侯爲文'，又'此二事者，亦以王見諸侯之臣使來者爲文'，故此云'王親以禮見之'，此'王'字當有"。

② 蜀本、婺本、明本、金本、八行本、費識本、北大本、翻岳本、十行本"以禮"作"禮而"。

③ 蜀本、婺本、明本、金本、八行本、費識本、北大本、翻岳本、十行本"已"作"巳"。

④ 金本"覜"作"覢"，翻岳本作"頫"。

⑤ 十行本"慝"作"慮"。

⑥ 蜀本、婺本、明本、金本、八行本、費識本、北大本、翻岳本、十行本"惡"前有"猶"。十行本"也"作"礼"。

⑦ 八行本"禮"作"視"。

⑧ 十行本"禮"作"也"。

⑨ 費識本"惡"作"悪"。

⑩ 蜀本、婺本、明本、金本、八行本、費識本、北大本、翻岳本、十行本"禮"後有"也"。

⑪ 明本"或往或來"作"或來或往"。

⑫ 蜀本、婺本、明本、金本、八行本、費識本、北大本、翻岳本、十行本"弔"前有"之"。金本"弔"作"吊"。

⑬ 蜀本、婺本、明本、金本、八行本、費識本、北大本、翻岳本、十行本無"之"。

⑭ 十行本"宋"作"朱"。蜀本、婺本、明本、金本、八行本、費識本、北大本、翻岳本、十行本無"也"。

⑮ 蜀本、婺本、明本、金本、八行本、費識本、北大本、翻岳本、十行本"男"後有"也"。

⑯ 蜀本、婺本、明本、金本、八行本、費識本、北大本、翻岳本"之士"作"士也"，十行本作"土也"。

⑰ 蜀本、婺本、八行本、費識本、北大本"桓"闕末筆，費識本該字有墨圍。

⑱ 金本"寸"作"十"。

⑲ 唐石經、蜀本、婺本、明本、金本、八行本、費識本、北大本、翻岳本"弊"作"幣"，十行本同蜀石經。

⑳ 釋文出字作"二勞"。

— 247 —

三享①，王禮壹祼而酢，饗禮七獻②，食禮七舉，出入四積，再問再勞。諸伯執躬圭，其他皆如諸侯之禮。諸子執穀璧五寸③，繅藉五寸，冕服五章，建常五斿，樊纓五就，貳車五乘，介五人，禮五牢，朝位賓主之間五十步，立當車衡④，擯者三人，廟中將幣三享⑤，王禮壹祼不酢，饗禮五獻，食禮五舉，出入三積，壹問壹勞。諸男執蒲璧⑥，其他皆如諸子之禮。（繅藉，以五采韋衣版⑦，若奠玉⑧，則以藉之焉⑨。冕服者⑩，著冕所服之衣也。九章者，自山龍以下。七章者，自華蟲以下。五章者，自宗彝以下⑪。常，旌旗也⑫。斿，其屬縿垂者也⑬。樊纓⑭，馬飾⑮，以罽飾之⑯，每一處五采備爲一就。就，成也。貳，副也。介，輔己行禮者也⑰。禮，謂大禮饗飱也⑱。三牲備爲一牢。就朝位⑲，謂大門外賓下車及王出迎所立處⑳。王始出大門內㉑，交擯三辭乃乘車而迎之㉒，齊僕爲之節。上公立當

---

① 十行本"幣"作"弊"。
② 北大本無"禮"。
③ 蜀本、翻岳本"穀"作"榖"，婺本、明本、金本、八行本、費識本、北大本、十行本同唐石經，蜀石經作"穀"。蜀本、婺本、明本、費識本、北大本、翻岳本、十行本"璧"作"璧"，金本、八行本同唐石經、蜀石經作"璧"。
④ 費識本"衡"作"衝"。
⑤ 十行本"幣"作"弊"。
⑥ 十行本"男"作"勞"。
⑦ 蜀本、婺本、明本、金本、八行本、費識本、北大本、翻岳本、十行本"版"作"板"，釋文出字作"衣版"。
⑧ 蜀本"玉"作"王"，婺本、明本、金本、八行本、費識本、北大本、翻岳本、十行本同蜀石經。
⑨ 蜀本、婺本、明本、金本、八行本、費識本、北大本、翻岳本、十行本無"焉"。
⑩ 蜀本、婺本、明本、金本、八行本、費識本、北大本、翻岳本、十行本無"者"。
⑪ 蜀本、婺本、明本、金本、八行本、費識本、北大本、翻岳本、十行本"下"後有"也"。
⑫ 北大本、十行本"旗"作"斿"。
⑬ 釋文出字作"屬其"。蜀本、明本、八行本、費識本、北大本、翻岳本、釋文出字"縿"作"幓"，金本作"幓"，婺本、十行本該字殘損。北大本無"也"。
⑭ 十行本"樊"作"繁"。
⑮ 十行本"飾"作"飾"。蜀本、婺本、明本、金本、八行本、費識本、北大本、翻岳本、十行本"飾"後有"也"。
⑯ 婺本、明本、金本、八行本、費識本、北大本、翻岳本、十行本、釋文出字"罽"作"罽"，蜀本同蜀石經，金本該字前空一格。
⑰ 蜀本、婺本、明本、費識本、十行本"己"作"已"，金本、北大本、翻岳本作"已"，八行本該字殘損。
⑱ 蜀本、婺本、明本、金本、八行本、費識本、北大本、翻岳本、十行本無"謂"。
⑲ 蜀本、婺本、明本、金本、八行本、費識本、北大本、翻岳本、十行本無"就"。
⑳ 蜀本、婺本、明本、金本、八行本、費識本、北大本、翻岳本、十行本"王"後有"車"，"處"後有"也"。蜀本、明本、金本、八行本、費識本、北大本、翻岳本、十行本"迎"作"迎"，婺本同蜀石經。
㉑ 蜀本、婺本、明本、金本、八行本、費識本、北大本、翻岳本、十行本"出"作"立"。
㉒ 八行本"迎"作"迎"。

蜀石經《周禮·秋官》殘拓校理

軹①，侯伯當疾②，子男當衡③，則王立當軫與④？廟，受祖之廟也⑤。饗，食禮設盛禮以飲賓也⑥。問，問不羞也⑦。勞，謂苦倦之⑧。皆有禮，以幣致之。故書"祼"作"果"。鄭司農云："車軹，車也⑨。三享，三獻也。祼讀爲灌。再祼⑩，再飲公也。而酢，報飲王也。九舉⑪，舉樂也。出入五積⑫，餼之芻禾米也⑬。前疾，謂四馬車轅前胡下垂柱地者⑭。"玄謂：三享皆束帛而加璧⑮，庭實唯國所有⑯。《朝事儀》曰⑰"奉國地所出重物獻之⑱，明臣職也"。朝先享，而不言朝者⑲，朝王禮⑳，不嫌有等也㉑。王禮，以鬱鬯禮賓也㉒。《鬱人職》曰"凡祭賓客之祼事㉓，和鬱鬯以實彝而陳之㉔"。禮公者使宗伯攝酌圭瓚而祼㉕，王既拜送爵，又攝酌璋

---

① 十行本"軹"作"朝"。

② 蜀本、婪本、明本、金本、八行本、費識本、北大本、翻岳本、十行本"伯"後有"立"。

③ 蜀本、婪本、明本、金本、八行本、費識本、北大本、翻岳本、十行本"男"後有"立"。

④ 蜀本、婪本、明本、金本、八行本、費識本、北大本、翻岳本、十行本無"則"。十行本"軫"作"軨"。

⑤ 蜀本、婪本、明本、金本、八行本、費識本、北大本、翻岳本、十行本"受"後有"命"。

⑥ 蜀本、婪本、明本、金本、八行本、費識本、北大本、翻岳本、十行本無"食禮"，玉篇無"食禮"，"設"作"説"。

⑦ 蜀本、婪本、明本、金本、八行本、費識本、北大本、翻岳本、十行本"羞"作"羞"，釋文出字同蜀石經。

⑧ 蜀本、婪本、明本、金本、八行本、費識本、北大本、翻岳本、十行本"之"後有"也"。

⑨ 蜀本、婪本、明本、金本、八行本、費識本、北大本、翻岳本、十行本"車"作"軹"。

⑩ 婪本、明本、金本、八行本、費識本、北大本、翻岳本、十行本"祼"作"灌"，蜀本同蜀石經。

⑪ 蜀本、婪本、明本、金本、八行本、費識本、北大本、翻岳本、十行本無"九"。金本"舉"作"牽"。

⑫ 金本"五"後空一格。十行本"積"作"積"。

⑬ 蜀本、婪本、明本、金本、八行本、費識本、翻岳本、十行本"餼"作"饎"，北大本同蜀石經。釋文出字作"餼之"，云"本又作饎"。蜀本、婪本、明本、金本、八行本、費識本、北大本、翻岳本、十行本句首有"謂"，無"禾"。

⑭ 蜀本、婪本、明本、金本、八行本、費識本、北大本、翻岳本、十行本"四"作"駟"。十行本"柱"作"拄"。

⑮ 蜀本、婪本、明本、金本、八行本、費識本、北大本、翻岳本、十行本無"而"。

⑯ 蜀本、婪本、明本、金本、八行本、費識本、北大本、翻岳本、十行本"唯"作"惟"。費識本、北大本"所有"作"有所"。

⑰ 蜀本、婪本、明本、金本、八行本、費識本、北大本、翻岳本、十行本"事"作"士"。

⑱ 八行本、費識本、北大本無"重"。蜀本、婪本、明本、金本、八行本、費識本、北大本、翻岳本、十行本"物"後有"而"。

⑲ 蜀本、婪本、明本、金本、八行本、費識本、北大本、翻岳本、十行本無"而"。

⑳ 蜀本、婪本、明本、金本、八行本、費識本、北大本、翻岳本、十行本"王"作"正"。

㉑ 金本"等"作"荨"。

㉒ 婪本、明本、八行本、翻岳本、十行本"以"前有"王"，金本、費識本、北大本"以"前有"玉"，蜀本同蜀石經。

㉓ 婪本、明本、金本、八行本、費識本、北大本、翻岳本、十行本"祭"後有"祀"，蜀本同蜀石經。

㉔ 蜀本"實"作"寔"。

㉕ 蜀本、婪本、明本、金本、八行本、費識本、北大本、翻岳本、十行本無"公"。

瓚而祼，后又拜送爵，是謂再祼。再祼實乃酢王也。禮侯伯一祼而酢者，祼實①，實酢王而已②，后不祼也。禮子男一祼而不酢者③，祼實而已④，不酢王也⑤。不酢之禮，《聘禮》禮賓是焉⑥？九舉，舉牲體九飯也⑦。出入，謂從來還去也⑧。每積有牢禮米禾芻薪，凡數不同者，皆降殺矣⑨。）**凡大國之孤，執皮帛以繼小國之君，出入三積，不問，壹勞，朝位當車前，不交擯，廟中無相，以酒禮之。其他皆眡小國之君。**（此以君命來聘者也。孤尊，既聘享，更自以其摯見⑩，執束帛而以⑪，豹皮表之以爲飾⑫。繼小國之君⑬，言次之也⑭。朝聘之禮⑮，每一國畢，乃前。不交擯者，不使介傳辭交於王之擯者⑯，親自對擯賓也⑰。廟中無相，介皆入門西上而立，不前相禮也⑱，相禮不者⑲，聘之介是與？以酒禮之者謂齊酒⑳，和之不用鬱耳㉑。其他㉒，謂貳車及介、牢禮、賓主之間㉓、擯者、將幣、祼酢、饗食之數。）**凡諸侯之卿，其禮各下其君二等以下，及其大夫士皆如之。**（此亦以君命來聘者也，所下其君者，介與朝位㉔、賓主之間也㉕。其餘則自以其

---

① 北大本重"祼"。
② 蜀本、婺本、明本、金本、八行本、費識本、北大本、翻岳本、十行本"已"作"巳"。
③ 蜀本、婺本、明本、金本、八行本、費識本、北大本、翻岳本、十行本無"而"。
④ 蜀本、婺本、明本、金本、八行本、費識本、北大本、翻岳本、十行本"已"作"巳"。
⑤ 十行本"王"作"主"。
⑥ 蜀本、婺本、明本、八行本、費識本、北大本、翻岳本、十行本"焉"作"與"，金本作"与"。
⑦ 費識本"體"作"躰"。
⑧ 蜀本、婺本、明本、金本、八行本、費識本、北大本、翻岳本、十行本"還"作"訖"。
⑨ 十行本"殺"作"服"。蜀本、婺本、明本、金本、八行本、費識本、北大本、翻岳本、十行本無"矣"。
⑩ 蜀本、婺本、明本、金本、八行本、費識本、翻岳本、十行本"摯"作"贄"，蜀本"贄"作"贄"，北大本同蜀石經。釋文出字作"其摯"，云"本又作贄"。
⑪ 蜀本、婺本、明本、金本、八行本、費識本、北大本、翻岳本、十行本"以"作"巳"。
⑫ 十行本無"皮"。蜀本、婺本、明本、金本、八行本、費識本、北大本、翻岳本、十行本無"以"。
⑬ 金本、十行本"繼"作"継"。
⑭ 金本無"也"。
⑮ 蜀本"禮"作"礼"。
⑯ 蜀本、婺本、明本、金本、八行本、費識本、北大本、翻岳本、十行本"於"作"于"，無"者"。
⑰ 蜀本、婺本、明本、金本、八行本、費識本、北大本、翻岳本、十行本"賓"作"者"。
⑱ 蜀本、婺本、明本、金本、八行本、費識本、北大本、翻岳本、十行本"也"作"者"。
⑲ 蜀本、婺本、明本、金本、八行本、費識本、北大本、翻岳本、十行本無"相禮不者"。
⑳ 蜀本、婺本、明本、金本、八行本、費識本、北大本、翻岳本、十行本"者"作"酒"，句末有"也"。十行本"齊"作"斉"。
㉑ 蜀本、婺本、明本、金本、八行本、費識本、北大本、翻岳本、十行本"鬱"後有"鬯"。
㉒ 金本"他"作"地"。
㉓ 明本"主"作"王"。
㉔ 十行本"位"作"禮"。
㉕ 十行本"間"作"問"。

蜀石經《周禮・秋官》殘拓校理

爵。《聘禮》曰①："上公七介②，侯伯五介，子男三介。"是謂使卿聘之介數也③。朝位，則上公七十步，侯伯五十步，子男三十步也④。）邦畿方千里，其外方五百里謂之侯服，歲壹見，其貢祀物。又其外方五百里謂之甸服，二歲壹見，其貢嬪物。又其外方五百里謂之男服，三歲壹見，其貢器物。又其外方五百里謂之采服，四歲壹見，其貢服物。又其外方五百里謂之衛服，五歲壹見，其貢材物。又其外方五百里謂之要服，六歲壹見，貢貨物⑤。（要服，蠻服也⑥。此六服去王城三千五百里，相距方七千里，公侯伯子男封焉。其朝貢之歲，四方各四分趨四時而來，或朝春，或宗夏，或覲秋，或遇冬。祀貢者，犧牲之屬。故書"嬪"作"頻"。鄭司農云："嬪物，婦人所爲之物也⑦。《爾雅》曰'嬪，婦也'。"玄謂：嬪物⑧，絲枲也⑨。器物，尊彝之屬。服物，玄纁絺纊也⑩。材物，八材也。貨物，龜貝之屬⑪。）九州之外謂之蕃國，世壹見，各以其所貴寶爲摯⑫。（九州之外，夷服、鎮服、蕃服也。《曲禮》曰："其在東夷、北狄、南蠻、西戎⑬，雖大曰子。"《春秋傳》曰："杞，伯⑭，以夷禮，故曰子。"然則九州之外，其君皆如子男也⑮。無朝貢之歲⑯，以父死子立⑰，及嗣王即位，乃一來耳。各以其所貴寶爲摯⑱，則蕃國之君無執玉瑞者也⑲，是以謂其君爲小寶，臣爲小客。

---

① 蜀本、婺本、明本、金本、八行本、費識本、北大本、翻岳本、十行本"禮"作"義"。
② 十行本"七"作"之"。
③ 蜀本、婺本、明本、金本、八行本、費識本、北大本、翻岳本、十行本"卿"後有"之"，無"介"。費識本"聘"前空兩格。
④ 蜀本、婺本、明本、金本、八行本、費識本、北大本、翻岳本、十行本"也"作"與"。
⑤ 蜀本、婺本、明本、金本、八行本、費識本、北大本、翻岳本、十行本"貢"前有"其"，唐石經此處殘損。
⑥ 費識本"蠻"作"蛮"。
⑦ 蜀本、婺本、明本、金本、八行本、費識本、北大本、翻岳本、十行本無"之"。
⑧ 金本"物"作"㘝"。
⑨ 明本、費識本"絲"作"糸"。
⑩ 北大本無"絺"。
⑪ 費識本"貝"作"具"。蜀本、婺本、明本、金本、八行本、費識本、北大本、翻岳本、十行本"之屬"作"也"。
⑫ 明本、金本、八行本、費識本、北大本、十行本"寶"作"賓"，蜀本、婺本、翻岳本同唐石經、蜀石經作"寶"。蜀本"摯"作"贄"。
⑬ 蜀本、婺本、明本、金本、八行本、費識本、北大本、翻岳本、十行本"南蠻西戎"作"西戎南蠻"。
⑭ 十行本"伯"作"相"。蜀本、婺本、明本、金本、八行本、費識本、北大本、翻岳本、十行本句末有"也"。
⑮ 蜀本、婺本、明本、金本、八行本、費識本、北大本、翻岳本、十行本無"如"。
⑯ 費識本"無"作"无"。
⑰ 婺本、明本、金本、八行本、費識本、北大本、翻岳本、十行本無"以"，蜀本同蜀石經。
⑱ 十行本"摯"作"贊"。
⑲ 蜀本、婺本、明本、金本、八行本、費識本、北大本、翻岳本、十行本無"也"。

— 251 —

所貴寶見經傳者①，若犬戎獻白狼②、白鹿是也。其餘則《周禮·王會》備矣③。）王之所以撫邦國諸侯者，歲徧存；三歲徧覜④；五歲徧省；七歲屬象胥，諭言語，協辭命；九歲屬瞽史，諭書名，聽聲音；十有一歲達瑞節，同度量，成牢禮，同數器，脩灋則；十有二歲王巡守殷國。（撫，安也⑤。存也⑥、覜、省者，王使臣於諸侯之禮，所謂閒問⑦。歲者，王巡守之明歲以爲始也⑧。屬，猶聚也。自五歲之後，遂閒歲徧省⑨。七歲省而名其象胥⑩，九歲省而名其瞽史⑪，皆聚於天子之宮，教習之也。故書"協辭命"作"叶詞命"⑫。鄭司農云："象胥，譯語官也⑬。'叶' 當爲 '汁'，'詞' 當爲 '辭'⑭，書亦或爲 '叶辭命'⑮。"玄謂：胥讀爲諝。《王制》曰"五方之民，言語不通，嗜欲不同⑯，達其志，通其欲⑰。東方曰寄，南方曰象，西方狄鞮⑱，北方曰譯"。此官正爲象者，周始有南越重譯而來獻⑲，是因名通言語之官爲象⑳。玄謂胥象之有才智者㉑。辭

---

① 蜀本、婺本、明本、金本、八行本、費識本、北大本、翻岳本、十行本、釋文出字無"經"。
② 八行本"犬"作"大"，"白"作"曰"形。
③ 蜀本、婺本、明本、金本、八行本、費識本、北大本、翻岳本、十行本"禮"作"書"，"矣"作"焉"。
④ 十行本"覜"作"頫"。
⑤ 蜀本、婺本、明本、金本、八行本、費識本、北大本、翻岳本、十行本"安"前有"猶"。
⑥ 蜀本、婺本、明本、金本、八行本、費識本、北大本、翻岳本、十行本無"也"。
⑦ 蜀本、婺本、明本、金本、八行本、費識本、北大本、翻岳本、十行本"問"後有"也"。
⑧ 蜀本、婺本、明本、金本、八行本、費識本、北大本、翻岳本、十行本無"王"。
⑨ 蜀本、婺本、明本、金本、八行本、費識本、北大本、翻岳本、十行本"省"後有"也"。
⑩ 蜀本、婺本、明本、金本、八行本、費識本、北大本、翻岳本、十行本"名"作"召"。
⑪ 蜀本、婺本、明本、金本、八行本、費識本、北大本、翻岳本、十行本"名"作"召"。十行本"瞽"作"瞽"。
⑫ 費識本"協辭"作"恊辟"。費識本、北大本"作"前有"或"。
⑬ 蜀本、婺本、明本、金本、八行本、費識本、北大本、翻岳本、十行本、釋文出字無"語"。
⑭ 費識本"辭"作"辟"。
⑮ 蜀本、婺本、明本、金本、八行本、費識本、北大本、翻岳本、十行本無"亦"。費識本"辭"作"辟"。
⑯ 婺本、明本、八行本、翻岳本、釋文出字"嗜"作"耆"，蜀本、金本、費識本、北大本、十行本同蜀石經。蜀本、婺本、金本、八行本、費識本、北大本、翻岳本、十行本"欲"作"慾"，明本同蜀石經。釋文出字作"慾"，云"本多作欲"。
⑰ 蜀本、婺本、明本、金本、八行本、費識本、北大本、翻岳本、十行本"欲"作"慾"。
⑱ 蜀本、婺本、明本、金本、八行本、費識本、北大本、翻岳本、十行本"方"後有"曰"。
⑲ 蜀本、婺本、明本、金本、八行本、費識本、北大本、翻岳本、十行本無"南"。
⑳ 蜀本無"是"。婺本、明本、金本、八行本、費識本、北大本、翻岳本、十行本無"名"，蜀本同蜀石經。
㉑ 蜀本、婺本、明本、金本、八行本、費識本、北大本、翻岳本、十行本"玄謂胥"作"胥云諝謂"。蜀本"智者"作"者也"，婺本、明本、金本、八行本、費識本、北大本、翻岳本、十行本作"知者也"。釋文出字作"才知"。

蜀石經《周禮·秋官》殘拓校理

命，六辭之令也①。瞽，樂師也。史，太史②、小史也。書名，畫字也③，古曰名，《聘禮》曰"百名以上④"。至十一歲又徧省焉。度，丈尺也。量，豆區釜也⑤。數器，銓衡也。法，八法也。則，八則也。達、同、成、修⑥，皆有齎其法式⑦，行行至則齊等之也⑧。成，平也，平其僭踰者⑨。王巡守，諸侯會者各以其時之方，《書》曰"肆覲東后"是也⑩。其殷國，則四方四時分來如平時。）凡諸侯之王事，辨其位，正其等，協其禮，賓而見之。（王事，以王之事來也。《詩》云："莫敢不來王。"《孟子》曰："諸侯有王。"）若有大喪，則詔相諸侯之禮⑪。（詔相，左右告教之⑫。）若有四方之大事，則受其幣，聽其辭。（四方之大事，謂國有兵寇，諸侯來告急者。禮動不虛，皆有贄幣，以崇敬也。受之，以其事入告王也。《聘禮》曰："若有言，則以束帛，如享之禮⑬。"）凡諸侯之邦交，歲相問也，殷相聘也，世相朝也。（小聘曰問。殷，中也。久無事，又於殷朝者反而相聘也⑭。父死子立曰世。凡君即位，大國朝焉，小國聘焉。皆所以習禮考義⑮、正刑一德以尊天子也，必擇有道之國而就脩之⑯。鄭司農云："殷聘以《春秋傳》曰'孟僖子如齊殷聘，禮'是也⑰。"）

小行人掌邦國賓客之禮籍，以待四方之使者。（禮籍，名位尊卑之書。使者，諸侯之臣使來者⑱。）令諸侯春入貢，秋獻功，王親受之，各以其國之籍

---

① 蜀本、婺本、明本、金本、八行本、費識本、北大本、翻岳本、十行本"令"作"命"。
② 蜀本、婺本、明本、八行本、北大本、翻岳本"太"作"大"，金本、費識本、十行本同蜀石經。
③ 蜀本、婺本、明本、金本、八行本、費識本、北大本、翻岳本"畫"作"書之"。
④ 費識本、北大本"名"作"官"。
⑤ 費識本、北大本"豆"作"斟"。
⑥ 蜀本、婺本、金本、八行本、費識本、北大本、翻岳本、十行本"修"作"脩"，明本同蜀石經。
⑦ 蜀本、婺本、明本、金本、八行本、費識本、北大本、翻岳本、十行本"有"作"謂"。
⑧ 蜀本、婺本、明本、金本、八行本、費識本、北大本、翻岳本、十行本不重"行"。
⑨ 蜀本、婺本、明本、金本、八行本、費識本、北大本、翻岳本、十行本"者"後有"也"。
⑩ 蜀本、婺本、明本、金本、八行本、費識本、北大本、翻岳本、十行本"肆"作"遂"。
⑪ 十行本無"詔"。
⑫ 蜀本、婺本、明本、金本、八行本、費識本、北大本、翻岳本、十行本"告教"作"教告"，"之"後有"也"。
⑬ 蜀本、婺本、明本、金本、八行本、費識本、北大本、翻岳本、十行本無"之"。
⑭ 蜀本、婺本、明本、金本、八行本、費識本、北大本、翻岳本、十行本"反"作"及"。費識本"而"作"其"。
⑮ 蜀本、婺本、明本、八行本、費識本、北大本、翻岳本、十行本"皆"前有"此"，金本"皆"前有"比"。
⑯ 蜀本、婺本、明本、金本、八行本、費識本、北大本、翻岳本、十行本"就"作"就"。
⑰ 蜀本、婺本、明本、金本、八行本、費識本、北大本、翻岳本、十行本"云"作"說"。蜀本、婺本、明本、金本、八行本、費識本無"是"，北大本、翻岳本、十行本無"禮"。
⑱ 蜀本、婺本、明本、金本、八行本、費識本、北大本、翻岳本、十行本"者"後有"也"。

禮之。（貢，六服所貢也。功，考績之功①。春秋貢獻之②，若今計文書斷於九月③，其舊法也④。）凡諸侯入王，則逆勞于畿。（鄭司農云："入王，朝于王也⑤。故《春秋傳》曰'宋公不王'，又曰'諸侯有王，王有巡守'⑥。"）及郊勞、眡館⑦、將幣，爲承而擯。（視館⑧，致館也。承，猶承相也⑨。王使勞賓於郊⑩，致館於賓⑪，至將幣，使宗伯爲上擯，皆爲之承而擯之⑫。）凡四方之使者，大客則擯，小客則受其幣而聽其辭。（擯者，擯而見之王，使得親其言也⑬。受其幣者，受之以入告其所爲來之事也⑭。）使適四方，協九儀。賓客之禮，朝、覲、宗、遇、會、同，君之禮也；存、覜、省、聘、問，臣之禮也。（適，之也。協，合也。）達天下之六節：山國用虎節⑮，土國用人節，澤國用龍節，皆以金爲之；道路用旌節，門關用符節，都鄙用管節，皆以竹爲之。（此謂邦國之節⑯。達之者，使之四方，亦皆齎法式以齊等之也。諸侯使臣行覜聘，則以金節授之，以爲行道之信也。虎、人、龍者，自其國家也⑰。道路，謂鄉遂大夫⑱。都鄙者，王公之子弟及卿大夫菜之吏也⑲。凡□國之民遠出至

---

① 蜀本、婺本、明本、金本、八行本、費識本、北大本、翻岳本、十行本"功"後有"也"。
② 蜀本、婺本、明本、金本、八行本、費識本、北大本、翻岳本、十行本無"春""貢"。
③ 費識本"斷"作"断"。翻岳本"文"作"支"。
④ 蜀本、婺本、明本、金本、八行本、費識本、北大本、翻岳本、十行本無"也"。
⑤ 蜀本、婺本、明本、金本、八行本、費識本、北大本、翻岳本、十行本"于"作"於"。
⑥ 十行本"巡"作"楚"。
⑦ 金本"眡"作"眂"。
⑧ 蜀本、婺本、明本、金本、八行本、費識本、北大本、翻岳本、十行本"視"作"眡"。十行本"館"作"舒"。
⑨ 蜀本、婺本、明本、金本、八行本、費識本、北大本、翻岳本、十行本"承"作"丞"，無"相"。
⑩ 北大本"賓"作"擯"。
⑪ 明本"館"作"舘"。
⑫ 蜀本、婺本、明本、金本、八行本、費識本、北大本、翻岳本、十行本"承"作"丞"。
⑬ 蜀本、婺本、明本、金本、八行本、費識本、北大本、翻岳本、十行本無"其"。
⑭ 明本"其"作"之"。蜀本、婺本、明本、金本、八行本、費識本、北大本、翻岳本、十行本無"也"。
⑮ 唐石經"虎"字闕筆。
⑯ 蜀本、婺本、明本、金本、八行本、費識本、北大本、翻岳本、十行本"節"後有"也"。
⑰ 蜀本、婺本、明本、金本、八行本、費識本、北大本、翻岳本、十行本"家"作"象"。
⑱ 金本"鄉"作"卿"。蜀本、婺本、明本、金本、八行本、費識本、北大本、翻岳本、十行本"夫"後有"也"。
⑲ 費識本"卿"作"鄉"。蜀本、婺本、明本、金本、八行本、費識本、北大本、翻岳本、十行本無"王"，"菜"作"之采地"。

他邦①，他邦之民若來入，由國門者，門人爲之節；由關門者②，關人爲之節。其以徵令及家徙③，鄉遂大夫及菜地吏爲之節④。皆使人執節將之，以達之也⑤，亦有期以反節。管節，如今竹節使符也⑥。其有商者⑦，通之以爲符節⑧，如門關者也⑨。門關者與市聯事，節可同⑩，亦所以異於畿内也。凡節，有天子法式，存于國也⑪。）成六瑞：王用瑱圭，公用桓圭⑫，侯用信圭，伯用躬圭，子用穀璧，男用蒲璧。（成，平也。瑞，信也。皆朝見所執以爲信。）合六幣：圭以馬，璋以皮，璧以帛，琮以錦，琥以繡⑬，璜以黼。此六物者，以和諸侯之好故。（合，同也。六幣，所以享也。五等之諸侯享天子用璧⑭，后用琮也⑮，其大小各如其瑞⑯，皆有庭實，以馬若皮。皮，虎豹皮也。用圭璋者，二王後也⑰。二王後尊，故享用圭璋而特之⑱。《禮器》曰"圭璋特"，義亦通於此。其於諸侯，亦用璧琮耳。子男於諸侯，則享琥璜⑲，下其瑞也。凡二王後用諸侯相享之玉⑳，大小各降其瑞一寸㉑。及使卿大夫覜聘㉒，亦如之。）若國札喪，則令賻補之㉓；若國凶荒，則令賙委之；若國師役，則令槁禬之；若國有福事，則令慶賀之；

---

① 蜀本、婺本、明本、金本、八行本、費識本、北大本、翻岳本、十行本"囗"作"邦"。
② 蜀本、婺本、明本、金本、八行本、費識本、北大本、翻岳本、十行本無"門"。
③ 蜀本、婺本、八行本、費識本、北大本"徵"闕末筆，費識本該字有墨圍。金本"徙"作"徒"，費識本原刻"從"字上有墨筆改作"徙"。
④ 金本"鄉"作"卿"。蜀本、婺本、明本、金本、八行本、費識本、北大本、翻岳本、十行本"菜"作"采"。費識本、北大本"吏"作"使"。
⑤ 蜀本、婺本、明本、金本、八行本、費識本、北大本、翻岳本、十行本無"也"。
⑥ 蜀本、婺本、明本、金本、八行本、費識本、北大本、翻岳本、十行本"竹節"作"之竹"。
⑦ 婺本、十行本"商"作"啇"。
⑧ 蜀本、婺本、明本、金本、八行本、費識本、北大本、翻岳本、十行本無"爲"。
⑨ 蜀本、婺本、明本、金本、八行本、費識本、北大本、翻岳本、十行本無"者也"。
⑩ 蜀本、婺本、明本、金本、八行本、費識本、北大本、翻岳本、十行本"同"後有"也"。
⑪ 蜀本、婺本、明本、金本、八行本、費識本、北大本、翻岳本、十行本"于"作"於"，無"也"。
⑫ 金本、十行本"桓"闕末筆。
⑬ 唐石經"琥"字闕筆。
⑭ 蜀本、婺本、明本、金本、八行本、費識本、北大本、翻岳本、十行本無"之"。
⑮ 蜀本、婺本、明本、金本、八行本、費識本、北大本、翻岳本、十行本"后"前有"享"，無"也"。
⑯ 蜀本、婺本、明本、金本、八行本、費識本、北大本、翻岳本、十行本無"小"。
⑰ 蜀本、婺本、明本、金本、八行本、費識本、北大本、翻岳本、十行本"王"後有"之"。
⑱ 北大本"特"作"持"。
⑲ 蜀本、婺本、明本、金本、八行本、費識本、北大本、翻岳本、十行本"享"後有"用"。北大本"琥"作"虎"。
⑳ 費識本"二"作"三"。蜀本、婺本、明本、金本、八行本、費識本、北大本、翻岳本、十行本無"用"。八行本"玉"作"王"。
㉑ 蜀本、婺本、明本、金本、八行本、費識本、北大本、翻岳本、十行本"寸"作"等"。
㉒ 北大本"卿"作"鄉"。
㉓ 北大本"賻"作"膊"。

若國有禍烖，則令哀弔之。凡此五物者，治其事故。（故書"賻"作"傅"①，"犉"作"槀"②。鄭司農云："賻補之，謂傅喪家③，補助其不足也。若今時一室二尸，則官與之棺也。'槀'當爲'犉'④，謂犉師也⑤。"玄謂：師役者，國有兵寇以遺病者也⑥。使隣國合會財貨以與之⑦。《春秋傳》曰定五年"夏，歸粟於蔡"是也⑧。《宗伯職》曰"以檜禮哀國敗"⑨。禍烖⑩，水火之故⑪。）及其萬民之利害爲一書，其禮俗政事教治刑禁之逆順爲一書，其悖逆暴亂作慝猶犯令者爲一書，其札喪凶荒厄貧爲一書，其康樂和親安平爲一書⑫。凡此五物者⑬，每國辨異之⑭，以反命于王，以周知天下之故⑮。（慝，惡也。猶，圖也。）

　　司儀掌九儀之賓客擯相之禮，以詔儀容、辭令、揖讓之節⑯。（出接賓曰擯，入贊禮曰相。以詔者，禮告王也⑰。）將合諸侯，則令爲壇三成，宫，旁一門。（合諸侯，謂有事而會也。爲壇於國外⑱，以命事。宫謂壇以爲牆處⑲，所謂壇墠宫也⑳。

---

① 費識本、十行本"傅"作"傳"。
② 蜀本、婺本、明本、金本、八行本、費識本、北大本、翻岳本、十行本"犉作"作"槀爲"。費識本"槀"作"藁"，北大本作"藥"。釋文出字作"作槀"。
③ 蜀本、婺本、明本、金本、八行本、費識本、北大本、翻岳本、十行本"傅"作"賻"。
④ 明本"槀"作"藁"。蜀本、婺本、金本、八行本、費識本、北大本、翻岳本、十行本"犉"作"槀"，明本同蜀石經。
⑤ 蜀本、婺本、金本、八行本、費識本、北大本、翻岳本"犉"作"槀"，十行本作"稿"，明本同蜀石經。
⑥ 蜀本、婺本、明本、金本、八行本、費識本、北大本、翻岳本、十行本"遺"作"匱"。
⑦ 蜀本、婺本、明本、金本、八行本、費識本、北大本、翻岳本、十行本"隣"作"鄰"。
⑧ 蜀本、婺本、明本、金本、八行本、費識本、北大本、翻岳本、十行本無"傳曰"。金本"歸"作"䢜"。
⑨ 蜀本、婺本、明本、金本、八行本、費識本、北大本、翻岳本、十行本"國"作"圖"。
⑩ 費識本、北大本"禍"後有"謂"。蜀本、婺本、明本、八行本、費識本、北大本、翻岳本、十行本"烖"作"栽"，金本作"災"。
⑪ 蜀本、婺本、明本、金本、八行本、費識本、北大本、翻岳本、十行本無"之故"。
⑫ 十行本"安"作"弁"形。
⑬ 十行本無"五"。
⑭ 明本"辨"作"辦"。
⑮ 十行本"下"作"干"形。
⑯ 蜀本、婺本、八行本、北大本"讓"闕末筆，費識本該字不闕筆但有墨圍。
⑰ 蜀本、婺本、明本、金本、八行本、費識本、北大本、翻岳本、十行本"禮"前有"以"，無"也"。翻岳本"王"作"玉"。
⑱ 蜀本、婺本、明本、金本、八行本、費識本、北大本、翻岳本、十行本"於"作"于"。
⑲ 金本"壇"作"墰"。蜀本、婺本、明本、金本、八行本、費識本、翻岳本、十行本、釋文出字"墠"後有"土"，金本"土"作"圡"，北大本"墠"後有"圡"形之字。費識本"牆"作"墻"，北大本作"墻"。
⑳ 婺本、明本、金本、八行本、費識本、北大本、翻岳本、十行本"謂"後有"爲"，蜀本同蜀石經。

天子春帥諸侯拜日於東郊，則爲壇於國東。夏禮日於南郊，則爲壇於國南。秋禮山川丘陵於西郊，則爲壇於國西。冬禮月與四瀆於北郊①，則爲壇於國北。既拜禮而還，加方明於壇上而祀焉，所以教尊尊也。《覲禮》曰"諸侯朝天子②，爲宮方三百步，四門，壇十有二尋，深四尺"是也。王巡守殷國而同，則其爲宮亦如此與？鄭司農云③："三成，三重也。《爾雅》曰'丘一成爲頓丘④，再成爲陶丘，三成爲崑崙丘⑤'，謂三重也⑥。"）詔王儀，南鄉見諸侯⑦，土揖庶姓，時揖異姓，天揖同姓。（謂王既祀方明，諸侯之上介皆奉其君之旂置于宮⑧，乃詔王升壇⑨，諸侯皆就其旂位而立⑩。諸公中階之前⑪，北面東上⑫。諸侯東階之東，西面北上⑬。諸伯西階之西，東面北上。諸子門東，北面東上。諸男門西，北面東上。王揖之者，定其位也。庶姓，無親者也。土揖⑭，推手小下也⑮。異姓，昏姻也⑯。時揖，平推手也。《衛將軍文子》曰："獨君思仁⑰，公言言義⑱，其聞《詩》也，一日三復'白圭之玷⑲'，是南宮紹之行⑳。夫子信其言仁㉑，以爲異姓。"請妻之也㉒。天揖，揖手小舉之㉓。）及其擯之，

---

① 費識本"月"作"川"。婺本、明本、金本、八行本、費識本、北大本、翻岳本、十行本無"與"，蜀本同蜀石經。
② 蜀本、婺本、明本、金本、八行本、費識本、北大本、翻岳本、十行本"朝"作"覲於"。
③ 北大本"司"作"同"。
④ 蜀本、婺本、明本、金本、八行本、費識本、北大本、翻岳本、釋文出字"頓"作"敦"，十行本作"墩"。費識本、北大本"敦"闕末筆，費識本該字有墨圍。
⑤ 婺本、明本、金本、八行本、費識本、北大本、翻岳本、十行本、釋文出字"崑崙"作"昆侖"，蜀本同蜀石經。
⑥ 蜀本、婺本、明本、金本、八行本、費識本、北大本、翻岳本、十行本無"也"。
⑦ 十行本"南"作"南"。
⑧ 蜀本、婺本、明本、金本、八行本、費識本、北大本、翻岳本、十行本無前"之"。
⑨ 婺本、明本、金本、八行本、北大本、翻岳本、十行本"升"作"升"，費識本作"升卜"，蜀本同蜀石經。
⑩ 蜀本、婺本、明本、金本、八行本、費識本、北大本、翻岳本、十行本無"位"。
⑪ 北大本"階"作"堦"。
⑫ 北大本"北"作"比"。蜀本"面"作"面"。
⑬ 明本、十行本"面"作"南"。
⑭ 蜀本、婺本、明本、費識本、北大本、翻岳本、十行本"土"作"土"，金本、八行本作"士"。
⑮ 婺本、明本、金本、八行本、費識本、北大本、翻岳本、十行本"下"後有"之"，蜀本同蜀石經。
⑯ 婺本"昏"作"昬"。蜀本"姻"作"婣"。
⑰ 蜀本、婺本、明本、金本、八行本、費識本、北大本、翻岳本、十行本"君"作"居"。
⑱ 北大本、十行本前"言"作"善"。
⑲ 婺本"玷"作"坫"。
⑳ 明本"是"作"自"。蜀本、婺本、明本、金本、八行本、費識本、北大本、翻岳本、十行本"行"後有"也"。
㉑ 費識本"信"作"言"。蜀本、婺本、明本、金本、八行本、費識本、北大本、翻岳本、十行本無"言"。
㉒ 蜀本、婺本、明本、金本、八行本、費識本、北大本、翻岳本、十行本"請"作"謂"。
㉓ 蜀本、婺本、明本、金本、八行本、費識本、北大本、翻岳本、十行本"揖"作"推"。

各以其禮，公於上等，侯伯於中等，子男於下等。（謂執玉而見前於王也①，擯之各以其禮者②，謂擯公者五人，侯伯四人，子男三人③。上等、中等、下等者，謂所奠玉處④。壇三成，深四尺，則一等一尺也。壇十有二尋，方九十六尺⑤，則堂上二丈四尺，每等丈二尺與？諸侯各於其等奠玉⑥，降拜，升成拜⑦，明臣禮也⑧。既，乃升堂，授王玉⑨。）其將幣亦如之，其禮亦如之。（將幣，享也。禮謂以鬱鬯祼之也。皆於其等之上也⑩。）王燕，則諸侯毛⑪。（謂以鬚髮坐也⑫。朝事尊尊上爵，燕則親親上齒。鄭司農云："謂老者在上⑬。老者二毛，故曰毛。"）凡諸公相爲賓，（謂相親也⑭。）主國五積，三問，皆三辭，拜受，皆旅擯。再勞，三辭，三揖，登，拜受⑮，拜送。（賓所停止則積，聞闊則問⑯，行道則勞⑰。其禮皆使卿大夫致之，從來至去，數如此也。三辭⑱，辭其以禮來於外也。積問不言登，受之於庭也。鄭司農云："旅讀爲旅太山之旅⑲，謂九人傳辭⑳，相授上下竟㉑，問賓從末上行，介還受，上傳之㉒。"玄謂：旅謂如鴻臚之臚㉓，臚陳也㉔。賓

---

① 八行本"玉"作"王"。婺本、明本、金本、八行本、費識本、北大本、翻岳、十行本"見前"作"前見"，蜀本同蜀石經。
② 費識本、北大本"以"作"有"。
③ 蜀本、婺本、明本、金本、八行本、費識本、北大本、翻岳本、十行本"人"後有"也"。
④ 蜀本、婺本、明本、金本、八行本、費識本、北大本、翻岳本、十行本"處"後有"也"。
⑤ 八行本"十"作"丈"。
⑥ 金本"玉"作"王"。
⑦ 蜀本"成"作"或"。
⑧ 北大本"禮"作"礼"。
⑨ 十行本"授"作"受"。
⑩ 蜀本、婺本、明本、金本、八行本、費識本、北大本、翻岳本無"也"，十行本有"也"無"上"。
⑪ 釋文出字作"諸侯毛"，云"劉本作髦"。
⑫ 蜀本、婺本、明本、金本、八行本、費識本、北大本、翻岳本、十行本"鬚"作"須"。明本、翻岳本"髮"作"髮"。
⑬ 八行本"老"作"耂"。蜀本、婺本、明本、金本、八行本、費識本、北大本、翻岳本、十行本"上"後有"也"。
⑭ 蜀本、婺本、明本、金本、八行本、費識本、北大本、翻岳本、十行本"親"作"朝"。
⑮ 金本無"拜受"。
⑯ 費識本"闊"作"問"。
⑰ 十行本"勞"作"劳"。
⑱ 十行本"辭"作"辝"。
⑲ 蜀本、婺本、明本、金本、八行本、翻岳本"太"作"大"，費識本、北大本、十行本同蜀石經；蜀本、婺本、明本、金本、八行本、費識本、北大本、翻岳本、十行本該字前有"於"。
⑳ 費識本"傳"作"傅"。
㉑ 蜀本、婺本、明本、金本、八行本、費識本、北大本、翻岳本、十行本"授"後有"於"。
㉒ 十行本"上"字處爲墨釘。
㉓ 蜀本、婺本、明本、金本、八行本、費識本、北大本、翻岳本、十行本"謂如"作"讀爲"。金本"鴻"作"鳴"。
㉔ 蜀本、婺本、明本、金本、八行本、費識本、北大本、翻岳本、十行本"陳"後有"之"。

之介九人，使者七人①，皆陳擯位，不傳辭也。賓之上介出請，使者則前對，位皆當其末擯焉②。三揖，庭中時也③。拜送，送使者。）**主君郊勞，交擯，三辭，車逆，拜辱，三揖三辭，拜受，車送，三還，再拜。**（主君郊勞，備三勞而親之④。鄭司農云："交擯三辭，謂賓主之擯者俱三辭也。車逆，主人以車迎賓擯於館也⑤。拜辱，賓謝辱也⑥。"玄謂：交擯者，各陳九介，使傳辭也。車逆拜辱者⑦，賓以主君親來，乘車出舍門而迎之，若欲遠就之然⑧。後見之則下拜⑨，迎謝其自屈辱來也。至去又出車送⑩，若欲遠送之然⑪。主君三還辭之，乃再拜送之也。車迎送之節⑫，各以其等，則諸公九十步，立當車軹⑬。三辭重者，先辭其以禮來於外⑭，後辭辭升堂矣⑮。）**致□亦如之**⑯。（館，舍也。使大夫授之，君又以禮親致焉。）**致飧如致積□禮**⑰。（俱使大夫，禮同也。飧，夕食也⑱。小禮曰飧⑲，大禮曰饗餼⑳。）**及將幣，交擯，□辭**㉑，**車逆，拜辱，賓車進，荅拜，三揖三□**㉒，**每門止一相，及廟，唯上相入。賓三揖三讓，登，再拜，授幣，**

---

① 十行本"者"字處爲墨釘。
② 金本、八行本、北大本、十行本"末"作"未"，費識本作"朩"形，蜀本、婺本、明本、翻岳本同蜀石經。金本"焉"作"馬"。
③ 蜀本、婺本、明本、金本、八行本、費識本、北大本、翻岳本、十行本"庭"前有"謂"。
④ 蜀本、婺本、明本、金本、八行本、費識本、北大本、翻岳本、十行本"之"後有"也"。
⑤ 蜀本"主"作"三"，"迎"作"迚"。蜀本、婺本、明本、金本、八行本、費識本、北大本、翻岳本、十行本無"擯"。
⑥ 蜀本、婺本、明本、金本、八行本、費識本、北大本、翻岳本、十行本"賓"後有"拜"。
⑦ 婺本、明本、金本、費識本、北大本、十行本"逆"作"迎"，婺本"迎"作"迚"，蜀本、八行本、翻岳本同蜀石經。
⑧ 蜀本"欲"作"歆"，"遠"作"逺"。
⑨ 蜀本、婺本、明本、金本、八行本、翻岳本、十行本無"後"，費識本、北大本同蜀石經。
⑩ 蜀本、婺本、明本、金本、八行本、費識本、北大本、翻岳本、十行本無"送"。
⑪ 蜀本、婺本、明本、金本、八行本、費識本、北大本、翻岳本、十行本無"之"。
⑫ 婺本、明本、金本、八行本、費識本、北大本、翻岳本、十行本"迎送"作"送迎"，北大本"迎"作"迚"，蜀本同蜀石經。
⑬ 婺本、明本、金本、八行本、費識本、北大本、翻岳本、十行本"軹"後有"也"，蜀本同蜀石經。
⑭ 蜀本、婺本、明本、金本、八行本、費識本、北大本、翻岳本、十行本重"辭"。
⑮ 蜀本、婺本、明本、金本、八行本、費識本、北大本、翻岳本、十行本無"矣"。
⑯ 唐石經、蜀本、婺本、明本、金本、八行本、費識本、北大本、翻岳本、十行本"□"作"館"。
⑰ 婺本、明本、金本、八行本、費識本、北大本、十行本"飧"作"飱"，翻岳本作"飧"，蜀本、釋文出字同唐石經、蜀石經作"飧"。唐石經、蜀本、婺本、明本、金本、八行本、費識本、北大本、翻岳本、十行本"□"作"之"。玉篇"積"作"精"。
⑱ 蜀本、婺本、明本、金本、八行本、費識本、北大本、翻岳本、十行本無"夕"。玉篇引作"鄭玄曰 食也"，"曰"後不見字跡。
⑲ 玉篇"飧"作"餐"。
⑳ 玉篇無"餼"。
㉑ 唐石經、蜀本、婺本、明本、金本、八行本、費識本、北大本、翻岳本、十行本"□"作"三"。
㉒ 唐石經、蜀本、婺本、明本、金本、八行本、費識本、北大本、翻岳本、十行本"□"作"讓"。

賓拜送幣。每事如初，賓亦如之。及出，車送，三請三進，再拜，賓三還三辭，告辟。（鄭司農云："交擯，擯者交也。賓車進荅拜，賓上車進道①，主人乃荅其拜②。及出車送三請，主人三請留賓也③。三進，三進隨賓④。賓三揖三辭告辟⑤，賓三還辭謝，言已辟去也。"玄謂：既三辭，主君則乘車出大門而迎賓，見之而下拜其辱，賓車乃前下荅之拜也⑥。三揖者，相去九十步，乃揖之使前也⑦。至而三讓，讓三入門也⑧。相謂主君擯者及賓之介也。謂之相者，亦於外傳辭耳⑨，入門當以禮詔侑也。介紹而傳命者，君子於其所尊，不敢質，敬之也⑩。每門止一相，彌相親也⑪。君入門，介拂闑，大夫中棖與闑之間，士介拂棖⑫，此爲介鴈行相隨也⑬。止之者，絶行在後也⑭。賓三揖三讓，讓升也。登再拜授幣，授當爲受，主人拜至且受玉也⑮。每事如初，謂享及有言也。賓爲擯⑯，謂以鬱鬯禮賓也。上於下曰禮，敵者曰擯⑰。《禮器》曰"諸侯相朝，祼用鬱鬯⑱，無籩豆之薦"，謂此朝禮畢擯賓也⑲。三請三進，請賓就車也。主君每一請，車一進，欲遠送之⑳。三還三辭，主君一請者，賓亦一還辭也㉑。）致饔餼、還圭、饗食、致贈、郊送，皆如將幣之儀。（此六禮者，

---

① 蜀本、婺本、明本、金本、八行本、費識本、北大本、翻岳本、十行本無"道"。
② 蜀本、婺本、明本、金本、八行本、費識本、北大本、翻岳本、十行本"拜"後有"也"。
③ 蜀本、婺本、金本、費識本、北大本、翻岳本、十行本"留"作"留"，明本、八行本同蜀石經。
④ 蜀本、婺本、明本、金本、八行本、費識本、北大本、翻岳本、十行本無"三"，"賓"後有"也"。十行本"隨"作"随"。
⑤ 蜀本、婺本、明本、金本、八行本、費識本、北大本、翻岳本、十行本"揖"作"還"。
⑥ 蜀本、婺本、明本、金本、八行本、費識本、北大本、翻岳本、十行本無"之"。
⑦ 蜀本、婺本、明本、金本、八行本、費識本、北大本、翻岳本、十行本無"乃"。翻岳本"揖"作"楫"。
⑧ 蜀本、婺本、明本、金本、八行本、費識本、北大本、翻岳本、十行本無"三"。
⑨ 蜀本、婺本、明本、金本、八行本、費識本、北大本、翻岳本、十行本無"亦"。
⑩ 蜀本、婺本、明本、金本、八行本、費識本、北大本、翻岳本、十行本"之"後有"至"。
⑪ 十行本"彌"作"弥"。
⑫ 北大本"士"作"土"。
⑬ 蜀本、婺本、明本、八行本、費識本、北大本、翻岳本、十行本、釋文出字"鴈"作"鴈"，金本作"鴈"。
⑭ 蜀本、婺本、明本、金本、八行本、費識本、北大本、翻岳本、十行本"也"作"耳"。
⑮ 費識本、北大本"受"作"授"。蜀本、金本"玉"作"王"。
⑯ 蜀本、婺本、明本、金本、八行本、費識本、北大本、翻岳本、十行本"賓"後有"當"。婺本、明本、金本、八行本、費識本、北大本、翻岳本、十行本"擯"作"儐"，蜀本同蜀石經。
⑰ 婺本、明本、金本、八行本、費識本、北大本、翻岳本、十行本"擯"作"儐"，蜀本同蜀石經。
⑱ 蜀本、婺本、明本、金本、八行本、費識本、北大本、翻岳本、十行本"祼"作"灌"。
⑲ 婺本、明本、八行本、費識本、北大本、翻岳本、十行本"擯"作"儐"，金本作"檳"，蜀本同蜀石經。
⑳ 蜀本、婺本、明本、金本、八行本、費識本、北大本、翻岳本、十行本"之"後有"也"。
㉑ 蜀本、婺本、明本、金本、八行本、費識本、北大本、翻岳本、十行本"還"後有"一"，無"也"。

蜀石經《周禮·秋官》殘拓校理

唯饗食速賓耳①。其餘主君親往②。親往者，賓爲主人，主人爲賓。君如有故，不親饗食，則使大夫以酬幣侑幣致之。鄭司農云："還圭，還歸其玉也③。故公子重耳受飧反璧。"玄謂：聘以圭璋，禮也；享以璧琮，財也。已聘而還圭璋④，輕財重禮也⑤。贈，送以財也⑥，既贈又送之至於郊⑦。）賓之拜禮：拜饗餼，拜饗食。（鄭司農云："賓之禮者⑧，因言賓之所當拜之禮也⑨。□當拜者⑩，拜饗餼、拜饗食。"玄謂：賓將去，就朝拜□□三禮⑪，禮之重者⑫。賓就拜⑬，主君乃至□贈⑭，去☐⑮。）賓繼主君，皆如主國之禮。（鄭司農云："賓繼□□⑯，復主人之禮費也，故曰皆如主國之禮也⑰。"玄謂：□□君者⑱，擯主君也⑲。擯之者⑳，主君郊勞、致館、饗餼、還□㉑、致贈㉒、郊送之時也。如其禮者，謂玉帛皮帛馬也㉓。□饌陳之積者㉔，不如也。若饗食主君及燕，亦速焉。）諸侯、諸伯、諸子、諸男之相爲賓也各以其禮，相待也如諸公之儀。（賓主相待之儀與諸公同也，饗

---

① 婺本、明本、金本、八行本、北大本、翻岳本、十行本"唯"作"惟"，費識本該字殘損，蜀本同蜀石經。
② 蜀本"主"作"王"。
③ 蜀本、婺本、明本、金本、八行本、費識本、北大本、翻岳本、十行本無"還"。金本"玉"作"王"。
④ 蜀本"已"作"己"，婺本、明本、金本、八行本、費識本、北大本、翻岳本、十行本作"巳"。
⑤ 蜀本、婺本、明本、金本、八行本、費識本、北大本、翻岳本、十行本"財"後有"而"，無"也"。
⑥ 蜀本、婺本、明本、金本、八行本、費識本、北大本、翻岳本、十行本無"也"。
⑦ 蜀本、婺本、明本、金本、八行本、費識本、北大本、翻岳本、十行本無"之"，"於"作"于"。
⑧ 蜀本、婺本、明本、金本、八行本、費識本、北大本、翻岳本、十行本"之"後有"拜"。
⑨ 蜀本、婺本、明本、金本、八行本、費識本、北大本、翻岳本、十行本無前"之"，"拜"後有"者"。
⑩ 蜀本、婺本、明本、金本、八行本、費識本、北大本、翻岳本、十行本"□"作"所"。
⑪ 蜀本、婺本、明本、金本、八行本、費識本、北大本、翻岳本、十行本"□□"作"謝此"。
⑫ 蜀本、婺本、明本、金本、八行本、費識本、北大本、翻岳本、十行本"禮"前有"三禮"，"者"後有"也"。
⑬ 蜀本、婺本、明本、金本、八行本、費識本、北大本、翻岳本、十行本"就"作"既"。
⑭ 費識本"主"前空一格。蜀本、婺本、明本、金本、八行本、費識本、北大本、翻岳本、十行本"□"作"館"。
⑮ 蜀本、婺本、明本、金本、八行本、費識本、北大本、翻岳本、十行本"☐"作"又送之于郊"。
⑯ 蜀本、婺本、明本、金本、八行本、費識本、北大本、翻岳本、十行本"□□"作"主君"。
⑰ 蜀本、婺本、明本、金本、八行本、費識本、北大本、翻岳本、十行本無"也"。
⑱ 蜀本、婺本、明本、金本、八行本、費識本、北大本、翻岳本、十行本"□□"作"繼主"。
⑲ 婺本、明本、金本、八行本、北大本、翻岳本、十行本"擯"作"償"，費識本作"賓"，蜀本同蜀石經。
⑳ 婺本、明本、金本、八行本、費識本、北大本、翻岳本、十行本"擯"作"償"，蜀本同蜀石經。
㉑ 蜀本、婺本、明本、金本、八行本、費識本、北大本、翻岳本、十行本"□"作"圭"。
㉒ 蜀本、婺本、明本、金本、八行本、費識本、北大本、翻岳本、十行本無"致"。
㉓ 蜀本、婺本、明本、金本、八行本、費識本、北大本、翻岳本、十行本無後"帛"。
㉔ 蜀本、婺本、明本、金本、八行本、費識本、北大本、翻岳本、十行本"□"作"有"。

饔饗食之禮則有降殺焉①。）諸公之臣相爲國客，（謂相聘②。）則三積，皆三辭拜受。（受者，受之於庭③。侯伯之臣不致積④。）及大夫郊勞，旅擯，三辭，拜辱，三讓，登，聽命，下拜，登受。賓使者如初之儀。及退，拜送。（登聽命，賓登堂⑤。賓當爲擯⑥。勞用束帛，擯用束錦⑦。侯伯之臣，授勞於庭⑧。）致館如初之儀。（如郊勞也，不擯。其侯伯之臣致館於庭⑨。不言致飧者，君於聘大夫不致飧也。《聘禮》曰："飧不致，賓不拜。"）及將幣，旅擯，三辭，拜逆，客辟，三揖，每門止一相，及廟，唯君相入，三讓，客登，拜，客三辟，授幣，下，出，每事如初之儀。（客辟，逡巡不敢荅拜也⑩。唯君相入⑪，客，臣⑫，相不入矣⑬。拜，主君拜客至也⑭。客三辟，三退負序也⑮。每事如初⑯，享及有言也⑰。）及禮、私面、私獻，皆再拜稽首，君荅拜。（禮，以醴禮賓也⑱。私面，私覿也⑲。既覿則或有私獻者。鄭司農云⑳："説私面，以《春秋傳》曰'楚公子棄疾見鄭伯㉑，以其良馬私面矣㉒'。"）出，及中

---

① 十行本"降"作"隆"，費識本該字略殘損似作"隆"。金本"殺"作"毅"。蜀本、婺本、明本、金本、八行本、費識本、北大本、翻岳本、十行本無"焉"。
② 蜀本、婺本、明本、金本、八行本、費識本、北大本、翻岳本、十行本"聘"後有"也"。
③ 蜀本、婺本、明本、金本、八行本、費識本、北大本、翻岳本、十行本"庭"後有"也"。
④ 北大本"致"作"敢"。
⑤ 蜀本、婺本、明本、金本、八行本、費識本、北大本、翻岳本、十行本"堂"後有"也"。
⑥ 婺本、明本、金本、費識本、北大本、翻岳本"擯"作"儐"，蜀本、八行本、十行本同蜀石經。
⑦ 婺本、明本、金本、八行本、北大本、翻岳本"擯"作"儐"，費識本作"賓"，蜀本、十行本同蜀石經。
⑧ 蜀本、婺本、明本、金本、八行本、費識本、北大本、翻岳本、十行本"授"作"受"。
⑨ 婺本、明本、金本、八行本、費識本、北大本、翻岳本"擯"作"儐"，十行本作"賓"，蜀本同蜀石經。蜀本、婺本、明本、金本、八行本、費識本、北大本、翻岳本"其"作"耳"，"於"作"于"；十行本"其"作"宜"，"於"作"子"。
⑩ 蜀本、婺本、明本、金本、八行本、費識本、北大本、翻岳本、十行本無"敢"。
⑪ 十行本"唯"作"推"。
⑫ 蜀本、婺本、明本、金本、八行本、費識本、北大本、翻岳本、十行本"臣"後有"也"。
⑬ 蜀本"不"作"六"，婺本、明本、金本、八行本、費識本、北大本、翻岳本、十行本同蜀石經。
⑭ 十行本"主"作"至"。
⑮ 蜀本"負"作"負"，明本、金本、費識本作"貟"，婺本、八行本、北大本、十行本作"貟"，翻岳本同蜀石經。
⑯ 蜀本、婺本、明本、金本、八行本、費識本、北大本、翻岳本、十行本無"如初"。
⑰ 十行本"享"作"亨"。婺本、明本、金本、八行本、費識本、北大本、十行本無"也"，蜀本、翻岳本同蜀石經。
⑱ 蜀本、婺本、明本、金本、八行本、費識本、北大本、翻岳本、十行本"賓也"作"客"。
⑲ 蜀本無"私"。
⑳ 蜀本無"云"。
㉑ 八行本"傳"作"侍"。蜀本"棄"作"弃"。
㉒ 十行本"良"作"乘"。蜀本、婺本、明本、金本、八行本、費識本、北大本、翻岳本、十行本無"矣"。

蜀石經《周禮·秋官》殘拓校理

門之外，問君，客再拜對，君拜，客辟而對；君問大夫，客對；君勞客，客再拜稽首，君荅拜，客趨辟。（中門之外，即大門之內①。問君曰："君不恙乎？"對曰："使臣之來，寡君命使臣于庭②。"問大夫曰③："二三子不恙乎？"對曰："寡君命使臣于庭，二三子皆在。"勞客曰："道路悠遠，客甚勞。"勞介則曰："二三子甚勞。"問君，客再對者④，爲敬慎矣⑤。）致饔餼如勞之禮，饗食還圭如將幣之儀。（饗食，亦謂君不親，而使大夫以幣致之。）君館客，客辟，介受命，遂送，客從⑥，拜辱于朝。（君館客者，客將就省之⑦，盡殷勤也⑧。遂送，拜以送客也⑨。）明日，客拜禮賜，遂行，如入之積。（禮賜，謂乘禽，君之加惠也。如入之積，則三積從來至去矣⑩。）凡侯伯子男之臣，以其國之爵相爲客而相禮，其儀亦如之。（爵，謂卿也⑪，大夫也，士也。）凡四方之賓客禮儀、辭命、餼牢、賜獻，以二等從其爵而上下之。（上下，猶豐殺也⑫。）凡賓客，送逆同禮⑬。（謂郊勞、郊送之屬。）凡諸侯之交⑭，各稱其邦而爲之幣，以其幣爲之禮。（幣，享幣也。於大國則豐⑮，小國則殺⑯。主國禮之⑰，如其豐殺，謂賄束紡⑱，禮用玉帛、乘皮及贈之屬。）凡行人之儀⑲，不朝不夕，不正其主面，亦不背客。（謂擯相傳辭時也。不正東

---

① 蜀本、婺本、明本、金本、八行本、費識本、北大本、翻岳本、十行本"內"後有"也"。
② 婺本、明本、金本、八行本、費識本、北大本、翻岳本、十行本無"使"，蜀本同蜀石經。
③ 婺本、八行本無"問"。
④ 蜀本、婺本、明本、金本、八行本、費識本、北大本、翻岳本、十行本"再"後有"拜"。
⑤ 蜀本、婺本、明本、金本、八行本、費識本、北大本、翻岳本、十行本"矣"作"也"。
⑥ 北大本"從"作"刅"。釋文出字作"客刅"，云"本亦作從"。
⑦ 蜀本、婺本、明本、金本、八行本、費識本、北大本、翻岳本、十行本"將"後有"去"。
⑧ 費識本"殷"作"設"，該字上有墨筆改作"殷"。
⑨ 蜀本、婺本、明本、金本、八行本、費識本、北大本、翻岳本、十行本"拜"前有"君"，無"也"。
⑩ 蜀本、婺本、明本、金本、八行本、費識本、北大本、翻岳本、十行本無"矣"。
⑪ 蜀本、婺本、明本、金本、八行本、費識本、北大本、翻岳本、十行本無"謂"。
⑫ 蜀本、婺本、明本、八行本、費識本、翻岳本、北大本"豊"作"豐"，金本、十行本同蜀石經。
⑬ 費識本"逆"作"逆"。
⑭ 北大本"交"後有"合"。
⑮ 十行本"豊"作"禮"。
⑯ 蜀本、婺本、明本、金本、八行本、費識本、北大本、翻岳本、十行本"小"前有"於"。
⑰ 十行本"禮"作"豊"。
⑱ 蜀本、婺本、明本、金本、八行本、費識本、北大本、翻岳本、十行本"賄"後有"用"。
⑲ 蜀石經"人""儀"間有補刻小字"之"，唐石經、蜀本、婺本、明本、金本、八行本、費識本、北大本、翻岳本、十行本有"之"字。

鄉①，不正西鄉②，常視賓主之前卻③，得兩鄉之而已④。）

行夫掌邦國傳遽之小事、媺惡而無禮者⑤。凡其使也，必以旌節。雖道有難而不時，必達。（傳遽，若今時乘傳騎驛而使者⑥。美，福慶也。惡，喪荒也。此事之小者無禮⑦，行夫主使之⑧。道有難，謂遭疾病他故，不以時至⑨。必達，王命不可廢也。其大者有禮，大小行人使之。有故則使介傳命⑩，不嫌不達也⑪。）居於其國，則掌行人之勞辱事焉，使則介之⑫。（使謂大小行人⑬，故書曰"夷使"。鄭司農云："夷使，使於四夷，則行夫主爲之介。"玄謂⑭：夷，發聲也⑮。）

環人掌送逆邦國之通賓客，以路節達諸四方。（通賓客以掌事往來者也⑯。路節，旌節也。四方，圻土也⑰。）舍則授館⑱，令聚櫨，有任器，則令環之。（令，令野廬氏⑲。鄭司農云："四方之人有任器者⑳，則環人主令狥環守之㉑。"）凡門關無幾，送逆及疆。（鄭司農云："門關不得苛留環人㉒。"玄謂：環人送逆之，則賓客出入不見幾㉓。）

---

① 金本"鄉"作"卿"。
② 金本"鄉"作"卿"。
③ 北大本"主"作"之"。
④ 北大本"得"作"符"，"鄉"作"卿"。
⑤ 十行本"媺"作"徽"，無"無"。
⑥ 十行本"使"作"吏"。蜀本、婺本、明本、金本、八行本、費識本、北大本、翻岳本、十行本"者"後有"也"。
⑦ 十行本"無"作"與"。
⑧ 十行本"使"作"便"。
⑨ 蜀本、婺本、明本、金本、八行本、費識本、北大本、翻岳本、十行本"至"後有"也"。
⑩ 蜀本、婺本、明本、金本、八行本、費識本、北大本、翻岳本、十行本無"使"。
⑪ 蜀本、婺本、明本、金本、八行本、費識本、北大本、翻岳本、十行本無"也"。
⑫ 釋文出字作"焉使"，云"劉焉音夷"。
⑬ 蜀本、婺本、明本、金本、八行本、費識本、北大本、翻岳本、十行本"人"後有"也"。
⑭ 費識本此"玄"字不闕筆但有墨圍，此處墨圍黑底白文，與該本釋文標識相同，而與避諱標識有別。
⑮ 蜀本、婺本、明本、金本、八行本、費識本、北大本、翻岳本、十行本無"也"。
⑯ 蜀本、婺本、明本、金本、八行本、北大本、翻岳本、十行本"掌"作"常"，費識本同蜀石經。蜀本、婺本、明本、金本、八行本、費識本、北大本、翻岳本"徃"作"往"，十行本同蜀石經。
⑰ 蜀本、婺本、明本、金本、八行本、費識本、北大本、翻岳本、十行本"土也"作"上"。
⑱ 北大本"舍"作"合"。
⑲ 蜀本、婺本、明本、金本、八行本、費識本、北大本、翻岳本、十行本"氏"後有"也"。
⑳ 蜀本、婺本、明本、金本、八行本、費識本、北大本、翻岳本、十行本無"之"。
㉑ 蜀本、婺本、明本、金本、八行本、費識本、北大本、翻岳本、十行本、釋文出字"狥"作"殉"。
㉒ 十行本"留"作"㽞"。蜀本、婺本、明本、金本、八行本、費識本、北大本、翻岳本、十行本"人"後有"也"。
㉓ 費識本、北大本"幾"後有"也"。

象胥掌蠻、夷、閩、貉、戎、狄之國使，掌傳王之言而諭說焉，以和親之。（謂蕃國之臣來覜聘者。）若以時入賓，則協其禮，與其辭，言傳之。（以時入賓，謂其君以世一見來朝爲賓客也①。）凡其出入送逆之禮節幣帛辭令，而賓相之。（從來至去皆爲擯，而詔侑其禮儀也②。）凡國之大喪，詔相國客之禮儀而正其位。（客，謂諸侯使其臣來弔者③。）凡軍旅會同，受國客幣而賓禮之。（謂諸侯以王有軍旅之事，使臣奉幣來問之者④。）凡作事，王之大事諸侯，次事**卿**，次事大夫，次事上士，下事庶子。（作，使也。鄭司農云："王之大事⑤，諸侯執其大事⑥。次事⑦，卿執其次事⑧。次事，使大夫。次事，使上士⑨。下事，使庶子也⑩。"）

掌客掌四方賓客之牢禮、餼獻、飲食之等數與其政治。（政治⑪，邦新殺禮之屬。）王合諸侯而饗禮，則具十有二牢⑫，庶具百物備，諸侯長十有再獻。（饗諸侯而用王禮之數者，以公侯伯子男盡在，兼饗之⑬，莫敵用也⑭。諸侯長子⑮，九命作伯者也。獻，公侯以下，如其命數也⑯。）王巡守、殷國，則國君膳以牲犢，令百官百姓皆具。從者，三公眂上公之禮，**卿**眂侯伯之禮，大夫眂子男之禮，士眂諸侯之**卿**禮，庶子壹眂其大夫之禮。（國君者，王所過之君也⑰。

---

① 釋文出字作"壹見"。蜀本、婺本、明本、金本、八行本、費識本、北大本、翻岳本、十行本"客也"作"者"。
② 十行本"詔"字處爲墨釘，"其"作"具"形。蜀本、婺本、明本、金本、八行本、費識本、北大本、翻岳本、十行本無"也"。
③ 蜀本、婺本、明本、金本、八行本、費識本、北大本、翻岳本、十行本無"其"。
④ 蜀本、婺本、明本、金本、八行本、費識本、北大本、翻岳本、十行本無"之者"。
⑤ 蜀本、婺本、明本、金本、八行本、費識本、北大本、翻岳本、十行本"事"後有"諸侯"。
⑥ 蜀本、婺本、明本、金本、八行本、費識本、北大本、翻岳本、十行本"諸"前有"使"，無"其"，"事"後有"也"。
⑦ 蜀本、婺本、明本、金本、八行本、費識本、北大本、翻岳本、十行本"事"後有"卿"。
⑧ 蜀本、婺本、明本、金本、八行本、費識本、北大本、翻岳本、十行本"卿"前有"使"，"事"後有"也"。
⑨ 金本、八行本無"使"。
⑩ 蜀本、婺本、明本、金本、八行本、費識本、北大本、翻岳本、十行本無"也"。
⑪ 費識本、北大本"政"作"致"，費識本該字上有墨筆改作"政"。
⑫ 蜀本、婺本、明本、金本、八行本、費識本、北大本、十行本"具"作"具"，翻岳本同唐石經、蜀石經作"具"。
⑬ 蜀本、婺本、明本、金本、八行本、費識本、北大本、翻岳本、十行本"兼"前有"是"。
⑭ 費識本、十行本"敵"作"敵"。
⑮ 蜀本、婺本、明本、金本、八行本、費識本、北大本、翻岳本、十行本無"子"。
⑯ 蜀本、婺本、明本、金本、八行本、費識本、北大本、翻岳本、十行本無"也"。
⑰ 蜀本、婺本、明本、金本、八行本、費識本、北大本、翻岳本、十行本"之"後有"國"。

犢，繭栗之犢也。以膳天子，貴誠也。牲孕，天子不食①，祭帝不用②。凡賓客則皆角尺。令者③，掌客令主國也④。百牲皆具，言無有不備矣⑤。）凡諸侯之禮：上公五積，皆眡飱牽，三問皆脩，羣介、行人、宰⑥、史皆有牢。飱五牢，食四十，簠十、豆四十⑦，鉶四十有二⑧，壺四十，鼎簋十有二⑨，牲三十有六，皆陳。饔餼九牢，其死牢如飱之陳，牽四牢，米百有二十筥，醯醢百有二十甕，車皆陳。車米眡生牢，牢十車，車秉有五籔⑩，車禾眡死牢，牢十車，車三秅，芻薪倍禾，皆陳。乘禽日九十雙，殷膳大牢，以及歸，三饗、三食、三燕，若弗酌則以幣致之。凡介、行人、宰、史皆有飱饔餼，以其爵等爲之牢禮之陳數，唯上介有禽獻。夫人致禮，八壺、八豆、八籩，膳大牢，致饗大牢，食大牢⑪。卿皆見，以羔，膳大牢。侯伯四積，皆眡飱牽，再問皆脩。飱四牢，食三十有二，簠八，豆三十有二，鉶二十有八，壺三十有二，鼎簋十有二，腥二十有七，皆陳。饔餼七牢，其死牢如飱之陳，牽三牢，米百筥，醯醢百甕，皆陳。米三十車，禾四十車，芻薪倍禾，皆陳。乘禽日七十雙，殷膳大牢，三饗、再食、再燕。凡介、行人、宰、史皆有飱饔餼，以其爵等爲之禮，唯上介有禽獻。夫人致禮，八壺、八豆、八籩，膳大牢，致饗大牢⑫。卿皆見⑬，以羔，膳特牛。子男三積，皆眡飱牽，壹問以脩。飱三牢，食二十有四，簠六，豆二十有四，鉶十有八，壺四十有四⑭，鼎簋十有二，牲十有八，皆陳。饔餼五牢，其死牢如飱之陳，牽二牢，米八十筥，醯醢八十甕，皆陳。米二十車，禾三十車，芻薪倍禾，皆陳。乘禽日五十

---

① 蜀本、婺本、明本、金本、八行本、費識本、北大本、翻岳本、十行本"食"後有"也"。
② 蜀本、婺本、明本、金本、八行本、費識本、北大本、翻岳本、十行本"用"後有"也"。
③ 費識本"者"後空一格。
④ 北大本"主"作"王"。
⑤ 蜀本、婺本、明本、金本、八行本、費識本、北大本、翻岳本、十行本"備矣"作"具備"。
⑥ 費識本原刻似作"牢"，該字上有墨筆改作"宰"。
⑦ 北大本"十"作"方"。
⑧ 十行本"鉶"作"釧"。
⑨ 費識本"簋"作"簠"。
⑩ 十行本"秉"作"乘"。
⑪ 費識本"牢"作"牢"。
⑫ 十行本"饗"作"饔"。
⑬ 北大本無"見"。
⑭ 蜀本、婺本、明本、金本、八行本、費識本、北大本、翻岳本、十行本前"四"作"二"，唐石經"四十"作"卌"。

蜀石經《周禮・秋官》殘拓校理

雙，壹饗、壹食、壹燕。凡介、行人、宰、史皆有飧饔餼，以其爵等爲之禮，唯上介有禽獻。夫人致禮，六壺，六豆，六籩，膳眡致饗。親見卿皆膳特牛。（積皆視飧牽，謂所共如飧，而牽牲以往，不殺也。不殺則無鉶鼎。簠簋之實，其米實實于筐①，豆實實于甕②。其設，筐陳于楹内，甕陳于楹外，牽陳于門西③。東面米禾芻薪④，陳于門外。壺之有無未聞也⑤。三問皆脩，脩，脯也。上公三問皆脩，下句云"羣介行人宰史皆有牢"，君用脩而臣有牢，非禮也。蓋著脱字失處且誤耳⑥。飧，客始至，致小禮也。公侯伯子男有飧皆鉶一牢⑦，其餘牢則腥。食者，其庶羞美可食者⑧。其設，蓋陳于楹外東西，不過四列。籩⑨，稻粱器也⑩。公十⑪，子男六籩，堂上二也⑫，西夾東夾各二也⑬。豆，菹醢器也⑭。公四十豆，堂上十六，西夾東夾各十二也⑮。侯伯三十二豆，堂上十二，西夾東夾各十也⑯。子男二十四豆，堂上十二，西夾東夾各六也⑰。《禮器》曰："天子之豆二十有六，諸公十有六，諸侯十有二，上大夫八⑱，下大夫六。"以《聘禮》差之，則堂上之數與此同⑲。

---

① 蜀本"米實實"作"籩實"，婺本、明本、金本、八行本、費識本、北大本、翻岳本、十行本作"米實"。蜀本、婺本、明本、金本、費識本、北大本、十行本"筐"闕筆，費識本該字有墨圍。
② 費識本、北大本"豆實"作"醓醢"。
③ 蜀本、婺本、明本、金本、八行本、費識本、北大本、翻岳本、十行本"牽"作"牢"，蜀本"牢"作"牢"。
④ 蜀本、婺本、明本、金本、八行本、費識本、北大本、翻岳本、十行本"東"作"車"，無"面"。北大本"米"作"朱"。
⑤ 蜀本、婺本、明本、金本、八行本、費識本、北大本、翻岳本、十行本無"也"。
⑥ 蜀本"蓋"作"葢"。費識本、北大本"著"作"有"。
⑦ 蜀本、婺本、明本、金本、八行本、費識本、北大本、翻岳本、十行本無"有"。婺本、金本、費識本、北大本"飧"作"食"，蜀本、明本、八行本、翻岳本、十行本同蜀石經。釋文出字作"皆鉶"。
⑧ 北大本"其"作"皆"。蜀本、婺本、明本、金本、八行本、費識本、北大本、翻岳本、十行本"者"後有"也"。
⑨ 蜀本、婺本、明本、金本、八行本、費識本、北大本、翻岳本、十行本"籩"作"簋"。
⑩ 明本、金本、費識本、北大本、翻岳本、十行本"梁"作"粱"，蜀本、婺本、八行本同蜀石經。
⑪ 蜀本、婺本、明本、金本、八行本、費識本、北大本、翻岳本、十行本"十"後有"簋，堂上六，西夾東夾各二也。侯伯八簋，堂上四，西夾東夾各二"二十四字。
⑫ 蜀本、婺本、明本、金本、八行本、費識本、北大本、翻岳本、十行本無"也"。
⑬ 蜀本、婺本、明本、金本、八行本、費識本、北大本、翻岳本、十行本無"也"。
⑭ 婺本、明本、八行本、費識本、北大本、翻岳本、十行本"菹"作"萡"，金本作"植"，蜀本同蜀石經。
⑮ 蜀本兩"夾"皆作"來"，金本前"夾"作"來"。蜀本、婺本、明本、金本、八行本、費識本、北大本、翻岳本、十行本無"也"。
⑯ 蜀本、婺本、明本、金本、八行本、費識本、北大本、翻岳本、十行本無"也"。
⑰ 蜀本後"夾"作"來"。蜀本、婺本、明本、金本、八行本、費識本、北大本、翻岳本、十行本無"也"。
⑱ 十行本"夫"作"大"形。
⑲ 蜀本"此"作"㫺"形。

鉶，羹器也。公鉶四十二，侯伯二十八，子男十八，非衰差也①。二十八，書或爲"二十四"，亦非也。其於衰，公又當三十，於言又無所施②。禮之大數，鉶少於豆，推其衰差③，□□□二④，宜爲三十八⑤，蓋近之矣。則公鉶堂上十八，西夾東夾各十。侯伯堂上十二，西夾東夾各八。子男堂上十⑥，西夾東夾各四也⑦。壷，酒器也，其設于堂夾⑧，如豆之數。鼎，牲器也。簠，黍稷器也。鼎十有二者，飪一牢，正鼎九與倍鼎三⑨，皆設于西階前。簠十二者，堂上八，西夾東夾各二⑩。合言鼎簠者，牲與黍稷俱食之主⑪。牲當爲腥，聲之誤也。腥爲腥鼎也⑫。於侯伯云"二十有七"⑬，其故字也⑭。諸侯禮盛⑮，腥鼎有魚鮮⑯、腊⑰，每牢皆九爲列，設於阼□□⑱。□腥鼎三十六⑲，腥四牢也。侯伯腥鼎二十七，腥三牢也。子男腥鼎十八，腥二牢也。皆陳，陳列也。飧門內之實，備于是矣。而亦有車米禾芻薪⑳。公飧五牢，米二十車，禾三十車。侯伯飧四牢㉑，米禾皆二十車。子男飧三牢㉒，米十車，禾二十車。芻薪皆倍其禾㉓。饗餼，旣相見致大禮也。大者，旣兼飧積㉔，有生，有腥，有孰㉕，餘又多也。

---

① 金本"衰"作"哀"。
② 蜀本、婺本、明本、金本、八行本、費識本、北大本、翻岳本、十行本"又"後有"爲"，無"所"。
③ 蜀本、婺本、明本、金本、八行本、費識本、北大本、翻岳本、十行本無"差"。
④ 蜀本、婺本、明本、金本、八行本、費識本、北大本、翻岳本、十行本"□□□"作"公鉶四十"。
⑤ 蜀本、費識本、北大本、翻岳本"宜"作"冝"，婺本、明本、金本、八行本、十行本同蜀石經。十行本"三"作"二"。
⑥ 費識本無"十"。
⑦ 蜀本前"夾"作"來"。蜀本、婺本、明本、金本、八行本、費識本、北大本、翻岳本、十行本無"也"。
⑧ 蜀本、婺本、明本、金本、八行本、費識本、北大本、翻岳本、十行本"于"作"於"。
⑨ 婺本、明本、金本、八行本、費識本、北大本、翻岳本"倍"作"陪"，蜀本、十行本、釋文出字同蜀石經。
⑩ 北大本無"東夾"。
⑪ 蜀本、婺本、明本、金本、八行本、費識本、北大本、翻岳本、十行本"主"後有"也"。
⑫ 蜀本、婺本、明本、金本、八行本、費識本、北大本、翻岳本、十行本"爲"作"謂"。
⑬ 蜀本、婺本、明本、金本、八行本、費識本、北大本、翻岳本、十行本"二"前有"腥"。
⑭ 蜀本、婺本、明本、金本、八行本、費識本、北大本、翻岳本、十行本"故"後有"腥"。
⑮ 費識本、北大本無"禮"。
⑯ 蜀本、婺本、明本、金本、八行本、費識本、北大本、翻岳本、十行本"魚鮮"作"鮮魚"。
⑰ 蜀本、婺本、明本、金本、八行本、費識本、北大本、翻岳本、十行本"腊"前有"鮮"。
⑱ 蜀本、婺本、明本、金本、八行本、費識本、北大本、翻岳本、十行本"於"作"于"，"□□"作"階前"。
⑲ 蜀本、婺本、明本、金本、八行本、費識本、北大本、翻岳本、十行本"□"作"公"。
⑳ 蜀本、婺本、明本、金本、八行本、費識本、北大本、翻岳本、十行本無"而"。
㉑ 蜀本、婺本、明本、金本、八行本、費識本、北大本、翻岳本、十行本無"飧"。
㉒ 蜀本、婺本、明本、金本、八行本、費識本、北大本、翻岳本、十行本無"飧"。
㉓ 北大本"薪"作"新"。
㉔ 十行本"旣"作"皆"。
㉕ 北大本"孰"作"熟"。

死牢如飧之陳，亦餁一牢在西，餘腥在東①。牽，生牢②，可牽也③。陳於西門④，如積也。米橫陳于中庭，十爲列，每筥半斛。公侯伯子男黍稻粱皆二行⑤，公稷六行，侯伯稷四行⑥，子男稷二行⑦。醓醢夾碑從陳⑧，亦十爲列，醓在碑東，醢在碑西。皆陳陳于門内者也⑨，於□門内之陳⑩。言車者，衍字耳。車米，載米之車也。□□□□□□□□曰籔⑪，十籔曰秉⑫。車秉⑬〔有五籔，則二十四斛也。……〕）

（後缺）

本文係國家社會科學基金後期資助項目"蜀石經遺文考"（項目編號：18FZS027）的階段性成果。

2018 年 4 月初稿
2021 年 5 月二稿
2022 年 3 月改定
收稿日期：2022 年 3 月

---

① 蜀本、婺本、明本、金本、八行本、費識本、北大本、翻岳本、十行本"東"後有"也"。
② 蜀本、婺本、明本、金本、八行本、費識本、北大本、翻岳本、十行本"牢"後有"也"。
③ 蜀本、婺本、明本、金本、八行本、費識本、北大本、翻岳本、十行本無"可牽也"。
④ 蜀本、婺本、明本、金本、八行本、費識本、北大本、翻岳本、十行本"於西門"作"于門西"。
⑤ 蜀本、婺本、八行本、北大本、翻岳本、十行本"稻粱"作"粱稻"，明本、金本、費識本作"粱稻"。
⑥ 北大本"稷"作"積"。
⑦ 蜀本、婺本、明本、金本、八行本、費識本、北大本、翻岳本、十行本無"稷"。
⑧ 費識本、北大本"陳"作"東"。
⑨ 蜀本、婺本、明本、金本、八行本、費識本、北大本、翻岳本、十行本不重"陳"，無"也"。婺本、明本、金本、八行本、費識本、北大本、翻岳本、十行本"于"作"於"，蜀本同蜀石經。
⑩ 蜀本、婺本、明本、金本、八行本、費識本、北大本、翻岳本、十行本"□"作"公"，"陳"後有"也"。
⑪ 蜀本、婺本、明本、金本、八行本、費識本、北大本、翻岳本、十行本"□□□□□□□□"作"《聘禮》曰：十斗曰斛，十六斗"。
⑫ 北大本"秉"作"東"。
⑬ 蜀本、婺本、明本、金本、八行本、費識本、北大本、翻岳本、十行本"車"前有"每"。

新見《中書備對》佚文考釋

王 申

摘 要：中國國家圖書館藏明嘉靖抄本《永樂大典》卷六五二四"椿"字韻"封椿"事目保留了一段《中書備對》佚文。這段佚文記載了王安石變法時期多種封椿錢物的數量、隸屬，涉及安撫司錢物收支狀況，三司、中書戶房、權貨務等機構圍繞封椿錢物的關系等重要問題。但其既未被現代研究者發現，又不見於《續資治通鑑長編》《宋會要輯稿》等宋史研究領域的主要史籍，其所屬門類亦無其他條目留存，具有很高的史料價值。佚文的書名被《永樂大典》書手誤寫爲《中興備對》，這一書寫錯誤可能是造成該史料未被研究者發現的主因。儘管《永樂大典》標明佚文屬於《中書備對》"諸路安撫司封椿"門，但許多條目明顯無法被納入該門，或屬於"市易"門，或難以明確門類。這段佚文並非所涉及《中書備對》門類的完整內容，缺文嚴重，各條目之間的排列順序和層級關系也比較混亂。這說明《永樂大典》書手在摘抄相關內容時，裁剪拼配的情況十分突出。

關鍵詞：《中書備對》 《永樂大典》 封椿 市易

《中書備對》是北宋官員畢仲衍（1040—1082年）奉宰相吳充（1021—1080年）之命於宋神宗元豐元年（1078年）閏正月十三日至三年（1080年）八月十日[1]修撰的一部"臣備君問之書"[2]。因宋神宗"聖問多出意表"，吳充難以在沒有預先準備的情況下回答他的詢問，[3] 所以命令熟知國家典章規定和數據的時任檢正中書戶房公事畢仲衍等人編修此書。另一方面，受熙寧七年（1074年）大火影

---

[1] 李燾：《續資治通鑑長編》卷二八七，元豐元年閏正月戊子，中華書局2004年版，第7030頁；卷三〇七，元豐三年八月庚子，第7456頁。
[2] 李燾：《續資治通鑑長編》卷三〇七，元豐三年八月庚子，第7457頁。
[3] 李燾：《續資治通鑑長編》卷二八七，元豐元年閏正月戊子，第7030頁。

響，三司帳籍幾乎完全被燒燬，在客觀上也有重新匯集信息的需求。①

《中書備對》詳細記載了北宋元丰初年官制、財政、科舉、禮制、軍事、律令等方面的概況，分爲一百二十五門、附五十八件，共六卷，內容多、篇幅長的卷再視情況分爲上中下，總計十卷。② 其中最受現代學者重視的當屬財政經濟部分。原因在於《中書備對》集中提供了大量有關熙寧、元豐時期的財政經濟數據，這對於財政數據相對缺乏的宋史研究而言價值極大。③ 研究者若要涉及相關時段，尤其是討論王安石變法的經濟方面，則不可能繞開《中書備對》。④

遺憾的是，《中書備對》大致在《永樂大典》修成之後散佚，今人只能通過收錄在《宋會要輯稿》《玉海》《文獻通考》《永樂大典》等文獻中的佚文，一窺《中書備對》的面貌。自李偉國發表《〈中書備對〉及其作者畢仲衍》⑤ 一文后，研究者們逐漸意識到《中書備對》的價值。除了利用該書記載的史料開展專題研究外，細緻地輯佚、整理《中書備對》也成爲一項重要的工作。這方面最具代表性的成果當屬馬玉臣《〈中書備對〉輯佚校注》一書。他的主要貢獻有二：首先，從《四庫全書》文津閣本《西臺集》中發現了一篇四庫館臣題爲《畢仲衍〈上編次官制卷目稿劄子〉》的奏議。他考證之後認爲該文的標題與內容不統一，文章非畢仲衍本人所上，內容卻是畢氏進呈《中書備對》的奏文。此文記錄了對今人輯佚非常重要的《中書備對》目錄，明確了卷次、門類。⑥ 其次，對照《中書備對》目錄，輯佚了三十一門、另附六件的部分內容，作了精細的標點與校勘工作。⑦

不過，現有的輯佚成果從門類上看不到原書的四分之一，相關門類的正文內容也非完整呈現。《中書備對》大部分正文或沒有被保存下來，或有待發現。筆者在中國國家圖書館藏嘉靖抄本《永樂大典》卷六五二四"椿"字韻"封椿"事目中發現了一段《中書備對》的文字，卻未被《〈中書備對〉輯佚校注》等輯佚成

---

① （清）徐松輯，劉琳等校點：《宋會要輯稿》瑞異二，上海古籍出版社2014年版，第2641頁。此點蒙何忠禮教授賜教，謹致謝忱。

② 李燾：《續資治通鑑長編》卷三〇七，元豐三年八月庚子，第7456頁。

③ 如就宋朝本身看，記載財政數據的資料並不缺乏。三司賬簿、歷朝編修的《會計錄》等文件、著作均集中記載了大量中央財政數據。然而這部分資料基本散佚，研究者只能遍尋史籍，搜集散在各處的零散數據。因此，保留至今的宋代中央財政數據，大部分在時間序列、空間序列以及項目類別上很不完整，統計口徑亦各不相同，致使研究者難以利用定量手段分析利用。

④ 已有衆多研究者利用《中書備對》的數據展開研究，內容涉及户口、二稅、商稅、專賣、鑄錢等多個方面。參見（宋）畢仲衍撰，馬玉臣輯校《〈中書備對〉輯佚校注》，河南大學出版社2007年版，第2頁。

⑤ 李偉國：《〈中書備對〉及其作者畢仲衍》，《上海師範大學學報》（哲學社會科學版）1981年第2期。

⑥ 馬玉臣：《畢仲衍〈中書備對〉目錄的發現及其意義》，《史學史研究》2007年第1期。

⑦ （宋）畢仲衍撰，馬玉臣輯校：《〈中書備對〉輯佚校注》，第48頁。

果收録。

一　新見《中書備對》佚文考訂

　　爲便於分析，茲將嘉靖抄本《永樂大典》卷六五二四"椿"字韻"封椿"事目所引相關文字迻録、點斷如下，考訂其中二處訛誤，以確定該段文字的來源。原文中的小字注釋，此處亦用小字標出。

　　《中興備對》：諸路安撫司封椿。諸路安撫司封椿金銀錢帛都計一百二十萬八千七十六兩貫疋石。金一十二兩，銀一十四萬九千七百七十五兩，錢六十四萬六千三百一十六貫，米粟二千八百七石，絹二十五萬三千七百二十七疋，紬一十五萬五千四百三十九疋。大名府路<small>元豐元年七月三旬供到</small>金一十二兩零，銀一十一萬二千二百二十七兩，錢一千四百一十九貫，絹八萬七百二十四疋，紬三萬四千六百一十一疋。定州路<small>元豐元年十一月三旬供到</small>絹一十萬二千一百七十九疋，紬九萬五千三百三十三疋。永興軍路<small>係元豐六年九月終見在……</small>①朝廷諸色封椿錢物三百三十二萬八千三百八十一貫石束。鄆州市易務本錢一十萬貫<small>許市易司支撥，應副江淮收糴斛斗。候將來變轉了當，却依舊封椿。</small>義勇保甲代兵士弓手省到錢粮，錢四十四萬三百五十八貫九百文，粮四十一萬七千八十七石二斗，草三十七萬四千七百三十七束，料三萬九千六十四石五斗。開封府界<small>熙寧五年七月以後上番至九年終，將兵級請受并弓手備錢內除保甲請外，約前下項</small>錢一十六萬七千一百三十八貫八百文，粮八萬二百二十石六斗，草三十七萬四千七百三十七束，料三萬九千六十四石五斗。河北東路<small>自上番至熙寧十年八月終，省到未曾除路出巡檢縣食錢等，今約到下項</small>錢八萬一千五百六貫六百文，粮一十萬四千一百六十二石三斗。西路<small>自熙寧九年十月上番至當年終，省到內有未完事節，今約到下項</small>錢四萬一千三百三十二貫二百文，米豆六萬六千五百二十六石三斗。河東<small>自熙寧九年十月一日以後上番至元豐元年六月終，省到內有未完事節，今約計下項</small>錢一十五萬三百八十一貫三百文，米一十六萬六千一百七十八石。河東賣銅鈆場<small>元豐元年十一月三司供到係當年六月終，除支外下項見在</small>錢六千一百二十六貫三百文。河東鑄銅錢息<small>元豐元年十一月三司供到係當年六月終，除支外下項見在</small>錢一萬二千三百九貫八百文<small>係折二錢</small>。河中府糴到糯稻<small>元豐元年八月三司狀稱係熙寧十年收到，計價錢下項</small>錢四百四十六貫五百文。市易務下界封椿朝廷錢五十萬貫<small>係廢監，賣銅錫，發運司罷糴斛斗，祠部等，沙苑監賣羊，出賣解鹽，義勇保甲代兵士弓手省到等錢。因三司奏南郊闕</small>

---

　① 按，省略號表示此處有字數不詳的闕文。

錢，乞借起發到。如闕見錢，取指揮支借，却逐旋撥還。潭州故衣雜物錢元豐元年六月内三司供到錢八百七十七貫三百文。在京市易務下界末鹽錢准備支還河北糧草價錢，元豐二年二月終，支外見在錢一百四十萬七千三百七十七貫三百文。①

這段近千字的記載全部爲涉及封樁錢物的財政統計數據，條目衆多、信息豐富，其中有二處明顯的文字訛誤。

（一）《中興備對》當作《中書備對》

首先，兩宋時期存在一部《中興備對》的可能性極小。

筆者遍檢《郡齋讀書志》《直齋書錄解題》《遂初堂書目》《玉海》《文獻通考》《宋史·藝文志》等宋元史籍，未見《中興備對》之名。宋人使用"中興"一詞多指南宋某朝，如《中興兩朝聖政》指宋高宗、宋孝宗朝，《中興會要》"編類建炎以後會要成書"②，《續宋中興編年資治通鑑》則記錄了高、孝、光、寧四朝的史事。上引佚文僅涉及北宋熙寧、元豐時期的財政數據，顯然與南宋無關。

以"備對"爲書名的兩宋著作亦不多。除《中書備對》外，涉及典章制度、本朝政事的主要有：趙氏《唐典備對》六卷，爲《唐六典》之校訂本；③南宋程大昌（1123—1195年）撰《北邊備對》六卷，主要内容爲"自古中華、北狄樞紐相關者"④。這些著作在取材上不涉及上引佚文的内容，《中興備對》恐非其別稱。

與《中興備對》書名相近者還有南宋張浚（1097—1164年）著《中興備覽》四十一篇，條陳南宋建立之初的多項治國方略。此書尚能得見，如以清代涉聞梓舊本爲底本排印的《叢書集成初編》本，形式爲奏議，内容全不涉及北宋財政數據，無關上引佚文。

此外，筆者以"中興備對"爲關鍵詞輸入雕龍《永樂大典》全文數據庫，僅命中上引佚文一處結果。而檢索"中書備對"則出現多個結果，這些結果已被前賢輯佚利用。若《中興備對》果真記載了從熙寧、元豐至南宋某時期的大量財政數據，而《永樂大典》僅僅引用一次，似乎並不合理。

---

① 解縉等：《永樂大典》卷六五二四"椿"字韻"封椿"事目引《中興備對》，中華書局1986年版，第2599頁。
② 《宋史》卷一六四《職官志四》，中華書局1977年版，第3878頁。
③ 王應麟：《玉海》卷五一《藝文》，江蘇古籍出版社1987年版，第970頁。
④ （宋）陳振孫撰，徐小蠻、顧美華點校：《直齋書錄解題》卷八《地理類》，上海古籍出版社1987年版，第266頁。

其次，上引佚文的文字内容、形式均與《中書備對》相合。

最爲關鍵的證據是上引佚文在書名之後，指出下段文字屬於"諸路安撫司封樁"門。檢《上編次官制卷目稿劄子》文中的《中書備對》目錄，發現卷四恰有"諸路安撫司封樁"門。[①]

從現存《中書備對》的文字來看，各條目的時段集中在熙寧、元豐時期，[②]這正與上引史料提及的年代基本吻合。而且《中書備對》的財政經濟部分大致全爲統計數據，極少有描述性的叙事，可以説是一份極爲詳盡的財政數據統計手册。李夔（1047—1121 年）在大觀年間曾向宋徽宗評價《中書備對》稱"以其官吏流品、户口錢穀之數，以知禮法文物、軍兵名額之數，以知刑罰赦宥之事、夫役之數，小大精粗，無乎不備"[③]，非常强調該書的數據價值。上引佚文亦純爲統計數據，與《中書備對》的行文體例完全一致。現存《中書備對》財政經濟數據的行文形式可參考《〈中書備對〉輯佚校注》，此處不再贅引。

綜上所述，《中興備對》當是《永樂大典》書手的抄寫之誤，上引佚文應當歸屬於《中書備對》。而"書"被誤作"興"，可能是前賢未能發現這段史料的直接原因。

（二）"元豐六年"當作"元豐元年"

上引佚文"永興軍路"條後夾注稱"係元豐六年九月終見在"，此處的"六"當作"元"，屬因文字形似而導致的書手抄誤。

據前引史料，畢仲衍進呈《中書備對》的日期在元豐三年八月十日，因此書中内容記載的時間下限定當早於此日。事實上，無論已被《〈中書備對〉輯佚校注》收録的内容，還是上引佚文，時段基本在熙寧後期至元豐三年之間，"永興軍路"一條亦不當例外。

該條史料之前的相似條目"大名府路"條爲"元豐元年七月三旬供到"，"定州路"條爲"元豐元年十一月三旬供到"，因此永興軍路安撫司提供的封樁數據，似不當延遲數年。否則，同一門類各條相關資料的時間間隔過長，其統計意義便

[①] 畢仲游：《西臺集》卷五附《上編次官制卷目稿劄子》，北京圖書館《文淵閣四庫全書補遺——據文津閣四庫全書補》集部第 2 册，北京圖書館出版社 1997 年版，第 778 頁。《中書備對》目錄涉及該書第 770—779 頁，後文引用不再單獨出注。

[②] （宋）畢仲衍撰，馬玉臣輯校：《〈中書備對〉輯佚校注》，第 37 頁。

[③] 祝淵撰：《古今事文類聚·遺集》卷一《樞密院部遺·中書備對》，《景印文淵閣四庫全書》子部第 929 册，臺灣商務印書館 1983 年版，第 347 頁上欄。

大打折扣。

二　新見《中書備對》佚文門類考釋

　　筆者在查閲史籍後發現，與已輯佚《中書備對》史料多見於其他宋史史籍不同，這段新見佚文不僅未被輯佚本《〈中書備對〉輯佚校注》收錄，還不見於《續資治通鑑長編》《宋會要輯稿》《文獻通考》《宋史》等記載了北宋歷史的主要史籍。這一情況既凸顯了本段佚文的珍稀性與史料價值，又對研究者展開深入分析，尤其是將佚文數據與其他史料比較分析，帶來了很大的困難。不僅如此，這段佚文至少還存在三種問題：第一，各條目似抄自《中書備對》的不同卷、不同門，並非全部出自史料開頭標明的卷四"諸路安撫司封樁"門；第二，佚文中並無某門類的完整內容，相關條目可能僅爲所涉及門類的一小部分；第三，各個條目之間的層級順序似被打亂。[①]

　　上述問題對於《永樂大典》而言並不罕見。與《中書備對》類似，《宋會要》的各個條目也被《永樂大典》的編纂者打亂至多種字韻和事目之下。近年來，隨着國家社科基金重大項目"《宋會要》的復原、校勘與研究"的開展，《永樂大典》摘抄與編輯工作中的體例問題逐漸被學者發現和重視。如林鵠指出：

> 　　《大典》編者會在拆解的基礎上，嘗試將源自同一文獻不同處的文字插花式地重新加以編排組合。也就是説，即便是《大典》同一事目下不間斷地徵引某一文獻，也完全有可能與其本來面目相去甚遠。[②]

下文將根據各條目的内容考察其在《中書備對》中所屬的門類，分析各條目之間的層級、邏輯關係，討論與之相關的文獻學或財政史問題。應當説，由於缺乏上下文和可供充分比勘的其他史料，本文的分類只是一種初步的探索。從不完整的文字倒推分類，產生的結果無可避免地具有模糊兩可之處。不當之處，懇請方家指正。

　　[①] 就現存《中書備對》的内容看，該書引用的財政數據有大致相同的政區範圍，大多覆蓋全國各路，各級行政單位的數據收錄較完整、分類較清晰。上述問題並非來自《中書備對》本身。如果該書記載雜亂，是無法實現"臣備君問之書"的編纂目標的。見（宋）畢仲衍撰，馬玉臣輯校《〈中書備對〉輯佚校注》，第37頁。

　　[②] 林鵠：《〈永樂大典〉編纂流程瑣議——以〈宋會要輯稿〉禮類群祀、大禮五使二門爲中心》，《文史》2020年第1期。

（一）屬於第四卷"諸路安撫司封樁"門的條目

雖然"諸路安撫司封樁"門出現在整段文字最前，又是確定佚文歸屬的關鍵證據，但是佚文中屬於該門的條目實際相當有限。現抄錄如下：

諸路安撫司封樁金銀錢帛都計一百二十萬八千七十六兩貫疋石。金一十二兩，銀一十四萬九千七百七十五兩，錢六十四萬六千三百一十六貫，米粟二千八百七石，絹二十五萬三千七百二十七疋，紬一十五萬五千四百三十九疋。

大名府路_{元豐元年七月三旬供到}金一十二兩零，銀一十一萬二千二百二十七兩，錢一千四百一十九貫，絹八萬七百二十四疋，紬三萬四千六百一十一疋。

定州路_{元豐元年十一月三旬供到}絹一十萬二千一百七十九疋，紬九萬五千三百三十三疋。

永興軍路_{係元豐六年九月終見在}……①

第一，"諸路安撫司封樁金銀錢帛"條的各項數據無誤。北宋前期，國家財政數據中常用複合單位作爲總數的單位，總數的數值由各項不同性質、不同單位的錢物數直接相加得來，"兩貫疋石"便是宋代複合單位的一種表現形式。在這條史料中，金 12 兩 + 銀 149775 兩 + 錢 646316 貫 + 米粟 2807 石 + 絹 253727 疋 + 紬 155439 疋 = 1208076 兩貫疋石。這從一個側面體現本段佚文的數據十分精準，基本無抄寫之誤。

第二，大名府路、定州路、永興軍路皆爲安撫司路，與諸路安撫司封樁這一主題有直接關聯。

第三，"永興軍路"條有脱文，該路的資料没有被抄錄。原文"永興軍路_{係元豐六年九月終見在}"字後原有"朝廷諸色封樁錢物三百三十二萬八千三百八十一貫石束"等字，似乎是永興軍路的數據。但是，安撫司封樁與朝廷諸色封樁錢物在當時並非同一概念，不能混用。王曾瑜指出，宋神宗時期的"朝廷封樁"大多來自調撥司農寺和户部右曹錢物，是特指而非泛稱。② 至元祐三年（1088 年），三省奏"朝廷封樁錢物係備邊、河防及緩急支用，元在權貨務收，乞將舊司農寺充庫"，

---

① 按，省略號表示此處有字數不詳的闕文。
② 王曾瑜：《宋朝系省、封樁與無額上供錢物述略》，《中國經濟史研究》2018 年第 6 期。

皇帝同意後專設元豐庫儲藏這些朝廷封樁錢物，可謂明證。① 因此，"朝廷諸色封樁錢物三百三十二萬八千三百八十一貫石束"並不是永興軍路安撫司封樁錢物的數據，而應隸屬另一條目。

第四，除永興軍路的數據未被書手抄錄外，其餘安撫司封樁錢物的情況也可能沒有被《永樂大典》保留下來。具體來說，用"諸路安撫司封樁金銀錢帛"各項錢物數減去"大名府路"條、"定州路"條的各項數值，還剩餘銀37548兩、錢644897貫、米粟2807石、絹70824匹、紬25495匹。但是，當時的安撫司並非只剩永興軍路，即便在河北，大名府路與定州路之外尚有高陽關路、真定府路等兩個安撫司路，陝西地區亦在永興軍路之外還有諸多安撫司。僅憑大名府路、定州路、永興軍路的數值顯然無法構成"諸路安撫司封樁"門的全部內容，其餘諸多北宋安撫司的資料恐怕沒有被《永樂大典》的編纂者抄錄。②

第五，通過比勘上述數據與其他史料的記載可知，北宋各安撫司封樁錢物的種類和數量不是一成不變的，所謂封樁錢物的流動性也比較高。以定州路為例，元豐元年十一月之前的一段時間，該路僅有絹、紬兩類物品封樁。然而熙寧八年（1075年），都提舉市易司曾借定州路安撫司封樁錢十萬貫和糴。③ 這說明當時定州路至少有十萬貫封樁錢，但這筆錢在元豐元年十一月之前已不再封樁。

（二）可能屬於第二卷中"市易"門的條目

抄錄在"永興軍路"條之後的條目眾多。上文已判明"朝廷諸色封樁錢物"與安撫司封樁錢物無關。又如接下來的"鄆州市易務本錢"條：鄆州為州級行政區，不是安撫司路，市易務與安撫司沒有直接的隸屬關系，條目中也沒有提及鄆州市易務與安撫司的聯繫，故此條也難以被"諸路安撫司封樁"門收錄。④ 查閱《中書備對》目錄，有關市易的條目很可能屬於第二卷中"市易"門。據此，新見佚文中或屬於"市易"門的條目有：

> 朝廷諸色封樁錢物三百三十二萬八千三百八十一貫石束。

---

① 李燾：《續資治通鑑長編》卷四○九，元祐三年三月乙丑，第9955頁。
② 北宋安撫司的設置情況可參見李昌憲《中國行政區劃通史·宋西夏卷》，復旦大學出版社2017年版，第35頁。
③ 李燾：《續資治通鑑長編》卷二六八，熙寧八年九月辛酉，第6559頁。
④ 當然，包括鄆州市易務在內的數個北方市易司、市易務位於安撫司所在地。在這些城市設立市易機構，目的應與北方軍政事務有關。參見陳曉珊《熙豐變法時期各地市易機構的分布特徵與作用分析》，《中國經濟史研究》2015年第4期。

鄆州市易務本錢一十萬貫許市易司支撥，應副江淮收糴斛斗。候將來變轉了當，却依舊封樁。

義勇保甲代兵士弓手省到錢糧，錢四十四萬三百五十八貫九百文，糧四十一萬七千八十七石二斗，草三十七萬四千七百三十七束，料三萬九千六十四石五斗。

開封府界熙寧五年七月以後上番至九年終，將兵級請受并弓手傭錢，內除保甲計請外，約前下項錢一十六萬七千一百三十八貫八百文，糧八萬二百二十石六斗，草三十七萬四千七百三十七束，料三萬九千六十四石五斗。

河北東路自上番至熙寧十年八月終，省到未曾除路出巡檢縣食錢等，今約到下項錢八萬一千五百六貫六百文，糧一十萬四千一百六十二石三斗。

西路自熙寧九年十月上番至當年終，省到內有未完事節，今約到下項錢四萬一千三百三十二貫二百文，米豆六萬六千五百二十六石三斗。

河東自熙寧九年十月一日以後上番至元豐元年六月終，省到內有未完事節，今約計下項錢一十五萬三百八十一貫三百文，米一十六萬六千一百七十八石。

河東賣銅鈆場元豐元年十一月三司供到係當年六月終，除支外下項見在錢六千一百二十六貫三百文。

市易務下界封樁朝廷錢五十萬貫係廢監，賣銅錫，發運司罷糴斛斗，祠部等，沙苑監賣羊，出賣解鹽，義勇保甲代兵士弓手省到等錢。因三司奏南郊闕錢，乞借起發到。如闕見錢，取指揮支借，却逐旋撥還。

在京市易務下界末鹽錢准備支還河北糧草價錢，元豐二年二月終，支外見在錢一百四十萬七千三百七十七貫三百文。

第一，由於《中書備對》"市易"門並無條目留存至今，我們無從直接判斷上述佚文條目是否屬於該門，而只能根據內容推測。作爲對照，《宋會要輯稿·食貨》"市易""市易務"中記述熙寧、元豐時段的史料，並非僅關於市易法，而是涉及了大量關於市易倉儲收支的內容。[1] 尤其在熙寧五年七月（1072年），權貨務併入市易務，改稱市易西務下界，原市易務改稱市易東務上界後，[2] 與權貨務相關的史料也被歸入"市易""市易務"部分，使得這些部分的史料包含的層面更爲複雜。[3] 查《上編次官制卷目稿劄子》所載《中書備對》目錄，無其他可以容納

---

[1] （清）徐松輯，劉琳等校點：《宋會要輯稿》食貨三七、五五，第6805—6850、7269—7280頁。
[2] （清）徐松輯，劉琳等校點：《宋會要輯稿》食貨五五，第7270頁。
[3] 這樣的史料排編次序，至少可以被《永樂大典》確認。見陳智超《解開〈宋會要〉之謎》，社會科學文獻出版社1995年版，第349、364頁。

上述史料的門，而上述條目皆與市易有着千絲萬縷的關系（下文詳述），筆者遂將其歸入"市易"門。

第二，"朝廷諸色封樁錢物三百三十二萬八千三百八十一貫石束"雖非市易司控制的錢物，但由市易倉儲機構保管。據上文所引元祐三年（1088年）三省奏"朝廷封樁錢物係備邊、河防及緩急支用，元在權貨務收，乞將舊司農寺充庫"可知，此條當屬於"市易"門。此外，朝廷諸色封樁錢物與後文諸條目的關系則不明確。由於"市易務下界封樁朝廷錢五十萬貫"的小注明確指出了相關條目的歸屬關系，在歸併之後，如用朝廷諸色封樁錢物3328381貫石束減去至"在京市易務下界末鹽錢"爲止所有條目的數額（包括下文所述難以確定門類的條目），差值近50萬。考慮到佚文數值抄寫的準確性很高，這一誤差恐怕難以被簡單歸爲誤差。對於"朝廷諸色封樁錢物"條與後文諸條目的關系，今暫且存疑。

第三，通過計算得知"義勇保甲代兵士弓手省到錢糧"條爲"開封府界""河北東路""西路""河東"條的總數。用總數減去開封府界與三路的數值，正好爲零。以義勇、保甲代替士兵、弓手是王安石變法的一項重要舉措，由此削減募兵，訓練民兵，逐步恢復古代兵農合一制度。削減禁軍得來的禁軍缺額錢，是朝廷封樁錢物的主要來源之一。[1] 宋哲宗統治時期，有臣僚試圖恢復義勇、保甲代兵制度。紹聖二年（1095年），宋哲宗問義勇、保甲數。宰臣章惇（1035—1105年）回復稱義勇、保甲代兵的"一時賞賚率取封樁耆長或禁軍闕額，未嘗費户部一錢"。中書侍郎李清臣則告知皇帝"元豐保甲，《備對》具詳"，宋哲宗隨後要求中書省進呈一部。[2] 馬玉臣根據《中書備對》目錄，將《宋會要輯稿》兵二之一二至一五的内容歸入《中書備對》第四卷"民兵，不校閲保甲附"門。這部分内容爲熙寧九年（1076年）開封府界與諸路帳管義勇、保甲與民兵的總數和分路數目。[3] 不過，與此制度相關的錢糧數據則在宋史研究的主要史料中較爲稀見，此處集中出現的"義勇保甲代兵士弓手省到錢糧"各條能爲學者從財政角度分析該制度的意義提供重要幫助。

第四，"義勇保甲代兵士弓手省到錢糧""開封府界""河北東路""西路""河東"條部分隸屬於"市易務下界封樁朝廷錢"條，後者的小注中明確指出包含"義勇保甲代兵士弓手省到等錢"。因此，"義勇保甲代兵士弓手省到錢糧"等條看似論述保甲法的有關制度，却仍應屬"市易"門。不過，糧、草、料則未被

---

[1] 包偉民：《宋代的朝廷錢物及其貯存的諸庫務》，《杭州大學學報》1989年第4期。
[2] （清）徐松輯，劉琳等校點：《宋會要輯稿》兵二，第8644頁。
[3] （宋）畢仲衍撰，馬玉臣輯校：《〈中書備對〉輯佚校注》，第285—287頁。

包含在内,相關條目或未被《永樂大典》收錄。

第五,"河東賣銅鈆場"條應是"市易務下界封樁朝廷錢"的子條目。後者的小字注文中明確指出市易務下界封樁朝廷錢包括賣銅、錫等金屬的收入。《續資治通鑑長編》也記載熙寧九年(1076年)"詔三司諸路賣銅鉛錫錢,相度兑路發地遠者,變易物貨,並於市易務下界封樁"①。不過,"河東賣銅鈆場"的注文稱這條數據由"三司供到",這或許說明:諸路賣銅鉛錫錢原屬三司,皇帝下詔改由市易務下界封樁後,這筆收入的性質從三司經費變爲封樁錢物。三司失去了實際支配權,但仍由其繫帳。

第六,各條目的排列順序較爲混亂。在《中書備對》保留比較完整的門中,各條財政數據通常按照先總額後分項數,先高層級行政區後低層級行政區,先在京後外地的次序排列。而佚文將地處京畿之外的鄆州市易務放在最前,將保甲法五條和"河東賣銅鈆場"條放在邏輯層級更高的"市易務下界封樁朝廷錢"條之前,可能説明《永樂大典》的書手在抄録史料時擁有很大的選擇權與彈性空間,這部分史料在《永樂大典》中組合形式未必體現了《中書備對》的原貌。此外,熙寧、元豐時期朝廷在各地設置了衆多市易機構,佚文中却僅出現了"鄆州市易務本錢"條,其餘市易機構本錢的封樁情况應該被《永樂大典》書手刪去了。小字注釋已説明的市易務下界封樁朝廷錢的其他來源,相關數額信息也沒有被保留下來。

(三) 難以確定門類的條目

佚文中還有一些數額較低,甚至僅有錢數百貫的條目難以確定門類。這既與這些條目數額太少,難以在《續資治通鑑長編》《宋會要輯稿》等側重記載國家財政重要開支的文獻中尋得可供支撐的綫索,又與佚文明顯不完整,缺少相近條目和上下文有關。下述條目有可能也屬"市易"門,但暫無直接證據,姑且存疑。

河東鑄銅錢息元豐元年十一月三司供到係當年六月終,除支外下項見在錢一萬二千三百九貫八百文係折二錢。

河中府糴到糯稻元豐元年八月三司狀稱係熙寧十年收到,計價錢下項錢四百四十六貫五百文。

---

① (宋)李燾:《續資治通鑑長編》卷二七九,熙寧九年十一月丁丑,第6825頁。

澶州故衣雜物錢元豐元年六月内三司供到錢八百七十七貫三百文。

上述條目分別出現在整段佚文的不同位置，難以判斷與前後其他條目的邏輯聯繫。根據《中書備對》"錢監"門的記載，河東垣曲監所鑄銅錢"應副本路"，不上供至開封，且當時大多數鑄錢收入首先運送至内藏庫。此條究竟屬於何門，此錢與市易機構是否有關，仍待進一步探索。① 而錢數僅有八百餘貫的"澶州故衣雜物錢"條夾在"市易務下界封樁朝廷錢"和"在京市易務下界末鹽錢"這兩條數額較大、層級更高的條目之間，更是殊爲難解。當然，"澶州故衣雜物錢"條可能是"市易務下界封樁朝廷錢"條的子條目，因數額太小，被後者小字注釋中的"等錢"所包括了。只是我們目前無法在其他史料中尋得佐證。"河中府糴到糯稻"條的情況大體相同。

盡管如此，仍有一點可以明確：上述三條均屬《永樂大典》"封樁"事目，小字注釋均稱數據信息由三司提供，因此所涉及的收入項目也應與"河東賣銅鑛場"條類似，從三司經費轉變爲封樁錢物，三司僅保留繫帳職能。

三 結論

通過對新見《中書備對》佚文文字、内容的考釋，我們可以明確這段文字屬於《中書備對》，而非《永樂大典》書手所記錄的《中興備對》。至於門類，確有部分條目屬於被《永樂大典》記錄的《中書備對》第四卷"諸路安撫司封樁"門，但仍有不少條目與該門無關，更接近第二卷中"市易"門，還有條目暫時無法判定所屬門類。此外，佚文也沒有包含一個完整門類，未能呈現《中書備對》的本來面貌。

不過，新見《中書備對》佚文保留下來了近千字涉及熙寧、元豐時期多種封樁錢物的統計數據，爲各史料中所僅見；《中書備對》"諸路安撫司封樁"門、"市易"門之下的條目，也因這段佚文的發現而首次出現。此外，除了研究《中書備對》本身時需要將新見佚文視爲整體，學者們展開相關專題研究時恐怕更多地根據研究主題，將各個條目拆開分析。從佚文内容看，學者研究封樁錢物與邊費的關係、三司經費與封樁錢物之間的流動情況、朝廷錢物出現後三司的作用、三司與中書户房的職能消長，以及熙寧變法設置封樁錢物的目標與用途等問題，均可利用本段佚文。因此，即便《永樂大典》書手的抄錄比較混亂，在新見宋代

---

① （宋）畢仲衍撰，馬玉臣輯校：《〈中書備對〉輯佚校注》，第225頁。

財政、經濟史料十分匱乏的當下，這段獨一無二的佚文依然擁有極高的史料價值，亟待學者深入解讀。

本文係國家社會科學基金青年項目"宋代貨幣與國家財政體系建設研究"（項目編號：22CZS024）的階段性成果。

收稿日期：2022 年 3 月

宋元時期的《道藏》纂修及其特點

宋學立

摘　要：宋元時期，道派發展繁盛。統治者重視道教經教，繼唐之踵，迎來中國歷史上《道藏》纂修的第二個高峰期。先後纂成以《大宋天宮寶藏》《政和萬壽道藏》《大金玄都寶藏》《大元玄都寶藏》等爲代表的一系列《道藏》集大成之作。《天宮寶藏》纂修呈現官方修藏、重視齋醮科儀、服務於國家神道設教需要等特點。《大元玄都寶藏》雖爲全真一派纂集，仍有蒙古統治者的支持。在大蒙古國早期，全真修藏具有代蒙古統治者傳承維繫北中國精神信仰體系之義。宋元《道藏》纂修，多有道門之士參與其中，在很大程度上培養和提升了他們編目、校勘、刻印以及讀經、解經能力，有利於道門人才培養和玄門教育發展。從《道藏》纂修史角度講，宋元《道藏》在纂修機制、編纂體例、卷帙規模等方面，發揮了承前啓後的作用，對後世修藏具有一定的示範意義。宋元《道藏》保存傳承了以道家道教爲核心兼及百家的文化典籍和中華文脈。和儒家文化、佛教文化一道，以《道藏》爲代表的道家道教文化在推動文化交流、增進周邊國家的中華文化認同方面，也發揮了一定的作用。

關鍵詞：《道藏》纂修　《大宋天宮寶藏》　《大元玄都寶藏》　道教經教

　　道教與儒家、佛教共同構成中華傳統文化的三支重要教化力量，其核心載體之一就是創教以來纂續傳承的道教經籍。六朝隋唐以來，道教即開始道書的搜集、整理、編目工作。"總而謂之曰經，聚之于室曰藏。"[1] 李唐崇道，玄宗開元朝纂成中國歷史上第一部《道藏》，名曰《三洞瓊綱》，凡 3744 卷，一説 5700 卷。後被稱爲《開元道藏》。安史之亂後，唐朝和五代統治者仍有搜訪纂集刊刻道經之舉，但因社會板蕩，經藏經板屢遭重創。唐昭宗大順二年（891 年），杜光庭談

---

[1]　《道藏》第 11 册，文物出版社、上海書店、天津古籍出版社 1988 年版，第 95 頁上欄。

到,"近屬巨寇凌犯,大駕南巡。兩都煙煤,六合榛棘。真宮道宇,所在凋零。玉笈琅函,十無三二"①。

宋元時期,道教宗派發展繁盛,舊典仍有傳續,新經造作頻仍。由於統治者的重視,繼盛唐之後,迎來《道藏》纂修史上的第二個高峰期。宋太宗、真宗、仁宗、哲宗、徽宗、金章宗、元太宗等朝都曾下令纂修道藏,形成了以《大宋天宮寶藏》《政和萬壽道藏》《大金玄都寶藏》《大元玄都寶藏》等爲代表的一系列《道藏》集大成之作。下面以《天宮寶藏》和《大元玄都寶藏》兩部具有典範意義的《道藏》編纂情況爲中心,揭示宋元《道藏》纂修的特點及其影響。

一 《大宋天宮寶藏》的纂修

太宗、真宗朝屢詔訪求天下道書,是宋代《道藏》編纂的前提和基礎。五代末宋初,天臺山桐柏宮藏有經藏。雍熙二年(985年),太宗詔"索是經付余杭,傳本既畢,運使諫議大夫雷公德祥命舟載以還"②。馬端臨《文獻通考》引《宋三朝國史志》稱,唐末五代離亂,道書缺亡嚴重。太宗朝搜集得七千餘卷,"命徐鉉等讎校,去其重複,裁得三千七百三十七卷"③。《續資治通鑑長編》所記略有出入,稱宋初尚餘舊藏 3737 卷,太宗命散騎常侍徐鉉、知制誥王禹偁、太常少卿孔承恭校正寫本,送各大宮觀。真宗繼承訪書傳統,大中祥符二年(1009年),"制詔天下,訪道士之有名行及仙經之有尤異者、郡籍師等名馳驛上之"④。

大中祥符二年,在占有大量道書的前提下,真宗開始着手《道藏》纂修工作。關於真宗朝修藏,學界已有相關討論,主體觀點是大中祥符朝王欽若主持纂修《寶文統錄》,後又以張君房領銜《大宋天宮寶藏》纂修工作。《中國道教通史》對中外前賢關於《寶文統錄》與《天宮寶藏》的關係已有綜論。認爲《寶文統錄》並非單純道藏經目,而是既包括經目,又包括經藏。《天宮寶藏》是在其基礎上的增修。⑤ 我們認爲,應該從真宗重視修藏的整體觀來觀照祥符、天禧朝的修藏工程。從纂修歷程來看,二者不是截然分開的,而是一個整體。《寶文統錄》是中間成果,《天宮寶藏》是最終碩果,《雲笈七籤》是《寶藏》的精編。《玉海》記載,《雲笈七籤》120 卷。"天禧中,張君房以道藏經書浩博,乃爲類例,載其

---

① 《道藏》第 9 册,第 346 頁上、中欄。
② 《道藏》第 11 册,第 94 頁下欄。
③ (元)馬端臨:《文獻通考》卷二二四《經籍考五十一》,中華書局 2011 年版,第 6174 頁。
④ 《道藏》第 11 册,第 94 頁下欄。
⑤ 卿希泰、詹石窗主編:《中國道教通史》第二卷,人民出版社 2019 年版,第 770 頁。

旨要。"① 兹結合編纂歷程，將《寶藏》纂修的特點概括爲以下幾個方面。

第一是官方修藏並服務於國家神道設教需要。纂修工程由真宗親自委任纂修團隊，以政府官員領銜，道門之士參與，明顯呈現國家修藏的特點。大中祥符二年，詔左右街選道士十人校定《道藏》經。三年，又令于崇文院集館閣官僚詳校，命宰臣王欽若總領之。左右街道録、崇文院等衙署、宰相王欽若的涉足，使纂修工程從開始就呈現出官方特色。王欽若（962—1025 年），字定國，真宗、仁宗朝位極人臣，兩度出任宰相。是封禪泰山、祀汾陰事件的實際策劃者之一。《宋史》本傳稱其"自以深達道教，多所建明，領校道書，凡增六百餘卷"②。《雲笈七籤序》交代，因王欽若領銜修藏工作經年未成，大中祥符六年，除張君房著作佐郎，專司纂修工作。張君房，字尹方。景德二年（1005 年）進士，真宗朝任知升州江寧縣事、開封府功曹參軍、御史台主簿等職。仁宗朝官至尚書度支員外郎、集賢殿校理、祠部郎中等。

《雲笈七籤序》稱，祥符朝參與修藏的還有知郡故樞密直學士戚綸、漕運使翰林學士陳堯佐、道士沖素大師朱益謙、馮德之等。又如，李建中（945—1013 年），字得中。太平興國八年（983 年）進士甲科，官至司封員外郎、工部郎中。《宋史》本傳稱，"善書札，行筆尤工，多構新體，草、隸、篆、籀、八分亦妙，人多摹習，爭取以爲楷法"③，因 "善修養之術"，奉命校定道藏。《長編》記載，大中祥符九年三月，樞密使王欽若上新校道藏經，賜目録名《寶文統録》，真宗制序，並 "加王欽若檢校太師，又加兵部郎中直史館張復、祠部員外郎直集賢院祁暐階勛，賜度支員外郎直集賢院錢易、太常博士秘閣校理慎鏞緋魚，皆預校道藏故也"④。

《宋大詔令集》録大中祥符八年七月詔，真宗令首席纂修官王欽若 "于道藏中檢閲，凡得趙氏神仙四十人事跡，所宜寫以丹青，列於殿廊。觀古人之象，恭以奉先。炳帝者之儀，森其在望。庶昭懿範，永示方來。宜令修景靈宫司畫於廊廡"⑤。修藏服務于趙宋王朝神道設教之目的，顯而易見。

第二是邊收邊修，建立開放的修藏體制。真宗朝的修藏工作在材料擇取方面是動態的，在啓動修藏工程之前，官方占有了不少道書資料。工程啓動之後，仍

---

① （宋）王應麟撰，武秀成、趙庶洋校證：《玉海藝文校證》卷二九，鳳凰出版社 2013 年版，第 1440 頁。
② 《宋史》卷二八三《王欽若傳》，中華書局 1985 年版，第 9563 頁。
③ 《宋史》卷四四一《李建中傳》，第 13056 頁。
④ （宋）程俱撰，張富祥校證：《麟臺故事校證》卷二，中華書局 2000 年版，第 64 頁。
⑤ 司義祖整理：《宋大詔令集》卷一三六《畫趙氏神仙四十人於景靈宫廊廡詔》，中華書局 1962 年版，第 479 頁。

未中斷全國層面的道書徵集和調用工作。張君房《雲笈七籤序》交代，"在先時，盡以秘閣道書、太清寶蘊出降于余杭郡，俾知郡故樞密直學士戚綸、漕運使今翰林學士陳堯佐，選道士沖素大師朱益謙、馮德之等，專其修較，俾成藏而進之……又明年冬，就除臣著作佐郎，俾專其事。臣于時盡得所降到道書，並續取到蘇州舊《道藏》經本千餘卷，越州、台州舊《道藏》經本亦各千餘卷，及朝廷續降到福建等州道書、《明使摩尼經》等"。從資料來源看，大體可以概括爲四類：一是皇家秘閣道書。有學者認爲即"太宗時已編匯成藏的道書"①。筆者對此有不同理解。《長編》交代，太宗朝，徐鉉、王禹偁、孔承恭領銜校正道藏寫本，凡3737卷，"送大宮觀"。又，宋程俱《麟臺故事》記載："端拱元年五月辛酉，詔置秘閣于崇文院中堂。按六典：秘書省中外三閣，掌典圖書古今文字，皆在禁中……上崇尚儒術，屢下明詔，訪求群書，四方文籍，往往而出，未數年間，已充牣於書府矣。至是，乃于史館建秘閣，仍選三館書萬餘卷以實其中，及内出古畫、墨跡藏其中。凡史館先貯天文、占候、讖緯、方術書五千十二卷，圖畫百十四軸，盡付秘閣。"② 從藏書範圍看，三千多卷道書至少不可能全入秘閣。二是地方道觀所藏經藏。具體包括（1）各道觀所藏舊有殘藏。如《序》文中提到蘇州、越州、台州舊《道藏》經本數千卷。（2）太宗朝所賜的《道藏》寫本。如續降到福建等地的道書。"太清寶蘊"應該指的是亳州太清宮所藏太宗朝所賜道書，同時亦不排除本宮舊藏道書。三是祥符朝王欽若領銜校訂的《道藏》階段性成果，即"盡得所降到道書"。值得注意的是，除了徵書之外，所降道書中還應該包括真宗朝問世的一些文本。如《長編》記載，大中祥符六年六月，真宗從中書門下之請，將"御製大中祥符頌、真游頌、聖祖臨降記賜天下道藏"③。九年三月，王欽若上新校道藏經，真宗賜目錄名《寶文統錄》，並做御制序，見《混元聖紀》。其中談到纂修組織工作及其收穫云："由是詔朝宥密之臣總司厥任，擇柬校讎之士各效其官，輯丹室之寶章，訪紫台之秘迹，正奇字于古篆，考方言于輶車，索隱造微，鉛黃之妙曲盡，群分類聚，甲乙之次罔差，豈止班志之九十三篇、仙記之三十六法而已哉。"④ 從前三項來看，修藏工程深得真宗重視，甚至御筆親書，同時還廣泛調動了全國教俗兩界的力量。四是非道教類經籍，如《明使摩尼經》。景定五年（1264年）五月黃震《崇壽宮記》稱，"大中祥符九年、天禧三年，兩嘗敕福州，

---

① 卿希泰、詹石窗主編：《中國道教通史》第二卷，第768頁。
② （宋）程俱撰，張富祥校證：《麟臺故事校證》卷一，第18—19頁。
③ （宋）李燾撰，上海師範大學古籍整理研究所、華東師範大學古籍整理研究所點校：《續資治通鑑長編》卷八〇，真宗大中祥符六年，中華書局2004年版，第1830頁。
④ 《道藏》第17冊，第877頁下欄。

政和七年及宣和二年兩嘗自禮部牒温州，皆宣取摩尼經頒入道藏，其文尤悉"。並從《老子化胡經》中尋找道教與摩尼教互通的根據，以及天地教化皆是教人明是別非、絶惡修善、輔人心神世教的角度，大談道教、佛教、摩尼教之會通。① 筆者未查到真宗朝取摩尼經入藏的敕詔。龐俊《養晴室遺集》稱，"大中祥符興《道藏》，富人林世長賂主者，使編入藏。安于亳州明道宫"②。不管是官方敕詔摩尼經入藏，還是摩尼信徒主動將摩尼經夾帶其中，從《天宫寶藏》收摩尼經書的實際來看，真宗朝修藏是比較開放的，並未僅僅局限於道教經籍。摩尼教亦稱"明教""末尼教"。陸游《老學庵筆記》説，福建地區明教徒在刻印本教經書時，有擅自取道藏中校定官名銜贅其後的情况。③ 可見，兩宋時期，道教和摩尼教之間的交流是雙向的，當然不排除摩尼教利用本土道教老字號招牌自高身價的可能。

第三是分門别類，輕重有序。真宗朝修藏，沿用三洞四輔的分類法。曾鞏説，"道藏經，大中祥符九年樞密使王欽若刪詳，凡三洞四部，共四千三百五十九卷"④。錢府《金焦二山刻石經序》云："道藏自宋王欽若分洞真、洞元、洞神爲三洞，太清、太平、太真、正一爲四部，其間多雜收方伎，旁采諸家，而老子一書，躋之洞真，遂爲玄元之鼻祖。"⑤ 此説不確。三洞四輔分類法在唐代已基本定型。唐清溪道士孟安排《道教義樞》卷二："又須知三洞四輔，自相輔成。"又引《正一經圖科戒品》云："太清經輔洞神部，金丹已下仙品；太平經輔洞玄部，甲乙十部已下真業；太玄經輔洞真部，五千文已下聖業；正一法文宗道德，崇三洞，遍陳三乘。"⑥ 宋元史籍對此也有揭示。《混元聖紀》説，王欽若"沿舊三洞四輔經目，增補凡四千三百五十九卷"。北宋趙抃《奉真道院碑銘》也説"王欽若依舊目刊補，合爲新録"⑦。《長編》記載，王欽若修藏時，曾將《道德經》《陰符經》從四輔部調至洞真部，原因是二經爲老君、聖祖（按，宋朝統治者仿唐制，以黄帝爲趙氏始祖，尊之爲聖祖）所述。這也可證三洞四輔分類法絶非王氏所創。

---

① 陳垣編纂，陳智超、曾慶瑛校補：《道家金石略》，文物出版社1988年版，第416頁。
② 龐俊著，白敦仁纂輯，王大厚校理：《養晴室遺集》卷八，巴蜀書社2013年版，第355頁。
③ （宋）陸游撰，李劍雄、劉德權點校：《老學庵筆記》卷一〇，中華書局1979年版，第125頁。
④ （宋）曾鞏撰，王瑞來校證：《隆平集校證》卷一，中華書局2012年版，第32頁。按，關於王欽若校訂道藏的規模，《長編》説，太宗朝有舊藏3737卷，欽若增622卷，二者之和，恰爲4359卷。
⑤ （明）黄宗羲編：《明文海》卷二三〇《序二十一》，中華書局1987年版，第2372頁上欄。
⑥ 《道藏》第24册，第815頁下欄。
⑦ 道光《震澤鎮志》卷七，《中國地方志集成》鄉鎮志專輯（13），江蘇古籍出版社1992年版，第414頁上欄。

大中祥符九年，真宗雖表面上對王欽若等纂修官予以獎賞，實則對所取得的階段性成果並不滿意，特別提到綱目混亂、參差不齊，與《三洞瓊綱》《玉緯》之目舛謬不相類。因此，啓用張君房"與諸道士依三洞綱條、四部錄略，品詳科格，商較異同，以銓次之，僅能成藏，都盧四千五百六十五卷，起千字文天字爲函目，終於宫字號，得四百六十六字。且題曰《大宋天宫寶藏》"①。

　　要看到的是，修藏工程對各類道經的纂修順序是有先後之别的。材料所限，我們無法系統梳理各部類編纂的總體順序，但據諸家史籍的記載，亦可揭示其中的蛛絲馬跡。《長編》記載，大中祥符二年（1009 年）七月，令左右街道錄集有行業道士修齋醮科儀，命欽若詳定，八年正月成羅天醮儀十卷。五年十二月庚辰，"知處州張若谷言：'黄帝任六相而天下治。伏睹詔示聖祖臨降，有斜設六位之文，以臣參詳，必當時六相也。按唐天寶敕，三皇、五帝，各有配享，黄帝惟以后土配。望於殿内塑六相像，並加諡號。'有司言：'神靈之事不可備知，所云六相恐難執據。其六位仙官，望令編修道藏所增入醮位，及于聖祖殿設像。'從之"②。九年三月，王欽若奏，"九天生神章、玉京、通神、消灾、救苦、五星、秘授、延壽、定觀、内保命、六齋、十直凡十二經，溥濟於民，請摹印頒行"③，真宗准敕。可見，修藏伊始，就非常重視科儀類經典的校勘整理。科儀類經典被廣泛應用於皇家祠祭、家國祈福消灾等場合，因此深得統治者重視。

二　《大元玄都寶藏》代行文教治理

　　宋徽宗崇寧朝，增訂《天宫寶藏》至 5387 卷。政和年間，再詔天下搜訪道教遺書，設立經局，修成《萬壽道藏》5481 卷。靖康之亂，經藏經板多有散佚。金章宗明昌二年（1191 年），冲和大師孫明道奉敕修成《大金玄都寶藏》6455 卷。金元易代，經藏再遭兵火。

　　金世宗大定朝，全真道肇興，並在短時間内執北中國道教之牛耳。雪山論道，元太祖賦予全真道諸多特權，推動了教團的發展和教團實力的增強。元太宗九年（1237 年），披雲真人宋德方遵長春真人丘處機遺願、掌教大宗師尹志

---

① 《道藏》第 22 册，第 1 頁上、中欄。
② （宋）李燾撰，上海師範大學古籍整理研究所、華東師範大學古籍整理研究所點校：《續資治通鑑長編》卷七九，真宗大中祥符五年，第 1809 頁。
③ （宋）李燾撰，上海師範大學古籍整理研究所、華東師範大學古籍整理研究所點校：《續資治通鑑長編》卷八六，真宗大中祥符九年，第 1976 頁。

平法旨，① 啓動《大元玄都寶藏》纂修工程。

宋德方（1183—1247年），字廣道，號披雲。萊州掖城人。先後師事劉處玄、丘處機、王處一諸真。"儒道經書，如春秋、易、中庸、大學、莊、列等，尤所酷好。外雖詩書子史，亦罔不涉獵。於中采其性命之學尤精粹中正者，涵泳履踐，潛通默識，光明洞達，動與之會。"② 曾隨侍丘處機西行論道。修藏工程起于太宗九年，訖于乃馬真后三年（1244年），歷時八載。《寶藏》纂修的經歷和特點可以概括爲以下幾點。

第一，以全真一派力量，代蒙古統治者，續藏室，傳承道教經教文化。以往研究多看到了全真道以一派之力纂修藏經的一面。實則，《大元玄都寶藏》亦有官修背景。經費來源方面，得到了丞相胡天禄的大力襄助。《玄都至道披雲真人宋天師祠堂碑銘並引》稱，"胡相君聞而悅之，飲白金以兩計一千五百"③。商挺《玄都至道崇文明化真人道行碑》說，"丞相胡公奉白金三十笏爲助"。除了資金支持外，蒙古統治者還專門頒發公據，支持纂修工作。宋德方祠堂碑稱，"或屢奉朝旨，或借力權貴"。通真子秦志安是宋德方弟子，也是藏室纂修工作的主要負責人。其《墓碣銘》亦有類似載述，"中間奉被朝旨，借力貴近，牽合補輟，百方並進，卒至於能事穎脫，真風遐布"。此非虛言。宋德方弟子李志全，曾參與藏經校勘工作。出於其筆下的《濟源十方龍祥萬壽宮記》記載，"至道披雲真人，紹隆五祖之清規，恢擴七真之正法，屬道教重熙之運，值大朝開拓之辰，□□□□□□（東）宮皇太子令旨奏過，合于諸路置局雕印玄都寶藏、三洞四輔真經，俱系歷代帝王安鎮國祚，保天長存者也"④。天壇十方大紫微宮刻有太宗十二年（1240年）三月十七日頒發懿旨："皇帝聖旨裏依舊行東宮事也可令敦大皇后懿旨並妃子懿旨：道與平陽府路達魯花赤管民官：據沁州管民官杜豐雕造道藏經並修蓋等事，可充提領大使勾當者。你不得功夫時節，你的娘子充提領勾當者。兼不以是何頭下官員人等，無得搔擾，如違，要罪過者。准此。"⑤ 碑文中的"也可令敦"當爲"也可合敦"的誤寫，係"大皇后"的蒙古語音譯，指大汗地

---

① 《玄都至道披雲真人宋天師祠堂碑銘並引》："又嘗議及道經泯滅，宜爲恢復之事。師曰：'兹事體甚大，我則不暇。兼冥中自有主之者。他日爾當任之。'"《玄門掌教清和妙道廣化真人尹宗師碑銘並序》記載，元太宗七年（1235年）九月，尹志平抵達平陽，"分命披雲宋公率衆鏤道藏經板，不數載而完，所費不貲，而人樂成之，亦師爲之張本"。陳垣編纂，陳智超、曾慶瑛校補：《道家金石略》，第547、568頁。
② 陳垣編纂，陳智超、曾慶瑛校補：《道家金石略》，第547頁。
③ 陳垣編纂，陳智超、曾慶瑛校補：《道家金石略》，第547頁。
④ 陳垣編纂，陳智超、曾慶瑛校補：《道家金石略》，第507頁。
⑤ 陳垣編纂，陳智超、曾慶瑛校補：《道家金石略》，第480頁。

位最高或年紀最長的妻子。① 蒙元時期以管民官提領道藏雕造工程，與宋代官方修藏並無本質性差別。

第二，不同于宋代於一地一處修藏，宋德方在北中國各地廣置經局，校讎與印造分步完成，諸局之間密切配合，分工合作。《玄都至道崇文明化真人道行碑》云："首于中陽晉絳置四局，以事刊鏤。東宮合西艀獎其勤劬，令侍臣齊公賜真人以披雲之號。繼于秦中爲九局，太原七、潞澤二、懷洛五，總爲二十七局。局置通□（經）之士，典其讎校，俾高弟秦志安總督之。役功者無慮三千人，衣糧日用，皆取給于真人之身，首尾凡六載乃畢。又釐爲六局，以爲印造之所。真人首制三十藏，藏之名山洞府。既而諸方附印者有百餘家。"《濟源十方龍祥萬壽宮記》記載，爲了保證經藏印製用紙，全真道分別在濟源、河中、終南山祖庭重陽宮三處，製造上品經紙。《祠堂碑銘並引》稱，"真人乃探道奧以定規模，稽天運以設方略，握真機以洞幽顯，秉獨斷以齊衆慮，審人材以叙任使，約□程以限歲月，量費用以謹經度，權輕重以立質要"，爲藏經修造工程嘔心瀝血、費盡心力。同時也不難看出，圍繞經藏纂修工作，全真道在領導和組織北中國經濟社會運行過程中的擔當和實力。

第三，繼往開來，凸顯本宗。《祠堂碑銘並引》交代，《寶藏》延續三洞四輔的經藏分類法，並引李仁卿藏經碑稱，是在參校《萬壽道藏》《大金玄都寶藏》目錄基礎上，進行藏經搜集和增補工作的。和以往修藏一樣，全真派在搜訪道書遺經方面花費了大量心血。秦志安墓碣銘稱，"其於三洞四輔，萬八千餘篇，補完訂正，出於其手者爲多"。在校勘過程中，做了大量去僞存真、去粗取精的工作。關於元藏的規模，《道藏尊經歷代綱目》稱 7800 餘卷，錢大昕《元史藝文志》同。② 明代正、續《道藏》合計不過 5485 卷。元藏可謂中國《道藏》纂修史上部頭最大的一部道藏。金元易代，圖籍散落。全真派在大蒙古國早期領銜藏室纂修工程，其于繼承道教經教傳統、保存傳承以道家道教爲核心的中原教化傳統的意義和作用，值得稱道。

繼承傳統的同時，元藏還收錄了金元之際問世的大量道書。《通真子墓碣銘》稱，秦志安校讎刊定藏經時，"仍增入《金蓮正宗記》、《煙霞録》、繹仙、婺仙等傳附焉"③。全真道一向重視以文傳道、以史弘教。歷代全真道士撰作了大量詩

---

① 關於大皇后所指爲誰，蔡美彪先生和羅依果（Igor de Rachewiltz）等有討論。參見 [澳] 羅依果《脱列哥那合敦是窩闊台的"六皇后"嗎?》，《蒙古學信息》2003 年第 1 期。
② 陳垣編纂，陳智超、曾慶瑛校補：《道家金石略》，第 618 頁；（清）錢大昕著，陳文和主編：《嘉定錢大昕全集》（增訂本）第 5 册，鳳凰出版社 2016 年版，第 178 頁。
③ 陳垣編纂，陳智超、曾慶瑛校補：《道家金石略》，第 487 頁。

文、碑傳。即便是在大蒙古國早期，也已經有不少全真典籍問世。秦志安僅增益出自己手的典籍，於理無據，于全真教團發展無益。爲凸顯本宗，我們有理由認爲，元藏中應該充斥大量全真典籍。

三　結語

宋元修藏，是統治者重視道教經教的重要體現。《太平廣記》《太平御覽》《文苑英華》《册府元龜》是宋太宗、真宗時期政府主持纂修的大型文化典籍。《天宫寶藏》近乎完成於同一時期，是宋初統治者重文崇道的重要組成部分。《大元玄都寶藏》纂修工程，既是全真道代草原游牧政權整理傳承中原文教傳統的體現，也是大蒙古國早期全真道參與甚或代統治者維繫北中國精神信仰體系的體現。

北宋張商英《吉州道藏記》云："道以書傳，書以藏積。積其所傳，與世爲益。益而損之，損至於無。體無合無，與天爲徒。道藏之利，不亦博乎！"[①]金李俊民《道藏經後》云："洪惟玄祖，遠振宗風。垂三洞之靈文，演一真之妙理。要使學仙之子，咸與道俱；尚憂誤讀之人，或遭陰責。宜新刊正，用廣流傳。"[②]宋元修藏皆有道士參與其中，在很大程度上培養和提升了他們編目、校勘、刻印以及讀經、解經能力。宋德方爲了便於道藏經的理解和傳播，每藏立一知道之士，講解藏經微言，"於中或有推而廣之，廓聖人有教無類之妙用，無問在玄門不在玄門，但虚己而來聽者，以己之天，印彼之天，天天相印，莫之能止，内外上下，流通混合，其益於天下後世，可勝計耶"[③]。秦志安、李志全、劉志真、何志淵、李志烈、楊志素等一大批全真道士或校勘纂集《寶藏》，或擔任經藏講師，講解道妙，或擔任經藏提點，管護道藏，《寶藏》纂修及其後續講經活動深入推動了全真玄學教育和道門人才隊伍的發展。

宋元道藏保存傳承了以道家道教爲核心兼及百家的文化典籍和中華文脈。陳旅（1288—1343年）《道藏經跋》云："余幼時常見道藏經目一卷，中間多儒家古書。其黄帝、老子之言，固有用以治國者。它如巫醫、卜祝之説，亦儒者所不廢。而凡棲神導氣之方，則又遺世獨立之士得以善其身焉。"[④] 按，陳旅所見當爲元

[①]《新刊國朝二百家名賢文粹》卷一二六，《續修四庫全書》集部第1653册，上海古籍出版社2002年版，第450頁上欄。
[②]（金）李俊民：《莊靖集》卷一○，《叢書集成續編》第107册，上海書店1994年版，第700頁。
[③] 陳垣編纂，陳智超、曾慶瑛校補：《道家金石略》，第547頁。
[④]（元）陳旅撰：《安雅堂集》卷一三，《景印文淵閣四庫全書》集部第1213册，臺灣商務印書館1983年版，第168頁上欄。

藏。清人惠棟亦有類似之論。劉師培《讀道藏記》説，明《道藏》"地志、傳記，旁逮醫藥、占卜之書，采録轉衆，匪惟諸子家言已也。故乾、嘉諸儒，搜集舊籍，恒資彼《藏》"[1]。清代以來，學人利用《道藏》做了大量多學科文獻發掘整理和研究闡釋工作，其史料價值仍有進一步挖掘的餘地。

在儒家文化圈的文化認同和揚波中華教化方面，儒家經典發揮了不可替代的作用。但不可忽視的是，以《道藏》爲代表的道家道教文化在推動文化交流、增進周邊國家的中華文化認同方面，也發揮了應有的作用。李公藴（974—1028年）是越南李朝的開國君主，1009年至1028年在位，年號順天。主政時期，與宋朝貢通好，真宗、仁宗歷有加封。大中祥符三年（1010年）十二月，李公藴遣使賀祀汾陰后土，並請頒賜《大藏經》及御札八體書法，從之。七年八月，貢方物，仍求賜介冑及《大藏經》，從之。天禧元年（1017年）二月，封南平王，加食邑一千户。二年五月，從其請，賜道藏經。[2] 與宋通好的同時，李朝對宋南方邊境時有襲擾。真宗御賜佛、道經藏，很大程度上有文化懷遠的意味。

本文係國家"十三五"規劃文化重大工程《中華續道藏》（批准號：中央統戰部"統辦函"[2018]576號）專項研究成果；國家社會科學基金重大委托項目"中華思想通史"（項目編號：20@ZH026）的階段性成果。

收稿日期：2022年3月

---

[1] （清）劉師培著，萬仕國點校：《儀徵劉申叔遺書》，第13册，廣陵書社2014年版，第5709頁。
[2] ［越］黎崱：《安南志略》卷一二《李氏世家》，中華書局2000年版，第295—296頁。

金元時期"蒙求體"蒙書考

蔡春娟

摘 要：金代"蒙求體"蒙書多嚴格按照李瀚《蒙求》體例而作。南宋入元士人構成元代蒙書的編纂主體，這批士人將南宋教學與蒙書編纂的模式帶入元朝，在元前期的江南地區形成一波蒙書編纂高潮。此時的"蒙求體"蒙書多不拘泥於《蒙求》體例，受理學觀念影響，編纂者在內容編排上注重兒童修身進德教育，而傳統的蒙求類書目被視爲無用之言逐漸式微。金元雖是北方民族建立的王朝，從蒙書的編纂亦可看出中原傳統文化在這一時期的傳承。

關鍵詞：金元時期 《蒙求》 蒙書

在蒙書編纂史上，唐代李瀚（一作翰）編寫的《蒙求》具有重要意義。它不僅是唐、宋、金、元時期通行的重要童蒙讀物，而且發展成爲一種"蒙求體"體裁，用於編寫經傳、文字、名物、小説、醫學、女書等各科蒙書。後人或嚴格按照李瀚四字一句、每句一個典故且對偶押韻的體例編寫新的蒙書，如宋人《十七史蒙求》；[①] 或借用李氏之體，"不求對句，以四言童子易於誦習"[②] 的格式編寫各科知識，如方逢辰《名物蒙求》、陳櫟《歷代蒙求》；或借用"蒙求"之意，有其名而無其實，如王筠《文字蒙求》；又或無"蒙求"之名而有"蒙求"之實，如黄日新《通鑑韻語》、戴迅《晋史屬辭》。[③] 張志公、徐梓均統計出"蒙求類"蒙書 90 餘種，[④] 徐氏還指出，宋元時期出現了一陣"蒙求"熱。[⑤] 近年來，李裕民、

[①] 《十七史蒙求》作者原繫於王令，近年學者不斷提出質疑與否定。最新論著參看魯明、胡珂《王令〈十七史蒙求〉證偽》，載《中國典籍與文化論叢》第 19 輯，鳳凰出版社 2018 年版。

[②] 樓鑰：《攻媿集》卷七六《跋鄭德輿歷代蒙求》，《四部叢刊初編》影武英殿聚珍本，第 14a 頁。

[③] 徐梓：《中華蒙學讀物通論》，中華書局 2014 年版，第 64—65 頁。

[④] 張志公《蒙學書目》分"李翰蒙求""多種蒙求和類蒙求""歷史類蒙求和類蒙求""各科知識類蒙求和類蒙求"四類，去除同一著作的不同版本，達 90 餘種蒙求類著作。見《傳統語文教育教材論》附錄，中華書局 2013 年版，第 181—187 頁；徐梓《中國傳統蒙學論著目錄》載"蒙求類"著作 91 種，見徐梓、王雪梅編《蒙學要義》書末附錄，山西教育出版社 1992 年版，第 288—294 頁。

[⑤] 徐梓：《中華蒙學讀物通論》，第 64 頁。

周揚波分別撰文對唐、宋時期新編蒙書進行了考證研究,指出宋代尤其南宋是蒙書編纂的蓬勃發展時期,周文統計出宋代"蒙求體"蒙書59種,其中北宋14種,南宋45種,[①] 數量極爲可觀。一般而言,凡是宋元長時段的研究,都偏重宋而略元。本文意在將金元與宋代剥離,接續學者對宋代的研究,專門探討金元時期"蒙求體"蒙書編纂情况。

目前學界對中國古代蒙書的研究已取得豐碩成果。通論中國古代蒙書的論文,主要有翁衍楨《古代兒童讀物概觀》、鄭振鐸《中國兒童讀物的分析》、常鏡海《中國私塾蒙童所用課本之研究》、瞿菊農《中國古代蒙養教材》等,[②] 專著有張志公《傳統語文教育初探》(後修訂爲《傳統語文教育教材論——暨蒙學書目和書影》)、熊承滌《中國古代學校教材研究》、徐梓《蒙學讀物的歷史透視》(再版更名爲《中華蒙學讀物通論》)。[③] 關於金元時期蒙書的研究成果,主要有徐梓《元代的蒙學》[④]、賈慧如《元代的蒙學教育與教材》[⑤]、張延昭《元代"小學"教材的編纂、傳播與理學的社會化》[⑥] 等文。徐文從小學、經學理學、歷史、日記故事、《二十四孝》《聲律發蒙》等方面列舉元代重要蒙學書目,論述元代蒙學在中國蒙學史上的成就與貢獻。賈文分蒙求類、韻對類、故事類、綜合知識類對元代重要的十餘種蒙學教材進行了介紹,其中蒙求類只涉及《純正蒙求》《歷代蒙求》《經傳蒙求》《左氏蒙求》四種。張文着眼於理學的傳播與社會化,對元代有關小學、理學經學、歷史教材的編纂、出版流通進行了考察,其中列舉了不少蒙學書目。

本文擬在前人研究的基礎上,對金元時期新編"蒙求體"蒙書的繫年、流傳與存佚狀况進行考證,分析蒙書編纂者身份、蒙書分佈地域、蒙書内容等方面呈

---

① 李裕民:《唐宋蒙學書繫年考證與研究》,包偉民、劉後濱編《唐宋歷史評論》第三輯,社會科學文獻出版社2017年版,第126—160頁;周揚波:《知識社會史視野下的宋代蒙書》,《厦門大學學報》(哲學社會科學版)2018年第2期。

② 翁衍楨:《古代兒童讀物概觀》,《圖書館學季刊》第10卷第1期,1936年;鄭振鐸:《中國兒童讀物的分析》,原載《文學》第7卷第1號,1936年,後收入《鄭振鐸全集》第13卷,花山文藝出版社1998年版;常鏡海:《中國私塾蒙童所用課本之研究》,《新東方雜誌》第1卷第八期、第九期,1940年9月、10月;瞿菊農:《中國古代蒙養教材》,《北京師範大學學報》1961年第4期。

③ 張志公:《傳統語文教育初探》,1962年上海教育出版社出版,修訂版《傳統語文教育教材論——暨蒙學書目和書影》,1992年由上海教育出版社出版,2013年中華書局再版;熊承滌:《中國古代學校教材研究》,人民教育出版社1996年版;徐梓:《蒙學讀物的歷史透視》,1996年湖北教育出版社出版,2014年中華書局再版時更名爲《中華蒙學讀物通論》。

④ 徐梓:《元代的蒙學》,《北京師範大學學報》1992年增刊。

⑤ 賈慧如:《元代的蒙學教育與教材》,《教育史研究》2009年第3期。

⑥ 張延昭:《元代"小學"教材的編纂、傳播與理學的社會化》,《湖南師範大學教育科學學報》2010年第2期。

現出的特徵，展現金元民族王朝對中原傳統文化的繼承。

一　金元時期"蒙求體"蒙書編纂背景

　　唐代李瀚《蒙求》成書後，成爲唐、宋、金、元時期重要的童蒙用書。王重民先生指出："自中唐至於北宋，是書爲童蒙課本，最爲通行。及徐子光《補注》出，而李氏原注微，及《三字經》《百家姓》行，而徐注又微。明清之間，學者已不識李翰爲何人，遑論其書。"① 王先生概述了《蒙求》及徐《注》自産生、通行至式微的過程。其實該書不僅在中唐至北宋時期最爲通行，北宋之後的金元時期仍然極其通行，尤其是在基層社會。

　　蒙古國時期（1206—1259年），元好問爲吴庭秀《十七史蒙求》作序，言："安平李瀚撰《蒙求》二千餘言，李華作序，李良薦於朝，蓋在當時已甚重之。迄今數百年之間，孩幼入學，人挾此册，少長則遂講授之。"② 表明在金朝以及金亡之後的北方社會，《蒙求》甚爲流行。元中後期，吴澄言，"俗間教子率以周興嗣《千文》、李瀚《蒙求》開其先"③；又，程端禮編寫《讀書分年日程》，建議兒童入小學之前所讀書目，以《性理字訓》替代"世俗《蒙求》《千字文》"④。這表明，《蒙求》與《千字文》一樣，直到元中後期仍然是社會上最常用的蒙書。元代還有許多雜劇名稱直接採用《蒙求》内容，如關漢卿《管寧割席》《孫康映雪》、王實甫《陸績懷橘》、高文秀《廉頗負荆》等，⑤《蒙求》典故通過戲劇爲百姓熟知。在《蒙求》廣泛通行的背景下，蒙求類蒙書也被廣泛應用於當時的童蒙教學。金元士人接續宋朝"蒙求體"蒙書編纂高潮，繼續此類蒙書的編寫。下面就對這一時期出現的新編"蒙求體"蒙書進行考證整理。

二　金元時期新編"蒙求體"蒙書繫年、流傳考

　　蒙書的搜集很難窮盡。一些鄉村塾師自編教材没有留下記載，即使在當時流

---

①　王重民：《敦煌古籍叙録》，中華書局1979年版，第207頁。
②　元好問：《遺山先生文集》卷三六《十七史蒙求序》，《四部叢刊初編》影明弘治刊本，第6b—7a頁。
③　吴澄撰：《吴文正公集》卷一〇《虞舜民禮學韻語序》，《元人文集珍本叢刊》影明成化刊本，臺北：新文豐出版公司1985年版，第3册，第216頁。
④　程端禮著，姜漢椿校注：《程氏家塾讀書分年日程》卷一，黄山書社1992年版，第28頁。
⑤　章劍：《唐古注〈蒙求〉考略——兼論〈蒙求〉在日本的流傳與接受》，《天中學刊》2012年第1期。

行的書目，如《雜字》《碎金》等，因被視爲鄙俗之書，不登大雅之堂，歷代書志、書目也少有著録。由於許多蒙書已佚，只據書名或序跋文字很容易遺漏或誤判。本文本着保守原則，只收集據書名或序跋文字可斷定其屬於蒙求體的蒙書，權且作爲這一時期該類蒙書的一個縮影。通過考察這些蒙書的繫年、流傳與存佚狀況，一是對一些尚存爭議的蒙書編纂者或蒙書繫年加以釐清，二是總結金元兩朝"蒙求體"蒙書編纂者的身份、蒙書分佈地域、蒙書內容等方面呈現出的特徵。

（一）王琢《次韻蒙求》，佚，大定年間（1161—1189 年）

該書佚。元好問《十七史蒙求序》言："安平李瀚撰《蒙求》二千餘言，李華作序，李良薦於朝，蓋在當時已甚重之。迄今數百年之間，孩幼入學，人挾此册，少長則遂講授之。宋王逢原復有《十七史蒙求》，與瀚並傳。及詩家以次韻相夸尚，以《蒙求》韻語也，故姑汾王琢又有《次韻蒙求》出焉。評者謂次韻是近世人之敝，以志之所之而求合他人律度，遷就傅會，何所不有？唯施之賦物詠史，舉古人徵之事例，遷就傅會，或當聽其然。是則韻語、次韻爲有據矣。"[①]

對於古人而言，掌握和詩次韻非常重要。次韻之風始於中唐之元稹、白居易，盛行於北宋元祐間。據元好問此文，王琢《次韻蒙求》也是嚴格按照李瀚《蒙求》體裁而作，書成於宋人《十七史蒙求》之後。據前述魯明、胡珂《王令〈十七史蒙求〉證僞》一文知，該《十七史蒙求》作於兩宋之交。故《次韻蒙求》作於金朝。

又據元好問《姑汾漫士王琢》知，王琢字器之，號姑汾漫士，平陽（今山西臨汾）人。他與毛麾是同時代人，兩人友善，酷嗜讀書，往往手自抄寫，作詩好押強韻，以馳騁爲工。年四十五卒。而毛麾與王琢同鄉，亦平陽人，金世宗大定十六年（1176 年）賜進士出身。[②] 由此知兩人都活動於大定年間。故以《次韻蒙求》成書繫於大定年間。

此書大致金代及蒙古國時期在北方通行，元好問此序作於 1250 年，仍提及此書。到清代流傳不廣，據清人查慎行言，該書在清代"世無能舉其名者"[③]。

另，據周必大記載，淳熙十三年（1186 年）葉才老《次韻蒙求》版行，該書

[①] 元好問：《遺山先生文集》卷三六《十七史蒙求序》，第 6b—7a 頁。
[②] 元好問：《中州集》卷七《毛宫教麾》《姑汾漫士王琢》，《四部叢刊初編》影元刊本，第 3b、4b 頁。
[③] 查慎行撰，張玉亮、辜艷紅點校：《查慎行集》卷六《得樹樓雜鈔》，浙江古籍出版社 2014 年版，第 2 册，第 80 頁。

"精切博洽，非獨遠高李翰，如王令亦當敬避下風。轉示朝士，無不諮美"①。由此知金與南宋雖地處南北，但大致在同一時期，都出現了教習兒童的《次韻蒙求》書目。

（二）王平仲《和蒙求》，佚，大定年間

該書佚。金人王寂《遼東行部志》載：明昌元年（1190年）二月，"僧溥公出示故人王平仲所集《和蒙求》，始末皆用舊韻，至於對屬事類，親切不減前書。其弟乞予爲序，將鋟木行世，予辭以不能，亦且不暇，將俟他日。平仲才學俱優，卒不爲世用，而遂與草木共盡，惜哉"②。

據王寂描述，王平仲此書皆用舊韻，對屬事類與李瀚《蒙求》相似，不減李氏書。可見是嚴格按照《蒙求》體裁所作。王平仲與王寂爲故交，王寂文集中存有兩首《送王平仲》詩。明昌元年王寂見到《和蒙求》時，王平仲已卒。故該書作於1190年之前，即在大定年間。

（三）吳庭秀《十七史蒙求》，佚，1200—1213年

該書佚。元好問《十七史蒙求序》曰：

始予年二十餘，住太原學舍，交城吳君庭秀泊其弟庭俊與予結夏課於由義西齋，嘗以所撰《蒙求》見示，且言："逢原既以'十七史'命篇矣，而間用《呂氏春秋》《三輔決錄》《華陽國志》《江南野錄》，謂之'史'可乎？今所撰，止於史書中取之。諸所偶儷，必事類相附，其次強韻，亦力爲搜討。自意可以廣異聞，子爲我序之，可乎？"予欣然諾之，而未暇也。後三十七年，予過鎮陽，見張參議耀卿（張德輝）。耀卿受學於吳君之門者也，問以此書之存亡，乃云："版蕩之後，得於田家故箱中。"因得而序之……吳君博覽強記，九經傳注率首自抄寫，且諷誦不去口，史書又其專門之學，文賦華瞻，有聲場屋間。教授生徒，必使知己之所知，能己之所能。時議以此歸之。貞祐兵亂，負母入山，道中遇害，年甫四十云。庚戌（1250）五月晦日，新興

---

① 周必大：《周益公文集》卷一八七《贛縣葉丞才老》，《宋集珍本叢刊》影明瞻生堂鈔本，綫裝書局2004年版，第50冊，第664頁下。

② 賈敬顏：《五代宋金元人邊疆行記十三種疏證稿》之《王寂〈遼東行部志〉疏證稿》，中華書局2004年版，第281頁。

元某叙。①

据元好问序，吴庭秀博览强记，文采出众，教授生徒有法。他作《十七史蒙求》，只从史书中取材，对偶押韵，事类相附，也是严格按照李瀚《蒙求》体裁而作。元好问该《序》作於庚戌岁（1250年），他在序中言三十七年前已见到吴庭秀《十七史蒙求》，且允诺写序，只是当时未暇。故知此书作於1213年前。吴庭秀殁於贞祐兵乱（1214年），年甫四十，可知吴庭秀生卒年大致在1175？—1214年。推测该书完成於1200—1213年。

吴庭秀此书大致在元朝北方通行，与王琢《次韵蒙求》命运类似，在清代"世无能举其名者"②，流传不广。

（四）释志明《禅苑蒙求瑶林》，存，1225年

该书存，又名《禅苑蒙求》或《禅苑瑶林》，西义雄、玉城康四郎编《新纂大日本续藏经》卷八七收释志明撰、雪堂德谏注《禅苑蒙求瑶林》三卷。

该书仿李瀚《蒙求》体裁，四字一句，每句一个典故，骈以对偶，谐以韵语。凡二千言，五百事。内容专讲禅门故事，便於童稚习禅者记诵。书前有完颜璹《禅苑蒙求题记》及赵秉文《禅苑蒙求引》，言此书乃禅师为後学而作。童稚无识，未能参扣，若能使成诵在口，粗知问津，可使後学省十载之劳。③

据完颜璹题记，释志明该书刊於正大乙酉（二年，1225年）。三十年後，即乙卯岁（蒙古宪宗五年，1255年），燕京大万寿寺雪堂德谏作注再刊。

（五）元好问《帝王镜略》，佚，公元1234—1257年间

该书佚。唐刘轲撰有《帝王镜略》一卷，自天地开辟迄唐初历代帝王世次，缀为四言，以训童蒙。元好问此书大概仿刘轲书编著，将数千载历代之要事"骈以四言，叶以音韵"。元人王恽为此书作《序》曰："近读遗山先生《镜略》书，所谓立片言而得要者也。其驰骋上下数千载之间，综理繁会数百万言之内，骈以四言，叶以音韵，世数代谢，如指诸掌，历代之能事毕矣。然先生北渡後，力以

---

① 元好问：《遗山先生文集》卷三六《十七史蒙求序》，第6b—8b页。
② 查慎行撰，张玉亮、辛艳红点校：《查慎行集》卷六《得树楼杂钞》，第2册，第80页。
③ 西义雄、玉城康四郎编：《新纂大日本续藏经》卷八七《禅苑蒙求瑶林》，东京：国书刊行会1988年版，第87册，第48—49页。

斯文爲己任，孰謂斲大材而就小室，抵和璞而輝丘陵者乎？是書之出，若爲童蒙學習者之所設也……士人張敬叔貧而好學，家藏是書，今刊之以廣其傳，亦可以見其用心焉爾。彼初學者一旦心志通達，由堂入奧，又且得博觀約取之法焉，是則一鏡之略不爲小補者也。至元四年歲丁卯重午前二日題。"①

王惲言元好問此書"爲童蒙學習者之所設"，即爲蒙書。張志公《蒙學書目》未載此書，然將唐劉軻《鏡略》收入"歷史類蒙求和類蒙求"②。元好問此書既然是仿劉軻書而作，無疑屬於歷史類蒙求書。

此書在至元四年（1267 年）刊行。然元好問卒於 1257 年，故此書在 1257 年前已經完成。據郝經爲元好問作墓誌銘，元好問在金亡後不仕，以爲國亡史作，已所當爲，遂往來四方，采摭遺逸，有所得輒以寸紙細字記錄，積至百餘萬言。③知元好問在金亡後注重修史存史，鑒於金亡的教訓，他在采摭遺史的基礎上，編寫《帝王鏡略》一書，不僅有助於兒童記誦史事，對後世人也有鑒戒作用。故將此書繫於金亡（1234 年）至 1257 年之間。

（六）陳櫟《歷代蒙求》，存，大德三年（1299 年）—至大三年（1310 年）

該書存。今主要見於朱升輯《小四書》本中。《小四書》今存較早版本爲南開大學圖書館藏明嘉靖八年（1529 年）胡明善刻本，此外還有明崇禎程性初刻本、清康熙恒德堂刻本、清乾隆蔣泰刻本等。文淵閣《四庫全書》第 688 册收陳櫟《歷代通略》，後附《歷代通略蒙求》一卷，亦即《歷代蒙求》，乃崇禎八年（1635 年）袁應兆以正統七年（1442 年）本爲底本而刻。④

該書四言一句，與宋代鄭德輿《歷代蒙求》體例相同，不求對偶與掌故，按照世代順序，敘述自天地形成、三皇五帝到宋代歷史。原書約八百言，明清時期歷次刊版時，又被增補改篡，元明以及南宋一部分係爲後人增補。

《歷代蒙求》大致成書於成宗、武宗時期。大德三年，陳櫟《論語訓蒙口義》寫成，他在《論語訓蒙口義自序》中言，"櫟數年來又有《讀易編》《書解折衷》

---

① 王惲：《秋澗先生大全集》卷四一《帝王鏡略序》，《四部叢刊初編》影明弘治翻元本，第 3b—4a 頁。
② 張志公：《蒙學書目》，見《傳統語文教育教材論》附錄，中華書局 2013 年版，第 184 頁。
③ 郝經：《陵川集》卷三五《遺山先生墓銘》，《北京圖書館古籍珍本叢刊》影明正德刻本，書目文獻出版社 1990 年版，第 91 册，第 788 頁。
④ 《四庫全書總目》卷八八《史部四四·史評類·歷朝通略四卷》，中華書局 1992 年版，第 754 頁。

《詩句解》《春秋三傳節注》《增廣通略》《批點古文》之類，嗣是有進，尚敢漸出，與朋友商之，觀者其毋以小兒學問只《論語》哉。大德己亥立秋日"①。己亥歲即大德三年，序言表明這一時期他已開始《歷代通略》的寫作，但覺尚不完美。又據《歷代通略》卷四末陳櫟後記，《歷代通略》完成於"至大三年庚戌歲"，即1310年。《歷代蒙求》是《歷代通略》的簡編版，其寫作時間應也在此期間，故將成書時間繫於大德三年至至大三年之間。

（七）王芮撰、鄭鎮孫注《歷代蒙求》，存，至大三年（1310年）—至順元年（1330年）

該書存。《蒙求》以其語句凝練，要提意貫，便於誦讀見長，往往配以注解，方便理解文本。王芮《歷代蒙求》在後代的通行本，便是鄭鎮孫所作《纂注》本。《續修四庫全書》第1218冊收毛氏汲古閣影元抄本，清人阮元《宛委別藏》中亦收有此書。

王芮《歷代蒙求》體例及敘事起訖與陳櫟《歷代蒙求》基本一致，鄭鎮孫認為該書敘事"人物之生也，世運之變也，君之賢否，數之短長，或一統而瓜分，或既離而復合，不出千言，要提意貫，可謂博而約、簡而明也"。因而選定此書作注。鄭注非常詳細，多達一萬餘言，是原文的十餘倍。作注的原則是：三代以前本諸經，經所不及，足以傳，秦漢以下一取於史。如此歷代之事益明，有助於啓發童蒙。②

《歷代蒙求纂注》在元代至少刊行過兩次，目前知有至順元年和至順四年（元統元年，1333年）刊本。至順元年本一直流傳到清代，阮元《揅經室外集》提到，《歷代蒙求》一卷，"此卷刻於元至順中馬速忽守新安，以其書有資啓發，令郡教授王萱錄梓以廣其傳，此從錢曾所藏本影寫，尚是元時舊刻也"③。

鄭鎮孫在元朝延祐、泰定年間（1314—1328年）任監察御史，④從他的活動時代，以及他幼時誦讀過王芮的《歷代蒙求》這些信息，可推知王芮該書世祖朝

---

① 陳櫟撰：《陳定宇先生文集》卷一《論語訓蒙口義自序》，《元人文集珍本叢刊》影清陳嘉基刻本，第4冊，第268頁。
② 鄭鎮孫：《歷代蒙求纂注序》，《續修四庫全書》子部第1218冊，上海古籍出版社2002年版，第495頁下—496頁上。
③ 阮元：《揅經室外集》卷三《歷代蒙求一卷提要》，《四庫全書總目》附錄《四庫未收書目提要》，第1859頁。
④ 熊子臣修，何鏜纂：《栝蒼彙紀》卷六《選舉表·青田縣》，《上海圖書館藏稀見方志叢刊》影明萬曆七年刻本，國家圖書館出版社2011年版，第112冊，第310頁。

後期就在社會上流行。但鄭鎮孫《纂注》是在武宗朝以後才完成的。《歷代蒙求》末關於元代的敘述爲八句:"大元太祖,開基應天。世祖皇帝,一統八埏。乾清坤夷,列聖相傳。天子聖壽,億萬斯年。"其下鄭鎮孫的纂注爲"欽惟太祖法天啓運聖武皇帝,誕膺天命,肇基朔方。世祖聖德神功文武皇帝,克成厥勳,一統萬國……今上皇帝文明仁聖,垂拱仰成,實億萬年無疆之運"①。鄭氏《纂注》及於太祖、世祖、今上皇帝三帝,稱太祖"法天啓運聖武皇帝"。據《元史》,太祖這一諡號始於武宗至大二年(1309年)末。世祖至元初年,追諡成吉思汗"聖武皇帝",至大二年末,武宗加諡"法天啓運",從此才有太祖"法天啓運聖武皇帝"這一諡號。②因而該《纂注》完成時間在武宗至大三年以後,最遲在初次版行的1330年之前。

(八)陳著《歷代紀統》,佚,大德元年(1297年)前

該書佚。《(乾隆)鄞縣志》載:陳著"有《本堂集》九十五卷,別撰《歷代統記》以淑子弟"③。陳旅爲其書作《歷代紀統序》稱:宋亡,陳著隱居句章山中,不與世接。歎曰:"吾無復有可爲者矣,教子猶吾職也。"乃日取載籍所存與伊洛儒先緒言,爲諸子道之。又"取歷代史自三皇迄於祥興,撰爲四言,葉以聲韻,若胡氏敘古爲《千文》《蒙求》之類,辭約而事備,筆直而義婉,一目成誦,則數千百年之事粲然在胸中矣"④。可知該書仿"蒙求"體而成,敘事起訖大致與陳櫟《歷代蒙求》相同,自三皇迄於南宋末祥興。之所以用"紀統"命名,是陳著以爲帝王之統出於天,雖偏弱如蜀漢、東晉,皆天統所在,當時敵國雖強大,據有中土,要不得紊天統也。其寓意在於宋朝雖滅,但其正統地位不容動搖。所以他在宋亡後隱居教子,"以甲子紀年,隱示不臣之義"⑤。

據陳旅《序》,該書作於宋亡入元之後,未詳具體寫作時間,故繫以陳著(1214—1297年)卒年之前。陳旅(1288—1343年)生活年代較陳著要晚,此序乃受陳著之子泌委託而作。

---

① 王芮撰,鄭鎮孫注:《歷代蒙求》,《續修四庫全書》子部第1218冊,第511頁下。
② 《元史》卷一《太祖本紀》、卷七四《祭祀志三·宗廟上》,中華書局1976年版,第25、1836頁。
③ 錢維喬修,錢大昕纂:《(乾隆)鄞縣志》卷一三《人物·陳著》,《續修四庫全書》史部第706冊影清乾隆五十三年刻本,第283頁下—284頁上。按,此志中之《歷代統記》當即《歷代紀統》。
④ 陳旅撰:《安雅堂集》卷六《歷代紀統序》,《景印文淵閣四庫全書》集部第1213冊,臺灣商務印書館1983年版,第70頁下—71頁下。
⑤ 樊景瑞:《宋太傅陳本堂先生傳》,陳著《本堂先生文集》,光緒癸巳年刻本。

(九) 趙某《羲宋》，佚，1290 年代

該書佚。陳旅《歷代紀統序》言："昔我先人之教旅兄弟也，亦嘗爲書述伏羲至趙宋之事，名曰《羲宋》。其法大較與《紀統》相類。而旅奔走四方，袖簡無復存者。"[1] 由此知陳旅的先人亦著有一部與陳著《歷代紀統》相似的通史類蒙求書，叙事内容起自上古，終宋朝。又據《元史·陳旅傳》，陳旅幼孤，由其外大父趙氏撫育長大，"趙氏學有源委，撫而教之"[2]。知作《羲宋》教陳旅兄弟讀書的"先人"是指其外祖父，趙氏爲南宋入元士人。陳旅生於 1288 年，其外祖父撰《羲宋》教他讀書在他出生後不久。故將該書成書繫於 1290 年代。

(一〇) 黄繼善《史學提要》，存，1305—1311 年刊

該書存。目前，該書屬元代還是宋代著作尚有爭議。錢大昕《元史藝文志》卷二《史類·史鈔類》有"黄繼善《史學提要》一卷"，視該書爲元代著作。本文對該書及黄繼善生平的考證，證實《史學提要》刊於元中期，確實屬於元代著作。朱升將之收入《小四書》中，今見版本除《小四書》本外，尚有日本宫内廳書陵部藏元刊本、國圖藏明抄本等。《四庫全书存目叢書》史部第 280 册所收係影國圖藏明鈔本。

該書以四言韻語編貫上古訖宋代歷史，體例與陳櫟、王芮《歷代蒙求》相同。徐梓認爲此書或即黄繼善《史蕞蒙求》，將之列入《中國傳統蒙學論著目録》的"蒙求類"[3]。張志公先生《蒙學書目》亦將之歸爲"歷史類蒙求和類蒙求"[4]。該書内容詳實，是最早系統介紹歷史知識的一部蒙書。明清時期，後人在原著基礎上有不同的增續，今見不同版本末段所補也不同。

黄繼善，字成性，金溪人，客居盱江，生平事跡不詳。學界一般將之視爲宋人，其實他是南宋入元士人，與元時名儒程鉅夫、吴澄、胡長孺有着相同的背景。這三人都爲他的詩文著作寫過序。程鉅夫（1249—1318 年）《黄成性〈史學提要〉贊並序》贊《史學提要》一書"操綱結紐，婉而成章，弸彼天牖，如珠累絲，如魚在罶。何千萬年，誦之在口"，並言在史書博雜的時代，黄氏此書面世，正當其

---

[1] 陳旅撰：《安雅堂集》卷六《歷代紀統序》，《景印文淵閣四庫全書》集部第 1213 册，第 71 頁。
[2] 《元史》卷一九〇《陳旅傳》，第 4347 頁。
[3] 徐梓：《中國傳統蒙學論著目録》，載徐梓、王雪梅編《蒙學要義》書末，第 290 頁。
[4] 張志公：《蒙學書目》，見《傳統語文教育教材論》附録，第 185 頁。

時，始學者宜盡心使用。① 吳澄（1249—1333年）《黃成性詩序》言："余戊寅歲初客旴，其後或中歲一至，或數歲不一至。旴之俗、旴之人不悉聞悉見，大略可知也。黃成性，金溪人，而游處多在旴……乙巳春，於程氏館讀成性詩一二，已矍然驚，自吾客旴以來，未嘗有也。"② 吳澄自三十歲經常客居旴江，對旴江人事頗為熟悉。他言自己在乙巳歲即1305年初次讀到黃繼善詩，對其詩文才華甚為驚歎。從吳澄言論分析，黃繼善年齡應不長於吳澄，否則對旴江熟知的吳澄不可能到晚年才讀到黃繼善詩，只能是黃繼善詩文面世時間較晚。從吳澄序文還知，該序寫於大德九年（1305年）之後。

另據揭傒斯《答胡汲仲書》知，胡長孺（1249—1323年）也為黃繼善著作寫過《序》文。揭文言："傒斯頓首汲仲簿公執事……近見執事序黃成性文章，言辭夸大，皆非事實……聞將就天台之闕，不知何時定行，當於江滸一別。"③ 文中"汲仲簿公"指胡長孺，據《元史·胡長孺傳》，胡長孺在至大元年轉台州路寧海縣主簿，延祐元年轉兩浙都轉運鹽使司長山場鹽司丞，④ 揭傒斯寫信給胡長孺時，胡氏正在寧海縣主簿任上，時為至大年間（1308—1311年）。揭文言"近見執事序黃成性文章"，表明胡長孺《序》文寫於此前不久。揭傒斯在文中指責胡長孺為黃繼善所寫序文言辭過於溢美，這也可看出胡與黃二人關係非同一般。能請動當時的三位名人為自己的著作寫序，至少說明黃繼善在當時非默默無聞之輩。

綜上分析，黃繼善是與程鉅夫、吳澄、胡長孺有着相同背景的南宋入元士人，其著作《史學提要》刊刻於元朝中期。吳澄序與胡長孺序寫於1305—1311年之間，大概此時黃繼善詩文著作集結刊行，推測《史學提要》也刊於這一時期。

（一一）鄭儀孫《史學蒙求箋注》，佚，元前期

該書佚。據《閩中理學淵源考》卷三八"鄭翠屏先生儀孫"條引《閩書》："鄭儀孫，號翠屏，建安人。從邱氏富國學《易》，咸淳癸酉應賢良舉，又明年少帝北行，儀孫退而著書，《易圖說》《解大學中庸章句》《史學蒙求箋注》《性理字

---

① 程鉅夫：《程雪樓文集》卷二三《黃成性史學提要贊並序》，《元代珍本文集彙刊》影明洪武刊本，臺灣"中央圖書館"1970年版，第869—870頁。
② 吳澄撰：《吳文正公集》卷一〇《黃成性詩序》，《元人文集珍本叢刊》第3冊，第205頁。
③ 揭傒斯：《揭文安集》卷七《答胡汲仲書》，《四部叢刊初編》影孔荭谷鈔本，第7b—8a頁。
④ 《元史》卷一九〇《胡長孺傳》，第4332頁。

訓》，郡守吳某率幕屬迎於學師事之。"由此知鄭氏爲南宋入元士人，入元後著有《史學蒙求箋注》一書。

（一二）吳化龍《左氏蒙求》，存，元貞二年（1296年）

該書存。今見版本一般爲清人許乃濟、王慶麟合注本。有上海圖書館藏清嘉慶刻本、國圖藏清同治三年劉履芬抄本、華東師範大學藏清道光十四年星乙山房刻本、遼寧省圖書館藏日本文化八年樋口邦古刻本及日本《佚存叢書》等多種版本。《叢書集成初編》九七八册影印日本《佚存叢書》本，前有戴表元序，後有天瀑山人（即林衡，日本人，號天瀑山人，《佚存叢書》收集者）跋。

該書體例基本仿李瀚《蒙求》體，四字一句，每句一個故事，采用對句押韻的形式，內容取自《左傳》。南方大儒戴表元是吳化龍的兒時好友，爲之作《序》。稱吳化龍自幼天賦極高，對《左傳》尤其精熟，從中"取義類對偶之相洽者，韻爲《蒙求》，以便學者"。戴表元讀之，覺得"如斫泥之斤，鳴鏑之射，百發百返而不少差"①，對其讚譽有加。

該書寫作時間。據戴表元《序》，他見到吳化龍《左氏蒙求》，是在經歷宋元鼎革，兩人皆"失官家居，流落顛頓，積二十年，顏蒼髮枯，皆欲成老翁"之後，即大致在1296年前後。此時戴表元五十三歲，與其描述大致相符。

（一三）胡炳文《純正蒙求》，存，至元二十三年（1286年）

該書存。據王三慶考察，胡炳文《純正蒙求》可考見版本有九種之多，且傳到日本。② 較常見的版本是文淵閣《四庫全書》第952册影浙江鮑士恭家藏本。卷首有文天佑、吳覺兩人《序》文。兩人都是南宋末進士。文天佑，九江人，至元十五年（1278年）得婺源縣知事汪元圭薦拔，"主文衡，拔儒彥"，主持學校事。③ 吳覺，字孔昭，號遁齋，又號遁翁。婺源梅溪人。淳祐元年（1241年）進士，入元爲婺源晦庵書院山長，與方回（1227—1307年）交好，唱和詩

---

① 戴表元：《剡源集》卷七《左氏蒙求序》，《四部叢刊初編》影明萬曆刊本，第8a—8b頁。
② 王三慶：《元代童蒙教科書：胡炳文〈純正蒙求〉研究》，《2018年第四屆童蒙文化國際學術研討會論文集》，第193—200頁。
③ 方回：《饒州路治中汪公元圭墓誌銘》，程敏政撰《新安文獻志》卷八五《行實》，《景印文淵閣四庫全書》集部第1376册，臺灣商務印書館1986年版，第396頁下。

頗多。①

該書編寫基本仿照李瀚《蒙求》體例，四字一句，每句一個掌故，每兩句一組，屬對押韻成文，共180組360個故事，每組下有注文。與《蒙求》主要講歷史掌故不同，該書搜集古人嘉言善行，專講進德修身之掌故，以其所言皆德行純正高尚之人，故曰《純正蒙求》。書分三卷，卷上講立教明倫之事，卷中修身養心之事，卷下待人接物，略以白鹿洞規爲準，頗受朱子《小學》立教、明倫、敬身的影響。文天佑《序》稱該書旁搜博采，綱舉目張，"有益於人心之書也，豈直四言韻語而已哉"。吳覺也贊其"仿佛文公《小學》書之遺意""搜葺之力勤矣，所以爲養蒙作聖之功宏矣"②。現代學者張志公認爲，該書致力於宣揚封建禮教，很得道學家們好評，實際上可取之處不多，在群衆中流行也不廣。③

該書在明清時期都曾刻板發行，日本文化元年（1804年）、明治十六年（1883年）亦曾刊行。明人孫慎行在《跋純正蒙求後》言，"近世談學術理奧者不少朱，雲峰胡先生獨編養蒙事三百餘條，號曰《純正蒙求》，恐長失而求之蒙，其用意深苦矣"④。清四庫館臣對《純正蒙求》評價頗高，曰炳文是書"所載皆有裨幼學之事，以視餖飣割裂僅供口耳者，於啓導較爲切近……養蒙之教，取其顯明易曉，不貴以淹博相高，此書循諷吟哦，以資感發，與朱子《小學》外篇足相表裏，固未可以淺近廢也"⑤。清人陸以湉列舉了自唐李瀚《蒙求》以來至清代的十多種蒙求書，指出"得采入《四庫》中者"，只有徐子光《蒙求集注》、胡炳文《純正蒙求》兩種。⑥ 清初，此書在民間似乎並不流行，查慎行《得樹樓雜鈔》載，當時胡炳文《純正蒙求》，"世無能舉其名者"⑦。光緒年間編纂的一些叢書，如《三餘書屋叢書》《牖蒙叢編》收錄了該書。

卷首文天佑《序》後有"時維丙戌孟夏十有八日，廬山文天佑書於星源客舍"句。元代丙戌年有1286年、1346年，按上述文天佑、吳覺生平，兩人入元時已近老年，可推知此丙戌年乃至元二十三年（1286年），不可能是1346年。故

---

① 汪舜民：《（弘治）徽州府志》卷六《選舉》、卷八《人物·吳遇龍》，《天一閣藏明代方志選刊》影明弘治刻本，第29冊，上海古籍书店1982年版，第16a、26a頁。
② 文天佑：《純正蒙求序》、吳覺：《純正蒙求序》，《純正蒙求》卷首，《景印文淵閣四庫全書》子部第952冊，第2頁下、第3頁。
③ 張志公：《傳統語文教育教材論》，第58頁。
④ 孫慎行：《玄晏齋集》文抄卷三《跋純正蒙求後》，《四庫禁燬書叢刊》影明崇禎刻本，北京出版社1998年版，集部第123冊，第157頁。
⑤ 《四庫全書總目》卷一三六《子部四六·類書類二·純正蒙求三卷》，第1153頁。
⑥ 陸以湉：《冷廬雜識》卷五《蒙求》，沈雲龍主編《近代中國史料叢刊》第76輯，臺北：文海出版社1972年版，第753冊，第311頁。
⑦ 查慎行撰，張玉亮、辜艷紅點校：《查慎行集》卷六《得樹樓雜鈔》，第2冊，第80頁。

將此書繫於至元二十三年。

（一四）詹仲美《伍典蒙求》（一名《伍典毓蒙》），佚，大德二年（1298年）

該書佚。據戴表元《伍典蒙求序》，該書共五章，"其一事親，其二事君，其三夫婦，其四長幼，其五朋友"，故稱伍典。每章一百句，每句叙一事。從其章目知，該書主要傳播倫理知識，因而戴表元稱"其不畔於小學家篇數，而可以養人之純心稚節"。元代前期，雖然《蒙求》類蒙書不少，然其内容多是便於兒童記誦各類知識，像《伍典蒙求》這種向兒童傳授倫理道德、利於兒童明倫修身的蒙書比較少見，所以戴表元對此書特别推重。① 詹仲美曾贈此書與陸文圭，陸氏作詩答謝曰："五典叙千古，一編粹群英。屬辭不厭巧，立義不厭精。金玉二三子，源委諸老生。寒燈讀未竟，眵眼開雙明。惜哉書晚出，會使世盛行。價知貴洛紙，報愧乏齊瓊。"②

戴表元《序》作於大德二年（1298年），故該書繫年於1298年。

（一五）應子翺《經傳蒙求》（一名《類書蒙求》），佚，元貞二年（1296年）前

該書佚。戴表元、方回都爲該書作《序》。戴表元《序》言："昌國應君翺孫……出其《類書蒙求》示余，凡諸經之指，篇標韻舉，粲然在目，泛濫而及於《儀禮》《爾雅》《諸子》，揚雄之《太玄》、馬融之《忠經》，莫不皆有。《蒙求》自初本以來，仿而爲之，是不一氏，其能散而完、博而精，固未有如此書者。"③ 方回《序》稱應子翺《蒙求》"自《易》至《論》《孟》，皆括爲韻語以訓後進，傍及諸子百家，而揚雄方州部家之書亦與焉"④。從二人序文可知，該書采用"蒙求"體例，以韻語形式講解諸經及諸子百家之旨。戴表元《序》稱該書爲《類書蒙求》，方回《序》中提到戴表元讚賞應子翺《經傳蒙求》一書，故知《類書蒙

---

① 戴表元：《剡源集》卷七《伍典蒙求序》，第8b—9b頁。
② 陸文圭撰：《牆東類稿》卷一五《謝詹中美惠五典毓蒙書》，《景印文淵閣四庫全書》集部第1194册，第726頁下。
③ 戴表元：《剡源集》卷七《昌國應君類書蒙求序》，第9b—10a頁。
④ 方回撰：《桐江續集》卷三一《應子翺經傳蒙求序》，《景印文淵閣四庫全書》集部第1193册，第654頁下。

求》與《經傳蒙求》是同一書。

戴表元序作於大德二年（1298 年），又據方回《序》稱，王伯厚尚書學極天下之博，"以其里中應君子翱翔孫所著《經傳蒙求》爲然"。案，王伯厚尚書即王應麟。此句表明王應麟生前見過此書，而王應麟卒於 1296 年，所以此書在 1296 年之前已經完成。

應子翱字翔孫，戴表元、方回兩人《序》都提到他南宋末中童子科，也是南宋入元士人。

（一六）王元鼎《古今歷代啓蒙》，佚，至治二年（1322 年）前

該書佚。趙孟頫爲之作《古今歷代啓蒙序》，稱"金陵王君元鼎，取自三皇五帝以來事蹟，編爲四言，又韻其語，欲以教童蒙，使之誦習，俾知古今"。由此可知此書爲四言韻語體裁，是專爲童蒙而作的歷史類蒙書。趙孟頫認爲此書勝於李瀚《蒙求》，"蓋自唐李瀚已有《蒙求》矣。若《蒙求》之類以十數皆不行於世，獨《蒙求》尚有誦習者，良由《蒙求》語意明白易誦故耶！然皆不若王君所編，爲包括古今，該備治亂，不悖於先儒之論議，於小學不爲無補"。缺點是仍然有些繁瑣，"有非童子所能悉者"，對於兒童來說有些難，但成人可以一讀，當作歷代《史記》之綱目。① 由此可知，王元鼎此書雖起意爲兒童作，但難易程度未把握好。

王元鼎，金陵人。生平事蹟不詳。隋樹森《全元散曲》收有散曲作家王元鼎，曾爲翰林學士，活動於至治、天曆年間（1321—1330 年），不知是否同一人。以趙孟頫生卒年（1254—1322 年）知，該《序》作於元中期以前，繫年暫定於趙孟頫卒年之前。

（一七）佚名《歷代蒙求》，佚

謝應芳文集中提到一部《歷代蒙求》，未提撰者，他爲該書寫有後跋："是書亦四言爲句，便於習讀。自羲農以來數千載世代盛衰歷數修短，粲然可見，授蒙童令熟記而知之，豈云小補。"② 可知其内容、體例與陳櫟、王芮《歷代蒙求》相似，也屬於歷史類蒙求書。

---

① 趙孟頫：《松雪齋集》卷六《古今歷代啓蒙序》，《四部叢刊初編》影元刻本，第 16a 頁。
② 謝應芳撰：《龜巢稿》卷一四《書歷代蒙求後》，《景印文淵閣四庫全書》集部第 1218 册，第 310 頁上。

以上對史載信息較多的金元時期的幾部蒙求體蒙書作了考證。元末休寧人趙汸（1319—1369年）曰："僕之鄉先生皆善著書，所以羽翼夫程朱之教者，具有成說"①，表明當時鄉間蒙師自撰教材用於教學的現象非常普遍。泰和（今屬江西）人劉楚（又名劉崧，1321—1381年）提到其鄉人余希武"方元盛時……嘗爲四言韻語以訓蒙，使知古今人物、天地陰陽之類，與夫君臣父子、忠孝邪正、治亂得失成敗之故"②。這部四言韻語訓蒙書未留下書名，前文謝應芳提到的《歷代蒙求》未知撰者。由此推測，金元時期不知撰者或未留下書名的蒙書很多。《蒙求》以其便於記誦獲得蒙師及兒童喜愛，通行於世幾百年，金元時仿此體例之作非常多，誠如戴表元大德年間所言，"見朋友間續《蒙求》何翅百家"③。以上數篇僅是一隅而已。

三　金元時期"蒙求體"蒙書編纂特徵

（一）蒙書編纂者身份

沉淪於社會下層的蒙師大多沒有留下姓名，他們編纂的蒙書也少有流傳下來的。目前可知的蒙書編纂者，大多人的生平並不詳盡。對於這部分編纂者，我們只能據相關信息推測其大致生活年代。如王琢，據元好問《姑汾漫士王琢》知，王琢年四十五卒，與毛麾爲同時代人，而毛麾在金世宗大定十六年（1176年）賜進士出身，④由此知兩人都活動於大定年間（1161—1189年）。再如吳庭秀，元好問言其歿於貞祐兵亂（1214年），年甫四十，故推知吳庭秀生卒年大致是1175？—1214年。完顏璹《禪苑蒙求題記》作於正大乙酉（1225年），知《禪苑蒙求》作者釋志明是金末人。戴表元《昌國應君類書蒙求序》稱應翔孫是"景定咸淳前未廢科時童子也"，童子科試童子一般不過十歲，故推斷應翔孫生於1250年前後。戴表元稱自己與吳化龍是寒同枕、饑同灶的兒時同學與好友，戴表元生於1244年，推測吳化龍生年也在1244前後。戴表元《伍典蒙求序》稱詹仲美"嘗登故相江文忠之門，而學於白鹿洞"⑤。案，故相江文忠指度宗朝（1264—

---

① 趙汸撰：《東山存稿》卷二《留別范季賢序》，《景印文淵閣四庫全書》集部第1221册，第211頁下。
② 劉崧：《槎翁文集》卷九《株木余氏族譜序》，《四庫全書存目叢書》影明嘉靖刻本，齊魯書社1997年版，集部第24册，第504頁上。
③ 戴表元《剡源集》卷七《伍典蒙求序》，第8b—9b頁。
④ 元好問：《中州集》卷七《毛宮教麾》《姑汾漫士王琢》，第3b、4b頁。
⑤ 戴表元：《剡源集》卷七《伍典蒙求序》，第8b—9b頁。

1274年）宰相江萬里（1198—1275年），由此可知詹仲美是由宋入元士人。程鉅夫、吳澄、胡長孺三人有相似的由宋入元背景，大致在1305—1311年之間先後爲黃繼善詩文寫序，① 推測黃繼善與他們背景相同，也是南宋入元士人。鄭鎮孫於延祐、泰定年間（1314—1328年）任監察御史，② 其著述《歷代蒙求纂注》刊刻於至順元年（1330年），《歷代史譜》刊刻於至正五年（1345年），③ 由此知鄭鎮孫活動於元中後期歷史舞臺。王芮《歷代蒙求》末有"世祖皇帝，一統八埏"句，叙事及於世祖統一南北，表明王芮此書完成時南宋已亡；鄭鎮孫又言"余自韶雅誦之"，即幼時誦讀過此書，鄭鎮孫在元中期爲官，其出生成長年代當在世祖忽必烈朝後期。也就是説，王芮《歷代蒙求》在世祖朝後期已經成書並且在社會上流傳。王芮爲汝南人，汝南即蔡州，至元三十年（1293年）升爲汝寧府，屬河南江北行省。因此，王芮是活動於元朝前期的北方人。

金元時期"蒙求體"蒙書的編著者、蒙書刊刻時間與地域具有明顯的時代特徵。爲方便叙述，現將上述蒙書及其編纂者信息列一簡表，按蒙書繫年先後排列如表1。

表1　　　　　　　　　　　蒙書及其編纂者信息

蒙書	完成或刊刻時間	編纂者	生卒年	籍貫	文獻出處
《次韻蒙求》	大定年間（1161—1189年）	王琢	活動於大定年間	平陽（今山西臨汾）	《中州集》卷七《姑汾漫士王琢》《毛宫教庵》
《和蒙求》	大定年間（1161—1189年）	王平仲	活動於大定年間	遼東（今屬遼寧）	王寂《遼東行部志》
《十七史蒙求》	1200—1213年前	吳庭秀	1175？—1214年	太原交城（今屬山西）	《遺山先生文集》卷三六《十七史蒙求序》
《禪苑蒙求瑶林》	1225年	釋志明	金末	安州（今屬河北）	完顏璹《禪苑蒙求題記》
《帝王鏡略》	1234—1257年之間	元好問	1190—1257年	太原秀容（今山西忻州）	《陵川集》卷三五《遺山先生墓銘》
《史學蒙求箋注》	元前期	鄭儀孫	南宋遺民	建寧路建安（今福建建甌）	《閩中理學淵源考》卷三八《鄭翠屏先生儀孫》條引《閩書》

---

① 程鉅夫：《程雪樓文集》卷二三《黃成性史學提要贊並序》，第869—870頁；吳澄撰：《吳文正公集》卷一〇《黃成性詩序》，《元人文集珍本叢刊》第3册，第205頁；揭傒斯：《揭文安集》卷七《答胡汲仲書》，第7b—8a頁。

② 熊子臣修，何鐣纂：《栝蒼彙紀》卷六《選舉表·青田縣》，《上海圖書館藏稀見方志叢刊》第112册，第310頁。

③ 傅增湘：《藏園群書經眼録》卷六《史部四·歷代史譜不分卷》，中華書局2009年版，第444頁。

續表

蒙書	完成或刊刻時間	編纂者	生卒年	籍貫	文獻出處
《純正蒙求》	1286年	胡炳文	1250—1333年	徽州路婺源（今江西婺源）	《元詩選》初集卷二四《胡學正炳文》
《歷代蒙求》	世祖朝後期	王芮	元前期	汝寧府汝南（今屬河南）	鄭鎮孫《歷代蒙求纂注序》
《經傳蒙求》	1296年前	應子翱	1250年左右—?	慶元路昌國州（今浙江舟山）	《剡源集》卷七《昌國應君類書蒙求序》
《左氏蒙求》	1296年	吳化龍	1244年前後—?	慶元路奉化州（今屬浙江）	《剡源集》卷七《左氏蒙求序》
《歷代紀統》	1297年前	陳著	1214—1297年	寄籍慶元路奉化州（今屬浙江）	樊景瑞《宋太傅陳本堂先生傳》
《羲宋》	1290年代	趙某	南宋入元	興化莆田（今屬福建）	《安雅堂集》卷六《歷代紀統序》
《伍典蒙求》	1298年	詹仲美	南宋入元	鉛山州（今江西鉛山）	《剡源集》卷七《伍典蒙求序》
《歷代蒙求》	1299—1310年	陳櫟	1252—1334年	徽州路休寧（今屬安徽）	《定宇集》卷一七《定宇先生墓誌銘》
《史學提要》	1305—1311年	黃繼善	南宋入元	建昌路金溪，客旴江（今屬江西）	《吳文正公集》卷一〇《黃成性詩序》
《歷代蒙求纂注》	1309—1330年	鄭鎮孫	活動於至順、至正初年	處州路括蒼（今浙江麗水）	鄭鎮孫《歷代蒙求纂注序》；《藏園群書經眼錄》卷六《歷代史譜不分卷》
《古今歷代啓蒙》	1322年前	王元鼎	不詳	集慶路金陵（今江蘇南京）	《松雪齋集》卷六《古今歷代啓蒙序》

　　由籍貫欄可見，金代蒙書編纂者多生活於文化發達的山西一帶。元代蒙書編寫者除王芮爲北方人外，其餘全是南人，且集中於江南發達的江浙行省，黃繼善籍貫江西行省建昌路，也與江浙行省接壤。

　　由生卒年欄可知，金代蒙書編纂者活動於金世宗大定年間以後，此時金朝文化步入繁盛期，教育的發達使得時人對兒童教育的關注增強，蒙書也相應問世。元朝蒙書編纂者除王芮、鄭鎮孫外，其他人都是生活於元前期的南宋入元士人。由此可知元代的蒙求體蒙書主要是繼續了南宋此類蒙書編纂的餘風。這些人大多具有親身教學經歷，如陳櫟十五歲爲鄉師，宋亡後致力於朱子之學，得經學大儒吳澄看重，凡江東人求學吳澄，吳澄盡送而歸之陳櫟。① 陳著與文天祥同榜進士，作爲南宋遺民，他在宋亡後隱居教子，日取載籍所存與伊洛儒先緒言，爲諸子道之。② 胡炳文曾出任信州道一書院山長、明經書院山長。③ 吳化龍在入元後"闔門下帷，躬少年書生之事"④，以教書爲業。宋亡後，南宋士人仕途不暢，出任學官或私塾授徒是他們最常見的職業選擇，他們在教學實踐中，將自身在南宋時期奠定的教育基礎和教育模式帶入元朝，將南宋的蒙書編纂傳統也繼承下來，使得蒙求類蒙書在元代繼續發展。

由南宋入元士人奠定的這一自編蒙書教子弟的傳統，自元初一直延續到元後期。生活於元末的趙汸（1319—1369年）曰："僕之鄉先生皆善著書，所以羽翼夫程朱之教者，具有成説。"⑤

（二）蒙書刊刻時間與地域分佈

蒙書刊刻時間。從上表可見，金代"蒙求體"蒙書主要出現在世宗朝之後。其實不惟這幾部"蒙求體"蒙書，金代其他蒙書大致也都成書於世宗朝之後。如完顏匡《睿宗功德歌》，約作於世宗大定二十三年（1183年），⑥ 公孫昂霄《左氏韻語》，約成書於金末。⑦ 這與金世宗、章宗重視文化教育的發展，金代文化在世宗、章宗時期繁榮的歷史背景吻合。

元代的"蒙求體"蒙書完成或刊刻時間大致在世祖朝末期至成宗朝。由前面繫年考證知，繫年時間我們是根據書目的"序""跋""題記"一類文字得出的，有的書往往在完成數年後才得以刊刻，因而會有繫年滯後的情況。大體上説，這批蒙書是南宋入元士人在教學中根據需要編寫，十餘年後隨着社會穩定、教育發展，到成宗朝才陸續刊刻版行。這一脈絡與元政府推行小學教育的時間也吻合，元政府在至元二十八年（1291年）令"江南諸路學及各縣學內，設立小學，選老

---

① 揭傒斯：《定宇先生墓誌銘》，《陳定宇先生文集》卷一七，《元人文集珍本叢刊》第4冊，第485頁。
② 陳旅撰：《安雅堂集》卷六《歷代紀統序》，《景印文淵閣四庫全書》集部第1213冊，第70頁下—71頁下。
③ 顧嗣立：《元詩選》初集丙集《胡學正炳文》，中華書局1987年版，第837頁。
④ 戴表元：《剡源集》卷七《左氏蒙求序》，第8a—8b頁。
⑤ 趙汸撰：《東山存稿》卷二《留別范季賢序》，《景印文淵閣四庫全書》集部第1221冊，第211頁下。
⑥ 《金史》卷九八《完顏匡傳》，中華書局1975年版，第2164頁。
⑦ 楊弘道撰：《小亨集》卷六《題公孫長卿〈左氏韻語〉後》，《景印文淵閣四庫全書》集部第1198冊，第214頁下—215頁上。

成之士教之，或自願招師，或自受家學於父兄者，亦從其便"①。如此，官學、私學中的童蒙教育都有了很大發展，蒙書需求也相應增多，因而這批蒙書集中在成宗朝前後版行。

元代後期，蒙求體蒙書減少，除鄭鎮孫注《歷代蒙求》版行外，不再見新編以"蒙求"命名的蒙書。究其原因，一是胡炳文、陳櫟等大儒編纂的蒙書在元後期繼續使用，沒有重編的必要。二是隨着時代發展，《蒙求》逐漸不適合新時代的需求而被時人詬病批判。② 金元時人對《蒙求》及其續作的批判主要集中在三個方面：一是叙事無序。如鄭鎮孫言"句舉一事，摘偶碎文，世代後先，人品高下，雜乎其間也"③；徽州路總管王萱批判徐子光《補注蒙求》"句以事對，多失其序，事未易記，蒙何以求？"④ 二是内容駁雜。《蒙求》的歷史、神話掌故固然有利於兒童掌握古今故事，但這些内容出自經傳百家，金人吳庭秀就批判宋人《十七史蒙求》"間用《吕氏春秋》《三輔決録》《華陽國志》《江南野録》，謂之'史'可乎？"⑤ 三是内容無用。隨着理學興起，以朱熹爲代表的理學家關注兒童教育，並看重兒童的修身進德，在理學成爲占統治地位學術思想的情況下，"小學類"蒙書受到推崇並逐步增多，對於只講掌故的《蒙求》，則被視爲"無用之言"，吳澄就認爲《蒙求》與《千字文》一樣，"讀誦雖易，而竟何所用？士大夫之家頗或知其無用而舍旃"⑥。同時，各種專科知識類、插圖類蒙書出現，多種形式的蒙書交相輝映，"蒙求"的繁盛時代不再，逐漸式微。

蒙書分佈地域。元代南方的學校教育較北方發達，僅就小學教育而言，官學中的儒學小學只在南方推行，家塾、義學、書院等私學教育機構南方也遠遠多於北方。如此，南方社會對童蒙書的需求也更多。這也是表1中"蒙求體"蒙書主要出現在南方的原因。其實，這也是我們熟知的元代南北方教育發展不平衡造成的。

（三）體例與内容的變化

體例方面，金代新編的"蒙求體"蒙書如《次韻蒙求》《和蒙求》《十七史蒙

---

① 《元史》卷八一《選舉志一·學校》，第2032頁。
② 南宋已經出現對《蒙求》批判的聲音，如陳振孫言該書"本無義例，信手肆意，雜襲成章，取其韻語易於訓誦而已。遂至舉世誦之，以爲小學發蒙之首，事有甚不可曉者。余家諸子在襁，未嘗令誦此也"，見陳振孫《直齋書録解題》卷一四《類書類·蒙求三卷》，《宋元明清書目題跋叢刊》影武英殿聚珍版，中華書局2006年版，第724頁下。
③ 鄭鎮孫：《歷代蒙求纂注序》，《續修四庫全書》子部第1218册，第495頁下。
④ 王萱：《歷代蒙求纂注跋》，《續修四庫全書》子部第1218册，第495頁上。
⑤ 元好問：《遺山先生文集》卷三六《十七史蒙求序》，第7b頁。
⑥ 吳澄撰：《吳文正公集》卷一〇《虞舜民禮學韻語序》，《元人文集珍本叢刊》第3册，第216頁。

求》《禪苑蒙求》，都按照李瀚《蒙求》四字一句、對偶押韻的體例編寫。宋代蒙求類蒙書的體例已寬泛化，此時的蒙求書目或借用其名，或借用其體，已不拘泥於李瀚《蒙求》的體式。① 如鄭德輿《歷代蒙求》，"用李氏之體，備述歷代，由伏羲以至大宋事，不求對句，以四言童子易於誦習，千古大概如指諸掌"②，就是靈活運用蒙求體的表現。宋代在體例方面的解放意識延續到元代，元代出現的通史類蒙求書，如陳櫟《歷代蒙求》、陳著《歷代紀統》、王元鼎《古今歷代啓蒙》、黃繼善《史學提要》，基本是借鑒鄭德輿體例，而且在書名上也不局限以"蒙求"命篇，如"紀統"強調王朝的正統性，"提要"突出提綱挈領，這種書名更能體現出書目的主旨。大德年間雪江書院山長凌緯編纂的《事偶韻語》，雖意在仿《蒙求》，然體例變化甚大。其自序云："唐李瀚《蒙求》約四言成編，誠便記覽。自後文士往往效而爲之，未有增至五言者。余因暇日觀歷代君臣言行，多有補於世教，由是撮舉其要，以類相偶，萃爲絕句百章，各章之下仍取得失事附注焉。"四庫館臣認爲"蓋即《蒙求》而稍變其體耳"③。凌緯將《蒙求》的四言句改爲五言，以一百首五言絕句的形式編著歷代君臣故事，可謂是有仿《蒙求》之意，然在表現形式上，既未見"蒙求"之名又未用"蒙求"之體。可見，元人編著蒙書時，在吸取既有體裁優點的基礎上又善於創新。

內容方面。同前代一樣，歷史類仍然是金元時期"蒙求體"蒙書的主體。金代蒙求體蒙書繼續了宋代以來區分部類、主旨鮮明的編寫特點，專講歷史或佛教知識，彌補了李瀚《蒙求》雜取經史百家、內容駁雜的缺陷。元代蒙書在內容方面最突出的特點是繼承宋代理學家的教育理念，在蒙書編纂中加重理學的倫理道德教育，甚至出現如《純正蒙求》《伍典蒙求》這種專講進德修身的蒙求書。蒙書的內容反映著時代的文化趨向，由此可見元代對歷史知識和倫理道德的重視。

四 小結

"蒙求體"蒙書自唐代出現，在宋代尤其南宋達到賡續、仿作高潮。金元接續宋代蒙書編纂的高潮，在各自統治時期均有新編"蒙求體"蒙書出現。南宋蒙求書編纂的高潮餘波延及元代，在元前期出現一個小的高潮。促成這波小高潮的，

---

① 徐梓：《中華蒙學讀物通論》，第64—65頁。
② 樓鑰：《攻媿集》卷七六《跋鄭德輿歷代蒙求》，第13b—14a頁。
③ 嵇曾筠等監修，沈翼機等編纂：《（雍正）浙江通志》卷一七八《文苑一》引《成化杭州府志》，《景印文淵閣四庫全書》史部第524冊，第5頁下；《四庫全書總目》卷八九《史部四五·史評類存目一·事偶韻語一卷》，第759頁。

是南宋入元士人。大批前朝士人甚至進士投身教育行列並親自編寫教材，爲元代蒙學教育的繁盛做出了貢獻。蒙書出現地域主要集中在江南尤其是經濟、文化發達的江浙一帶，這與當地官、民皆重視子弟教育的社會風氣有關。金元時期新編的"蒙求體"蒙書仍以歷史類爲主，也出現輔翼朱熹《小學》的、專講倫理修身的《純正蒙求》《伍典蒙求》。體例方面，金朝尚恪守李瀚《蒙求》體例，元朝則逐步從《蒙求》的嚴格體例中解放出來，甚至不拘泥於四言，取"蒙求"之意而變其體。

金元兩朝雖然是北方民族建立的王朝，統治制度、文化政策與中原王朝存在差異，然而中原傳統文化在這兩個王朝的延續並未中斷，金朝承繼了北宋蒙書編纂的風格，元初南方士人將南宋蒙書編纂傳統帶入元朝，傳統文化依然綿延不斷。

收稿日期：2022 年 3 月

元代宰相哈剌哈孫之順德僚佐與用人取向

張曉慧

摘　要：元代名相哈剌哈孫，與其封地順德聯繫密切，拔擢了若干順德士人。哈剌哈孫執政期間，起用、舉薦了一批長於吏幹、兼備儒學的各族群官僚。與之相比，順德僚佐的特殊性在於，與哈剌哈孫建立起較爲密切的社交網絡，更易成爲其親信。這一個案提示，可從地方社會的人際網絡來觀察元代的分封制度和政治文化。

關鍵詞：哈剌哈孫　分封　順德　賈庭瑞

　　哈剌哈孫，出身蒙古斡剌納兒氏，是成吉思汗功臣的後裔。哈剌哈孫在元世祖末年和成宗初年任湖廣行省長官，成宗大德二年（1298年）以後進入中書省擔任宰相，長達十年，被元人稱爲"賢相"[1]，是元代政治史上頗具影響的著名宰執。[2] 與元代其他蒙古重臣相比，哈剌哈孫執政經歷中較爲特殊的一點是，他的身邊聚集着一大批漢人和深受漢文化影響的蒙古、色目官僚。其中，尤其值得注意的是出身于哈剌哈孫家族封地順德的僚佐。順德，位於今邢臺，元初改邢州爲順德府，後升爲順德路。[3] 蒙元時代，窩闊台和忽必烈都曾將漢地人户分封給蒙古功臣家族。對入元後的蒙古功臣家族而言，漢地食邑的作用一般限於衣食租税而已，在史料中很少見到這些家族與漢地食邑除經濟紐帶之外的密切聯繫。[4] 順德封地對

---

[1] 《元史》卷一三六《哈剌哈孫傳》，中華書局1976年版，第3295頁。
[2] 柯劭忞《新元史》卷一九八、屠寄《蒙兀兒史記》卷一一六皆爲哈剌哈孫立傳，見《元史二種》，上海古籍出版社1989年版，第1册，第793—794頁，第2册，第707—709頁。此外，參見中國歷史大辭典編纂委員會《中國歷史大辭典（遼夏金元史）》"哈剌哈孫"條（陳得芝撰），上海辭書出版社1986年版，第365頁；白壽彝總主編，陳得芝主編《中國通史·元時期（下）》，上海人民出版社2015年版，第1121—1124頁。
[3] 《元史》卷五《世祖紀二》，第87頁；卷五八《地理志一》，第1358頁。
[4] 相關研究見李治安《元代分封制度研究（增訂本）》，中華書局2007年版，第53—154頁。

於哈剌哈孫來説，則不僅發揮着食邑的作用。順德籍士人與哈剌哈孫之間，存在着諸多聯繫與互動，其中甚至出現了哈剌哈孫僚佐群體的核心人物。下文就來考察哈剌哈孫與順德封地和順德士人的互動，並且對照其所薦舉、起用的諸族群官僚，分析其用人取向。

一　哈剌哈孫的順德封地與僚佐

哈剌哈孫家族的發跡，始於成吉思汗的功臣啓昔禮與八答。啓昔禮之子、哈剌哈孫的祖父博理察"從睿宗皇帝取汴、蔡，滅金。丙申（注：即太宗八年，1236年），錫封邑順德"①。哈剌哈孫及父祖皆封順德王。② 與其他功臣封地一樣，哈剌哈孫家族的順德封地也是食邑性質，並不是家族居地。虞集《題斡羅氏世譜》云："忠獻以王爵食順德，實未始去朝廷。父子相繼出鎮，中外倚重，未嘗就國而即安。"③ 忠獻指的是哈剌哈孫。從這條史料反映的情況來看，哈剌哈孫與其子脱歡"未嘗就國"，並不曾在順德久居。但與其他擁有封地的功臣家族相比，哈剌哈孫家族與封地順德的聯繫十分密切。《元史·世祖紀》記載蒙哥時期，忽必烈管理漢地，"邢州有兩答剌罕言於帝曰：'邢吾分地也，受封之初，民萬餘户，今日減月削，纔五七百户耳，宜選良吏撫循之。'帝從其言。承制以脱兀脱及張耕爲邢州安撫使，劉肅爲商榷使，邢乃大治"④。兩答剌罕，即啓昔禮與八答的後人，其建言對邢州的地方治理起到了相當大的作用。哈剌哈孫家族對順德地方社會的影響還表現在，順德爲哈剌哈孫建廟致祭，《元史·祭祀志》"功臣祠"條記"順德忠獻王哈剌哈孫廟在順德、武昌"⑤。

哈剌哈孫家族與順德封地之間密切聯繫的另一表現，是哈剌哈孫對順德籍士人的起用。見諸史料記載的主要有三位：賈庭瑞、董禧和王顯祖。下面一一考察他們的仕宦經歷與哈剌哈孫的關係。

賈庭瑞（賈廷瑞）。賈庭瑞的生平經歷，主要見載於吳澄《趙郡賈氏先塋

---

① （元）蘇天爵輯：《國朝文類》卷二五劉敏中《丞相順德忠獻王碑》，《四部叢刊（初編）》影印上海涵芬樓藏元刊本，上海：商務印書館1922年版，第2頁；亦見《元史·哈剌哈孫傳》。
② （元）程鉅夫：《程雪樓文集》卷三《啓昔禮贈謚制》等，《元代珍本文集彙刊》影印影鈔洪武本，臺灣"中央圖書館"1970年版，第193—199頁。
③ （元）虞集：《道園學古錄》卷四〇《題斡羅氏世譜》，《四部叢刊（初編）》影印明景泰翻元小字本，上海：商務印書館1922年版，第3頁。
④ 《元史》卷四《世祖紀一》，第57頁。
⑤ 《元史》卷七六《祭祀志五》，第1904—1905頁。

碑》。①《先塋碑》稱賈庭瑞爲趙州柏鄉縣人，柏鄉縣毗鄰順德路。賈庭瑞因而很早就爲哈剌哈孫所知："比長，出而從事，誤爲故丞相順德王答剌罕所知，始終服屬，未嘗離去。"其身份應該是哈剌哈孫在封地的隨從、屬官。隨着哈剌哈孫出任湖廣長官，賈庭瑞亦隨之由投下屬官入仕湖廣，並緊隨哈剌哈孫一步步升遷："丞相行湖廣省事，時任檢校，又任都事；丞相行江浙省事，時任都事，如在湖廣；逮丞相入朝總百揆，庭瑞主事刑部，遷吏部，繼除樞密院都事、户部員外郎。"②成宗死後，哈剌哈孫主持國事，迎立武宗，作爲哈剌哈孫親信的賈庭瑞也參與其中："大德季年，贊丞相定國大計。"不過，哈剌哈孫死後，賈庭瑞"以忤近侍，棄官養親。"（見《先塋碑》）所謂"忤近侍"一事，指的應該是賈庭瑞得罪於尚書省官，事見《元史·賈昔剌傳》。③元代在大多數情況下實行一省制，武宗則在中書省之外設立尚書省，集中體現了其個人意志。④賈庭瑞上書，請以宣徽院爲門下省，形成對尚書省權力的監督與制衡，觸怒了武宗及尚書省臣。最終賈庭瑞雖得免死，但在武宗一朝未獲官職。到了仁宗朝，"尚書省廢，而庭瑞居母喪，服闋，除揚州路總管，又以不能嫵媚去職。"對賈庭瑞一生的仕宦經歷，吳澄在《先塋碑》中有一段評價，其文字亦略見於（嘉靖）《真定府志》。但（嘉靖）《真定府志》中另有一些信息不見於今本《先塋碑》："吳澄稱庭瑞既廉且平，剛直不撓，莅官能爲人所不能。見義勇往，不畏強禦，甚有惠政及民。事丞相最久，知無不言，言必見用，讜論嘉猷，化而爲沛澤，滲漉天下生靈者多矣。"⑤其中"事丞相最久，知無不言，言必見用"一句，揭示出賈庭瑞是長期追隨哈剌哈孫的親信，參與了其執政期間大政方針的製定。

董禧。董禧字景甫，邢州（順德）人，其生平經歷主要見於《中庵集·董公神道碑》。⑥據《碑》，金末，董禧祖父董溫降于大將順德王答剌罕，即哈剌哈孫之祖博理察。自此之後，董氏世爲邢州官長。董禧自幼與邢州名士交游，以儒學

---

① （元）吳澄撰：《吳文正公集》卷三三《趙郡賈氏先塋碑》，《元人文集珍本叢刊》第3册影印明成化刊本，臺北：新文豐出版公司1985年版，第555—556頁。
② 見《先塋碑》。賈庭瑞任湖廣行省檢校官，亦見（元）劉敏中《中庵先生劉文簡公文集》卷一《柏鄉縣新修夫子廟記》，《北京圖書館古籍珍本叢刊》第92册影印清抄本，北京圖書館出版社2000年版，第274頁。其任吏部主事，亦見於《元典章》（陳高華、張帆、劉曉、党寶海點校：《元典章》卷四〇《刑部二·刑獄·繫獄·〔訟〕〔詳〕情監禁罪囚》，中華書局、天津古籍出版社2011年版，第1362頁）。
③ 《元史》卷一六九《賈昔剌傳》，第3972頁。
④ 相關研究參見李鳴飛《元武宗改革諸問題淺探》，碩士學位論文，中央民族大學，2007年。
⑤ （嘉靖）《真定府志》，《原國立北平圖書館甲庫善本叢書》第292册據明二十八年刻本影印，國家圖書館出版社2013年版，卷二七，第43頁下，又見卷五，第39頁下。
⑥ （元）劉敏中：《中庵先生劉文簡公文集》卷七《贈嘉議大夫、工部尚書、上輕車都尉、隴西郡侯董公神道碑銘》，第331頁。

見知于哈剌哈孫："故丞相順德忠獻王生有異質，未冠，襲命答剌罕。答剌罕，譯言一國之長。雅敬重公暨向之數公，皆接以師賓之禮。日翻閲藝文，揚搉今古。"董禧雖未追隨哈剌哈孫爲僚佐，但類似備於諮訪的謀士。"逮忠獻由大宗正拜平章事，行省湖廣，走書幣召公，凡再四。"哈剌哈孫向董禧詢問爲相之道，董禧將其比之伊尹，認爲"湖廣一隅，特發軔耳"，可見他對於此時尚任行省長官的哈剌哈孫抱有入主中書的很大期許。哈剌哈孫成爲中書右丞相之後，"較其設施，一如公所言。王固不負公，公亦無負王矣"。不僅董禧本人曾爲哈剌哈孫運籌帷幄，董禧之子董繼昇與董同昇"皆以清慎貞幹受知忠獻王"，董繼昇先後任平陰縣尹、同知將作院事、山北遼東道肅政廉訪使、翰林學士、江浙行省參知政事；董同昇任僉燕南河北道肅政廉訪事，升山東東西道副肅政廉訪使。① 董繼昇任官于御史臺系統和江浙行省，這與哈剌哈孫之子脱歡任御史大夫、江浙行省平章政事可能不無關系。② 與前述賈庭瑞不同的是，董禧以千户身份備于顧問、始終未授民官，但董禧之子不再世襲順德地方官，依靠與哈剌哈孫家族的特殊關系，仕至行省長官。

　　王顯祖。王顯祖字繼先，亦爲邢州（順德）人，事蹟主要見《牆東類稿·總管王公行狀》。③ 與董氏一樣，王氏自金末降于木華黎後成爲順德世宦之家。王顯祖先後在順德、宣德等地任職。至元二十八年"行省平章約蘇穆爾以貪刻失民心，湖廣騷然。世祖震怒，命順德忠獻王達爾罕往按之，除公行省副理問，窮治黨與，次第誅殛，追贓以鉅萬計，民大説……三十一年，行省委公整治湖南等七路錢糧，蠲無名雜科之賦，除有征無納之額，至今民間便之"。約蘇穆爾、達爾罕，爲清代四庫館臣改譯的結果，即元代的要束木、答剌罕（指哈剌哈孫）。王顯祖隨哈剌哈孫來到湖廣行省，任副理問，成爲哈剌哈孫治要束木之獄的得力幹將。

　　除以上三人之外，還有非順德人因事涉順德一地爲哈剌哈孫所識。蘇天爵《王仁墓誌銘》記載燕南按察司僉事王仁，"順德監郡朶羅帶盜用官帑，公發其事，皆伏辜"。"故相順德忠獻王由大宗正拜湖廣行省平章，道出真定，謂公曰：

---

① 董繼昇的仕宦經歷《神道碑》略有提及，詳細信息見於以下史料。（雍正）《山東通志》卷三五《醇德先生王公祠記》，收入李修生主編《全元文》第20册，鳳凰出版社1998年版，第80—81頁。（乾隆）《泰安府志》卷二五《藝文志六》之《新建平陰文廟兩廡記》，《全元文》第9册，第91—92頁據（光緒）《平陰縣誌》録入。（乾隆）《泰安府志》卷一四《宦跡上》亦載"董繼昇，字鵬飛，順德路人，爲平陰尹。勸課農桑，均平賦役。建祠廟以祀先賢，蠲徭役以誘後學"。（《中國地方志集成·山東府縣志輯63》，鳳凰出版社2004年版，第440頁）（元）許有壬撰：《至正集》卷四六《敕賜贈中奉大夫、河南江北等處行中書省參知政事、護軍、追封渤海郡公吳公神道碑銘》："繼昇，仕止江浙省參知政事"，見《元人文集珍本叢刊》第7册影印宣統石印本，第227頁。

② 見《元史》卷二五《仁宗紀二》，第574頁；《元史》卷二九《泰定帝紀一》，第653頁等。

③ （元）陸文圭撰：《牆東類稿》卷一四《總管王公行狀》，《元人文集珍本叢刊》第4册影印《常州先哲遺書》本，第607頁。

'居官難，居憲司又難。治罪奪職而人弗怨，此其尤難也。使官風紀者皆然，而人寧有負冤者歟！'"①王仁因彈劾順德達魯花赤一事，受到了哈剌哈孫的賞識。

賈庭瑞、董禧和王顯祖三人，不同程度地成爲哈剌哈孫的親信。雖然他們之間的關系史無明文，不得而知，但他們的共同特點是作爲順德鄉党，與哈剌哈孫家族有着天然的密切關系，進而爲哈剌哈孫所賞識，成爲其忠實僚佐或謀士，因此可以用順德僚佐群體代稱之。其中，賈庭瑞和王顯祖長於吏能，董禧則更具儒士之質。從與哈剌哈孫的關系上講，賈庭瑞和董禧父子可以説長期追隨哈剌哈孫，是其治政的得力助手；王顯祖則並未始終追隨哈剌哈孫，與哈剌哈孫的個人關系不如賈庭瑞、董禧父子密切。從出身上講，董禧和王顯祖都出身於順德地方世家，父祖崛起于金末，在大蒙古國初期投降蒙古，家族世爲順德軍、民官長；而賈庭瑞祖上並不顯揚，完全依靠哈剌哈孫的賞識與支持在官場步步高升。

二　哈剌哈孫起用的諸族群官僚

除上述順德僚佐之外，哈剌哈孫在主政湖廣行省和中書省期間，還起用了不同族群的官僚來輔佐其治理一省之政和中書庶務。搜集有關這些人的生平經歷的信息，與順德僚佐群體相參照，有助於揭示哈剌哈孫的用人取向。

哈剌哈孫在主政湖廣行省期間，起用或薦舉、賞識的漢人官僚，主要有以下幾位：高仁、李謙、周德貞。高仁生平，主要見於黃溍《濟南高氏先塋碑》。②據《先塋碑》，高仁出身吏員，其由吏入官，出於哈剌哈孫的起用："從征安南，討兩江群蠻有勞，受知丞相順德忠獻王，因攜以入覲。"此後，他一度追隨哈剌哈孫："丞相改莅江浙行中書省，奏以爲檢校官。尋遷左右司都事……擢中書工部主事。"此後，高仁先後任江浙行省左右司員外郎、江西行省理問官、吳江州知州、嘉興路總管府治中。③李謙，並非東平李謙，而是元明善《追封隴西郡伯李公墓碑》的傳主李謙。④據《墓碑》，李謙亦出身吏員，"丞相順德王時行中書省湖廣，才□召爲□，奏入……"他因吏幹受知哈剌哈孫，先後任長壽令、崇陽令、公安

---

①（元）蘇天爵著，陳高華、孟繁清點校：《滋溪文稿》卷一〇《故河東山西道肅政廉訪使、贈禮部尚書王正肅侯墓誌銘》，中華書局1997年版，第156—157頁。

②（元）黃溍：《金華黃先生文集》卷二八《濟南高氏先塋碑》，《中華再造善本》據上海圖書館藏元刻本影印，北京圖書出版社2005年版，第17—19頁。

③ 高仁在吳江州任上的治績，亦見（正德）《姑蘇志》卷四一《宦跡五》，《天一閣藏明代方志選刊續編》第11—14冊據明正德元年刻本影印，上海書店1990年版，第587—588頁。

④ 元代較爲知名的李謙，字受益，《元史》卷一六〇有傳。本文討論的李謙，見（元）元明善撰《清河集》卷六《追封隴西郡伯李公墓碑》，《元人文集珍本叢刊》第5冊影印《藕香零拾》本，第195頁。

令、昆山州同知。周德貞是忽必烈潛邸舊臣周止之子。① 至元後期周止在湖廣致仕後，"順德忠獻王之平章湖廣行省也，用其子德貞爲掾"。周德貞之所以能爲哈剌哈孫所起用，應當離不開其父周止潛邸舊侣、憲臺老臣的身份。除上述三人之外，烏古孫澤也曾在湖廣任職，期間曾得到哈剌哈孫的賞識，見《元史》本傳。②

哈剌哈孫在任湖廣長官之後，於大德二年進入中書宰執之列，在長達十年的爲相期間，他提拔起一批能吏，主要有以下數位。首先是在仁宗、文宗朝官至宰相的敬儼。③ 敬儼早年在成宗朝受知於哈剌哈孫，見《元史》本傳："會湖湘有警，丞相哈剌合孫答剌罕奏儼奉詔恤民，且觀釁，甚稱旨意。"後來哈剌哈孫入主中書，定謀擁立武宗，"武宗撫軍北邊，成宗昇遐，宰臣有異謀者，事定，命儼預鞫問之，悉得其情"。在哈剌哈孫死後，敬儼亦受知於哈剌哈孫之子脱歡，"七月，召爲侍御史；十月，遷太子副詹事，御史大夫脱歡答剌罕奏留之"④。馬煦，見虞集《户部尚書馬公神道碑》："是故答剌罕公之爲相也，病選法之滯。公適左司，考歷代典故白之，深爲丞相所敬重，至遣其子今平章脱完公禮之，以爲吏師。"⑤ 高昉，見蘇天爵《高昉神道碑》："時順德忠獻王當國，選公爲左司郎中，贊畫政務居多。嘗以言忤權貴，出爲潭州路總管。潭爲湖南大郡……憲司以治最聞。潭人方樂公政，而公召爲中政矣。"⑥ 高昉被哈剌哈孫起用爲左司郎中後，"以言忤權貴"，被外調湖南潭州。郭郁，官至福建都轉運鹽使，《運使復齋郭公言行録》一書收録與其相關的詩文碑記。據《言行録》，元貞元年"時中書答剌罕丞相甚器重之，留掾都省。大德九年，敕授承務郎、宣徽院都事"⑦。此外，宋代名臣文彦博之後文如玉也曾得到哈剌哈孫的賞識，只是未及見用。⑧ 哈剌哈孫賞識、舉薦的還有若干儒士。（至順）《鎮江志》云："俞庸，字時中。初爲明道書院山長。大德中，以地震陳格天心、召和氣九策萬餘言。答剌罕丞相嘉之，因試補户部令

---

① 周止先後在中書省和監察系統任官，曾獲張德輝的舉薦。見（元）王惲《秋澗先生大全文集》卷八〇《中堂事記上》，《四部叢刊》影印明弘治本，上海：商務印書館1922年版，第6頁；（元）蘇天爵輯撰，姚景安點校《元朝名臣事略》，中華書局1996年版，第210頁。周德貞見（元）程鉅夫《程雪樓文集》卷二五《跋姚雪齋贈周定甫詩後》，第955頁。
② 《元史》卷一六三《烏古孫澤傳》，第3834頁。
③ 《元史》卷一一二《宰相年表》，第2821、2829、2830頁。
④ 《元史》卷一七五《敬儼傳》，第4093—4096頁。
⑤ （元）虞集：《道園學古録》卷一五《户部尚書馬公墓碑》，第9—10頁。
⑥ （元）蘇天爵：《滋溪文稿》卷一一《元故贈推誠効節秉義理功臣、光禄大夫、河南行省平章政事、追封魏國公、謚文貞高公神道碑銘》，第163—168頁。
⑦ （元）徐東撰：《運使復齋郭公言行録》，《續修四庫全書》史部第550册據至順本影印，上海古籍出版社2002年版，第648頁上。
⑧ （元）宋褧：《燕石集》卷一四《奉元路總管致仕文公神道碑》，《北京圖書館古籍珍本叢刊》影印清鈔本，第92册，第227頁。

史,遷尚服院掾史,除從仕郎、吏部考功主事,再遷尚服院都事。"①《元史·尚野傳》云:"丞相哈剌哈孫始命野分學於上都,以教諸生,仍鑄印給之,上都分學自野始。"②

哈剌哈孫主政湖廣行省和中書省期間,起用諸官僚中也有不少出身蒙古、色目,包括以下數位。禿忽魯,康里人,字親臣,許衡的學生,《元史》有傳。"時哈剌哈孫爲湖廣平章,嘗與禿忽魯同在大宗正,素知其賢,舉以自輔,遂授資德大夫、湖廣右丞。"③在哈剌哈孫的舉薦下,禿忽魯輔佐哈剌哈孫,二人共同構成了湖廣宰執班底。伯行,玉吕伯里人,其生平主要見袁桷所撰《玉吕伯里公神道碑》,④他由臺官爲哈剌哈孫所知,調入中書省,在成宗崩後、哈剌哈孫主政期間助力甚多。"太傅、丞相答剌罕公審察賢士,擢工部侍郎。日從丞相騎,具言江南弊事數百條。丞相首肯之,且命治西京賈人積逋巨萬,得其實……十一年(注:即大德十一年,1307年),成宗崩,丞相受遺,鎮遏嚴整。獨命公掌諸庫藏,鍵鑰唯謹。諸王會朝,頒賚有等,目公品節,纖粟毋敢嘩。丞相益器之,遂升尚書。"虎都鐵木禄,哈剌魯人,《元史》本傳稱其"好讀書,與學士大夫游,字之曰漢卿",時人稱之爲劉漢卿。"權臣方擅威福,遂退處於家。二十八年(注:即至元二十八年,1291年),詔太傅、右丞相順德王答剌罕擒權奸于鄂。答剌罕遂拜湖廣行中書省平章政事,詢舊人知方面之務者,衆薦漢卿,遣使即南陽家居驛致武昌,奏事京師,帝嘉之,擢給事中。"⑤這裏的"權臣""權奸",指的應該是上文提到的要束木。經哈剌哈孫的舉薦,賦閑在家的劉漢卿得以直接出任秩正四品、具有皇帝近侍性質的給事中。禿忽赤,生平主要見吳澄所撰《禿忽赤墓表》。⑥禿忽赤在通山縣達魯花赤任上,被時爲湖廣長官的哈剌哈孫所賞識,其後隨哈剌哈孫任湖廣通事、中書省通事。後外任吉州路總管府判官、衡州路判官,亦皆在哈剌哈孫曾長期執政的湖廣境内。納麟,西夏儒士高智耀之孫,《元史》本傳稱:"納麟以名臣子,用丞相哈剌哈孫答剌罕薦,入備宿衛。"⑦察罕,班勒紇人,以"譯《脱必赤顏》名曰《聖武開天紀》,及《紀年纂要》、《太宗平金始

---

① (至順)《鎮江志》卷一九《人材·仕進·僑寓》,《宋元方志叢刊》第3册,中華書局1990年版,第2863頁。
② 《元史》卷一六四《尚野傳》,第3861頁。
③ 《元史》卷一三四《禿忽魯傳》,第3252頁。
④ (元)袁桷:《清容居士集》卷二六《資善大夫、資國院使、贈資政大夫、江浙等處行中書省左丞、上護軍、順義郡公、謚貞惠玉吕伯里公神道碑銘並序》,第4—10頁。
⑤ 《元史》卷一二二《虎都鐵木禄傳》,第3003—3004頁。
⑥ (元)吴澄撰:《吴文正公集》卷三五《故奉(義)〔議〕大夫、安定州達魯花赤禿忽赤墓表》,《元人文集珍本叢刊》第3册影印明成化刻本,第579—581頁。
⑦ 《元史》卷一四二《納麟傳》,第3406頁。

末》等書"而知名,也曾爲哈剌哈孫所賞識。① 月魯帖木兒,蒙古朵兒邊氏,《元史》有傳。月魯帖木兒之父普蘭奚曾"與丞相哈剌哈孫建議迎立武宗"。月魯帖木兒"年十二,成宗命與哈剌哈孫之子脱歡同入國學",具備了比較高的漢文化修養。"哈剌哈孫欲用爲中書蒙古必闍赤,輒辭焉。哈剌哈孫曰:'汝年幼,欲何爲乎?'對曰:'欲爲御史爾。'人壯其志。"② 月魯帖木兒在仁宗朝先後任監察御史、殿中侍御史,而時任御史大夫的正是脱歡。月魯帖木兒仕于憲臺系統,可能與哈剌哈孫、脱歡父子的舉薦不無關係。

通過對以上諸人仕宦經歷的分析,可以總結哈剌哈孫用人的若干特點。以上諸人,大都以吏能爲哈剌哈孫所賞識,少有純粹意義上的文學之士。其中,敬儼、高仁、禿忽魯、伯行與哈剌哈孫關係較爲密切,在較長時間內追隨哈剌哈孫,對哈剌哈孫的治政助力甚多。其餘諸人一時爲哈剌哈孫所識、所用,但史料中沒有反映出他們與哈剌哈孫之間密切的私人關係。哈剌哈孫與他們的關係維度,大多停留在"公"的層面,這與順德僚佐群體出身於哈剌哈孫家臣形成差異。

此外,見諸史料的哈剌哈孫所起用的蒙古、色目人,都不出身於"大根腳"的元勳世臣,其家世背景不足以保障宦途通達,而他們普遍以文化修養見長。《丞相順德忠獻王碑》稱哈剌哈孫"聞儒者談輒喜",《元史》本傳稱其"雅重儒術",並不是虛語。許有壬《劉國傑神道碑》稱:"時順德王答剌罕以碩德重望行湖廣平章,與公相得,嘗謂公曰:'世間文字,惟漢人之學爲最,惜我不知。'公曰:'以公之聰明,任賢使能,即是讀書,使子孫留意經史,即公自讀也。'王嘉納焉。"③ 可見哈剌哈孫雖無法閱讀漢文,但頗留心選任賢能之士。這一方面有利於人盡其才、政務通達,另一方面更容易形成强有力的人際關係紐帶。

三 結語

本文從地域、族屬、文化等方面,展現了哈剌哈孫用人的整體面貌。從文化面貌上講,哈剌哈孫僚佐群體中的蒙古、色目人,均具備較高的漢文化修養。就漢人僚佐群體而言,其中大部分皆是吏能型官僚,並不是純粹的文人儒士,這與哈剌哈孫漢文化修養有限、在執政過程中注重實用的宗旨有關。看重吏能與賢德的用人取向,符合人們對哈剌哈孫"雅重儒術"的普遍認知。不過,在哈剌哈孫

---

① 《元史》卷一三七《察罕傳》,第3310頁。
② 《元史》卷一四四《月魯帖木兒傳》,第3434頁。
③ (元)許有壬:《許文忠公至正集》卷四八《劉平章神道碑》,第233頁。

的用人取向中，更爲重要且爲人所忽視的一點，是順德僚佐的獨特地位。因爲順德封地的特殊關系，他們追隨哈剌哈孫時間更長，憑藉與哈剌哈孫之間的家臣關系，對其執政形成重要助力，同時也藉以獲得官職的升遷。順德之于哈剌哈孫家族，不僅是衣食租稅的食邑而已，在經濟功能之外，哈剌哈孫家族還在順德經營着人際關系網絡。就像蒙古元勛世臣在元代蒙古語語境中被稱爲"斡脱古·孛斡勒"（老奴婢），與黄金家族實際上構成主奴關系一樣，順德故舊之于哈剌哈孫家族，同樣具有"類家臣"的性質。他們雖並不出身于哈剌哈孫家族的私屬人口，但比較典型的如賈庭瑞，對哈剌哈孫"始終服屬，未嘗離去"，先建立密切的"類家臣"的關系，再獲職于官僚系統，掌握公職與公權力。就權力來源而言，體現出家臣關系被帶入公共場域的傾向。相反的是，非順德出身、爲哈剌哈孫所起用的諸人，是在入仕之後才爲哈剌哈孫所知。其中，有的在共事過程中與哈剌哈孫形成了較爲密切的個人聯繫（如敬儼、伯行等），有的則始終停留在"公"的層面。順德封地，不僅向哈剌哈孫家族輸送着經濟利益，而且爲其提供了原生的人際關系網絡。這爲我們從地方社會層面研究蒙元分封制度、從人際網絡入手研究元代政治文化，提供了一個頗具價值的個案。

收稿日期：2021 年 10 月

"靖難"大封與勛臣五府任官制度

秦 博

摘 要：明代國家機構中與勛臣關系最爲密切者應屬五軍都督府。在永樂朝，作爲一種特殊的榮譽，部分勛臣一度兼領五府都督等職銜。自洪熙、宣德朝始，新封及嗣爵勛貴一如洪武舊制，不再兼領五府都督等品官職銜，唯領"掌府事""掌印"等各類欽差職銜管理五府。至明代中期，五府漸由勛貴專掌，勛臣紛紛帶俸五府，在一定程度上更加凸顯出貴族血緣政治的特徵。勛貴享山河帶礪之尊，與皇帝休戚與共，因此勛臣掌府體制維繫了最高軍事貴族與最高軍政機關之間的對等性，雖然實際權力偏低，卻具有象徵國家禮法等級秩序的功能，實爲穩定皇權統治的機制。

關鍵詞："靖難"之役 勛臣 五軍都督府

明代五軍都督府機構沿革與公、侯、伯勛爵封賞任職制度之間存在密切的關系，但由於以往學者多著力探究五府本身職權衰落的過程，而極少關注與勛臣相關的五府制度細節，[①] 致使明代勛臣五府任官制度尚不清晰。有鑑於此，本文將集中探討與勛臣册封及任職相關的幾個重要問題，一是永樂朝及仁宗登極之初這段時間内，部分勛臣被特準兼領五府都督官的狀況和原因；二是洪熙、宣德以後，勛臣不再兼領有品都督官，而以本爵身份領無品欽差專掌兩京五府機制的形成，

---

① 已有的相關研究中，日本學者谷光隆通過統計《明史·功臣世表》，較早對勛臣任職五府的情況做了概述，但由於没有充分挖掘檔案、實録、文集等更爲原始的資料，故仍存諸多問題可議。見［日］谷光隆《有關明代勛臣的一個考察》，《東洋史研究》29卷4號，1971年。曹循注意到勛臣兼任五軍都督府職權的問題，有宣宗以後勛臣"落去都督等武職"而"只充任差委"的結論，但尚未完全探明洪武、永樂間勛臣兼領品官的複雜演變過程。見曹循《明代勛臣的培養與任用》(《雲南社會科學》2012年第3期）及《明代臣僚封爵制度略論》[《西北師大學報》（社會科學版）2011年第1期]。李新峰近著分析了明初勛臣執掌五府的狀況，然未論及明中後期史實。見李新峰《明前期軍事制度研究》第二章"兵權分配"，北京大學出版社2016年版，第120—121頁。

以及這種專任機制的作用；三是對勛臣帶俸五軍都督府制度進行剖析。深入探討上述問題，不僅可以揭示勛爵群體與五府職官、機構之間複雜的制度聯繫，也有助於瞭解勛臣在明代國家權力結構中的地位。

一　朱棣復授"靖難"勛臣都督兼銜的原因

（一）"靖難"大封功臣的官爵概況

關於明洪武朝勛臣爵位及職權任授的基本模式，筆者已有專論，現大略總結如下：[①] 明代公、侯、伯三等勛爵不設具體品級，朝廷采取將勛爵與職官品秩相比較的方式以定爵位的高低等次。洪武朝曾規定，公爵、侯爵列正一品之上，伯爵列正二品之上。洪武初年，部分"開國"功臣在受封公、侯、伯爵的同時，還兼領大都督府各級都督、中書省丞相及地方行政軍事長官等有實際品級的高級官職，以專管相應的軍國大政。不久，朱元璋又廣泛授予勛貴"總兵""總理"等沒有品級的欽差職銜，更加靈活地指派他們統管各類軍政庶務，於是造成了勛臣所領品官與實際欽派職務不相一致的狀況。如曹國公李文忠，雖在洪武三年封爵並准兼領大都督府左都督，但他洪武四年（1371年）以後就長期領兵外出征戍，實際上無法真正執掌都督府事。至洪武中期，再封和嗣爵的勛臣即不再擔任有品官職，惟領皇帝欽命行事。洪武十三年（1380年），大都督府一分為五，每府各設左右都督、都督同知及都督僉事等官，所有勛臣均不兼領各級都督官，但有徐輝祖等個別勛戚以"掌某府事"的無品欽差管轄五府庶務。

然而，成祖奪取天下後，在建文四年（1402年）九月及永樂元年（1403年）五月大封"靖難"功臣時，又復授部分新封勛貴以都督府左右都督、都督同知、都督僉事等有品級的五府官職。為方便討論分析，筆者不憚其煩，將成祖建文四年所封二十六名燕軍將領的爵名、兼官以及封號、散階、禄米、世襲、排名等情況盡數臚列如表1。

表1所列勛臣中，除鎮遠侯顧成為燕軍在真定之役俘虜的南軍高級將領，其餘皆為燕山護衛部隊以及北平、北平行等都司各衛所出身的早期歸附者。

成祖在册封上列二十六名功臣的同時，還以"有默相事機之功"為由，推恩升授攻克南京時自建文帝一方歸附投誠的曹國公李景隆、兵部尚書茹瑺、都督同知王佐及都督僉事陳瑄四人爵賞。其中李景隆循洪武舊例，不再兼都督官職銜，

[①] 見拙文《洪武朝勛臣的爵、官與職權》，《中國史研究》2016年第1期。

"靖難"大封與勳臣五府任官制度

表1 建文四年九月"靖難"初封功臣官爵[1]

功臣姓名	封前所任官職	封後所兼官職	封號	勳階	爵名	祿米	承襲方式	排名
丘福	都督僉事[2]	中軍都督府左都督	奉天靖難推誠宣力武臣	特進榮祿大夫、右柱國	淇國公	二千五百石	子孫世襲	1
朱能	都督僉事	左軍都督府左都督	奉天靖難推誠宣力武臣	特進榮祿大夫、右柱國	成國公	二千二百石	子孫世襲	2
張武	都督僉事	中軍都督府左都督	奉天靖難推誠宣力武臣	特進榮祿大夫、柱國	成陽侯	一千五百石	子孫世襲	3
陳珪	都督僉事	後軍都督府都督同知	奉天靖難推誠宣力武臣	特進榮祿大夫、柱國	泰寧侯	一千二百石	子孫世襲	4
鄭亨	都督僉事	中軍都督府左都督	奉天靖難推誠宣力武臣	特進榮祿大夫、柱國	武安侯	一千五百石	子孫世襲	5
孟善	都督僉事	右軍都督府都督同知	奉天靖難推誠宣力武臣	特進榮祿大夫、柱國	保定侯	一千二百石	子孫世襲	6
火真	都督僉事	中軍都督府都督僉事	奉天靖難推誠宣力武臣	特進榮祿大夫、柱國	同安侯	一千五百石	子孫世襲	7
顧成	右都督	後軍都督府都督僉事	奉天靖運推誠宣力武臣	特進榮祿大夫、柱國	鎮遠侯	一千五百石	子孫世襲	8
王忠	都督僉事	右軍都督府都督同知	奉天靖難推誠宣力武臣	特進榮祿大夫、柱國	靖安侯	一千石	子孫世襲	9
王聰	都督指揮使	中軍都督府都督僉事	奉天靖難推誠宣力武臣	特進榮祿大夫、柱國	武城侯	一千五百石	子孫世襲	10
徐忠	都督僉事	前軍都督府左都督	奉天靖難推誠宣力武臣	特進榮祿大夫、柱國	永康侯	一千二百石	子孫世襲	11
張信	都督僉事	無	奉天靖難推誠宣力武臣	特進榮祿大夫、柱國	隆平侯	一千石	子孫世襲隆平伯	12
李遠	都督僉事	中軍都督府都督同知	奉天靖難推誠宣力武臣	特進榮祿大夫、柱國	安平侯	一千石	子孫世襲安平伯	13
郭亮	都督僉事	左軍都督府都督同知	奉天靖難推誠宣力武臣	特進榮祿大夫、柱國	成安侯	一千二百石	子孫世襲成安伯	14
房寬	都督僉事	無	無	無	思恩侯	八百石	子孫世襲指揮使	15
徐祥	都指揮使	無	奉天翊衛宣力武臣	特進榮祿大夫、柱國	興安伯	一千石	子孫世襲	16

[1]《明太宗實錄》卷一二上,洪武三十五年九月甲申,臺北:"中研院""史語所"1962年校勘影印本,第194—199頁。
[2] 根據《明太宗實錄》功臣的記錄,丘福是以中軍都督僉事前任淇國公爵。《明太宗實錄》丘福小傳卻別有其封爵前任中軍都督同知的記載,這一記載的可信度不高。關於燕軍將領受封贈官職升授問題的具體論述,詳見下文。

— 329 —

续表

功臣姓名	封前所任官職	封後所兼官職	封號	勳階	爵名	祿米	承襲方式	排名
徐理	都督僉事	無	奉天翊衛宣力武臣	特進榮祿大夫、柱國	武康伯	一千石	子孫世襲	17
李濬	都指揮同知	無	奉天翊衛宣力武臣	特進榮祿大夫、柱國	襄城伯	一千石	子孫世襲	18
張輔	都指揮同知	無	奉天翊衛宣力武臣	特進榮祿大夫、柱國	信安伯	一千石	子孫世襲	19
唐雲	都督僉事	無	奉天翊衛宣力武臣	特進榮祿大夫、柱國	新昌伯	一千石	子孫世襲指揮使	20
譚忠	故都指揮同知譚淵子	無	無	特進榮祿大夫、柱國	新寧伯	一千石	子孫世襲	21
孫岩	都指揮僉事	無	奉天翊衛宣力武臣	特進榮祿大夫、柱國	應城伯	一千石	子孫世襲	22
房勝	都指揮僉事	無	奉天翊衛宣力武臣	特進榮祿大夫、柱國	富昌伯	一千石	子孫世襲指揮使	23
趙彝	都指揮使	無	奉天翊衛宣力武臣	特進榮祿大夫、柱國	忻城伯	一千石	子孫世襲	24
陳旭	都督僉事	無	奉天翊衛宣力武臣	特進榮祿大夫、柱國	雲陽伯	一千石	子孫世襲	25
劉才	都督僉事	無	奉天翊衛宣力武臣	特進榮祿大夫、柱國	廣恩伯	九百石	子孫世襲指揮同知	26

僅加授新封號及師保榮銜。茹瑺依文臣例，封忠誠伯仍兼兵部尚書。王佐與陳瑄二人受封後都保留了五府都督職銜，王佐爲"奉天翊運宣力武臣、特進榮祿大夫、柱國、中軍都督府都督同知、順昌伯"；陳瑄爲"奉天翊運宣力武臣、特進榮祿大夫、柱國、右軍都督府都督僉事、平江伯"①。

及至永樂元年五月，朱棣補封建文四年六月未及封賞的原燕軍將領李彬、陳懋、王通、王友、陳賢、張興、陳志爲勛臣，其中封豐城侯的李彬受封後仍兼右軍都督同知職銜，而寧陽伯陳懋、武義伯王通、清遠伯王友、榮昌伯陳賢、安鄉伯張興、遂安伯陳志僅享伯爵爵祿，不再兼領五府都督官職。②

通覽以上所列述的全部"靖難"大封功臣的官爵狀況，可見都督官任授的一個顯著規律，即公、侯兩爵普遍保留都督職銜，而絕大多數伯爵不再領兼職。不過，亦有個別不符合規律的情況，如侯爵張信、房寬等不兼都督官，而伯爵中又有王佐、陳瑄領有都督銜。另有數位侯爵的名次與兼官、祿米不相配，也值得著重關注，如鄭亨名列功臣第五名，卻兼領左都督、加祿米一千五百石的優遇，高於排名第三、第四位的張武與陳珪。

（二）"靖難"功臣都督職銜與原燕軍五軍所屬的延續關系

瞭解了"靖難"功封情況後，現依據大部分"靖難"公、侯的情況，先試對成祖復授勛臣五府職銜的主要原因做一解釋，再於此基礎上探析"靖難"勛臣都督官任授過程中的規律與特例。

首先必須明確的是，成祖加授部分功臣以都督職銜，其目的並非是專命這些勛臣固定實管五府事務。在永樂朝兼任都督職銜的公爵與侯爵中，確實有幾人曾負責過五府事務。其中領左府左都督的成國公朱能曾親掌左軍都督府事，③ 而領後府都督同知的泰寧侯陳珪一度受命"兼掌北京行後軍都督府事"④。兼領前府左都督的永康侯徐忠在永樂十一年（1413年）著"衣冠坐都督府"⑤ 時突發風疾死，據此可知他也實管都府事。不過，同樣有很多領都督官的"靖難"勛臣不曾實際管理過五府事務。如在《明太宗實錄》中，絲毫不見兼任中軍左都督的丘福執掌

---

① 《明太宗實錄》卷一二上，洪武三十五年九月甲申，第199—200頁。
② 《明太宗實錄》卷二〇上，永樂元年五月丁亥，第362—363頁。
③ 《明太宗實錄》卷三三，永樂二年七月乙卯，第577頁。
④ 《明太宗實錄》卷一八五，永樂十五年二月甲戌，第1984—1985頁。
⑤ （明）楊士奇著，劉伯涵、朱海點校：《東里文集》卷一三《奉天靖難推誠宣力武臣特進榮祿大夫柱國前軍都督府左都督永康侯追封蔡國公諡忠烈徐公神道碑銘》，中華書局1998年版，第186頁。

中府的記載。再如武安侯鄭亨，封爵後即受命領兵出巡，久在北邊各地備禦，幾乎不在京師久駐。① 另如後軍都督府右都督鎮遠侯顧成，封爵後即刻出鎮貴州，此後他除在成祖北巡時短暫入京外，一直專守黔地直至去世，從未實預右軍都督府事務。② 另外，也有未領都督兼銜的雲陽伯陳旭掌後軍都督府事，③ 隆平侯張信掌前軍都督府事，④ 陳旭、張信即是以本爵執掌五府。綜上可知，"靖難"功臣所兼都督品官與實際職權並不一定相關。實際上，朱棣特意保留加升部分勛臣的五府都督兼職的原因，實與"靖難之役"中燕軍將領的官職升遷過程密切相關，現具體論述如下。

《明太宗實錄》洪武三十五年（1402年）九月甲申條記"靖難"勛臣封爵時，對諸臣封爵前的官職記載比較模糊，僅言"都督僉事""都指揮"之類，不具體說明其所領是何都督府或何都司的官職。不過，查《奉天靖難記》一書可知，朱棣起兵期間曾兩次集中給下屬武官升職。第一次是建文二年（1400年）七月至九月間，將大部分武官銓入北平都司：

（七月甲申）升燕山右衛指揮使朱崇、燕山右護衛指揮同知張武爲北平都司都指揮僉事。（九月辛未）升守永平都（督）指揮僉事郭亮爲北平都司指揮同知。（九月）壬申，上以諸侯從征有功，俱升其職，都督僉事陳亨升後軍都督府都督同知。都指揮同知張信、房寬升北平都司都指揮僉事。都指揮僉事張玉、丘福、朱能、徐忠、李彬、陳文、譚淵、何壽、鄭亨、朱榮、李濬、陳旭、孟善、景福、端亮、李遠、張安、劉才、徐理、沈旺、張遠、徐祥、趙彝、徐諒俱升北平都司都指揮同知。濟南衛指揮陸榮、濟陽衛指揮使紀清、燕山中護衛指揮使火真、指揮僉事王友、王聰俱升北平都指揮僉事。⑤

第二次是建文三年（1401年）十一月，朱棣將軍功最高的武將統一升爲五軍都督府都督僉事：

---

① （明）楊榮：《文敏集》卷一七《故奉天靖難推誠宣力武臣特進榮祿大夫柱國中軍都督府左都督武安侯追封漳國公謚忠毅鄭公神道碑銘》，文淵閣《四庫全書》第1240冊，上海古籍出版社1987年版，第268—269頁。
② （明）楊士奇：《鎮遠侯贈夏國公謚武毅顧成神道碑》，（明）焦竑輯《國朝獻徵錄》卷七《侯一》，周駿富輯《明代傳記叢刊》第109冊，臺北：明文書局1991年版，第230—231頁。
③ 《明太宗實錄》卷一四，洪武三十五年十一月甲申，第250頁。
④ 《明太宗實錄》卷二〇上，永樂元年五月辛巳，第356頁。
⑤ 王崇武：《奉天靖難記注》卷二，洪武三十三年七月甲申、九月壬申，上海：商務印書館1948年版，第122—124頁。

升都指揮丘福、張信、劉才、鄭亨、李遠、張武、火真、陳圭爲中軍都督府都督僉事。李彬、王忠、陳賢爲右軍都督府都督僉事。徐忠、陳文爲前軍都督府都督僉事。房寬爲後軍都督府都督僉事。①

至於上舉各官具體任職於五府中的哪一府，又基本源自建文元年（1399年）十月燕王收編大寧騎兵後燕軍全軍分爲五部的編制，相關記載見《奉天靖難記》：

乙卯，大軍至會州衛，指揮張玉將中軍，升密雲衛指揮鄭亨、會州衛指揮何壽爲都指揮僉事，充中軍左右副將。都指揮朱能將左軍，升大寧前衛指揮朱榮、燕山右衛指揮李濬爲都指揮僉事，充左軍左右副將。都指揮李彬將右軍，升營州中護衛指揮徐理、永平衛指揮孟善爲都指揮僉事，充右軍左右副將。都指揮徐忠將前軍，升營州右護衛指揮陳文、濟陽衛指揮吳達爲都指揮僉事，充前軍左右副將。都指揮房寬將後軍，都指揮和允中充後軍左副將。升薊州衛指揮毛整爲都指揮僉事，充後軍副將。以大寧歸附之衆分隸各軍。②

燕軍主力係由燕山三護衛及陸續收編的北平都司下屬衛所軍士構成，有功將領自然升入北平都司系統，而燕軍的五部軍編制顯然是在效仿中央五府的設置，故五軍各將領分別升爲相對應的五府都督官。如李彬曾主將右軍，即升右府都督僉事；徐忠主將前軍，即升前府都督僉事；房寬主將後軍，即升後府都督僉事。升爲中軍都督僉事的丘福、張信、劉才、鄭亨、李遠、張武、火真、陳珪八人中，鄭亨也明確曾在原中軍主帥張玉麾下任副將，雖然《奉天靖難記》中沒有鄭亨以外其餘七人在燕軍中軍效力的直接記載，但按理他們也應是中軍將領。進一步細考史料就可知，鄭亨以外七人中的丘福，確實曾任燕軍的中軍統帥。《奉天靖難記》在建文三年十一月條下有"五軍總兵官丘福等"③的說法，五軍都督府按地位高下的排序爲中、左、右、前、後，"以中軍都督府爲各府之首"④，燕王五軍也應遵此成例，故《奉天靖難記》特舉丘福之名代指全部五軍總兵，説明丘福無疑是排名第一位的中軍主將。建文二年，原中軍主將張玉在的東昌戰役中戰死，⑤

---

① 王崇武：《奉天靖難記注》卷三，洪武三十四年十一月壬辰，第169頁。按"陳圭"一般作"陳珪"。
② 王崇武：《奉天靖難記注》卷一，洪武三十二年十月乙卯，第68—69頁。
③ 王崇武：《奉天靖難記注》卷三，洪武三十四年十一月丁亥，第169頁。
④ 正德《明會典》卷一七九《中軍都督府》，文淵閣《四庫全書》第618冊，第737頁。
⑤ 王崇武：《奉天靖難記注》卷二，洪武三十三年十二月乙卯，第130頁。

因此丘福應在此時接替了張玉的職位。

需要指出的是，《奉天靖難記》漏記了全部燕軍左軍軍將在"靖難之役"中升任左府都督僉事的情況。不過《明功臣襲封底簿》卻明確記載，統領左路大軍的朱能在建文三年"有功升左府都督僉事"①，而同年又有郭亮任左府都督僉事，②可知郭亮也應是原燕軍左軍軍官。

另外，《明功臣襲封底簿》還載，建文三年孟善升"中府都督僉事"③，徐理升"左府都督僉事"④，此不見於《奉天靖難記》。不過，孟善、徐理二人在《奉天靖難記》中皆被記爲燕軍右軍副將，而孟善建文四年封保定侯時又加兼右府右都督職銜，因此孟、徐二人在建文三年理應升爲右府都督府僉事。由於沒有其他權威文獻可作旁證，故不知《明功臣襲封底簿》所載孟善領中府都督僉事、徐理領左府都督僉事是朱棣的特意安排還是記載有誤。⑤

通過上述這些勛貴的五軍所屬、封爵前最高官職及封爵後保留的官職，可總結三者之間的延續關係如表2所示。

表2　　　　　　　　功臣五軍歸屬與所領官職關係⑥

勛臣	"靖難"中所屬五軍	封爵前官職	封爵後官職
淇國公丘福	中軍	中軍都督府都督僉事	中軍都督府左都督
隆平侯張信	應爲中軍	中軍都督府都督僉事	中軍都督府都督同知
武安侯鄭亨	中軍	中軍都督府都督僉事	中軍都督府左都督
安平侯李遠	應爲中軍	中軍都督府都督僉事	中軍都督府都督同知
成陽侯張武	應爲中軍	中軍都督府都督僉事	中軍都督府都督同知
同安侯火真	應爲中軍	中軍都督府都督僉事	中軍都督府都督僉事
成國公朱能	左軍	左軍都督府都督僉事	左軍都督府左都督
豐城侯李彬	右軍	右軍都督府都督僉事	右軍都督府左都督
保定侯孟善	右軍	一説中軍都督府都督僉事；一説右軍都督府都督僉事	右軍都督府右都督

---

① 《明功臣襲封底簿》卷三《成國公》，周駿富輯《明代傳記叢刊》第55册，第383頁。
② 《明功臣襲封底簿》卷三《成安伯》，第500頁。
③ 《明功臣襲封底簿》卷一《保定侯》，第96頁。
④ 《明功臣襲封底簿》卷二《武康伯》，第302頁。
⑤ 以詳考明初勛臣事蹟見長的嘉靖、萬曆朝名臣王世貞在《永樂以後功臣公、侯、伯年表》中認爲孟善封爵前實爲"右軍都督僉事"，其說與《明功臣襲封底簿》不合，可聊備一説。見（明）王世貞《弇山堂別集》卷三八《永樂以後功臣公、侯、伯年表》，中華書局1985年版，第674頁。
⑥ 本表根據《奉天靖難記》及《明太宗實錄》，選取有明確所屬五軍及封爵前後職官記錄的十一位元功臣加以比照。由於伯爵封爵後基本脱去職官，故此表主要反映的是公、侯勛臣的領職情況。

續表

勳臣	"靖難"中所屬五軍	封爵前官職	封爵後官職
永康侯徐忠	前軍	前軍都督府都督僉事	前軍都督府左都督
泰寧侯陳珪	應爲中軍	中軍都督府都督僉事	後軍都督府都督同知

表2中泰寧侯陳珪原爲中府都督僉事，封爵後卻轉任爲後府都督同知，這不符合"靖難"功臣一般的任職規律，應當加以說明。從《皇明功臣封爵考》收錄的勳臣鐵券誥命可知，陳珪領泰寧侯爵時確實由"僉中軍都督府事"改職爲"同知後軍都督府事"①。陳珪之所以改官，應是由於原燕軍後軍主帥及後軍都督僉事房寬封爵後不再兼都督官，而當時兼任後軍右都督的鎮遠侯顧成係自建文方歸附者，這就造成無燕王親近勳臣兼後軍都督府職銜，故成祖添補陳珪領任後軍都督同知。房寬雖歷有軍勞，但他在白溝河戰役中兵敗失職，成祖勉强"以舊臣，略其過"②而封爲思恩侯。所謂"思恩"，屬於帶有貶義的"取事"類爵名，有警醒房寬悔過的意味。房寬不再領都督官，無疑也是出於成祖的降懲。

綜上所述，燕王朱棣起兵時將全軍整編爲中、左、右、前、後五部，在"靖難"戰爭過程中不斷升遷五部軍官的官職，至燕軍攻占南京前，功勞最大的功臣依五軍建置升爲對應的五軍都督府都督僉事。朱棣無視南京朝廷，以燕王身份加授麾下武官以中央五府職銜，這在當時屬擅授"僞官"。因此，朱棣在正式奪取皇位後，除了以勳爵之位封賞這些"從龍"大將外，還特意保留並提升了部分功臣的都督職銜，這樣做不僅名正言順地表彰他們在"靖難之役"中的戰功，同時也保持了軍功授銜的延續性和完整性，因此，"靖難"功臣的五府都督官銜是一種特殊的榮譽職銜。

(三)《明太宗實錄》對"靖難"功臣升遷史事的遮蔽

值得注意的是，朱棣特以"清君側"的名義舉兵，無非是爲了掩飾志在奪取皇位的野心，但他在任燕王時私自提升燕軍將領爲都司及五府軍職，卻已顯露出與建文朝廷分庭抗禮之意，因而，在作爲官修《明太宗實錄》一部分的《奉天靖難事迹》中，建文四年以前"靖難"功臣升任五府都督的情況被完全刪去，以爲隱諱。③

---

① (明)鄭汝璧：《皇明功臣封爵考》卷三《泰寧侯》，《四庫全書存目叢書》史部第258册，齊魯書社1997年版，第381頁。
② 《明史》卷一四五《房寬傳》，中華書局標校本1974年版，第4096—4097頁。
③ 王崇武：《奉天靖難記注》卷一，洪武三十二年十月乙卯，第69頁。

《明太宗實錄》中直到建文四年六月癸酉，才出現一則朱棣集中升賞武將的記錄，稱指揮使丘福、朱能、鄭亨、徐忠、張武、陳珪、孟善、李彬、王忠、火真、陳賢、李遠、郭亮、房寬、徐理、唐雲、陳旭、劉才"俱爲都督僉事"；王聰、徐祥、趙彝"俱爲都指揮使"；張輔、陳志、李濬、張興、王友"俱爲都指揮同知"；孫岩、房勝"爲都指揮僉事"①，這基本就是《明太宗實錄》中所見"靖難"功臣封爵前的最後官職。不過，這一記載明顯故意將不同時期武官的授職情況錯雜記於建文四年六月癸酉這一時間點。如前文所論，其中丘福等大多數五府都督官升職的時間是建文三年，而陳旭又確實是在建文四年才升都督僉事。② 都督僉事以外，上舉升都指揮一級的武將也並非都是在建文四年六月被統一升遷。如張輔是在其父張玉死後襲職爲都指揮同知，領職當不晚於建文二年。③ 另如李濬在建文二年升北平都指揮同知。而據碑銘資料載，孫岩實際是在建文三年升都指揮僉事。④

建文四年六月是一個重要的時間節點，當月朱棣恰好攻下南京，並宣稱建文帝已死，準備正式登極稱帝，此時朱棣業已具備任命都司及五府都督高級武職的資格。《明太宗實錄》的編纂官選擇將不同時期"靖難"功臣升職的情況統一記在建文四年六月內，顯然是爲給朱棣起兵期間就擅授朝廷高級職官意在奪取天下的行爲做一掩飾。而這種用曲筆遮蔽真相的做法在《明太宗實錄》中頗爲常見。此一修史原則也在朝臣私撰墓誌碑銘時被遵守，如閣臣楊士奇在爲永康侯徐忠撰寫的神道碑中，不言徐氏封爵前已升都督僉事，僅言他世襲濟陽衛指揮僉事，後因功"自指揮同知歷都指揮僉事"⑤ 而封爵，隱諱程度甚至超過《明太宗實錄》。

二　作爲勛臣榮譽職銜的五府都督官

（一）都督兼衛區別"靖難"功臣地位

上文已揭示成祖復準勛臣兼領都督官的原委，現可進一步分析"靖難"功臣五府都督官的任授規律與特例，從而揭示都督官作爲榮譽職銜區別勛臣功資與地位的作用。

---

① 《明太宗實錄》卷九下《奉天靖難事蹟》，洪武三十五年六月癸酉，第138頁。
② 《明功臣襲封底簿》卷二《雲陽伯》，第289頁。
③ 《明英宗實錄》卷一八一，正統十四年八月壬戌，第3500頁。
④ （明）楊榮：《翼城侯孫公神道碑銘》，（明）徐紘輯《皇明名臣琬琰錄》卷一四，周駿富輯《明代傳記叢刊》第43冊，第482頁。
⑤ （明）楊士奇著，劉伯涵、朱海點校：《東里文集》卷一三《奉天靖難推誠宣力武臣特進榮禄大夫柱國前軍都督府左都督永康侯追封蔡國公謚忠烈徐公神道碑銘》，第185—186頁。

現以"靖難"所封思恩侯房寬爲參照,將所有建文四年九月所封勳臣的兼官情況與他們的封號、散階、禄米、名次以及過往戰功結合起來考察,可見如下事實:不領都督官的房寬在侯爵中位列最後,房寬之前的公、侯中,除隆平侯張信外,無論封前是否爲都督官,封後皆晉升或保留五府職銜。排除順昌伯王佐、平江伯陳瑄、忠誠伯茹瑺等三名南京降臣,房寬之後的伯爵均脱去五府品官。由於犯有重大過失,房寬雖爲侯爵,但與伯爵一樣不領都督官,除此之外,還不加勳號、散階、勳官,享最少的八百石禄米,子孫僅承襲指揮。明顯可見,成祖是置房寬於功臣階序的過渡位置,以區隔公爵、侯爵與伯爵。至於隆平侯張信貴爲侯爵而不領都督的原因,也是因爲他的過往功勳比較特殊。張信建文二年即以北平都司都指揮身份暗通朱棣以傳送重要軍事情報,朱棣稱之爲"恩張",但他並没有實際軍功。① 故此,朱棣封張信爲流爵隆平侯,位列諸世侯之後而在其他兩名流侯李遠、郭亮之前,並奪其原中軍都督僉事職,以區別於有戰功的武將。

房寬之前,公、侯的基本領職規律是公爵領左都督,約半數的侯爵兼都督同知,階序特徵較爲明顯。侯爵中如鄭亨、徐忠、顧成等排名並不十分靠前,卻領左、右都督之職務,與公爵相儔而高於其他侯爵。考慮到都督官的榮譽屬性,鄭亨等特異現象便可以得到合理解釋,下面略作分析。

如前所述,《明太宗實録》洪武三十五年六月癸酉條是將諸武官不同時間的升職强行拼湊在一起的僞史,具體内容不足訓。這條記録卻也提供了一個封爵前"靖難"功臣的排名次序:丘福、朱能、鄭亨、徐忠、張武、陳珪、孟善、李彬、王忠、火真、陳賢、李遠、郭亮、房寬、徐理、唐雲、陳旭、劉才、王聰、徐祥、趙彝、張輔、陳志、李濬、張興、王友、孫岩、房勝。這一排序可視爲朱棣初擬的"功勞簿",其與封爵時的排位有所出入。其中丘福、朱能封爵前後排名不變,皆位列第一、第二名,功勳地位無可非議,故二人理所當然地享公爵封賞,並晉兼左都督。鄭亨、徐忠二人封爵前原本位列諸將中第三、第四位,僅次於丘福、朱能,封爵後卻掉落至第五、第十一位。鄭、徐名次被置後的原因,有可能是由於二人非燕山護衛出身,② 不是朱棣最嫡派的將領,故被壓低排位。另外,一些史料也反映出鄭亨的總體軍功確實在張武之下。如據《明太宗實録》与《吾學編》

---

① 《明英宗實録》卷九二,正統七年五月丁卯,第1859頁。
② 鄭亨以密雲衛指揮僉事從朱棣起兵,徐忠"靖難"之初以鎮守開平濟陽衛指揮僉事歸附朱棣。見(明)楊榮《文敏集》卷一七《故奉天靖難推誠宣力武臣特進榮禄大夫柱國中軍都督府左都督武安侯追封漳國公謚忠毅鄭公神道碑銘》,文淵閣《四庫全書》第1240册,第268頁;(明)楊士奇著,劉伯涵、朱海點校《東里文集》卷一三《奉天靖難推誠宣力武臣特進榮禄大夫柱國前軍都督府左都督永康侯追封蔡國公謚忠烈徐公神道碑銘》,第185頁。

所載，張武在"靖難之役"中立有"斬獲首將"、率先鋒敗敵等重要戰績，封爵時以"當時武功第三"替代了鄭亨的原位次，晉封成陽侯，張武逝後成祖甚至"出内廄鞍馬賻"之，① 可見皇帝對其功勳的肯定。又徐忠神道碑記他領兵"惟執兵迎拒者不容，而誘諭招徠，綏撫降附多效力"②，反映出徐忠所部多收編歸降軍卒，或非燕軍核心主力，因此徐忠軍功自不如其他將領。鄭亨、徐忠雖在正式封爵時被調後排名，但二人早在建文二年就已分領中軍副帥及前軍主帥，久有汗馬之勞，不宜過於貶降，於是成祖就通過授予他們中、左二都督府左都督高官以補裨之，又特加鄭亨一千五百石的高禄，這就造成鄭、徐二人名次與職官、俸禄的不對等。

　　鎮遠侯顧成的情況更顯特殊。顧成在洪武年間即長期鎮守貴州，乃明初開疆之重臣，洪武末期已升任右軍都督府都督僉事。③ 建文元年，顧成被加升爲左軍都督，隨耿炳文軍抵禦燕師，真定戰役中顧成兵敗被燕軍俘虜，朱棣驚呼"豈非皇考之靈以汝授我"，並轉派顧成至北平輔佐世子"居守"④。顧成是資歷頗高的洪武朝老將，故特爲朱棣所重視，他歸燕以後仍被累加官職，在建文三年任燕軍的後軍都督府右都督，⑤ 而當時燕軍嫡系將領丘福、朱能等才剛剛被加升爲都督僉事，因此朱棣將顧成的原左府職銜改調爲後府職銜，是爲稍屈其尊。至正式封爵時，成祖將顧成排在十五名公、侯中的第八位這一中間位置，既在一定程度上尊崇他洪武老臣的地位，又不至於使他在"靖難"諸臣中顯得過於突出，以蓋過原燕軍親信重臣。顧成的特殊性還體現在其他方面，如他的封號是"奉天翊運"，區别於燕軍功臣的"奉天靖難""奉天翊衛"號，而與南京歸附臣子陳瑄、王佐相同。另外顧成領千五百石的禄米，在侯爵中處於最高一級。可以説，顧成獨享一套封爵榮譽系統，明代佚名史籍《靖難功臣録》依據勛臣封號功業對他們進行了分類，其中就將顧成單列在其他公、侯次序之外以示區别。⑥

---

　　① 《明太宗實録》卷二四，永樂元年十月戊申，第433—434頁；（明）鄭曉：《吾學編》第十九《異姓諸侯傳》卷下《張武》，《四庫禁毁書叢刊》史部第45册，北京出版社2000年版，第212頁。
　　② （明）楊士奇著，劉伯涵、朱海點校：《東里文集》卷一三《奉天靖難推誠宣力武臣特進榮禄大夫柱國前軍都督府左都督永康侯追封蔡國公謚忠烈徐公神道碑銘》，第186頁。
　　③ （明）楊士奇：《鎮遠侯夏國武毅顧公神道碑》，（明）徐紘輯《皇明名臣琬琰録》卷一六，周駿富輯《明代傳記叢刊》第43册，第522頁。
　　④ 王崇武：《奉天靖難記注》卷一，洪武三十二年八月壬戌，第57頁；（明）楊士奇：《鎮遠侯夏國武毅顧公神道碑》，（明）徐紘輯《皇明名臣琬琰録》卷一六，周駿富輯《明代傳記叢刊》第43册，第523頁。學者王崇武認爲，顧成有此前就曾與燕王一方通結的嫌疑。見王崇武《奉天靖難記注》卷一，第59—60頁。
　　⑤ 王崇武：《奉天靖難記注》卷二、卷三，洪武三十三年九月丙子、洪武三十四年十二月乙卯，第124、172頁。
　　⑥ 《靖難功臣録》，（明）陸楫編《古今説海》卷一三八，文淵閣《四庫全書》第886册，第143—144頁。

(二)"靖難"伯爵不領兼銜的原因及部分侯、伯的兼官特例

按照公爵兼領左都督、侯爵兼領都督同知的大致階序,位列房寬之後的伯爵似也可以兼都督僉事一級的品官以添榮寵,成祖卻不加授,這應與當時伯爵相應品級的調整有關。洪武年間定,公與侯兩等爵列在正一品之上,伯爵列爲正二品之上,① 而據孫承澤《春明夢餘録》載,永樂初年伯爵亦被提升至"正一品之上"②。實際上,明初文獻中不見伯爵提爲超一品的確切記載,明末清初人孫承澤也是通過綜合各類史料提出了模糊的"永樂初"之説。所謂"永樂初",應該就是指建文四年朱棣大封功臣時,理由如下:所有"靖難"大封侯爵、伯爵的散階、勛級都是"特進榮禄大夫、柱國",而洪武朝《諸司職掌》即有規定,特進榮禄大夫是文、武官正一品初授散階,③ 柱國是文、武官從一品所授勛官,④ 至正德《明會典》進一步規定,"凡勛階如特進光禄大夫、柱國之類,乃一品官所該給授,公、侯、伯間有特旨給授"⑤,説明特進光禄大夫、柱國是一品勛階,可特旨授予部分侯、伯勛臣。依此,成祖所封伯爵如果依舊循洪武舊例爲正二品以上,就與他們所領一品的勛官及散階不合,可知伯爵當時必定已列在正一品之上。同理可推,在公、侯、伯勛爵皆列正一品以上的情況下,授公、侯以正、從一品的左右都督及都督同知兼官,尚可凸顯勛臣的特殊地位,但若使伯爵兼正二品的都督僉事,反而會出現爵、官品級不匹配的尷尬情況。因此,成祖直接脱去伯爵品官的做法反而更爲妥當。

成祖將伯爵也提爲超一品的原因也很簡單。洪武時期,朱元璋輕視儒士功勞,故伯爵基本上是專門用來册封劉基、汪廣洋等極個別文官的,因而伯爵勢必在相應品級上明顯低於公及侯爵。與洪武功臣身份各異、派系複雜的狀況不同,"靖難"功臣本多燕山護衛及北平都司中級軍官出身,他們之中功勞稍低者即被大量封爲伯爵。伯爵在資歷、功績方面與侯爵相差並不十分巨大,比如武康伯徐理、襄城伯李濬早就擔任五軍副將,雲陽伯陳旭、廣恩伯劉才封爵前已任都督僉事,

---

① (明)王圻撰:《續文獻通考》卷一九七《封建考·皇明異姓封建》,臺北:文海出版社1979年版,第11684頁。
② (清)孫承澤著,王劍英點校:《春明夢餘録》卷三〇《五軍都督府·封拜考》,北京古籍出版社1992年版,第457頁。
③ 《諸司職掌》《吏部·司封部·散官》《兵部·司馬部·誥敕》,《玄覽堂叢書初輯》,臺北:正中書局1981年版,上册,第101頁,下册,第134頁。
④ 《諸司職掌》《吏部·司勛部·勛級》,上册,第107、108頁。
⑤ 正德《明會典》卷八《吏部七·驗封清吏司》,文淵閣《四庫全書》第617册,第75頁。

而全部伯爵的禄米皆高於被勉强封爲侯爵的張信、房寬。在這種情況下，朱棣爲安撫這批舊臣，自然將伯爵提升爲正一品之上，以縮小與公、侯之間的差距。

侯、伯之中還有一些爵、官不匹配的特例需要説明。其中王聰、火真雖封武城、同安侯爵，卻被授予伯爵都不宜兼領的都督僉事一職，這一反常任職也有其合理之處。王聰是唯一一名由都指揮使直接封侯爵的勳臣，他起家燕山中護衛總旗，① 資歷本比其他公、侯低。火真以燕山護衛千户起家，其悍勇爲南軍所忌憚，封爵前已領都督僉事，封爵後兼官卻未得提升，明顯是故意貶抑，這或與他韃靼人的外族出身有關。② 不過火真、王聰二人所享禄米是一千五百石，高於排名在他們之前的侯爵，這也是成祖降其官職後的一種彌補。另外，陳瑄、王佐封伯爵卻保留都督官，是因二人本爲建文帝一方重臣，他們在燕軍圍南京時方投降朱棣，以迎駕功封爵，③ 成祖爲表示優待和安撫，特別保留了他們的都督官。陳瑄墓誌即稱其"知天命有歸，即率舟師迎濟，論功授奉天翊運宣力武臣、特進榮禄大夫、柱國、平江伯，食禄一千石，仍兼舊職"④。

綜上所述，由於成祖以非常規手段奪取天下，且"靖難"功臣在出身、戰功方面差別較小，故"靖難"大封具有既重視區別勳臣功過，也同時兼顧平衡的特點。於是永樂皇帝將五府各級都督官作爲榮譽職銜頒賜於部分勳臣，以達到區別等級與均賞的雙重目的。

（三）靖難"大封"以後勳戚兼領都督職銜的情況

在永樂元年之後的一段時間内，朝廷依然將五府都督作爲一種榮譽職銜授予部分功勞、地位特殊的勳戚。例如永樂三年（1405年），久鎮西北的元勳老將甘肅總兵官都督宋晟，招降蒙古"部衆五千，馬駝萬六千來歸"，事後，朱棣遣使持節即軍中封宋晟爲西寧侯，"賜推誠輔運宣忠效力武臣、柱國"的封號、勳階，並特准他"仍後軍都督府左都督，食禄千一百石"⑤。再如永樂七年（1409年），成祖又命行在左軍都督僉事何濬等持節封甘肅總兵官右軍都督府左都督何福爲寧遠侯，保留右軍都督府左都督銜。⑥ 不過，同樣是在永樂朝，一些不需要特別嘉獎的勳臣，即

---

① 《明功臣襲封底簿》卷一《武城侯》，第113頁。
② 《明太宗實録》卷九五，永樂七年八月甲寅，第1261頁。
③ 《明太宗實録》卷一二，洪武三十五年九月甲申，第199頁。
④ （明）楊榮：《文敏集》卷二五《平江侯壙志》，文淵閣《四庫全書》第1240册，第397頁。
⑤ （明）楊士奇著，劉伯涵、朱海點校：《東里文集》卷一二《故推誠輔運宣忠效力武臣柱國後軍都督府左都督西寧侯宋公神道碑銘》，第172頁。
⑥ 《明太宗實録》卷九六，永樂七年九月庚午，第1267頁。

便被封侯爵，也不再加授都督官。如永樂十八年（1420年）朝廷封都督薛禄陽武侯、郭義安陽侯，二人晋封後便不再保留原都督職銜，封號中無品官之兼。①

遲至仁宗登極之初，在永樂二十二年（1424年）十一月推恩加封當朝外戚都督張昶爲彭城伯時，仍准張昶兼領"中軍都督府左都督如故"②，明顯也是爲了增加至親戚畹的榮寵。張昶之後，所有武將出身的勳貴在受封時，均不加包括五府都督在内的武職品官，僅封爵後循資可加兼太師、太保等師保榮銜，一如洪武中期之舊制，永樂朝領都督官的勳貴後代們襲爵時，亦不再擔任都督官，此制終明一代不再變更。

洪武朝五府各級都督已經出現"寄禄化"趨勢，五府職銜的尊隆程度已較之大都督府都督官有所降低，而永樂帝復加勳臣都督品官，只是爲應對大封功臣的一時之需。此後，五府都督官更被廣泛授予勳臣以外的軍將，寄禄無常員，如《春明夢餘録》所言，"其左、右都督以下至同知，皆以加邊將之有功者，其僉事，以待序遷者"③。在公、侯、伯爵本已位列正一品以上的情况下，大量加授給一般武職的五府都督職銜已無法凸顯勳爵的至高榮寵。通過墓誌碑銘資料可見，隨着時間的推移，一些"靖難"勳臣的都督官不再被刻意提及，基本失去了作爲榮譽職銜而存在的意義。如内閣元老楊士奇在爲平江伯陳瑄撰寫的神道碑中云，"内難平，上正大統"，封"公奉天翊衛推誠宣力武臣、特進榮禄大夫、柱國，封平江伯，賜誥券"④。不言陳瑄封爵後尚領品官的事實。又如天順朝内閣大學士李賢在追述成國公朱能的功績時，稱能官爵爲"太子太傅，成國公"⑤，將"左軍都督府左都督"一職直接忽略。

三　勳臣專掌五府體制的形成

（一）勳臣執掌五府的職銜變化

需要著重强調的是，洪熙、宣德兩朝之後，皇帝雖然不再加授勳臣五府各級都督品官，但勳臣作爲朝廷最高軍事大臣，仍然有資格執掌五軍都督府政務。如

---

① 《明太宗實録》卷二三二，永樂十八年十二月甲寅，第2242頁。
② 《明仁宗實録》卷四上，永樂二十二年十一月壬申，第130—131頁。
③ （清）孫承澤著，王劍英點校：《春明夢餘録》卷三〇《五軍都督府》，第455頁。
④ （明）楊士奇著，劉伯涵、朱海點校：《東里文集》卷一三《奉天翊衛宣力武臣特進榮禄大夫柱國追封平江侯謚恭襄陳公神道碑銘》，第189頁。按《明實録》等官方文獻記載，陳瑄伯爵封號爲"奉天翊運"，此處神道碑有誤。
⑤ （明）李賢：《古穰集》卷一〇《特進榮禄大夫右柱國太保成國公追封平陰王謚武愍神道碑銘》，文淵閣《四庫全書》第1244册，第581頁。

仁宗登極伊始，就命英國公張輔掌中府，陽武侯薛禄掌左府，安遠侯柳升掌右府，寧陽侯陳懋掌前府，成山侯王通掌後府。① 張輔等勛臣都不領五府的具體職銜，純以本爵身份，再憑"掌某府事"的無品級皇帝欽命實管各府。勛臣之外，各級都督武將作爲本衙門法定職官，當然同樣有資格掌管五府，不過由於都督官寄禄無定員，他們也需專領"掌府事"的敕命行事。

　　"掌某府事"作爲一種無品級的欽差職銜，在洪武、永樂以來就被慣用。"掌府事"之外，勛貴、都督還領"視府事"②"管府事"③ 等銜名，這些官名區别職權的意義不明顯，存在一定的隨意性。不過，在永樂年間，北京留守行後軍都督府内也已出現"掌府事"與"副掌府事"的長、次官職責分工。④ 宣德以後，朝廷經常委任兩到三名將領同時掌一府事務，並有主、輔之别。⑤ 明代中葉的史料中還有五府"佐理"⑥ 的説法，更體現出佐貳官之意。需要指出的是，"理"作爲五府職銜，也並不都代表"佐理"之意。如據《明憲宗實録》載，憲宗命定襄伯郭登充神機營總兵官"兼理中軍都督府事"⑦，而郭登的墓誌、神道碑文中稱其"總管神機營，掌中軍都督府"⑧，這裏"理"與"掌"即可换用。

　　約自弘治、正德朝始，朝廷普遍授予勛臣及各級都督"掌印"及"僉書"等無品級欽差職銜，命他們管理五府庶務，任五府掌印、僉書的勛臣或都督，統稱五府堂上官。⑨ "掌印"顧名思義，指掌管衙門印信的正官。"僉書"本"簽署"⑩ 之意，指有權在公文案牘上簽名的部門副官。掌印、僉書雖逐漸成爲更加正式的五府堂上官職名，但直至明亡以前，"掌府事""管府事"之類的職名也並不廢

---

① 《明仁宗實録》卷一下，永樂二十二年八月戊戌朔，第 23 頁。
② 《明英宗實録》卷一八〇，正統十四年七月戊子，第 3482—3483 頁。
③ 《明憲宗實録》卷三〇，成化二年五月己卯，第 595 頁。
④ 《明太宗實録》卷二〇下，永樂元年五月庚子、辛丑，第 373 頁。
⑤ 《明宣宗實録》卷一〇，洪熙元年十月己巳，第 264 頁；《明宣宗實録》卷一九、卷二二，宣德元年七月乙未、宣德元年十月丙寅，第 496、573 頁。
⑥ （明）李東陽：《後軍都督府都督同知郭公鋐墓誌銘》，（明）焦竑輯《國朝獻徵録》卷一〇七《都督府二》，周駿富輯《明代傳記叢刊》第 114 册，第 500 頁。
⑦ 《明憲宗實録》卷一〇，天順八年十月庚子，第 223 頁。
⑧ （明）彭時：《定襄忠武侯神道碑》、（明）商輅：《奉天翊衛宣力武臣特進榮禄大夫柱國追封定襄侯謚忠武郭公墓誌銘》，（明）郭良、郭勛輯《毓慶勛懿集》卷七、卷八，臺灣"中央圖書館"藏明正德朝刻本。
⑨ 《明實録》中五軍都督府掌印及僉事職名的最早記載，分别見於弘治十三年及弘治三年。見《明孝宗實録》卷一六五，弘治十三年八月己亥，第 3009—3010 頁；《明孝宗實録》卷四二，弘治三年九月辛未，第 874 頁。早在明代前中期，朝廷爲解决官多職少問題，即在衛所、内府諸衙門設置掌印、僉書各無品差銜，五府或循其例。見曹循《明代衛所軍政官述論》，《史學月刊》2012 年第 12 期。
⑩ 明代私人著述亦有直接寫爲"簽署"者。如焦竑在爲萬曆朝軍官萬達甫作傳時，言其"晋簽署閩閫"一職，即指達甫曾任福建都司僉書。見（明）焦竑《澹園集》卷二五《萬純齋傳》，上海古籍出版社 1999 年版，第 361 頁。

止。如崇禎朝一份軍事檔案中錄有魏國公徐弘基的奏疏，弘基自稱"南京前軍都督府掌府事太子太傅魏國公臣徐弘基"，而兵部諮議徐弘基提議時稱其爲"南京前軍都督府掌印太子太保魏國公徐弘基"①。又據晚明筆記《掌記》載，"嘉靖間會議疏列五府銜，僉書與帶俸者，概稱管府事"②。查嘉靖三十九年（1560年）兵部軍政考選文檔，武選司上呈章奏中以某府"管府事"稱呼待考諸勛爵，兵部尚書答覆中稱其爲"五軍都督府僉書"③等官。可見明中後期"掌府事"爲五府掌印別稱，"管府事"爲五府僉書的別稱，二者有明確區別。

掌印、僉書體制確立後，五府堂上官的數量也被固定下來。排查《明實錄》所收嘉靖二十九年（1550年）五府軍政考選名錄及隆慶元年正月五府官自陳名錄等一些具有五府堂上官完整名冊性質的資料，④可知北京五府各府例設掌印一名，僉書兩名。另外，南京五府事務較清閒，故"凡各府掌府事及協同管事官各一員"⑤。

（二）明中後期勛臣占據五府職位

在明代前期，勛臣和都督官本都是五府長官的法定候選者，鄭曉《吾學編》對此有總結言，五府事務由"公、侯、伯及三等都督領之，貳亦如之"⑥。所謂"三等都督"，即指左右都督、都督同知與都督僉事。所謂"領之"及"貳亦如之"，即指勛臣和各級都督都有資格充任五府的主官和副官。以宣德十年（1435年）五月的任命爲例，當時朝廷命陽武侯薛詵掌前軍都督府事，安鄉伯張安掌左軍都督府事，左都督馬亮、把台，右都督高文、任禮、馮斌、程忠及都督同知韓僖、梁成、王敬、把歹、沈清、王彧、李通在本府"視事如故"⑦。這批管五府事的勛臣、都督共計十五名，恰每府三名，其中前、後府的主官無疑是陽武侯與安鄉伯，另各有兩名都督任副職，其他左、中、右三府的正、副長官都是都督。

---

① 《南京前軍都督徐弘基爲恭謝加封等事奏本》，《中國明代檔案總匯》第8冊，廣西師範大學出版社2001年版，第52頁。
② （明）茅元儀：《掌記》卷二，《四庫全書禁毀書叢刊》集部第110冊，北京出版社2002年版，第371頁。
③ （明）楊博：《楊襄毅公本兵奏議》卷五《覆左軍都督等府管府事侯伯自陳分別去留疏》，《四庫全書存目叢書》史部第61冊，齊魯書社1996年版，第369頁。
④ 據《明世宗實錄》卷三六七、卷三六八，嘉靖二十九年十一月己未、嘉靖二十九年十二月庚午，第6574、6584頁；《明穆宗實錄》卷二、卷三，隆慶元年正月己巳、隆慶元年正月甲戌，第62—63、71頁。
⑤ 萬曆《明會典》卷二二七《五軍都督府》，中華書局1989年版，第1118頁。
⑥ （明）鄭曉：《吾學編》第六十六《百官述》卷下，《四庫禁毀書叢刊》史部第45冊，第685頁。
⑦ 《明英宗實錄》卷五，宣德十年五月丙申，第110—111頁。

至明中葉，五府堂上官的銓選更偏向於勳爵，甚至五府副官也爲勳臣專任。如景泰七年（1456年），景泰帝命廣寧伯劉安、崇信伯費釗、武安侯鄭宏、應城伯孫繼先、泰寧侯陳涇、建平伯高遠、安鄉伯張寧、修武伯沈煜八人"往南京五軍都督府視事"①，按照南京五府每府例設兩名堂上官的配置，可知南京五府職務幾乎全爲勳臣占據。又據陸容《菽園雜記》載成化二十一年（1485年）事云：

> 文武諸司之設，各有正官主之。如五軍都督府，則左右都督……近年各以尊官處之。中軍都督府英國公張懋，右軍都督府保國公朱永，皆太子太傅；左軍都督府定西侯蔣琬，前軍都督府新寧伯譚祐，後軍都督府襄城侯李瑾，皆太子太保。②

可見當時北京五府主官也完全由勳臣擔任。在一般情況下，各級都督需由中低級武職逐級立功升任，與之相比，後代嗣爵的勳臣多無戰勳，他們之中間有庸碌荒淫之輩，因而嗣爵勳臣憑血統優勢任職的特徵逐步凸顯。如前引《菽園雜記》中所記成化朝掌中府的英國公張懋，"日事淫佚"而"五十餘年未嘗一經行陣，優游福履"③。另如新寧伯譚祐，"值時承平，無征戰之功"④。

隨着弘治、正德朝五府掌印、僉書職銜制度的確立，明廷專選勳臣執掌五府的傾向也愈發明顯。關於五府掌印官銓選機制的系統記載，最早見於嘉靖八年（1529年）的兵部題奏意見：

> 成化以前，五府掌印及兩廣等處掛印將軍俱於公、侯、伯、都督等官相兼推選用。近歲始專用侯、伯，進賢之路似乎未廣。合無容臣等今後遇五府掌印及兩廣、湖廣等處總兵官有缺，照依先年舊規，於任公、侯、伯、都督內惟才是舉。⑤

世宗對此的批復是："今後五府掌印並兩廣、湖廣等處總兵官，若都督內有才望素

---

① 《明英宗實錄》卷二六九，廢帝郕戾王附錄第八十七，景泰七年八月甲寅，第5702頁。
② （明）陸容：《菽園雜記》卷九，中華書局1985年版，第106頁。
③ 《明武宗實錄》卷一二二，正德十年三月丙戌，第2461—2462頁。
④ （明）費宏：《費宏集》卷一八《明故特進光祿大夫柱國太傅兼太子太傅新寧伯謚莊僖譚公墓誌銘》，上海古籍出版社2007年版，第624頁。
⑤ 《兵部武選司條例》《推舉五府官類》，《天一閣藏明代政書珍本叢刊》第14册，綫裝書局2010年版，第333—334頁。

著，衆所推服的，與相應侯、伯一體推用。"① 嘉靖八年世宗欽准的這條五府掌印推選條例也被列在萬曆《明會典》中，② 可見當時世宗至少在表面上同意在勳臣以外別選都督執掌五府。關於五府僉書的選任資格，萬曆《明會典》又載，五府僉書官缺時，由兵部"於各府帶俸公、侯、伯、都督及在京各營都指揮等官，在外正副總兵内推舉二員"③，可知名義上都督官，甚至都指揮官，都可與勳臣一同備選五府僉書。

然而，《春明夢餘録》另有明代五府"掌印、僉書之類，必以屬公、侯、伯，間有屬老將之實爲都督者，不能什一"④ 的説法，相比萬曆《明會典》的記載，此説無疑更貼近事實。以嘉靖二十九年北京五府掌印、僉書任職情況爲例，當年五名五府掌印官成國公朱希忠、靖遠伯王瑾、東寧伯焦棟、遂安伯陳鏸、宣城伯衛錞皆係勳爵，⑤ 而任五府僉書的十人中，有定國公徐延德、定西侯蔣傅、應城伯孫永爵、南寧伯毛重器、崇信伯費煒、懷寧伯孫秉元、襄城伯李應臣、彭武伯楊儒、成山伯王維熊九人是勳爵，僅孫堪一名都督流官。⑥ 再舉隆慶四年（1570 年）的狀況，當年五名北京五府掌印仍均由勳臣領任，⑦ 另外勳臣任五府僉書者有九名，僅有"署都督僉事"周于德一名非勳臣的僉書官。⑧ 由此可見，在嘉靖朝以後，無論五府掌印還是僉書官，由都督擔任者皆非常有限，整個五府的任職資格都體現出勳臣貴族身份性的壁壘。

勳臣作爲欽封的異姓世襲貴族，與皇朝休戚與共，勳爵册封及任職體制本具有維繫朝廷禮法秩序的功能。如洪武十六年（1383 年），朱元璋即規定勳爵朝會時位列群臣之首。⑨ 又如明代列朝實録名義上例由勳貴一人負責監修。⑩ 再如英宗皇帝統治之初，特"敕勳臣一人知經筵"⑪ 以凸顯朝儀。明廷堅持以高級貴胄專掌作爲最高軍事機關的五府，無疑也有彰顯軍國體統對等性與皇權統治階序性的作用，具有鮮明的政治象徵意義。不過，古代國家治理的普遍經驗表明，依據貴族身份來銓任職官，極易形成恃尊專權的局面。明廷之所以敢於安排勳貴全權統

---

① 《兵部武選司條例》《推舉五府官類》，《天一閣藏明代政書珍本叢刊》第 14 册，第 334 頁。
② 萬曆《明會典》卷一一九《兵部二·銓選二·推舉》，第 616 頁。
③ 萬曆《明會典》卷一一九《兵部二·銓選二·推舉》，第 616 頁。
④ （清）孫承澤著，王劍英點校：《春明夢餘録》卷三〇《五軍都督府》，第 455 頁。
⑤ 《明世宗實録》卷三六七，嘉靖二十九年十一月己未，第 6574 頁。
⑥ 《明世宗實録》卷三六八，嘉靖二十九年十二月庚午，第 6584 頁。
⑦ 《明穆宗實録》卷二，隆慶元年正月己巳，第 62—63 頁。
⑧ 《明穆宗實録》卷五二，隆慶四年十二月辛亥，第 1298—1299 頁。
⑨ 《明太祖實録》卷一五八，洪武十六年十一月甲寅，第 2444 頁。
⑩ （明）黄佐：《翰林記》卷一三《修實録》，上海：商務印書館 1936 年版，第 160 頁。
⑪ 萬曆《明會典》卷五二《禮部十·經筵》，第 338 頁。

領五府，實與五府衙門及勛臣群體位高權低的政治特性密切相關。明代中期以後，五府職在"理常行政務"①，萬曆朝內閣大學士沈鯉即謂，五府設置掌印、僉書官，專爲處理"堆積相仍"的文案，②可見五府日常不過是主要負責文檔的收集與傳達，③南京五府更是"尤聞寂不事事"④。嘉靖朝武定侯郭勛長期提督京、團營，權勢過重，且貪恣酷暴，引起世宗警惕不滿，當時內閣大學士楊一清密報世宗，認爲郭勛"擁兵日久，黨與衆多，跋扈之跡已彰，留之京師，恐終不能安靜"，繼而建議將郭勛"著令南京中府僉書管事，則既不失督府之尊，而又潛消聲勢之倚"⑤。可見南京五府勛臣甚至在一定程度上是勛臣的貶斥之所。明廷任用勛臣的基本方略就是限製其掌握軍政實權，但又維護他們的尊隆身份，勛爵與五府的結合，可以強化二者的既有地位，但不會有尾大不掉之害。

在晚明時期，很多勛臣慣領的外派軍職，如湖廣總兵、兩廣總兵等，陸續轉由歷經戰陣的都督大將充任，⑥勛臣主要集中在南北兩京任職管事，又以充任五府長官爲主，對此，日本學者谷光隆提出勛臣任職有被"中央吸收的傾向"，但對這一歷史現象背後的本因，谷光氏並未做出透徹揭示。⑦實際上，在五府軍事職權不斷減弱的情況下，五府掌印、僉書官的選任反而日益僵化，專用勛爵，這正充分反映出明廷任用勛爵的基本原則，即弱化他們的實權，但保留其崇高的貴族地位以彰顯軍國體統。

（三）與勛臣專掌五府相關的制度與現象

由於五府官由勛貴專領，故形成一些特殊的成例，比如勛貵之間聯姻關系複雜，因此掌印、僉書之間存在親屬迴避制度。據明代檔案記載，崇禎二年（1629年），誠意伯劉孔昭奉命掌後府，但因本府僉書係孔昭母舅，他只能"疏請迴避"⑧。

又由於五府事權較輕，明代常有勛臣、都督在管理其他事務的同時兼掌五府

---

① （明）鄭曉：《今言》卷二，"五十條"，中華書局1984年版，第27頁。
② （明）沈鯉：《亦玉堂稿》卷八《用人議》，文淵閣《四庫全書》第1288冊，第311頁。
③ 萬曆《明會典》卷二二七《五軍都督府》，第1113頁。
④ （明）葉向高：《蒼霞續草》卷九《南京前軍都督府掌府事靈璧侯湯公墓誌銘》，《四庫禁毀書叢刊》集部第125冊，第65頁。
⑤ （明）楊一清：《楊一清集》《密諭錄》卷五《政論上·論郭勛罪狀奏對》，中華書局2001年版，第1010頁。
⑥ （清）孫承澤著，王劍英點校：《春明夢餘錄》卷三〇《五軍都督府·封拜考》，第457頁。
⑦ ［日］谷光隆：《有關明代勛臣的一個考察》，《東洋史研究》29卷4號，1971年。
⑧ 《誠意伯劉孔昭爲匿揭傾陷懇乞罷斥以免讒忌事奏本》，《中國明代檔案總匯》第22冊，第263頁。

的事例。如天順五年（1461年）懷寧侯孫鏜在"掌府軍前衛事"的同時兼掌中軍都督府，① 另如南京守備勳臣例兼掌中府，另一名南京協同守備勳臣例兼掌南京某一府事。② 另外，明代京、團營不設衙門與印信，因此明中期營政總兵勳臣皆兼領五府事務，以五府印信處理營中文移，此即《軍政備例》所載："團營武臣一向因管理府事，一應文移俱借府印，若專管營務，恐印信用使不便。"③ 如英國公張懋提督京、團的同時始終兼管前、後等軍都督府，④ 而新寧伯譚祐總神機、團營兵時兼領前、右等府事。⑤ 直至嘉靖二十九年九月，世宗計畫合併京、團營而改設戎政府，才下令"提督京營武職大臣一應文移，不宜借用府印，准給與關防"⑥。

值得注意的是，北京後軍都督府因專督內廷惜薪司柴、炭、荊條等取暖物料的徵收，⑦ 所管事務相較其他四府繁雜，而又與皇室生活密切相關，故一般掌府勳臣不兼管其他職事。嘉靖年間，兵部因後府缺官上奏："看得後軍都督府掌府印員缺，推得豐城侯李旻、惠安伯張偉俱相應，乞簡命一員。"豐城侯李旻、惠安伯張偉當時都任營政總兵，故世宗下旨云："後府事務繁重，提督營務大臣不許兼掌，另推兩員來勘。"⑧

五府雖非緊要衙門，但由於勳家數量固定，排除其中老疲、幼弱及紈綺惡劣者，可備選官府之人實在有限，這就造成各府長官常不能滿員。嘉靖朝兵部尚書楊博曾委婉疏陳，"各爵或質美而諳練未經，或才優而年齡已邁"，因而五府"每遇員缺，停推日久"⑨。五府僉書缺員的情況尤為嚴重。如嘉靖三十九年軍政考選時，待考的五府僉書官係左府寧陽侯陳維藩，右府永康侯徐喬鬆，中府南寧伯毛邦器，前府寧晉伯劉斌、安鄉伯張鐸，後府豐城侯李儒、宣城伯衛守正。⑩ 前、後兩府是兩僉書並任，其餘各府皆缺。南京五府更是有"僉書類多員缺，一遇調發，

---

① 《明英宗實錄》卷三三四，天順五年十一月甲子，第6842頁。
② 《明史》卷七六《職官志五》，第1864頁。
③ （明）趙堂撰：《軍政備例》，《續修四庫全書》史部第852冊，上海古籍出版社2002年版，第609頁。
④ （明）楊一清：《明故特進光祿大夫左柱國太師兼太子太師英國公諡恭靖追封寧陽王墓誌銘》，《北京市文物研究所藏墓誌拓片》，北京燕山出版社2003年版，第229頁。
⑤ （明）費宏：《費宏集》卷一八《明故特進光祿大夫柱國太傅兼太子太傅新寧伯諡莊僖譚公墓誌銘》，第623頁。
⑥ （明）趙堂撰：《軍政備例》，《續修四庫全書》史部第852冊，第607頁。
⑦ （明）楊博：《楊襄毅公本兵奏議》卷八《覆成國公朱希忠議處柴炭商人疏》，《四庫全書存目叢書》史部第61冊，第440頁。
⑧ 《明代檔册》，《中國明代檔案總匯》第86冊，第354頁。
⑨ （明）楊博：《楊襄毅公本兵奏議》卷二三《推英國公張溶掌後軍都督府事疏》，《四庫全書存目叢書》史部第61冊，第785頁。
⑩ （明）楊博：《楊襄毅公本兵奏議》卷五《覆左軍都督等府管府事侯伯自陳分別去留疏》，《四庫全書存目叢書》史部第61冊，第369頁。

倉皇失措"① 的時弊。面對這種情況，嘉靖四十年（1561年），兵部武選司及本部奏报：

> 南京左府、右府缺掌印官，又缺操江武臣，北京五府僉書官左府、右府各缺一員，前府缺二員，例該於公、侯、伯內推用……緣各爵人數本少，兼之未任者則少不更事，不堪推舉；已任者則多被論劾，不應推舉。該司既稱乏人，委當酌議題請，合候命下，容臣等於革任公、侯、伯內查有因公罷閑，原與行檢無礙者，各另疏名請旨簡用。令其洗心策勵，以蓋前愆，以收後效。②

兵部著重提出啓用罷廢勳臣勉強支撐五府運作，可見朝廷對勳臣專掌原則的堅持，這說明五府體現皇權統治基礎和秩序的功能不亞於其實際軍政職能。

可以說，五府事務對任職者的軍政素養和從政經驗沒有過高要求，又由於勳爵的任用資格得益於先天的血統優勢，故勳臣充掌五府時往往年貌不豐。如第七代平江伯陳王謨嘉靖三十五年（1556年）充後府僉書時二十五歲，③ 成國公朱希忠嘉靖二十一年（1542年）"掌右軍都督印"兼提督營務時年二十八歲。④ 與之相比，一般武官由最初世襲的職務升至都督一級，需歷經數十年不等，及至具備管府資格時，或垂垂老矣。如正統九年（1444年），英宗憐後軍都督同知王彧年老，召其回京，"俾歸私第"，但不久又命彧"仍莅府事"⑤。又如萬曆二年（1574年），俞大猷入京為"後軍都督府僉書"兼提督京師車營訓練時，年已七十有餘。⑥ 如此五府事務常由青年勳貴與年邁的老將交相對掌，此亦頗具諷刺性。

---

① （明）潘璜：《留務疏》，（明）陳子龍輯《明經世文編》卷一九九《潘簡肅公文集三》，中華書局1962年版，第2081頁。
② （明）楊博：《楊襄毅公本兵奏議》卷六《議起用閑住公侯伯使過疏》，《四庫全書存目叢書》史部第61冊，第387頁。
③ （明）余繼登：《太子太保平江伯贈少保諡武靖萬峰陳公墓誌銘》，（明）焦竑輯《國朝獻徵錄》卷九《伯一》，周駿富輯《明代傳記叢刊》第109冊，第298頁。
④ （明）張居正：《張太嶽集》卷一二《特進光祿大夫柱國太師兼太子太師成國公追封定襄王諡恭靖朱公神道碑》，上海古籍出版社1984年版，第152頁；《明世宗實錄》卷二六二，嘉靖二十一年五月壬子，第5206頁。
⑤ （明）黃養正：《明故榮祿大夫後軍都督府都督同知王公（彧）墓誌銘》，《新中國出土墓誌·北京卷一》下冊，文物出版社2003年版，第73頁。
⑥ （明）趙恒志：《後軍都督府都督同知左都俞公大猷行狀》，（明）焦竑輯《國朝獻徵錄》卷一〇七《都督府二》，周駿富輯《明代傳記叢刊》第114冊，第513頁。

四　勋臣带俸五府制度

五軍都督府寄禄無常員，各府都督的所謂"帶俸"，是指他們在該府領職而不管事的情況，[①] 勋臣帶俸有類似之處，即他們的世襲俸禄專由某一都督府支給。明初不見勛臣帶俸五府的記録，《明實録》中最早見者爲彭城伯張瑾，他正統三年（1438年）襲祖爵，於中軍都督府帶俸。[②] 勳爵帶俸五府在明代中期基本成爲定制，成化、弘治間相關記載層出不窮。崇禎朝史玄所撰《舊京遺事》一書載，"累朝勳貴，皆帶銜五府"[③]。除世代鎮守雲南的黔國公家族外，基本所有兩京勳貴皆在五府帶俸，各自的帶俸之府也常被寫入勛臣完整官銜中，如明代文獻中稱呼勛臣時有"中軍都督府帶俸安順伯薛瑤"[④] "後軍都督府帶俸太傅英國公張惟賢"[⑤] 等。需要指出的是，明代外戚駙馬也都在五府帶俸，如嘉靖朝駙馬李和後府帶俸，歲禄兩千石，[⑥] 神宗李太后父武清侯李偉帶俸中軍都督府等。[⑦]

明代的勛貴體制具有鮮明的軍事化特徵，勛臣多係武官出身，外戚及其子弟一般也授予高級武職或推恩封勛爵，故朝廷安排勛戚駙馬在五府帶俸以爲方便。單就勛貴而言，他們之所以普遍帶俸五府，還有一個原因是便於被差調專掌各府事務，這正體現了明代中期以後五府爲勛臣專掌的傾向。勛貴不類文武百官，無固定國家機構統轄，故帶俸五府，相當於將他們皆銓注於各府衙門下。明代文獻中提及勛爵帶俸時，常有"注某府" "改注某府"，明武宗在荒唐自封爲鎮國公時，也特意要求自己"注後府"[⑧]，皆是此意。

帶俸勛臣雖不一定實管事務，但在名義上可以備選管領其所帶俸之府，萬曆《明會典》即載，五府"缺僉書官，於各府帶俸公、侯、伯、都督"[⑨] 中推舉。排查一些事例可知，勛臣所管之府，很多情况下就是其帶俸之府。如成化朝襲爵的

[①] 如《謇齋瑣綴録》記一則軼事，正統間"朝廷敕一邊將，本左軍都督府之職而誤寫右軍都督府。邊將既受敕，具疏請於何府支俸"，朝臣一時無措。時任内閣大學士的楊士奇認爲"王言如絲，其出如綸"，敕書"既云右府，即令於右府帶俸"。見（明）尹直撰《謇齋瑣綴録二》，（明）鄧士龍輯《國朝典故》卷五四，北京大學出版社1993年版，第1262頁。
[②] 《明憲宗實録》卷二〇二，成化十六年四月壬申，第3548頁。
[③] （明）史玄撰：《舊京遺事》，北京古籍出版社1986年版，第22頁。
[④] 《明孝宗實録》卷三五，弘治三年二月己丑，第755頁。
[⑤] （明）畢自嚴撰：《度支奏議·雲南司》卷一六《覆英國公蕭家河莊田未明疏》，《續修四庫全書》史部第490册，第53頁。
[⑥] 《明世宗實録》卷四二一，嘉靖三十四年四月丙子，第7296頁。
[⑦] 《明神宗實録》卷一四九，萬曆十二年五月丁丑，第2768頁。
[⑧] 《明武宗實録》卷一六七，正德十三年十月癸酉，第3231頁。
[⑨] 萬曆《明會典》卷一一九《兵部二·銓選二·推舉》，第616頁。

清平伯吳琮在"南京後軍都督府帶俸",至弘治十一年(1498年)"掌本府事"①。中府帶俸的成國公朱輔曾"歷掌左、中二都府事"②。又如隆慶四年,朝廷命後府帶俸惠安伯張元善"僉書本府事"③。

在一份崇禎朝京官參加祭典的名錄檔案中,④亦可見有大量勳戚注名五府的情況。其中"左軍都督府"條下,列有"管府事"與"添注管府事"兩類。"管府事"者爲鎮遠侯顧肇跡與成安伯郭邦棟;"添注管府"者爲勳戚惠安伯張慶臻、懷柔伯施壯猷、安鄉伯張國柱、光宗生母王太后弟新城侯王昇、崇禎周皇后父嘉定伯周奎以及都督王世盛、劉岱等。⑤按照嘉靖朝五府"僉書與帶俸者概稱管府事"的列銜規定,顧肇跡、郭邦棟二人應爲實任五府僉書管事官,此可證於《崇禎長編》及《國榷》二書。查《崇禎長編》,顧肇跡於崇禎元年(1628年)七月任"僉書左軍都督府事"⑥;另據《國榷》載,崇禎二年二月,郭邦棟爲"左軍都督府僉事",其中"僉事"應爲"僉書"之誤。⑦而所謂在左府"添注管府事"⑧的勳戚都督,係帶俸不實管府事者,如其中惠安伯張慶臻崇禎元年七月任提督京營戎政,⑨都督王世盛專掌錦衣衛事,⑩可知二人明確不管左府事,其餘帶俸勳戚或多無事奉朝請。

帶俸制度使得勳臣與五府衙門緊密共生,這主要體現在三個方面:第一,勳臣在哪一府帶俸,應在其初襲爵時就被朝廷所指定。查《明實錄》中勳臣小傳,有彰武伯楊瑾"成化十四年襲父信伯爵,命於後軍都督府帶俸"⑪。又有"前軍都督府帶俸優給清平伯吳尊周承襲祖爵"⑫的記載,説明吳尊周在正式襲爵前,已在前府支取優給禄米。第二,勳臣因故不任事後,依然帶俸五府。如隆慶五年(1571年)十一月,鎮遠侯顧寰以"年近七十,精力委果衰遲"而"屢疏求閑",

---

① 《明孝宗實錄》卷二一〇,弘治十七年四月乙卯,第3924—3925頁。
② 《明世宗實錄》卷三一,嘉靖二年九月己丑,第825—826頁。
③ 《明穆宗實錄》卷四三,隆慶四年三月乙亥,第1082頁。
④ 《右軍都督府等部門官員職名清單》,《中國明代檔案總匯》第48册,第154—162頁。該名單中所列官員名下有"嗽""病目""有服"等名目,可知係因各種緣由不能參加祭典者。
⑤ 《右軍都督府等部門官員職名清單》,《中國明代檔案總匯》第48册,第154—155頁。
⑥ 《崇禎長編》卷一一,崇禎元年七月己卯,第632頁。
⑦ (明)談遷著,張宗祥校:《國榷》卷九〇,崇禎二年二月乙巳,中華書局2005年版,第5470頁。
⑧ 在明代銓選制度中,"添注"一般指在某衙門無官缺的情況下,將閑冗官員添入該衙門官籍以候補,文、武職官皆有添注,各類添注官的境遇狀況比較複雜,不可混而相ён。以勳臣外戚帶俸添注五府,這更多體現爲朝廷優養貴胄之意,但嘉靖朝以後,武職隊伍冗滯異常,因此也有部分老疲、罪廢都督武將被權且添注於各府以候僉書任,這些添注武職就被朝廷冷遇的對象,顯然與勳戚的地位不同。
⑨ 《崇禎長編》卷一一,崇禎元年七月己巳,第615頁。
⑩ 《明熹宗實錄》卷四二,天啓三年十二月丙申,第2192頁。
⑪ 《明孝宗實錄》卷二五,弘治二年四月丁未,第569頁。
⑫ 《明神宗實錄》卷五五七,萬曆四十年五月丁丑,第10501頁。

朝廷准其解職任，仍"在府帶俸"①。第三，勳臣亦可提請在南、北兩京轉領帶俸之府。如成化七年（1471年）襲爵的南寧伯毛文，在弘治元年（1488年）任協同南京守備兼理右府，解任後仍在南京右府帶俸，弘治六年（1493年）取回北京，改"注右軍都督府帶俸"②。至隆慶三年（1569年），朝廷正式准五府侯、伯，若"會推南京駐劄管事"者願於南京各府帶俸，"題請改注"③。

若進一步細緻揆諸《明實錄》等材料，可以發現諸勳所帶俸之府，常與其祖先封爵前擔任都督之府相一致，這又體現了勳爵與五府的歷史性聯繫。如第二任彭城伯張瑾中軍都督府帶俸，其祖仁宗外戚彭城伯張㫤封爵前任中軍都督府都督。④ 再如天順四年（1460年）襲爵的保定伯孟昂在"右府帶俸"⑤，其曾祖"靖難"功臣孟善以右軍都督同知封爵並仍兼職。某些勳臣家族甚至世代在某一府帶俸。如三任成安伯郭鏞、郭寧、郭瓚皆在左府帶俸。⑥ 又如前軍都督府僉事高士文在永樂五年（1407年）以戰死交阯追封建平伯準世襲，⑦ 而高士文後代中，有洪熙朝襲爵的高遠初掌前軍都督府，後調南京左府，成化中"還帶俸"前府，⑧ 又有弘治年間襲爵的高釐被吏部稱為前軍都督府建平伯高釐，⑨ 可知高釐也在前府帶俸。

帶俸五府制度還對勳爵的各類日常事務產生影響。例如勳臣襲爵時，需要吏部驗封司會同五府堂上官會勘本府帶俸勳爵世系。⑩ 景泰五年（1454年）規定，公、侯、伯家配設的教書教官經該勳臣奏保後，再由朝廷考勘，中者可授訓導一職，"於本都督府帶俸"⑪。正德九年（1514年），禮部建議，逢朝堂大宴，若公、侯、伯爵有"臨宴爭坐次者"，"爵同者以中、左、右、前、後為序，府與爵俱同

---

① （明）楊博：《楊襄毅公本兵疏議》卷五《覆都給事中張國彥等論總督京營戎政鎮遠侯顧寰解任疏》，《四庫全書存目叢書》史部第61冊，第784頁。
② 《明孝宗實錄》卷七九，弘治六年八月辛未，第1512頁。
③ 萬曆《明會典》卷一一八《兵部一·勳祿》，第615頁。
④ 《明仁宗實錄》卷四上，永樂二十二年十一月壬申，第130—131頁；《明憲宗實錄》卷二○二，成化十六年四月壬申，第3548頁。
⑤ 《明憲宗實錄》卷一一一，成化八年十二月戊子，第2167頁。
⑥ 《明孝宗實錄》卷六九，弘治五年十一月丙子，第1312頁；《明世宗實錄》卷二一，嘉靖元年十二月庚子，第623頁；《明世宗實錄》卷五七，嘉靖四年十一月庚午，第1381頁。
⑦ 《明太宗實錄》卷七○、卷八一，永樂五年八月庚戌，永樂六年七月癸丑，第984、1081頁。
⑧ 《明孝宗實錄》卷一六，弘治元年七月丁亥，第402頁。
⑨ （明）高拱著，岳金西、岳天雷編校：《高拱全集·掌銓題稿》《題行查建平伯孫高添爵疏》，中州古籍出版社2006年版，第472頁。
⑩ 相關事例見（明）高拱著，岳金西、岳天雷編校《高拱全集·掌銓題稿》《題行查建平伯孫高添爵疏》，第472—473頁。
⑪ （明）李默：《吏部職掌》《文選三·求賢·公侯教讀》，《四庫全書存目叢書》史部第258冊，第52頁。

者，則序以歷年深淺，不得臨宴執論"①。

五　結語

　　永樂年間，皇帝一度復將五府都督官作爲榮譽職銜授予部分勳臣，這主要是爲了彰顯武將在"靖難之役"中的功勳，屬一時之變通。自洪熙、宣德朝始，隨着"靖難"功臣老死凋零，勳臣不領品官之制逐漸恢復，此後終明亡而未變。然而，無論勳臣是否兼領都督品官，他們皆有資格以最高軍官身份充任五府堂上長官。從明初至明中葉，勳臣、都督統領五府時所領各種無品職銜逐步演化爲更加正式的"掌印"與"僉書"，五府堂官的人員配置也漸趨穩定。隨着明中期五府體制的完善，即出現勳爵專掌府事的情況，這在嘉靖朝以後尤爲突出。朝廷還設置五府帶俸制度，使勳爵直接銓注於五府，更相管事。

　　就皇權統治的結構而言，僅有一套官僚體制和一批臣工並不足以支撐君主的合法與權威；而勳爵册封制度是上古封建的遺存，勳臣是帝王奪取天下和統治天下的基礎之一，他們與君主休戚與共，其身份非一般臣僚可同日而語；五府又係名義上的國家最高職官衙門，因此勳臣與五府在位階上具有對應性，任用勳臣專掌五府充分體現了皇權統治的秩序與威嚴。另外，由於明中期以後，朝廷對勳臣實際權力的限制較強，而五府衙門本身也實權無多，勳臣與五府機構的結合亦不足以威脅皇權，故明廷更不吝任用勳爵掌府事。勳臣與五府緊密相連，二者相合依存，這種機制是明初重貴、重武統治特色在明代中後期最頑固的遺存之一，實與國家整體官僚管理體制有所抵牾，但二者結合所體現的皇權統治的權威性和階序性，其政治意義大於實際軍政功能。

收稿日期：2020 年 8 月

---

①《明武宗實錄》卷一一九，正德九年十二月癸卯，第 2403—2404 頁。

學術與政治的交融

——明代理學名臣丘濬學行之特徵管窺

林存陽

摘　要：自子夏揭櫫"仕而優則學，學而優則仕"之後，讀書人和士大夫即圍繞着"仕而優則學""學而優則仕"孰先孰後，尤其是"優"的含義、"學"與"仕"的關系，進行了不斷地思索和解讀。其認識儘管有異，但關注點基本上可歸結爲如何看待學術與政治兩者之間的關系。從歷史上看，力圖使兩者相得益彰，或者說加以交融，雖然很不容易，但以之作爲理想追求者頗不乏人，某種意義上來說，亦確實有一些人可視爲成功的典型。明代中葉的丘濬，即其中的一位代表人物。本文通過對丘濬讀書旨趣、爲學宗尚、著述意藴、以文經國、用世之志的梳理，彰顯了其何以能學有所得、志業所在、所著何爲、爲政取向及其成效。儘管丘濬爲學、爲官歷程中也遭遇了一些困難和波折，但總體而言，他對聖賢之道的追尋、以學經世的實踐、内聖外王的理想等，基本上得以實現。而究其因，乃在於丘濬無論作爲讀書人，還是理學名臣，其思想始終是一貫的，那就是：以儒自奮，以身致太平爲己任，淡泊名利，羞爲阿世學，孜孜於以己之所學裨益於世。丘濬的此一爲學、爲政特徵，爲"仕而優則學，學而優則仕"做了一個很好的詮釋。

關鍵詞：丘濬　學與仕　儒者之道　理學名臣　經世致用

《論語》中載，孔子的學生子夏曾說過這樣一句話："仕而優則學，學而優則仕。"（《論語·子張》）這句話可謂影響深遠，引發了很多讀書人和宦途中人的思考。在這些思考中，"仕而優則學""學而優則仕"孰先孰後固然是一關注點，而更爲關鍵的，則在於如何理解"優"、把握"學"與"仕"的關系。漢儒馬融認爲，"仕優則學，行有餘力，則可以學文也"。南朝梁皇侃遂解"優"爲"行有餘力也",進而闡釋這句話道:"若仕官治官,官法而已。力有優餘,則更可研學先王典訓也。學既無當於立官,立官不得不治,故學業優足則必進仕也。"宋代大儒朱熹認爲,"仕與學,理同而事異,故當其事者,必先有以盡其事,而後可以及其餘",如此,"仕而學,則所以資其仕者益深;學而仕,則所以驗其學者益廣"。又指出,"仕優則學"乃"爲已仕者言也","蓋時必有仕而不學如原伯魯者,故有是言";"學優而仕,爲未仕者言也,蓋未有以明乎修己治人之道,則未可以仕耳"。並推測子夏之意,或含有如下的隱義:"仕未優而學,則不免有背公徇私之失;學已優而不仕,則亦不免有愛身忘物之累。"清儒李顒亦闡釋道:"仕學相資。學不矢志經綸,一登仕途,則所學非所用,是後世詞章記誦之學,非有體有用之學。仕不輔之以學,簿書期會之外,漫無用心,是後世富貴利達之仕,非輔世長民之仕。"而論仕、學之次第,他認爲"學在先,仕在後"。至於子夏何以先言仕而後言學,在李顒看來,乃因"學人一入仕多不復學,故先言仕,以見既仕比之未仕所關尤重,尤不可以不學"。要之,"已仕者不可離學,而未仕者亦不可以不知所學也"①。由諸儒言論來看,"仕"與"學"既需加以分梳,又密切相關。換言之,"仕"與"學",分觀而言固爲兩事,然統觀而言,又息息相關、密不可分。

　　梁啓超先生在《學與術》一文中,更以西學相觀照,對"學"與"術"做了剖析。他指出:"吾國向以'學術'二字相連屬爲一名辭。惟《漢書·霍光傳贊》稱光不學無術,學與術對舉始此。"在他看來,所謂"學",乃"觀察事物而發明其真理者也";所謂"術",乃"取所發明之真理而致諸用者也"。所以,他很贊同生計學大家倭兒格(今譯杜爾閣,"閣"或譯爲"哥")所言:"學者術之體,術者學之用,二者如輔車相依而不可離。學而不足以應用於術者,無益之學也;術而不以科學上之真理爲基礎者,欺世誤人之術也。"以此反觀,他認爲"我國之敝,其一則學與術相混,其二則學與術相離"。爲救此敝,他強調:"夫空談學理者,猶飽讀兵書而不臨陣,死守醫書而不臨症,其不足恃固也。然坐是而謂兵書、醫書之可廢得乎?"所以他希望"中年以上之士大夫,現正立於社會上而擔任各要職者,稍分其繁忙之晷刻,以從事乎與職務相關系之學科"。如此希望,並不是要勸人"作博士",而是因爲"非是則體用不備","'不學無術'之譏,懼終不能免耳"。② 梁先生對"學"與"術"的這一剖判,若與上述諸儒對"仕"與"學"

―――――――――
① 程樹德撰,程俊英、蔣見元點校:《論語集釋》第4册,中華書局1990年版,第1324—1325頁。
② 梁啓超著,吳鬆等點校:《學與術》,《飲冰室文集點校》第四集,雲南教育出版社2001年版,第2246—2247頁。

關系的認識對觀，實有異曲同工之妙。而以現代術語言之，"學"即學術、學問，"仕""術"則相當於政治。那麼，"學"與"仕"或"術"的關系，即"學術"與"政治"的關系。

自子夏"以仕、學分出處"（段玉裁語）之後，儘管仕優者未必學、學優者未必仕乃傳統社會中司空見慣、習以爲常的現象，但"仕而優則學，學而優則仕"仍爲衆多學子、士大夫提供了奮進的動力，以之作爲理想追求者不乏其人。尤其是科舉時代，科甲出身屬於正途，讀書人由此而躋身官場，得以實現"學而優則仕"的願望；置身官場者，以所學而經世致用，成就一番事業，亦有不少人物可稱道。而能兼具"學而優則仕""仕而優則學"，實大不易。其難就難在，既要具備獨到的學識，又要得其位而行其志，亦即需要實現學術與政治的交融，才能達致此境。如果我們將衡評標準定得不那麼高或理想化的話，揆諸史跡，此一類型的人還是頗有其人的，尤其是儒臣群體。其中，被譽爲"一代之豪傑"（程敏政語）、"一世巨儒"（蔣冕語）、"一代文臣之宗"（彭鵬語）的明中葉理學名臣丘濬，就是一位典型人物。

一　讀書旨趣

丘濬，字仲深，號深庵，學者稱爲瓊台先生。生於明成祖永樂十九年（1421年）十一月初十日，弘治八年（1495年）二月初四日去世，享年七十五歲。其先世福建晉江縣人，元季有官於瓊州者，因遭亂不得歸，遂占籍瓊山，居住於郡城西門外之下田村（今金花村）。丘濬之祖父普，任臨高縣醫學訓科。父傳，三十三歲英年早逝；母李氏"守志食貧，顧複教誨，有孟母風"[1]，去世後因濬官翰林院侍講學士而獲得憲宗皇帝諭祭文褒揚，其文曰："守節教子，婦人所難；兼致旌褒，惟爾所獨。生有足尚，死可悼傷。"[2]就此來看，丘濬早年生活於瓊海僻壤，家境亦很清貧。儘管如此，其祖父對丘濬仍給予厚望："爾立門戶，拓吾祖業，達而爲良相，以濟天下，可也。"[3]後來的事實證明，丘濬確實沒辜負祖父的期望，真的成就了一番事業。

丘濬自幼聰明，七歲入小學，九歲就讀社學，十三歲刻苦攻讀經史，卒業

---

[1] 焦映漢：《丘文莊公傳》，《丘文莊公集》卷首，《四庫全書存目叢書》集部第406冊，齊魯書社1997年版，第214頁。

[2] 《丘母李太夫人諭祭文》，《丘濬集》附錄一，周偉民等點校，海南出版社2006年版，第10冊，第5043頁。

[3] 丘濬：《瓊台詩文會稿》卷一九《可繼堂記》，《丘濬集》，第9冊，第4365頁。

《五經》。丘濬十二歲時所作唐律一首，尤能顯示其早慧和志向。詩曰："絕島窮荒面面牆，偶從窗隙得餘光。浮雲盡斂天還碧，斗柄初昏夜未央。燕語鶯啼春在在，鳶飛魚躍景洋洋。收來一擔都擔著，肯厭人間歲月長。"蔣冕曾就此評論道："先生生南海，少孤，無從得師。然天資絕人遠甚，往往暗與道合……其任重道遠之意，凜然於末句十四字之間矣。"[1] 然而，丘濬之讀書向學，則並非一帆風順，而是經歷了諸多艱辛。

在《藏書石室記》一文中，丘濬曾對自己求書之磨難，做了如下回顧：

> 予生七歲而孤，家有藏書數百卷，多爲人取去，其存者蓋無幾。稍長知所好，取而閱之，率多斷爛不全，隨所有用力焉。往往編殘字缺，顧無從得他本以考補，時或於市肆借觀焉。然市書類多俚俗駁雜之說，所得亦無幾。乃遍於內外姻戚交往之家，訪求質問，苟有所蓄，不問其爲何書，輒假以歸。顧力不能收錄，隨即奉還之，然必謹護愛惜，冀可再求也。及聞有多藏之家，必豫以計納交之，卑辭下氣，惟恐不當其意。有遠涉至數百里，轉浼至十數人，積久至三五年而後得者。甚至爲人所厭薄，厲聲色以相拒絕，亦甘受之，不敢怨懟，期於必得而後已。人或笑其癡且迂，不恤也。

也正是由於對書的這種"癡且迂"的執着，不僅奠定了丘濬爲學的根柢，更促使他堅定了"以儒自奮，以求無愧於前人"的治學追求。在此後的科舉、宦海生涯中，他不僅着意購書，勤於讀書，所藏日益豐富，而且愈加體悟到書之大意義之所在。在他看來，"由一理之微，而可以包六合之大；由一日之近，而可以盡千古之久；由一處之狹，而可以通四海之廣；由一事之約，而可以兼萬物之衆"，凡此皆因書而得，所以書之功用尤大。更爲重要的是，"書之在天下，自五經而下，若傳、若史、若諸子、若百家，上而天，下而地，中而人與物，固無一事之不具，亦無一理之不該"。學者若能即是而求，"則可以貫三才，而兼備乎萬事萬物之理"。當然，對書的取捨，丘濬是有自己的標準的，那就是"不貴多，而貴精"。他強調："學必由約，而後可以致於博，精而約之，以盡其多與博，則氣質由是而變化，心志由是而開明，德業由是而崇廣。"如果能做到"析其精而至於不亂，合其大而極於無餘，會其全而備於有用"，那麼，離"聖賢之道"也就不遠了。因此，他主張："人生天地間，不爲儒則已，有志於儒，以從事乎聖賢之道，未有捨

---

[1] 蔣冕：《瓊台詩話》卷上，《丘濬集》附錄四，第 10 冊，第 5162 頁。

書而能成者也。"① 顯然，丘濬的這種思想取向，與那些以書作爲求取功名利祿敲門磚者是迥異其趣的。

正是基於對書的酷愛和其功用、意義的深刻體悟，丘濬不惟"博極群書，經史百家，旁及醫卜老釋，無不覽觀"②，且能有所取捨，"以紫陽爲宗，讀書窮理，以究極聖賢之精藴，可謂極博矣"，而其志則"以身致太平爲己任"，所以"平居著書，事事必爲區畫，鑿鑿可行。其立朝不幹名勢，介然以清節自勵。家庭孝友，鄉黨服其化"③。無怪乎其入仕後，"柄文衡、造多士，詞章騁浮靡者必斥，虚寂立門戶者必辯"，"一時士風，翕然頓變"④。何喬新嘗論曰："文者，道之英華也，得於道者精以深，則發於文者弘以博。"以此而觀丘濬之文，則"本濂、洛之淵源，而不失韓、歐之矩矱……一本於道，足以追踪濂、洛諸名儒而無愧，非韓氏、歐陽氏、曾氏因學文而見道者之可擬"⑤。又程敏政記丘濬曾對他説："世之作文者，類喜鍛煉爲奇，不究孔子詞達之旨，或剽竊以爲功，不識周子文以載道之説。雖有言，無補於世。無補於世，縱工奚益？故予平日，不欲以詩文語學者。"⑥ 由此可見，丘濬之讀書爲文，是有其明確目的和深意的。誠如其《自贊》所云：

汝生無載籍之鄉，何以能博。汝學無師友之資，何以能覺。蓋黯黯中忽有一點之明，紛紛内如幸解四肢之縛。偶然由徑以達康莊，庶幾出塵而升寥廓。噫！奮自嶺海，登乎館閣，雖不能爲一世之人龍，敢自咤爲一方之雞鶴。方之於人，固不能知。求之於己，亦足以自樂也已矣。⑦

"自樂"固屬謙辭，"達康莊""升寥廓"則是其讀書之理想追求。

二　爲學宗尚

丘濬既然讀書有着明確的目的和取捨，其爲學自然不會氾濫無歸。那麽，丘濬的爲學取向何在呢？

在《文廟齋居》詩中，丘濬感慨道："此日齋居里，誠心念聖賢。降臨如在

---

① 丘濬：《瓊台詩文會稿》卷一九《藏書石室記》，《丘濬集》，第 9 册，第 4356—4358 頁。
② 葉向高：《丘文莊公集序》，《丘濬集》，第 8 册，第 3678 頁。
③ 鄭廷鵠：《刻瓊台會稿後序》，《丘濬集》，第 8 册，第 3695 頁。
④ 黄佐：《瓊台會稿序》，《丘濬集》，第 8 册，第 3694 頁。
⑤ 何喬新：《瓊台類稿序》，《丘濬集》，第 8 册，第 3684—3685 頁。
⑥ 程敏政：《瓊台丘先生文集序》，《丘濬集》，第 8 册，第 3686 頁。
⑦ 丘濬：《瓊台詩文會稿》卷二二《自贊》，《丘濬集》，第 9 册，第 4486—4487 頁。

上,瞻望若居前。萬世文儒主,千年道統傳。大恩同罔極,菲禮少將虔。"① 又《送李世賢祭酒之南雍》説:"拜得儒流第一官,橋門環立萬人觀。及門有造皆宗孔,在列無人敢笑韓。化雨極知沾溉易,士風誰道轉移難。"② 顯然,丘濬對孔子是極爲尊崇的。

在送朱子九世孫梴初授五經博士歸建安贈詩中,丘濬表露心跡道:"宣尼去世遠,六籍日以湮。道統久墜地,人文孰昭陳。至哉紫陽翁,妙契古聖神。遠溯洙泗流,近追濂洛塵。一洗千古陋,再見三代淳。坐令宇宙内,百世同一春。"③ 又序《玉溪師傳録》曰:"朱夫子承周、程之傳,以上接孔、孟千載之緒。"④ 而在《〈程子全書〉序》尤其是《道南書院記》中,則對二程一脈傳道之功極力予以表彰。他強調:"道學復明于宋,起自西南,而行於中州。其後也,復還于東南,蓋天示奎文以開有宋一代文明之治……朱子者出,斯道乃大明於甌閩之間……推原所自,咸歸其功於龜山先生……假使世無先生,則無朱子矣。無朱子,則周、程以上所傳之要,堯、舜以來相承之緒,必至中絶,其所關系豈細故也哉。"⑤ 即此來看,丘濬對程朱理學是很服膺的。

《大學私試策問》中對"道學"的分梳,亦體現出丘濬對朱子的服膺,並顯示出其對陸九淵之學的態度。首先,他指出:"道學之説,唐以前無有也,有之其始於宋乎?宋科目取士,有進士、明經二途。進士試詩賦,明經試墨義,其後罷明經而改試進士以經義,其所試之經,用漢唐之疏義、王安石新説,此當時儒生所以有道學之説也。我祖宗準古制,立進士科,以《五經》《四書》取士,一主程朱之説。今日士子所習以應科者,是即先儒所謂道學也。"繼而,發問道:"學者假此以出身,謂其無得於身心則有之矣,若謂此外又別有所謂向上一著,而後謂之道學,吾不知其何説也……今世士子,乃有輒於舉業之外,別立門户,而自謂爲道學者,然彼自相稱謂草澤之中可也,而吾士夫由科目以仕中外者,亦從而張大之,何耶?豈習見宋人凡攻道學者,即謂之邪黨,而爲此邪?"而在他看來,"擬人必於其倫,茲豈其倫邪説者,有謂朱子道問學之功多,陸氏尊德性之功多,斯人之徒蓋專主陸氏尊德性之學,措其心於言語文字之外,其然,豈其然哉?且《中庸》謂君子尊德性而道問學,二者之功,其可偏廢歟"?所以,他希望士子辨

---

① 丘濬:《瓊台詩文會稿》卷三,《丘濬集》,第 8 册,第 3788 頁。
② 丘濬:《瓊台詩文會稿》卷五,《丘濬集》,第 8 册,第 3920 頁。
③ 丘濬:《瓊台詩文會稿》卷一《朱文公九世孫梴初授五經博士歸建安》,《丘濬集》,第 8 册,第 3716 頁。
④ 丘濬:《瓊台詩文會稿》卷九,《丘濬集》,第 8 册,第 4025 頁。
⑤ 丘濬:《瓊台詩文會稿》卷一六《道南書院記》,《丘濬集》,第 9 册,第 4264—4265 頁。

析"道學之所以爲道學,考朱、陸之實,辨吳氏之言,溯其源而沿其流,而推其所以致弊之由"①。

丘濬爲學,有一理念很值得關注,那就是他主張的"學不可不博,博而雅焉,斯爲可尚"。他之所以提出這一主張,乃有鑒於如下一些弊端:

> 予惟自有書契以來,文籍之存於世者,日新月盛,出則汗牛馬,處則充棟宇,不爲不多矣。然而飾邪説,文奸言,喬字崑瑣者有之矣。縱性情,亂是非,恣睢利岐者有之矣。不法先王,不是禮義,而好怪説,甚至察而不急,辯而無用,多事而寡功者有之矣。劌目鉥心,搯擢胃賢,鍛煉於一字一語之間,以爲工巧,取黄妃白,神出鬼没,聽之則固成章若可嘉,要其歸宿,則漠然無所用於世者有之矣。悖逆天理,滅絶人倫,肆爲弘闊勝大之説,汗漫不經,妖誕幻惑,不言六合而言其外,不言當世而言世之未來者有之矣。

凡此之類,既不可理天下,也不可理一家、一身,即使無一不通、無一不知,也毫無益處。所以,君子之學,既貴博,尤貴博而能雅。那麼,何爲"雅"呢?丘濬認爲:道陰陽之書,《易》最雅,而京房、焦贛灾異之説則非雅;紀政事之典,《書》最雅,而《汲冢竹書》之奇怪則非雅;理性情之辭,《詩》最雅,而風雲月露之蕪穢則非雅;正名分之史,《春秋》最雅,而擊徘冒没之偏黨則非雅;謹節文之儀,《禮》最雅,而委巷綿蕞之駁雜則非雅。"其他如儒先之駕説,史氏之紀載,詩人之咏歌,亦或有爾雅者焉。"學者若於此"博而求之,求而擇之,擇而服之",方能有裨於身心家國,故而"尤可尚"也。②

值得注意的是,丘濬對儒的體認,更能彰顯其爲學宗尚。在《藏書石室記》中,他強調:"人生天地間,不爲儒則已,有志於儒,以從事乎聖賢之道,未有舍書而能成者也。古語有之,通天地人曰儒,一物不知,儒者所恥,一書之不讀,則一書之事缺焉……學者誠即是而求焉,則可以貫三才,而兼備乎萬事萬物之理,儒之道其在是矣。"③ 此可見"儒"在丘濬心目中的地位。不過,歷經時代變遷、學風轉移,儒的形象則不斷有所變化。丘濬指出,"孔子没而異説紛起,道德遂爲天下裂。自是國異政,家殊欲,歲異而月不同矣"。比如自漢武帝表彰經學之後,"世之所謂儒者,咸知尊孔氏,黜百家,及其見於立論行事之間,則又有不同焉"。

---

① 丘濬:《瓊臺詩文會稿》卷八,《丘濬集》,第8册,第4016—4017頁。
② 丘濬:《瓊臺詩文會稿》卷一八《博雅軒記》,《丘濬集》,第9册,第4327—4329頁。
③ 丘濬:《瓊臺詩文會稿》卷一九,《丘濬集》,第9册,第4357—4358頁。

其不同，主要表現爲："工文辭者則有司馬遷之徒，論政事者則有劉向之輩，談理道者則有董生之流。"這三者雖然皆屬"世所謂儒者之事"，但在丘濬看來，未必能含括"儒之道"。此後，像韓愈、歐陽修之精於文，陸贄、范仲淹之達於治，二程、朱子之深於道等，是否與前諸儒同類、與孔子之道有所合，則需要分梳、剖別。而到了丘濬所處之時代，儘管前有太祖"大明儒學，教人取士，一惟經術是用"、成祖"取聖經賢傳，訂正歸一，使天下學者誦説而持守之，不惑於異端、駁雜之説"，"崇儒重道"漸有成效，然文章之士或"厭其淺易，而肆爲艱深奇怪之辭"，議政之臣或"厭其循常，而過爲閎闊矯激之論"，講學明道者或"大言闊視，以求獨異於一世之人"，則又與韓愈、陸贄、程朱等取向有異。有鑑於此，丘濬認爲應"不厭常而喜新，各矯偏而歸正，必使風俗同而道德一，以復古昔之盛"，其所期待者，乃"欲操觚染翰者，主於明理，而不專於騁辭；封章投匭者，志於匡時，而不在於立名；講學明道者，有此實功，而不立此門户"①。此一思想意趣，尤關乎學校育才之導向。有感於當時"苟道則尊，而吾方戚戚焉以嗟卑爲念，學則富，而吾方汲汲焉以憂貧爲心，則失其所尊富者矣。而況道與學俱無有哉！嗟卑，則屈抑苟賤，無所不爲；憂貧，則需求乞貸，無所不至"的"學校官之通患"，丘濬則認爲，負師儒之職責者，應"以學爲業，以道爲任"，"自三皇五帝以來，凡其所具之仁義禮知，皆吾性之所有，有之，則三公之位不能逾也。學自六經、子、史，下至百家之言，凡佈於方策載籍者，吾無一而不究，究而有之，則萬鍾之富未足多也"②。而學校之政，所當明者，在於君臣、父子、夫婦、朋友、長幼之倫；所當求者，在於伏羲、神農、黄帝、堯、舜、禹、湯、文、武、周公、孔子之道；所當習者，在於《易》《書》《詩》《春秋》《三禮》之經。如此，才能收到"敦化原，厚風俗，作成人材"之效。③

　　丘濬對儒的界分，尚有一值得關注之處，那就是他强調："儒者之學，不但有性理之學，而又有物理之學焉"④ "所貴乎儒者，以其格物致知，於凡三才之道、萬物之理，莫不窮極其所當然，而知其所以然也"⑤ "所貴乎學者，以其窮理盡性，以至於命。理窮矣，性斯自盡，而命隨之。欲窮夫理，當自吾身始"⑥。基於此一理念，他遂究心於本草、明堂經絡等實用之學，以期有裨於世人。

---

① 丘濬：《瓊台詩文會稿》卷八《會試策問》，《丘濬集》，第 8 册，第 4013—4014 頁。
② 丘濬：《瓊台詩文會稿》卷一四《送鄉友崔仲淵司訓序》，《丘濬集》，第 9 册，第 4185—4186 頁。
③ 丘濬：《瓊台詩文會稿》卷一一《送劉仗和提學浙江序》，《丘濬集》，第 8 册，第 4107 頁。
④ 丘濬：《瓊台詩文會稿》卷九《〈本草格式〉序》，《丘濬集》，第 8 册，第 4048 頁。
⑤ 丘濬：《瓊台詩文會稿》卷九《〈明堂經絡前圖〉序》，《丘濬集》，第 8 册，第 4053—4054 頁。
⑥ 丘濬：《瓊台詩文會稿》卷九《〈明堂經絡後圖〉序》，《丘濬集》，第 8 册，第 4054 頁。

與對儒的認同、推揚不同,丘濬對佛、道二教,則持相反態度。其致王復詩曰:"儒生不讀佛家書,道本無虧豈有餘。請問前朝劉太保,西來作用竟何如。"① 又《讀悟真篇》詩曰:"真鉛真汞結真丹,易簡工夫不在繁。道是悟真應未悟,悟真寧用許多言。天然義理本來真,自古原無不壞身。若道神仙長不死,世間應有漢唐人。張翁自謂得真傳,吃緊教人學大還。今去翁時未千載,如何不見在人間。"② 在所上《論釐革時政奏》中,丘濬更以史事爲據,指出"言佛道二教可以延福祚者""言修煉金丹可致長生者"之荒誕、流弊。總之,丘濬所期待和致力者,"在乎仁義而不在功利也,在乎儒教而不在佛老也"③。

三　著述意蘊

丘濬對孔子的尊崇、對程朱的服膺、對儒之道的體認,並非僅限於言說,而是在不斷深化、沉澱的過程中,形成自己的獨到之見,結撰爲著述,且能自成體系。其表現,即《朱子學的》《家禮儀節》《世史正綱》《大學衍義補》等的成書。

《朱子學的》乃擬《論語》之作,以展現朱子志於聖賢的爲學精義。凡分上、下兩卷,各十篇。卷上列下學(總論爲學之道)、持敬(涵養須用敬)、窮理(進學則在致知)、精蘊、須看、鞭策、進德、道在、天德、韋齋十目;卷下列上達、古者、此學、仁禮、爲治、紀綱、聖人、前輩、斯文、道統十目。對於爲何要結集此書,丘濬解釋道:"朱子平生著述,多是闡明聖經賢傳之旨,未嘗自爲一書,此愚所以不揆寡陋而妄有所輯也。"儘管所輯"多經書傳注中語",學者較爲熟悉,但丘濬認爲仍有必要,正如朱子採程氏《周易》《春秋》傳文而成《近思錄》,自有其獨特性所在。至於以"學的"命名,意取"學以聖人爲的"。丘濬指出,"學以聖人爲的"是二程弟子楊時之言,而朱子在《中庸或問》中論中和位育,亦用此語,藉以引導學人"必志於爲聖賢",就像射箭一樣"必志於中的"。因此,編輯此書,並以"學的"爲名,是有明確用意的。他還強調,是書的框架、內容安排,較之《論語》而言,有其"次第"。比如卷上,"首篇是其凡,其第二篇、三篇是其用功之要",四至九篇則體現的是由學而治心、治身以至於窮神知化的進階,第十篇"舉朱子平生言行出處,示學者以標的"。要而言之,"上編由事

---

① 丘濬:《瓊台詩文會稿》卷四《王初陽尚書致政家居,以姚少師道餘錄見示,意欲予爲之分析,書此覆之》,《丘濬集》,第8册,第3853頁。
② 丘濬:《瓊台詩文會稿》卷四,《丘濬集》,第8册,第3832—3833頁。
③ 丘濬:《瓊台詩文會稿》卷七,《丘濬集》,第8册,第3973頁。

以達於理，下編則由理而散之事。一以進德言，一以成德言也"①。朱吾弼有感於丘濬此書之"微情深意"，評論道："其用心之勤，蓋以己之得於先生者，而欲後人皆有以知先生；非知先生也，知聖人之學之的也。知先生之的，則知學；知先生之學，則知聖人。然則覩是編者，其亦有志穀之思也夫。"② 清代理學名臣張伯行亦高度讚揚是書，認爲體現了"吾道之體要、聖學之統宗"，於"下學上達之旨，天德王道之全，靡不兼收條貫"，並推闡道："夫朱子之的，固周、張、二程之的；周、張、二程之的，固孔、曾、思、孟之的也。朱子集周、張、二程之言，作《近思錄》，爲孔、曾、思、孟之階梯；文莊作《學的》，爲周、張、二程之階梯。學者誠由《學的》以求周、張、二程，從《近思錄》以求孔、曾、思、孟，而由是以造乎聖人之道，猶善射者操弓挾矢，命中於百步之外，吾知其必有合也。"③ 由此可見，在儒學演進脈絡中，丘濬《朱子學的》具有不可忽視的意義。

《家禮儀節》乃本之世傳朱子《家禮》，而參以明代禮制之書。凡分八卷，依次爲通禮、冠禮冠圖、婚禮婚圖、喪禮喪圖、喪葬喪圖、喪虞、祭禮祭圖、雜錄。丘濬之所以著爲是書，乃基於對禮之重要性的認識。在他看來，"禮之在天下，不可一日無也。中國所以光於四表，人類所以靈於萬物，以其有禮也。禮其可一日無乎"！然而，觀之往代，禮又迭經升降。大要而言，"成周以禮持世，上自王朝，以至於士庶人之家，莫不有其禮"，但經秦火之厄，幾於消歇；漢魏之後，王朝郡國之禮雖有所施行，民庶之家則蕩然無餘；士大夫雖有好禮並著述者，如唐之孟詵、宋之韓琦等，然又"略而未備、駁而未純"。至朱子，才因司馬光《書儀》，參以程、張二家之說，著爲《家禮》一書，成爲有志行古禮者的依據，並通行於世。儘管如此，情況也並不樂觀，其因就在於異端的擾亂，以及儒者知讀書而不能執禮，遂失禮之柄，從而導致儒教之不振。爲扭轉此一困局，丘濬呼籲讀書以爲儒者，要致力於執禮，澄清被異端所汨亂者，而不要"爲異端所竊弄而不自覺"，僅以作文攻擊異端爲事。基於此，他強調："竊以爲《家禮》一書，誠辟邪說、正人心之本也。使天下之人，人誦此書，家行此禮，慎終有道，追遠有儀，則彼自息矣，儒道豈有不振也哉！"當然，丘濬也有一擔心，那就是有些人雖然對儀文節度很懵然，但又好發議論，見別人行禮，可能會說"彼行某事未合於禮，彼行某禮有戾於古"，甚至會說"彼行之不盡，何若我不行之之爲愈也"。對此，

---

① 丘濬：《朱子學的·跋》，《丘濬集》，第 7 冊，第 3431—3433 頁。
② 朱吾弼：《朱子學的·序》，《丘濬集》，第 7 冊，第 3304 頁。
③ 張伯行：《朱子學的·序》，《丘濬集》，第 7 冊，第 3301—3302 頁。

丘濬指出，人行禮就像讀書，雖然未必皆能達到聖賢境界，但總勝於不行禮。而使丘濬感到執禮、行禮迫切性的，是他對現實的強烈感觸。據他說："濬生遐方，自少有志於禮學，意謂海内文獻所在，其於是禮，必能家行而人習之也。及出而北仕於中朝，然後知世之行是禮者，蓋亦鮮焉。詢其所以不行之故，咸曰：'禮文深奧，而其事未易以行也。'"也正因此，他遂以朱子《家禮》爲依託，用淺近的語言，圖文結合的形式，約爲《儀節》，以使"窮鄉淺學之士"易懂易行。至於通都巨邑有意於此者，自然不能限於此，而應參考朱子全書，並"由是而上進於古《儀禮》"①。總之，丘濬此書，既爲一般人行禮提供了可依循的便利，亦彰顯了其以禮扭轉世俗頽風的良苦用心。

如果説《朱子學的》《家禮儀節》體現了丘濬爲學宗尚、淑世情懷的話，其所撰《大學衍義補》一書，則更彰顯了他對施政舉措的關注和思索。在他看來，《大學》一書，是"儒者全體大用之學……六經之總要，萬世之大典，二帝三王以來傳心經世之遺法也"。之所以做此判斷，是因爲他認爲《大學》"原於一人之心，該夫萬事之理，而關系乎億兆人民之生；其本在乎身也，其則在乎家也，其功用極於天下之大也。聖人立之以爲教，人君本之以爲治，士子業之以爲學，而用以輔君"。尤爲關鍵的是，作爲"承帝王之傳，以開百世儒教之宗"的孔子，所爲"二百有五言"，乃其所以立教垂世之道，成爲《大學》的核心。此後，經曾子"分釋其義"、漢儒納之《禮記》，尤其是二程、朱子表彰闡發，其義更得以大顯。真德秀再加賡續，取經傳子史之言，推廣其義，撰成《大學衍義》一書，"以端出治之本，以立爲治之則"，而被視爲"君天下者之律令格式"。不過，真氏之書所衍者，止於"格物致知、誠意正心、修身齊家"，且主要針對"人君所切近者而言"，亦即著眼于《大學》"内聖"層面，而未及治國平天下"外王"層面。正是有感於此，丘濬遂仿真氏所衍之義，於齊家之下，補以治國平天下之要，而成《大學衍義補》一書，分爲正朝廷、正百官、固邦本、制國用、明禮樂、秩祭祀、崇教化、備規制、慎刑憲、嚴武備、馭夷狄、成功化十二目，每目下又分爲小目，"先其本而後末，由乎内以及外，而終歸於聖神功化之極，所以兼本末，合内外，以成夫全體大用之極功也"。丘濬自稱，是書"非獨舉其要，資出治者以禦世撫民之具，亦所以明其義，廣正君者以輔世澤民之術"②。他又强調："百聖千賢，皆莫能外乎孔子之教；千經萬典，皆不能出乎《大學》之書。好治之明君，輔治之良佐，政不必盡讀天下之書，泛舉古人之事，即此一書推而行之，堯、舜、

---

① 丘濬：《家禮儀節·序》，《丘濬集》，第 7 册，第 3437—3438 頁。
② 丘濬：《大學衍義補·序》，《丘濬集》，第 1 册，第 4—6 頁。

禹、湯、文、武之王道，不假外求，皋、夔、伊、傅、周、召之相業，即此而在。唐、虞、夏、商、有周之盛治，居然可致矣。"① 即此可見，丘濬是書，是將道統與治統、學術與政治納於一體的。無怪乎他説"平生精力，盡在是書，苟有所見，皆不外此"② 了。而四庫館臣對丘濬其人雖有微詞，但對是書，仍給予了肯定，認爲"濬博綜旁搜，以補所未備，兼資體用，實足以羽翼而行。且濬學本淹通，又習知舊典，故所條列，原原本本，貫串古今，亦復具有根柢……其書要不爲無用也"③。

此外，丘濬所撰《世史正綱》，則關乎對歷史的認識、治統的評判。據丘濬自序，之所以作此書，乃意在"著世變也，紀事始也。其事則記乎其大者，其義則明夫統之正而已"。而其大旨有三：一爲嚴華夷之分；二爲立君臣之義；三爲原父子之心。概而言之，就是要"本家以立國，正國以持世，而一歸於人心道義之正"，如此，"則人極以立，天地以位，夷狄不敢以亂華，禽獸不敢以侵人"。在丘濬看來，"上天所以立君之意，聖人所以立教之心"，其意即在於此。④ 費誾嘗評價是書曰："開卷之際，上下數千百年，興亡治亂之跡，是非邪正之辨，瞭然於心目之間，使夫天下後世之人，知善可鑒，而惡可戒，銷僭竊者之非望，啓幽憤者之善念，其所以扶持世教、警省人心者，其功蓋亦不小也。"⑤ 此可見是書之用意。而20世紀30年代，邵元沖重刊該書，更抉發丘濬撰書之時代背景説："蓋明至憲宗之時，韃靼之勢漸熾，邊患日棘，而遠則哈密之變，固原之擾，近則苗猺之叛，荆襄之亂，紛然繼起，内則奄侍竊權，興作頻仍，政本漸隳，此公之所憂，故欲援春秋之義，著書垂世以示鑒戒，且示後人以立國保民之道，故其言深切反復，發乎衷誠而不容自已焉。"並鑒於所處時勢之激蕩，感慨道："中國之所以保大一統之基，繼繼繩繩，歷數千年而不可亡者，非徒志士仁人，奮其至剛至正之氣，捨命不渝，以維護之也。亦諸先哲華夷之辨，與攘夷之大義，諄諄反復，深入人心，故一遇危難，莫不奮大勇以争之，前赴後繼，邁往不辭，以保我族而固吾圉也。"⑥ 總之，丘濬《世史正綱》乃有感而發之作，雖然其間的個別觀點未必

---

① 丘濬：《大學衍義補》卷一六〇《治國平天下之要十二·成功化 聖神功化之極（下）》，《丘濬集》，第5册，第2513頁。
② 丘濬：《瓊台詩文會稿》卷七《入閣辭任第三奏》，《丘濬集》，第8册，第3962頁。
③ 《大學衍義補》書前提要，《景印文淵閣四庫全書》子部第712册，臺灣商務印書館1983年版，第2頁。
④ 丘濬：《世史正綱·序》，《丘濬集》，第6册，第2517—2518頁。
⑤ 費誾：《世史正綱·後序》，《丘濬集》，第7册，第3296頁。
⑥ 邵元沖：《重印〈世史正綱〉序》，朱逸輝主編《世史正綱校注本》，海南出版社2005年版，第14頁。

允當，但總的來看，還是個性鮮明的，而且頗具影響。

程敏政曾論丘濬之學曰："蓋先生懼學者之無本也，則有《學的》之編；懼學者之不知變也，則有《世史正綱》之作；懼學者之明體而不適於用也，則有《大學衍義》之補……所謂一代之豪傑，若先生，豈多得哉！"① 王弘誨亦讚譽道："平生著述甚富，一時海內作者，翕然推之……吾嘗謂其羽翼六經，則儒林之赤幟也；經緯萬象，則文苑之白眉也；折衷群言，則道學之玄龜也。兼總史家以來三傳之長，而一洗末學不該不純之陋，先生其人也已。"② 二人所論，洵可謂得丘濬著述之意蘊矣。清儒臧壽恭曾論爲學之法曰："置散錢滿屋，無下手處，授以索，則貫矣。四部書千萬卷，猶散錢也，沉研一經，而群書爲之用，殆猶索歟！"③ 以此而言，丘濬之著述，不惟博而雅，亦且以《大學》之道爲"索"，從而體現出有體有用的爲學爲治取向和精神。

四　以文經國

在傳統社會中，尤其是科舉時代，通過科舉考試進入仕途，以實現自己的學術抱負、經世致用，是絕大多數讀書人的進身之路和追求。丘濬的人生，就是循着這個軌跡走的。

丘濬自幼就聰慧好學，對讀書尤爲情有獨鍾，習舉子業後，落筆爲文，數千言立就，展露出不俗的才華。英宗正統四年（1439年），丘濬十九歲，補弟子員；九年（1444年），鄉試第一，中舉人。其座師王公贈詩鼓勵道："五十名中第一人，才華惟子獨超倫。經明禮樂行文健，策對圖書究理真。春榜英才期角勝，夜窗燈火莫辭頻。從來顯達由稽古，事業輝煌在此辰。"④ 然而，接下來的會試並不順暢，丘濬連續三次參加考試皆落第。在此期間，他並未灰心，依然向學不倦，肄業國子監期間，深得祭酒蕭鎡器重、延譽，名益重。功夫不負有心人，代宗景泰五年（1454年），三十四歲的丘濬，考中二甲第一名進士，選翰林院庶吉士。自景泰七年（1456年）授職翰林院編修，丘濬此後在仕途上雖也經歷了一些磨難，總體而言還是很順暢的，歷翰林院侍講、國子監祭酒、詹事府詹事、禮部尚書、户部尚書，而官至文淵閣大學士、武英殿大學士，逝後特贈太傅、進左柱國，

---

① 程敏政：《瓊台丘先生文集序》，《丘濬集》，第8册，第3686頁。
② 王弘誨：《重刻瓊台類稿序》，《丘濬集》，第8册，第3688頁。
③ 楊峴：《遲鴻軒文集》卷二《臧先生述》，《清代詩文集彙編》第677册，上海古籍出版社2010年版，第275頁。
④ 丘濬：《瓊台詩文會稿》卷五《送王侍御赴江西僉憲》，《丘濬集》，第8册，第3894頁。

謚文莊。

　　丘濬的官宦生涯，主要從事文字侍從、教育、文衡、典禮等活動，晚年更由尚書升爲大學士，開"尚書入閣"之先河，居身顯要，深得孝宗皇帝信任。在此期間，他參與了《寰宇通志》《大明一統志》《英宗實錄》《憲宗實錄》的纂修，及續修《宋元綱目》等工作，屢蒙擢拔；久侍經筵進講，於英宗、憲宗、孝宗之進德修業，頗多宣勞；充會試總裁、殿試讀卷官等，實心選拔人才；任國子監祭酒，更對一時士習文風有扭轉、導引之功。凡此，無不體現出其深厚、醇正的學養及以學致用的成效。同時，政治上的歷練，也有裨於丘濬學問的不斷深化，且得以驗證其學問之效應。

　　在勉勵皇太子詩中，丘濬曾強調："白日休虛度，經書好用心。治必期堯舜，學須宗孔朱。百家皆小道，不是聖賢書"①；"目對聖賢思不雜，心涵義理體常舒。五經四子非無道，二帝三王總是儒。不必拘拘泥章句，帝王學與衆人殊……聖經賢傳宜勤讀，邪說妖言慎勿聽。梁武宋徽終喪國，唐堯虞舜豈長生。從來爲學宜端本，第一先教心上明。"② 此可見他對皇太子的教導，有着明確的指向。又其《代勉儒臣》詩曰："每日文華御講筵，一時進説總儒仙。中宵紬繹明揚意，盡是忠君愛國言。"③ 在《論釐革時政奏》中，他更對孝宗皇帝寄予厚望："皇上誠能養心性以保天和，閱經史以廣聖學……使夫投機伺便之人，承風希旨之輩，曉然皆知上之所好尚者，在乎仁義而不在功利也，在乎儒教而不在佛老也。"④ 以中樞大臣而所言如是，其治國理念和導向意義，顯然不可小覷。

　　《大學衍義補》一書，更能體現丘濬之學術與政治互動、交融的效應。丘濬之撰此書，並非僅著眼於學術問題，亦寄寓了其對政治的深度思考。據丘濬自言，憲宗開經筵，他即隨班進講，親眼目覩儒臣以真德秀《大學衍義》進講，而皇太子朱祐樘亦喜好是書，故而有志於撰述。其後，執掌國子監，遂因閒暇採六經、諸史、百氏之書，歷時十年，匯輯成編，而剛繕寫完，適逢皇太子朱祐樘繼皇帝位。當此之時，丘濬認爲所撰《大學衍義補》會對新皇帝初政有裨益，所以上表請求奏進是書。其《進〈大學衍義補〉表》曰："伏以持世立教在《六經》，而撮其要於《大學》；明德新民有八目，而收其功於治平。舉德義而措之於事爲，酌古道而施之於今政。衍先儒之餘義，補聖治之極功。唯知馨獻芹之誠，罔暇顧續貂之誚……幸際朝廷更化，中外肅清，總攬權綱，一新政務，倘得徹九重之聽，取

---

① 丘濬：《瓊台詩文會稿》卷三《青宮勉學》，《丘濬集》，第8册，第3772頁。
② 丘濬：《瓊台詩文會稿》卷五《青宮勉學》，《丘濬集》，第8册，第3863頁。
③ 丘濬：《瓊台詩文會稿》卷四，《丘濬集》，第8册，第3826頁。
④ 丘濬：《瓊台詩文會稿》卷七，《丘濬集》，第8册，第3972—3973頁。

以備乙夜之覽,採於十百之中,用其二三之策,未必無補於當世,亦或有取於後人。"① 又於《進〈大學衍義補〉奏》中,既說明此書非自己私意杜撰,而是依據"古先聖賢經書史傳之前言往事",且"參以本朝之制,附以一得之愚",又表明自己竭力盡瘁報國之忠、期望所學有所用的心跡。而更爲關鍵的,是他向孝宗闡明該書之於當下政治的密切關聯性:"伏望皇上……以清閒之燕,時賜省覽。遇用人,則檢正百官之類;遇理財,則檢制國用之類。與凡臣庶有所建請,朝廷有所區處,各隨其事而檢其本類。則一類之中,條件之衆,必有古人之事,合於今時之宜者矣。於是審而擇之,酌古準今,因時制宜,以應天下之變,以成天下之務。而其大要,則尤在於審察其幾微之先焉。"丘濬的此一努力,確實頗有成效。孝宗看了丘濬呈上的書,很是欣賞,並下旨褒獎道:"覽卿所纂書,考據精詳,論述該博,有補於政治,朕甚嘉之。"除了"賞銀二十兩、紵絲二表裏",還命禮部謄寫副本,發福建布政司令書坊刊行。②

所著書得到孝宗的肯定,且能廣爲刊佈,丘濬自然備受鼓舞。然他所期待者,更有所寄,那就是寧願捨棄閣臣顯要之位,而祈望孝宗能採納其書,革新政治。因此,他又上《欲擇〈大學衍義補〉中要務上獻奏》,申明己書"非若鄭康成之訓經義,氾濫無益也;非是王安石之假經言,變亂紛更也。其中所載,雖皆前代之事,而於今日急先切要之務,尤加意焉"。並懇請能"擇書中所載切要之務,今日可行者,芟去繁文,摘出要語,參會補綴,以爲奏章,酌量其先後次序,陸續上獻",皇帝省覽後,若覺得可行,則"特賜御劄批下,會同內閣一二儒臣,斟酌處置,擬爲聖旨,傳出該部施行",如"有窒礙難行,或姑留以俟後時,或發下再加研審,亦望聖慈明示其所以然之故"。孝宗自然明白丘濬的用意,所以批示道:"卿欲有言,具奏來看。"③ 也就是應允了丘濬所奏。丘濬隨後上奏,列舉了需要釐剔的二十二件關涉時政之事。他表明,本次所陳奏的,是他於《大學衍義補》之外,別有所見者,即"推天地之大氣運,原祖宗之大功德,審今日治亂安危之大機會,凡理勢之所必至,事體之所當然,特爲指陳議擬,因人情之偏處而逆閉其邪念,就人心之明處而發動其善端,折其萌而不使其滋長於隱微之中,澄其源而不使其氾濫於懷襄之大"。至於《大學衍義補》中有關於救時之急務、經世之遠圖、爲治之要政、防患之豫謀者,則將另外奏陳。孝宗覽奏之後,認爲其中"止印、經節、賞賜、停織造、杜塞希求升官等項,皆切中時弊",所以命有關部

---

① 丘濬:《大學衍義補》卷首,《丘濬集》,第1冊,第9—11頁。
② 丘濬:《瓊台詩文會稿》卷七,《丘濬集》,第8冊,第3596—3597頁。
③ 丘濬:《瓊台詩文會稿》卷七,《丘濬集》,第8冊,第3967—3968頁。

門討論之後再説。① 由此來看，丘濬針砭時弊、以學用世的願望，在一定程度上得到了實現。而就後世的反響來看，此書也發揮了積極的影響。如萬曆年間，神宗即關注到丘濬的《大學衍義補》，認爲該書"揭治國平天下新民之要，以收明德之功，採古今嘉言善行之遺，以發經傳之指，而後體用具備，成真氏之完書，爲孔、曾之羽翼，有功於《大學》不淺"。基於"帝王之學，有體有用"的認識，他意識到"欲因體究用，而此書尤補《衍義》之闕"，所以擬"紬繹玩味，見諸施行，上溯祖宗聖學之淵源，且欲俾天下家喻户曉，用臻治平，昭示朕明德新民圖治之意"，並命重刻此書以廣其傳。②

不過，由於前朝之積弊、官場之角逐，加之丘濬年事已高、書生本色，他所寄望的理想效果，事實上受限於很多阻力，很難達到。觀丘濬所作之詩句，如"匡時有術無施處，旦夕惟焚一炷香"③"世途險似萬重山，面面巉岩步步難。我欲直行行不得，曲行逆理詎能安"④"一品高官七十年，一生常在帝王邊。職居散地偏成寵，文賣明時頗值錢。天上神仙仍有禄，朝中宰相卻無權"⑤"朝紬暮繹空勞力，萬緒千端總爲人"⑥等，不難體會其有志難伸之悵然和無奈。

《論語·雍也》載孔子之語曰"君子博學於文"，清代大儒顧炎武進而對何爲"文"做了申論："自身而至於家、國、天下，制之爲度數，發之爲音容，莫非文也。"⑦ 依此而言，丘濬一生所執著致力的，不正體現了"以文經國"的深沉情懷麽！無怪乎葉向高給予丘濬如下讚譽："世稱文章爲經國大業……以經國之業爲文者，寥寥罕見，而相臣以文經國者，尤不多得……孝陵十八年之治平，實自公啓之。經國大業，捨公將誰歸哉！"⑧

五 用世之志

丘濬之所以孜孜於理想中的"儒者之道"事業，若探其根由，實基於其自始

---

① 丘濬：《瓊台詩文會稿》卷七《論釐革時政奏》，《丘濬集》，第 8 册，第 3982—3983 頁。
② 明神宗：《大學衍義補·序》，《丘濬集》，第 1 册，第 3 頁。
③ 丘濬：《瓊台詩文會稿》卷四《甲午歲舟中偶書》，《丘濬集》，第 8 册，第 3842 頁。
④ 丘濬：《瓊台詩文會稿》卷四《偶成》，《丘濬集》，第 8 册，第 3855 頁。
⑤ 丘濬：《瓊台詩文會稿》卷五《閑中偶書》，《丘濬集》，第 8 册，第 3913 頁。
⑥ 丘濬：《瓊台詩文會稿》卷五《閑中書懷》，《丘濬集》，第 8 册，第 3920—3921 頁。
⑦ 顧炎武著，黃汝成集釋，欒保群、吕宗力校點：《日知錄集釋》卷七《博學於文》，上海古籍出版社 2014 年版，上册，第 158 頁。
⑧ 葉向高：《丘文莊公集序》，《丘濬集》，第 8 册，第 3677—3678 頁。

至終的用世之志。此一人生抱負，在其所撰文字中，有着清晰的體現。

如在《願豐軒記》中，丘濬坦露己之志向說：

> 予少有志用世，於凡天下户口、邊塞、兵馬、鹽鐵之事，無不究諸心意，謂一旦出而見售於時，隨所任使，庶幾有以藉手致用。及登進士第，選讀書中秘，即預修《寰宇通志》，又於天下地理遠近，山川險易，物産登耗，賦税多少，風俗嫩惡，一一得以寓目焉。是時年少氣鋭，謂天下事無不可爲者，顧無爲之之地耳。既登名仕版，旦暮授官，可以行吾志矣。書成上進，凡事者各除給事中御史，獨留四人者爲編修，予與焉。編修職專史事，本朝不設起居注，遇有纂修，旋設館席，給筆劄，惟官長凡例是遵，逐事呈稿，筆削惟命。蓋官局修書，從古然也。其中雖有所見，亦不敢盡用己意。入院首尾二十餘年，四轉官階，不離乎言語文字之職，凡昔所欲資以爲世用者，一切寓於空言無用之地。日斯徂而月斯邁，今則頭顱將種種矣，非徒時不我用，縱有所用，則已精神衰苶，心志疲倦，亦不能有所爲矣。①

又在《欲擇〈大學衍義補〉中要務上獻奏》中說：

> 方臣進書時，掌胄監無有政務，不得見之行事，猶可諉者。今則幸爲明主不棄，進之内閣深嚴之地，預聞機務，此正臣書遭逢施用之日也。如此而有所不行，則天下後世，將有辭以議臣，謂臣徒藉是書以爲榮進之階，非真誠有效用之實也。豈不遺終身之羞愧哉！矧臣年逾七十，鐘鳴漏盡，所餘無幾時，日暮途遠，所行不能到，汲汲焉及是時以圖之，猶恐遲矣，否則將有後時之悔。②

又《送謝鳴治祭酒之南雍》詩曰："學有本原期踐履，文多枝葉在芟夷。春風發育渾無跡，化雨滋榮正及時。"③《送費子充告病南歸》詩曰："既膺聖祖高科選，莫作儒流次等人。輔世應須弘事業，還家聊且養精神。"④ 而其《入閣辭任第二奏》更表示："夫學而爲儒，得以所學爲聖明之用，處論思之地，近天日之光，此人生之至榮、儒者之大幸。惟恐無階而進，孰肯既與而辭。況臣幼有志用世，於

---

① 丘濬：《瓊台詩文會稿》卷一九，《丘濬集》，第9册，第4354—4355頁。
② 丘濬：《瓊台詩文會稿》卷七，《丘濬集》，第8册，第3967—3968頁。
③ 丘濬：《瓊台詩文會稿》卷五，《丘濬集》，第8册，第3914頁。
④ 丘濬：《瓊台詩文會稿》卷五，《丘濬集》，第8册，第3915頁。

凡古今典章政務，無不留心，竊恐一旦爲時所用，心有所不知，則事有所不可行者。以故逢人即問，見事即錄，校閱載籍，稽考制度，審究事體，蓄於心而筆於書，正以待夫朝廷萬一之用。"① 如此等等，無不彰顯出丘濬勇於進取、乘勢而爲、篤行踐履的用世精神和努力，即使遭逢坎坷、不爲人所理解，仍然知其不可而爲之。

丘濬的用世之志，既非爲了"干祿"，更"羞爲阿世學"②。其所追求的，是"抱道惟自珍"③，通過讀書深思，領悟"古聖賢所以用心而著於書、古帝王所以爲治而具於經史者，與夫古今儒生騷客所以論理道、寫清景而寓於編簡者"④ 的精義，以己之所學，裨益於世，"了無毫髮負公私"⑤。在一首詩中，丘濬曾言："平生安分只隨緣，臨老登庸出偶然。兩腳徐徐行實地，一心坦坦對青天。月因近日光常減，竹到經霜節愈堅。"⑥ 此一夫子自道，確實體現了他一生學行志節之底色。

綜觀而言，丘濬一生，可謂飽嘗了人生百味，既體悟到讀書之樂，又歷經了宦途磨礪。面對世間之萬象，他雖不免感慨於歲月如白駒過隙，"逝川無回流，落日不再午。人生百歲間，役役徒自苦。朝爲樹上花，暮作花下土。去住無常勢，奄忽成今古。反袂問滄田，天乎奈何許"⑦，但又努力追求、踐履着自己心中"儒者之道"的理想。蔣冕爲其師丘濬小像題贊曰："豪傑之士，無待而興。聖賢之學，不强而能。道適於用，文達其意。一世巨儒，兩間間氣。"⑧ 明人陳熙昌亦曾評價："先生之學之大，乃在所著《學的》並《家禮儀節》，以標準儒術；《世史正綱》，以緒正帝統；《大學衍義補》，以裨佐皇猷。諸書如五緯麗天、八柱維地，鑿鑿乎如黍穀必可以療饑，斷斷乎如藥石必可以伐病。"⑨ 而何喬新以"理學、經濟兼而有之"⑩ 相推譽；《明史》亦說丘濬"以經濟自負"⑪。凡此之論，正彰顯出丘濬爲學、爲官相得益彰的特徵。而此一特徵，也正是傳統社會中士大夫"仕

---

① 丘濬：《瓊台詩文會稿》卷七，《丘濬集》，第8冊，第3959頁。
② 丘濬：《瓊台詩文會稿》卷五《甲寅進秩偶書》，《丘濬集》，第8冊，第3928頁。
③ 丘濬：《瓊台詩文會稿》卷一《鼇溪耕隱》，《丘濬集》，第8冊，第3722頁。
④ 丘濬：《瓊台詩文會稿》卷一九《槐陰書屋記》，《丘濬集》，第9冊，第4353頁。
⑤ 丘濬：《瓊台詩文會稿》卷四《二絶句》，《丘濬集》，第8冊，第3839頁。
⑥ 丘濬：《瓊台詩文會稿》卷五《壬子四月有感》，《丘濬集》，第8冊，第3919頁。
⑦ 丘濬：《瓊台詩文會稿》卷一《古意》，《丘濬集》，第8冊，第3701頁。
⑧ 蔣冕：《湘皋集》卷二二《瓊台先生邱公小像贊》，廣西人民出版社2012年版，上冊，第230頁；又見《瓊台詩話》卷首，題爲《瓊台先生小影贊》。
⑨ 陳熙昌：《瓊台詩文會稿序》，《丘濬集》，第8冊，第3682—3683頁。
⑩ 何喬新：《光祿大夫武英殿大學士文莊丘公神道碑文》，《丘濬集》附錄一，第10冊，第5049頁。
⑪ 《明史》卷一八一《丘濬傳》，中華書局2011年版，第4808頁。

而優則學，學而優則仕"精神和理念的體現。星轉斗移，歲月如梭，丘濬的時代雖已成爲過往，然他對學術與政治關係的思考和踐履，則依然爲世人留下了鑒往知來的無限遐思。

收稿日期：2022 年 3 月

解經與治水

——明代歸有光及其《三吴水利録》

孫景超

摘 要：中國古代水利事業有濃厚的"尊經崇古"傳統，這在明代江南水利史上表現得尤爲突出。歸有光是明代江南水利史上的代表性人物之一，他透過對儒家經典《禹貢》三江的解釋，對宋元時期的治水人物及其觀點進行評議，提出了"專力於松江"的水利主張。歸有光的水利主張及其水利著作《三吴水利録》，反映了明代中期知識分子透過解經來推進治水主張的社會風尚，亦體現了地方利益對太湖流域治水的影響。

關鍵詞：歸有光 《三吴水利録》 《禹貢》三江

中國古代傳統社會各項社會事業均受到儒家經典的深遠影響。張含英先生曾指出中國古代治水事業受到"尊經崇古"思想的严重制约,[①] 治水活動往往要依照儒家經典的説法與闡釋來行事，即便有所發明創新，也需要引經據典或重加闡釋，以附會經典來尋找理論依據。在明清時期的江南水利中，也突出地存在着解釋"《禹貢》三江"以推進治水主張的"三江水學"問題。

唐宋以降，以太湖流域爲中心的江南地區成爲經濟文化重心之所在。作爲典型的水鄉澤國，水利在江南歷史進程中發揮了不可或缺的作用。在文化發達的江南地區，對于區域水利問題歷代涌現出諸多的討論者與實踐者，"今天下財賦多仰東南，東南財賦多出吴郡。而吴郡於東南地最下，最多水患，故官多逋負，民多

---

① 張含英：《我國古代治水的尊經崇古思想》，載張含英《餘生議水録》，中國水利水電出版社1999年版，第21—22頁。

流弊。于是在廷之臣争言水利，而以吴淞、白茅港爲首"①。在這一群體中，歸有光並不是最有名氣之人，卻是一種人物類型的代表。他在文壇久負盛名，推崇寫實的唐宋古文，具有相當的社會威望；雖然從未從事過具體的治水事業，卻有着傳統知識分子的經世濟民觀念，對水利、馬政、倭寇等"時務"問題積極建言。縱觀其人生履歷，在外出做官之前，歸有光主要生活在崑山－安亭一帶，其家園、田產等也皆在吴淞江邊，水利問題與其家庭利益息息相關，必然要對此有所建言。作爲文學名家，對於歸有光及其文學作品的研究已爲數不少，②但對于歸有光的水利思想研究及其《三吴水利錄》，相關研究還不多見。③本文擬以歸有光及其《三吴水利錄》爲研究對象，討論明代中後期江南知識分子解經與治水的關系，以促進對江南水利史的多角度理解，亦期對明代江南水利問題的複雜性有更爲深刻的認知。

一　歸有光生平与著作

歸有光，字熙甫，又字開甫，號項脊生，別號震川，世稱震川先生。④明南直隸崑山縣（今江蘇崑山市）人，后徙居安亭（今上海市嘉定區安亭鎮）。生于明正德元年（1506年），嘉靖十九年（1540年）舉人，此後連續八次應試不第，嘉靖二十一年后移居安亭二十余年。嘉靖四十四年中三甲進士，授官長興知縣，累官至順德府通判、南京太仆寺丞等，參與修撰《世宗實錄》。其著作有《易經淵旨》《馬政志》《三吴水利錄》《震川尺牘》等，多收入《震川先生集》（40卷）。⑤明史有傳，

---

①　（明）李樂：《見聞雜記》卷一一《王文恪公撰吴郡治水碑記》，上海古籍出版社1986年版，第964頁。

②　筆者所見有沈新林《歸有光評傳·年譜》，安徽文藝出版社2000年版；黃霖主編《歸有光與嘉定四先生研究》，上海古籍出版社2007年版；貝京《歸有光研究》，商務印書館2008年版；劉蕾《歸有光與嘉定文壇關系研究》，上海大學出版社2013年版。

③　筆者所見僅有數篇：鄭鐵巨、董恩林：《歸有光水利思想初探》，載中國歷史文獻研究會主編《嘉定文化研究》，三秦出版社1990年，第128—139頁，亦收入董恩林《問學求通——董恩林自選集》，華中師範大學出版社2019年，第97—107頁；周曉光、唐萌萌：《明代歸有光〈三吴水利錄〉述評》，《安徽師範大學學報》（自然科學版）2008年第1期；劉曉軍：《歸有光與崑山》一書第五章爲"歸有光與崑山水利"，上海古籍出版社2012年版。

④　歸有光在《震川別號記》中自云："余生大江東南，東南之藪唯太湖，太湖亦名五湖，《尚書》謂之震澤，故謂爲震川云。"歸氏最初並不接受，"余性不喜稱道人號，尤不喜人以號加己，往往相字，以爲尊敬"，因此初"謾應之，不欲受也"，但後來認識轉變，最終接受了這一稱號。見歸有光著，周本淳校點《震川先生集》卷一七《震川別號記》，上海古籍出版社1981年版，第435—436頁。

⑤　《震川先生文集》舊有常熟本、崑山本等諸刻本，清修《四庫全書》及民國時期《四部叢刊》《四部備要》均有收入，1981年上海古籍出版社有周本淳點校本，2015年嚴佐之等人主編的《歸有光全集》由上海人民出版社出版，收錄歸氏著作最爲齊全。

後世歸莊、汪琬、孫岱等先後爲其作有年譜。①

歸有光在明代文壇有着非常重要的地位，他與同時代的茅坤、唐順之等人共同反對當時流行的空洞無物的文學描寫，推崇文風淳厚、描寫平實的唐宋古文，扭轉了當時的文學風氣，與王慎中、唐順之併稱爲"嘉靖三大家"。晚明董其昌曾評價，"嘉、隆間有歸熙甫者，庶幾豪傑之士，觀其所著古文，前非李、何，後非晉江、毗陵，卓然自爲一家之書"②。清代乾隆年間四庫館臣評價道："自明季以來，學者知由韓、柳、歐、蘇沿洄以溯秦漢者，有光實有力焉，不但以制藝雄一代也。"③ 桐城文派更是奉之爲不祧之祖，評價爲"歐、蘇既没，其在明代，惟歸氏熙甫一人"④，可見其文學地位之高。然歸氏文名雖盛科第卻不如意，屢次應試不第、長期蟄居鄉里的經歷，使他有機會關注到社會基層的實際問題。因此歸有光並不崇尚空談，留心于崑山及其鄰近地區的水利、防御倭寇等實際事務。他自己也説道："有光學圣人之道，通於六經之大指。雖居窮守約，不録於有司，而竊觀天下之治亂，生民之利病，每有隱憂於心。"⑤ 因此，歸有光關心水利並著録《三吳水利録》，以表達自己的學術主張與經世之願，也是順理成章之事。

從歷史上來看，唐宋以來以太湖流域爲中心的"江南"作爲經濟文化重心的地位日益上升，該地區水利上的問題也日益成爲社會討論的熱點。其最主要的水利問題在于吳淞江排水不暢導致河道日益淤廢，進而影響到整個流域的水利形勢。⑥ 針對這一問題的形成原因與解决方法，從宋代的范仲淹開始，郟亶、郟僑與單鍔，元代的任仁發、周文英、潘應武、張弼等人都有深入議論。至明初夏元吉治水時，實行"擎淞入瀏"，驅使江水横趨劉家港入海，實際上放棄了對吳淞江下游干流的疏浚；同時開浚范家浜之後黄浦江水系開始形成，由此導致的後果是吳淞江更趨于淤廢，並引發了新的水利問題。

歸有光長期居住在崑山及安亭一帶，位于吳淞江中游沿岸，正是吳淞江河床

---

① 按：歸莊、汪琬所作年譜已佚，孫岱所作《歸震川先生年譜》收入《歸（有光）顧（炎武）朱（柏廬）三先生年譜合刊》，現藏于上海圖書館。
② （明）董其昌著，邵海清點校：《容臺集·文集》卷二《鳳凰山房稿序》，西泠印社出版社2012年版，第188頁。
③ （清）紀昀總纂：《四庫全書總目提要》卷一七二《集部·別集類·震川文集》，河北人民出版社2000年版，第4500頁。
④ （清）劉大櫆著，吳孟復標點：《劉大櫆集》卷二《汪在湘文序》，上海古籍出版社1990年版，第55頁。
⑤ （明）歸有光：《震川先生集》卷一七《家譜記》，第437頁。
⑥ 關於吳淞江的水利問題，可參考李敏、段紹伯《吳淞江的變遷和改道》，《學術月刊》1996年第7期；傅林祥《吳淞江下游演變新解》，《學術月刊》1998年第8期；王建革《10—14世紀吳淞江地區的河道、圩田與治水體制》，《南開學報》（哲學社會科學版）2010年第4期。

淤塞最爲嚴重的地段，"當時堤防廢壞，漲沙幾與崖平，水旱俱受其病"①。在這種背景下，歸有光留心于水利之學，輯録歷代之説而成書以求治水之法，如其所記："某生長東南，祖父皆以讀書力田爲業，然未嘗窺究水利之學。聞永樂初，夏忠靖公治水於吴，朝廷賜以《水利書》。夏公之書出於中祕，求之不可得見。獨於故家野老，搜訪得書數種，因盡閱之，間採其議尤高者，彙爲一集。"② 其子歸子寧也追述其父編書之志，"先君嘗有志於經國之務，因居吴淞江上，訪求故家遺書，得郟氏、單氏與任氏諸書，擇其最要者，編爲《水利録》四卷"③。這就是後世所見之《三吴水利録》。

二　歸有光與《三吴水利録》

《三吴水利録》全書共四卷，其中前三卷主要輯録了前人作品，第四卷和續録的文章爲歸有光自撰。其書並未注明成書時間，從内容上來看，應當是歸有光徙居安亭之後、考中進士之前所作，完成時間當在嘉靖二十一年至四十四年之間。該書爲《明史·藝文志》著録，清代收入《四庫全書》，另有借月山房、涉聞梓舊（別下齋校本）、墨海金壺等本。其中以涉聞梓舊本爲常見，民國年間商務印書館《叢書集成》即據此本影印出版，是目前較通行的版本。

在此書起首，歸有光對于前代江南水利之學的歷程進行了簡短總結，"漢司馬遷作《河渠書》，班固志《溝洫》，於東南之水略矣。自唐而後，漕輓仰給天下，經費所出，宜有經營疏鑿利害之論，前史軼之。宋元以來，始有言水事者。然多命官遣吏，苟且集事，奏復之文，攬引塗説，非較然之見。今取其顓學二三家，著于篇"④。根據其對江南水利問題的認識，"采集前人水議之尤善者七篇"，主要輯録了宋代以來討論江南水利的郟亶、郟喬、蘇軾、單鍔、周文英、金藻等人的水利議論。第四卷有歸氏自著《水利論》二篇、《禹貢三江圖》《松江下三江口圖》及叙説等，對歷代治水議論進行了評價，以闡述發揮自己的水利主張。其書篇章結構如下。

卷一：郟亶書二篇，郟喬書一篇。⑤ 卷二：蘇軾奏疏，單鍔書一篇。卷三：周

---

① （清）紀昀總纂：《四庫全書總目提要》卷六九《史部·地理類·三吴水利録》，第1862頁。
② （明）歸有光：《奉熊分司〈水利集〉并論今年水災事宜書》，《三吴水利録·續録》，中華書局1985年版，第59頁。
③ （明）歸子寧：《論東南水利復沈廣文》，《三吴水利録·附録》，中華書局1985年版，第3頁。
④ （明）歸有光：《三吴水利録》卷一，中華書局1985年版，第1頁。
⑤ 郟喬即郟僑，郟亶之子，字子高，繼承其父之志，亦稔熟水利，其事跡見（宋）龔明之撰，孫菊園校點《中吴紀聞》卷五《郟子高》條，上海古籍出版社1986年版，第113頁。

文英書一篇，附金藻論。卷四：水利論二篇，禹貢三江圖叙説，淞江下三江口圖叙説，淞江南北岸浦，元大德開江丈尺。四卷正文之後附有續録一卷（收録歸有光《奉熊分司〈水利集〉并論今年水災事宜書》《寄王太守書》二文）和附録一卷（内有歸有光之子歸子寧所著《慎水利》《論東南水利復沈廣文》及《書三吴水利録後》三文），書後還附有清代道光年間蔣光煦的跋語。

該書前三卷輯録了宋元以來主要的江南水利著作，有保存文獻之功。尤其是單鍔的《吴中水利書》和周文英、金藻的水利議論，長期没有單獨成書，雖曾被諸多水利書收録，但多有删節（如元代任仁發《水利集》，姚文灝《浙西水利書》，張國維《吴中水利全書》等書雖有收録，但皆非全本），歸氏則是全文著録，基本上未作改動，對於使用者來説更爲便利。

但歸有光對於其所收録的前人水利主張，並非全盤同意，他自己曾總結説，"有光既録諸家之書，其説多可行，然以爲未盡其理，乃作《水利論》"①。歸有光對前人議論的評判及其自己的水利思想，集中反映在第四卷及續録中。

郟亶是宋代江南水利"治田派"的代表，其主張是"塘浦闊深、堤岸高厚"，將横塘縱浦的圩田體系與河流體系有機結合，實現治水與治田的有機協調。歸有光對此予以高度讚揚，"郟大夫考古治田之跡，蓋濬畎澮距川潴防溝遂列澮之制，數千百年，其遺法猶可尋見如此。昔吴中嘗苦水，獨近年少雨多旱，故人不復知其爲害，而隄防一切，廢壞不修。今年雨水，吴中之田，淹没幾盡，不限城郭鄉村之民，皆有爲魚之患。若如郟氏所謂塘浦闊深而隄岸高厚，水猶有大於此者，亦何足慮哉！"郟亶的治水主張在王安石變法之時脱穎而出，又因爲政治的關係導致最終失敗，歸有光認爲廢之可惜，"當元豐變法，擾亂天下，而郟氏父子，荆舒所用之人，世因以廢其書。至其規劃之精，自謂范文正公所不能逮，非虚言也"②。

單鍔是與郟亶相對應的"治水派"代表，其意見也很有代表性。單鍔對于太湖水利的意見是减少上游來水，擴充下游排水通道，其提出的治水措施主要有二，一是修復五堰，開通夾苧干以减少太湖來水；二是開吴江塘岸爲木橋千所，修治白蜆江及安亭江。③ 單鍔的主張由于受到蘇軾的推崇，歷來頗受重視。歸有光卻有不同見解，對于單鍔所提諸項，皆持批評態度。歸有光認爲减其少太湖來水之策不合治水之理："（單鍔）獨不明《禹貢》三江，未識松江之體勢，欲截西水入揚

---

① （明）歸有光：《三吴水利録》卷四，第47頁。
② （明）歸有光：《奉熊分司〈水利集〉并論今年水災事宜書》，第59頁。
③ 汪家倫：《北宋單鍔〈吴中水利書〉初探》，《中國農史》1985年第2期。

子江上流，工緒支離，未得要領。揚州藪澤曰具區，其川三江。蓋澤患其不瀦，而川患其不流也。今不專力於松江，而欲涸其源，是猶惡腹之漲，不求其通利，徒閉其口而奪之食，豈理也哉！"① 對于其修治吳江塘岸爲橋的思路，歸有光也認爲過于保守，"今不鐉去隄岸，而直爲千橋，亦守常之論耳"②，並不能從根本上解決問題。

自南朝以來，受自然及社會各類因素綜合影響，吳淞江下游開始出現河道淤塞、排水不暢的問題，也引發了治水上的爭議。元代周文英首先提出放棄吳淞江下游、向東北方向另辟排水通道（瀏河、白茆等），作爲替代性的排水渠道，"文英今棄吳淞江東南塗漲之地，姑置勿論，而專意於江之東北劉家港，即古婁江……及東北沿海一帶，如所謂耿涇、福山、東西橫塘、吳泗、許浦等處，可以通海"③。歸有光認爲這一主張不乏道理，但放棄吳淞江別尋港浦只是權宜之計，"昔人別鑿港浦，以求一時之利，而淞江之勢日失，海口遂至堙塞，豈非治水之過歟？"④ 周文英的水利主張在元末張士誠統治時期得到一定實施，但歸有光認爲其效果不能長久，僅得治水之下策，"周生勝國時，以書干行省及都水營田使司，皆不能行。其後倓吳得其書，開浚諸水，境内豐熟，迄張氏之世，略見功效。至論松江不必開，其乖謬之甚，有不足辨者。尋周生之論，要亦可謂之詭時達變，得其下策者矣"⑤。

明初夏元吉治水時沿用了周文英"掣淞入瀏"之策，同時又開浚范家浜，此後黄浦江開始日益擴大，逐步取代吳淞江的主干河道地位，由此也引發了對黄浦江與吳淞江關系的討論。明代華亭諸生金藻提出了"正綱領""順形勢"等意見，爲時人所矚目。其"正綱領"以恢復三江爲目的，"臣愚以爲七郡之水有三江，猶網之有綱，裘之有領也"。因此要恢復三江（吳淞江、婁江與東江）出水的水利格局；"順形勢"，則是要恢復吳淞江的主干地位，"臣愚以爲松江乃東西之水，其勢大而橫，譬則母也；黄浦乃南北之水，其勢小而縱，譬則子也。太湖之定位在西，大海之定位在東，必藉東西之江以泄之，則爲順而馹；若藉南北之浦以泄之，則爲逆而緩"⑥。針對當時黄浦擴大吳淞縮小的現實，金藻以爲黄浦擴大是以庶奪嫡，以子奪母，不符合儒家經典中對三江的正統記載與闡釋，因此在治水時

---

① （明）歸有光：《奉熊分司〈水利集〉并論今年水災事宜書》，第59頁。
② （明）歸有光：《三吳水利錄》卷四《水利論後》，第49頁。
③ （明）歸有光：《三吳水利錄》卷三《周文英書一篇》，第42頁。
④ （宋）單鍔著，（清）張海鵬刊刻：《吳中水利書》附"歸震川曰"，清嘉慶墨海金壺本，第9頁。
⑤ （明）歸有光：《奉熊分司〈水利集〉并論今年水災事宜書》，第60頁。
⑥ （明）歸有光《三吳水利錄》卷三《附金藻論》，第43—44頁。

應當正綱領，恢復吳淞江的幹河地位。歸有光支持金藻恢復吳淞江地位之論，卻不同意其對三江的解釋及恢復婁江、東江的治水主張，認爲應專力於吳淞一江："近世華亭金生綱領之論，實爲卓越。然尋東江古道於嫡庶之辨，終猶未明。誠以一江泄太湖之水，力全則勢壯，故水駛而常流；力分則勢弱，故水緩而易淤。此禹時之江，所以能使震澤底定，而後世之江，所以屢開而屢塞也。松江源本洪大，故別出而爲婁江、東江。今江既細微，則東江之跡，滅没不見，無足怪者。故當復松江之形勢，而不必求東江之古道也。"①

歸有光的這些評論，不能説是毫無偏頗，但無論是褒奬還是批評，皆言而有據，頗有其獨到之處。透過對以往治水得失的評點，他總結歷代以來治水的失誤主要在於偏重一時一地一河之治，疏於整體規劃，"後世之論，徒區區於三十六浦間，或有及於松江，亦不過浚蟠龍、白鶴匯，未見能曠然修禹之跡者"②。這一見解指出了以往治水之失的一個重要方面，具有相當的洞察力。

當然歸有光對相關水利論述進行的褒貶評論並非盲目，而是爲推進自身的治水思想與主張來做注脚。歸有光認爲，江南水利的主要問題在於吳淞江淤塞導致排水不暢，而吳淞江淤塞之因在於海口潮汐的頂托與泥沙的倒灌，上游來水之力不能衝刷河道，引發淤塞，河道淤塞後又往往爲民間所圍墾，與水爭利，歷代治水者未能充分認識與解決，導致河流狀況陷入惡性循環。"蓋太湖之廣三萬六千頃，入海之道，獨有一路，所謂吳淞江者。顧江自湖口距海不遠，有潮泥填淤反土之患。湖田膏腴，往往爲民所圍占，而與水爭尺寸之利，所以松江日隘。議者不循其本，沿流逐末，取目前之小快，别浚港浦以求一時之利，而松江之勢日失。所以沿至今日，僅與支流無辨，或至指大於股，海口遂至湮塞。此豈非治水之過與？"③

在當時的實際治水工作中，某些地方如常熟、太倉的官員與百姓認爲，他們所處的地方並不瀕臨吳淞江，因此不需要參與吳淞江的修治。歸有光從太湖流域整體水利格局的角度出發對此予以批評，"蓋江水自吳江，經由長洲、崑山、華亭、嘉定、上海之境，旁近之田，固藉其灌溉。要之吳淞江之所以爲利者，蓋不止此。獨以其直承太湖之水以出之海耳。今常熟東北江海之邊，固皆高仰，中間與無錫、長洲、崑山接壤之田，皆低窪，多積水，此皆太湖東流不快之故。若吳淞江開濬，則常熟自無積水"④。在歸氏眼中，吳淞江的通塞關乎到整個太湖流域

---

① （明）歸有光：《奉熊分司〈水利集〉并論今年水災事宜書》，第59—60頁。
② （明）歸有光：《三吴水利録》卷四《水利論》，第47—48頁。
③ （明）歸有光：《三吴水利録》卷四《水利論》，第47頁。
④ （明）歸有光：《寄王太守書》，《三吴水利録·續録》，第61—62頁。

的水利通塞，儘管當時吳淞江的水利地位已經下降，但仍是解決區域水利問題的重要通道。明代中後期，海瑞、林應訓、許應逵等人治水時，皆以疏浚吳淞江爲主要手段，顯示這一見解在當時還是有相當道理的。

三　歸有光的解經與治水思想

通過對前人主張的褒貶評論，歸有光的治水思想也得以體現並逐漸明晰，即應當以疏浚吳淞江爲主要的治水方式。這一觀點在其著述中多次體現，尤其在其《水利論》中表述得最爲充分："故余以爲治吳之水，宜專力於松江。松江既治，則太湖之水東下，而餘水不勞餘力矣……故獨治松江，則吳中必無白水之患，而從其旁鉤引以溉田，無不治之田矣。然治松江必令闊深，水勢洪壯，與楊子江埒，而後可以言復禹之跡也。"① 顯然，這是歸有光對於江南水利的核心主張。

歸有光有如此主張，與其對《尚書·禹貢》"三江"的理解和闡釋密不可分。而對三江的理解正是影響江南水利的一個核心問題，由此就涉及對于儒家經典記載的解釋與糾紛。《尚書·禹貢》云："三江既入，震澤底定。"震澤就是太湖，世所公認。而對於三江的解釋，自漢代以來有多種不同的說法，聚訟紛紜，爭論頗大，"三江之說，自昔互異。或以班固、韋昭、桑欽諸家爲是，或以孔安國、郭璞、張守節、程大昌爲是"②。在諸多主張中，又形成"大三江"和"小三江"兩個主要流派。

東漢班固在《漢書·地理志》"丹揚郡蕪湖縣"下記："中江出西南，東至陽羨入海，揚州川。"③ 後世經學家解釋三江問題時，以班固所記之中江爲基準，構建起一個"揚州"地域範圍內的三江體系，即：北江（岷江，即長江），中江（荆溪－吳淞江）和南江（錢塘江），此可謂之大三江。而自六朝以來，亦有人采用酈道元、張守節等人的説法，認爲太湖出水入海的三條通道就是"禹貢三江"。其主要依據是東晉庾仲初《揚都賦》所記："今太湖東注爲松江，下七十里有水口，分流東北入海爲婁江，東南入海爲東江，與松江而三也。"④ 唐代張守節在《史記正義》中引用並解釋道："三江者，在蘇州東南三十里，名三江口，一，江

---

①　（明）歸有光：《三吳水利錄》卷四《水利論》，第48頁。
②　（清）錢泳撰，張偉校點：《履園叢話》，中華書局1979年版，第91頁。關於這一問題，可參沈佺《關於太湖三江與禹貢三江》，載中國水利學會水利史研究會、江蘇省水利史志編纂委員會編《太湖水利史論文集》，1986年，第87—90頁。
③　《漢書》卷二八上《地理志上》，中華書局1962年版，第1592頁。
④　（北魏）酈道元著，陳橋驛校證：《水經注校證》卷二九《沔水》，中華書局2007年版，第686頁。

西南上七十里至太湖,名曰松江,古笠澤江;一,江東南上七十里至白蜆湖,名曰上江,亦曰東江;一,江東北下三百餘里入海,名曰下江,亦曰婁江;於其分處號曰三江口。"① 透過這一解釋,構建出另一個太湖流域的三江體系,即吴淞江(中江)、東江(上江)與婁江(下江),此可稱爲小三江。此説出現後,依托于江南地區重要的經濟與文化地位,迅速在江南的水利書、方誌等地方文獻中占據主流地位。儘管從實際情況來看,宋代以後的文獻記載中已經難覓東江與婁江的蹤跡,如鄭僑所云:"今則二江已絶,唯吴松一江存焉。"② 清代的李慈銘也指出:"則六朝以後吴地之三江,必非《禹貢》之三江。"③ 但這一認知在太湖流域早已經普及開來,並反過來影響到學術界對"三江"的認知,引發了後世解釋"三江"時的紛争。

綜合來看,對於三江問題,太湖水利史上有一個從"禹貢三江"向"太湖三江"的概念轉移。④ 從整體地理格局來講,《禹貢》所提之三江,應該指的是"揚州"地域的大河流,當時的太湖流域,只是揚州的一部分。太湖雖有多條河流入海,但其河流規模尚達不到古人所説"江"的級别。《禹貢》之外,《周禮·職方》也記:"東南曰揚,其川三江,其浸五湖",其三江也是就九州觀念中的"揚州"地域而論。歸有光正是遵循這一思路來解釋三江問題,他在《三吴水利録》中專門繪製了《禹貢三江圖》和《松江下三江口圖》,並加叙説以批評歷代對三江解釋中的種種謬説,目之爲"諸儒胸臆之説,不足道也",論證自己"以岷江、松江、浙江爲三江"的論斷。⑤ 他結合《禹貢》的文字意境與地域認知,對三江進行了重新解釋,"太湖一江西南上爲松江,一江東南上至白蜆湖爲東江,一江東北下曰婁江,不知二水皆松江之所分流。《水經》所謂長瀆歷河口東則松江出焉。江水奇分,謂之三江口者也,而非《禹貢》之三江。惟班固《地理志》,南江自震澤東南入海,中江自蕪湖東至陽羨入海,北江自毗陵北入海。郭景純以爲岷江松江浙江,此與《禹貢》之説爲近。蓋經言三江既入震澤底定,特紀揚州之水。今之揚子江、松江、錢塘江,並在揚州之境,故以告成功。而松江由震澤入海,經蓋未之及也。由此觀之,則松江獨承太湖之水。故古書江湖通謂之笠澤,要其源近,不可比擬揚子江,而深闊當與相雄長。范蠡云'吴之與越,三江環之',則

---

① 《史記》卷二《夏本紀》,中華書局1963年版,第59頁。
② (宋)范成大撰,陸振岳點校:《吴郡志》卷一九《水利下》,江蘇古籍出版社1999年版,第281頁。
③ (清)李慈銘:《越縵堂讀書記》,上海書店出版社2000年版,第24頁。
④ 王建革:《從三江口到三江:婁江與東江的附會及其影響》,《社會科學研究》2007年第5期;《太湖形成與〈漢書·地理志〉三江》,《歷史地理》第二十九輯,上海人民出版社2014年版。
⑤ (明)歸有光:《三吴水利録》卷四《〈禹貢三江圖〉序説》,第52頁。

古三江并稱無疑"①。

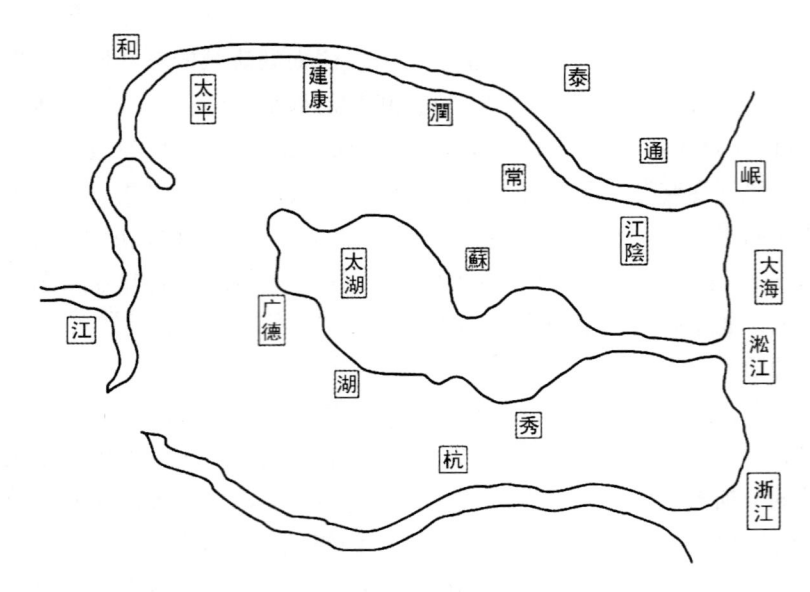

圖 1　歸有光《禹貢三江圖》

資料來源：據歸有光《三吴水利録》卷四《禹貢三江圖》改繪。

對于當時普遍流行的太湖三江之説，歸有光根據自己的生活經歷與地方性知識，也進行了辨析。唐代以來，太湖流域的地方文獻普遍將太湖三江解釋爲禹貢三江，有人提出："《禹貢》'三江既入，震澤底定。'吴地尚有婁江、東江，與松江爲三，震澤所以入海，明非一江也。"② 歸有光認爲這一説法是沿用了前人解經之誤，尤其是"顧夷、張守節注地理之誤"。他依據自己的親身經歷，從三江口一詞來考證三江，"余家安亭，在松江上，求所謂安亭江者，了不可見。而江南有大盈浦，北有顧浦，土人亦有三江口之稱"③。

經過以上通盤的考證，歸有光的最終結論是所謂太湖三江並不存在，只有吴淞江一江，"以《禹貢》之文本不相蒙，二江並是淞江之支流，只有一江，無三江也"④。即所謂的太湖三江，其實只有吴淞一江，東江、婁江不過是吴地學者的牽强附會而已。歸有光這一觀點既體現其獨立卓見，也從側面反映了明清時期對三江問題認知的混亂。無獨有偶，清初的顧祖禹也認識到這一混亂情形，"（婁

---

① （明）歸有光：《三吴水利録》卷四《水利論》，第48頁。
② （明）歸有光：《三吴水利録》卷四《水利論》，第48頁。
③ （明）歸有光：《三吴水利録》卷四《水利論後》，第49頁。
④ （清）顧炎武撰，黄珅等校點：《天下郡國利病書》，上海古籍出版社2012年版，第406頁。

江）其上流自長洲縣界接陳湖及陽城湖諸流，又東益匯諸浦港之水，勢盛流闊，入太倉州界爲瀏河口以入海。近志以此爲吳淞江，《一統志》以爲三江口，皆悞也"。在審覈史料後，深通輿地之學的顧氏對水利形勢的理解與歸有光不謀而合，"自唐、宋以來三江之名益亂，東江既湮，而婁江上流亦不可問，土人習聞吳淞江之名，凡水勢深闊者即謂之吳淞江，而至和塘自婁門而東，因意以爲婁江，所謂差之毫釐，繆以千里也"①。通過對傳統儒家經典《禹貢》三江問題的解釋，歸有光得以更加強調其"專力於松江"的治水主張。

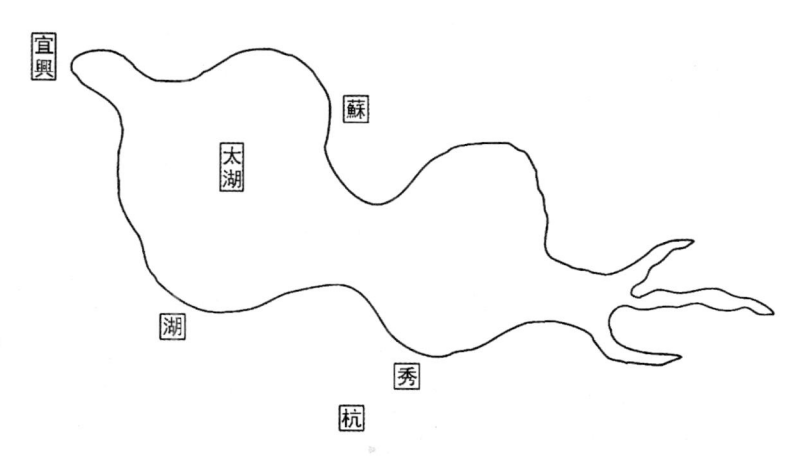

圖2 歸有光：《松江下三江口圖》
資料來源：據歸有光《三吳水利錄》卷四《松江下三江口圖》改繪。

歸有光這種以解釋儒家經典以推進自身治水主張的做法，在明清時期的江南地區並不鮮見。隨着實際水利形勢的變化，對于三江的解釋也更加多樣；治水工程的需要，使得這一問題不僅僅停留在學術層面，而是進入國家與地方的政治討論中。在歸有光之前，元代的任仁發、周文英等爲推動治水政策向太湖東北排水通道的轉移，將劉家港解釋爲太湖三江之婁江，並推動了對劉家港、白茆河的開浚；② 與歸有光差相同時的明代學者，爲應對黃浦江水利地位的上升，將其釋爲太湖三江之東江，如張内藴、周大韶認爲："竊考三江舊跡……一自東南分流，出白蜆江，經急流港，由澱湖、三泖，歷松江黃浦入海者，爲東江。"③ 經此解釋，黄

---

① （清）顧祖禹撰，賀次君、施和金點校：《讀史方輿紀要》卷二四《南直六》，中華書局2005年版，第1173頁。
② 參見（明）姚文灝編輯，汪家倫校注《浙西水利書校注》"任都水言開江""任都水《水利議答》""周文英《三吳水利》"諸篇，農業出版社1984年版。
③ （明）張内藴、周大韶撰：《三吳水考》卷三《蘇州府水利考》，《景印文淵閣四庫全書》史部第577册，臺灣商務印書館1986年版，第121頁。

浦江的地位得以提升。沿至清初，太湖東北方向的泄水通道如瀏河（劉家河）、白茆等水利地位再度上升，時人也多將其目爲三江之屬，如清初錢中諧解釋三江"第如吳淞江、劉家河、白茆港三大浦者，即今日之三江也"[1]，而以顧士璉等人爲代表的太倉州士人，爲修治瀏河水利，不斷將新開浚的瀏河解釋爲太湖三江之一的婁江。[2] 這些看法在很大程度上也影響了政府層面對水利的態度，如道光年間兩江總督孫玉庭奏折中稱："凡杭、嘉、湖、宣、歙諸路之水，無不匯歸太湖，由三江分趨於海。在太湖東北爲劉河，即古之婁江；東南由黃浦入海者爲東江，其中即爲吳淞江。"[3] 而吳淞江的水利地位也因排水之需要而始終維持，對其開浚工作一直持續到清末。[4] 可見，各家見解雖多有不同，但解經與治水的密切關係已是明清江南水利中之普遍現象。[5]

四　討論

在傳統時期，水利問題不是簡單的水利工程問題，受多重因素的影響，水利問題往往上升到社會層面，不可避免地牽涉到地區利益乃至家族利益，其中又有衆多的私人恩怨、家族爭端與地區矛盾，基於不同利益爲紐帶的"水利共同體"[6]，又往往借助於各自力量，將水利問題上升到政治層面。歷代的治水工程，無不充斥着利益爭奪、政治爭端與道德評價，導致大多數治水工作如筑室道旁，難有定論；又或者人亡政息，難以持久。即如元代任仁發之總結，"或吝於浩費而不行，或惑于浮議而弗講，或始行而終輟，或營修不得治水之法，因循歲月，少見實效"[7]。在具體操作上，又因個人素質差異，呈現出"逞私智者務穿鑿，圖苟安者樂因循"的局面。[8] 多重因素影響的結果，使得治水工作並不能完全按照環境變化的軌跡與當時當地的實際需要進行，而是不同利益所有者之間不斷博弈的

---

[1] （清）錢中諧：《三吳水利條議》，載（清）張潮等編纂《昭代叢書》第3册，上海古籍出版社1990年版，第2353頁。

[2] 參見（清）顧士璉等輯《婁江志》，《四庫全書存目叢書》史部第224册，齊魯書社1996年版。

[3] 《清實錄》第三四册《宣宗實錄》卷六四，中華書局1986年版，第7頁。

[4] 參見《太湖水利史稿》編寫組編《太湖水利史稿》，河海大學出版社1993年版。

[5] 相關論點，可參見（明）張國維編《吳中水利全書》（浙江古籍出版社2014年版）及譚其驤主編《清人文集地理類彙編》，浙江人民出版社1986—1990年版。

[6] "水利共同體"是日本學者在研究中國水利史時提出的重要理論，相關討論可參考張愛華《"進村找廟"之外：水利社會史研究的勃興》，《史林》2008年第5期；耿金《中國水利史研究路徑選擇與景觀視角》，《史學理論研究》2020年第5期。

[7] （明）張國維編：《吳中水利全書》卷二一《任仁發〈言開江〉》，第987頁。

[8] （明）張國維編：《吳中水利全書》卷二一《吳荃〈原三江略〉》，第993頁。

結果。

　　縱觀歷代太湖治水方略，從其側重點來看大致可分爲治水派、治田派及綜合治理派。這些類派是互相關連的，但各有側重，有主有從。① 對于這些水利議論，顯然不可偏聽偏信，而應結合當時、當地的具體情況，以及當事人所處的情境與地域來具體分析和理解。前人對江南地區水利議論的複雜性並非毫無認知，"從來講求水政，辨析利害，或著論，或著議，或著說，或對策，隨時揆勢，臆見異同，不相踵襲。"但其存在的問題也是普遍的，"然言持一家，議主一時，惠偏一郡、一邑，或師古而悖今，或詳今而略古"②。民國時人亦曾總結歷代議水者與地域之關系："宋元明清人之論三吳水利者，郟亶之眼光不出於崑山，單鍔之眼光不出於宜興，周文英之眼光不出於崑山、常熟，耿橘之眼光不出於常熟。"③ 有鑒于此，在對相關人物的水利文獻進行判讀、引用時須加留意。

　　對于歸有光的治水議論，歷來也有不同評價。有不少學者對其大力推崇，如明代歸子寧記其《三吳水利錄》對隆慶年間海瑞治水的影響，"隆慶間，海忠介公得是書，倣而行之，饑民全活者甚衆。而海口至柵橋皆已埋塞爲平地，不期月而開鑿通流，潮水復如昔時之洶湧，大爲民便，惜乎其功之未竟也"④。清代丁元正言："其所著《三江》《水利》等篇，南海海公用其言，全活江省生靈數十萬。先生經術之發爲文辭者，其效已可概見。"⑤ 錢邦彥評價道："自來言吳中水利者，自宋迄明，不下數十家，而得其要領者，惟震川氏最爲近之。震川氏產於崑山，而僑居安亭者也，熟復吳淞古道，故言之最確。"⑥ 林則徐曾歷任江蘇各級官員，熟稔江南水利，曾親作挽聯高度評價歸有光的水利貢獻與文學成就，"儒術豈虛傳，水利書成，功在三江宜血食；經師偏晚達，篇家論定，狂如七子也心降"⑦。

　　但對于歸有光注解的"禹貢三江"，學界歷來評價不一，不少學者與官員認爲歸氏雖"見解獨特"，然"語多偏激，脫離實際，不足取法"。如清代四庫館臣認

---

① 汪家倫：《古代太湖地區的洪澇特徵及治理方略的探討》，《農業考古》1985 年第 1 期。
② （明）張國維編：《吳中水利全書·凡例》，第 10—11 頁。
③ 民國《江南水利志》卷一，"中華山水志叢刊"，綫裝書局 2004 年版，第 71 頁。
④ （明）歸子寧：《論東南水利復沈廣文》，第 3 頁。
⑤ （清）丁元正：《修復震川先生墓記》，載沈新林《歸有光評傳·年譜》，第 388 頁。按：海公即海瑞，明隆慶三年夏，"以右僉都御史巡撫應天十府……瑞銳意興革，請浚吳淞、白茆，通流入海，民賴其利"。見《明史》卷二二六《海瑞傳》，中華書局 1974 年版，第 5931 頁。
⑥ 《錢邦彥三吳水利今說》，載民國《昆新兩縣續補合志》卷一八《集文》，臺北：成文出版社 1983 年版，第 840 頁。
⑦ （清）林則徐：《嘉定縣歸震川先生祠聯》，載余德泉主編《清十大名家對聯集（上）》，岳麓書社 2008 年版，第 183 頁。

— 385 —

爲，"尋其湮塞之流，則張弼《水議》所謂'自夏原吉浚範家浜直接黃浦，浦勢湍急，泄水益徑。而江潮平緩，易致停淤。故黃浦之闊，漸倍于舊；吳淞狹處，僅若溝渠。'其言最爲有理。有光乃概以爲湖田圍占之故，未免失于詳究"①。因此，對于歸有光及其水利議論，應當以更加廣闊的視角來觀察與評價，以發現水利問題背後的學術與社會問題。

　　從太湖流域的自然地理狀況來看，該地區存在着高地區與低地區的地勢差異，引發出不同地區水利要求上的差異；由于時代與利益的局限，諸多水利論著的作者，也往往是從本地區、本家族及本階層的利益出發來討論水利問題。歸有光的家宅田園位于吳淞江邊，水利不興導致當地的灌溉、排水都存在諸多困難，如歸氏記其所居安亭鎮之旱情，"會水利益廢不治。田高，枯不蓄水，卒然雨潦，又無所洩。屢經水旱，百姓愁苦失業"②。他也曾描述其家人治田引水之辛苦，"予妻治田四十畝，值歲大旱，用牛輓車，晝夜灌水，頗以得穀"③。顯然，吳淞江的河流狀況直接關系到歸有光一族的生產與生活。同時水利的興廢關系到當地賦稅和勞役的徵收，對當地社會也不可避免地造成重大影響。由于吳淞江的淤廢，直接導致崑山、嘉定兩縣沿江支流塘浦的淤塞，"吳淞既塞，故瓦浦、徐公浦皆塞。瓦浦塞，則十一、十二保之田不收；徐公浦塞，則十三保之田不收。重以五六年之旱，溝澮生塵，嗷嗷待盡而已"。河道淤塞、水利不興最終導致當地人民逃亡，賦稅逋欠。因此開浚吳淞江的重要性更加凸顯，"開吳淞江，則崑山、嘉定、青浦之田皆可墾"④。由此，歸有光得出的結論必然是"非開吳淞江不可"。

　　基于以上各項分析不難發現，歸有光及其水利主張也不自覺地爲該地區的利益代言。⑤歸氏之論無疑與其爲民興利的政治志向有關，但也難以擺脫私利之嫌。從當時的實際情況來看，吳淞江趨于衰落，黃浦江日益擴大，最終將取代吳淞江的主流位置，這是整個太湖流域水利環境變化所引發的必然結果。但在這一過程完成之前，吳淞江在局部地區仍有一定的灌溉功能，尤其是吳淞江下游的岡身高地區，其水利功能還比較明顯。從整個太湖流域水利格局來看，維持其排水功能仍很有必要。故而終明清兩代，整治吳淞江的水利工程仍持續不斷。

　　通過對歸有光及其水利著作的剖析，可以爲綜合理解明清時期的江南水利樹

---

① （清）紀昀總纂：《四庫全書總目提要》卷六九《史部·地理類·三吳水利錄》，第1862頁。
② （明）歸有光：《震川先生集》卷二四《安亭鎮揭主簿德政碑》，第561頁。
③ （明）歸有光：《震川先生集》卷一七《畏壘亭記》，第427頁。
④ （明）歸有光：《震川先生集》卷八《論三區水利賦役書》，第168—169頁。
⑤ 崑山方志記歸有光性情孤僻，"沉潛簡默，與俗寡合，日惟閉門啜茗，取群經子史讀之"。然其文集中有大量題跋、贈序、壽序、墓志、墓表、行狀、祭文等，也不乏代筆之作，顯示其應具有較大的人情交際網絡。見萬曆《重修崑山縣志》卷六《人物》，臺北：成文出版社1983年版，第457頁。

立一個範例：在閲讀爲數衆多的水利著作時，既要對其人其書的時代與環境背景有所認知，還應當深入了解這些作者們的生活地域、時代特徵、社會地位及其學術與政治主張等。從這些方面綜合出發，方可對該時期江南水利問題獲得更加全面、深入的認識。

收稿日期：2022 年 2 月

區域社會與灾害響應

——1917年京直水灾中的灾民應對

成賽男

摘　要：1917年京兆地方、直隸地區發生了一次嚴重水灾。本文考察了此次水灾的發生過程和灾情的空間分佈。利用記載更爲詳實的日記資料，分析了水灾對京直地區社會經濟的全面打擊，並重点探討了灾區民衆的灾後應對方式特点。分析認爲，京直地區的社會結構以官方力量爲主導，紳民力量相對較弱，灾民的灾害應對方式較爲平緩。更重要的是，京直地區的灾民，可以通過向東北等地遷移的方式逃荒，從而緩解了區域内部的灾後壓力，提高了灾區社會穩定性的閾值。

關鍵詞：京直水灾　灾民應對　社會結構　區域特徵

近年來，學界對歷史時期自然灾害的研究越來越走向深入。從灾害史的角度而言，學者已經逐漸突破了對灾害原因、影響與救灾措施本身的研究，開始探討自然灾害與社會結構之間的複雜關系。[1] 如夏明方等對民國時期自然灾害與鄉村社會各個方面的互動關系進行了系統分析。[2] 另外，以朱滸等爲代表的學者將研究目光放在救灾過程中國家與社會的互動關系上，反思灾害史研究中地方史路徑的局限。[3]

考察氣候變化的灾害性後果對人類社會的影響，我們不但要借鑒灾害史領域的研究成果，還要利用灾害學的研究方法，探討灾害後果在社會中的傳遞過程以

---

[1] 參見復旦大學歷史地理研究中心主編《自然灾害與中國社會歷史結構》，復旦大學出版社2001年版；曹樹基主編《田祖有神——明清以來的自然灾害及其社會應對機制》，上海交通大學出版社2007年版。
[2] 夏明方：《民國時期自然灾害與鄉村社會》，中華書局2000年版。
[3] 朱滸：《地方系譜向國家場域的蔓延——1900—1901年的陝西旱灾與義賑》，《清史研究》2006年第2期。

及區域社會應對自然災害的方式。從歷史氣候變化研究的角度入手，方修琦等學者着重探討不同氣候背景下，區域社會災害應對方式的對比。① 而針對具體災害事件的區域社會應對研究，則有成賽男、楊煜達對1840年長江三角洲一次普通水災的社會應對機制探討。② 然而，社會結構與社會文化傳統會對災害的社會應對產生不同的影響，這就需要我們通過案例研究推進對區域社會之間不同災害應對模式的研究。

1917年，京兆地方、直隸地區發生了一次重大的水災。水災發生後，北洋政府、慈善團體以及個體民衆都對災民開展了救助活動。目前學術界對於這次水災的研究，氣候學視角上有張家誠等對水災的雨情、水情及成因分析，③ 以及馬亞玲等對此次洪澇災害自然過程的重建。④ 災害史角度上有對1917年京直水災賑災措施的研究，如王秋華闡述了當年水災的情況與各界賑災的手段，⑤ 池子華則考察了1917年水災中紅十字會的賑濟活動。⑥ 另外，王林從官方與民間合作的角度深入探討了1917年水災的救災方式。⑦ 方修琦等探討了洪澇災害的災害影響傳遞過程，並指出政府組織成立的順直水利委員會，産生了災後的長期效應。⑧ 以上研究勾勒出了1917年大水的災情與救災措施，但没有從區域社會歷史與文化結構的角度探討受災民衆的具體應對方式。

目前學界多利用官方的善後紀實、民國時期的報刊資料、方志等資料研究此次水災，對私人日記利用較少。孟憲彝（1866—1924年），字秉初，清末舉人，歷任東北路分巡兵備道、吉長道尹、吉林巡按使、吉林省長等職。其日記記載了宣統二年（1910年）至民國十二年（1923年）間，其任職、罷職、辦理河工賑濟、經營煤礦鐵路等實業的情形。1917年孟憲彝因被彈劾在京津閒居，當年水災

---

① 方修琦、葉瑜、曾早早：《極端氣候事件－移民開墾－政策管理的互動——1661～1680年東北移民開墾對華北水旱災的異地響應》，《中國科學·D輯·地球科學》2006年第7期；蕭凌波、方修琦、黄歡、魏柱燈：《1780—1819年華北平原水旱災害社會響應方式的轉變》，《災害學》2011年第3期。

② 成賽男、楊煜達：《1840年長江三角洲水災的時空分佈與社會響應》，《中國歷史地理論叢》2014年第1期。

③ 張家誠、王立：《1917年華北大水初析》，《災害學》1992年第4期。

④ 馬亞玲、萬金紅、葉瑜、方修琦：《1917年海河流域洪澇災害過程重建》，《古地理學報》2015年第6期。

⑤ 王秋華：《1917年京直水災與賑濟情況略述》，《北京社會科學》2005年第3期。

⑥ 池子華：《中國紅十字會救濟1917年京直水災述略——以〈申報〉爲中心的考察》，《淮陰師範學院學報》（哲學社會科學版）2005年第2期。

⑦ 王林：《官義合作，委托救災——1917年京直水災救濟方式探析》，《山東師範大學學報》（人文社會科學版）2013年第3期。

⑧ 方修琦、馬亞玲、李屹凱、萬金紅、葉瑜：《1917年海河流域洪澇災害的社會響應過程》，《災害學》2017年第3期。

發生後，他及時參與到對安次、永清等地的水災賑濟，其日記是研究此次水災不可多得的一手資料。本文利用《孟憲彝日記》，結合其他多元文獻，復原了1917年水災的災情分佈，考察了水災對區域社會的影響，並通過對京直地區災民應對災害方式的分析，反映出傳統社會京直地方民眾災害應對行爲的特徵，能增進我們對不同區域社會結構下災後應對方式的認識。

一　1917年水災的時空過程與災情分佈

根據張家誠等的研究，1917年大水實際從當年6月底已經開始，但當時的暴雨主要影響的是滹沱河流域。① 造成1917年大範圍水災的強降水，主要發生在當年7月份，永定河流域的固安、涿縣等都在7月發大水。如《涿縣志》記載："夏六月縣境各河同時漫溢，奔騰衝突，一片汪洋，禾稼蕩然無存……"② 新河縣、邢臺以及大名縣等地也在7月份發生大的洪水。繼而，"七月中旬（8月28日至9月6日）以後，兩次颱風襲擊，華北南部普降暴雨，使當年水災發展到最高潮"③。馬亞玲等進一步認爲，1917年的特大洪水主要是由颱風暴雨造成的。④

總之，1917年京直地區整體雨季偏長，各河洪水破岸，多縣普遍受災。查閱《海河流域歷代自然災害史料》中19個代表站點的各站歷年旱澇等級表，其中1917年16個站點爲1級澇災，是1470年以來海河流域大澇等級站點最多的一年。

在1917年京直水災中，受災區域達到直隸全省面積的三分之二。重災地區基本在永定河、大清河、子牙河、滹沱河等幾條大河幹流沿綫以及運河沿岸。其中，成災最重的文安縣，"該三百六十村，除衝没三十七村瓦礫地址無存外，餘村均在水中，坍塌民房約計十之五六，現在（筆者按：1917年11月21日）水深尚有一丈七八尺不等"⑤。文安縣位於瀦龍河和滹沱河兩河下游，地勢低窪，原本就"十年九災"，此次大水，兩河多處決口，以致該縣災情奇重。1917年水災中除了幾條幹流多處決口，各河支流河水也普遍漲溢。

這次水災中重災區域的分佈不連續。這與災情數據的來源有關係，當年查放

---

① 張家誠、王立：《1917年華北大水初析》，《災害學》1992年第4期。
② 參見河北省旱澇預報課題組編《海河流域歷代自然災害史料》，氣象出版社1985年版，第825頁。
③ 張家誠、王立：《1917年華北大水初析》，《災害學》1992年第4期。
④ 馬亞玲、萬金紅、葉瑜、方修琦：《1917年海河流域洪澇災害過程重建》，《古地理學報》2015年第6期。
⑤ 《紅十字會辦賑電稿》，《申報》1917年11月21日。

冬賑之時，將"各村被水淹没顆粒不收而水已消退者"① 作爲次貧村莊。因此，水灾之初被水極重的區域，可能在後續查賑過程中没有被作爲極重灾區。另外，除了華北平原地貌形態的差異之外，華北地區雨季的雨帶比較破碎，也可能是造成重灾區域分佈不連續的原因。

二　1917年水灾的影響

這次大水致灾程度深，影響範圍廣，對整個京直地區社會經濟造成了全面衝擊，涉及生産、經濟與生活的多個層面。據《京畿水灾善後紀實》記載，至當年查放冬賑時"受灾縣數達到103個②，受灾村莊19045個，受灾人口625萬人，成灾田畝254832頃"③。

這次水灾對農村地區造成最重要的影響是大面積農田被淹。水灾之後，除了積水不退的危害，有些地區田地被河沙覆蓋，甚至灾後幾年都不能耕種，因此灾後影響具有長期負面效應。"京津間一帶肥沃之地今悉在水中，然聳出水面者不過數處鐵路高堤若干英里而已。經驗察之，此水並無赴海之途，惟留於被淹區域，至二三年之久，致使有用之地化爲荒田。千萬良民變爲流乞。"④

農田被淹，導致秋收受損，甚至絶收。1917年京直多地先遭遇了春旱，夏收已經大受影響，全屬各縣夏收分數僅在四分。⑤ 當年大面積水灾發生前，即6月30日，孟憲彝還在日記中記載了農民把希望寄託於秋收的情況："京津一帶連日得有透雨，人心甚安，秋收定有可望。"⑥ 不料形勢急轉直下，7月份京直地區多處河堤決溢。由於當年水灾發生時還未秋收，大水導致秋收困難，寶坻縣甚至顆粒無收。⑦

---

① 督辦京畿一帶水灾河工善後事宜處編：《京畿水灾善後紀實》，民國間印本，引自殷夢霞、李强選編《民國賑灾史料續編》第7册，國家圖書館出版社2009年版，第176頁。

② 筆者按：時另有105縣之説。筆者認爲至少爲105縣，因103縣的統計少了大名、長垣等縣。見殷夢霞、李强選編《民國賑灾史料續編》第7册，第128頁。

③ 《京畿水灾民捐賑款收支征信録》，1921年印本，見殷夢霞、李强選編《民國賑灾史料續編》第9册，第170頁。筆者按：不同的賑灾機構在救助過程中會得出有差異的受灾縣數、被淹土地畝數和受灾人口，這與不同機構救灾活動開始時間、統計方式以及當時的人力物力條件限制都有關系。因此，對於具體受灾田畝數，如無進一步詳實的資料，難以復原。如1917年11月3日，《益世報》報道，當時"被水之區廣四千六百五十七萬畝"。

④ 《西報述直隸水灾》，《申報》1917年8月7日。

⑤ 《政府公報·公文》第六百五十四號，1917年11月11日。

⑥ 孟憲彝：《孟憲彝日記》，李德龍、俞冰主編《歷代日記叢抄》第163册，學苑出版社2006年版，第384頁。

⑦ 《政府公報·公文》第七百七十七號，1918年3月23日。

農田、收成受損之外，受災地區房屋坍塌、交通受阻的情況也非常嚴重。1917年8月8日的《申報》報導：京兆各縣禾稼被淹，平地積水二三尺不等"五十餘村已報災請賑，其餘被水阻隔不能到縣呈報者尚不計其數"①。當時孟憲彝等查賑員基本使用木筏到各村查賑，陸路交通基本不可行："乘木筏到柴家務，水路，水三四尺不等，到該村查視，十房九倒，只有一家尚可駐足……村中爲大流隔斷，不克西行。"② 灾區房屋倒塌嚴重，災民無安身之所。

民國初期直隸的棉花種植業快速發展，在棉花種植集中區，有些縣棉田占耕地面積的比例甚至高達50%。③ 連續性降雨對當年棉花的收成也產生了很大影響，如天津附近"所產之棉花往歲總額可出五六十萬擔，今屆只收十餘萬擔"④。除了棉花種植業，災區棉紡業也不可避免地受到重創。高陽、寶坻等地是近代新興的棉紡織手工業中心，棉布紡織的手工業收入是當地家庭收入的重要組成。⑤ 1917年水災發生後，"被灾各區如饒陽、高陽、河間、獻縣、肅寧等縣均有專以織布爲業者。向例織成以後由京、津、保三處布行收買運售，此次自經巨災，商務停滯，既無定貨之人，既無機織之戶"⑥。

此外，水災還影響了北方特產的收成與成色，無論本地市場還是南方市場皆萎靡不振。如瓜子、紅棗等貨物因"保定等處水災甚重，人民流離失所，來貨缺乏，鄉人之攜貨上市者殊不多見"⑦。天津產梨地區"夏家材及莊家埠等處均遭水災，約有三尺許，梨樹多遭淹折。目今水勢雖已消退，而果實損傷已無所用"⑧。總之，當年名目繁多的北方特產在整體上都受到了水災影響。《國民日報》報導："北貨一項各路新貨雖已上市，惟來源較之上年大都減色，而貨身亦多低次，各項價目反爲增長，而該業每以九月至年底爲生意最旺時期，全年盈虧亦以此時爲轉移。況現在各處購辦者多以貨低價高不能核算，故銷路甚爲呆滯……據云，今因北地水災，各貨減少以至影響云。"⑨

1917年京直水災對農村經濟系統的影響直接體現在農業與副業生產上，還不

---

① 《京兆各縣水災情形》，《申報》1917年8月8日。
② 孟憲彝：《孟憲彝日記》，李德龍、俞冰主編《歷代日記叢抄》第163冊，第396頁。
③ 從翰香：《從區域經濟的角度看清末民初華北平原冀魯豫三省的農村》，《中國經濟史研究》1988年第2期。
④ 《天津新紡織廠開幕之延遲》，《申報》1917年12月26日。
⑤ 吳知：《鄉村織布工業的一個研究》，上海：商務印書館1935年版。
⑥ 督辦京畿一帶水災河工善後事宜處編：《京畿水災善後紀實》，民國間印本，引自殷夢霞、李強選編《民國賑災史料續編》第7冊，第648頁。
⑦ 《天津北貨業報告市情》，《申報》1917年9月22日。
⑧ 《商貨受天津水災之影響》，《申報》1917年10月5日。
⑨ 《北貨因水災而減色，整體受水災影響》，《民國日報》1917年11月14日。

可避免地深入消費與貿易層面，衝擊了本地區的農村集市。對傳統時代的華北地區而言，集市是區域市場物資集散的一種特殊形式，這些定期集市在華北區域市場中占據舉足輕重的地位。① 1917年的水災，導致"水圍村舍，交通不便，柴米等品價增一倍或數倍，災黎無力購買，束手坐困"②。

1917年水災對城市的影響主要在於工商業，尤以天津突出。9月下旬，天津城區被水淹沒："天津河水漲發，淹及法租界北馬路各處爲百數十年所未有，居民損失甚巨。"③ 河水漲發之後，天津對內對外交通一度受阻。

天津城區被淹沒，商業蕭條。1917年9月28日《申報》報導，天津"市街可以舟楫，往來商業全爲杜絕"④。可見，當年水災對城市交通與商業貿易打擊之大。直到10月份，天津城區積水時漲時落，據10月18日《申報》載："天津二次水災，城廂租界等處盡成澤園，萬家廬舍咸在汪洋巨浸之中，其積水最深者已正丈餘，可於樓面登舟，漲退不時，勢甚岌岌。巨萬哀鴻無衣無食，不死於水將死凍餒。"⑤ 雖然到10月30日時，"津市漸見復原，需貨甚多"⑥。但所需貨物主要以米糧、麵粉、藥材等災後急需物品居多，其他行業沒有太大的改善。天津作爲北方市場的集散地，上文所述之北方特產、棉布等行業的受損都會打擊到天津地區的商業。據統計，至當年12月份，天津一地災民失業者已多達四五萬。⑦

1917年京直水災發生不久，《申報》《益世報》等近代報刊就將水災信息做了大力度的宣傳報導，尤其當年9、10月份，水災相關的消息幾乎占據了多半的《申報》"要聞"版面。水災的影響，通過近代報刊媒介，在整個社會廣泛傳播。而災害的實際後果，也超越了直接受水災影響的京直地區，進一步蔓延到其他區域。如京漢、京奉、津浦等鐵路綫被大水衝毀，曾一度中斷。以京漢鐵路爲例，"北段爲水衝毀者不下六百處"⑧。而1917年，鐵路運量占天津與內地貿易的60%以上，⑨ 遠超過其他運輸方式。因此，通過鐵路運輸的物資、往來的貿易無疑都因水災受到巨大的影響。在後期的災害救助的過程中，鐵路運輸的優勢也難以發揮。

---

① 龔關：《明清至民國時期華北集市的比較分析：與江南、華南等地的比較》，《中國社會經濟史研究》2000年第3期。
② 《唐河之慘象》，《申報》1918年2月18日。
③ 孟憲彝：《孟憲彝日記》，李德龍、俞冰主編《歷代日記叢抄》第163冊，第458頁。
④ 《外電》，《申報》1917年9月28日。
⑤ 《中國紅十字會印送天津水災區域簡明地圖索者立應》，《申報》1917年10月8日。
⑥ 《天津水災後之商業消息》，《申報》1917年10月30日。
⑦ 《熊希齡籌辦賑務情形》，《申報》1917年12月15日。
⑧ 《京漢路綫旁之水災情形》，《申報》1917年10月12日。
⑨ 中國海關總署辦公廳、中國第二歷史檔案館編：《中國舊海關史料》第156冊，京華出版社2001年版，第160頁。

总之，这次水灾致灾面积广，程度深，涉及京直地区大部分的城市和农村，灾区的社会经济受到全面打击。此外，灾害影响已经不局限于京直地区，随着灾民避灾、铁路被毁、商业萎靡等方式，灾害后果由京直地区传播到其他区域。

三　京直地区灾民群体对水灾的反应

上文表明，本次水灾影响广、程度深，对京直地区的经济社会造成了全面的冲击，国家、社会以及受灾民众都为应对灾害做出了反应。晚清以来，在社会救济方面一个突出的变化是"民捐民办"的义赈的兴起与发展。[①] 随着义赈的发展，义赈从国家层面获得了高度的合法性认同。[②] 1917年京直水灾发生后，从华北到江南，官绅各界纷纷成立救灾机构进行救济，并以"官义合作"的方式，显示出民初灾荒救济的新面貌。[③]

前人研究虽然对1917年京直水灾救济方式进行了较深入的讨论，然而，对灾后灾民的应对却少有讨论。灾民的经济状况直接决定了个体的灾害抵抗能力，而区域社会结构与文化背景，则会对灾民群体的灾害应对方式产生重大影响。

（一）灾后初期灾民的应对

灾民的经济能力是灾后初期应对灾害的关键。1922年，在戴乐仁调查的3673户直隶乡村家庭中，年收入在所估算的华北农村贫困线（150元）以下的家庭，即多达3023户，占总户数的82.3%，其中年收入50元以下的家庭为2277户，几占总数的62%，入款则只有总收入的8.15%。[④] 虽然这份调查对农家的家庭收入计算并不完整，但大体能看到，当时京直地区大部分农村家庭的收入不高，灾民对灾害的抵御能力低。

据李景汉20年代中期对北平郊外挂甲屯村100个农家的调查，全年吃白面5

[①] 李文海：《晚清义赈的兴起与发展》，《清史研究》1993年第3期。

[②] 朱浒：《地方性流动及其超越：晚清义赈与近代中国的新陈代谢》，中国人民大学出版社2006年版，第390页。

[③] 王林：《官义合作，委托救灾——1917年京直水灾救济方式探析》，《山东师范大学学报》（人文社会科学版）2013年第3期。

[④] 转引自夏明方《发展的幻象：近代华北农村农户收入状况与农民生活水准》，《近代史研究》2002年第2期。

次以下者約占一半。① 農民平常年景即食雜糧，且農忙季節吃三頓，農閒季節吃兩頓的現象非常普遍，在灾荒年景，民食更加缺乏。對於京兆的固安、永清、安次等縣而言，1916年已經發生了一次水灾，當年京兆各縣秋收均在六七分。② 繼而1917年還發生了春旱，夏收收成微薄，村民本來寄希望於秋收，卻又遭大灾。此地本就"地土沙薄，戶鮮蓋藏"③，接連的灾害更弱化了當地民衆的經濟基礎和灾害承受能力，加大了民衆的灾害脆弱性。水灾發生不久，就出現了不少灾民食樹皮、野草充饑的現象："灾民每日所食之物一曰老菇漂（即窪中野草類），一曰野草葉（即窪中青草之葉）。"④ 除此之外，農民在副食、燃料以及其他雜項的支出，也非常貧乏，幾乎没有多少彈性。⑤

京直地區農村中不少農户本就缺乏畜力，而家中有牲口的灾民，由於灾荒無力餵養，便多將牛馬宰殺或賤價出售。⑥ 以此方式僅能暫時緩解困頓，卻對未來恢復生産造成更大困難。此外，京直地區農户借貸主要用於生活消費而非生産經營。⑦ 平常年景婚喪嫁娶等支出就會使貧困的農户負債，秋收又是通常的還債期，此時灾害的發生會導致還債困難，更難再行借貸。1917年水灾發生後，村民希望通過借貸的方式緩解暫時的危機，而當地富户急於收回舊款，雖然官方力促當地設立"因利局"爲灾民辦理借貸，但富户根本不願放出新款："現經督辦三令五申，又予六厘保息，富户猶視爲畏途。"⑧

京直地區的農村整體上没有江南地區殷實的經濟基礎，也没有比較發達的區域内部多種形式的社區賑濟傳統。⑨ 灾害發生後，京直地區的灾民並不能指望從本地的親友、族人或者當地富户中獲得多少援助。如，在滿鐵調查的6個村中，家族没有設立共同的穀倉、學校或祠堂，也不會在自然灾害時起到賑濟作用，且没有援助其他貧困族人的慣例。另外，孟憲彝在查賑過程中發現，對個別村莊而言，"雖極大之户亦無隔宿糧"⑩，本地的大户無力對村民開展救濟。

---

① 李景漢：《北平郊外之鄉村家庭》，上海：商務印書館1929年版，第45頁；轉引自李金錚《近代中國鄉村社會經濟探微》，人民出版社2004年版，第209頁。
② 《政府公報·公文》第四百四十四號，1917年4月1日。
③ 孟憲彝：《孟憲彝日記》，李德龍、俞冰主編《歷代日記叢抄》第163册，第398頁。
④ 《天津水灾急賑會開會記》，《申報》1917年9月14日。
⑤ 參見李金錚《近代中國鄉村社會經濟探微》，第209—215頁。
⑥ 周秋光編：《熊希齡集》第6册，"示禁賤賣牛馬致京畿各縣電（1917年10月12日）"，湖南人民出版社2008年版，第121頁。
⑦ 李金錚：《借貸關係與鄉村變動：民國時期華北鄉村借貸之研究》，河北大學出版社2000年版，第22頁。
⑧ 《直省水灾近訊》，《申報》1918年1月4日。
⑨ 參見吳滔《清代江南社區賑濟與地方社會》，《中國社會科學》2001年第4期。
⑩ 孟憲彝：《孟憲彝日記》，李德龍、俞冰主編《歷代日記叢抄》第163册，第399頁。

通常來講，在面臨重大災害的衝擊下，走投無路的災民容易採取極端的災害應對方式。1917年水災發生後，孟憲彝到霸縣查賑，發現整個村子都被水淹沒，"且此水無日可望退出，尤無生活之路"，在這種情況下，"該村逃至堤上有將懷中子女拋棄於水中者"。① 另外，災後不久，即當年9月份災區已經出現了許多出賣幼子的情況，以至於時任京畿水災河工善後處督辦的熊希齡不得不專電各地知縣禁止此事，並命各縣知事設法就地收養。②

綜上所述，京直地區的村民，本身對災害的抵抗能力就非常弱，又難以從當地富戶獲得有效的災後救助，在接連歉收，以及重災衝擊下，災後的處境極端困難。導致水災發生不久就出現了"賣子鬻粥"等極端的應對方式。

（二）賑濟過程中災民的反應

1917年水災發生在民國初期，清代傳統荒政解體而新的救災體制尚未建立之際。水災發生後，北京政府並沒有做出及時的反應。直到1917年9月29日，馮國璋才下發了任命熊希齡督辦京畿一帶水災河工善後事的命令。而京津地區的士紳，則迅速地投入到京畿地區的急賑事務中。孟憲彝就是其中的一員，當年水災發生時，他正賦閒在鄉，得以及時參與到對安次、永清等地的賑濟活動中。

1917年7月29日，永定河北三工決口的當天晚上，孟憲彝就得到了消息。次日，孟憲彝"冒雨到松筠庵訪籌備順直賑捐處經理劉鏡軒，略談賑事，並同到公度處陳説辦賑之事……當即由電話通知王京兆辦理急賑事"③。可見，在籌備賑務之初，京兆的士紳與官方就進行了密切的聯絡。

7月30日當天，順直助賑局就委託孟憲彝以及其他四名查賑員，帶着治療時症的藥物以及籌備的五百洋元到安次縣災區查賑。然而，這些士紳查賑所能惠及的區域非常有限：孟憲彝為籌備順直賑捐局幹事，當他知道"武清、寶坻兩縣水災亦重，助賑局勢難兼顧，乃致信籌備順直賑捐局，請諸同人集議撥款，派員往賑"④。

到達安次縣之後，孟憲彝與其他查賑員分頭查賑，製作賑冊，估算所需賑款，

---

① 孟憲彝：《孟憲彝日記》，李德龍、俞冰主編《歷代日記叢抄》第163冊，第450頁。
② 周秋光編：《熊希齡集》第6冊，"請出示禁賣幼孩致京畿各縣知事電（1917年10月11日）"，第120頁。
③ 孟憲彝：《孟憲彝日記》，李德龍、俞冰主編《歷代日記叢抄》第163冊，第390頁。
④ 孟憲彝：《孟憲彝日記》，李德龍、俞冰主編《歷代日記叢抄》第163冊，第392頁。

並在灾情十分嚴峻之處先行給予粟米等賑濟。到 8 月 9 日，孟憲彝"總核西北兩路已查之四十餘村，計需賑洋三千一百餘元；約計東南兩起所查水灾村莊需賑當亦在三千以外"①。當時安次地區急需賑濟的村莊已經基本查賑完畢，而賑款還没落實。8 月 10 日，孟憲彝立即趕到京都，與馮恕、京兆尹商議。最後結果是，已查賑之村莊"總數賑款七千元爲限，助賑局義賑與京兆官賑各任其半"②。可見，當時賑款的來源是半數由官方撥款，半數由民間籌備。但直到 9 月中旬，急賑賑款還是没有全數發放到灾民手中。

　　雖然灾後部分士紳查賑行動非常迅速，但他們能够惠及的區域很小，且後期實際賑濟力度很低，僅能顧及"因水灾之極貧者。"③ 在整個孟憲彝查賑的過程中，當地灾民可見的群體反應幾乎僅有"求賑"之舉。④ 尤其是當孟憲彝等查賑員因賑款不足，一再縮减賑濟範圍時，當地灾民也没有出現激烈的應對。

　　由於北京政府並没有及時統籌賑灾事務，這次灾後的急賑最初主要是由民間義賑承擔，且主要在各個城市進行，對於廣大鄉村灾區的救助範圍有限。廣大的灾區得不到有效的救濟，京直地區出現了"賊匪漸多，無日不有搶劫之案"⑤ 的現象。但是京直地區這種零星的搶劫現象，一直没有發展成群體的過激反抗行爲，整個京直地區的社會秩序，還能够得以維持。

　　隨後的冬賑，由督辦京畿一帶水灾河工事宜處委託給順直助賑局承擔。由於賑款不足，順直助賑局堅持按照舊例五分以下不給賑濟，認爲由成灾六分起賑濟，已經有四十餘萬的賑款缺口，若將成灾五分村莊列入賑濟範圍，則"如此鉅款，何以應之"⑥。冬賑範圍過窄，引起了成灾四五分村莊灾民的紛紛投訴。⑦ 灾民的"投訴"，是在這場灾後救濟過程中爲數不多的群體灾民的反抗行爲之一。而這種"投訴"，恰恰又體現出灾民對官方力量的依賴。灾民投訴之後，京畿一帶水灾河工善後事宜處又籌到了十四萬洋元的賑款進行補發，但總體來講，面對廣大的灾區，這些補賑無異於杯水車薪。1917 年水灾雖然有官方跟民間合力賑濟，然而實

---

① 孟憲彝：《孟憲彝日記》，李德龍、俞冰主編《歷代日記叢抄》第 163 册，第 410 頁。
② 孟憲彝：《孟憲彝日記》，李德龍、俞冰主編《歷代日記叢抄》第 163 册，第 410 頁。
③ 孟憲彝：《孟憲彝日記》，李德龍、俞冰主編《歷代日記叢抄》第 163 册，第 426 頁。
④ 孟憲彝：《孟憲彝日記》，李德龍、俞冰主編《歷代日記叢抄》第 163 册，第 404 頁。
⑤ 孟憲彝：《孟憲彝日記》，李德龍、俞冰主編《歷代日記叢抄》第 163 册，第 430 頁。
⑥ 周秋光編：《熊希齡集》第 6 册，"就查賑事轉順直助賑局電致獻縣知事電（1917 年 11 月 10 日）"，第 199 頁。
⑦ 周秋光編：《熊希齡集》第 6 册，"爲瀝陳京畿工賑情形編制預算決算並請撥鉅款救濟呈馮國璋文（1918 年 2 月 11 日）"，第 434 頁。

際上總體賑濟的力度是很低的。熊希齡將此次大災與光緒年間順天府尹周家楣辦賑的賑濟力度相比：周家楣辦賑當年成災21縣，而救濟銀款達三百餘萬；1917年水災成災一百餘縣，官方撥款不過一百九十餘萬。①

1917年，《申報》等各大報紙對各地鬧荒的報導不斷，但對當年京直水災災民的報導，多爲"流離失所""餓殍遍野"的描述。京直地區災民這種"順良"的情形體現了鮮明的地方特徵，與同期淮北、上海、湖南等地的災民相比，他們無論是災後應對行爲還是救災過程中的反應，都表現出相對溫和的態度。如湖南1917年秋收受損，當年12月份，株洲已經出現了饑民聚衆搗毀米坊之事。湖南1917年秋的災情遠不及京直地區廣泛、嚴重，但相較之下，湖南災民反應的激烈程度卻明顯強於京兆地方。京兆地方災民在走投無路的情況下更傾向於個體行爲，即無奈的"自殺"或者"賣子鬻粥"，而非與社會暴力性的聚衆對抗。同時，從報紙上所報道的災民激烈反應行爲來看，湖南地方災民的反抗頻次與規模也明顯盛於京兆地方。1918年2月，"無何湘潭城總問之鬧荒風潮又起未及半月，長沙縣屬之靖港又以饑民鬧荒聞至各屬，鄉間之坐吃排飯者比比皆是"②。

又如，清末民初在淮北徐海等地的義賑士紳查賑過嚴，那裏的災民反應格外激烈。負責桃源賑務的廉兆鏞稱："若欲裁大口數，不但不妥，且桃民強悍，恐激成事端。"而後承辦安東賑務的義紳因查賑過嚴不但險遭饑民毆打，還導致了當地饑民合力與之爲難的現象。③反觀孟憲彝在查賑過程中，雖然同樣面臨查賑嚴格，且不斷縮小賑濟範圍的情況，而災民的應對主要爲"投訴"，並未與之爲難，遑論暴力對抗。

總之，無論是災後初期在極端困難條件下災民"自殺""賣子"等無奈之舉，還是災後救濟過程中，針對救濟力量的不足進行的"投訴"行爲，京直地區災民並沒有做出過多的群體性暴力反抗行爲，與其"不暴不爭"的民風特點大體吻合。而且雖然當年災情極重，政府與民間實際投入的救濟力度非常有限，但災區的社會秩序仍然維持了大體的穩定。

四 對京直災民災害應對方式的探討

探討京直地區災民在極端災害發生後這種相對平穩的應對方式，須從其區域

---

① 周秋光編：《熊希齡集》第6冊，"爲瀝陳京畿工賑情形編制預算決算並請撥鉅款救濟呈馮國璋文（1918年2月11日）"，第434頁。
② 《湖南之荒象已成》，《申報》1918年2月20日。
③ 朱滸：《民胞物與：中國近代義賑（1876—1912）》，人民出版社2012年版，第220頁。

社會結構與歷史文化傳統入手。以自上而下的視角看，爲了維持京畿地區的穩定，統治者歷來重視對此地區的控制。在這種長期的控制之下，清代以來"直隸爲首善之區，民氣淳良，皆知急公奉上，一百數十年來，辦理差役，官民相安，從無貽誤"①。清末民初，爲了緩解稅收壓力，政府機構更是大大增強了對此地區鄉村社會的控制力度。② 在這種長期的國家力量的強勢控制之下，京直地區的民衆不像那些遠離中央權力核心地區的民衆那樣富有反抗精神。民國四年直隸省視學朱家實費時兩年對直隸各縣進行風土調查，結果顯示，整個直隸地區風土人情最突出的一點，就是"人情簡樸，不暴不爭，專務農業"③。

　　以自下而上的角度看，19世紀以來，華北地區經歷了頻繁而又嚴峻的災荒，這在很大程度上加劇了區域經濟基礎的脆弱性。基於這種脆弱的小農經濟，"華北地區紳富力量薄弱"這種觀點已經得到了廣泛認同。④ 災害發生後，京直本地士紳難以組織有效的救濟活動。如，從孟憲彝在固安、永清、涿縣等地辦理賑務的記載來看，當地的鄉紳多是輔助查賑，少有獨立的賑濟的活動。這顯示出京直當地士紳與江南地區士紳的巨大差異。江南地區的士紳能夠調動其擁有的社會資源，與國家和地方政府進行有力的抗衡和相互作用。他們不但能在區域社會内部組織有效的賑濟，而且能夠實施大規模的跨區域救濟行動。晚清以來多次由江南士紳主導的跨區域義賑顯示："江南的地方精英完全具備在其他地方空間中開展地方性實踐的能力。"⑤

　　黄宗智通過對華北官方與鄉村士紳力量的對比分析，認爲華北地區官方力量占有巨大的優勢地位："真正成功的地主，是爬入士紳階層的人，而真正成功的士紳，是進入官僚機構的人。"⑥ 而民國時期直隸的風土民情調查，也證實了這一點，以京畿的寶坻縣爲例，"良善之家衣食稍足即令子弟就學"⑦，進而通過科舉等方式進入仕途。總之，京直地區是以官方力量爲主導的社會，士紳的力量相對弱，而民衆又缺乏激烈的反抗精神。

　　爲了維持京畿的穩定，政府通常也會投入大力財物賑濟災害。"由於長期以來

---

① （清）賀長齡、魏源等編：《清經世文編》卷三三《户政八》，中華書局1992年版，第815頁。
② 參見［美］杜贊奇《文化、權力與國家：1900—1942年的華北農村》，王福明譯，江蘇人民出版社1996年，第58頁。
③ 朱家實：《直隸風土調查録》，民國四年七月初版，上海商務印書館發行，第2頁。
④ 朱滸：《地方性流動及其超越：晚清義賑與近代中國的新陳代謝》，第55頁。
⑤ 朱滸：《地方系譜向國家場域的蔓延——1900—1901年的陝西旱災與義賑》，《清史研究》2006年第2期。
⑥ ［美］黄宗智：《華北的小農經濟與社會變遷》，中華書局2000年版，第258頁。
⑦ 朱家實：《直隸風土調查録》，第5頁。

這種自上而下的救濟穩定法,華北平原的官民有儘量依賴國家賑濟的特點。"① 因此,當災害來臨時,災民群體過激的行爲並不多見。然而如前文所述,1917年水災之後,這種"自上而下的救濟"力度是非常有限的,京直災區通過政府和民間有限的救助難以應對這場嚴重的災害。因此,水災的損失必然需要其他的途徑轉移。

在存糧匱乏、田地被淹、房舍倒塌、當地已經生存無望的情況下,災民紛紛逃離原籍,到大城市就賑。災害伊始,就能看到滿目的饑民逃荒,"京畿洪水慘莫言狀,德州以北,時見饑民千百爲群"②。這些饑民,很大一部分是逃荒到天津。"凡無義賑處災民輒連袂赴津,於是天津爲災民麇集之區。"③ 雖然沒有確切統計數字,但以文安等縣爲例,可見一斑。1917年10月18日《申報》記載,"文安、靜海、滄縣、霸縣等處災民來津就賑者已有一萬餘人"④。文安當年受災村莊達360個,受災人口15萬人。⑤ 到了1918年2月,"文安居民避難他適者幾占半數,留者尚有七萬五千人困苦已極"⑥。雖然文安地區在災後受到了紅十字會、華北基督教水災賑濟會、順直助賑局與順直義賑會的著力救濟,⑦ 即便如此,仍然有7萬多災民選擇外出逃難。

據統計,僅當年10月份,就有5.5萬災民湧入天津。這些災民到天津之後試圖找到謀生之路,但天津也因水災工商業蕭條,失業人數激增。天津本地的受災民衆與外來逃荒的災民,給天津的救災活動帶來了巨大壓力。爲了分散這種壓力,籌辦天津水災急賑會等機構對於來津就賑者,會以車船免費或者給予路資的方式勸令遷回原籍。⑧

由於當年天津受災很重,城市居民也出現了向外遷移的現象。1917年10月13日《申報》報導:"天津近畿一帶水勢仍未稍殺,房屋倒坍不計其數,露宿風餐,朝不保夕,是以紛紛來滬避難,現天津各輪船碼頭守候輪船班期來滬者人山人海。"通過災民的遷移,災害後果的傳遞遠遠超越了京直地域範圍。

災民逃難的方向,除了天津、上海這些城市,最重要的,還有東北地區。華

---

① 王建革:《傳統社會末期華北的生態與社會》,生活·讀書·新知三聯書店2009年版,第339頁。
② 《抱一通信:滿街乞丐滿朝官,吾當哀鴻一例看》,《申報》1917年9月16日。
③ 《京漢路綫旁之水災情形》,《申報》1917年10月12日。
④ 《籌議中之天津水災善後》,《申報》1917年10月18日。
⑤ 督辦京畿一帶水災河工善後事宜處編:《京畿水災善後紀實》,民國間印本,引自殷夢霞、李强選編《民國賑災史料續編》第7册,第81頁。
⑥ 《西報紀北方災狀》,《申報》1918年2月17日。
⑦ 陳楨修、李蘭增纂:《文安縣誌》,民國十一年鉛印本。
⑧ 《天津災民之安插問題》,《申報》1917年10月25日。

北平原的民衆向東北地區的移民由來已久，"清代東北的移民主要來自山東和河北"①。除了這種大規模的災後移民，"平時單身傭工或偷渡性移民也已累集成龐大的數量"②。民國時期的社會調查表明，除了災荒年景下的農民離村，還有大量的農民因經濟壓力（經濟破產、生計困難等因素）而遷移。③

方修琦等通過對 1660—1680 年盛京逐年人丁增長和起科地畝數，以及同期東北和華北地區氣候變化、政策等信息的分析，認爲東北的移民開墾高潮，是對華北極端氣候變化事件的異地響應。④ 可見，對華北地區而言，移民東北是當地民衆長期以來應對極端災害事件的重要方式。即便在清代東北封禁的政策下，仍有因大災年份災民蜂擁過關，難以阻擋，乾隆帝幾次下詔開禁放流民通關的情況。

清末，封禁東北的禁令廢弛後，由關内到東北的移民不斷增加。民國時期的移民政策是晚清"移民實邊"的繼續和強化。⑤ 對於民國時期遷入東北移民人數的統計，有多個統計的口徑，再加上東北移民具有季節性流動的特點，並没有十分確信的數字。⑥ 但可以說，關内人民這種長期向東北大量的遷移，不僅是大災之後的應對手段，還是平常年景謀生的重要出路。持續向東北等地的移民，使得京直地區人口與社會壓力得到一定程度的宣洩，從而提高了區域社會穩定性的閾值和對災害的承受能力。

1917 年水災產生的大量流民，其遷入東北地區的人數並没有確切的統計。當時移民進入東北的路徑有數條，但儘《海關十年報告》中大連一港進入東北的移民數字就能體現出，1917 年是一個移民高潮（見圖 1）。由圖 1 中可見，1917 年、1920 年是移入東北人數的峰值年。1920 年北方五省大旱，大量流民遷入東北，"流入奉天的災民已有十數萬人"⑦。在民國初期政策、交通等其他條件没有巨大變動的情況下，1917 年的移民峰值應該與當年京直水災直接相關。可見，自清代至民國，在重大旱澇災害發生後，"逃荒成爲華北災民長期以來的習慣選擇"。

災後產生的大量流民是威脅社會穩定的重要因素，這些流民"弱則爲乞，強則爲匪"，進一步衝擊着災區的社會秩序。20 世紀 30 年代的各種社會調查，幾乎

---

① 參見王印煥《1911—1937 年冀魯豫農民離村問題研究》，中國社會出版社 2004 年版，第 109 頁。
② 曹樹基：《中國移民史　清民國時期》，福建人民出版社 1997 年版，第 475 頁。
③ 夏明方：《民國時期自然災害與鄉村社會》，第 102 頁。
④ 方修琦、葉瑜、曾早早：《極端氣候事件－移民開墾－政策管理的互動——1661～1680 年東北移民開墾對華北水旱災的異地響應》，《中國科學·D 輯·地球科學》2006 年第 7 期。
⑤ 范立君：《近代關内移民與中國東北社會變遷（1860～1931）》，人民出版社 2007 年版，第 88 頁。
⑥ 參見馬平安《近代東北移民研究》，齊魯書社 2009 年版，第 45—47 頁。
⑦ 李文海等：《近代中國災荒紀年續編（1919—1949）》，湖南教育出版社 1993 年版，第 4 頁。

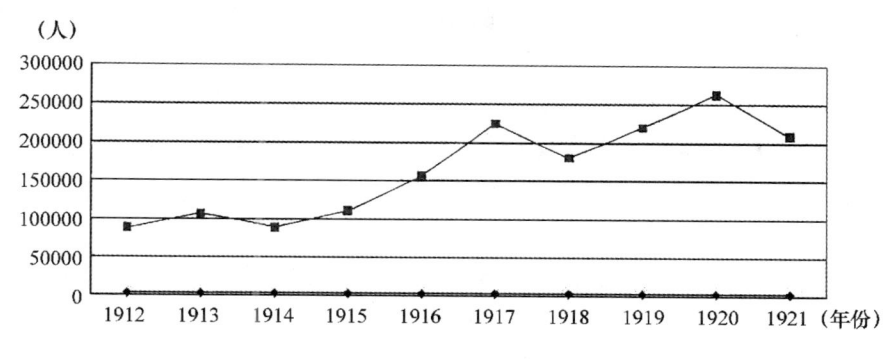

图1　1912—1921年大連一港移入東北人數

資料來源：馬平安：《近代東北移民研究》，第47頁。

無一例外地顯示，遷移的人群中青壯年尤其是男性青壯年占有絕對的優勢地位。① 如果這些流民向東北的遷移受阻，那麼京直災區社會的不穩定性會大大增強。方修琦等對18—19世紀之交氣候轉冷對華北地區難民問題發展變化影響的發生機制的研究表明，社會不穩定性增大與顯著的降溫及極端水旱事件增多為特徵的氣候變化相對應。當政府救災能力嚴重不足，而東蒙和東北作為華北移民目的地又受到政策限制時，會加速難民問題的激化。② 民國年間政府推行的向東北移民的政策，使關內人民向東北移民開墾有了法律依據。③ 這樣，京直災民向東北的遷移，有了國家層面支持的合法渠道。這些強壯勞動力的遷出，能有效地緩解災區內部的社會壓力，在區域間轉移災害後果，提高當地社會秩序的穩定性，維持京直區域社會的基本秩序。

五　結語

1917年京直水災是由華北雨期過長、雨期內降水強度大造成，繼而颱風的影響又使得災害程度加劇。水災過程中海河流域幾條幹流多處決口，各河支流也普遍漲溢，成災區域非常廣，水災對整個京直區域經濟社會產生了全面影響。此外，隨着災民避災、鐵路被毀、商業萎靡等方式，災害後果由京直地區傳播到其他區域。

---

① 夏明方：《民國時期自然災害與鄉村社會》，第116頁。
② 方修琦、蕭凌波、魏柱燈：《18～19世紀之交華北平原氣候轉冷的社會影響及其發生機制》，《中國科學：地球科學》2013年第5期。
③ 范立君：《近代關內移民與中國東北社會變遷（1860—1931）》，第89頁。

華北農村地區以小農經濟爲主，生產方式較爲單一，雖然有棉紡織業等副業的興起，廣大農户的灾害脆弱性仍然較强，灾害承受能力較弱。1916 年、1917 年接連的灾害更是加劇了民衆的灾害脆弱性。在這種情况下，與中國其他地區相較而言，京直地區灾民面對如此嚴峻的水灾卻幾乎没有出現群體的暴力抗争。筆者認爲，灾民的這種相對平穩的灾後應對方式受到了地區社會結構與歷史文化背景的影響。京直地區長期受到中央政府的强力控制，形成了以官方力量爲主導的區域社會結構。京直地區的本地士紳也與江南地區有很大差異：基於華北小農經濟基礎之上的紳富力量薄弱，難以像江南地區士紳那樣組織有效的賑濟。對京直地區灾民而言，長期國家力量的嚴密控制下形成了對官方救助的依賴。在京直地區"官强、紳弱、民順"的社會結構下，灾民的灾後應對方式相對平緩並克制。

　　更重要的是，清代以來，華北地區人民不斷地向東北地區的遷移，已經成爲華北區域社會釋放人口與社會壓力的途徑。正因爲有這樣的轉移途徑，京直地區的民衆可以選擇通過遷移而非激烈的對抗行爲謀求生存。因此，這種持續的遷移在較大程度上緩解了華北地區灾後的社會壓力，提高了華北區域社會的穩定性和灾害承受能力。當大灾來臨而救濟力量不足的時候，本地區灾民更是會習慣性地選擇以逃荒的方式應對。民國初期，政府支持向東北移民的政策，使京直的灾民向東北遷移有了合法性保障。這種灾民遷移渠道的暢通和灾後逃荒的傳統，使得京直地區在缺乏足够賑濟的情况下，得以將 1917 年水灾的嚴重後果跨區域轉移，從而維持了區域内部社會秩序的總體平穩。

收稿日期：2022 年 3 月